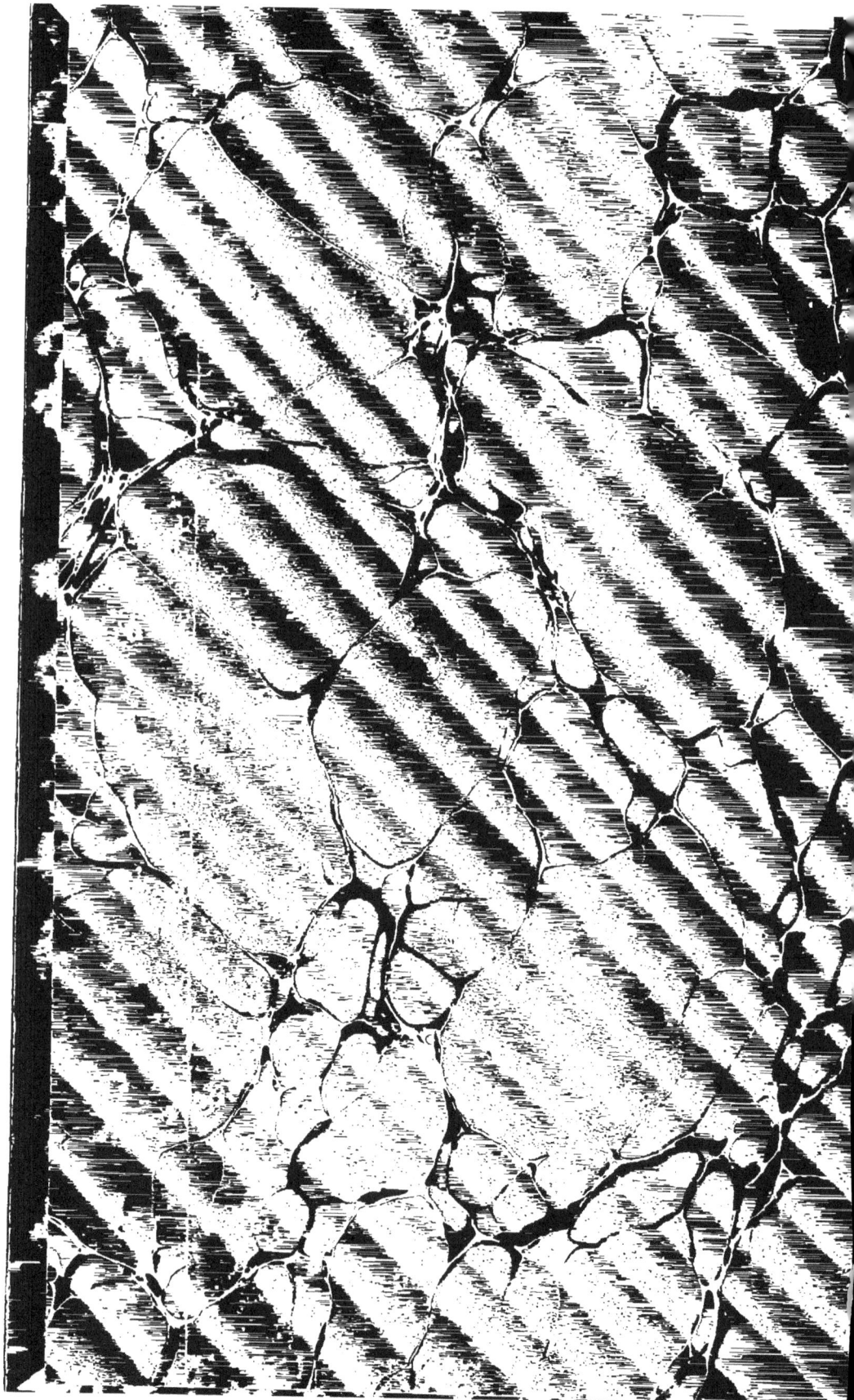

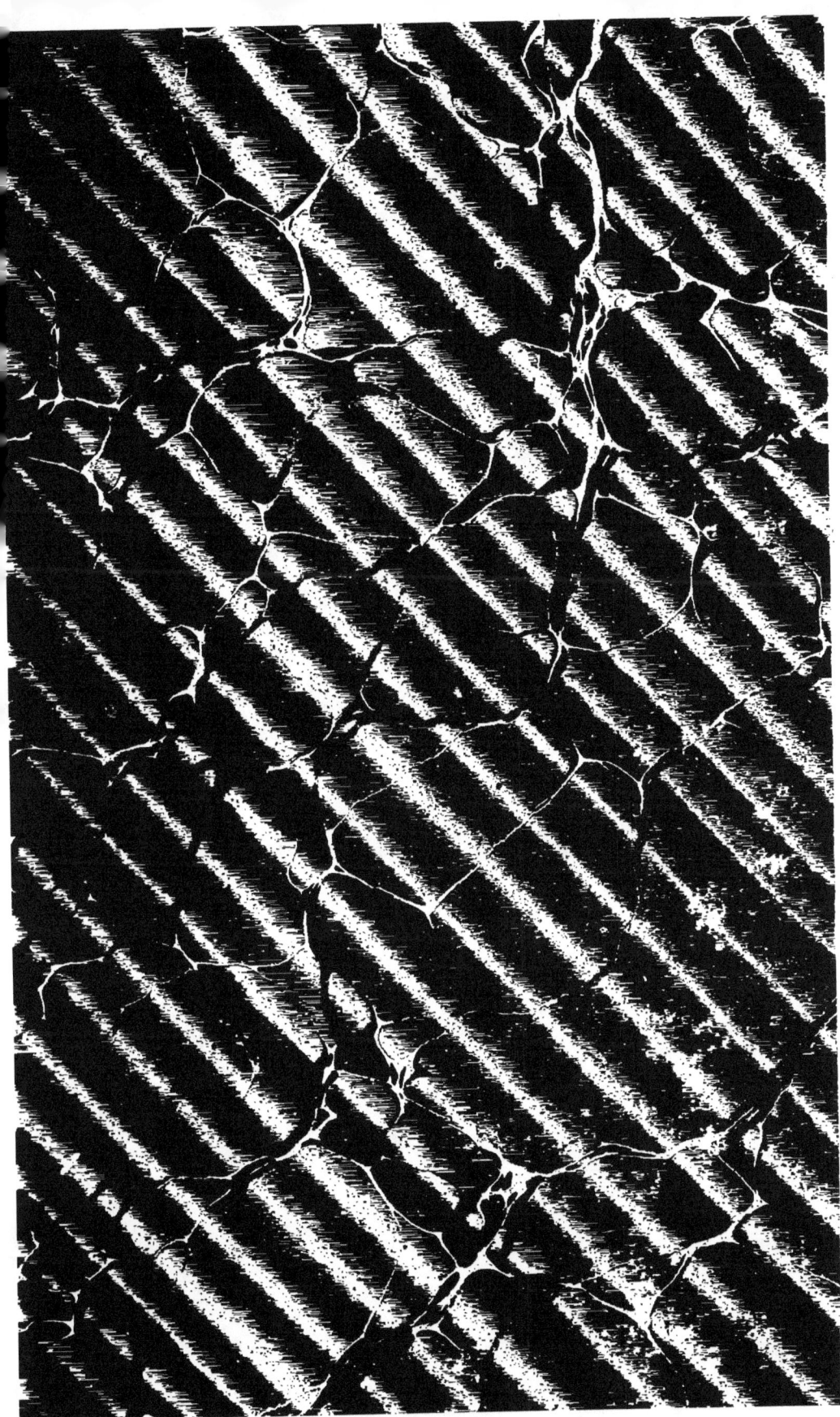

EXPLICATION ÉLÉMENTAIRE

DU

CODE NAPOLÉON

MARCADÉ et PAUL PONT

EXPLICATION

THÉORIQUE ET PRATIQUE

DU CODE NAPOLÉON

Sixième Édition

Mise au courant de la doctrine et de la jurisprudence jusqu'en 1866 inclusivement. 12 vol. in-8................................ 105 fr.

— Avec Seligman. 13 vol. in-8........................... 114 fr.

DIVISION DE L'OUVRAGE :

Par V. Marcadé.	(Art. 1 à 1831). De la publication, des effets et de l'application des lois en général jusqu'au contrat de louage inclusivement. 6 vol...........................	54 fr.
	(Art. 2219 à 2281). Titre de la Prescription. 1 vol....	6 fr.
Par P. Pont.	(Art. 2092 à 2218). Priviléges, hypothèques et expropriation forcée. 2 vol...............................	18 fr.
	(Art. 1874 à 2091). Petits contrats. 2 vol............	18 fr.
	(Art. 1832 à 1873). Des Sociétés. 1 vol.............	9 fr.
Par Seligman.	Explication de la loi du 21 mai 1858, sur les saisies immobilières et la procédure d'ordre, par Seligman, président du tribunal d'Annecy. 1860. 1 vol........	12 fr.
	Le prix du même ouvrage sera réduit à 9 francs, s'il est pris avec les Priviléges et hypothèques de Paul Pont ; soit, les 3 vol. ensemble...............	27 fr.

L'ouvrage est maintenant complet, à l'exception du titre des Sociétés (art. 1832 à 1873), qui ne pourra être commenté qu'après la promulgation de la loi en ce moment à l'étude.

A cette œuvre se rattache d'une manière intime le *Commentaire* de M. Seligman *sur la loi de* 1858, relative à la *Procédure d'ordre*, lequel a été annoté par M. PAUL PONT, et MIS EN RAPPORT avec son *Traité-Commentaire* des *Priviléges et Hypothèques*.

EXPLICATION ÉLÉMENTAIRE

DU

CODE NAPOLÉON

MISE EN RAPPORT

AVEC LA DOCTRINE ET LA JURISPRUDENCE

PAR J.-J. DELSOL

Docteur en droit, avocat à la Cour impériale de Paris

DEUXIÈME ÉDITION

REVUE, CORRIGÉE ET CONSIDÉRABLEMENT AUGMENTÉE.

Quidquid præcipies, esto brevis, ut cito dicta
Percipiant animi dociles, teneantque fideles.

(HORACE. *Art poétique.*)

TOME DEUXIÈME

PARIS

COTILLON, ÉDITEUR, LIBRAIRE DU CONSEIL D'ÉTAT

24, rue Soufflot, 24

—

1867

EXPLICATION

DU

CODE NAPOLÉON

LIVRE TROISIÈME

DES DIFFÉRENTES MANIÈRES DONT ON ACQUIERT LA PROPRIÉTÉ

DISPOSITIONS GÉNÉRALES

(Décrété le 19 avril 1803; promulgué le 29 du même mois.)

ART. 711. La propriété des biens s'acquiert et se transmet par succession, par donation entre-vifs ou testamentaire, et par l'effet des obligations.

712. La propriété s'acquiert aussi par accession ou incorporation, et par prescription.

713. Les biens qui n'ont pas de maître appartiennent à l'État.

714. Il est des choses qui n'appartiennent à personne et dont l'usage est commun à tous. Des lois de police règlent la manière d'en jouir.

715. La faculté de chasser ou de pêcher est également réglée par des lois particulières.

716. La propriété d'un trésor appartient à celui qui le trouve dans son propre fonds; si le trésor est trouvé dans le fonds d'autrui, il appartient pour moitié à celui qui l'a découvert, et pour l'autre moitié au propriétaire du fonds. — Le trésor est toute chose cachée ou enfouie sur laquelle personne ne peut justifier sa propriété, et qui est découverte par le pur effet du hasard.

717. Les droits sur les effets jetés à la mer, sur les objets que la mer rejette, de quelque nature qu'ils puissent être, sur les plantes et herbages qui croissent sur les rivages de la mer, sont aussi réglés

par des lois particulières. — Il en est de même des choses perdues dont le maître ne se représente pas.

Observation. — Dans le livre Ier, le Code a traité des personnes, et dans le livre II, des choses. Le livre III est consacré à la théorie des différentes manières d'acquérir la propriété ou ses démembrements, et même (car la rubrique du livre est incomplète), de créer les diverses obligations qui peuvent exister entre particuliers et de prouver les droits tant réels que personnels. Le livre III est donc le corollaire naturel des deux livres précédents, puisqu'il montre comment s'établissent, se transmettent, se prouvent et s'éteignent et les droits de personne à chose, et les droits de personne à personne.

Les articles 711 à 713 indiquent seulement cinq manières d'acquérir la propriété; mais nous verrons tout à l'heure que cette énumération est incomplète.

Disons d'abord que les modes d'acquérir sont :

1° ORIGINAIRES OU DÉRIVÉS: *originaires*, lorsqu'on acquiert une chose qui n'appartenait à personne : telle est l'*occupation;* *dérivés*, lorsqu'on acquiert une chose qui appartenait à autrui : tels sont les contrats de *vente,* d'*échange*, de *donation*, etc.

2° A TITRE ONÉREUX OU A TITRE GRATUIT : *à titre onéreux*, lorsqu'on reçoit l'équivalent de la chose qu'on donne; *à titre gratuit*, lorsqu'on reçoit une chose dont on ne donne pas l'équivalent.

Passons à l'examen des différents modes d'acquisition. On peut devenir propriétaire :

1° *Par* SUCCESSION : les successions peuvent être *légales* ou *testamentaires;* dans le premier cas, elles sont dévolues indépendamment du fait de l'homme, et dans le second, en vertu d'un acte de sa volonté.

2° *Par* DONATION ENTRE-VIFS : la donation est soumise à des règles particulières, que nous exposerons plus tard.

3° *Par l'effet des* OBLIGATIONS, c'est-à-dire par la convention réciproque des parties, dont l'une entend aliéner la chose et l'autre l'acquérir.

4° *Par* ACCESSION OU INCORPORATION : nous avons déjà étudié ces deux modes d'acquisition dans le tome Ier.

5° *Par la* PRESCRIPTION, c'est-à-dire par la possession d'une chose pendant un certain temps et sous certaines conditions.

6° *Par l'*OCCUPATION, c'est-à-dire par la prise de possession d'une chose qui n'appartient à personne. Ainsi l'on devient propriétaire par occupation des animaux pris à la chasse ou à la pêche (art. 715), et cette occupation est censée exister dès que l'animal ne peut plus échapper à celui qui le poursuit[1].

7° *Par la* TRADITION, c'est-à-dire par la remise qu'une personne fait à une autre de la possession d'une chose.

8° *Par la* PERCEPTION, laquelle s'applique aux fruits de la chose d'autrui que l'on possède de bonne foi et en vertu d'un juste titre.

9° *Par la* LOI, c'est-à-dire par une disposition indépendante des modes qui précèdent. Ainsi, aux termes de l'art. 384 du Code, les père et mère ont l'usufruit des biens de leurs enfants mineurs de dix-huit ans et non émancipés. Or, la volonté du législateur est la seule cause par laquelle on puisse justifier cette acquisition.

Le Code traite sommairement des différentes manières dont s'exerce le droit d'occupation ; nous allons dire un mot avec lui de la chasse, de la pêche, du trésor et des épaves, en renvoyant pour les détails aux lois particulières qui règlent ces différentes matières.

Du droit de CHASSE. — Ce droit était autrefois un privilége attaché à certains fonds ou réservé à certaines personnes, et il constituait un des attributs les plus chers de la noblesse. Une loi du 30 avril 1790 lui enleva son caractère féodal, et en fit un attribut de la propriété. Le droit de chasse appartient donc aujourd'hui à tout propriétaire, et nul n'a la faculté de chas-

---

[1] Demolombe, t. XIII, n. 25. — Cass., 29 avril 1862.

ser sur le fonds d'autrui, sans sa permission expresse ou tacite, quelle que soit d'ailleurs la qualité personnelle ou la condition sociale de l'un ou de l'autre propriétaire. Dans le but
de protéger le gibier et les récoltes contre une destruction
certaine, des lois particulières, notamment celle du 3 mai 1844,
ont réglementé le droit de chasse. Un arrêté du préfet en détermine chaque année l'ouverture et la fermeture dans le département, et tout chasseur doit être muni d'un permis déli-
vré par l'administration. L'exercice du droit de chasse, même
sur son propre fonds, en dehors des conditions précédentes,
est un délit, à moins que ce fonds ne soit enclos et attenant
aux habitations, car alors, étant confondu avec le domicile, il
est soustrait à la surveillance des agents de l'autorité.

Du droit de PÊCHE. — Le droit de pêche, comme le droit de
chasse, est aujourd'hui un attribut de la propriété. Or, comme
d'une part la mer appartient à tous, toute personne a le droit
d'y pêcher ; et comme d'autre part les rivières appartiennent
à l'État ou aux particuliers, suivant qu'elles sont ou non navigables ou flottables, le droit de pêche appartient lui-même
à l'État ou aux particuliers, suivant l'une ou l'autre hypothèse.
La pêche au profit de l'État est exploitée, soit par voie d'adjudication publique, soit par concession de *licences* à prix
d'argent ; mais le mode de concession par licences n'est employé que dans le cas où l'adjudication a été tentée sans suc-
cès. On appelle *cantonnements* les sections de rivières affer-
mées ou concédées divisément. Les propriétaires riverains de
rivières non navigables ni flottables doivent, du reste, comme
les fermiers de la pêche dans les rivières navigables et flottables, se conformer aux règlements administratifs, tant pour
les instruments que pour les époques de la pêche.

Il importe de ne pas se méprendre sur le sens des règles
qui précèdent. Si les droits de chasse et de pêche sont des attributs de la propriété, c'est en ce sens que le propriétaire peut
empêcher toute personne de chasser sur le fonds ou de pêcher
dans la rivière qui lui appartient, et non en ce sens qu'il est

lui-même propriétaire du gibier qui a son gîte sur ce fonds, ou du poisson qui peuple cette rivière. Conséquemment, lorsqu'un tiers, violant les droits du propriétaire, tue ou prend des animaux sur son héritage, il en devient propriétaire par occupation. Seulement il est punissable d'une amende de 10 à 100 fr., lorsqu'il s'agit de la chasse; de 20 à 100 fr., lorsqu'il s'agit de la pêche, et il est tenu en outre de réparer, s'il y a lieu, le dégât causé par lui à l'immeuble.

Du TRÉSOR. — L'art. 716 définit le trésor : « toute chose « enfouie ou cachée, sur laquelle personne ne peut prouver sa « propriété, et qui est découverte par le pur effet du hasard; » mais cette définition doit être rectifiée. Il suffit, en effet, que personne ne puisse prouver sa propriété sur la chose trouvée, pour que cette chose soit un trésor; car autrement quel nom donnerait-on à la chose découverte par suite de recherches faites à dessein, lorsque d'ailleurs le propriétaire en serait ignoré? L'intervention du hasard est seulement à considérer, lorsqu'il s'agit de l'attribution du trésor. Alors on distingue si la découverte provient de recherches ordonnées par le propriétaire, ou de circonstances purement fortuites : dans le premier cas, le trésor appartient en totalité au propriétaire, et dans le second, pour moitié au propriétaire et pour moitié à l'inventeur. Ce partage du trésor paraît contraire au principe d'après lequel toute chose sans maître devient la propriété du premier occupant; mais on le justifie en disant que peut-être le trésor avait été enfoui ou caché par une des personnes auxquelles a succédé le propriétaire de la chose principale. Dans le doute, le Code a pris un parti d'équité, en accordant la moitié du trésor au propriétaire et la moitié à l'inventeur. C'est une transaction entre les droits incertains du premier et les conséquences trop rigoureuses de l'occupation du trésor par le dernier.

Le trésor découvert à la suite de recherches, faites par un tiers non propriétaire de la chose principale, appartiendrait non à l'inventeur, mais au propriétaire de l'immeuble. La solution contraire eût consacré une sorte de vol commis au préjudice du propriétaire. Le droit romain décidait ainsi la question, et rien ne prouve que le Code ait innové.

Au surplus, le Code ne distingue pas si le trésor a été découvert dans un meuble ou dans un immeuble, et cette double circonstance est indifférente.

Des ÉPAVES. — Les épaves sont *maritimes* ou *ordinaires;* les premières comprennent les objets rejetés par la mer, ainsi que les plantes ou herbages croissant sur ses rives ; les secondes comprennent les objets mobiliers perdus ou égarés, et dont le propriétaire est inconnu.

Les épaves maritimes sont encore aujourd'hui régies par l'ordonnance de la marine de 1681, dont voici les principales dispositions : les objets qui n'ont jamais appartenu à personne sont attribués à ceux qui les ont tirés du fond de la mer, ou pêchés dans les flots ; ceux qui ont été trouvés sur les grèves appartiennent, pour un tiers à l'inventeur, et pour les deux autres tiers à l'État, le tiers, autrefois réservé à l'amiral, étant aujourd'hui supprimé. Quant aux herbes marines, elles appartiennent au premier occupant, lorsque la mer les a détachées et jetées sur la grève, et aux communes, lorsqu'elles sont restées adhérentes au rocher ; le mode de la récolte est réglementé par les préfets. Le partage en est fait entre les habitants de la commune, conformément aux règles tracées pour les fruits communaux. Enfin, les objets provenant de naufrage et tirés du fond de la mer ou trouvés sur la rive doivent être mis en sûreté. L'inventeur en fait la déclaration, dans les vingt-quatre heures, à l'officier de l'administration de la marine ; des publications ont lieu dans les communes environnantes, et si, dans le délai de deux mois, le propriétaire ne s'est pas présenté, ces épaves appartiennent à l'inventeur.

Les épaves ordinaires sont soumises à des règles diverses : ainsi, aux termes d'un décret du 13 août 1810, les effets restés dans les bureaux de voitures publiques sont vendus par la régie après six mois écoulés sans réclamation, et le prix en est versé au trésor public. D'après deux ordonnances royales du 22 février 1829 et du 9 juin 1831, les objets déposés dans les greffes, à l'occasion de procès civils ou criminels, doivent être également vendus après six mois écoulés sans réclamation ; mais le prix en peut cette fois être réclamé pendant trente ans par le propriétaire.

Notons, enfin, une circulaire du ministre des finances, du 5 août 1825, d'après laquelle les objets perdus et retrouvés dans des lieux publics ou ailleurs doivent être déposés entre les mains de l'autorité ou de la justice, avec faculté pour l'inventeur de les retirer, si, dans le délai de trois ans, le propriétaire ne les a pas réclamés.

LIVRE III. TITRE I.

Des successions.

(Décrété le 19 avril 1803 ; promulgué le 29 du même mois.)

NOTIONS GÉNÉRALES

Les successions touchent de près à l'organisation sociale et politique d'un peuple. Par elles, le législateur peut naturellement et sans effort, ou centraliser à l'excès, ou morceler indéfiniment la fortune publique, et de la sorte, constituer tantôt une de ces puissantes aristocraties que l'histoire nous montre parfois dirigeant les destinées de grandes nations, et tantôt une de ces vastes démocraties qui trouvent dans leurs éléments sans nombre une force et une vitalité sans limites. Aussi, rencontre-t-on autant de systèmes de succession que de législations diverses.

Rome vit deux idées dominantes présider successivement à la dévolution des biens par succession. Dès l'origine, lorsque, encore au berceau, elle avait à lutter contre les ennemis qui l'entouraient de toutes parts, le législateur n'avait qu'un but : organiser fortement la famille et la cité, pour en faire comme des arsenaux vivants, où le peuple puiserait sans cesse des forces nouvelles. De là sortit une double dictature : la dictature politique, déguisée sous des formes plus ou moins transparentes, mais se reproduisant toujours dans les grands périls publics ; et la dictature domestique, personnifiée dans le père de famille, dictature qui fut un des fondements les plus longtemps respectés de la société romaine. Maintenir cette puissance du père de famille, même au mépris des inspirations les plus vraies et des droits les plus certains de la nature, tel fut l'effort constant des premières lois sur les successions. Le père de famille possédait seul des biens, et ses pouvoirs de propriétaire étaient illimités. Non-seulement il acquérait pendant sa vie tout ce qui tombait aux mains de ses enfants, mais il pouvait encore, à sa mort, transmettre à un étranger le fruit de leurs travaux, et laisser dans la misère ceux qui, en héritant de son sang, n'avaient pas hérité de ses vertus civiques. Les successions *ab intestat,* dont la dévolution était d'ailleurs calquée sur celle de la puissance paternelle, recevaient alors une rare application. Le testament seul était et devait être en honneur chez un peuple où chacun devait transmettre sa succession au plus digne, au lieu d'en abandonner le sort aux dispositions préconçues, et, par cela même, aveugles du droit commun.

Lorsque Rome eut achevé ses conquêtes, cette rigueur primitive, désormais sans objet, tendit peu à peu à disparaître. Les jurisconsultes exigèrent d'abord l'*institution* ou l'*exhérédation* expresse des enfants par le père de famille, et ils annulèrent les testaments dans lesquels tous les enfants n'étaient pas ou institués ou formellement exhérédés (*Inst.* liv. II, tit. xiii). Plus tard, ils ne se contentèrent même plus de cette alternative, et ils imposèrent au testateur l'obligation de laisser à ses enfants le quart de ce qu'ils auraient eu *ab intestat (Inst.,* liv. II, tit. xviii). Ce fut la *quarte légitime.*

Enfin le droit prétorien, que Justinien confirma dans ses principales innovations par les novelles 118 et 127, introduisit un système de succession plus conforme à la nature, et reposant sur les seules relations de la parenté.

La législation de Justinien fut adoptée, sauf de légères modifications, par les pays de droit écrit, qui mirent sur la même ligne la succession légitime et la succession testamentaire. Quant aux pays de coutumes, ils accordèrent toujours la préférence à la succession légitime, et ils admirent sur la dévolution des biens, des règles presque aussi diverses que nombreuses. Toutefois, au milieu de cette diversité même, on retrouve quelques principes communs. Ainsi, les nécessités du régime féodal amenèrent successivement l'exclusion totale ou partielle des femmes au profit des mâles, et plus tard le privilége de primogéniture. Comment en aurait-il pu être autrement ? Ne fallait-il pas maintenir la splendeur du nom par l'intégrité du patrimoine ? Même après avoir succombé sous les coups de la royauté, les grandes familles féodales demandèrent aux idées sur lesquelles reposait naguère leur souveraineté de manoir, la conservation de l'éclat qui avait entouré leur puissance ; et de la sorte, les droits d'aînesse et de masculinité survécurent aux causes qui les avaient fait naître. Il fallut une révolution pour ramener les successions à des règles plus conformes aux données de la raison et de la nature.

Depuis 1789, des lois nombreuses, prenant toutes pour point de départ la prééminence de la succession légitime sur la succession testamentaire, ont réglé la dévolution des biens après décès. La plus importante est celle du 17 nivôse an II, qui reproduisit, en les exagérant, les principes contenus dans les novelles 118 et 127 de Justinien.

Les rédacteurs du Code sont venus à leur tour consacrer ces principes, en réglant la dévolution des biens selon l'ordre indiqué par les rapports de la parenté et l'affection présumée du défunt. Mais ils ont d'ailleurs, comme nous le verrons dans l'*Explication des successions* ab intestat *et testamentaires*, plutôt suivi les règles du droit coutumier que celles du droit romain. Il nous suffit d'indiquer, dès à présent, ce trait général de la matière que nous allons étudier. L'examen détaillé des diverses dispositions du Code nous permettra seul d'en préciser le sens et la portée.

CHAPITRE PREMIER

DE L'OUVERTURE DES SUCCESSIONS ET DE LA SAISINE
DES HÉRITIERS.

ART. 718. Les successions s'ouvrent par la mort naturelle et par la mort civile.

719. La succession est ouverte par la mort civile, du moment où cette mort est encourue, conformément aux dispositions de la section 2 du chapitre II du titre *de la Jouissance et de la Privation des droits civils*.

720. Si plusieurs personnes, respectivement appelées à la succession l'une de l'autre, périssent dans un même événement, sans qu'on puisse reconnaître laquelle est décédée la première, la présomption de survie est déterminée par les circonstances du fait, et, à leur défaut, par la force de l'âge ou du sexe.

721. Si ceux qui ont péri ensemble avaient moins de quinze ans, le plus âgé sera présumé avoir survécu. — S'ils étaient tous au-dessus de soixante ans, le moins âgé sera présumé avoir survécu. — Si les uns avaient moins de quinze ans, et les autres plus de soixante, les premiers seront présumés avoir survécu.

722. Si ceux qui ont péri ensemble avaient quinze ans accomplis, et moins de soixante, le mâle est toujours présumé avoir survécu, lorsqu'il y a égalité d'âge, ou si la différence qui existe n'excède pas une année. — S'ils étaient du même sexe, la présomption de survie, qui donne ouverture à la succession dans l'ordre de la nature, doit être admise : ainsi le plus jeune est présumé avoir survécu au plus âgé.

723. La loi règle l'ordre de succéder entre les héritiers légitimes : à leur défaut, les biens passent aux enfants naturels, ensuite à l'époux survivant ; et, s'il n'y en a pas, à l'État.

724. Les héritiers légitimes sont saisis de plein droit des biens, droits et actions du défunt, sous l'obligation d'acquitter toutes les charges de la succession : les enfants naturels, l'époux survivant et l'État doivent se faire envoyer en possession par justice dans les formes qui seront déterminées.

Observation. — On appelle succession :

1° L'*ensemble* des droits actifs et passifs laissés par un défunt ;

2° La *transmission* de ces droits. à une personne qui doit le représenter.

Le Code, s'inspirant des idées de l'ancien droit français, met au premier rang les successions légitimes, et au second les successions testamentaires.

Les successibles se divisent en deux classes bien distinctes :

Les uns continuent la personne du défunt, et sont conséquemment tenus de payer ses dettes, même au delà des forces de la succession : on les appelle *héritiers* LÉGITIMES.

Les autres succèdent aux biens par lui laissés, sans continuer sa personne, et conséquemment ils ne sont tenus du passif que jusqu'à concurrence de l'actif : on les appelle *successeurs* IRRÉGULIERS.

Nous reviendrons tout à l'heure sur les différences qui séparent les héritiers légitimes des successeurs irréguliers.

*De l'*OUVERTURE *des successions.* — L'ouverture de toute succession a lieu par le décès d'une personne. Elle a pour résultat de faire passer les droits du défunt à ses héritiers légitimes ou à ses successeurs irréguliers, et de réaliser ainsi leurs espérances. Il importe d'en préciser les causes et l'instant.

Aux termes de l'art. 718, les successions s'ouvrent par la mort naturelle et par la mort civile; mais nous savons déjà qu'une loi du 31 mai 1854 a supprimé la mort civile, et que cette cause d'ouverture des successions a cessé d'exister. Une succession ne peut donc plus être ou-

verte que par la mort naturelle. Maintenant c'est à l'instant
de cette mort qu'il faut se placer pour en régler la dévolution, et les héritiers peuvent être différents, selon que le décès a eu lieu à tel moment ou à tel autre. Par exemple, un
père et un fils meurent dans la même journée ; si le père prédécède, ne serait-ce que d'une minute, sa succession est recueillie par le fils et subsidiairement par les héritiers du fils,
c'est-à-dire pour moitié par les parents de la ligne paternelle, et pour moitié par les parents de la ligne maternelle
(art. 46). Si, au contraire, le fils prédécède, sa succession est
recueillie par le père et subsidiairement par les héritiers
du père, c'est-à-dire par les parents de la ligne paternelle
seulement. Maintenant, par qui et de quelle manière sera
prouvé le moment du décès ? Il le sera par toute partie intéressée et au moyen de toute espèce de preuves. Le législateur ne prescrit même pas la mention de l'heure sur les actes
de l'état civil, afin de laisser, au moins d'après un système,
toute latitude de preuve aux parties intéressées.

Dans certains cas, par exemple, dans le cas d'incendie ou
de naufrage, il est difficile, sinon impossible de prouver laquelle des deux personnes qui sont respectivement appelées
à la succession l'une de l'autre a survécu. Le Code veut qu'on
supplée à ce défaut de preuves par des présomptions tirées,
les unes, des circonstances du fait, et abandonnées à la sagesse des tribunaux ; les autres, de l'âge ou du sexe des comourants, et déterminées par la loi elle-même. Seulement
les présomptions tirées des circonstances du fait, et à plus
forte raison la vérification matérielle ou la preuve testimoniale de la priorité d'un décès par rapport à l'autre, doivent
être admises avant les présomptions tirées de l'âge ou du
sexe, parce qu'alors il y a d'un côté certitude presque entière,
et de l'autre simple probabilité (art. 720). Quelques exemples
vont préciser le sens et la portée de ces règles. Deux personnes respectivement appelées à la succession l'une de
l'autre périssent dans le même naufrage, et l'une savait na-

ger, tandis que l'autre ne le savait point ; la première sera évidemment présumée avoir survécu à la seconde, quels que soient d'ailleurs leur âge ou leur sexe respectifs. Si ces deux personnes avaient péri dans le même incendie, celle-là serait évidemment encore présumée avoir survécu, qui habitait dans la partie de la maison brûlée la dernière.

A défaut de ces circonstances de fait ou autres semblables, le juge doit appliquer les présomptions tirées de l'âge ou du sexe des comourants : voici quelles sont, à cet égard, les règles tracées par le Code.

La vie de l'homme est divisée en trois périodes, qui sont :

1° La période au-dessous de quinze ans ;

2° La période de quinze à soixante ans ;

3° La période au-dessus de soixante ans.

Pendant la première, les forces de l'homme vont en augmentant, et si les comourants ont tous les deux moins de quinze ans révolus, le plus âgé est présumé avoir résisté plus longtemps à la mort, et par suite avoir survécu.

Pendant la seconde période, les forces de l'homme sont à peu près stationnaires, et en conséquence les comourants qui auraient plus de quinze ans et moins de soixante ans révolus sont présumés avoir opposé une égale résistance à la cause de destruction sous laquelle ils ont succombé : on suit donc l'ordre de la nature, puisqu'il n'y a pas de raison pour l'intervertir, et le moins âgé est l'héritier du plus âgé.

Pendant la troisième période, les forces de l'homme vont en diminuant, et, en conséquence, le plus jeune des comourants qui ont soixante ans révolus, est présumé avoir survécu à l'autre.

Quant au sexe, la loi n'en tient compte que dans la seconde période. L'homme est réputé avoir plus de force que la femme, lorsque leur âge est le même ou qu'ils ne sont séparés l'un de l'autre que par une année de différence. Dans cette double hypothèse, le mâle est donc présumé avoir survécu ; mais si la différence des âges excède une année, on rentre dans le droit commun, et le plus jeune est l'héritier du plus âgé, quel que soit d'ailleurs le sexe de l'un ou de l'autre (art. 722).

Maintenant, il arrive souvent que les comourants ne sont pas tous dans la même période. Examinons comment il faut décider chacun des cas qui peuvent se présenter.

Si un comourant a moins de quinze ans révolus, et l'autre plus de quinze et moins de soixante, ce dernier est évidemment présumé avoir survécu ; car de quinze à soixante ans l'homme a plus de forces qu'au-dessous de cet âge.

Si un comourant a moins de quinze ans, et l'autre plus de soixante, leurs forces respectives sont également faibles, et dès lors il n'y a aucune raison de changer l'ordre de la nature. Le plus jeune succédera donc au plus âgé.

Si enfin l'un des comourants a plus de quinze ans révolus et moins de soixante, lorsque l'autre en a plus de soixante, le premier est présumé avoir survécu, puisque ses forces sont supérieures à celles du second.

Les présomptions précédentes sont exclusivement appliquées par le Code aux personnes respectivement appelées à la succession l'une de l'autre ; par exemple, à deux frères qui périssent dans un même événement, sans laisser de parents plus proches. Quelques auteurs ont voulu les étendre aux personnes qui ne seraient pas respectivement appelées à la succession l'une de l'autre. Ainsi on devrait les appliquer à trois frères périssant dans le même événement, lors même que l'un d'entre eux aurait des enfants, ce qui ne l'empêcherait pas d'être appelé à la succession des autres, mais ce qui empêcherait les autres d'être appelés à sa propre succession. Ce système doit être rejeté : d'abord, parce qu'il est contraire au texte de l'art. 720 ; ensuite, parce que les présomptions de la loi auraient peu d'utilité dans l'hypothèse où il n'y a pas de vocation réciproque des comourants à la succession l'un de l'autre ; en effet, lorsque les comourants sont tous héritiers les uns des autres, les présomptions du Code ont pour résultat de réunir toutes les successions en une seule, et de simplifier ainsi leur liquidation. Lorsqu'au contraire un ou plusieurs des comourants ont des parents plus proches que ne le sont les autres comourants, il est toujours nécessaire de liquider séparément leur succession, puisque chacun d'eux a des héritiers différents, et l'on comprend que le Code n'ait pas voulu étendre ses présomptions à des cas où elles auraient si peu d'utilité[1].

Signalons en passant une disposition particulière du droit intermédiaire, dont l'application est heureusement fort rare aujourd'hui. Une loi du 20 prairial an IV décide que si plusieurs personnes, respectivement appelées à la succession l'une de l'autre, sont exécutées le même jour, la plus jeune est présumée avoir survécu.

On admet généralement que les présomptions précédentes, spécialement écrites pour les successions *ab intestat*, ne s'appliquent jamais aux successions testamentaires[2]. L'on comprend en effet que le législateur ne facilite point, par ses présomptions, l'exécution de testaments dont le but est toujours de bouleverser plus ou moins l'ordre qu'il a lui-même établi dans la dévolution des successions. Conséquemment, quiconque alléguera l'existence d'un legs devra prouver la survivance du légataire, et, s'il ne peut la prouver, la dévolution des biens aura lieu, comme si le testateur et le légataire comourants n'avaient jamais eu ces qualités respectives ; telle est la décision formelle de l'art. 135. Mais les présomptions du Code s'appliqueraient sans aucun doute aux successeurs irréguliers, car alors l'hérédité est dévolue conformément à la volonté même du législateur.

Des DIFFÉRENTES SORTES *d'héritiers*. — Les héritiers *ab intestat* se divisent, comme nous l'avons dit plus haut, en héritiers légitimes et en successeurs irréguliers. Les premiers

---

[1] Massé et Vergé, t. II, § 352, note 1, p. 236. — Demolombe, *Succ.*, t. I, n. 112 et 113.

[2] Aubry et Rau, t. I, § 53, p. 167. — Demolombe, *Succ.*, t. I, n. 117.

représentent la personne du défunt ; les seconds recueillent simplement ses biens, sans représenter sa personne. Nous avons signalé une première conséquence de cette distinction ; les héritiers légitimes sont tenus *ultra vires* des dettes et charges de la succession ; les successeurs irréguliers n'en sont tenus que jusqu'à concurrence des biens par eux recueillis. Ajoutons que les héritiers légitimes ne pourraient pas, en renonçant à la succession par eux acceptée, se soustraire au payement des dettes héréditaires, qui sont désormais leurs dettes *personnelles ;* et que, au contraire, les successeurs irréguliers peuvent se mettre à l'abri de toute poursuite en abandonnant les biens par eux recueillis, puisqu'ils sont tenus à raison de ces biens seulement.

De la SAISINE. — La différence existant entre les héritiers légitimes et les successeurs irréguliers trouve son expression la plus saillante dans la saisine qui est accordée aux premiers et refusée aux seconds. On appelle *saisine* l'investiture de la succession donnée par la loi aux héritiers légitimes. Mais quelle est la nature et la portée de cette investiture ? Le voici : non-seulement l'héritier légitime devient par la mort du *de cujus* (*successione agitur*) propriétaire de la succession, mais il en reçoit encore de plein droit, et sans l'accomplissement d'aucune formalité préalable, la pleine et entière *possession.* En conséquence, il peut immédiatement exercer tous les droits du défunt, poursuivre ses débiteurs, revendiquer ses biens contre les tiers détenteurs, aliéner les meubles et les immeubles dépendants de la succession, de telle sorte, qu'au point de vue juridique, le défunt semble revivre dans son héritier. Il n'en est pas de même pour les successeurs irréguliers ; ils ont bien la *propriété* de la succession à dater du décès [1], mais la loi ne leur en accorde point la *possession*, et, par suite, ils ne peuvent exercer les droits qui appartenaient au défunt, qu'après avoir obtenu cette possession, soit des héritiers légi-

---

[1] Demolombe, *Succ.*, t. II, n. 38 et 39. Paris, 30 juin 1851.

times avec lesquels ils concourent, soit de la justice. Au surplus, la mise en possession des successeurs irréguliers doit rétroagir au jour de l'ouverture de la succession, car autrement la prescription se trouverait n'avoir pas couru au profit de la succession contre les tiers pendant l'intervalle, lorsqu'elle a couru au profit des tiers contre la succession (art. 2258, 2259); résultat injuste et inadmissible. Certains auteurs contestent cependant cette rétroactivité, en se fondant sur ce que l'on ne peut en droit supprimer une lacune de possession, qui en fait a existé. Mais on peut répondre que, dans l'intervalle, la succession *sustinebat personam defuncti* et ne cessait pas de posséder contre les tiers, comme les tiers contre elle. La seule différence qui sépare les héritiers ayant la saisine de ceux qui ne l'ont pas consiste donc en ce que les premiers peuvent de plein droit, et à l'instant, s'emparer des biens et des actions laissés par le défunt, tandis que les seconds ne le peuvent point avant leur envoi en possession.

CHAPITRE II

DES QUALITÉS REQUISES POUR SUCCÉDER.

Art. 725. Pour succéder, il faut nécessairement exister à l'instant de l'ouverture de la succession. — Ainsi, sont incapables de succéder : — 1° celui qui n'est pas encore conçu ; — 2° l'enfant qui n'est pas né viable ; — 3° celui qui est mort civilement.

726. (*Abrogé par la loi du 14 juillet* 1819 *.) Un étranger n'est ad-

----

* *Loi du 14 juillet 1819, relative à l'abolition du droit d'aubaine et de détraction.*

1. Les art. 726 et 912 du Code civil sont abrogés : en conséquence, les étrangers auront droit de succéder, de disposer et de recevoir de la même manière que les Français, dans toute l'étendue du royaume.
2. Dans le cas de partage d'une même succession entre des cohéritiers étrangers et Français, ceux-ci prélèveront sur les biens situés en France une portion égale à la valeur des biens situés en pays étranger dont ils seraient exclus, à quelque titre que ce soit, en vertu des lois et coutumes locales.

mis à succéder aux biens que son parent, étranger ou Français, possède dans le territoire de l'Empire, que dans les cas et de la manière dont un Français succède à son parent possédant des biens dans le pays de cet étranger, conformément aux dispositions de l'article 14, au titre *de la Jouissance et de la Privation des droits civils.*

727. Sont indignes de succéder, et, comme tels, exclus des successions : — 1° celui qui sera condamné pour avoir donné ou tenté de donner la mort au défunt ; — 2° celui qui a porté contre le défunt une accusation capitale jugée calomnieuse ; — 3° l'héritier majeur qui, instruit du meurtre du défunt, ne l'aura pas dénoncé à la justice.

728. Le défaut de dénonciation ne peut être opposé aux ascendants et descendants du meurtrier, ni à ses alliés au même degré, ni à son époux ou à son épouse, ni à ses frères ou sœurs, ni à ses oncles et tantes, ni à ses neveux et nièces.

729. L'héritier exclu de la succession pour cause d'indignité est tenu de rendre tous les fruits et les revenus dont il a eu la jouissance depuis l'ouverture de la succession.

730. Les enfants de l'indigne, venant à la succession de leur chef, et sans le secours de la représentation, ne sont pas exclus pour la faute de leur père ; mais celui-ci ne peut, en aucun cas, réclamer, sur les biens de cette succession, l'usufruit que la loi accorde aux pères et mères sur les biens de leurs enfants.

De la CAPACITÉ requise *pour succéder.* — En principe, est capable de succéder tout héritier présomptif qui a survécu au défunt. Cette règle reçoit cependant plusieurs exceptions. Ainsi l'art. 725 déclare *incapables :*

1° Celui qui *n'est pas encore conçu.* — Pourquoi cette disposition ? Car l'enfant qui n'est pas conçu n'a pas existé, et quiconque n'a pas existé ne peut avoir survécu au défunt. — La disposition du Code a pour but d'exclure, dans les successions *ab intestat*, la possibilité de succéder avant d'être conçu, que l'on admettait autrefois dans les substitutions. Ainsi nous verrons que le petit-fils, par exemple, pouvait, quoique conçu postérieurement à la mort de son aïeul, recevoir les biens par lui grevés de substitution à son profit, de la même manière que s'il avait existé à l'époque de l'ouverture de la succession de cet aïeul. Certaines substitutions sont encore permises aujourd'hui, et, comme dans l'ancien droit français, les biens qui en sont frappés passent ou peuvent passer à des personnes non conçues au moment où décède le disposant. Mais ces transmissions de biens sont exceptionnelles, et, en général, il est vrai de dire que pour succéder, il faut être conçu lors de l'ouverture de la succession.

Comment ce fait pourra-t-il être constaté ? On ne peut ici recourir aux présomptions établies par les articles 312 et 315 pour la durée de la grossesse ; car ces présomptions ont pour but unique de déterminer la qualité des enfants, et aucun texte n'en autorise l'application, quand il faut savoir non plus si l'enfant est ou non légitime, mais s'il est ou non héritier. L'enfant devra donc produire des preuves directes pour établir qu'il était conçu lors de l'ouverture de la succession à laquelle il prétend [1].

Il est cependant des cas où les présomptions établies par les art. 312 et 315 pourront être invoquées par l'enfant qui veut succéder ; c'est lorsque la question de légitimité sera liée à la question de succession. Or, cette hypothèse se présentera toutes les fois que le mari de la mère étant mort, l'enfant naîtra dans les trois cents jours du décès. Cet enfant est, aux termes de l'art. 315, légitime, et les héritiers du mari ne peuvent prouver qu'il est adultérin. Il sera donc nécessairement héritier en vertu de la présomption qui protége sa légitimité.

2° Est encore *incapable* de succéder l'enfant qui n'est *pas né viable*. — Pourquoi ? — Parce que son existence a été tellement éphémère ou douteuse, que l'on ne peut en induire sérieusement sa survivance au défunt. D'ailleurs, il était raisonnable d'épargner aux héritiers définitifs les frais et les droits de mutation résultant d'une double transmission de la succession.

Ceux qui prétendent que l'enfant a recueilli la succession doivent prouver qu'il était conçu au moment de son ouver-

[1] Bugnet sur Pothier, t. I, p. 484. — Massé et Vergé, t. I, § 354, note 2, p. 241.

ture, et qu'il est né vivant. Mais cette double preuve une fois fournie, c'est aux tiers qui contesteraient la viabilité de l'enfant à l'établir ; car, en général, les enfants qui naissent vivants naissent viables.

Toute preuve est admissible pour constater, soit la viabilité, soit la non-viabilité de l'enfant ; car un fait de cette nature ne peut être établi par preuve préconstituée.

3° D'après l'art. 725 du Code, le *mort civilement* est incapable de succéder. Une loi du 31 mai 1854 a aboli la mort civile ; mais elle a laissé subsister l'incapacité de recevoir par donation ou par succession, et l'art. 725 conserve encore toute sa force prohibitive.

Enfin, était incapable de succéder, aux termes·de l'article 726, l'étranger appartenant à une nation qui n'accordait pas aux Français le même avantage. Mais une loi du 14 juillet 1819 est venue renverser ce principe de réciprocité, et aujourd'hui, tout étranger sans distinction peut succéder en France de la même manière que les Français. Cette loi, rendue dans le but de rappeler en France les capitaux qu'une longue guerre et une double invasion en avaient fait sortir, a survécu aux circonstances désastreuses qui l'engendrèrent.

L'article 2 de cette loi contient une disposition dont l'équité est manifeste. Il décide que, dans le cas de partage d'une même succession entre cohéritiers étrangers et Français, ces derniers prélèveront sur les biens situés en France une valeur égale à celle des biens situés en pays étranger dont ils seraient exclus en vertu des lois et coutumes locales. Soit une succession de 100, dont 50 se trouvent en France et 50 à l'étranger, avec deux héritiers, l'un Français et l'autre étranger, appelés à la recueillir par portions égales. Si la loi étrangère exclut le Français du partage des 50 situés à l'étranger, le Français prendra seul les 50 situés en France, car autrement il ne pourrait pas avoir toute sa part héréditaire, et l'égalité cesserait d'exister.

De l'indignité. — L'indignité empêche non de recueillir

la succession, mais de la conserver ; elle atteint toujours des personnes capables, car si le successible avait déjà été exclu pour cause d'incapacité, il serait impossible de prononcer sa déchéance pour cause d'indignité. Mais elle ne frappe, selon la plupart des auteurs, que l'héritier légitime et non l'héritier testamentaire pour lequel l'art. 1046 a établi à cet égard des règles particulières [1].

Aux termes de l'article 727, sont indignes :

1° Celui qui a été condamné pour avoir *donné* ou *tenté de donner la mort* au défunt ; et, en effet, il eût été immoral de voir un criminel s'enrichir des dépouilles de sa victime. Mais faisons observer que la culpabilité du successible ne peut légalement résulter que de sa condamnation ; peu importe d'ailleurs la peine dont il a été frappé. Ainsi le successible, déclaré excusable pour avoir, par exemple, donné la mort au défunt par suite de provocation (C. pén., art. 321), et comme tel condamné à une peine simplement correctionnelle, n'en devrait pas moins, selon la plupart des auteurs, être déclaré indigne. Et, en effet, la morale publique serait gravement offensée par le spectacle de cette succession tombant aux mains qui ont donné la mort au défunt. D'ailleurs, le système contraire donnerait à craindre que le successible provoqué ne tuât trop facilement le provocateur, puisque, à l'attrait de la vengeance, viendrait se joindre l'appât de la succession à recueillir.

Ne sont cause d'indignité :

Ni le meurtre par imprudence, bien qu'il constitue un délit (C. pén., art. 319) ; car on ne peut frapper d'une déchéance aussi grave une personne dont l'intention était innocente ;

Ni le meurtre commis en état de folie ou de légitime défense ; car il n'y a pas alors de culpabilité, ni de peine même correctionnelle (C. pén., art. 328, 329) ;

[1] *Sic* Demante, t. IV, n. 98 *bis* II. — Demolombe, *Succ.*, t. I, n. 218. — *Contrà*, Lyon, 12 janv. 1864.

Ni le meurtre commis par un mineur de seize ans, ayant agi sans discernement ; car il n'est pas non plus coupable ni punissable (C. pén., art. 66).

2° Est indigne celui qui a porté contre le défunt une *accusation capitale* jugée calomnieuse. Ces expressions de l'art. 727 sont inexactes, puisque les particuliers n'ont plus aujourd'hui, comme à Rome, le droit de porter des accusations, et que, aux termes de l'art. 1 du Code d'inst. criminelle, le ministère public est seul investi de cet important privilége ; mais le Code a voulu frapper d'indignité celui qui porte une *plainte* ou fait une *dénonciation* calomnieuse contre le *de cujus*, dont le résultat eût pu être une condamnation capitale. La *plainte* a trait au crime ou délit dont on a personnellement souffert, et la *dénonciation* au crime ou délit dont autrui a été la victime. L'une et l'autre peuvent avoir des conséquences également funestes, et c'est pourquoi l'une et l'autre doivent entraîner l'indignité lorsqu'elles sont calomnieuses. Parmi les peines capitales, il faut mettre nonseulement la peine de mort proprement dite, mais encore celles des travaux forcés à perpétuité et de la déportation qui, avant la loi du 31 mai 1854, emportaient mort civile, et qui entraînent encore aujourd'hui les déchéances les plus graves. Au surplus, il faut que la plainte ou la dénonciation soient *jugées* calomnieuses pour être valablement alléguées. Conséquemment, si le *de cujus* n'a pas fait condamner son successible comme calomniateur, celui-ci n'aura pas encouru l'indignité.

3° Enfin est indigne l'héritier *majeur* qui, *instruit* du meurtre du défunt, ne l'a pas *dénoncé* à la justice ; mais le défaut de dénonciation ne peut être opposé aux ascendants et descendants du meurtrier, ni à ses alliés au même degré, ni à son époux ou à son épouse, ni à ses frères et sœurs, ni à ses oncles et tantes, ni à ses neveux et nièces. Faut-il ajouter à cette nomenclature de l'art. 728 les alliés à titre de collatéraux, comme les alliés à titre d'ascendants ou de descendants? Non, d'après le texte même de l'article ; oui, d'après l'historique de sa rédaction, et en effet le tribunat demanda et obtint que les alliés en ligne collatérale fussent assimilés aux parents légitimes dans la même ligne. Or, les mots *ni à ses alliés au même degré* furent par erreur laissés après la désignation des ascendants et descendants ; évidemment, ils n'ont pas de sens à la place qu'ils occupent, puisque les ascendants et les descendants sont tous exceptés sans limitation de degrés. Il faut donc les mettre à la fin de la nomenclature et de l'article, et dès lors l'exception comprend les alliés dans la ligne collatérale, aussi bien que les alliés dans la ligne ascendante ou descendante.

L'exception du Code est du reste fort raisonnable, car on ne peut reprocher à un parent ou allié de n'avoir pas dénoncé le crime commis par son parent ou allié ; mais elle mènera souvent à un résultat contradictoire avec son but ; en effet, le successible sera précisément obligé de dénoncer son parent meurtrier pour prouver qu'il n'était pas tenu de le dénoncer, et, en voulant profiter de l'exception, il froissera le sentiment de délicatesse que cette exception avait pour but de protéger. Dans un cas, cependant, cette contradiction n'aura pas lieu : c'est quand le meurtrier sera déjà connu indépendamment du fait de l'héritier à l'époque où celui-ci invoquera le bénéfice de l'exception.

L'héritier qui n'aura pas profité de l'exception pourra-t-il faire réformer le jugement en vertu duquel il a été exclu de la succession, si plus tard il est établi qu'il n'était pas tenu de dénoncer le meurtrier? Oui, pourvu qu'il soit encore dans les délais de l'appel, ou que ses adversaires se soient mis par leur dol dans un cas de requête civile (C. pr., art. 480) ; mais non dans toute autre hypothèse, car, en dehors des cas de réformation formellement prévus par le Code, tout jugement est inattaquable, et, par suite, toute erreur irréparable.

Le pardon accordé par le défunt à son successible indigne

ne couvrirait pas son indignité, car on ne peut déroger aux règles qui intéressent l'ordre public ou les bonnes mœurs. (C. Nap., art. 6.)

A QUI *compète l'action en indignité.* — Peuvent intenter l'action en indignité toutes les personnes ayant un intérêt né et actuel, c'est-à-dire les cohéritiers de l'indigne, ou, à défaut de cohéritiers, les successibles du degré subséquent. Leurs créanciers ne le pourraient point, par la raison que l'art. 1166 du Code ne permet aux créanciers d'exercer les droits de leur débiteur que dans le cas où ils ne sont pas exclusivement attachés à sa personne. Or, l'action en indignité a précisément un caractère personnel, puisque son but est la flétrissure d'un héritier coupable. L'on ne peut donc, sans la dénaturer, en faire une arme pour des intérêts purement pécuniaires.

L'indignité ne peut jamais atteindre qu'une personne vivante, et, en effet, elle est une véritable pénalité ; les pénalités ne peuvent être prononcées ni contre un défunt, ni contre ses héritiers.

Des EFFETS *de l'indignité.* — L'indignité entraîne l'exclusion rétroactive du successible, et tout doit se passer comme s'il n'avait jamais recueilli l'hérédité (art. 729). Conséquemment il est tenu de restituer aux ayants droit, non-seulement tous les capitaux, mais encore tous les biens et revenus qu'il a perçus depuis l'ouverture de la succession. Il ne faut même pas faire d'exception en faveur de l'héritier qui encourt l'indignité postérieurement au décès, parce que, par exemple, il découvre après coup, et sans le dénoncer à la justice, le meurtre du défunt. En effet, le Code ne distingue pas, et il frappe l'indigne avec la même sévérité, que la date de son indignité soit ancienne ou récente.

Par une juste réciprocité, l'exclusion de l'indigne fait revivre les droits d'hypothèque, de servitude ou autres qu'il avait sur les biens du défunt, et que la confusion de l'hérédité avec ses biens personnels avait éteints. De la sorte, toutes choses se trouvent rétablies, par rapport à l'indigne, dans l'état où elles étaient avant l'ouverture de la succession.

L'indignité est, avons-nous dit, une peine ; or, comme toute peine doit exclusivement frapper le coupable, il en résulte que les droits concédés à des tiers par l'indigne, avant son exclusion de l'hérédité, doivent être maintenus. Ainsi les hypothèques, les servitudes et autres droits réels par lui constitués, conserveront leur entière validité.

Les actes conservatoires ou d'exécution par lui faits au profit de l'hérédité subsisteront, car les anéantir serait préjudicier, non à l'indigne qui abandonne la succession, mais aux héritiers innocents qui la recueillent à sa place.

De ce que l'indignité frappe exclusivement le coupable, il résulte encore que les enfants de l'indigne ne sont pas exclus de la succession pour la faute de leur père (art. 730). Seulement ils la recueilleront de leur propre chef, et non par représentation. Pourquoi? Parce que le représentant n'a que les droits du représenté. Or, ici le représenté a été exclu de la succession, et ses enfants ne peuvent invoquer les droits qu'il a lui-même perdus.

Les enfants de l'indigne, qui ne doivent pas en principe souffrir de la faute de leur père, seront cependant, à cause d'elle, exclus de la succession, toutes les fois que leur père aurait été en concours avec des cohéritiers, car alors ils seront primés par ces cohéritiers.

Ainsi, lorsque le défunt laisse deux enfants dont l'un est indigne, l'autre recueille toute la succession, puisqu'il est plus proche en degré que les enfants de l'indigne. Mais si, par exemple, le défunt laisse d'une part un enfant indigne qui a lui-même des enfants, et de l'autre un collatéral quelconque, les petits-enfants prennent toute la succession, car la ligne descendante est tout entière préférée, ainsi que nous le verrons plus tard, à la ligne collatérale.

Au surplus, l'article 730 n'avait pas besoin de dire que les enfants de l'indigne sont privés du bénéfice de la représentation, car l'article 744 ne permet pas de représenter les personnes vivantes, et pour être indigne il faut nécessairement avoir survécu au défunt. Si en fait le successible n'avait pas survécu, et qu'en conséquence il n'eût pas encouru la déclaration d'indignité, ses enfants seraient-ils encore dans l'impossibilité de le représenter ? L'article 730 nous conduit à une solution négative, car il prohibe la représentation de l'héritier qui a été déclaré indigne, et nullement celle de l'héritier qui *eût pu être* déclaré indigne. Or, comme l'indignité suppose la survivance, les enfants de l'héritier prédécédé peuvent le représenter.

On objecte :

1° Que l'article 730 est, dans ce système, une pure répétition de l'article 744, puisque d'un côté l'article 744 prohibe la représentation des personnes vivantes, et que, de l'autre, l'article 730 est seulement applicable dans l'hypothèse de cette survivance ; à quoi l'on répond que le Code a voulu dès à présent décider un point autrefois très-controversé, et que d'ailleurs il fait souvent lui-même, à un cas particulier, l'application d'un principe général ;

2° Que le représentant a seulement les droits du représenté, et que ces droits sont dans notre hypothèse anéantis par le fait de l'indignité : à quoi l'on répond que l'indignité empêche, non d'acquérir la succession, mais de la conserver. Les représentants de l'indigne l'acquerront donc comme lui, mais, à sa différence, ils pourront la conserver.

Concluons donc que les enfants de celui dont le prédécès a empêché l'indignité peuvent le représenter [1].

---

[1] *Sic* Marcadé, art. 730, n. 1. — *Contrà* Duranton, t. VI, n. 131.

CHAPITRE III

DES DIVERS ORDRES DE SUCCESSION.

—

PREMIÈRE SECTION
DISPOSITIONS GÉNÉRALES.

ART. 731. Les successions sont déférées aux enfants et descendants du défunt, à ses ascendants et à ses parents collatéraux, dans l'ordre et suivant les règles ci-après déterminées.

732. La loi ne considère ni la nature, ni l'origine des biens pour en régler la succession.

733. Toute succession échue à des ascendants ou à des collatéraux se divise en deux parts égales : l'une pour les parents de la ligne paternelle, l'autre pour les parents de la ligne maternelle. — Les parents utérins ou consanguins ne sont pas exclus par les germains ; mais ils ne prennent part que dans leur ligne, sauf ce qui sera dit à l'article 752. Les germains prennent part dans les deux lignes. — Il ne se fait aucune dévolution d'une ligne à l'autre, que lorsqu'il ne se trouve aucun ascendant ni collatéral de l'une des deux lignes.

734. Cette première division opérée entre les lignes paternelle et maternelle, il ne se fait plus de division entre les diverses branches ; mais la moitié dévolue à chaque ligne appartient à l'héritier ou aux héritiers les plus proches en degrés, sauf le cas de la représentation, ainsi qu'il sera dit ci-après.

735. La proximité de parenté s'établit par le nombre de générations ; chaque génération s'appelle un *degré*.

736. La suite des degrés forme la ligne : on appelle *ligne directe* la suite des degrés entre personnes qui descendent l'une de l'autre ; *ligne collatérale*, la suite des degrés entre personnes qui ne descendent pas les unes des autres, mais qui descendent d'un auteur commun. — On distingue la ligne directe, en ligne directe descendante et ligne directe ascendante. — La première est celle qui lie le chef avec ceux qui descendent de lui ; la deuxième est celle qui lie une personne avec ceux dont elle descend.

737. En ligne directe, on compte autant de degrés qu'il y a de générations entre les personnes : ainsi le fils est, à l'égard du père, au premier degré ; le petit-fils, au second ; et réciproquement du père et de l'aïeul à l'égard des fils et petits-fils.

738. En ligne collatérale, les degrés se composent par les géné-

rations, depuis l'un des parents jusques et non compris l'auteur commun, et depuis celui-ci jusqu'à l'autre parent. — Ainsi, deux frères sont au deuxième degré ; l'oncle et le neveu sont au troisième degré ; les cousins germains au quatrième ; ainsi de suite.

Notions générales. — Le Code examine successivement les divers ordres de successions, tant régulières qu'irrégulières. Avant d'entrer dans le détail de ses dispositions, il importe de poser quelques principes généraux qui dominent toute la matière.

1er PRINCIPE. — *La loi ne considère point l'origine des biens pour en régler la succession* (art. 732). — Ce principe négatif a pour but d'abroger un principe contraire de l'ancien droit français. Autrefois on distinguait les biens de toute succession en *nobles* ou *roturiers, meubles* ou *immeubles,* et leur dévolution était différente, suivant qu'ils avaient l'un ou l'autre de ces caractères. Aujourd'hui ces distinctions ont disparu, et les biens de toute nature sont dévolus et se partagent de la même manière.

2e PRINCIPE. — *La loi ne considère point l'origine des biens pour en régler la succession* (art. 732). — Ce principe négatif a encore pour but d'abroger un principe contraire de l'ancien droit français. Autrefois on divisait les biens de toute succession en *propres* et en *acquêts.* Étaient *propres* les biens provenant de la famille, soit du côté paternel, soit du côté maternel ; étaient *acquêts* les biens que le défunt avait acquis de son vivant, autrement que par donation ou succession émanées de parents en ligne directe. L'ancienne législation attachait la plus haute importance au maintien des propres dans la famille, et c'est pourquoi elle interdisait aux testateurs de faire des dispositions qui excédassent un cinquième. Voici maintenant de quelle manière le partage des propres était fait entre les membres de la famille. Dans chaque ligne, on attribuait aux parents les plus proches les biens qui provenaient de cette ligne, en vertu de la règle : *Paterna paternis, materna maternis.* Après la *fente,* ou division des

propres en paternels et maternels, venait la *refente*, ou subdivision des mêmes biens dans chaque ligne, selon des distinctions et sous-distinctions, qui variaient avec les diverses
coutumes. Quant aux acquêts dont le défunt n'avait pas disposé, la dévolution en avait également lieu d'une manière
différente suivant les coutumes.

A ce système compliqué de l'ancien droit français, le Code
a substitué un principe simple et unique. Aux termes de
l'art. 733, toute succession se partage en deux parts égales,
l'une pour les parents de la ligne paternelle, l'autre pour les
parents de la ligne maternelle, et cette bifurcation est indépendante de l'origine des biens compris dans la succession
(art. 732). Cette règle nouvelle peut avoir des conséquences
injustes ; car toute la fortune du défunt provient quelquefois
du côté paternel, ou réciproquement, et cependant le côté
maternel en prend la moitié, ou réciproquement ; mais l'esprit du Code est favorable à la division et au nivellement des
fortunes, et voilà pourquoi il attribue la moitié de la succession à chaque ligne, lors même que l'une d'elles a fourni
la succession tout entière. On peut formuler ainsi la règle
du Code : *Dimidium paternis, dimidium maternis.*

Nous avons dit que le Code ne recherche pas l'origine des
biens pour en régler la succession. Trois exceptions doivent
cependant être apportées à ce principe. L'on recherche l'origine des biens :

1° Lorsqu'il s'agit de régler la succession de l'adopté mort
sans postérité (art. 351 et 352). Dans ce cas, les biens qui
provenaient de l'adoptant retournent à lui, et ne passent pas,
comme le reste de la succession, aux collatéraux de l'adopté.
Rappelons que les enfants légitimes de l'adoptant peuvent,
comme leur père, reprendre les biens dans la succession de
l'adopté, mais que l'adoptant seul peut les reprendre jusque
dans la succession des enfants de l'adopté morts eux-mêmes
sans postérité.

2° Lorsqu'il s'agit de régler la succession de l'enfant qui, après avoir reçu de l'un de ses ascendants une donation, meurt sans postérité (art. 747). Nous reviendrons tout à l'heure sur cette exception.

3° Lorsqu'il s'agit de régler la succession d'un enfant naturel qui, après avoir reçu de son père ou de sa mère naturels une donation, meurt sans postérité (art. 766). Plus tard encore nous reviendrons sur cette exception.

3ᵉ Principe. — *Le Code ne reconnaît plus de droit d'aînesse ni de masculinité.* — En effet, tous les enfants et descendants succèdent à leurs ascendants, sans distinction de sexe ni de primogéniture, et encore qu'ils soient issus de différents mariages (art. 745). Ce double principe négatif abroge encore un double principe contraire de l'ancien droit français, dont l'application et les effets variaient suivant les coutumes.

Après avoir posé les principes fondamentaux des successions, nous allons examiner les dispositions particulières du Code sur les divers ordres d'héritiers légitimes.

Des divers ORDRES *d'héritiers légitimes.* — On appelle *ordre* une classe d'héritiers, qui souvent concourent ensemble dans le partage de la succession, et qui toujours excluent les héritiers d'un ordre inférieur. Le Code a traité cette matière sans méthode, mais le sens de ses dispositions n'est ni contestable ni contesté. De leur ensemble il résulte qu'il y a quatre ordres d'héritiers légitimes.

Le premier comprend *tous les descendants* légitimes du défunt, quel que soit leur degré.

Le second comprend à la fois et *certains ascendants* et *certains collatéraux*. On les appelle *privilégiés*, parce qu'ils priment les autres ascendants et les autres collatéraux. Cet ordre est mixte, puisqu'il se compose de parents pris dans la ligne directe et de parents pris dans la ligne collatérale. Les ascendants privilégiés sont le père et la mère; les collatéraux privilégiés sont les frères et sœurs du défunt ou descendants d'eux.

Le troisième ordre comprend les *ascendants non privilé-giés*, c'est-à-dire les ascendants autres que le père et la mère du défunt.

Enfin le quatrième comprend les *collatéraux non privilé-giés*, c'est-à-dire les collatéraux autres que les frères et sœurs du défunt ou descendants d'eux.

Les biens étant divisés en deux moitiés, l'une pour la ligne paternelle, l'autre pour la ligne maternelle, l'ordre le plus proche dans chaque ligne les recueille, à l'exclusion des ordres les plus éloignés. Or, comme les deux lignes sont in-dépendantes l'une de l'autre, il arrivera souvent que les deux ordres effectivement investis des deux moitiés de la succes-sion seront différents : ainsi, dans la ligne paternelle, la suc-cession pourra tomber aux mains du troisième ordre, par exemple, de l'aïeul ; tandis que dans la ligne maternelle elle tombera aux mains du quatrième ordre, par exemple, d'un cousin germain.

Dans chaque ordre, les biens appartiennent, sauf le cas de représentation, au parent le plus proche. Ainsi, lorsque la ligne paternelle, par exemple, comprend un aïeul et un bis-aïeul, le premier exclut le second et prend seul la moitié de la succession afférente à sa ligne. Pareillement, si la ligne maternelle comprend un cousin germain et un cousin issu de germain, le premier exclut le second et prend seul la moitié de la succession afférente à sa ligne. Mais, comme nous l'a-vons dit, la représentation vient modifier l'application de cette règle, en faisant arriver à la succession des parents qui, sans elle, seraient primés par des héritiers plus proches.

Avant d'examiner la nature et les effets de la représenta-tion, nous rappellerons la manière de compter les degrés de parenté. Dans la ligne directe, le nombre des degrés est égal au nombre des générations (art. 735-738). Ainsi du père au fils, il y a un degré ; du grand-père au petit-fils, deux degrés. Dans la ligne collatérale, le nombre des degrés est égal à la somme des degrés qui séparent chaque parent de l'auteur commun. Ainsi, le frère et la sœur sont à deux degrés l'un de l'autre, puisque chacun est à un degré de l'auteur commun. L'oncle et la nièce sont au troisième degré, car de l'oncle à l'auteur commun il y a un degré, et de l'auteur commun à la nièce, deux degrés.

DEUXIÈME SECTION

DE LA REPRÉSENTATION.

ART. 739. La représentation est une fiction de la loi, dont l'effet est de faire entrer les représentants dans la place, dans le degré et dans les droits du représenté.

740. La représentation a lieu à l'infini dans la ligne directe descendante. — Elle est admise dans tous les cas, soit que les enfants du défunt concourent avec les descendants d'un enfant prédécédé, soit que ; tous les enfants du défunt étant morts avant lui, les descendants desdits enfants se trouvent entre eux en degrés égaux ou inégaux.

741. La représentation n'a pas lieu en faveur des ascendants ; le plus proche, dans chacune des deux lignes, exclut toujours le plus éloigné.

742. En ligne collatérale, la représentation est admise en faveur des enfants et descendants de frères ou sœurs du défunt, soit qu'ils viennent à sa succession concurremment avec des oncles ou tantes, soit que tous les frères et sœurs du défunt étant prédécédés, la succession se trouve dévolue à leurs descendants en degrés égaux ou inégaux.

743. Dans tous les cas où la représentation est admise, le partage s'opère par souche : si une même souche a produit plusieurs branches, la subdivision se fait aussi par souche dans chaque branche, et les membres de la même branche partagent entre eux par tête.

744. On ne représente pas les personnes vivantes, mais seulement celles qui sont mortes, naturellement ou civilement. — On peut représenter celui à la succession duquel on a renoncé.

Définition de la REPRÉSENTATION. — Aux termes de l'article 739 : « la représentation est une fiction de la loi, dont « l'effet est de faire entrer les représentants dans la place, « dans le degré et dans les droits du représenté. » Cette définition a donné lieu à plusieurs critiques méritées : d'abord elle présente comme deux choses différentes la *place* et le *degré,* qui ne sont en réalité qu'une seule et même chose ; puis elle attribue aux représentants les droits du représenté. Or, comme le représenté n'a point eu de droits, puisque sa mort a précédé celle du *de cujus,* il fallait leur accorder par forme hypothétique les droits qu'*aurait eus* le représenté en cas de survie, au lieu de leur accorder par forme positive les droits du représenté. Enfin, le Code qualifie la représentation de *fiction.* La représentation est bien, si l'on veut, une fiction, en ce sens que les représentants issus du même représenté sont présumés ne former, comme lui, qu'une seule et même personne ; mais elle est une véritable réalité en ce sens que les représentants ont tous les droits qui fussent échus au représenté, s'il avait survécu.

ORIGINE *et* RAISON D'ÊTRE *de la représentation.* — La représentation a son origine historique dans le droit romain et sa raison d'être dans la nature même de l'homme. Nul doute, en effet, que l'affection des ascendants ne s'étende également sur tous les descendants sans distinction de degré, et que les petits-enfants, par exemple, n'occupent dans leur cœur et ne doivent conséquemment occuper dans leur succession la place du père prédécédé. D'ailleurs, il serait trop rigoureux que les descendants fussent privés des biens de leur aïeul, précisément parce qu'ils ont eu le malheur de perdre leur père. Aussi toutes les législations les ont-elles fait monter au degré du père prédécédé, pour leur permettre de concourir avec les enfants survivants du *de cujus,* qui, sans cette représentation, auraient pris toute la succession en vertu du principe que le parent plus proche exclut le parent plus éloigné.

Les règles de la représentation ont beaucoup varié. Tantôt elle a été seulement admise dans la ligne descendante, comme à une certaine époque de la législation romaine ; tantôt elle a été admise à l'infini tant dans la ligne collatérale que dans la ligne directe, comme sous la loi du 17 nivôse an II ; tantôt enfin les systèmes mixtes ont prévalu. Celui du Code est de ce nombre ; nous allons l'examiner.

Des personnes qui ont le DROIT *de représentation.* — Ont le droit de représentation :

1° Tous les *descendants à l'infini.* Ainsi l'arrière-petit-fils peut, par représentation, arriver à la succession de son bisaïeul, concurremment avec les propres enfants du défunt (art. 740).

2. Les collatéraux *descendant* des *frères ou sœurs* du défunt et à l'infini. Ainsi un arrière-petit-neveu peut arriver à la succession de son arrière-grand-oncle, concurremment avec le propre frère ou la propre sœur du défunt (art. 742).

Hors ces deux classes de parents, nul ne peut invoquer la représentation.

Ainsi, les ascendants supérieurs ne pourront jamais descendre par représentation et concourir avec des ascendants inférieurs dans la succession d'un descendant prédécédé : le bisaïeul sera donc exclu par l'aïeul, et l'aïeul par le père. Pareillement, les collatéraux ordinaires ne pourront jamais arriver, par représentation, au même degré que des collatéraux plus rapprochés, et le cousin issu de germain, par exemple, sera toujours exclu par le cousin germain. Pourquoi le Code a-t-il limité le bénéfice de la représentation aux descendants et aux collatéraux privilégiés? Probablement parce que les ascendants et les collatéraux plus éloignés n'ont pas dû compter sur la succession. Or, on comprend que le législateur n'ait point dérogé en leur faveur à la règle que le parent plus proche exclut les parents plus éloignés.

Des personnes qui PEUVENT ÊTRE REPRÉSENTÉES. — Peuvent être représentés, ainsi qu'il résulte des explications précédentes, tous les ascendants intermédiaires, soit dans la ligne directe, soit dans la ligne collatérale privilégiée, qui n'ont pas survécu au défunt, car s'ils lui ont survécu, ils sont en faute de n'avoir pas recueilli eux-mêmes la succession, et personne ne doit être recevable à invoquer les droits qu'ils ont perdus par leur indignité ou leur renonciation. Au surplus, les enfants doivent avoir une vocation propre et personnelle à l'hérédité pour pouvoir profiter de la représentation ; car s'il est équitable de déroger au droit commun en faveur de certains héritiers, qui, placés en ordre utile, recueilleraient de leur chef la succession, il serait irrationnel d'étendre cette dérogation à des héritiers qui, même placés en rang utile, ne pourraient soit acquérir, soit conserver la qualité d'héritiers.

La représentation, avons-nous dit, profite à tous les descendants légitimes du représenté. Profite-t-elle également à ses descendants par adoption ? On doit décider la négative, car l'adoption est essentiellement personnelle à l'adopté. Or, les enfants de l'adopté, n'ayant pas de vocation propre à la succession, sont par cela même non recevables à vouloir le représenter.

Un enfant naturel reconnu ne peut pas davantage représenter son père défunt, car, se rattachant uniquement à lui, il n'a jamais été et ne peut jamais être le successible de ses ascendants.

Mais l'enfant légitime qui aurait renoncé à la succession de son père ne serait point privé pour cela du droit de le représenter, car il a pu, en rejetant la succession du représenté, conserver le droit même de représentation qui est attaché à sa propre personne.

Des EFFETS *de la représentation.* — La représentation a deux effets principaux :

Le premier est de faire arriver à la succession des parents qui sans elle en eussent été exclus.

Le second est d'entraîner un partage par souches au lieu d'un partage par tête ; ainsi, lorsqu'un enfant est mort, laissant plusieurs petits-enfants, ces derniers ne recueillent ensemble que la part à laquelle fût arrivé leur père, en cas de survie. Les biens de chaque souche sont ensuite divisés par tête, c'est-à-dire par portions égales entre ous les représentants.

Nous verrons plus tard que tout représentant doit rapporter à la succession les biens reçus à titre gratuit du défunt par le représenté (art. 848).

Lorsqu'un des représentants fait défaut, sa part accroît naturellement aux autres représentants.

TROISIÈME SECTION

DES SUCCESSIONS DÉFÉRÉES AUX DESCENDANTS.

ART. 745. Les enfants ou leurs descendants succèdent à leurs père et mère, aïeuls, aïeules, ou autres ascendants, sans distinction de sexe ni de primogéniture, et encore qu'ils soient issus de différents mariages. — Ils succèdent par égales portions et par tête, quand ils sont tous au premier degré et appelés de leur chef ; ils succèdent par souche, lorsqu'ils viennent tous ou en partie par représentation.

PREMIER ORDRE *d'héritiers légitimes*. — Nous savons que les descendants composent le premier ordre d'héritiers légitimes et que les prérogatives autrefois attachées au sexe ou à la primogéniture n'ont pas été maintenues par le Code.

Les enfants légitimés et adoptifs ont les mêmes droits que les enfants légitimes (art. 333, 350) ; mais faut-il admettre les enfants légitimes de l'enfant légitimé ou de l'enfant adoptif à la succession de l'auteur de la légitimation ou de l'adoption ? L'affirmative n'est pas douteuse, lorsqu'il s'agit des enfants légitimes de l'enfant légitimé ; mais on doit admettre la négative lorsqu'il s'agit des enfants légitimes de l'enfant adoptif, car les effets de l'adoption sont limités à l'adoptant et à l'adopté, et ne peuvent être invoqués par les descendants de ce dernier. Cela résulte de l'art. 345, qui fait naître la dette d'aliments entre l'adoptant et l'adopté, mais non entre l'adoptant et les enfants de l'adopté. On objecte en vain que le mariage est prohibé entre l'adoptant et les enfants de l'adopté, car cette prohibition existe aussi entre les parents de l'adoptant et l'adopté, qui cependant leur reste étranger ; et que les enfants de l'adopté portent le nom de l'adoptant, car ils portent aussi le nom du père de l'adoptant auquel ils restent également étrangers.

Notons une inexactitude de rédaction dans le deuxième alinéa de l'art. 745, aux termes duquel les descendants succèdent par égales portions et par tête, quand ils sont *tous au premier degré* et viennent de leur chef. Il suffit évidemment que les descendants viennent à la succession de leur chef pour que le partage ait lieu par tête, et il n'est nullement nécessaire qu'ils soient tous au premier degré. Ainsi un père laisse deux enfants déclarés indignes, qui eux-mêmes ont des enfants : ces derniers arriveront tous de leur chef, et, quoique au second degré, ils partageront par tête et non par souche.

QUATRIÈME SECTION
DES SUCCESSIONS DÉFÉRÉES AUX ASCENDANTS.

Art. 746. Si le défunt n'a laissé ni postérité, ni frère, ni sœur, ni descendants d'eux, la succession se divise par moitié entre les ascendants de la ligne paternelle et les ascendants de la ligne maternelle. — L'ascendant qui se trouve au degré le plus proche recueille la moitié affectée à sa ligne, à l'exclusion de tous autres. — Les ascendants au même degré succèdent par tête.

747. Les ascendants succèdent, à l'exclusion de tous autres, aux choses par eux données à leurs enfants ou descendants décédés sans postérité, lorsque les objets donnés se retrouvent en nature dans la succession. — Si les objets ont été aliénés, les ascendants recueillent le prix qui peut en être dû. Ils succèdent aussi à l'action en reprise que pouvait avoir le donataire.

748. Lorsque les père et mère d'une personne morte sans postérité lui ont survécu, si elle a laissé des frères, sœurs, ou des descendants d'eux, la succession se divise en deux portions égales, dont moitié seulement est déférée au père et à la mère, qui la partagent entre eux également. — L'autre moitié appartient aux frères, sœurs ou descendants d'eux, ainsi qu'il sera expliqué dans la section v du présent chapitre.

CINQUIÈME SECTION
DES SUCCESSIONS COLLATÉRALES.

Art. 750. En cas de prédécès des père et mère d'une personne morte sans postérité, ses frères, sœurs ou leurs descendants sont appelés à la succession, à l'exclusion des ascendants et des autres collatéraux. — Ils succèdent, ou de leur chef, ou par représentation, ainsi qu'il a été réglé dans la section II du présent chapitre.

751. Si les père et mère de la personne morte sans postérité lui ont survécu, ses frères, sœurs ou leurs représentants ne sont appelés qu'à la moitié de la succession. Si le père ou la mère seulement a survécu, ils sont appelés à recueillir les trois quarts.

752. Le partage de la moitié ou des trois quarts dévolus aux frères ou sœurs, aux termes de l'article précédent, s'opère entre eux par égales portions, s'ils sont tous du même lit ; s'ils sont de lits différents, la division se fait par moitié entre les deux lignes paternelle et maternelle du défunt ; les germains prennent part dans les deux lignes, et les utérins ou consanguins chacun dans leur ligne seulement : s'il n'y a de frères ou sœurs que d'un côté, ils succèdent à la totalité, à l'exclusion de tous autres parents de l'autre ligne.

753. A défaut de frères ou sœurs, ou de descendants d'eux, et à défaut d'ascendants dans l'une ou l'autre ligne, la succession est déférée pour moitié aux ascendants survivants ; et pour l'autre moitié, aux parents les plus proches de l'autre ligne.— S'il y a concours de parents collatéraux au même degré, ils partagent par tête.

754. Dans le cas de l'article précédent, le père ou la mère survivant a l'usufruit du tiers des biens auxquels ils ne succèdent pas en propriété.

755. Les parents au delà du douzième degré ne succèdent pas. — A défaut de parents au degré successible dans une ligne, les parents de l'autre ligne succèdent pour le tout.

Observation. — Dans les deux sections qui précèdent, le Code traite des trois derniers ordres d'héritiers légitimes. Nous les avons réunies pour présenter les détails de cette matière avec plus d'ensemble et de netteté.

Deuxième ordre *d'héritiers légitimes.* — Nous savons déjà que cet ordre est mixte, et qu'il comprend à la fois des ascendants et des collatéraux. Voici les parts que le Code assigne aux uns et aux autres. Le père a droit à un quart, la mère à un quart, et les frères et sœurs ou descendants d'eux au restant de la succession. Lorsqu'un des ascendants privilégiés manque, son quart ne va pas à l'autre ascendant, comme l'art. 746 semble l'insinuer, mais aux collatéraux privilégiés, qui alors recueillent les trois quarts de la succession. Lors-

que le père et la mère manquent à la fois, ces collatéraux
ont droit à toute la succession, et ils priment tous les ascendants non privilégiés (art. 750). Toutefois nous verrons plus
tard que cette priorité des collatéraux privilégiés sur les ascendants ordinaires reçoit quelques exceptions, par exemple,
lorsqu'il s'agit de la réserve (art. 915).

Comme toute succession se partage par moitié entre les
deux lignes paternelle et maternelle du défunt, il est clair
que ses frères et sœurs ou descendants d'eux prendront dans
les deux lignes ou dans une seule, suivant qu'ils seront issus
du même mariage que lui ou de mariages différents.

On appelle *germains* les frères et sœurs nés de même père
et de même mère ; *consanguins*, ceux nés de même père et
de mères différentes ; *utérins*, ceux nés de même mère et de
pères différents.

Les frères et sœurs germains ou descendants d'eux prennent dans les deux lignes, puisqu'ils appartiennent à l'une
et à l'autre ; mais les frères et sœurs consanguins, ou descendants d'eux, prennent seulement dans la ligne paternelle,
puisqu'ils sont étrangers à la ligne maternelle ; et les frères
et sœurs utérins, ou descendants d'eux, prennent seulement
dans la ligne maternelle, puisqu'ils sont étrangers à la ligne
paternelle. Cependant, lorsqu'une ligne ne contient que des
ascendants ou collatéraux ordinaires, et que l'autre contient
des frères ou sœurs soit consanguins soit utérins du défunt
ou descendants d'eux, l'article 752 fait exception à la règle
que toute succession se partage entre les deux lignes, et il permet aux collatéraux privilégiés d'exclure tous autres parents
de l'autre ligne. Ainsi, quand le défunt a laissé dans la ligne
paternelle un frère consanguin, et dans la ligne maternelle
un aïeul ou un cousin, le frère consanguin prend la succession tout entière.

TROISIÈME ORDRE *d'héritiers légitimes.* — Il comprend les
ascendants non privilégiés, c'est-à-dire, les ascendants autres
que le père et la mère du défunt. Or, comme la représenta-

tion n'est pas admise en faveur des ascendants, le plus proche dans chaque ligne exclut le plus éloigné. Ainsi, quand une personne meurt laissant dans chaque ligne un aïeul et un bisaïeul, l'aïeul prend toute la succession, et ne la partage pas avec le bisaïeul.

Quatrième ordre *d'héritiers légitimes.* — Il comprend les collatéraux ordinaires, c'est-à-dire les collatéraux autres que les frères et sœurs du défunt ou leurs descendants. Ils n'ont pas non plus le bénéfice de la représentation, et conséquemment le plus proche exclut les plus éloignés.

Le père ou la mère survivants ont un avantage particulier, lorsque, dans la ligne à laquelle ils sont étrangers, il y a seulement des collatéraux ordinaires : l'article 754 leur accorde l'usufruit du tiers des biens auxquels ils ne succèdent pas en propriété.

Les parents ne sont successibles les uns des autres que jusqu'au douzième degré inclusivement. Si l'une des deux lignes ne comprend pas des parents au degré successible, tous les biens sont dévolus à l'autre ligne.

De la succession anomale *de l'ascendant donateur* (art. 747). — Le Code accorde un droit spécial à l'ascendant donateur sur la succession de son descendant donataire, mort sans postérité. Il lui permet de reprendre les biens donnés qui se trouvent encore en nature dans la succession. Cette succession anomale s'appelle ordinairement droit de *retour* ou de *réversion.* Il importe d'en préciser la nature et les effets.

Nature *de la succession anomale de l'ascendant donateur.* — Le droit de l'ascendant donateur est un véritable droit de succession, et il ne doit pas être confondu avec le droit de retour conventionnel dont parle l'art. 952 du Code. En effet, l'ascendant donateur, comme tout héritier d'ailleurs, reprend ici les biens dans l'état où ils se trouvent au moment de l'ouverture de la succession, avec les charges dont le donataire les a grevés, et en contribuant pour sa part au payement des dettes héréditaires. Le droit de retour conventionnel, au contraire, a pour effet d'anéantir toutes les charges dont les biens auraient été grevés par le donataire, et le donateur, qui les reprend, ne contribue en rien au payement des dettes de la succession. En vain dirait-on que l'ascendant donateur, succédant à des *objets déterminés*, et non à tout ou partie de l'*universalité* des biens laissés par le défunt, ne doit pas supporter une part des charges héréditaires. L'article 747 dit expressément que l'ascendant donateur est héritier, et, aux termes de l'article 724, tout héritier, sans distinction, doit participer au payement des dettes de la succession. La part que devra supporter l'ascendant donateur sera proportionnelle à celle que les biens par lui recueillis représentent dans l'ensemble de la succession.

Des ASCENDANTS *qui ont le* DROIT *de succession anomale.* — Tous les ascendants ont le droit de succession anomale : on l'a contesté toutefois avec raison, ainsi que nous le verrons un peu plus loin, aux père et mère de l'enfant naturel reconnu.

Des CONDITIONS *auxquelles est subordonnée la succession anomale de l'ascendant donateur.* — L'ascendant donateur ne succède aux biens par lui donnés que sous une double condition : la première, que le donataire soit mort sans postérité ; la seconde, que les biens se retrouvent en nature, ou en équivalents d'une certaine espèce dans la succession.

Et d'abord il faut que le donataire soit mort sans postérité. La postérité doit ici s'entendre non-seulement des enfants légitimes, mais encore des enfants légitimés et adoptifs, puisque leurs droits sont égaux à ceux des enfants légitimes [1]. Quant aux enfants naturels du donataire, ils n'écarteraient que pour moitié l'ascendant donateur ; car l'art. 757 ne leur accorde que la moitié des droits appartenant aux enfants légitimes, dans le cas où ils se trouvent en concours avec des ascendants du défunt.

---

[1] Demolombe, *Succ.*, t. I, n. 508. — Massé et Vergé, t. II, § 373, note 6, p. 286.

Lorsque le donataire ne laisse pas d'enfants, ou que ses
enfants renoncent à la succession, ou qu'enfin ils en sont exclus comme indignes, l'ascendant donateur reprend les biens
par lui donnés à l'encontre de tous autres héritiers légitimes,
même des collatéraux privilégiés ; et, en effet, la postérité
seule du donataire est préférable au donateur (art. 747).

Le droit de l'ascendant donateur s'éteint par la dévolution
des biens donnés à un descendant du donataire, et ne peut
revivre par le prédécès du descendant. En' d'autres termes,
l'ascendant donateur peut reprendre les choses données dans
la succession du donataire lui-même, mais non dans la succession des descendants de ce donataire [1]. Sous ce rapport,
son droit diffère de celui accordé par l'art. 352 du Code à l'a-
doptant qui reprend les biens par lui donnés jusque dans
la succession des enfants de l'adopté. Cette différence est
d'ailleurs rationnelle. Effectivement, les biens qui échappent
à l'ascendant donateur n'en restent pas moins dans sa famille
légitime, et, au contraire, ceux qui échapperaient à l'adoptant sortiraient de sa famille pour passer dans celle de l'a-
dopté. Or, un tel résultat serait regrettable.

Au surplus, la succession anomale de l'ascendant donateur a lieu dans l'hypothèse où la libéralité a été faite à un
descendant du deuxième ou du troisième degré, comme
dans l'hypothèse où elle a été faite à un descendant du premier degré.

Après avoir examiné la première condition à laquelle est
subordonnée la succession de l'ascendant donateur, qui est
le prédécès du descendant donataire sans postérité, passons
à la seconde, qui est la présence des biens donnés dans la succession du donataire, soit en nature, soit en équivalents d'une
certaine espèce.

De ce que la présence des biens donnés dans la succession
est exigée, il résulte :

---

[1] Demante, t. III, n. 56 *bis* X. — Cass., 20 mars 1850.

1° Que l'ascendant n'a plus son droit de succession, si les biens ont péri avec ou sans la faute du donataire. Mais puisque l'ascendant supporte la perte, il est juste et rationnel de ne pas lui imposer, en cas de plus-value, la restitution des dépenses faites par le donataire. Le Code a évidemment voulu mettre l'ascendant donateur et les autres héritiers du donataire à l'abri de tous comptes respectifs, et il faut s'en tenir à la solution que nous proposons ;

2° Que l'ascendant perd encore son droit de succession, quand le donataire dispose des biens donnés, même par testament. Il est vrai que, dans ce cas, les biens ne sont pas matériellement sortis de la succession au moment de son ouverture; mais la propriété n'en est pas moins, dès cette époque, transférée au légataire. Or, le droit d'un légataire est opposable à tout héritier légitime, et notamment à l'ascendant donateur, si d'ailleurs la réserve n'est point entamée, et ce n'est pas ici notre hypothèse.

Le droit de l'ascendant donateur est par contre maintenu dans le cas où les biens ont, tout en perdant leur individualité matérielle, conservé leur individualité juridique. Maintenant cette individualité existe :

1° Dans le cas où les biens ont été vendus et où le prix est encore dû par l'acheteur, car ce prix est la représentation évidente et certaine des choses données ;

2° Dans le cas où le donataire avait, par rapport à ces biens, une action en reprise. Qu'est-ce donc qu'une *action en reprise* ? Cette expression est fort large, et comprend toute action au moyen de laquelle les biens sortis du patrimoine du donataire pouvaient y rentrer. Ainsi, lorsque les immeubles donnés ont été vendus avec une lésion de plus des 7/12^{cs}, l'action en rescision, que l'art. 1674 accorde au vendeur pour faire résoudre un contrat si désastreux, est subrogée aux immeubles mêmes, et l'ascendant donateur la recueillerait. Pareillement il succéderait à l'action en nullité pour cause d'erreur, de violence ou de dol pratiqués contre le donataire, lors de l'aliénation. L'action en reprise signifie quelquefois plus particulièrement le droit de la femme, mariée sous le régime de la communauté, de retirer de la masse commune certains biens spécifiés par le contrat de mariage. Nul doute que l'ascendant donateur ne succédât à cette action, si elle se trouvait dans la succession de sa fille ou de sa petite-fille donataire.

Questions CONTROVERSÉES. — Plusieurs difficultés se présentent sur l'étendue qu'il convient de donner à la subrogation de certains droits ou actions aux biens aliénés par le donataire.

D'abord l'ascendant conserve-t-il son droit de succession lorsque le donataire, après avoir aliéné ses biens, les a plus tard recouvrés? Il est difficile d'admettre l'affirmative, car les biens se retrouvent dans le patrimoine du donataire, non plus à titre de *biens donnés*, mais à titre de biens *recouvrés*. Or, s'il convient que l'ascendant donateur reprenne tous les objets dont il avait enrichi la succession du donataire, il ne convient pas au même degré qu'il reprenne ces biens, lorsque le donataire les possède en vertu d'une acquisition peut-être fort onéreuse, au lieu de les posséder en vertu de son titre primitif. Il faut donc, dans cette hypothèse, écarter l'ascendant donateur.

Lorsque le descendant a échangé l'objet donné contre un autre, l'ascendant donateur peut-il reprendre ce dernier comme il eût pu reprendre le premier? Oui, car le bien donné n'a pas perdu son individualité juridique, et il n'y a aucune différence sérieuse entre la substitution aux biens donnés de l'objet provenant de l'échange, et la substitution à ces mêmes biens d'un droit de créance ou de reprise résultant d'un autre genre d'aliénation.

Enfin, l'ascendant donateur conserve-t-il son droit de retour, lorsque les biens donnés sont représentés par des sommes payées et désormais confondues avec le reste de la succession? La jurisprudence admet l'affirmative, car à ses yeux il suffit que la *valeur* des biens donnés se trouve dans la succession. Mais son système doit être écarté, par la raison que l'on ne peut jamais démontrer la présence, dans la succession, de la somme représentant ces biens aliénés. Le donataire a pu soit la dilapider, soit rendre impossible la constatation de son origine en la confondant avec le reste de sa fortune. D'ailleurs, avec le système de la jurisprudence, l'ascendant donateur pourrait exercer son droit de retour toutes les fois que les biens auraient été aliénés à titre onéreux, puisque leur valeur se trouverait nécessairement dans la masse héréditaire. Or, il est évident que le Code a voulu limiter cet exercice à des cas exceptionnels [1].

Lorsque l'ascendant est en même temps appelé et à la succession anomale et à la succession ordinaire, il peut évidemment invoquer ou ces deux titres, ou l'un d'eux seulement, puisque les deux successions sont indépendantes l'une de l'autre.

CHAPITRE IV

DES SUCCESSIONS IRRÉGULIÈRES.

—

PREMIÈRE SECTION

DES DROITS DES ENFANTS NATURELS SUR LES BIENS DE LEURS PÈRE OU MÈRE, ET DE LA SUCCESSION AUX ENFANTS NATURELS DÉCÉDÉS SANS POSTÉRITÉ.

ART. 756. Les enfants naturels ne sont point héritiers ; la loi ne leur accorde de droit sur les biens de leurs père ou mère décédés, que lorsqu'ils ont été légalement reconnus. Elle ne leur accorde aucun droit sur les biens des parents de leurs père ou mère.

757. Le droit de l'enfant naturel sur les biens de ses père ou mère décédés est réglé ainsi qu'il suit : — Si le père ou la mère a laissé des descendants légitimes, ce droit est d'un tiers de la portion

—

[1] V. Marcadé, art. 747, n. 5 et 6. — Duranton, t. VI, n. 234 et suiv.

héréditaire que l'enfant naturel aurait eue s'il eût été légitime ; il est de la moitié, lorsque les père ou mère ne laissent pas de descendants, mais bien des ascendants ou des frères ou sœurs ; il est des trois quarts, lorsque les père ou mère ne laissent ni descendants ni ascendants, ni frères ni sœurs.

758. L'enfant naturel a droit à la totalité des biens, lorsque ses père ou mère ne laissent pas de parents au degré successible.

759. En cas de prédécès de l'enfant naturel, ses enfants ou descendants peuvent réclamer les droits fixés par les articles précédents.

760. L'enfant naturel ou ses descendants sont tenus d'imputer sur ce qu'ils ont droit de prétendre tout ce qu'ils ont reçu du père ou de la mère dont la succession est ouverte, et qui serait sujet à rapport, d'après les règles établies à la section II du chapitre VI du présent titre.

761. Toute réclamation leur est interdite lorsqu'ils ont reçu, du vivant de leur père ou de leur mère, la moitié de ce qui leur est attribué par les articles précédents, avec déclaration expresse, de la part de leurs père ou mère, que leur intention est de réduire l'enfant naturel à la portion qu'ils lui ont assignée. — Dans le cas où cette portion serait inférieure à la moitié de ce qui devrait revenir à l'enfant naturel, il ne pourra réclamer que le supplément nécessaire pour parfaire cette moitié.

762. Les dispositions des articles 757 et 758 ne sont pas applicables aux enfants adultérins ou incestueux. — La loi ne leur accorde que des aliments.

763. Ces aliments sont réglés, eu égard aux facultés du père ou de la mère, au nombre et à la qualité des enfants légitimes.

764. Lorsque le père ou la mère de l'enfant adultérin ou incestueux lui auront fait apprendre un art mécanique, ou lorsque l'un d'eux lui aura assuré des aliments de son vivant, l'enfant ne pourra élever aucune réclamation contre leur succession.

765. La succession de l'enfant naturel décédé sans postérité est dévolue au père ou à la mère qui l'a reconnu ; ou par moitié à tous les deux, s'il a été reconnu par l'un et par l'autre.

766. En cas de prédécès des père et mère de l'enfant naturel, les biens qu'il en avait reçus passent aux frères ou sœurs légitimes, s'ils se retrouvent en nature dans la succession ; les actions en reprise, s'il en existe, ou le prix de ces biens aliénés, s'il est encore dû, retournent également aux frères et sœurs légitimes. Tous les autres biens passent aux frères et sœurs naturels, ou à leurs descendants.

Notions générales. — Après avoir exposé les règles des

successions légitimes, le Code passe aux règles des successions irrégulières. Or, de même que nous avons trouvé quatre ordres d'héritiers légitimes, pareillement nous trouvons ici quatre ordres de successeurs irréguliers, savoir :

1° Les *enfants naturels reconnus ;*

2° Les *père et mère naturels ;*

3° Le *conjoint survivant ;*

4° L'*État.*

Tous les successeurs irréguliers, moins ceux du premier ordre, sont, comme nous le verrons, exclus par les héritiers légitimes.

PREMIER ORDRE *de successeurs irréguliers.* — Il comprend, nous l'avons dit, les enfants naturels du défunt.

Historique. — Les droits des enfants naturels reconnus sur la succession de leurs père et mère naturels ont été, selon les époques, réglés de manières bien différentes. Sous l'ancienne jurisprudence, les enfants naturels ne pouvaient jamais réclamer que des aliments ; sous le droit intermédiaire, ils furent mieux traités, et la loi du 11 brumaire an II, qui eut un effet rétroactif, leur donna les mêmes droits qu'aux enfants légitimes. Le Code, fidèle à son système de transaction entre les idées extrêmes, leur accorde plus que des aliments, mais moins que les droits des enfants légitimes. Il évite ainsi le double écueil d'une exclusion trop rigoureuse pour être équitable, et d'une faveur trop étendue pour être sans péril pour la famille légitime.

Des enfants naturels qui ont ou n'ont pas des droits de succession. — Ont des droits de succession :

1° L'enfant volontairement reconnu par ses père et mère naturels ;

2° L'enfant qui a prouvé en justice sa qualité d'enfant naturel du défunt ; et, en effet, les termes de l'article 756 sont généraux et n'admettent aucune distinction entre les deux sortes de reconnaissance. On objecte cependant que la reconnaissance forcée offre moins de garanties que la recon-

naissance volontaire, et que par suite l'enfant naturel dont
le titre est inscrit dans un jugement ne doit pas être assimilé à celui dont le titre est inscrit dans un acte public
émané de ses auteurs. Mais si la reconnaissance judiciaire
peut être la conséquence d'un faux témoignage produit en
justice, la reconnaissance volontaire peut évidemment aussi
couvrir une adoption déguisée. D'ailleurs, *res judicata pro
veritate habetur*, et rien n'autorise ici une dérogation à ce
principe. La reconnaissance forcée a donc, au point de vue de
la succession, les mêmes effets que la reconnaissance volontaire. La question est résolue en ce sens par presque tous les
auteurs.

N'ont pas des droits de succession :

1° Les enfants adultérins ;

2° Les enfants incestueux.

La loi ne leur accorde, comme nous le verrons tout à
l'heure, que des aliments sur la succession de leurs père et
mère prédécédés.

De la PART *de succession qui revient aux enfants naturels.*
— Les enfants naturels ont des parts très-différentes dans la
succession de leurs père et mère naturels, suivant qu'ils concourent :

1° Avec les *descendants légitimes* du défunt ;

2° Avec ses *collatéraux privilégiés* ou avec *ses ascendants;*

3° Avec ses *collatéraux non privilégiés.*

Premier cas. — Lorsque les enfants naturels concourent
avec les enfants légitimes, ils ont *le tiers* de ce qu'ils auraient
eu s'ils avaient été légitimes (art. 757). Le calcul de cette
fraction est fort simple, s'il y a un seul enfant naturel. Ainsi
un enfant naturel en concours avec un enfant légitime aurait
eu la moitié de la succession s'il eût été légitime : il aura donc
le tiers de la moitié, c'est-à-dire un sixième. De même un enfant naturel, en concours avec deux enfants légitimes, aurait
eu un tiers de la succession s'il eût été légitime : il aura donc

un tiers du tiers, c'est-à-dire un neuvième. Mais le calcul de la part qui doit revenir aux enfants naturels, lorsqu'ils sont plusieurs, a donné lieu à différents systèmes. Nous allons exposer celui de la jurisprudence, qui nous paraît plus simple que rationnel, et parmi les systèmes de la doctrine celui qui nous paraît le plus conforme à la raison, aux textes et à l'équité.

D'après la jurisprudence, la part de chaque enfant naturel doit être calculée comme si tous les autres enfants étaient légitimes. Ainsi, lorsqu'il y a trois enfants naturels et un enfant légitime, on dit : Si tous les enfants étaient légitimes, chacun aurait le quart de la succession ; les enfants naturels auront donc le tiers du quart, c'est-à-dire un douzième. Or, comme ils sont trois, ils prendront trois douzièmes, et il en restera neuf pour l'enfant légitime.

Ce système doit être rejeté par la raison que l'enfant naturel, concourant avec d'autres enfants naturels, est dans la même situation que s'il concourait avec d'autres enfants légitimes, ce qui est illogique. D'ailleurs, il suffit de comparer le rapport qui existe entre les parts respectives de l'enfant naturel et de l'enfant légitime, quand il y a un seul enfant naturel ou quand il y en a plusieurs, pour démontrer que les résultats auxquels arrive la jurisprudence ne sont pas moins injustes qu'irrationnels. Ainsi nous avons vu qu'un enfant naturel, en concours avec un enfant légitime, a un sixième, et l'enfant légitime cinq sixièmes de la succession. Le rapport des deux parts est donc de 1 à 5. Au contraire, lorsqu'il y a trois enfants naturels et un enfant légitime, nous avons vu que chaque enfant naturel prenait un douzième, et l'enfant légitime neuf douzièmes de la succession. Le rapport des deux parts est donc de 1 à 9. D'où il suit que l'enfant légitime profite dans une progression toujours croissante du nombre des enfants naturels. Or, l'on ne peut admettre que le législateur ait voulu établir un système aussi variable. La fixité relative des parts est une condition nécessaire de l'équité.

II.   4

D'après la doctrine, au contraire, on fait le calcul de manière à conserver toujours la même proportion entre la part de chaque enfant naturel et celle des enfants légitimes. Or, comme tout le monde est d'accord lorsqu'il y a un seul enfant naturel, on prend pour base le rapport que l'on trouve dans ce cas entre sa part et celle de l'enfant ou des enfants légitimes, et on maintient la même proportion, lorsqu'il y a plusieurs enfants naturels en concours avec cet enfant ou ces enfants légitimes. Quelques exemples vont éclaircir et préciser ce système.

Soient un enfant légitime et un enfant naturel : le rapport de leurs parts héréditaires est de 5 à 1, comme nous l'avons établi précédemment. Maintenant, s'il y a deux ou trois enfants naturels, on divisera la succession en un nombre de parts tel qu'il y en ait toujours cinq pour l'enfant légitime contre une pour chaque enfant naturel. Or, puisque l'enfant légitime est représenté par 5 et chaque enfant naturel par 1, on obtiendra ce nombre en ajoutant au chiffre 5 autant de fois le chiffre 1, qu'il y aura d'enfants naturels. Ainsi, dans l'hypothèse d'un enfant légitime et de trois enfants naturels, on divisera la succession en huitièmes, dont 5 pour l'enfant légitime et 1 pour chaque enfant naturel.

Soient deux enfants légitimes et un enfant naturel ; tout le monde est d'accord que l'enfant naturel aura un tiers du tiers, c'est-à-dire un neuvième de la succession, et qu'il restera quatre neuvièmes pour chaque enfant légitime. Le rapport entre la part de l'enfant légitime et celle de l'enfant naturel est donc ici de 4 à 1. On le maintiendra dans l'hypothèse de plusieurs enfants naturels, et l'on divisera la succession en un nombre de parts tel qu'il y en ait toujours quatre pour l'enfant légitime contre une pour l'enfant naturel. Or, puisque chaque enfant légitime est représenté par 4, et chaque enfant naturel par 1, on obtiendra ce nombre en ajoutant au chiffre 8 autant de fois le chiffre 1 qu'il y aura d'enfants naturels. Ainsi, dans l'hypothèse de deux enfants légitimes et de trois enfants naturels, on divisera la succession en onze parties, dont 4 pour chaque enfant légitime, et 1 pour chaque enfant naturel.

Enfin, lorsqu'il y a trois enfants légitimes ou un plus grand nombre, on cherche toujours la part qui doit revenir à un seul enfant naturel concourant avec eux, et l'on conserve la proportion que l'on a trouvée, pour l'hypothèse où plusieurs enfants naturels sont en concours avec ces enfants légitimes.

Deuxième cas. — Lorsque l'enfant naturel concourt avec les collatéraux privilégiés ou les ascendants du défunt, il a la moitié de ce qu'il aurait eu s'il avait été légitime (art. 757). Or, comme il aurait eu toute la succession, il en aura la moitié. Les deux parts seront donc égales. Maintenant, s'il y a plusieurs enfants naturels, on appliquera le système proportionnel établi plus haut, et on divisera toujours la succession de manière que chaque enfant naturel ait à lui seul une part égale à celle des héritiers légitimes pris collectivement.

Soient trois enfants naturels et un frère légitime du défunt ; on divisera la succession en quatre parties, dont une pour chaque enfant naturel et une pour le frère légitime.

Quoique l'art. 757 ne désigne que les frères et sœurs parmi les collatéraux qui empêchent l'enfant naturel de recueillir plus que la moitié de ce qu'il aurait eu s'il eût été légitime, il faut y ajouter les descendants des frères et sœurs. En effet, le Code les met toujours sur la même ligne que les frères et sœurs eux-mêmes, et d'ailleurs, si la succession est irrégulière pour les enfants naturels, elle ne cesse pas d'être régulière et soumise aux principes du droit commun pour les parents légitimes. Le calcul sera donc le même et mènera au même résultat, quand le défunt aura laissé des enfants naturels en concours avec des neveux et nièces, que dans l'hypothèse où ces enfants naturels seront en concours avec des frères et sœurs [1].

---

[1] *Sic*, Marcadé, *Rev. crit.*, t. III, p. 938. — Demante, t. III, n. 75 *bis*, VII.— *Contrà*, Massé et Vergé, t. II, § 369, note 11. — Cass., 13 janv. 1862.

Troisième cas. — Lorsque l'enfant naturel est en concours avec les collatéraux non privilégiés, il a les trois quarts de ce qu'il aurait eu s'il avait été légitime. Or, comme il aurait eu toute la succession, il en aura les trois quarts. On appliquera encore ici le système proportionnel établi plus haut, et, s'il y a plusieurs enfants naturels, on divisera toujours la succession de manière que chaque enfant naturel ait à lui seul une part trois fois plus forte que celle des héritiers légitimes pris collectivement.

Soient trois enfants naturels et un cousin du défunt ; on divisera la succession en dix parties, dont trois pour chaque enfant naturel et une pour l'héritier légitime.

Si, dans une ligne, se trouvent des collatéraux privilégiés, ou des ascendants, et dans l'autre des collatéraux non privilégiés, le calcul des parts se fait séparément dans chacune des deux lignes, et toujours suivant les règles précédentes.

Lorsque le défunt ne laisse point de parents légitimes au degré successible, l'enfant naturel a la totalité de la succession.

Notons que les enfants légitimes de l'enfant naturel peuvent le représenter (art. 759), et même arriver de leur chef à la succession, si l'enfant naturel en a été déclaré indigne ou n'a pas voulu l'accepter. Et en effet, les enfants légitimes de l'enfant naturel se rattachent comme lui à leur aïeul.

Rappelons enfin que les enfants naturels reconnus volontairement pendant le mariage par l'un des époux n'ont aucun droit à sa succession à l'encontre de l'autre époux ou des enfants légitimes issus du mariage, à moins qu'ils ne soient eux-mêmes communs aux deux conjoints.

Obligation pour l'enfant naturel d'imputer ce qu'il a reçu du défunt sur sa part héréditaire. — L'art. 760 oblige l'enfant naturel à imputer sur sa part héréditaire les donations que lui aurait faites le défunt, et qui seraient sujettes à rapport (V. art. 843 et suiv.). Pourquoi cette imputation ? Parce que le législateur, dans le but de protéger les intérêts de la famille légitime, a voulu mettre un frein aux libéralités que les père et mère font souvent à leurs enfants naturels. Maintenant, de quelle manière se fait cette imputation ? Doit-on, pour calculer la part héréditaire de l'enfant naturel, prendre pour base les biens du défunt la libéralité déduite, ou les biens du défunt la libéralité comprise ? Le résultat est différent, car plus la masse des biens est considérable, plus la part revenant à l'enfant naturel l'est elle-même. Il faut, je crois, comprendre la libéralité dans la masse héréditaire, pour calculer ce qui doit revenir à l'enfant naturel. En effet, lorsqu'il est en concours avec des enfants légitimes, il a droit au tiers de ce qu'il aurait eu s'il avait été lui-même légitime. Or, s'il eût été légitime, il eût d'abord rapporté les biens donnés, et le calcul eût été fait sur la masse ainsi constituée. La manière d'opérer devra donc être la même lorsqu'il s'agit d'un enfant naturel.

L'art. 760 *in fine* semble confondre les règles de l'imputation avec celles du rapport. Il existe cependant de grandes différences entre l'une et l'autre de ces deux opérations. Les choses sujettes à imputation sont, il est vrai, les mêmes que celles sujettes à rapport, mais le défunt ne peut dispenser l'enfant naturel de l'imputation (art. 966), tandis qu'il peut dispenser du rapport tout autre donataire. En outre, les donations faites au conjoint ou aux enfants du successible ne sont pas sujettes au rapport (art. 845 et 849) ; et, au contraire, elles seraient sujettes à imputation, car, aux termes de l'article 911, les libéralités faites aux ascendants, conjoints ou descendants d'un incapable en général, et d'un enfant naturel en particulier, sont réputées faites à l'incapable lui-même.

Cas où l'enfant naturel ne peut RIEN *prétendre dans la succession de ses père et mère.* — Le Code, voulant écarter toutes discussions d'intérêt entre la famille légitime et les enfants naturels, décide (art. 761) que ces enfants ne pourront rien prétendre dans la succession de leurs père et mère

naturels, lorsqu'ils auront reçu de leur vivant la moitié de
la part qu'ils devaient recueillir dans leur succession, avec
déclaration expresse du donateur que son intention est
de réduire le donataire à la part qui lui est remise. Maintenant, est-ce là un moyen offert par la loi aux père et mère
naturels d'exclure leurs enfants naturels de la succession, ou
ces enfants ont-ils la faculté de répudier la donation qui contiendrait une clause d'exclusion ? Ce dernier sens paraît être
celui du Code. Effectivement, l'art. 761 suppose une donation *reçue* par l'enfant, et non une donation *imposée* par le
père. Conséquemment, les enfants naturels pourront à leur
choix, ou accepter la donation en perdant tout droit à l'hérédité, ou la rejeter en conservant leurs espérances de succession intactes [1]. A vrai dire, les enfants naturels trouveront le plus souvent, dans une donation immédiate égale à
la moitié de leur part héréditaire, l'équivalent de cette part
elle-même; car ils pourront, du vivant de leurs père et mère,
jeter les fondements d'une industrie ou d'un commerce qui
fera leur fortune, et fréquemment ils accepteront une telle
donation, quoique faite avec clause d'exclusion.

Au surplus, tout est en suspens jusqu'à la mort des père
et mère naturels ; car, à cette époque seulement, il sera possible de savoir si la donation égale ou non la moitié de la
part héréditaire revenant à l'enfant naturel.

Lorsque, en fait, la donation se trouve inférieure à cette
moitié, l'enfant naturel peut intervenir au partage de la
succession et réclamer un supplément. Mais quel supplément?
En bonne logique, ce devrait être le supplément de sa part *ab
intestat* tout entière, puisque l'enfant ne peut plus être écarté
du partage. Le Code en a cependant décidé autrement, et
il n'accorde à l'enfant que le supplément de la moitié de
cette part, probablement parce que la jouissance anticipée
de la donation lui a paru être une compensation suffisante.

---

[1] *Sic*, Demante, t. III, n. 30 *bis*, I. — Demolombe, *Succ.*, t. II, n. 105. —
Contrà Massé et Vergé, t. II, § 369, p. 278, note 2. — Cass., 31 août 1847.

En réalité, le législateur n'a pas atteint son but, car l'enfant peut toujours assister aux opérations d'inventaire, d'estimation, etc., qui suivent le décès de ses père et mère naturels, pour s'assurer qu'il a reçu la moitié de sa part héréditaire, de sorte qu'il se trouvera toujours ainsi en contact avec la famille légitime.

La donation reçue par l'enfant cesse d'avoir son effet exclusif lorsque la famille légitime du donateur ne lui a pas survécu, et, à moins de clause ou de testament contraires, cet enfant recueille alors toute l'hérédité, à l'encontre des autres successeurs irréguliers; ces derniers ne peuvent profiter d'une disposition uniquement introduite en faveur des héritiers légitimes.

Des droits des enfants ADULTÉRINS *ou* INCESTUEUX. — Nous avons déjà dit que les enfants adultérins ou incestueux n'ont droit qu'à des aliments; en conséquence, toutes les libéralités qu'ils auraient reçues au delà de leur pension alimentaire sont réductibles.

Nous ne reviendrons pas sur la manière dont peut se prouver la filiation adultérine ou incestueuse. Il nous suffit de renvoyer aux explications que nous avons déjà données sur ce point important dans notre tome Ier.

Le calcul des aliments se fait en prenant pour termes de comparaison, d'une part la consistance des biens à partager, et de l'autre les besoins de l'enfant adultérin ou incestueux. Il suffit que l'un des deux termes fasse défaut pour que tout droit aux aliments disparaisse. Ainsi l'enfant ne peut rien réclamer, soit lorsqu'il a une fortune personnelle, soit lorsque ses père et mère lui ont déjà assuré des aliments, soit enfin lorsqu'ils lui ont fait apprendre un art mécanique (art. 764). Il est évident que la même décision doit être donnée dans le cas où l'enfant, au lieu d'avoir appris un art mécanique, a reçu une éducation libérale qui lui procure des moyens de subsistance.

DEUXIÈME ORDRE *de successions irrégulières.* — Il comprend les père et mère naturels de l'enfant mort sans postérité légitime, ou même naturelle, car, entre ascendants et descendants naturels, l'on doit conserver l'ordre de succession établi entre ascendants et descendants légitimes, et faire passer ceux-ci avant ceux-là. Lorsque les père et mère naturels ont tous les deux reconnu leur enfant commun, chacun prend la moitié de la succession. Dans le cas contraire, celui qui a reconnu l'enfant la prend tout entière.

Les père et mère naturels peuvent-ils succéder aux enfants de leur enfant naturel ? Non ; car l'art. 765 leur permet seulement de succéder à l'enfant naturel, et l'on ne peut établir par analogie des droits de succession. Conséquemment, le conjoint survivant et l'État primeront le grand-père et la grand'mère naturels [1].

Enfin, dans le cas où les père et mère succèdent ensemble à l'enfant naturel, celui des deux qui a fait une donation au *de cujus* pourrait-il, comme l'ascendant légitime, reprendre les biens par lui donnés qui se trouvent encore en nature dans la succession (art. 747)? Sur ce point encore le Code est muet ; dès lors, il faut appliquer le principe que l'on ne recherche pas l'origine des biens pour en régler la dévolution, et, par suite, l'on ne doit pas admettre ici la succession anomale de l'ascendant donateur. On objecte à tort que les enfants légitimes du père naturel succèdent aux biens que l'auteur commun avait donnés à l'enfant naturel, et qui se retrouvent en nature dans sa succession (art. 766) ; car l'ouverture de ce droit particulier est subordonnée au prédécès des père et mère naturels [2].

Quant à la succession anomale des frères et sœurs légitimes du *de cujus*, nous renvoyons aux règles que nous avons exposées sur la succession anomale de l'ascendant donateur (art. 747). Faisons seulement observer que l'art. 766 ne l'ac-

---

[1] Caen, 9 juin, 1847. — Cass., 5 mars 1849.
[2] Aubry et Rau, t. V, § 608, p. 122. — Demolombe, *Succ.*, t. I, n. 495 et suiv.

corde qu'aux frères et sœurs légitimes issus du même père et de la même mère que le *de cujus*, qu'il ne l'étend pas aux descendants des frères et sœurs légitimes [1], et enfin que le surplus des biens est dévolu par préférence aux frères et sœurs naturels, ou même, car les successions ne s'établissent point par analogie, au conjoint survivant et à l'État. La préférence des frères et sœurs naturels du défunt a sa raison d'être dans une communauté de malheur ; celle de l'État a la sienne dans les risques qu'il court d'avoir à supporter l'entretien et l'éducation de l'enfant naturel dans le cas où il serait abandonné ; enfin, ni les frères et sœurs naturels, ni le conjoint survivant du défunt ne sont appelés à la succession de ses frères et sœurs légitimes, et cette exclusion commandait une exclusion réciproque. Voilà pourquoi les frères et sœurs légitimes de l'enfant naturel ne sont jamais ses héritiers pour les biens qui ne proviennent pas de l'auteur commun.

Signalons, en passant, un droit de succession accordé, par un décret du 8 novembre 1808, aux hospices sur les objets mobiliers apportés dans l'établissement par les malades dont l'entretien était gratuit.

DEUXIÈME SECTION

DES DROITS DU CONJOINT SURVIVANT ET DE L'ÉTAT.

Art. 767. Lorsque le défunt ne laisse ni parents au degré successible, ni enfants naturels, les biens de sa succession appartiennent au conjoint non divorcé qui lui survit.

768. A défaut de conjoint survivant, la succession est acquise à l'État.

769. Le conjoint survivant et l'administration des domaines qui prétendent droit à la succession sont tenus de faire apposer les scellés et de faire faire inventaire dans les formes prescrites pour l'acceptation des successions sous bénéfice d'inventaire.

770. Ils doivent demander l'envoi en possession au tribunal de première instance dans le ressort duquel la succession est ouverte. Le tribunal ne peut statuer sur la demande qu'après trois publica-

---

[1] Cass., 1er juin 1853.

tions et affiches dans les formes usitées, et après avoir entendu le procureur impérial.

771. L'époux survivant est encore tenu de faire emploi du mobilier, ou de donner caution suffisante pour en assurer la restitution, au cas où il se présenterait des héritiers du défunt, dans l'intervalle de trois ans ; après ce délai, la caution est déchargée.

772. L'époux survivant ou l'administration des domaines qui n'auraient pas rempli les formalités qui leur sont respectivement prescrites pourront être condamnés aux dommages et intérêts envers les héritiers, s'il s'en représente.

773. Les dispositions des articles 769, 770, 771 et 772 sont communes aux enfants naturels appelés à défaut de parents.

TROISIÈME ORDRE *de successeurs irréguliers*. — Le troisième ordre de successeurs irréguliers comprend le conjoint survivant qui se trouve ainsi primé non-seulement par la famille légitime, mais encore par les enfants naturels et les père et mère naturels du défunt. Un tel rang est à coup sûr peu favorable, et l'on doit regretter que le législateur n'ait pas fortifié le lien conjugal par une vocation plus immédiate de chaque époux à l'hérédité de l'autre. Au surplus, telle fut en réalité son intention, et le Conseil d'État écarta une proposition faite en ce sens, par cette seule considération que l'art. 734 donnait déjà au conjoint survivant un droit d'usufruit sur la succession de l'époux prédécédé. C'était une erreur matérielle, et ses conséquences fâcheuses auraient dû être réparées.

Rappelons que le mariage putatif produit, à l'égard de l'époux ou des époux de bonne foi, tous les effets d'un mariage valable (art. 202). Conséquemment, si le mariage putatif n'a pas été annulé avant l'ouverture de la succession, le conjoint survivant exercera tous ses droits de successeur irrégulier ; mais, dans le cas contraire, il ne pourra prétendre aucun droit à l'hérédité, car, au moment de l'ouverture de la succession, il n'était plus le conjoint du défunt.

QUATRIÈME ORDRE *de successeurs irréguliers*. — L'État est le dernier des successeurs irréguliers : *fiscus post omnes*.

Des OBLIGATIONS IMPOSÉES *aux successeurs irréguliers*. —

Le Code impose plusieurs obligations aux successeurs irréguliers, pour assurer la constatation, la conservation et la restitution, s'il y a lieu, des valeurs héréditaires. Ainsi les successeurs irréguliers doivent :

1° Faire apposer les *scellés;*

2° Faire procéder à l'*inventaire* de toutes les valeurs de la succession;

3° Rendre *publique* par affiche leur *demande* d'envoi en possession, afin que les héritiers légitimes soient mis en demeure de se faire connaître. Quelle sera la forme de ces publications? Le Code a omis de l'indiquer. Une circulaire ministérielle du 8 juillet 1806 a réparé cette omission pour le cas où la régie des domaines demande l'envoi en possession. Lorsqu'il s'agira des autres successeurs irréguliers, les tribunaux pourront prescrire ou les mesures de publicité indiquées par la circulaire, ou les mesures de publicité ordonnées par le Code de procédure pour la vente judiciaire des immeubles. L'envoi en possession ne sera jamais prononcé que trois mois après l'accomplissement de ces formalités;

4° Faire *emploi du mobilier,* soit en acquisitions d'immeubles ou de rentes sur l'État, soit en placements sur privilége ou hypothèque (art. 1065);

5° *Donner caution* de restituer les biens reçus au cas où des héritiers légitimes viendraient à se présenter. Après trois ans, cette caution est de plein droit déchargée; mais les héritiers légitimes pourront réclamer la succession, tant que la prescription ne sera pas accomplie.

L'État est exceptionnellement dispensé de donner caution, parce que sa solvabilité n'est et ne doit jamais être mise en doute.

Les enfants naturels sont évidemment dispensés des formalités ci-dessus, lorsqu'ils concourent avec des parents légitimes; alors, en effet, ces héritiers prennent eux-mêmes les mesures de constatation et de conservation des biens héréditaires, et ils délivrent en outre leur part de succession aux enfants naturels.

Le conjoint survivant et l'État n'arrivent, comme nous l'avons vu, à la succession, qu'en l'absence d'enfants légitimes ou d'enfants naturels reconnus. Mais est-ce à eux de prouver qu'il n'y a pas d'héritiers légitimes, ni d'enfants naturels? Oui, dans un système, car, dit-on, quiconque invoque un droit est tenu d'en prouver l'existence ; or, ici le droit des successeurs irréguliers est subordonné à l'absence de tous héritiers légitimes ou enfants naturels, et c'est à eux de la démontrer. Les mêmes auteurs pensent que, si cette preuve n'est pas fournie, la succession doit être confiée à un curateur. Ils se fondent sur les art. 811 et 812 du Code, aux termes desquels un curateur doit être nommé toutes les fois qu'il n'y a point d'héritiers légitimes connus. Mais cette opinion doit être écartée. D'un côté, en effet, les successeurs irréguliers pourraient difficilement prouver qu'il n'existe ni héritier légitime ni enfant naturel reconnu, ni enfin de successeur irrégulier d'un ordre suppérieur ; et, de l'autre, une succession n'est vacante que dans le cas où il ne se présente absolument personne pour la recueillir, pas même un successeur irrégulier. Enfin, l'art. 771, prévoyant l'hypothèse où des héritiers légitimes se présenteraient dans le délai de trois ans, à partir de l'envoi en possession des successeurs irréguliers, montre par cela même que la preuve n'a pas été fournie de l'inexistence de tout héritier légitime. Il suffit donc que les successeurs irréguliers présentent un acte de notoriété tendant à faire croire que le défunt n'a laissé ni parents légitimes, ni successeurs irréguliers d'un ordre supérieur, pour que le tribunal ne puisse pas refuser de les envoyer en possession.

Notons que les dispositions précédentes ne s'appliquent point aux père et mère naturels arrivant à la succession de leur enfant naturel mort sans postérité. Pourquoi? Parce que le défunt ne peut avoir alors de famille légitime, et qu'il n'y a pas à craindre une éviction ultérieure des père et mère naturels par des héritiers légitimes. Voilà pourquoi les père et

mère naturels sont dispensés de faire inventaire, de donner
caution, et même d'obtenir un envoi en possession. Ils recueilleront les biens de plein droit, comme s'ils étaient héritiers légitimes; seulement ils ne continuent pas la personne
du défunt[1].

Lorsque des héritiers légitimes se présentent, l'époux survivant et l'État, qui n'ont pas rempli les formalités légales,
doivent leur restituer les fruits qu'ils ont perçus ou négligé
de percevoir, et ils peuvent même être condamnés envers
eux à des dommages-intérêts (art. 772). La bonne foi doit
être fondée sur un juste titre pour donner la propriété des
fruits (art. 550).

Quelle est la force des actes consentis par les successeurs
irréguliers, lorsque la survenance d'héritiers légitimes prouve
que leur droit n'était qu'apparent? Cette question s'est
déjà présentée dans l'*Absence*, et nous avons décidé que
les actes d'administration doivent être maintenus, mais que
les actes de propriétaire ne sont pas opposables à l'héritier véritable. Cette règle admet cependant plusieurs exceptions. Ainsi, les actes faits par l'héritier apparent conservent
leur efficacité :

1° Lorsqu'ils ont eu pour objet une transmission de meubles, car les tiers peuvent invoquer la maxime : En fait de
meubles, la possession vaut titre (art. 2279);

2° Lorsque l'héritier apparent a reçu un payement de la
part d'un débiteur héréditaire, car l'art. 1240 valide expressément cette opération ;

3° Lorsque les actes ont été préalablement autorisés par la
justice; car, d'un côté, l'intérêt même de la succession exige
souvent que les immeubles en dépendant soient aliénés ou
hypothéqués; et, d'autre part, il n'existe point de garantie
plus efficace que celle de la justice.

---

[1] *Sic* Aubry et Rau, t. V, § 640, note 2. — *Contrà*, Demolombe, t. II,
p. 232. — Marcadé, art. 773.

CHAPITRE V

DE L'ACCEPTATION ET DE LA RÉPUDIATION DES SUCCESSIONS.

—

PREMIÈRE SECTION

DE L'ACCEPTATION.

ART. 774. Une succession peut être acceptée purement et simplement, ou sous bénéfice d'inventaire.

775. Nul n'est tenu d'accepter une succession qui lui est échue.

776. Les femmes mariées ne peuvent pas valablement accepter une succession sans l'autorisation de leur mari ou de justice, conformément aux dispositions du chapitre VI du titre *du Mariage* (217, 219). — Les successions échues aux mineurs et aux interdits ne pourront être valablement acceptées que conformément aux dispositions du titre *de la Minorité, de la Tutelle et de l'Émancipation* (461, 462).

777. L'effet de l'acceptation remonte au jour de l'ouverture de la succession.

778. L'acceptation peut être expresse ou tacite : elle est expresse, quand on prend le titre ou la qualité d'héritier dans un acte authentique ou privé ; elle est tacite, quand l'héritier fait un acte qui suppose nécessairement son intention d'accepter, et qu'il n'aurait droit de faire qu'en sa qualité d'héritier.

779. Les actes purement conservatoires, de surveillance et d'administration provisoire, ne sont pas des actes d'adition d'hérédité, si l'on n'y a pas pris le titre ou la qualité d'héritier.

780. La donation, vente ou transport que fait de ses droits successifs un des cohéritiers, soit à un étranger, soit à tous ses cohéritiers, soit à quelques-uns d'eux, emporte de sa part acceptation de la succession. — Il en est de même, 1° de la renonciation, même gratuite, que fait un des héritiers au profit d'un ou de plusieurs de ses cohéritiers ; 2° de la renonciation qu'il fait même au profit de tous ses cohéritiers indistinctement, lorsqu'il reçoit le prix de sa renonciation.

781. Lorsque celui à qui une succession est échue est décédé sans l'avoir répudiée ou sans l'avoir acceptée expressément ou tacitement, ses héritiers peuvent l'accepter ou la répudier de son chef.

782. Si ces héritiers ne sont pas d'accord pour accepter ou pour

répudier la succession, elle doit être acceptée sous bénéfice d'inventaire.

783. Le majeur ne peut attaquer l'acceptation expresse ou tacite qu'il a faite d'une succession que dans le cas où cette acceptation aurait été la suite d'un dol pratiqué envers lui; il ne peut jamais réclamer sous prétexte de lésion, excepté seulement dans le cas où la succession se trouverait absorbée ou diminuée de plus de moitié, par la découverte d'un testament inconnu au moment de l'acceptation.

Observation. — Lorsqu'une succession s'ouvre, l'héritier peut prendre trois partis différents, savoir :

I. *Accepter purement* et *simplement ;*

II. *Renoncer ;*

III. *Accepter sous bénéfice d'inventaire.*

I. *De* L'ACCEPTATION *pure et simple.* — Avant d'examiner la nature et les effets de l'acceptation pure et simple en droit français, disons un mot de la manière dont on acquérait en droit romain la qualité d'héritier. Il y avait trois sortes d'héritiers, savoir :

1° Les héritiers *nécessaires* (esclaves) ;

2° Les héritiers *siens et nécessaires* (fils de famille) ;

3° Les héritiers *externes* (étrangers à la famille).

Les héritiers *nécessaires* et les héritiers *siens et nécessaires* étaient investis, de plein droit et malgré eux, de l'hérédité, de sorte que non-seulement toute acceptation de leur part était inutile, mais qu'encore toute renonciation était impossible. Il n'en était pas de même des héritiers externes : ils restaient complétement étrangers à l'hérédité jusqu'à ce qu'ils eussent fait adition.

Le système du droit romain présentait un double inconvénient : d'une part, en effet, les héritiers des deux premières classes étaient comme continuateurs de la personne du défunt, tenus malgré eux de supporter *in infinitum* les dettes de la succession, même la plus onéreuse ; et, d'autre part, les héritiers externes, empêchés par une cause quelconque de faire adition immédiate de l'hérédité, pouvaient mourir sans transmettre la succession non encore acceptée à leurs propres héritiers.

Le Code a fait disparaître ce double inconvénient. Aujourd'hui, tout héritier est de plein droit investi de la succession, comme les héritiers nécessaires ou siens et nécessaires du droit romain ; mais par contre tout héritier peut, soit se dépouiller de la succession dont il est investi, soit convertir sa qualité d'héritier pur et simple en celle d'héritier bénéficiaire, et, par l'un ou l'autre de ces moyens, échapper aux charges d'une succession insolvable. L'acceptation n'a donc plus pour but ni pour effet d'attribuer l'hérédité ; son unique résultat est de confirmer dans le successible la qualité d'héritier et de lui enlever de la sorte la faculté de renoncer ; aussi certains auteurs ont-ils défini l'acceptation : la renonciation au droit de renoncer.

On a fait plusieurs objections contre cette manière d'entendre l'acceptation, et l'on a prétendu que son effet est d'attribuer au successible une qualité nouvelle, et non de consolider en lui une qualité préexistante.

On se fonde :

1° Sur l'article 775, aux termes duquel « Nul n'est tenu d'accepter une succession qui lui est échue. » Or, dit-on, ce texte paraît bien impliquer un acte, un fait volontaire de la part de l'héritier, et par cela même exclure son investissement tacite et *ipso jure* de la succession ; à quoi l'on répond que l'article 775 est la reproduction pure et simple de l'ancien principe du droit français : « Nul n'est héritier qui ne veut, » et que ce texte expliqué historiquement a pour but unique de consacrer dans la personne de l'héritier la faculté de renoncer.

2° Sur l'article 777, aux termes duquel « l'effet de l'acceptation remonte au jour de l'ouverture de la succession. » Pourquoi, dit-on, le Code prendrait-il la peine de faire remonter l'effet de l'acceptation au jour de l'ouverture de la succession, si effectivement l'héritier en était investi depuis cette époque ? A cela on répond que l'article 777 est mal rédigé ; le Code lui-même le démontre. En effet, l'article 724, d'une part, dit expressément que les héritiers légitimes sont *saisis de plein droit* des biens, droits et actions du défunt ; et, d'autre part, l'article 785 déclare que l'héritier renonçant est censé n'avoir jamais été héritier ; or, cette fiction ne serait-elle pas entièrement inutile si le successible n'avait pas été réellement héritier depuis l'ouverture de la succession ? En conséquence, concluons que l'acceptation, au lieu de conférer la qualité d'héritier, ne fait que la confirmer et la rendre irrévocable en la personne du successible.

La théorie que nous venons d'exposer admet cependant des exceptions : ainsi, lorsque le successible du premier degré renonce, l'acceptation de l'hérédité par le successible du degré subséquent a nécessairement pour effet de lui conférer une qualité nouvelle ; l'hérédité ne pouvait être en même temps sur la tête de l'un et sur la tête de l'autre. Mais comme, d'une part, tout héritier renonçant est censé n'avoir jamais été héritier (art. 785), et que, de l'autre, l'effet de l'acceptation remonte au jour de l'ouverture de la succession (article 777), il en résulte que fictivement le successible du second degré se trouve avoir toujours été héritier, et sa situation est la même que si, étant au premier degré, il avait dès l'origine recueilli la succession.

Au cas précédent, l'on peut ajouter celui de l'acceptation de l'hérédité par un successible qui avait d'abord renoncé (art. 790). Cette acceptation confère évidemment à l'héritier une qualité dont il était dépourvu depuis sa renonciation ; mais, comme tout à l'heure, elle la lui confère avec effet rétroactif au jour de l'ouverture.

L'acceptation pure et simple d'une succession a ses avantages et ses inconvénients.

Ses avantages consistent dans l'économie et la simplicité qui en résultent pour la liquidation de la succession. Les biens et les dettes du défunt se confondent avec les biens et les dettes de l'héritier ; et celui-ci gère l'hérédité en même temps et de la même manière que son propre patrimoine.

Ses inconvénients consistent dans les risques courus par l'héritier. Toutes les dettes et charges de la succession deviennent ses dettes et charges personnelles, et le passif héréditaire fût-il centuple de l'actif, l'héritier devrait le supporter tout entier. Aussi l'acceptation bénéficiaire est-elle, malgré les formalités et les frais qui en sont le cortége, préférable à l'acceptation pure et simple, toutes les fois que la solvabilité de la succession est douteuse. Quelquefois aussi la renonciation est plus avantageuse à l'héritier qu'une acceptation pure et simple ou bénéficiaire ; c'est lorsqu'il a reçu du défunt une donation excédant la part qu'il prendrait dans la succession. L'article 845 oblige, en effet, tout donataire acceptant à rapporter dans la masse commune les dons qui ne lui ont pas été faits par préciput : or, lorsque ce don excède la part héréditaire, le meilleur parti à prendre est évidemment une renonciation qui dispense du rapport.

Des CONDITIONS *requises pour la* VALIDITÉ *de l'acceptation.* — Trois conditions sont requises pour la validité de l'acceptation. Il faut :

1° Que la succession *soit ouverte ;* et en effet, dans un but d'honnêteté publique, le Code prohibe toute convention sur succession non encore ouverte (art. 1130) ;

2° Que l'héritier *connaisse* l'ouverture ; car, autrement, son acceptation aurait ce caractère immoral dont l'article précité fait une cause de nullité ;

3° Que l'héritier soit *capable* de s'obliger, puisque, par son acceptation, il met sur sa tête le fardeau de toutes les dettes et charges de la succession. De là cette conséquence que la femme mariée ne peut valablement accepter une succession sans l'autorisation de son mari ou de justice (art. 776), et que les tuteurs des mineurs ou interdits ne peuvent non plus accepter celles qui sont déférées à ces incapables que sous bé-

néfice d'inventaire et après y avoir été expressément autorisés par le conseil de famille (art. 776).

Nous avons dit que l'héritier ne peut accepter une succession non encore ouverte ; mais pourrait-il, se trouvant à un
degré inférieur, valablement accepter une succession ouverte,
au profit de l'héritier du degré supérieur, avant que celui-ci
l'ait répudiée ? Il le pourrait, car on ne rencontre plus là cette
spéculation odieuse sur la succession d'un vivant, que le Code
a voulu proscrire. Une telle acceptation est en tout point semblable à celle d'un legs fait sous une condition non encore
accomplie. Or, l'acceptation du légataire est sans aucun doute
valable, et comme il n'existe aucune raison de différence,
celle de l'héritier doit l'être également. Pothier donne à tort
la décision contraire.

Des DIFFÉRENTES MANIÈRES *d'accepter purement et simplement.* — L'acceptation pure et simple peut être *expresse* ou
tacite (art. 778).

De l'acceptation EXPRESSE. — L'acceptation est expresse
quand le successible prend le titre d'héritier dans un acte
authentique ou sous seing privé (art. 778).

Dans le but de prévenir toute difficulté sur la preuve d'un
fait si important, le Code ne permet pas d'accepter par simple déclaration verbale ; un écrit est dans tous les cas nécessaire, et il ne doit laisser aucun doute sur la volonté de l'héritier [1].

De l'acceptation TACITE. — L'acceptation est tacite quand
l'héritier fait un acte qui suppose nécessairement son intention d'accepter (art. 778). Ainsi l'héritier qui aliène ou hypothèque en cette qualité les immeubles de la succession
accepte tacitement, parce que l'on ne peut concilier l'intention de renoncer ou même d'accepter sous bénéfice d'inventaire, avec le fait de disposer préalablement des biens héréditaires. Au contraire, l'héritier qui administre, par exem-

---

[1] Marcadé, t. III, art. 778, n. 2. — Cass., 18 nov. 1863.

ple, en exploitant, louant ou réparant les biens, n'accepte point, puisqu'il ne manifeste pas l'intention de s'approprier la succession.

L'article 778 ajoute à tort que l'acte emportant acceptation tacite doit être tel que l'héritier n'aurait droit de le faire qu'en sa qualité d'héritier. Effectivement hypothéquer et aliéner les immeubles de la succession sont certainement des actes que l'héritier n'a le droit de faire qu'en sa qualité d'héritier ; et cependant ils n'emporteront pas acceptation tacite, si l'héritier les a accomplis croyant être propriétaire de son propre chef, et non comme représentant du défunt, des biens hypothéqués ou aliénés. Il faut donc uniquement considérer si l'acte suppose ou non l'intention d'accepter purement et simplement : s'il la suppose, le successible sera désormais héritier pur et simple, l'acte fût-il d'ailleurs dépourvu de toute importance. S'il ne la suppose pas, le successible pourra toujours accepter sous bénéfice d'inventaire ou renoncer, lors même que l'acte aurait, comme l'aliénation des immeubles, les plus graves conséquences.

De certains ACTES *emportant acceptation* TACITE.—Certains actes excluent en apparence et impliquent en réalité l'acceptation pure et simple de la succession, en telle sorte que celui qui les accomplit devient héritier pur et simple, et ne peut plus renoncer. Tels sont :

1° La *donation, vente* ou *transport* que fait l'un des cohéritiers de ses droits successifs, soit à un étranger, soit à un ou plusieurs de ses cohéritiers (art. 780). Effectivement, pour donner, vendre ou transférer une chose, il faut en être propriétaire (art. 938, 1599, 1702) ; et l'héritier qui donne, vend ou transfère ses droits successifs n'a pu les acquérir que par une acceptation de l'hérédité ;

2° La *renonciation* même gratuite que fait un des héritiers au profit d'*un* ou de *plusieurs* de ses cohéritiers (art. 780). En effet, cette renonciation dépouille certains héritiers de leur droit d'accroissement au profit de leurs cohéritiers ; or, cela suppose évidemment que le renonçant apparent est devenu propriétaire de la part de succession ainsi enlevée aux uns et donnée aux autres, ou, en d'autres termes, qu'il a accepté l'hérédité;

3° La *renonciation* faite par un héritier au profit de tous ses cohéritiers indistinctement, lorsqu'il reçoit le *prix* de sa renonciation (art. 780). Une telle renonciation n'est en effet qu'une vente de droits successifs, faite par l'un des héritiers à ses cohéritiers. La seule qui n'emporte point acceptation de l'hérédité est celle que l'un des héritiers consent au profit de tous ses cohéritiers indistinctement, et sans stipuler un avantage réciproque. Mais quelle différence y a-t-il entre la donation pure et simple que l'un des successibles fait à tous les autres de sa part héréditaire, et la renonciation que nous venons de définir? Le voici : l'héritier qui *donne* sa part à *tous ses cohéritiers* manifeste l'intention d'acquérir pour enrichir autrui, et, au contraire, l'héritier qui *renonce* au profit de *tous ses héritiers* indistinctement manifeste l'intention de ne pas acquérir, et il reste étranger aux conséquences de sa renonciation; en d'autres termes, les cohéritiers reçoivent dans le premier cas une part héréditaire des mains mêmes de leur cohéritier, et dans le second, ils la reçoivent des mains du législateur. Héritiers et donataires dans une hypothèse, ils sont simplement héritiers dans l'autre.

De là plusieurs conséquences graves. Ainsi :

1° Le cohéritier donateur est tenu de rapporter à la succession les libéralités qu'il avait reçues du défunt sans clause de préciput, tandis que le cohéritier renonçant n'est pas soumis à ce rapport.

2° Le cohéritier donateur peut être poursuivi par les créanciers de la succession jusqu'à concurrence de sa part dans les dettes et charges héréditaires, car, en donnant, il n'a pas cessé d'être héritier ; et, au contraire, le cohéritier renonçant est à l'abri de toute poursuite, puisqu'il est censé n'avoir jamais été héritier.

3° La donation d'une part héréditaire est soumise, comme toute autre, à la formalité d'un acte notarié contenant offre et acceptation expresses (art. 931), tandis que la renonciation a lieu par simple déclaration au greffe du tribunal de première instance (art. 784).

4° Le cohéritier donateur peut exiger des aliments des cohéritiers donataires, et demander la révocation de la libéralité pour cause d'inexécution des conditions, ou d'ingratitude, etc. (art. 953); le cohéritier renonçant, au contraire, ne peut jamais se prévaloir d'aucun de ces droits ou avantages.

De la TRANSMISSION *des successions.* — Lorsqu'un successible meurt avant d'avoir pris un parti, on dit que la succession ouverte à son profit est *transmise* à ses héritiers. Ces derniers ont les mêmes droits que le défunt, et peuvent, en conséquence, soit accepter purement et simplement ou sous bénéfice d'inventaire, soit renoncer (art. 781). Mais comme le défunt devait nécessairement prendre un parti unique, ils n'auront pas la faculté d'en prendre plusieurs. Il faudra donc qu'ils optent collectivement, soit pour l'acceptation pure et simple ou bénéficiaire, soit pour la renonciation. S'ils ne peuvent se mettre d'accord, la loi leur impose à tous la qualité d'héritiers sous bénéfice d'inventaire (art. 782). Cette disposition du Code peut avoir des effets regrettables : ainsi nous verrons que tout héritier, même bénéficiaire, est tenu de rapporter à la succession des libéralités à lui faites par le défunt (art. 843). Or, lorsque ces libéralités excèdent sa part héréditaire, il est évidemment lésé par cette acceptation forcée, puisqu'il prendra dans le partage moins qu'il ne remet dans la masse commune. Le législateur a sans doute pensé que cette hypothèse se présenterait fort rarement, et c'est pourquoi les successibles n'étant pas d'accord pour accepter ou répudier l'hérédité transmise, il leur impose d'une manière absolue, et sans se préoccuper des conséquences, la qualité d'héritiers sous bénéfice d'inventaire.

Nous terminerons sur ce point par une observation importante : c'est que la transmission des successions n'est pas une manière de succéder. En d'autres termes, les héritiers du successible qui est mort sans avoir pris un parti ne deviennent pas les héritiers de celui dont la succession leur est transmise. Les deux hérédités successivement ouvertes conservent leur individualité, quoique les biens dont elles se composent aillent en définitive se confondre dans les mêmes mains, et le premier défunt n'a jamais eu d'autre héritier que le successible mort sans avoir pris parti. Ainsi, lorsqu'un père meurt, laissant pour héritier un fils qui meurt lui-même avant d'avoir accepté ni répudié la succession, les héritiers du fils ne deviennent pas les héritiers du père, quoique la succession de celui-ci soit comprise dans la succession de celui-là. Cela résulte de ce principe, que l'on ne succède que de son propre chef ou par représentation. Or, ni l'une ni l'autre de ces manières de succéder ne se rencontrent dans notre hypothèse. De là cette conséquence, que les héritiers du fils rapporteront à la succession du père les donations qu'il en avait reçues, et, qu'au contraire, ils ne rapporteront pas celles dont ils avaient été eux-mêmes gratifiés, puisque le rapport ne se fait jamais qu'à la succession du donateur (art. 850) et qu'ils sont seulement ici les héritiers du donataire.

Des cas où l'acceptation d'une succession peut être RÉVOQUÉE. — L'acceptation d'une succession peut être révoquée :

1° Lorsque, émanant d'un *incapable*, elle n'a pas été précédée de toutes les formalités légales ;

2° Lorsque la succession étant insolvable, elle a été faite par l'héritier, en *fraude* de ses créanciers (art. 1167) ;

3° Lorsqu'elle a été entachée de *dol* (art. 783). Nous savons déjà que le dol n'est pas le seul vice qui puisse affecter le consentement : nous examinerons les autres tout à l'heure.

Aux termes de l'art. 1116, le dol n'est une cause de nullité que s'il émane de la partie adverse, et celui qui serait pratiqué par des tiers n'affecte en rien la validité de l'acte. Faut-il appliquer ici cette théorie générale, ou bien décider

que le dol est d'une manière absolue, et abstraction faite de
ceux qui l'ont pratiqué, une cause de nullité de l'acceptation ? Avant de résoudre cette question, disons par qui le
dol peut être pratiqué envers l'héritier : son acceptation intéresse évidemment deux classes de personnes : d'abord les
créanciers de la succession, qui auront ainsi la double garantie du patrimoine laissé par le défunt, et du patrimoine personnel de l'héritier acceptant ; puis les autres successibles,
qui pourront exiger le rapport, auquel ne serait pas tenu
leur cohéritier renonçant. Cela posé, il paraît bien que le dol
doit produire ici un effet absolu et entraîner la nullité de
l'acceptation, tant par rapport aux créanciers ou cohéritiers
qui en sont les auteurs que par rapport à ceux qui y sont
restés étrangers. D'abord, l'article 783 ne fait aucune distinction ; puis une différence radicale sépare l'acceptation
d'une succession de tous les contrats. Dans les contrats, chacune des parties compte sur l'engagement de l'autre, et lorsque toutes les deux sont de bonne foi, l'une ne doit pas
souffrir du dol dans lequel des tiers ont fait tomber l'autre.
Voilà pourquoi le dol ne devient, dans les contrats, une cause
de nullité que s'il émane de la partie adverse. Les choses sont
bien différentes dans l'acceptation d'une succession. D'un
côté, l'héritier n'a point pour but d'ajouter le contingent de
sa fortune personnelle à une succession qui peut être insolvable, et de l'autre, il n'est pour rien dans les obligations contractées par le défunt. Or, son acceptation doit être d'autant
plus libre, que les créanciers de la succession n'ont jamais dû
compter sur son patrimoine, ni ses cohéritiers sur le rapport
des libéralités qu'il a reçues du défunt ; et c'est pourquoi le
dol pratiqué par l'un des créanciers ou des cohéritiers, le
rend, à notre avis, recevable à demander la nullité de son acceptation par rapport à tous sans exception [1].

L'acceptation peut être révoquée :

_____

[1] Marcadé, art. 783, n. 2. — Duranton, t. VI, n. 454 et 455.

4° Lorsqu'elle a été entachée de *violence*, car la violence est un vice du consentement plus grave que le dol ;

5° Lorsqu'elle devient pour l'héritier une cause de lésion par la *découverte* d'un *testament* inconnu au moment de l'acceptation, lequel absorbe toute la succession, ou la diminue de plus de moitié (art. 783). De là cette conséquence que la lésion provenant de la découverte de dettes ou de donations inconnues à l'époque de l'acceptation ne permettrait pas de faire rescinder cette acceptation. Pourquoi cette différence? C'est que l'existence des dettes et des donations peut toujours être, sinon constatée, du moins soupçonnée par l'héritier. Les habitudes et les dépenses du défunt sont là pour le mettre sur la voie et l'éclairer. D'ailleurs, il ne dépendait que de lui d'accepter sous bénéfice d'inventaire. La découverte d'un testament, au contraire, est nécessairement imprévue, et le législateur devait autoriser l'héritier à demander la nullité d'une acceptation qui par elle-même n'était point téméraire. Voilà pourquoi la découverte de dettes, même excessives, n'a point le même résultat que la découverte d'un testament.

Maintenant il s'agit d'expliquer comment la découverte d'un testament peut léser l'héritier. Les legs contenus dans ce testament sont nécessairement universels, à titre universel ou particuliers (art. 1003 et suiv.). Or, les légataires universels ou à titre universel doivent supporter une part de passif proportionnelle à la part qu'ils prennent dans l'actif de la succession. Sous ce rapport il semble donc que l'héritier ne puisse pas être lésé par la découverte du testament, puisque les légataires supporteront proportionnellement avec lui les dettes et charges de la succession. Quant aux légataires particuliers, ils sont bien dispensés de contribuer au passif de la succession, mais, par contre, ils ne peuvent jamais exiger le payement de leurs legs que sur les biens de la succession. Ces biens épuisés, ils n'ont plus rien à demander, comme nous le démontrerons ultérieurement. Ils ne peuvent donc pas davantage léser l'héritier, dont la fortune personnelle se trouve toujours à l'abri de leurs poursuites. Comment alors concevoir la lésion dont parle le Code? Le voici : les légataires, désormais tous connus par la découverte du testament, exigeront leur payement de l'héritier. Or, comme celui-ci ne connaîtra pas toujours dès cette époque toutes les dettes de la succession, il ne pourra pas se soustraire à leur demande. Puis, lorsque les créanciers ignorés se présenteront à leur tour, il sera encore obligé de les payer, même sur ses biens personnels, car si l'héritier pur et simple n'est pas tenu de payer les legs en cas d'insuffisance de la succession, il est tenu *ultra vires* des dettes héréditaires. Il pourra donc arriver que l'héritier désintéresse les créanciers aux dépens de son propre patrimoine. Il aura bien un recours contre les légataires qui ont reçu le montant d'une libéralité à laquelle ils n'avaient pas réellement droit ; mais si ces légataires sont insolvables, il ne pourra pas recouvrer ce qui leur a été indûment payé, et, en définitive, il supportera la perte. Voilà comment l'héritier peut être lésé par la découverte d'un testament inconnu à l'époque de l'acceptation qui le dépouille d'une partie notable de la succession, fixée par l'article 783 à un *minimum* de moitié. La disposition du Code a donc sa raison d'être, et l'on ne peut qu'applaudir à son équité.

Lorsque toute la succession a été absorbée par le payement des dettes avant la découverte du testament, l'héritier n'a rien à payer aux légataires, et, conséquemment, il ne peut arguer de cette découverte pour demander la nullité de son acceptation.

L'art. 783 suppose que la nullité de l'acceptation est demandée par un héritier majeur, parce que la succession déférée à un héritier mineur a nécessairement été acceptée sous bénéfice d'inventaire, et que le bénéfice d'inventaire dispense de rien payer au delà des forces de la succession. Mais si la découverte d'un testament postérieur ne peut jamais nuire à l'héritier qui a accepté sous bénéfice d'inventaire, cette acceptation peut lui être préjudiciable sous un autre point de vue. Alors, en effet, il est tenu, comme nous l'avons vu plus haut, de rapporter à la masse les libéralités qu'il a reçues du défunt, et ces libéralités peuvent être supérieures à sa part héréditaire. Aussi n'est-il pas douteux que l'héritier mineur ne puisse demander la nullité d'une acceptation bénéficiaire qui lui porterait préjudice, et l'art. 783 ne lui serait certainement pas opposable, car il n'a pas été fait pour cette hypothèse.

Faisons observer, en terminant, que la lésion se confond ici avec l'erreur sur la substance, cause de nullité dans les contrats en général (art. 1109). Effectivement, la substance d'une succession consiste dans le rapport de la masse active avec la masse passive, et la lésion n'a lieu que dans le cas où l'héritier a ignoré la valeur de ce rapport.

DÉLAI *de l'action en nullité de l'acceptation.* — Toute action dure trente ans, lorsqu'un texte formel ne l'a point limitée à un plus court délai (art. 2262). Quelques auteurs ont à tort prétendu que l'action en nullité d'une acceptation devait se prescrire par dix ans, comme l'action en nullité des contrats rescindables (art. 1304); et en effet, l'acceptation d'une succession n'est pas un contrat, ainsi que nous l'avons démontré, et la prescription de trente ans lui est dès lors seule applicable. L'action courra, en cas de dol ou de testament inconnu, du jour de la découverte de ce dol ou de ce testament; en cas de violence, du jour où elle aura cessé, et lorsqu'il s'agira d'un mineur, le jour de sa majorité (art. 1304).

EFFET *de la nullité de l'acceptation.* — La nullité de l'acceptation a pour effet de remettre l'héritier dans l'état où il se trouvait avant d'avoir accepté. Or, cet héritier avait alors le droit d'accepter purement et simplement, ou sous bénéfice d'inventaire, et celui de renoncer. Il pourra donc encore prendre l'un des deux derniers partis, après avoir rejeté le premier.

DEUXIÈME SECTION

DE LA RENONCIATION AUX SUCCESSIONS.

Art. 784. La renonciation à une succession ne se présume pas : elle ne peut plus être faite qu'au greffe du tribunal de première instance dans l'arrondissement duquel la succession s'est ouverte, sur un registre particulier tenu à cet effet.

785. L'héritier qui renonce est censé n'avoir jamais été héritier.

786. La part du renonçant accroît à ses cohéritiers; s'il est seul, elle est dévolue au degré subséquent.

787. On ne vient jamais par représentation d'un héritier qui a renoncé : si le renonçant est seul héritier de son degré, ou si tous ses cohéritiers renoncent, les enfants viennent de leur chef et succèdent par tête.

788. Les créanciers de celui qui renonce au préjudice de leurs droits peuvent se faire autoriser en justice à accepter la succession du chef de leur débiteur, en son lieu et place. — Dans ce cas, la renonciation n'est annulée qu'en faveur des créanciers, et jusqu'à concurrence seulement de leurs créances; — elle ne l'est pas au profit de l'héritier qui a renoncé.

789. La faculté d'accepter ou de répudier une succession se prescrit par le laps de temps requis pour la prescription la plus longue des droits immobiliers.

790. Tant que la prescription du droit d'accepter n'est pas acquise contre les héritiers qui ont renoncé, ils ont la faculté d'accepter encore la succession, si elle n'a pas été déjà acceptée par d'autres héritiers; sans préjudice néanmoins des droits qui peuvent être acquis à des tiers sur les biens de la succession, soit par prescription, soit par actes valablement faits avec le curateur à la succession vacante.

791. On ne peut, même par contrat de mariage, renoncer à la succession d'un homme vivant, ni aliéner les droits éventuels qu'on peut avoir à cette succession.

792. Les héritiers qui auraient diverti ou recélé des effets d'une succession sont déchus de la faculté d'y renoncer : ils demeurent héritiers purs et simples, nonobstant leur renonciation, sans pouvoir prétendre aucune part dans les objets divertis ou recélés.

De la RENONCIATION. — La renonciation est l'acte par lequel on se dépouille de la qualité d'héritier. Pour être valable, elle doit avoir pour objet une succession ouverte, et émaner d'un héritier qui connaisse cette ouverture et soit capable d'aliéner . Nous avons donné les motifs de ces diverses conditions, en traitant de l'acceptation des successions.

FORME *de la renonciation*. — La renonciation à une succession pouvait être faite autrefois par acte notarié. Elle ne peut aujourd'hui résulter que d'une déclaration au greffe du tribunal dans l'arrondissement duquel la succession s'est ouverte (art. 784). L'innovation du Code a eu pour but de rendre la renonciation publique, afin que les créanciers héréditaires sachent contre qui intenter leurs actions. C'est pourquoi le même article ajoute que la renonciation ne se présume jamais.

La déclaration ci-dessus est faite par l'héritier lui-même, ou par son fondé de pouvoir, avec l'assistance d'un avoué qui certifie l'identité du déclarant. Elle est consignée sur un registre à ce destiné.

EFFET *de la renonciation*. — Celui qui renonce est censé n'avoir jamais été héritier (art. 785). On voit donc que les effets de la renonciation remontent, comme ceux de l'acceptation (art. 777), au jour de l'ouverture de la succession.

Maintenant, que devient la succession répudiée? Deux hypothèses peuvent se présenter.

Si l'héritier renonçant a des cohéritiers, sa part accroît à ces cohéritiers (art. 786). Quelquefois, cependant, cette règle du Code est inexacte, et la part du renonçant, au lieu d'accroître à un cohéritier, est dévolue à un autre héritier. Supposons, par exemple, que le défunt laisse son père, un aïeul paternel et un cousin maternel ; la renonciation du père profite évidemment à l'aïeul représentant la ligne paternelle, au lieu d'accroître au cousin représentant la ligne maternelle. Ainsi, l'accroissement n'a pas lieu d'une ligne à une autre, tant qu'il y a dans chaque ligne des parents au degré successible, et la règle du Code n'est vraie qu'entre héritiers

de la même ligne. Faisons observer que la renonciation d'un
héritier empêche un décroissement, plutôt qu'elle ne produit
un véritable accroissement. En effet, chaque héritier est
appelé à la totalité de la succession, et si cette vocation n'a
pas toute son efficacité dans le cas où plusieurs héritiers sont
en présence, c'est uniquement parce que leurs droits égaux
se limitent dans leur résultat définitif : *concursu partes
fiunt.* Mais lorsque certains de ces héritiers renoncent, les
autres conservent un bien auquel ils étaient primitivement
appelés, plutôt qu'ils n'acquièrent les parts des renonçants
en vertu d'un titre nouveau. De là il résulte que les cohéritiers ne sont pas libres d'accepter ou de refuser l'accroissement, ou, en d'autres termes, que l'accroissement est
forcé.

Supposons maintenant que l'héritier renonçant n'ait pas
de cohéritiers. La succession est alors, aux termes de l'article 786, dévolue aux héritiers du degré subséquent. Mais
cette règle est encore trop absolue, car les parents d'un ordre
supérieur excluent toujours, quoique plus éloignés, les
parents d'un ordre inférieur. Ainsi, lorsque le défunt
laisse son père, son fils et son petit-fils, la renonciation du
fils profite au petit-fils, qui est au deuxième degré, et non au
père, qui est au premier. Concluons donc que la renonciation
d'un héritier profite à ceux que sa présence excluait de la
succession, sans distinguer s'il a ou non des cohéritiers.

Comme l'héritier renonçant est censé n'avoir jamais été
héritier, il faut évidemment se référer à l'ouverture de la
succession pour connaître ceux qui devaient alors recueillir,
à son défaut, les biens laissés par le défunt ; les retards plus
ou moins longs qui ont précédé la renonciation ne doivent en
rien leur nuire. Conséquemment, si les personnes appelées à
la succession, en l'absence du renonçant, sont décédées dans
l'intervalle de l'ouverture de la succession à la renonciation,
celle-ci profitera à leurs représentants, au lieu de profiter aux
successibles d'un autre ordre ou d'un autre degré.

Quoique l'héritier renonçant soit réputé n'avoir jamais été héritier, il n'en faut pas conclure que tous les actes par lui faits soient radicalement nuls. Ainsi, le Code lui-même reconnaît implicitement la validité des actes d'administration, puisqu'il permet de renoncer au successible qui a seulement administré. Conséquemment les baux consentis, les actions intentées, et en général toutes les mesures conservatoires prises par l'héritier renonçant, conservent leur pleine et entière efficacité. Au surplus, la renonciation n'est point dès l'origine irrévocable. L'héritier peut reprendre la succession tant qu'elle n'a pas été acceptée par ceux qui devaient la recueillir à son défaut, et que les délais de la prescription ne sont point expirés ; mais alors il la reprend dans l'état où elle se trouve, et à la charge de respecter non-seulement tous les actes faits dans le temps intermédiaire par le curateur qui a pu être nommé à la succession vacante, mais encore tous les droits acquis à des tiers par voie de prescription. Ses hésitations entre l'acceptation et la renonciation ne doivent nuire à personne (art. 790).

De ce que l'héritier renonçant peut reprendre la succession tant qu'elle n'a pas été acceptée par d'autres héritiers, résulte cette grave conséquence, que la saisine est refusée aux héritiers n'ayant pas une vocation immédiate à la succession. Effectivement, si ces héritiers en étaient investis de plein droit et par le seul fait de la renonciation de l'héritier précédent, on ne concevrait pas que ce dernier pût les dépouiller de biens dont ils seraient et propriétaires et possesseurs.

Des DROITS *des* CRÉANCIERS *du renonçant.* — Lorsque l'héritier a renoncé, ses créanciers personnels peuvent reprendre de son chef la succession, tant qu'elle n'a pas été acceptée par d'autres héritiers; car l'art. 1166 du Code leur permet d'exercer tous les droits de leur débiteur qui ne sont pas exclusivement attachés à sa personne. Mais comme un intérêt est le fondement nécessaire de toute action, il faut supposer que l'héritier est insolvable et la succession solvable, car autrement la renonciation serait indifférente à ses créanciers. Maintenant, ceux-ci pourront-ils reprendre la succession, lorsque d'autres héritiers l'auront acceptée? Ils ne le pourront certainement pas du chef de l'héritier, puisque l'héritier lui-même n'a plus cette faculté. Mais ils le pourront de leur propre chef, car l'art. 1167 permet aux créanciers de faire rescinder tous les actes consentis par leur débiteur en fraude de leurs droits. Si donc l'héritier insolvable a renoncé à une succession solvable pour la soustraire à ses créanciers, ceux-ci seront recevables à attaquer sa renonciation comme frauduleuse, et à la faire déclarer non avenue jusqu'à concurrence de la valeur nécessaire à leur complet désintéressement. Après leur entier payement, le surplus de la succession retournera aux héritiers qui devaient la recueillir à défaut du renonçant. Mais ici s'élève la question de savoir si ces derniers pourront se faire indemniser par le renonçant des biens employés au désintéressement de ses créanciers personnels. Certains auteurs admettent l'affirmative. Ils s'appuient sur ce fait que la succession était déjà devenue la propriété des héritiers subséquents. Or, quiconque emploie utilement tout ou partie de son patrimoine au profit d'autrui a droit à une indemnité. Cette argumentation ne me paraît pas exacte. Effectivement, la renonciation, étant rescindée à la requête des créanciers de l'héritier, la succession est censée n'être pas sortie de son patrimoine; et, à proprement parler, ces créanciers sont payés sur les biens de leur propre débiteur, et non sur les biens de ceux qui doivent, à son défaut, profiter de la succession. Il n'y a donc pas lieu, pour ces derniers, à indemnité.

Notons que les créanciers pourraient critiquer une acceptation faite en fraude de leurs droits, aussi bien qu'une renonciation. Le principe de l'art. 1167 est général, et conduit à cette conséquence.

Délai *de l'acceptation ou de la répudiation des successions.* — Aux termes de l'art. 789, « la faculté d'accepter ou de ré-

« pudier une succession se prescrit par le laps de temps re-
« quis pour la prescription la plus longue des droits immo-
« biliers. » Or, ce délai est de trente ans (art. 2262). La
prescription dont il s'agit n'était pas admise autrefois. A
Rome et dans l'ancien droit français, l'héritier pouvait, même
après trente ans, accepter ou répudier la succession, si les
créanciers héréditaires ne l'avaient pas mis auparavant en
demeure de prendre un parti. Le Code a voulu que le sort de
la succession fût définitivement fixé par la prescription trentenaire. Pendant les trente ans l'héritier peut prendre le parti
qui lui convient. Les trente ans écoulés, il est déchu du droit
d'accepter et du droit de renoncer. Les créanciers ne sont pas
toutefois condamnés à l'incertitude pendant cette longue période, et ils peuvent toujours contraindre l'héritier à prendre
un parti définitif, dès que les délais pour faire inventaire et
pour délibérer sont expirés.

Maintenant, quels sont les effets de la prescription ? Après
les trente ans nécessaires à son accomplissement, l'héritier
qui a gardé le silence doit-il être regardé comme renonçant
ou comme acceptant? En d'autres termes, est-il dépouillé de
la succession et à l'abri de toutes poursuites de la part des
créanciers héréditaires, ou en est-il encore investi, et conséquemment obligé de payer *ultra vires* les dettes du défunt?

Selon un premier système [1], l'héritier doit être regardé
comme renonçant ; car, dit-on, « nul n'est héritier qui ne
veut, » et si la prescription avait pour effet d'attribuer irrévocablement la succession à celui qui n'en connaissait peut-
être pas l'ouverture, ce principe fondamental de notre droit
serait violé. Puis, en supposant cette succession insolvable, il
serait évidemment inique d'en faire peser toutes les charges
sur l'héritier, quand son ignorance ou des circonstances de
force majeure l'ont empêché d'y renoncer. Enfin, cet héritier
eût-il connu l'ouverture de la succession, et pu facilement y

---

[1] Massé et Vergé, t. ll, § 377, p. 301. — Paris, 25 nov. 1862.

II.   6

renoncer, que son silence ne saurait encore être, sans ju-
daïsme, considéré comme une acceptation. Évidemment il
n'eût pas laissé les biens héréditaires exposés à tous les ha-
sards, à tous les empiétements, et, pour ainsi dire, à une
ruine nécessaire, s'il avait réellement voulu les recueillir.

Selon un second système que je crois préférable [1], l'héritier doit être, après trente ans, regardé comme acceptant. Ce
système me paraît plus conforme aux textes, et il n'est pas
contraire à l'équité.

Il est plus conforme aux textes, car l'art. 789 applique la
prescription, et à la faculté d'accepter et à la faculté de renoncer. Or, d'après le système contraire, la faculté d'accepter
pourrait bien être prescrite, puisque après trente ans l'héritier serait nécessairement renonçant; mais la faculté de renoncer ne pourrait pas l'être, puisque après trente ans l'héritier, jusqu'alors présumé acceptant, serait encore renonçant.
Enfin, l'opinion de nos adversaires viole directement l'article 784, aux termes duquel toute renonciation doit être expresse.

Ajoutons une grave considération. La prescription a pour
but et pour résultat, non de créer un nouvel état de choses,
mais de consolider un état de choses préexistant. Elle est
avant tout un principe de stabilité. Or, dans le système adverse, elle deviendrait précisément une cause de bouleverse-
ments dans les intérêts privés, puisque l'héritier réputé acceptant pendant tout le délai de la prescription serait censé
n'avoir jamai été héritier une fois que cette prescription serait accomplie. Un tel résultat est évidemment inadmissible.

D'autre part, notre système n'est pas contraire à l'équité.
En effet, au lieu de faire courir la prescription à dater de l'ouverture de la succession, il ne la fait courir qu'à dater du jour
où l'héritier *a connu sa* qualité. Il est vrai que, dans les cas
ordinaires, l'ignorance d'un droit n'est pas un obstacle à la

---

[1] Demolombe, t. II, n. 315; Demante, t. III, p. 164. — Riom, 1er fév. 1847.

prescription ; mais le Code, en disant ici que l'héritier perd la faculté d'accepter ou de renoncer, suppose implicitement qu'il peut prendre l'un ou l'autre de ces partis, et que, par suite, il connaît sa vocation à l'hérédité [1].

L'on n'a donc pas plus à craindre dans ce système que dans l'autre la ruine de l'héritier par la survenance d'une succession insolvable dont il ignorerait l'ouverture, et à laquelle il n'aurait pas expressément renoncé.

Si l'héritier était mineur ou interdit, la prescription ne pourrait évidemment pas commencer avant sa majorité ou la mainlevée de son interdiction (art. 2252).

Concluons donc qu'après trente ans l'héritier aura perdu la faculté dont il n'était pas en possession. Avait-il d'abord renoncé, il aura perdu la faculté d'accepter. A-t-il au contraire toujours gardé le silence, désormais il ne pourra plus renoncer, puisque la loi le présumait acceptant, et de la sorte la prescription rendra irrévocable, tantôt sa qualité de renonçant, tantôt sa qualité d'acceptant, ainsi que l'article 789 le suppose.

Faisons observer que, la prescription accomplie, l'héritier est acceptant pur et simple ou renonçant, mais qu'il ne peut être héritier sous bénéfice d'inventaire. Effectivement, l'acceptation bénéficiaire est une renonciation partielle, puisqu'elle soustrait l'héritier au payement *ultra vires* des dettes de la succession. Or, après trente ans de silence, la condition de cet héritier est irrévocablement fixée, et sa renonciation partielle, déguisée sous la forme d'une acceptation bénéficiaire, ne serait pas moins contraire à la loi que sa renonciation totale.

. *De certains faits* ATTRIBUTIFS *de la qualité d'*HÉRITIER PUR ET SIMPLE. — Nous avons vu que la qualité d'héritier pur et simple résulte :

1° De l'*acceptation* expresse ou tacite ;

---

[1] Aubry et Rau, t. V, § 610, note 18. — Demolombe, t. II, n. 316.

2° De la *prescription*.

A ces causes attributives de la qualité d'héritier pur et simple il faut ajouter :

3° Le *divertissement* ou le *recel* de certains effets de la succession (art. 792). Le divertissement consiste à soustraire certains effets de la succession dans le but de se les approprier en totalité, et le recel, à cacher ces objets lorsqu'un tiers les a soustraits. L'un et l'autre attribuent irrévocablement la qualité d'héritier pur et simple, car il est juste que les créanciers du défunt puissent poursuivre sur leurs biens personnels et *in infinitum* des héritiers si peu scrupuleux. Ces héritiers sont, en outre, privés de leur part dans les objets divertis ou recélés. Mais, à défaut de cohéritiers, ils conservent les objets tout entiers, car le Code n'a point étendu cette sorte de confiscation à cette hypothèse.

Le divertissement ou le recel commis par un héritier mineur a-t-il pour lui la même conséquence que le divertissement ou le recel commis par un héritier majeur? Non, évidemment, si le mineur n'a pas compris la portée de son acte ; mais, s'il l'a comprise, il encourra la double peine ci-dessus ; et en effet, l'article 1310 assimile le mineur au majeur pour la réparation de ses délits. On objecte à tort que l'acceptation de toute succession déférée à un mineur doit avoir lieu sous bénéfice d'inventaire ; et en effet, il ne s'agit pas ici d'appliquer à l'administration des biens du mineur les règles ordinaires, mais d'infliger à ce mineur une peine méritée. Du reste, un point admis par presque tous les auteurs, c'est que le mineur perd sa part dans les objets divertis ou recélés. Or, il n'y a véritablement pas de raison pour écarter l'un des résultats du divertissement ou du recel en admettant l'autre. Dans un cas, le mineur est privé, à titre de peine, d'un bien de succession ; dans l'autre, il sera privé au même titre d'une partie de sa fortune personnelle, si toutefois les biens héréditaires ne suffisent point à désintéresser les créanciers. D'ailleurs, où serait la garantie de ces derniers, si le mineur

n'ayant pas de cohéritiers qui pussent prendre la totalité des
objets divertis ou recélés, on n'admettait pas qu'il est déchu
du bénéfice d'inventaire ?

L'héritier majeur ou mineur qui détournerait ou recélerait
des effets d'une succession répudiée par lui, et acceptée par
d'autres, commettrait un véritable vol ou recel passible des
peines ordinaires, car il ne pourrait plus alléguer sa copro-
priété sur les objets divertis ou recélés.

4° Emporte enfin la qualité d'héritier pur et simple, un
jugement passé en force de chose jugée rendu contre le successible *en cette qualité* (art. 800). Nous reviendrons tout à
l'heure sur cette disposition.

Faisons remarquer en terminant que le Code a prohibé,
même dans les contrats de mariage, toute renonciation à des
droits successifs non encore ouverts, dans le but d'abroger
une règle contraire de l'ancien droit français, qui permettait
les conventions avec l'assentiment de la personne dont la succession était en jeu.

TROISIÈME SECTION

DU BÉNÉFICE D'INVENTAIRE, DE SES EFFETS ET DES OBLIGATIONS DE L'HÉRITIER BÉNÉFICIAIRE.

Art. 793. La déclaration d'un héritier, qu'il n'entend prendre
cette qualité que sous bénéfice d'inventaire, doit être faite au greffe
du tribunal de première instance dans l'arrondissement duquel la
succession s'est ouverte ; elle doit être inscrite sur le registre destiné à recevoir les actes de renonciation.

794. Cette déclaration n'a d'effet qu'autant qu'elle est précédée
où suivie d'un inventaire fidèle et exact des biens de la succession,
dans les formes réglées par les lois sur la procédure, et dans les
délais qui seront ci-après déterminés.

795. L'héritier a trois mois pour faire inventaire, à compter du
jour de l'ouverture de la succession. — Il a de plus, pour délibérer
sur son acceptation ou sur sa renonciation, un délai de quarante
jours, qui commencent à courir du jour de l'expiration des trois
mois donnés pour l'inventaire, ou du jour de la clôture de l'inventaire, s'il a été terminé avant les trois mois.

796. Si, cependant, il existe dans la succession des objets susceptibles de dépérir ou dispendieux à conserver, l'héritier peut, en sa qualité d'habile à succéder, et sans qu'on puisse en induire de sa part une acceptation, se faire autoriser par justice à procéder à la vente de ces effets. — Cette vente doit être faite par officier public, après les affiches et publications réglées par les lois sur la procédure.

797. Pendant la durée des délais pour faire inventaire et pour délibérer, l'héritier ne peut être contraint à prendre qualité, et il ne peut être obtenu contre lui de condamnation. S'il renonce lorsque les délais sont expirés ou avant, les frais par lui faits légitimement jusqu'à cette époque sont à la charge de la succession.

798. Après l'expiration des délais ci-dessus, l'héritier, en cas de poursuite dirigée contre lui, peut demander un nouveau délai, que le tribunal saisi de la contestation accorde ou refuse, suivant les circonstances.

799. Les frais de poursuite, dans le cas de l'article précédent, sont à la charge de la succession, si l'héritier justifie, ou qu'il n'avait pas eu connaissance du décès, ou que les délais ont été insuffisants, soit à raison de la situation des biens, soit à raison des contestations survenues ; s'il n'en justifie pas, les frais restent à sa charge personnelle.

800. L'héritier conserve néanmoins, après l'expiration des délais accordés par l'article 795, même de ceux donnés par le juge, conformément à l'article 798, la faculté de faire encore inventaire et de se porter héritier bénéficiaire, s'il n'a pas fait d'ailleurs acte d'héritier, ou s'il n'existe pas contre lui de jugement passé en force de chose jugée, qui le condamne en qualité d'héritier pur et simple.

801. L'héritier qui s'est rendu coupable de recélé, ou qui a omis sciemment et de mauvaise foi, de comprendre dans l'inventaire des effets de la succession, est déchu du bénéfice d'inventaire.

802. L'effet du bénéfice d'inventaire est de donner à l'héritier l'avantage, 1° de n'être tenu du paiement des dettes de la succession que jusqu'à concurrence de la valeur des biens qu'il a recueillis, même de pouvoir se décharger du paiement des dettes, en abandonnant tous les biens de la succession aux créanciers et aux légataires ; 2° de ne pas confondre ses biens personnels avec ceux de la succession, et de conserver contre elle le droit de réclamer le payement de ses créances.

803. L'héritier bénéficiaire est chargé d'administrer les biens de la succession, et doit rendre compte de son administration aux

créanciers et aux légataires. — Il ne peut être contraint sur ses biens personnels qu'après avoir été mis en demeure de présenter son compte, et faute d'avoir satisfait à cette obligation. — Après l'apurement du compte, il ne peut être contraint sur ses biens personnels que jusqu'à concurrence seulement des sommes dont il se trouve reliquataire.

804. Il n'est tenu que des fautes graves dans l'administration dont il est chargé.

805. Il ne peut vendre les meubles de la succession que par le ministère d'un officier public, aux enchères, et après les affiches et publications accoutumées. — S'il les représente en nature, il n'est tenu que de la dépréciation ou de la détérioration causée par sa négligence.

806. Il ne peut vendre les immeubles que dans les formes prescrites par les lois sur la procédure ; il est tenu d'en déléguer le prix aux créanciers hypothécaires qui se sont fait connaître.

807. Il est tenu, si les créanciers ou autres personnes intéressées l'exigent, de donner caution bonne et solvable de la valeur du mobilier compris dans l'inventaire, et de la portion du prix des immeubles non déléguée aux créanciers hypothécaires. — Faute par lui de fournir cette caution, les meubles sont vendus, et leur prix est déposé, ainsi que la portion non déléguée du prix des immeubles, pour être employés à l'acquit des charges de la succession.

808. S'il y a des créanciers opposants, l'héritier bénéficiaire ne peut payer que dans l'ordre et de la manière réglés par le juge. — S'il n'y a pas de créanciers opposants, il paye les créanciers et les légataires à mesure qu'ils se présentent.

809. Les créanciers non opposants qui ne se présentent qu'après l'apurement du compte et le payement du reliquat n'ont de recours à exercer que contre les légataires. — Dans l'un et l'autre cas, le recours se prescrit par le laps de trois ans, à compter du jour de l'apurement du compte et du payement du reliquat.

810. Les frais de scellés, s'il en a été apposé, d'inventaire et de compte sont à la charge de la succession.

Notions générales. — Nous savons déjà qu'entre les partis extrêmes de l'acceptation et de la renonciation pure et simple, se trouve le bénéfice d'inventaire, qui réunit les principaux avantages et exclut les plus graves inconvénients des deux autres partis. Le bénéfice d'inventaire n'a pas toujours existé, et cela se conçoit, car les successions reposent

sur une certaine solidarité d'intérêts, d'affection et d'honneur
entre les membres de la même famille, et la conséquence de
cette solidarité est la substitution pleine et entière de l'héritier aux lieu et place du défunt, qu'il est appelé à représenter.
Aussi les Romains virent longtemps dans l'héritier le continuateur pur et simple du défunt. La personne physique
avait changé, mais la personne juridique restait la même,
avec ses droits actifs et passifs de toute origine et de toute
nature. Le préteur adoucit peu à peu la rigueur du droit civil, et accorda aux héritiers *nécessaires* plusieurs bénéfices
pour se soustraire aux charges d'une succession insolvable.
Le premier fut le bénéfice d'*abstention* introduit en faveur ·
des fils de famille. En restant étrangers à l'hérédité du père
de famille, ils purent échapper aux poursuites de ses créanciers et à la liquidation de son insolvabilité. Le second fut le
bénéfice de *séparation* introduit en faveur des esclaves institués héritiers par le père de famille. Une ligne de démarca-
tion était établie par le préteur entre la succession et le patrimoine personnel de l'héritier ; et quoique les créanciers du
défunt conservassent la faculté de poursuivre l'héritier, ils
perdaient celle de se faire payer sur son patrimoine. Enfin
Justinien créa le bénéfice d'inventaire au profit des héritiers
externes qui, jusqu'à lui, pouvaient seulement opter entre
une acceptation sans réserve et une renonciation absolue. Le
délai de l'inventaire était d'une année au *maximum*.

L'ancien droit coutumier admit aussi le bénéfice d'inventaire, et permit à tout héritier de l'invoquer à toute époque,
sauf aux créanciers de la succession à exiger de lui une prise
de qualité, après un certain délai.

Le Code a consacré le système du droit coutumier.

*Des successeurs qui n'ont pas besoin du bénéfice d'inven-
taire.* — Les successeurs irréguliers, et, comme nous le verrons plus tard, les légataire universels, n'ont pas besoin du
bénéfice d'inventaire, car ils ne continuent point la personne
du défunt, et, par suite, ils ne sont pas tenus *ultra vires* des

dettes de la succession [1]. Toutefois, si l'acceptation au greffe leur est inutile, l'inventaire lui-même ne l'est point, et, en effet, sans lui ils ne pourraient point plus tard établir que tous les biens du défunt ont été épuisés par le payement des dettes ou des legs, de sorte que les créanciers ou légataires non désintéressés auraient alors la faculté de les poursuivre sur leurs biens personnels, même *ultra vires successionis*.

Formalités *de l'*acceptation bénéficiaire. — L'acceptation bénéficiaire, comme la renonciation, doit toujours avoir lieu au greffe du tribunal civil de première instance dans l'arrondissement duquel la succession est ouverte. Elle est faite par l'héritier lui-même ou par son fondé de pouvoir, avec l'assistance d'un avoué, qui certifie l'identité du déclarant. Cette déclaration doit être précédée ou suivie d'un inventaire fidèle et exact des biens de la succession, afin, comme nous l'avons dit tout à l'heure, qu'aucune incertitude ne puisse s'élever ultérieurement sur la consistance desdits biens.

L'infidélité dans l'inventaire est un recel, et tout recel entraîne la déchéance du bénéfice d'inventaire (art. 801). Quant aux simples inexactitudes, elles sont uniquement sujettes à rectification.

Les créanciers de la succession, munis de la permission du juge ou d'un titre exécutoire, c'est-à-dire de l'expédition d'un jugement ou de la grosse d'un acte notarié, peuvent requérir l'apposition des scellés (art. 810) ; mais l'héritier n'est pas tenu de les faire lui-même apposer, car l'article 810 suppose qu'il a pu omettre cette formalité.

Des délais *pour faire inventaire et délibérer*. — Par sa déclaration au greffe, l'héritier n'est pas irrévocablement investi de la succession même jusqu'à concurrence de l'actif qu'elle contient. La preuve en est dans l'article 795 qui aux trois mois accordés pour faire inventaire à dater de l'ouverture de la succession ajoute un délai de quarante jours pour

---

[1] Marcadé, sur l'art. 793. — Demante, t. III, n. 24 *bis*. — *Contrà*, Demolombe, t. I, n. 160.

délibérer sur l'acceptation de l'hérédité ou sa répudiation. La déclaration faite au greffe a donc pour unique résultat de mettre l'héritier à l'abri de toutes poursuites pendant le délai de trois mois et quarante jours jugé nécessaire à la confection de l'inventaire et à l'examen de la consistance des biens héréditaires. C'est seulement à l'expiration de ce double délai qu'il est tenu de répondre aux demandes des créanciers ou légataires du défunt, et de prendre définitivement un parti. Nous savons qu'il peut en prendre trois, savoir : accepter purement et simplement, renoncer, et enfin accepter sous bénéfice d'inventaire.

Le délai légal de trois mois et quarante jours peut être, en cas d'insuffisance, prorogé par la justice.

SITUATION *de l'héritier bénéficiaire* PENDANT *les délais ci-dessus.* — Pendant les délais ci-dessus, l'héritier est le gardien et l'administrateur de la succession. Conséquemment, il doit faire tous les actes conservatoires ; par exemple, interrompre les prescriptions près de s'accomplir, renouveler les inscriptions hypothécaires, etc., et si certains objets sont susceptibles de dépérir, ou dispendieux à conserver (art. 796), il les fera vendre publiquement, après y avoir été autorisé par la justice. Le Code de procédure détermine les formalités à remplir pour que la vente soit régulière (art. 945 et suiv.).

L'héritier bénéficiaire, qui, comme représentant de la succession, doit en poursuivre les débiteurs, soit pour interrompre la prescription, soit pour faire courir les intérêts, peut à son tour, et par une juste réciprocité, être poursuivi par les créanciers héréditaires qui voudront aussi interrompre la prescription ou faire courir les intérêts. Seulement il aura la faculté de se soustraire à l'instruction du procès jusqu'à l'expiration des délais qui lui sont accordés pour faire inventaire et délibérer. La poursuite des créanicers produira toujours ses effets ordinaires, mais elle ne pourra être suivie d'un jugement immédiat.

Des FRAIS *faits par l'héritier bénéficiaire.* — Tous les

frais légitimes faits par l'héritier bénéficiaire sont à la charge de la succession (art. 799) ; mais ceux qu'il aurait pu se dispenser de faire ou de subir restent à sa charge personnelle. Or, tous les frais des poursuites dirigées contre lui postérieurement au délai de trois mois et quarante jours, sont de ce nombre, à moins qu'il ne prouve n'avoir pas eu immédiatement connaissance du décès, ou n'avoir pas pu terminer l'inventaire dans les délais légaux (art. 799).

Situation *de l'héritier bénéficiaire* après *les délais ci-dessus.* — Dès que les délais pour faire inventaire et délibérer sont expirés, l'héritier bénéficiaire est tenu de prendre immédiatement qualité, si les créanciers de la succession l'exigent. Nous avons déjà dit comment on accepte purement et simplement une succession, et comment on la répudie. Si l'héritier ne fait aucun des actes emportant l'un ou l'autre de ces partis, il sera définitivement héritier bénéficiaire, et en cette qualité il liquidera la succession.

Revenons ici avec le Code sur l'effet d'un jugement passé en force de chose jugée qui condamne l'héritier en qualité d'héritier pur et simple, et voyons les conditions et l'étendue de la déchéance que l'article 800 en fait résulter.

Quelques mots sont d'abord nécessaires sur les diverses espèces de jugements, et sur les effets qu'ils produisent.

Les jugements sont :

Contradictoires ou *par défaut.*

En premier ou *en dernier ressort.*

On appelle jugement *contradictoire* celui qui est rendu sur les conclusions des deux parties, et jugement *par défaut* celui qui est rendu sans que l'une d'elles ait conclu.

Un jugement par défaut présente moins de garanties de vérité qu'un jugement contradictoire, puisque l'une des parties ne s'est point défendue. Aussi, peut-il toujours être attaqué par la voie de l'*opposition*. L'*opposition* est un acte par lequel la partie défaillante déclare ne pas acquiescer au jugement rendu contre elle, et en demande la révision contradictoire par le tribunal d'où il émane. Le Code de procédure (art. 157-162) détermine les délais de l'opposition. Lorsque ces délais sont expirés sans que la partie défaillante ait élevé de réclamation, le jugement est inattaquable par la voie de l'opposition, et si d'ailleurs il n'est point susceptible d'appel, on dit qu'*il est passé en force de chose jugée*.

Maintenant, on appelle jugement *en premier ressort* celui qui est susceptible d'appel, et *en dernier ressort* celui qui n'en est point susceptible. Le Code de procédure (art. 453 et suiv.), et deux lois des 11 avril 1838 et 4 mars 1840, ont déterminé les matières qui doivent ou ne doivent pas subir deux degrés de juridiction. Le principe général est que tout jugement statuant sur une demande dont l'intérêt excède 1,500 fr. lorsqu'il s'agit de meubles, ou 60 fr. de revenu lorsqu'il s'agit d'immeubles, est susceptible d'appel. Si la partie perdante laisse passer les délais légaux sans l'interjeter, le jugement devient inattaquable, et l'on dit encore qu'*il est passé en force de chose jugée*.

Les jugements à la fois contradictoires et en dernier ressort ont seuls l'autorité de la chose jugée dès l'instant où ils ont été prononcés.

Un jugement produit ses effets entre les parties présentes au procès, et entre elles seulement. Les tiers ne peuvent pas en profiter, et ne doivent point les subir : *Res inter alios acta aliis neque nocet, neque prodest* (art. 1351).

Ces explications préalables une fois données, voyons ce que l'art. 800 décide. D'après cet article, l'héritier ne peut plus accepter sous bénéfice d'inventaire s'il existe contre lui un jugement *passé en force de chose jugée*, qui le condamne en qualité d'héritier pur et simple. Il s'agit de savoir si l'héritier est déchu du bénéfice d'inventaire, par rapport à *tous* les créanciers de la succession, ou seulement par rapport à ceux qui étaient *présents* au procès. La raison de douter vient de ce que, d'une part, l'art. 800 *in fine* semble prononcer une déchéance absolue, tandis que de l'autre cette déchéance doit, d'après les principes généraux, être simplement relative et ne pouvoir être invoquée que par les créanciers qui ont pris part au procès.

De nombreux auteurs et la jurisprudence la plus récente décident, par application du droit commun en matière de chose jugée, que ceux-là seuls peuvent invoquer le jugement qui ont été *parties* au procès [1]. Mais cette solution paraît peu conforme au texte de l'art. 800 qui attribue au jugement un effet analogue à celui d'une acceptation expresse ou tacite de la succession, c'est-à-dire un effet absolu. Aussi plusieurs autres interprétations ont-elles été proposées.

Ainsi, dans un premier système, on dit que l'art. 800 *in fine* contient une dérogation au droit commun, et on admet que les créanciers de la succession, même étrangers au procès, peuvent se prévaloir du jugement qui a condamné le successible comme héritier pur et simple, et le poursuivre *ultra vires successionis*.

Ce système doit être rejeté, au moins dans ses motifs, car rien ne prouve qu'il y ait ici une dérogation au droit commun. On ne peut présumer une exception.

Dans un second système, il faudrait distinguer les jugements ayant d'abord *force de chose jugée*, c'est-à-dire les jugements à la fois contradictoires et en dernier ressort, des jugements *passés en force de chose jugée*, c'est-à-dire des jugements par défaut ou en premier ressort devenus inattaquables. Les premiers produiraient leurs effets ordinaires et ne pourraient être invoqués que par les créanciers présents au procès. Les seconds produiraient ici un effet exceptionnel, et pourraient être invoqués même par les créanciers étrangers au procès. La raison de cette exception serait dans l'acquiescement tacite de l'héritier au jugement qui le condamne en qualité d'héritier pur et simple, acquiescement résultant de son silence pendant les délais de l'opposition ou de l'appel, et

---

[1] Demante, t. III, n. 122 *bis*. — Demolombe, t. III, n. 148 et 152. Toulouse, 11 mars 1852. — Grenoble, 22 juillet 1863.

pouvant être invoqué par tous les créanciers, comme équiva-
lant à une acceptation pure et simple de la succession.

Ce système doit encore être rejeté, car il repose sur une
distinction dont l'art. 800 ne fait aucune mention. Si le législateur avait voulu établir une si grave différence entre les
effets d'un jugement qui a, dès le principe, force de chose
jugée, et ceux d'un jugement qui n'acquiert cette force que
par l'expiration des délais de l'opposition ou de l'appel, nul
doute qu'il ne s'en fût formellement expliqué. — Les mots
dont il s'est servi signifient tout simplement que le jugement
dont il règle les effets est inattaquable.

Un troisième système [1], beaucoup plus simple dans son
principe, dans ses motifs et dans ses résultats, est tiré de
l'histoire même du bénéfice d'inventaire. Dans l'ancien droit
français, la faculté d'accepter une succession sous bénéfice
d'inventaire pouvait être exercée à toute époque, à moins que
l'héritier ne fût mis en demeure par les créanciers de prendre un parti définitif. Le Code a reproduit la même théorie.
L'héritier mis en demeure par les créanciers de la succession
doit donc prendre un parti ; et s'il se laisse prévenir par un
jugement qui le condamne en qualité d'héritier pur et
simple avant qu'il ait déclaré au greffe son acceptation bénéficiaire, il est déchu de ce bénéfice vis-à-vis de tous les
créanciers, même lorsqu'un seul l'a poursuivi. Seulement
cette déchéance a pour cause, non le jugement lui-même, dont
les effets sont toujours limités entre les parties, mais la loi, qui
ne permet pas de retarder l'acceptation bénéficiaire au delà
de cette limite extrême. Le délai d'un an accordé par Justinien pour se porter héritier bénéficiaire, se trouve ainsi
changé en un délai indéterminé, qui commence à l'ouverture
de la succession et finit aux premières poursuites des créanciers, ou, à défaut de poursuites, à l'expiration des délais de la prescription. Ce système mène donc, mais par

---

[1] Massé et Vergé, t. II, p. 311, note 18.

des motifs différents, au même résultat que le premier.

La plupart des partisans de ce système étendent à la faculté de renoncer la déchéance édictée par l'art. 800, relativement au bénéfice d'inventaire. Mais, si l'on considère que d'une part les déchéances ne peuvent, à raison de leur caractère pénal, s'établir par pure analogie, et que, d'autre part, toute renonciation doit être expresse (art. 784), on décidera que l'héritier condamné par un jugement ayant force de chose jugée, en qualité d'héritier pur et simple, peut encore renoncer vis-à-vis des créanciers qui n'ont pas été parties au procès, quoiqu'il soit déchu par rapport à tous, sans distinction, de la faculté d'accepter sous bénéfice d'inventaire.

Des EFFETS *du bénéfice d'inventaire*. — Le bénéfice d'inventaire a pour effet :

1° De *décharger* l'héritier de l'obligation de payer les dettes du défunt, *au delà* des forces de la succession (art. 802);

2° D'*empêcher* la *confusion* des biens de la succession avec les biens personnels de l'héritier, et de maintenir entre cette succession et cet héritier les rapports qui existaient antérieurement. Ainsi, l'héritier conserve tous ses droits de créance, d'hypothèque, de servitude, etc., sur la succession, et réciproquement la succession conserve les mêmes droits sur ses biens personnels. Si la succession est, en définitive, solvable, il prendra l'excédant de l'actif sur le passif; si elle est insolvable, il supportera, comme les autres créanciers, sa part dans le déficit.

Les actions de l'héritier contre la succession sont exercées par l'héritier lui-même contre ses cohéritiers, ou à défaut de cohéritiers, contre un curateur nommé en la même forme que le curateur à succession vacante (C. de pr., art. 996). Les actions de la succession contre l'héritier sont exercées par le même curateur.

3° De permettre à l'héritier de se soustraire aux poursuites

des créanciers et légataires du défunt par l'*abandon des biens*
qu'il a recueillis. Effectivement, cet héritier est tenu *propter
rem*, et non par suite d'une obligation personnelle ; il est donc
naturel qu'il fasse disparaître, en rejetant la succession, la
cause de toutes les poursuites dont il pourrait être l'objet.

L'abandon que fait un héritier bénéficiaire de sa part dans
la succession aux créanciers et légataires du défunt ne doit
en aucun cas profiter à ses cohéritiers ou aux héritiers du
degré subséquent, par la raison que cet abandon a pour unique but d'écarter les tracas d'une liquidation, et qu'il contient
toujours la réserve de l'excédant qui pourrait exister de
l'actif sur le passif. D'ailleurs, malgré l'abandon qu'il fait,
l'héritier bénéficiaire reste toujours héritier. La règle *semel
hœres, semper hœres* lui est applicable comme à l'héritier
pur et simple [1].

*De l'*ADMINISTRATION *de l'héritier bénéficiaire.* — L'héritier bénéficiaire doit administrer la succession, et cette administration intéresse, non-seulement les créanciers et légataires du défunt, mais encore lui-même, puisque, en cas
d'excédant de l'actif sur le passif, il profitera de la différence.
Les articles 803-810 tracent les règles auxquelles il doit se
conformer.

Quoique l'héritier bénéficiaire ait un intérêt à sa propre
gestion, il ne doit cependant pas être assimilé à un administrateur salarié, car son intérêt est éventuel et souvent il
ne recueillera rien de la succession qu'il aura pourtant liqui-
dée. Aussi, faut-il décider que l'héritier bénéficiaire est seulement tenu des *fautes graves*, comme tout administrateur
non salarié.

L'héritier peut liquider la succession de plusieurs manières : ou en payant de ses propres deniers les créanciers et
légataires du défunt, jusqu'à concurrence de l'actif héréditaire, ou en procédant à la vente des biens mêmes de la suc-

[1] Douai, 5 avril 1848. — Limoges, 30 juin 1852.

cession, pour en effectuer le produit à ce payement. Dans la
première hypothèse, il s'indemnisera sur la succession des
sommes qu'il aura distraites de son patrimoine personnel ;
dans la seconde, il devra se conformer, pour la vente, aux
règles tracées par le Code, dans l'intérêt des créanciers et légataires du défunt. Ainsi les meubles ne pourront être vendus que par le ministère d'un officier public, après les affiches et publications accoutumées (Code Nap., art. 805 ; C. de
proc., art. 986 et suiv.). Quant aux immeubles, la vente
devra être précédée non-seulement de ces formalités, mais
encore d'un jugement qui l'autorise. Le prix en sera, dit
l'article 806, *délégué* aux créanciers hypothécaires. Cette expression a été empruntée à un édit de 1771 sur les ventes des
biens hypothéqués. Elle signifiait que l'héritier vendeur devait autoriser l'acheteur à payer directement son prix aux
créanciers hypothécaires, qui le touchaient alors *par délégation*. Or, comme autrefois toutes les hypothèques étaient oc-
cultes, cet acheteur publiait son contrat d'acquisition en le
faisant afficher au greffe du tribunal, et deux mois étaient
accordés aux créanciers hypothécaires pour se faire connaître.
A l'expiration de ce délai, le prix de l'immeuble leur était
payé par ordre et selon le rang de leurs hypothèques.

Au moment où ils traitaient des successions, les rédacteurs
du Code n'avaient pas encore arrêté leur système hypothécaire, et c'est pourquoi ils se réfèrent à ce qui existait dans
l'ancien droit français. Mais comme aujourd'hui les hypothèques doivent être rendues publiques par une inscription
au bureau dans l'arrondissement duquel est situé l'immeuble
hypothéqué, le prix est distribué, non plus *par ordre d'hypothèques*, mais *par ordre d'inscription* (art. 2134 et suiv.).
L'acheteur payera son prix au nom et en l'acquit de l'héritier bénéficiaire, au lieu de le payer comme autrefois par délégation. Il devra du reste désintéresser les créanciers privilégiés avant les créanciers hypothécaires (art. 2095), et
s'il y a des oppositions, en attendre la mainlevée par la jus-

tice. Nous reviendrons sur ce double point tout à l'heure.

Quel sera l'effet d'une vente des biens de la succession accomplie par l'héritier bénéficiaire en dehors des conditions et des formalités ci-dessus ? Les articles 805 et 806 semblent insinuer que la vente est nulle, mais on doit rejeter cette interprétation. En effet, l'héritier bénéficiaire était réellement propriétaire des biens aliénés, et comme d'ailleurs nous le supposons capable d'aliéner, il n'y a aucun motif sérieux de faire tomber la vente. Seulement l'omission des formalités prescrites par le Code a privé les créanciers et légataires du défunt des garanties résultant de la publicité, et ils peuvent poursuivre l'héritier comme personnellement responsable de cette omission. En d'autres termes, l'héritier bénéficiaire a fait acte d'héritier pur et simple, et il peut désormais être actionné en cette qualité. Cependant, si les créanciers et légataires ont intérêt à invoquer la séparation établie par le bénéfice d'inventaire entre le patrimoine du défunt et celui de l'héritier, par exemple pour éviter le concours de ses créanciers personnels, nul doute qu'ils ne conservent cette faculté. En effet, si les créanciers et légataires du défunt peuvent toujours demander, comme nous le verrons plus tard (art. 878 et suiv.), la séparation des patrimoines, à plus forte raison ont-ils le droit d'exiger que la séparation déjà faite soit maintenue. La déchéance encourue par l'héritier bénéficiaire est une peine qu'ils sont libres d'invoquer en le poursuivant dorénavant comme héritier pur et simple, ou de ne pas invoquer, en continuant de le poursuivre comme héritier bénéficiaire. Dans tous les cas, ils auront leur action en dommages-intérêts contre lui, pour l'omission des formalités légales.

Si l'héritier bénéficiaire néglige la vente des biens de la succession, les créanciers et légataires peuvent la poursuivre. Mais s'il a pris l'initiative, la saisie que pratiqueraient les créanciers et légataires devrait être annulée comme frustratoire.

De la CAUTION *qui peut être exigée de l'héritier bénéficiaire.*

— L'héritier bénéficiaire, détenteur de la succession, n'offre pas toujours une solvabilité personnelle suffisante pour garantir les créanciers et légataires du défunt de tout préjudice, dans le cas où certaines valeurs héréditaires ne seraient pas représentées. Aussi la loi permet-elle à ces créanciers ou légataires d'exiger de lui caution :

1° De la *valeur du mobilier* compris dans l'inventaire ;

2° De la portion du *prix des* immeubles *non déléguée*, c'est-à-dire non payée aux créanciers privilégiés ou hypothécaires (art. 807), et devant, par suite, être distribuée au marc le franc entre les différents créanciers chirographaires (art. 2092) ;

3° Des *sommes à recouvrer* des débiteurs de la succession.

L'héritier pur et simple n'est pas, comme l'héritier bénéficiaire, tenu de donner caution. Pourquoi ? Le voici : lorsque l'héritier pur et simple est solvable, il peut être poursuivi sur ses biens personnels qui constituent une garantie réelle équivalente à une caution : lorsque, au contraire, il est insolvable, les créanciers et légataires du défunt peuvent demander la séparation des patrimoines, et exiger alors une caution, comme dans le cas d'acceptation bénéficiaire.

L'héritier qui ne trouve point de caution perd le droit de conserver entre ses mains les valeurs dont il ne peut garantir la restitution. Conséquemment, ces valeurs seront déposées, à Paris, à la Caisse des dépôts et consignations, et dans les départements, à la caisse du trésorier-payeur général, ou à celle du receveur particulier de l'arrondissement, pour être distribuées aux créanciers et légataires de la succession.

Comment doivent être distribuées les sommes héréditaires.

— Les créanciers doivent d'abord être payés avant les légataires, car *non sunt bona nisi deducto œre alieno*. Mais dans quel ordre les créanciers eux-mêmes doivent-ils être payés ? Pour répondre à cette question, il faut faire plusieurs distinctions. Le Code reconnaît trois espèces de créanciers, savoir :

1° Les créanciers *privilégiés ;*

2° Les créanciers *hypothécaires ;*

3° Les créanciers *chirographaires.*

Les créanciers *privilégiés* priment les créanciers hypothécaires, et leurs rangs respectifs sont déterminés par la loi elle-même (art. 2101 et suiv.).

Les créanciers *hypothécaires,* primés par les créanciers privilégiés, priment à leur tour les créanciers chirographaires. Leurs rangs respectifs sont déterminés par la date de leurs inscriptions. *Prior tempore, potior jure.*

Enfin, viennent les créanciers *chirographaires,* qui ont tous le même rang, quelles que soient la date et la nature de leurs créances. Si les deniers destinés à les payer sont insuffisants, chacun subit une perte proportionnelle.

D'après ce qui précède, l'héritier bénéficiaire distribuera les sommes provenant de la succession :

1° Aux créanciers privilégiés, en suivant l'ordre indiqué par le législateur ;

2° Aux créanciers hypothécaires, en suivant l'ordre des dates de leurs inscriptions ;

3° Aux créanciers chirographaires, proportionnellement au montant de leurs créances.

L'héritier bénéficiaire n'est pas tenu d'attendre, pour faire ses payements, que tous les créanciers et légataires se soient présentés. Ceux qui produiront les premiers leurs titres seront les premiers désintéressés. Maintenant, il résultera souvent de là une interversion dans l'ordre légal des payements ; ainsi, des légataires pourront être payés avant des créanciers, ou bien des créanciers chirographaires avant des créanciers hypothécaires. Si la succession est solvable, cette interversion sera indifférente, puisque créanciers et légataires seront intégralement désintéressés. Mais qu'arrivera-t-il si la succession est insolvable ? Et d'abord, supposons qu'un légataire ait été payé avant un créancier. Le légataire rendra-t-il ce qu'il a reçu au préjudice du créancier, ou l'héritier bénéfi-

ciaire devra-t-il payer celui-ci sur ses biens personnels, ou
enfin le créancier supportera-t-il la perte ?

Pour résoudre cette question, il importe de distinguer si le
créancier avait ou non fait *opposition*, c'est-à-dire défense à
l'héritier bénéficiaire de procéder à aucun payement en dehors de sa présence. Avait-il fait opposition ; alors il a recours,
et contre l'héritier qui n'en a point tenu compte, et contre
les légataires payés à son préjudice, et enfin, comme nous
allons le voir, contre les autres créanciers qui ont touché
plus qu'ils ne devaient recevoir. N'avait-il pas fait opposition ; alors il ne peut critiquer l'héritier, qui est exempt de
toute faute. Mais pour savoir contre qui et dans quelles limites
il peut exercer son recours, une distinction est nécessaire.
Lorsqu'il a produit ses titres avant l'apurement du compte
et le payement du reliquat, il peut recourir, et contre les
créanciers déjà payés, et à plus forte raison contre les légataires. Lorsque, au contraire, il n'a produit ses titres qu'a-
près l'apurement du compte et le payement du reliquat, il
peut seulement exercer son recours contre les légataires
(art. 809). La première de ces solutions n'est pas formellement écrite dans l'art. 809 comme la seconde, mais elle est
une conséquence nécessaire de cette dernière. En effet, l'article, n'accordant un recours que contre les légataires au créancier qui produit ses titres après l'apurement du compte et
le payement du reliquat, reconnaît par cela même que ce recours serait plus étendu, si le créancier avait produit ses titres
avant l'apurement du compte et le payement du reliquat.
Or, contre qui pourra-t-il être exercé, après les légataires ?
Évidemment contre les autres créanciers qui ont touché plus
qu'ils ne devaient recevoir. Le projet du Code prévoyait dis-
tinctement les deux hypothèses, et les réglait comme nous
venons de le faire. On jugea que la solution de la seconde
impliquait celle de la première, et c'est pour cela qu'on a
substitué la rédaction actuelle à la rédaction primitive. Au
surplus, cette rédaction n'a pas même complétement disparu,

car le second alinéa de l'art. 809 (*dans l'un et l'autre cas*),
a été maintenu tel qu'il était dans le projet. Il est donc certain, et par l'argument *à contrario* que fournit l'art. 809, et
par l'histoire même de sa rédaction, que les créanciers, dont
la production a lieu avant l'apurement du compte et le payement du reliquat, ont un recours à exercer, non-seulement
contre les légataires, mais encore contre les autres créanciers ;
et rien n'est plus juste. En effet, si ce recours leur manquait,
il dépendrait de l'héritier de faire passer tous les créanciers
chirographaires avant tous les créanciers hypothécaires, en se
hâtant de payer les premiers, avant que les derniers n'aient
le temps de se présenter ou de faire opposition. Or, un tel
résultat est évidemment inadmissible.

Le système que nous venons d'exposer a cependant des
contradicteurs.

On objecte :

1° Que les créanciers désintéressés n'ont, en définitive,
reçu que le montant de leur droit, et que, par suite, on ne
peut toucher aux sommes qui leur ont été payées par l'héritier bénéficiaire ; à quoi l'on répond que, dans l'hypothèse de
l'insolvabilité d'un débiteur, par exemple ici de la succession,
les droits respectifs des créanciers chirographaires sont réduits
ipso jure à un simple dividende, et que si l'un est intégralement désintéressé lorsque les autres ne peuvent l'être,
celui-là doit restituer ce qu'il a reçu au delà de sa part contributoire. Tous les créanciers chirographaires peuvent et doivent rester égaux ;

2° Que l'art. 503 du Code de commerce ne permet pas aux
créanciers retardataires d'un débiteur failli de recourir contre
les créanciers diligents qui ont touché plus que leur dividende,
et qu'il doit en être de même dans la liquidation d'une succession bénéficiaire ; à quoi l'on répond, que les créanciers d'une
succession bénéficiaire ne sauraient être assimilés aux créanciers d'un failli. Ceux-ci sont avertis par la publicité de la
faillite, et ils ont d'ailleurs un délai pour produire utilement

leurs titres : ceux-là ne sont, au contraire, avertis par aucune mesure de publicité, et ne trouvent dans la loi aucun délai pour produire utilement leurs titres. Il n'y a donc aucune conséquence à tirer de l'art. 503 du Code de commerce.

Concluons donc que les créanciers dont la production est antérieure à l'apurement du compte et au payement du reliquat ont un recours à exercer même contre les autres créanciers qui auraient été antérieurement payés. Ce recours durera trente ans, car aucun texte n'en a limité à un plus bref délai la prescription [1].

Lorsque les créanciers ne produisent leurs titres qu'après l'apurement du compte et le payement du reliquat, ils ont seulement recours contre les légataires, comme nous l'avons dit plus haut, et la durée de ce recours est limitée à trois ans (art. 809, 2°). Dans cette hypothèse, la négligence des créanciers est grave, et puis il importe que les légataires ne soient pas trop longtemps exposés à des recours imprévus ; aussi a-t-on justement réduit à ce délai la durée de l'action des créanciers.

Faisons observer, en terminant, que, dans la pratique, l'héritier bénéficiaire reçoit presque toujours des oppositions, soit de la part des créanciers, soit de la part des légataires. Dans ce cas, il ne doit rien payer avant la mainlevée des oppositions. Enfin, lorsque les créanciers ou les légataires se contestent réciproquement leurs titres ou leur rang, la distribution des deniers elle-même est faite par la justice.

QUATRIÈME SECTION
DES SUCCESSIONS VACANTES.

ART. 811. Lorsqu'après l'expiration des délais pour faire inventaire et pour délibérer, il ne se présente personne qui réclame une succession, qu'il n'y a pas d'héritier connu, ou que les héritiers connus y ont renoncé, cette succession est réputée vacante.

---

[1] Marcadé, sur l'art. 809, n. 2. Demolombe, t. III, n. 301. — Orléans, 14 avril 1859.

812. Le tribunal de première instance dans l'arrondissement duquel elle est ouverte nomme un curateur, sur la demande des personnes intéressées, ou sur la réquisition du procureur impérial.

813. Le curateur à une succession vacante est tenu, avant tout, d'en faire constater l'état par un inventaire : il en exerce et poursuit les droits ; il répond aux demandes formées contre elle ; il administre, sous la charge de faire verser le numéraire qui se trouve dans la succession, ainsi que les deniers provenant du prix des meubles ou immeubles vendus, dans la caisse du receveur de la régie impériale, pour la conservation des droits, et à la charge de rendre compte à qui il appartiendra.

814. Les dispositions de la section III du présent chapitre, sur les formes de l'inventaire, sur le mode d'administration et sur les comptes à rendre de la part de l'héritier bénéficiaire, sont, au surplus, communes aux curateurs à successions vacantes.

Des successions VACANTES. — On appelle *succession vacante* celle qui n'est réclamée par personne. Mais, dit-on, une circulaire ministérielle du 8 juillet 1806, prescrit aux agents du fisc de réclamer toute succession, même insolvable, qui n'est pas appréhendée par les héritiers légitimes ou les successeurs irréguliers du défunt, et dès lors on ne voit pas comment une succession peut être vacante. Cette objection n'est pas fondée, car les agents du fisc peuvent ignorer l'ouverture de la succession, et, d'ailleurs, le tribunal a pu rejeter leur demande, dans la supposition que certains héritiers ou successeurs irréguliers du *de cujus* existent encore, quoique actuellement inconnus. Notre définition de la succession vacante n'est donc pas contradictoire avec la circulaire dont nous venons de parler.

Il ne faut pas confondre la succession *vacante* avec la succession *en déshérence*. La succession est *vacante*, avons-nous dit, lorsque personne ne la réclame ou que la réclamation du fisc a été provisoirement rejetée : alors il y a lieu de nommer un curateur pour administrer les biens du défunt. La succession est au contraire *en déshérence* lorsque, non-seulement aucun héritier légitime ou successeur irrégulier primant l'État ne la réclame, mais qu'encore il est constant ou tout au moins très-probable que le défunt n'a laissé ni parents légitimes au degré successible, ni successeur irrégulier autre que l'État. Alors il y a lieu, non de nommer un curateur, mais de faire droit à la réclamation de l'État, qui demande son envoi en possession. Seulement, comme il n'est pas impossible qu'un héritier légitime ou un successeur irrégulier d'un ordre supérieur se présente plus tard, l'État devra restituer les biens si la prescription n'est pas encore accomplie à son profit. Or, nous savons que cette prescription dure trente ans, délai du droit commun (art. 2262).

Nous avons vu que la réclamation de l'État pouvait être rejetée par cette seule considération que des héritiers légitimes ou des successeurs irréguliers d'un ordre supérieur au sien étaient présumés exister. A plus forte raison pourra-t-elle être rejetée, si les héritiers immédiats ayant renoncé, il y a des héritiers du degré subséquent qui n'ont pas encore accepté. La succession sera donc alors vacante, et devra par suite être pourvue d'un curateur. L'art. 811 le déclare formellement. Cette décision montre que la saisine s'arrête aux héritiers immédiats, et ne descend pas, comme la vocation à l'hérédité, aux successibles du degré inférieur. En effet, si ces successibles étaient, comme les héritiers immédiats, investis de la succession de plein droit et par le seul fait du décès, la nomination d'un curateur serait non-seulement inutile, mais encore impossible, puisqu'elle aurait pour résultat de leur faire perdre la détention et l'administration des biens héréditaires. La disposition du Code est du reste fort sage, car les créanciers et légataires du défunt ne seront pas obligés d'attendre les renonciations successives de tous les héritiers jusqu'au douzième degré, et par le seul fait que les premiers auront renoncé, ils pourront faire nommer un curateur qui procédera à la liquidation, sans plus tarder.

Allons plus loin et décidons que même en la présence de successeurs irréguliers demandant leur envoi en possession, les créanciers pourraient poursuivre la nomination d'un curateur. En effet, d'un côté un délai plus ou moins long sépare toujours l'ouverture de la succession de l'envoi en possession du successeur irrégulier, et de l'autre le créancier a quelquefois intérêt à intenter une action immédiate contre la succession, dans le but, par exemple, d'interrompre une prescription près de s'accomplir.

Qui peut *poursuivre la nomination d'un curateur.* — Peuvent poursuivre la nomination d'un curateur toutes personnes intéressées, telles que créanciers, légataires, associés, etc., plus le procureur impérial, chargé de protéger les personnes qui, pour une cause ou pour une autre, ne peuvent se protéger elles-mêmes, par exemple, à cause de leur absence ou de leur folie.

Des fonctions *du curateur.* — Le curateur est chargé d'administrer la succession et de la liquider. Il doit donc, comme l'héritier bénéficiaire, faire procéder à un inventaire, poursuivre la vente des meubles et des immeubles, intenter les actions du défunt, défendre à celles de ses créanciers, etc. Au surplus, il ne faut pas confondre entièrement le curateur à succession vacante avec l'héritier bénéficiaire. Quoique soumis à certaines règles communes (art. 814), de nombreuses et graves différences les séparent. Ainsi :

1° L'héritier bénéficiaire administre *sa propre chose*, et le curateur *la chose d'autrui ;* d'où il suit que le premier peut et que le second ne peut pas garder l'excédant de l'actif héréditaire sur le passif.

2° L'héritier bénéficiaire a *le choix* de conserver les biens de la succession en payant les créanciers et les légataires avec ses deniers personnels, ou de les vendre et de les affecter ainsi directement à la liquidation du passif ; de plus, il reste détenteur des sommes héréditaires, avec ou sans caution, suivant que les créanciers et légataires ont ou n'ont pas exigé cette garantie.

Le curateur, au contraire, doit toujours vendre les biens de la succession pour payer les créanciers ou légataires, et déposer les sommes provenant de ces diverses ventes ou des recouvrements des créances héréditaires, à la Caisse des dépôts et consignations à Paris, et dans les départements à la caisse du Trésorier-payeur général, ou à celle du receveur particulier.

3° L'héritier bénéficiaire n'est *point salarié*, puisqu'il administre sa propre chose, et il en est autrement du curateur qui administre la chose d'autrui.

4° L'héritier n'est en conséquence tenu que de ses *fautes graves*, tandis que le curateur est tenu de toutes celles que ne commet pas le bon père de famille, c'est-à-dire le meilleur administrateur.

CHAPITRE VI

DU PARTAGE ET DES RAPPORTS.

—

PREMIÈRE SECTION

DE L'ACTION EN PARTAGE ET DE SA FORME.

ART. 815. Nul ne peut être contraint à demeurer dans l'indivision, et le partage peut être toujours provoqué, nonobstant prohibitions et conventions contraires. On peut cependant convenir de suspendre le partage pendant un temps limité : cette convention ne peut être obligatoire au delà de cinq ans ; mais elle peut être renouvelée.

816. Le partage peut être demandé, même quand l'un des cohéritiers aurait joui séparément de partie des biens de la succession, s'il n'y a eu un acte de partage, ou possession suffisante pour acquérir la prescription.

817. L'action en partage, à l'égard des cohéritiers mineurs ou interdits, peut être exercée par leurs tuteurs, spécialement autorisés par un conseil de famille. — A l'égard des cohéritiers absents, l'action appartient aux parents envoyés en possession.

818. Le mari peut, sans le concours de sa femme, provoquer le partage des objets meubles ou immeubles à elle échus qui tombent dans la communauté : à l'égard des objets qui ne tombent pas en

communauté, le mari ne peut en provoquer le partage sans le concours de sa femme ; il peut seulement, s'il a le droit de jouir de ses
biens, demander un partage provisionnel. — Les cohéritiers de la
femme ne peuvent provoquer le partage définitif qu'en mettant en
cause le mari et la femme.

819. Si tous les héritiers sont présents et majeurs, l'apposition des
scellés sur les effets de la succession n'est pas nécessaire, et le partage peut être fait dans la forme et par tel acte que les parties intéressées jugent convenables. — Si tous les héritiers ne sont pas présents, s'il y a parmi eux des mineurs ou des interdits, le scellé doit
être apposé dans le plus bref délai, soit à la requête des héritiers,
soit à la diligence du procureur impérial près le tribunal de première instance, soit d'office par le juge de paix dans l'arrondissement duquel la succession est ouverte.

820. Les créanciers peuvent aussi requérir l'apposition des scellés, en vertu d'un titre exécutoire ou d'une permission du juge.

821. Lorsque le scellé a été apposé, tous créanciers peuvent y
former opposition, encore qu'ils n'aient ni titre exécutoire ni permission du juge. — Les formalités pour la levée des scellés et la confection de l'inventaire sont réglées par les lois sur la procédure.

822. L'action en partage et les contestations qui s'élèvent dans le
cours des opérations sont soumises au tribunal du lieu de l'ouverture de la succession. — C'est devant ce tribunal qu'il est procédé
aux licitations, et que doivent être portées les demandes relatives à
la garantie des lots entre copartageants, et celles en rescision du
partage.

823. Si l'un des cohéritiers refuse de consentir au partage, ou s'il
s'élève des contestations soit sur le mode d'y procéder, soit sur la
manière de le terminer, le tribunal prononce comme en matière
sommaire, ou commet, s'il y a lieu, pour les opérations du partage,
un des juges, sur le rapport duquel il décide les contestations.

824. L'estimation des immeubles est faite par experts choisis par
les parties intéressées, ou, à leur refus, nommés d'office. — Le procès-verbal des experts doit présenter les bases de l'estimation ; il
doit indiquer si l'objet estimé peut être commodément partagé ; de
quelle manière ; fixer enfin, en cas de division, chacune des parts
qu'on peut en former, et leur valeur.

825. L'estimation des meubles, s'il n'y a pas eu de prisée faite
dans un inventaire régulier, doit être faite par gens à ce connaissant, à juste prix et sans crue.

826. Chacun des cohéritiers peut demander sa part en nature des
meubles et immeubles de la succession ; néanmoins, s'il y a des

créanciers saisissants ou opposants, ou si la majorité des cohéritiers juge la vente nécessaire pour l'acquit des dettes et charges de la succession, les meubles sont vendus publiquement en la forme ordinaire.

827. Si les immeubles ne peuvent pas se partager commodément, il doit être procédé à la vente par licitation devant le tribunal. — Cependant les parties, si elles sont toutes majeures, peuvent consentir que la licitation soit faite devant un notaire, sur le choix duquel elles s'accordent.

828. Après que les meubles et immeubles ont été estimés et vendus, s'il y a lieu, le juge commissaire renvoie les parties devant un notaire dont elles conviennent, ou nommé d'office, si les parties ne s'accordent pas sur le choix. — On procède, devant cet officier, aux comptes que les copartageants peuvent se devoir, à la formation de la masse générale, à la composition des lots, et aux fournissements à faire à chacun des copartageants.

829. Chaque cohéritier fait rapport à la masse, suivant les règles qui seront ci-après établies (843 à 869), des dons qui lui ont été faits, et des sommes dont il est débiteur.

830. Si le rapport n'est pas fait en nature, les cohéritiers à qui il est dû prélèvent une portion égale sur la masse de la succession. Les prélèvements se font, autant que possible, en objets de mêmes nature, qualité et bonté, que les objets non rapportés en nature.

831. Après ces prélèvements, il est procédé, sur ce qui reste dans la masse, à la composition d'autant de lots égaux qu'il y a d'héritiers copartageants ou de souches copartageantes.

832. Dans la formation et composition des lots, on doit éviter, autant que possible, de morceler les héritages et de diviser les exploitations ; et il convient de faire entrer dans chaque lot, s'il se peut, la même quantité de meubles, d'immeubles, de droits ou de créances de même nature.

833. L'inégalité des lots en nature se compense par un retour, soit en rente, soit en argent.

834. Les lots sont faits par l'un des cohéritiers, s'ils peuvent convenir entre eux sur le choix, et si celui qu'ils avaient choisi accepte la commission ; dans le cas contraire, les lots sont faits par un expert que le juge-commissaire désigne.— Ils sont ensuite tirés au sort.

835. Avant de procéder au tirage des lots, chaque copartageant est admis à proposer ses réclamations contre leur formation.

836. Les règles établies pour la division des masses à partager sont également observées dans la subdivision à faire entre les souches copartageantes.

837. Si, dans les opérations renvoyées devant un notaire, il s'é-
lève des contestations, le notaire dressera procès-verbal des difficultés et des dires respectifs des parties, les renverra devant le
commissaire nommé pour le partage ; et, au surplus, il sera procédé suivant les formes prescrites par les lois sur la procédure.

838. Si tous les cohéritiers ne sont pas présents, ou s'il y a parmi
eux des interdits ou des mineurs, même émancipés, le partage doit
être fait en justice, conformément aux règles prescrites par les articles 819 et suivants, jusques et compris l'article précédent. S'il y
a plusieurs mineurs qui aient des intérêts opposés dans le partage,
il doit leur être donné à chacun un tuteur spécial et particulier.

839. S'il y a lieu à licitation, dans le cas du précédent article,
elle ne peut être faite qu'en justice, avec les formalités prescrites
pour l'aliénation des biens des mineurs. Les étrangers y sont toujours admis.

840. Les partages faits conformément aux règles ci-dessus prescrites, soit par les tuteurs, avec l'autorisation d'un conseil de famille, soit par les mineurs émancipés, assistés de leurs curateurs,
soit au nom des absents ou non présents, sont définitifs ; ils ne sont
que provisionnels, si les règles prescrites n'ont pas été observées.

841. Toute personne, même parente du défunt, qui n'est pas son
successible, et à laquelle un cohéritier aurait cédé son droit à la
succession, peut être écartée du partage, soit par tous les cohéritiers, soit par un seul, en lui remboursant le prix de la cession.

842. Après le partage, remise doit être faite à chacun des copartageants des titres particuliers aux objets qui lui seront échus.
— Les titres d'une propriété divisée restent à celui qui a la plus
grande part, à la charge d'en aider ceux de ses copartageants qui y
auront intérêt, quand il en sera requis. — Les titres communs à
toute l'hérédité sont remis à celui que tous les héritiers ont choisi
pour en être le dépositaire, à la charge d'en aider les copartageants
à toute réquisition. S'il y a difficulté sur ce choix, il est réglé par
le juge.

Observation. — Lorsque le défunt laisse plusieurs héritiers, la succession appartient à tous indivisément. En d'autres termes, chaque objet et chaque partie de chaque objet
est la propriété commune des divers héritiers. On appelle
partage l'opération qui met fin à l'indivision, en attribuant
à chaque héritier la propriété exclusive de certaines choses

de la succession. Nous allons examiner les règles, la forme
et les effets du partage.

Quand a lieu l'action en partage. — L'action en partage
a lieu toutes les fois que plusieurs personnes sont dans l'indivision (art. 815). L'indivision, en effet, est contraire à
l'ordre public, parce que les biens indivis sont ordinairement
mal administrés et mal exploités. Ils sont mal administrés,
par la raison que plusieurs propriétaires s'entendent difficil-
lement sur les différents actes qu'il importe d'accomplir. Ils
sont mal exploités, par la raison que chacun travaille pour
son cohéritier en travaillant pour lui-même, et que l'aiguillon
de l'intérêt individuel se trouve de la sorte émoussé par la
présence d'un intérêt étranger. Aussi le législateur déclare-
t-il que nul ne peut être contraint à demeurer dans l'indivision, et que le partage peut toujours être provoqué, nonobstant prohibitions et conventions contraires (art. 815).

Il est cependant permis aux propriétaires par indivis de
convenir que, pendant cinq ans, au *maximum*, le partage sera
suspendu. Cette disposition du Code (art. 815, 2°) est une
transaction entre la liberté absolue des contrats et la règle
que nul ne peut être contraint à rester dans l'indivision.

Si les parties sont convenues de rester dans l'indivision
pendant plus de cinq ans, elles n'en conservent pas moins la
faculté de demander un partage à l'expiration dudit délai;
mais, à cette époque, elles peuvent aussi renouveler leurs
engagements pour cinq autres années.

Un testateur peut-il imposer l'indivision à ses héritiers
pour un délai qui n'excède pas cinq ans? Il le pouvait dans
l'ancien droit français, et de graves raisons militent en faveur
de cette doctrine. D'une part, en effet, un testateur qui
laisse des enfants mineurs trouvera, dans cette clause, un
moyen de retarder le partage de sa succession jusqu'à leur
majorité, et de leur épargner peut-être ainsi les frais d'un
partage fait en justice; d'autre part, il ne paraît point que
l'obligation de rester cinq ans dans l'indivision soit par elle-

même contraire à l'ordre public, puisque le Code permet aux parties de se l'imposer respectivement.

Malgré la gravité de ces arguments, il faut déclarer nulle la clause dont il s'agit, car on ne peut raisonnablement assimiler l'indivision imposée par une volonté étrangère, à l'indivision librement consentie et acceptée par toutes les parties intéressées. Celle-ci peut avoir ses avantages ; celle-là n'aurait que des inconvénients. D'ailleurs, aux termes de l'art. 815, nul n'est tenu de rester dans l'indivision nonobstant *toutes prohibitions et conventions contraires*. Or, le même article permet bien exceptionnellement la *convention* de rester pendant cinq ans dans l'indivision, mais il n'autorise pas une exception semblable pour les *prohibitions*, et dès lors on doit dire d'une manière absolue que toute prohibition est nulle [1].

Notons que les règles précédentes s'appliquent à l'indivision en général, et non pas seulement à l'indivision en matière de successions. Ainsi les associés ne pourraient pas convenir, après la dissolution de la société, qu'ils resteraient plus de cinq ans dans l'indivision. Au surplus, tant que dure la société, l'indivision n'existe pas, puisque tous les biens constituant son actif appartiennent à la personne morale appelée société, au lieu d'appartenir par portions indivises aux différents associés. Le partage ne peut donc être demandé, et la convention de rester dans l'indivision être faite qu'après la dissolution, qui est aux sociétés ce que le décès est aux individus. C'est pour cela que nous avons supposé la convention dont il s'agit postérieure à la dissolution de la société.

PERPÉTUITÉ *de l'action en partage*. — L'action en partage est perpétuelle, parce qu'ayant sa cause dans l'indivision, elle renaît en quelque sorte à chaque instant, de manière que l'on ne peut jamais faire remonter son origine au delà de trente ans, délai de la prescription. Cette action ne peut donc cesser qu'avec l'indivision. Or, l'indivision cesse :

---

[1] *Sic* Aubry et Rau, t. V, § 622, p. 245. — Demolombe, t. III, n. 511.

1° Par le *partage lui-même*, lequel sera prouvé selon les règles du droit commun (art. 1341 et suiv.);

2° Par l'*acquisition* que les héritiers font de certains biens héréditaires, en les possédant exclusivement pendant le délai nécessaire pour prescrire. Ainsi, supposons une succession comprenant deux immeubles, et dévolue à deux héritiers. Si chacun des héritiers possède seul pendant trente ans l'un des immeubles, il l'acquiert par prescription, et met ainsi fin à toute action en partage de la part de l'autre héritier.

La prescription ne dure pas toujours trente ans : elle s'accomplit par dix ans entre présents et vingt ans entre absents, lorsqu'elle est fondée sur un juste titre et la bonne foi (art. 2265); mais, évidemment, cette double condition ne sera jamais remplie par l'héritier qui possède seul certains biens de succession, car cet héritier ne peut ignorer le droit de ses cohéritiers; et, d'ailleurs il n'a pas reçu d'eux un juste titre pour posséder, puisque autrement il y aurait eu un véritable partage, ce qui n'est point notre hypothèse. Entre héritiers, la prescription sera donc toujours trentenaire, et il n'y a pas à distinguer si la succession est mobilière ou immobilière, car la maxime « en fait de meubles, la possession vaut titre » suppose la bonne foi (art. 1141), et puis elle a toujours été et doit être encore appliquée aux meubles considérés isolément, et non aux meubles considérés collectivement, comme le sont les meubles qui composent une succession.

De la CAPACITÉ NÉCESSAIRE *pour procéder au partage.*— Le partage peut porter sur la *propriété* même des choses indivises, ou seulement sur leur *jouissance*. Dans le premier cas, on l'appelle *définitif*, et dans le second *provisionnel*. La même capacité n'est pas nécessaire pour l'un et l'autre partage. Voyons d'abord celle qui est nécessaire pour le partage définitif. Pour ce partage, le Code exige une capacité intermédiaire entre la capacité d'administrer et celle d'aliéner.

L.   8

D'un côté, il ne suffit pas d'être administrateur, parce que le partage implique l'échange de certaines parts indivises contre d'autres parts indivises, ce qui est plus grave qu'un acte ordinaire d'administration. D'un autre côté, il n'est pas nécessaire de pouvoir aliéner, parce que les choses données et reçues en échange sont presque toujours de même nature ; de telle sorte que le patrimoine de chaque héritier est, après le partage, composé comme il l'était antérieurement, sauf qu'une propriété divise a été substituée à une propriété indivise. Le partage ne présente donc pas les périls de la vente, par exemple, où la chose aliénée est convertie en argent, lequel est ordinairement plus facile à perdre ou à dissiper que la chose, et c'est pourquoi certaines personnes, incapables de vendre, peuvent valablement procéder à un partage.

Quant au partage provisionnel, il suffit, pour le provoquer ou pour y défendre, d'avoir la capacité d'administrer, puisqu'il n'est, en lui-même, qu'un simple acte d'administration.

Maintenant, parcourons les différentes hypothèses qui peuvent se présenter.

Lorsque tous les héritiers sont présents et majeurs, ils procèdent au partage comme ils l'entendent, à la seule condition de respecter les bonnes mœurs et l'ordre public.

Lorsqu'un héritier est mineur ou interdit, il est représenté par son tuteur, autorisé à cet effet par le conseil de famille, dans le cas où c'est de son chef que le partage est provoqué ; et non autorisé, dans le cas où il est demandé par les autres héritiers (art. 465). Si le mineur est émancipé, il peut procéder lui-même au partage, avec l'assistance de son curateur, et l'art. 840 n'exige plus, comme l'art. 465, que la demande en partage formée par lui soit autorisée du conseil de famille : l'assistance du curateur suffit tant pour agir, que pour défendre à l'action des autres héritiers.

Lorsqu'un héritier est pourvu d'un conseil judiciaire, la seule assistance de son conseil est suffisante, par analogie de ce qui a lieu dans le cas précédent, tant pour demander le partage que pour défendre à la demande formée par les cohéritiers.

Lorsqu'un héritier est absent, il doit être représenté par un notaire nommé à cet effet par le tribunal (art. 113). Mais rappelons que l'héritier absent peut seulement être représenté dans les successions ouvertes avant sa disparition ; car, pour les successions ouvertes postérieurement, il n'est pas prouvé qu'il ait survécu au défunt, et sa part est dévolue aux héritiers présents.

Lorsqu'enfin parmi les héritiers se trouve une femme mariée, l'on doit distinguer si, d'après les conventions matrimoniales, le mari acquiert ou non des droits sur la succession à laquelle sa femme est appelée ; et, en cas qu'il en acquière, si ces droits ont pour objet la pleine propriété ou seulement l'usufruit.

Lorsque le mari n'acquiert aucun droit sur les biens dévolus à la femme, ce qui arrive sous le régime de séparation de biens (art. 1536), la femme a seule qualité pour provoquer le partage ou y défendre. Maintenant, si la succession est immobilière, ou si, étant mobilière, elle ne peut être partagée amiablement, par exemple, à cause de la présence de mineurs ou d'interdits, la femme devra être autorisée à cet effet de son mari, ou, à son refus, de la justice. Mais quand la succession est purement mobilière et donne lieu à un partage purement amiable, la femme peut par elle-même, et sans aucune autorisation, figurer au partage, puisque l'art. 1449 lui accorde, dans le cas de séparation de biens, le droit de disposer de son mobilier.

Sous tout autre régime que celui de séparation de biens, le mari acquiert un droit à la succession dévolue à sa femme. Tantôt ce droit a pour objet la propriété : par exemple, si, la succession étant mobilière, les époux sont mariés sous le régime de communauté ; tantôt, au contraire, il a pour objet un simple usufruit : savoir, si les époux sont mariés sous le

régime exclusif de communauté (art. 1529 et suiv.) ou sous
le régime dotal (art. 1540 et suiv.). Dans le premier cas, le
mari peut provoquer seul, et sans la présence de sa femme,
un partage *définitif* de la succession, et à plus forte raison y
défendre. — Dans le second, le mari ne peut, sans le consentement de sa femme, faire qu'un partage *provisionnel,* c'est-
à-dire un partage de simple jouissance [1]. La femme nu-propriétaire pourra plus tard demander un partage définitif,
comme si le partage provisionnel n'avait jamais existé. En
d'autres termes, le partage relatif à la jouissance ne touche
en rien au droit qu'a la femme de requérir elle-même un
partage définitif.

De la FORME *du partage.* — Tantôt le partage peut être
fait à l'amiable, tantôt il doit être fait en justice. Il peut être
fait à l'amiable lorsque tous les héritiers sont présents et
majeurs. Dans ce cas le partage devrait, selon certains auteurs, être nécessairement prouvé par écrit ; mais en l'absence
de toute disposition spéciale de la loi, nous pensons qu'il serait susceptible d'être établi par tous les genres de preuve
que le droit commun autorise [2]. Le partage doit être fait en
justice :

1° Lorsque parmi les héritiers présents ou majeurs un ou
plusieurs *refusent* de procéder à un partage amiable ;

2° Lorsqu'un ou plusieurs héritiers sont *absents,* c'est-à-
dire non représentés, soit par un mandataire, soit par un
envoyé en possession définitive ;

3° Lorsqu'un ou plusieurs des héritiers sont *mineurs* ou
interdits.

Avant de procéder au partage, les parties sont tenues de
remplir certaines formalités. Ainsi les scellés doivent être
apposés toutes les fois qu'il y a lieu à un partage en justice,
et encore toutes les fois que les créanciers de la succession,

---

[1] Demolombe, t. III, n. 584. Pau, 21 fév. 1861.
[2] *Sic,* Demolombe, t. III, n. 519 et suiv. Lyon, 1er juin 1859. *Contrà,*
Marcadé, art. 816. — Riom, 10 mai, 1855.

munis d'un titre exécutoire ou de la permission du juge,
l'exigent (art. 819, 820). On appelle *titre exécutoire* la grosse
d'un acte notarié ou l'expédition d'un jugement, lesquelles
portent toujours en tête la formule : « Napoléon, etc... »
Les créanciers dont la qualité n'est point établie par l'un ou
l'autre de ces actes, doivent obtenir la permission du juge
qui constate leur droit à requérir l'apposition des scellés
(art. 909 du C. de proc.).

Une fois les scellés apposés, tout créancier, même sans
titre exécutoire et sans permission du juge, peut former opposition à leur levée hors de sa présence (art. 821). Pourquoi
le Code permet-il plus facilement d'empêcher la levée des
scellés que d'en requérir l'apposition ? C'est que l'apposition
des scellés est un obstacle à l'exercice immédiat du droit des
héritiers, et pour paralyser l'effet de la saisine, il faut un
titre exécutoire ou la permission de la justice. Le maintien
des scellés déjà apposés ne peut, au contraire, occasionner
aucun préjudice aux héritiers, et c'est pourquoi tout créancier, sans distinction, peut former opposition à leur levée.

Cette levée a toujours lieu en présence des parties intéressées, ou elles dûment appelées.

Après la levée des scellés, il est procédé à l'inventaire suivant les règles tracées par le Code de procédure (art. 941 et
suiv.).

Du tribunal COMPÉTENT *en matière de partage.* — Le tribunal de l'ouverture de la succession est compétent pour connaître et de la demande en partage et de toutes les contestations qui peuvent s'y rattacher (art. 822). Mais après le
partage consommé et pour toutes les demandes qui ne l'af-
fectent pas dans son essence, le tribunal de l'ouverture n'est
plus compétent.

Le tribunal saisi de la demande en partage prononce
comme en matière sommaire, c'est-à-dire sans signification
de défenses (C. proc., art. 404 et suiv.). Il nomme, s'il y a
lieu, un juge-commissaire chargé de faire un rapport sur

toutes les contestations relatives au partage, et désigne en outre un notaire pour les opérations de détail (art. 823).

De l'estimation *des immeubles.* — L'estimation des immeubles est faite par trois experts choisis par les parties intéressées, ou, à leur refus, nommés d'office (art. 824). Les experts donnent les bases du partage, et ils composent même les lots dans le cas où la masse à partager ne comprend que des immeubles sur lesquels les droits des parties sont déjà liquidés (art. 975 et 976 C. de pr.). L'article 970 du Code de procédure rend, au surplus, facultative, l'expertise que l'article 824 du Code Napoléon déclarait obligatoire.

*De l'*estimation *des meubles.* — L'estimation des meubles est faite par des commissaires-priseurs ou autres experts, soit dans l'inventaire même, soit par acte postérieur. Les derniers mots de l'article 825, *à juste prix et sans crue,* font allusion à un édit de Henri II (1556), aux termes duquel les experts étaient garants de leur estimation, ce qui leur avait fait prendre l'habitude de fixer le prix de tous les meubles estimés par eux au-dessous de leur valeur vénale. Aussi, pour en connaître le véritable prix, il fallait ajouter un quart à la valeur indiquée par l'expertise. Aujourd'hui l'estimation doit toujours être faite *à juste prix et sans crue* (art. 825).

Les meubles peuvent être partagés en nature ou vendus. Ils sont vendus :

1° Lorsqu'il y a des créanciers saisissants ou opposants, et que le numéraire de la succession ne suffit pas pour les désintéresser (art. 826);

2° Lorsque la majorité des cohéritiers juge la vente nécessaire pour l'acquit des dettes et charges de la succession (art. 826). Et, en effet, l'on ne devait pas écouter la réclamation d'une minorité récalcitrante qui veut sa part des meubles en nature, dans le cas où, le numéraire manquant, les saisies de toute espèce menacent d'accabler de frais la succession.

En l'absence de toute disposition expresse à cet égard, la majorité doit s'entendre ici de la majorité en nombre seule-

ment, et non de la majorité en nombre et en sommes, comme
pour le concordat. Ainsi trois héritiers voulant la vente de
meubles l'emporteront toujours sur deux ne la voulant pas,
quoiqu'ils n'aient pas en fait les trois cinquièmes de la succession.

La vente des meubles est faite publiquement et en la forme
ordinaire.

De la LICITATION *des immeubles.* — Lorsque les immeubles ne sont pas commodément partageables en nature, ils
doivent être *licités.* La *licitation* consiste dans la vente, aux
enchères publiques, de l'immeuble indivis (art. 1686). Elle
ne peut être imposée à la minorité que si le partage en nature doit occasionner à l'immeuble une détérioration ou une
dépréciation notable.

La licitation a lieu devant le tribunal lui-même, ou devant
un notaire par lui commis. Chaque héritier peut exiger que
les étrangers soient admis aux enchères. Ils sont même nécessairement admis lorsque l'un des copropriétaires est mineur ou interdit.

RENVOI *des parties devant un notaire et formation de la*
MASSE *à partager.* — Après l'estimation des meubles et des immeubles, le juge-commissaire renvoie les parties devant un
notaire dont elles conviennent, ou nommé d'office si les parties
ne peuvent s'accorder. Devant ce notaire, il est procédé à la
formation de la masse, à la composition des lots et aux
comptes respectifs qui peuvent exister entre les cohéritiers
(art. 828).

Rappelons que la composition des lots est faite par les experts en même temps que l'estimation, quand le partage n'a
pour objet que des immeubles sur lesquels les droits des parties sont liquides. Le lotissement n'aura donc lieu par-devant
notaire que si la justice n'a pas ordonné d'expertise, ou que
si la succession comprend, soit des immeubles sujets à contestation, soit des meubles (C. pr., art. 975, 976, 978).

La formation de la masse à partager présuppose le paye-

ment par la succession à chaque cohéritier et par chaque cohéritier à la succession de leurs dettes respectives. L'article 829
qualifie de *rapport*, et le payement des dettes fait par les
héritiers à la succession, et la remise par eux dans la masse
commune des dons qu'ils avaient reçus du défunt. L'assimilation de ces deux opérations n'est point exacte : nous verrons, en effet, que le rapport des libéralités est subordonné
à l'acceptation préalable de la succession par l'héritier donataire (art. 845). Le payement des dettes est, au contraire,
obligatoire, même pour l'héritier qui renonce, car un débiteur ne peut jamais se soustraire, par son fait personnel, à
l'exécution de ses engagements.

Souvent l'héritier débiteur ou donataire garde les sommes
qu'il devrait mettre dans la masse commune, et ses cohéritiers prélèvent des sommes égales à titre de compensation.
L'opération est plus simple et le résultat identique.

Composition *des lots.* — Les rapports et les prélèvements
faits, il est procédé à la composition des lots. Si les héritiers
sont tous présents et capables, ils peuvent former et s'attribuer respectivement des lots de convenance. Mais si un ou
plusieurs sont absents ou incapables, et encore si tous les héritiers présents et capables ne sont pas d'accord, les lots doivent être composés par un expert nommé par les parties, ou,
à leur défaut, par le juge-commissaire (Cod. de pr., art. 978).
De plus, dans l'hypothèse où il y a des héritiers absents ou
incapables, les opérations préalables du partage doivent être
homologuées par le tribunal de première instance (Cod. de
pr., art. 981 et 982).

Suivant que le partage a lieu par souche ou par tête, il doit
être fait autant de lots qu'il y a de souches ou d'héritiers. Mais
comment les lots seront-ils formés quand les différentes souches ou les différents héritiers ont des droits inégaux, puisque
les lots doivent être tirés au sort (art. 834), et qu'un tel tirage
suppose des lots égaux ? Par exemple, comment seront-ils formés dans l'hypothèse où le défunt a laissé pour héritiers son

père et un frère ? Le père ayant droit à un quart et le frère aux trois quarts de la succession, il est naturel de la diviser en quatre parties égales, dont une sera dévolue par la voie du sort au père et les trois restantes au frère. Mais souvent une succession commodément partageable en deux parties ne l'est pas en quatre, et alors il est difficile de suivre la règle que nous venons de tracer. Dans cette hypothèse, il doit être procédé à une licitation, car rien n'autorise à substituer une attribution directe des lots par la justice, à l'attribution légale par la voie du sort [1], et comme d'un côté les cohéritiers ne peuvent ou ne veulent pas s'entendre, et que de l'autre les biens ne sont pas facilement partageables en autant de parts qu'il serait nécessaire, il faut évidemment en venir à une licitation.

Dans certains cas, le partage d'une succession peut être fait de plusieurs manières. Ainsi, lorsque le défunt laisse son père, sa mère et un frère, il y a deux modes de procéder : le premier consiste à diviser la succession en quatre parties égales, dont une pour le père, une pour la mère et deux pour le frère ; la seconde consiste à partager d'abord la succession en deux moitiés, dont une pour le frère, et l'autre pour le père et la mère réunis, qui en feront ensuite entre eux la subdivision. Laquelle des deux manières de procéder faut-il admettre ? Évidemment, celle qui présente en somme pour les parties le moindre inconvénient ou le plus grand avantage ; car chacun des copartageants aurait mauvaise grâce, soit à vouloir imposer à l'autre un grave inconvénient pour obtenir un faible avantage, soit à lui refuser un grand avantage pour éviter un faible inconvénient.

Le partage d'une succession par souche donne lieu aux mêmes observations et est régi par les mêmes règles que le partage d'une succession par tête.

Dans chaque lot, il doit être mis, s'il se peut, la même quantité de meubles et d'immeubles (art. 832). L'inégalité

---

[1] Aubry et Rau, t. V, § 624, p. 262. — Cass., 27 mars 1850.

des lots en nature se compense par un retour en rente ou en argent, ou encore par une plus faible contribution dans les dettes (art. 833).

Toutes les réclamations qui peuvent s'élever dans le cours du partage sont portées devant le juge-commissaire, qui en réfère au tribunal (C. de pr., art. 977).

Des partages faits par DES INCAPABLES *non dûment autorisés ou assistés.* — Tout partage fait par des incapables non dûment autorisés ou assistés, et tout partage fait par leurs représentants légitimes, sans l'accomplissement des formalités prescrites, est nul comme partage définitif. Il pourrait cependant valoir comme partage provisionnel, s'il avait été fait par un mineur émancipé ou par un tuteur; en effet, l'un et l'autre ont le pouvoir d'administrer, et un partage provisionnel n'est qu'un acte d'administration.

La nullité, soit du partage considéré au point de vue de la propriété, soit du partage considéré au point de vue de la jouissance, est purement relative; en d'autres termes, elle devra être demandée à la justice dans un certain délai, et l'incapable seul pourra s'en prévaloir (art. 840).

Du RETRAIT SUCCESSORAL. — On appelle *retrait successoral* le droit qu'a tout héritier d'écarter du partage, moyennant indemnité, les personnes qui, n'étant pas elles-mêmes successibles, voudraient y participer comme cessionnaires d'un autre héritier. Ainsi, lorsque le défunt laisse deux enfants, et que l'un d'eux aliène sa part au profit d'un étranger, l'autre enfant a le droit d'écarter cet étranger et de retirer de ses mains, moyennant indemnité, la part de succession qu'il vient d'acquérir (art. 841). Cette disposition du Code est contraire à la liberté des contrats; mais, d'une part, elle empêche des spéculateurs, toujours plus ou moins dangereux, d'introduire leur esprit de chicane dans la liquidation des successions; et, de l'autre, elle met à l'abri des regards étrangers les secrets des familles.

CONTRE QUI *peut être exercé le retrait successoral.* — Le

retrait successoral peut être exercé contre tout cessionnaire ne venant pas lui-même à la succession à titre universel. Et en effet, les légataires particuliers, et à plus forte raison les personnes totalement étrangères à la succession, n'ont pas, *à priori*, le droit d'assister aux opérations du partage, et le retrait successoral est précisément institué pour les empêcher de l'acquérir. Les successibles renonçants et les héritiers du degré subséquent, qui ne viennent pas en ordre utile, peuvent eux-mêmes être écartés. Effectivement, l'art. 841 déclare que la parenté du cessionnaire avec le défunt ne fait point obstacle à l'exercice du retrait successoral.

Par contre, ne peuvent pas être écartés par le retrait successoral :

1° Le *cohéritier* du cédant ;

2° L'*enfant naturel* du défunt, concourant avec les héritiers légitimes [1] ;

3° Les légataires ou donataires, soit *universels*, soit à titre *universel* [2].

Effectivement, ces différents cessionnaires ont, de leur propre chef, le droit de venir au partage, et, par rapport à eux, le retrait successoral serait sans but comme sans résultat, puisque, écartés du chef de l'héritier cédant, ils pourraient encore se présenter en leur nom personnel.

Lorsque le défunt a laissé des héritiers dans la ligne paternelle et des héritiers dans la ligne maternelle, les uns sont des étrangers par rapport aux autres. Ils peuvent bien prendre part au partage de la succession entre ces deux lignes ; mais les héritiers de la ligne paternelle n'ont pas le droit d'intervenir dans la *subdivision* de la moitié afférente à la ligne maternelle, ni réciproquement. En conséquence, le retrait successoral pourrait être exercé par tout héritier de la ligne maternelle, par exemple, contre tout héritier de la ligne paternelle qui, par voie de cession, voudrait prendre part à cette

---

[1] Marcadé, art. 841, n. 3. Demante, t. III, n. 171 *bis*.
[2] Demolombe, t. IV, n. 40. Aubry et Rau, t. IV, § 359 *ter*, p. 325.

subdivision. Pareillement, un partage étant fait entre deux souches, le retrait serait possible de la part des héritiers de l'une par rapport aux héritiers de l'autre [1].

Enfin, si un héritier aliène une fraction, par exemple, un tiers ou un cinquième de sa part dans la succession, ou même un objet déterminé à prendre dans son lot, le cessionnaire sera encore sous le coup du retrait successoral, car il aurait droit de surveiller le partage, soit pour s'assurer que la part du cédant est complète, soit pour empêcher que l'objet vendu ne passe frauduleusement entre les mains d'un autre héritier; et il est manifeste qu'il ne peut pas plus, en acquérant une fraction de part héréditaire, ou, à plus forte raison, un objet déterminé, rendre sa présence au partage inexpugnable, qu'il ne le peut en acquérant la totalité d'une part héréditaire. Cependant, si le cessionnaire renonçait à toute intervention au partage, il pourrait se mettre à l'abri du retrait successoral : *Cessante causa, cessat effectus*.

Le retrait successoral peut-il être exercé contre un cessionnaire à titre gratuit ? Il ne le pouvait pas dans l'ancien droit français ni dans le droit romain, et il ne le pourra pas davantage sous l'empire du Code. En effet, dans ce cas, la part héréditaire est allée au-devant de l'acquéreur et non l'acquéreur au-devant de la part héréditaire : la présence de cet acquéreur au partage n'a donc rien de suspect. D'ailleurs le Code, en exigeant que le cessionnaire soit remboursé du prix de la cession (art. 841), montre bien que sa disposition n'atteint pas le donataire.

Il faudrait donner une décision différente pour le cas où le cessionnaire aurait acquis par voie d'échange la part d'un héritier, car autrement il serait trop facile de se soustraire au retrait en donnant à la cession la forme d'un échange. Puis, pourquoi le cessionnaire par voie d'échange aurait-il un avantage que la loi refuse au cessionnaire par voie de vente [2] ?

---

[1] Demolombe, t. IV, n. 34. Demante, t. III, n. 171 *bis*.
[2] Marcadé, art. 841, n. 2. — Bordeaux, 25 mars 1857.

Qui peut *exercer le retrait successoral*. — L'exercice du retrait successoral appartient à quiconque ne pourrait pas être écarté ; et en effet, le but du retrait est d'exclure tous les étrangers du partage ; or, évidemment cette exclusion ne peut être demandée que par ceux-là mêmes qui ont la qualité de copartageants.

Délai *de l'action en retrait successoral*. — Le Code ne limite point le délai de cette action : elle reste donc soumise aux règles ordinaires de la prescription ; mais, en fait, le partage est une limite qui précédera toujours celle de trente ans résultant de la prescription. Une fois consommé, les héritiers seront non recevables à exercer le retrait, puisqu'ils auront accepté le cessionnaire pour copartageant.

Conditions *du retrait successoral*. — Le retrait successoral est subordonné à la condition que le cessionnaire sera indemnisé du prix de la cession, des frais et loyaux coûts du contrat, tels que droits de mutation, honoraires du notaire, etc., et enfin des intérêts du prix à compter du jour où il l'a payé. L'article 841 ne parle, il est vrai, que du prix, mais l'article 1699 montre que cette disposition est incomplète. Effectivement, le retrait des droits litigieux n'est en rien moins favorable que le retrait successoral, et cependant il est subordonné au remboursement des différentes choses que nous venons d'énumérer. Au surplus, il n'est pas nécessaire que ce remboursement soit préalable ; le montant n'en sera même souvent connu, par le retrayant, que dans le cours du procès. Si les parties ont exagéré le prix ou les accessoires, dans le but d'empêcher le retrait, en le rendant très-onéreux, le retrayant pourra prouver que le prix *réel* est inférieur au prix déclaré ; autrement il serait trop facile aux parties d'éluder la disposition du Code. D'ailleurs il en est ainsi dans le cas du retrait litigieux (art. 1699).

De l'effet *du retrait successoral*. — Le retrait successoral a pour effet de mettre celui qui l'exerce aux lieu et place de celui contre lequel il est exercé. Cette opération est avantageuse, si le prix de la cession était inférieur à la valeur réelle de la part héréditaire vendue; et au contraire elle est désavantageuse, si le prix de la cession était supérieur à cette valeur. Effectivement, dans le premier cas l'héritier recouvre plus qu'il n'aliène, et dans le second il aliène plus qu'il ne recouvre. Lorsque l'opération est désavantageuse, l'héritier retrayant ne peut évidemment pas contraindre les cohéritiers à supporter une part dans la perte, puisqu'ils sont restés étrangers au retrait; mais, par contre, si le retrait est avantageux, celui qui l'a exercé a seul tout le profit : *ubi onus foret, ibi emolumentum esse debet*. Au surplus, tous les héritiers peuvent participer au retrait, et si en fait un seul l'exerce et en profite, ils ne doivent l'imputer qu'à leur seule négligence [1].

De L'EXÉCUTION *du partage.* — L'article 842 indique les règles à observer pour la représentation, et, s'il y a lieu, pour la conservation des divers titres de la succession.

DEUXIÈME SECTION

DES RAPPORTS.

ART. 843. Tout héritier, même bénéficiaire, venant à une succession, doit rapporter à ses cohéritiers tout ce qu'il a reçu du défunt, par donation entre vifs, directement ou indirectement : il ne peut retenir les dons ni réclamer les legs à lui faits par le défunt, à moins que les dons et legs ne lui aient été faits expressément par préciput et hors part, ou avec dispense du rapport.

844. Dans le cas même où les dons et legs auraient été faits par préciput ou avec dispense du rapport, l'héritier venant à partage ne peut les retenir que jusqu'à la concurrence de la quotité disponible : l'excédant est sujet à rapport.

845. L'héritier qui renonce à la succession peut cependant retenir le don entre vifs, ou réclamer le legs à lui fait, jusqu'à concurrence de la portion disponible.

846. Le donataire qui n'était pas héritier présomptif lors de la donation, mais qui se trouve successible au jour de l'ouverture de

---

[1] Marcadé, art. 841, n. 3. — Limoges, 30 juin 1852.

la succession, doit également le rapport, à moins que le donateur ne l'en ait dispensé.

847. Les dons et legs faits au fils de celui qui se trouve successible à l'époque de l'ouverture de la succession sont toujours réputés faits avec dispense du rapport. — Le père venant à la succession du donateur n'est pas tenu de les rapporter.

848. Pareillement, le fils venant de son chef à la succession du donateur n'est pas tenu de rapporter le don fait à son père, même quand il aurait accepté la succession de celui-ci ; mais si le fils ne vient que par représentation, il doit rapporter ce qui avait été donné à son père, même dans le cas où il aurait répudié la succession.

849. Les dons et legs faits au conjoint d'un époux successible sont réputés faits avec dispense du rapport. — Si les dons et legs sont faits conjointement à deux époux, dont l'un seulement est successible, celui-ci en rapporte la moitié ; si les dons sont faits à l'époux successible, il les rapporte en entier.

850. Le rapport ne se fait qu'à la succession du donateur.

851. Le rapport est dû de ce qui a été employé pour l'établissement d'un des cohéritiers, ou pour le payement de ses dettes.

852. Les frais de nourriture, d'entretien, d'éducation, d'apprentissage, les frais ordinaires d'équipement, ceux de noces et présents d'usage ne doivent pas être rapportés.

853. Il en est de même des profits que l'héritier a pu retirer des conventions passées avec le défunt, si ces conventions ne présentaient aucun avantage indirect, lorsqu'elles ont été faites.

854. Pareillement il n'est pas dû de rapport pour les associations faites sans fraude entre le défunt et l'un de ses héritiers, lorsque les conditions ont été réglées par un acte authentique.

855. L'immeuble qui a péri par cas fortuit, et sans la faute du donataire, n'est pas sujet à rapport.

856. Les fruits et les intérêts des choses sujettes à rapport ne sont dus qu'à compter du jour de l'ouverture de la succession.

857. Le rapport n'est dû que par le cohéritier à son cohéritier ; il n'est pas dû aux légataires ni aux créanciers de la succession.

858. Le rapport se fait en nature ou en moins prenant.

859. Il peut être exigé en nature, à l'égard des immeubles, toutes les fois que l'immeuble donné n'a pas été aliéné par le donataire, et qu'il n'y a pas, dans la succession, d'immeubles de même nature, valeur et bonté, dont on puisse former des lots à peu près égaux pour les autres cohéritiers.

860. Le rapport n'a lieu qu'en moins prenant, quand le donataire

a aliéné l'immeuble avant l'ouverture de la succession ; il est dû de la valeur de l'immeuble à l'époque de l'ouverture.

861. Dans tous les cas, il doit être tenu compte au donataire des impenses qui ont amélioré la chose, eu égard à ce dont sa valeur se trouve augmentée au temps du partage.

862. Il doit être pareillement tenu compte au donataire des impenses nécessaires qu'il a faites pour la conservation de la chose, encore qu'elles n'aient point amélioré le fonds.

863. Le donataire, de son côté, doit tenir compte des dégradations et détériorations qui ont diminué la valeur de l'immeuble, par son fait ou par sa faute et négligence.

864. Dans le cas où l'immeuble a été aliéné par le donataire, les améliorations ou dégradations faites par l'acquéreur doivent être imputées conformément aux trois articles précédents.

865. Lorsque le rapport se fait en nature, les biens se réunissent à la masse de la succession, francs et quittes de toutes charges créées par le donataire ; mais les créanciers ayant hypothèque peuvent intervenir au partage, pour s'opposer à ce que le rapport se fasse en fraude de leurs droits.

866. Lorsque le don d'un immeuble fait à un successible avec dispense du rapport excède la portion disponible, le rapport de l'excédant se fait en nature, si le retranchement de cet excédant peut s'opérer commodément. — Dans le cas contraire, si l'excédant est de plus de moitié de la valeur de l'immeuble, le donataire doit rapporter l'immeuble en totalité, sauf à prélever sur la masse la valeur de la portion disponible : si cette portion excède la moitié de la valeur de l'immeuble, le donataire peut retenir l'immeuble en totalité, sauf à moins prendre, et à récompenser ses cohéritiers en argent ou autrement.

867. Le cohéritier qui fait le rapport en nature d'un immeuble peut en retenir la possession jusqu'au remboursement effectif des sommes qui lui sont dues pour impenses ou améliorations.

868. Le rapport du mobilier ne se fait qu'en moins prenant. Il se fait sur le pied de la valeur du mobilier lors de la donation, d'après l'état estimatif annexé à l'acte ; et, à défaut de cet état, d'après une estimation par experts, à juste prix et sans crue.

869. Le rapport de l'argent donné se fait en moins prenant dans le numéraire de la succession. — En cas d'insuffisance, le donataire peut se dispenser de rapporter du numéraire, en abandonnant, jusqu'à due concurrence, du mobilier, et, à défaut de mobilier, des immeubles de la succession.

Notions générales. — Le RAPPORT est la remise, par chaque héritier, dans la masse commune, des libéralités qu'il a reçues du défunt. Il a pour but et pour effet de rétablir l'égalité entre les copartageants, en mettant sur la même ligne ceux qui ont et ceux qui n'ont pas reçu de donation de la part du *de cujus*.

L'origine des rapports (*collatio bonorum*) est dans le droit romain. Le préteur, en appelant les enfants émancipés à concourir avec les enfants non émancipés dans la succession de leur père commun, les obligeait à remettre dans la masse héréditaire tous les biens qu'ils avaient acquis depuis leur émancipation, et c'était juste, car, s'ils étaient restés sous la puissance du défunt, ils auraient acquis, non pour eux-mêmes, mais pour lui ; et il ne fallait pas que leur émancipation, qui cessait, en vertu du droit prétorien, d'être pour eux une cause d'exclusion, devînt en même temps une cause de privilége vis-à-vis des enfants non émancipés, dont toutes les acquisitions avaient profité au défunt, c'est-à-dire à la succession elle-même. Justinien consacra, en la généralisant, l'obligation de faire le rapport. Mais il fut toujours permis au testateur d'en dispenser l'héritier donataire, et à celui-ci de s'y soustraire en renonçant à la succession.

Les dispositions de l'ancien droit français, en matière de rapport, sont très-diverses. Certaines coutumes l'exigeaient même de l'héritier renonçant et nonobstant toute clause contraire. D'autres ne l'exigeaient que de l'héritier acceptant, et permettaient en outre au défunt de l'en dispenser. Enfin les dernières et les plus nombreuses n'exigeaient, comme les précédentes, le rapport que de l'héritier acceptant, mais, par contre, elles prohibaient toute clause de dispense.

Le Code a suivi les coutumes intermédiaires : le rapport n'est dû que par l'héritier acceptant, qui peut toujours en être dispensé par une clause expresse de préciput (art. 843).

De la DISPENSE *de rapport.* — Aux termes de l'article 843, la dispense de rapport doit être *expresse :* et en effet, on ne doit pas facilement présumer que le défunt ait voulu avantager certains héritiers au préjudice des autres.

La dispense de rapport est nécessaire pour les legs comme pour les donations (art. 843). Il semble pourtant que, en faisant un legs à l'un de ses héritiers, le testateur indique, par cela même, l'intention de lui procurer un avantage en dehors de sa part héréditaire, et l'on ne comprend pas, dans ce cas, la nécessité d'une clause expresse de préciput. On ne peut expliquer cette prescription rigoureuse de l'art. 843 que par la tradition historique. Les coutumes de Paris et d'Orléans, principalement suivies par les rédacteurs du Code, prohibaient le cumul des deux qualités de légataire et d'héritier, et l'on ne pouvait conserver l'une qu'en renonçant à l'autre. Le législateur moderne a pensé qu'il devait permettre le cumul des deux qualités d'héritier et de légataire; mais, timide dans son innovation, il a exigé une dispense expresse de rapport, tant pour les legs que pour les donations.

Faisons observer que le mot *rapport* n'est pas exact lorsqu'il s'applique aux libéralités testamentaires. Effectivement, le légataire *laisse* et ne *rapporte* pas sa libéralité dans la masse. Les donataires seuls peuvent *rapporter*, parce que seuls ils sont investis de leur droit avant l'ouverture de la succession.

La clause de préciput ou hors part peut être insérée, soit dans l'acte de donation, soit dans un acte postérieur. Le Code laisse aux particuliers toute latitude tant pour la date que pour la forme de la dispense.

La dispense de rapport, qui doit toujours être expresse, n'a pas besoin d'être faite en termes sacramentels, ni même d'être textuellement formulée, si d'ailleurs cette dispense résulte clairement de l'ensemble des dispositions de l'acte qui la contient [1].

La dispense de rapport ne peut jamais s'appliquer pour le

---

[1] Demolombe, t. IV, n. 232. — Cass., 5 avril 1854.

tout à des donations ou legs qui excéderaient la quotité disponible. Nous verrons plus tard les règles et les limites de cette quotité (art. 913 et suiv.); mais disons, dès à présent, que l'héritier non préciputaire peut, en renonçant à la succession, retenir les libéralités à lui faites par le défunt, jusqu'à concurrence de la quotité disponible (art. 845), ou, en d'autres termes, que les libéralités s'imputent exclusivement sur la quotité disponible, au lieu de s'imputer, jusqu'à due concurrence, et sur la quotité disponible et sur la réserve. Cette règle de l'article 845 est un véritable piége pour le père de famille. Effectivement, lorsqu'il fait une donation à l'un de ses enfants, il entend lui livrer par avance sa part héréditaire, laquelle est toujours composée et de quotité disponible et de réserve, mais non se lier les mains pour l'avenir en le gratifiant exclusivement aux dépens de sa quotité disponible. Or, avec l'imputation établie par le Code, il arrivera que, si cette quotité est entièrement couverte par la donation, et si, d'ailleurs, l'enfant renonce à la succession, toutes les autres libéralités faites postérieurement par le défunt seront caduques, puisque autrement elles devraient être prises sur la réserve, ce qui est impossible. Un tel résultat est évidemment inique, et quoique admis par l'ancienne jurisprudence, il aurait dû être modifié par le Code.

Le père de famille qui, en faisant une libéralité à l'un de ses enfants, ne voudra pas se lier irrévocablement les mains, devra donc insérer dans la libéralité cette clause, que l'héritier renonçant perdra tout droit à la donation, ou ne devra la prendre que sur le restant de la quotité disponible après le payement intégral des libéralités postérieures à la sienne.

Par qui est dû le rapport. — Le rapport, avons-nous dit, est dû par tout donataire ou légataire venant à la succession, et il n'y a pas à distinguer si son acceptation a été pure et simple ou sous bénéfice d'inventaire. Maintenant, quiconque ne réunit pas la double qualité de donataire ou légataire et d'héritier est dispensé du rapport, lors même qu'en fait il aurait

profité de la donation qu'un autre eût dû rapporter. Ains
le fils venant de son chef à la succession du donateur ne rapporte pas les dons faits à son père et qu'il a lui-même déjà recueillis dans la succession de ce dernier (art. 848). Pareillement, le père venant à la succession du donateur ne rapporterait pas les dons faits à son fils, et qu'il aurait lui-même
recueillis dans la succession de ce dernier (art. 847). Enfin
l'époux est aussi dispensé de rapporter les dons faits à son
conjoint (art. 849). Pourquoi le Code a-t-il cru nécessaire de
s'expliquer formellement sur ces trois hypothèses, puisque les
principes généraux conduisaient à la même conséquence ?
C'est que les coutumes de Paris et d'Orléans regardaient les
donations faites au père comme s'adressant au fils, celles
faites au fils comme s'adressant au père, et, enfin, celles faites
à un époux comme s'adressant à son conjoint, et que, par
suite de cette présomption d'interposition de personnes, elles
obligeaient l'un à rapporter les donations reçues par l'autre.
Le Code a cru devoir expressément abroger sur ce point l'ancienne jurisprudence. Son système est d'ailleurs rationnel.
Effectivement, le donateur peut directement, et par une clause
expresse, dispenser du rapport : pourquoi dès lors supposer
que, faisant une donation à une personne, il a voulu avantager son fils, son père ou son conjoint, et arriver, par une voie
détournée, au but qu'il pouvait directement atteindre ? Les
coutumes de Paris et d'Orléans pouvaient, à cause de leur
rigueur même, présumer une interposition de personnes ;
mais une telle présomption serait une anomalie dans un système qui accorde aux particuliers toute liberté pour faire ouvertement ce qu'ils étaient censés faire autrefois par une interposition de personnes.

Au surplus, le rapport est exigé de tout donataire ou
légataire venant à la succession, lors même qu'il n'y était
point appelé au temps de la donation ou du testament
(art. 846). Cette disposition est juste. En effet, il n'est point
prouvé que le défunt eût fait la libéralité, s'il eût prévu la

vocation utile du donataire ou du légataire à sa succession.

Le rapport est encore exigé de celui qui arrive à la succession comme représentant du donataire (art. 848), et il n'en pouvait être autrement, puisque la représentation met le représentant au lieu et place du représenté; et que le représenté arrivant de son chef à la succession eût été tenu du rapport. Peu importe d'ailleurs que le représentant ait préalablement accepté ou répudié la succession du représenté lui-même : il est toujours à la place du représenté, en ce qui concerne la succession du donateur, et il est conséquemment subrogé à toutes ses obligations. Quelques auteurs veulent que le représentant rapporte, outre les dons faits au représenté, ceux qu'il a personnellement reçus du défunt; car, disent-ils, la qualité d'héritier et celle de légataire ou de donataire se trouvent réunies sur sa tête, et, par suite, toutes les conditions du rapport existent. Le représentant serait donc ainsi obligé à un double rapport; mais il paraît difficile d'admettre un tel résultat. En effet, la personne du représentant disparaît dans celle du représenté; et, au fond, c'est le représenté, et non le représentant, qui arrive à la succession du donateur. Or, puisque le représentant reste *de son chef* étranger à cette succession, on ne voit pas comment il serait tenu de rapporter les donations qu'il a personnellement reçues.

A QUELLE SUCCESSION *se fait le rapport.* — Le rapport ne se fait qu'à la succession du donateur (art. 850). Ainsi, le fils ne doit pas rapporter à la succession de son père les donations qu'il a reçues de sa mère ou de son aïeul.

QUELLES CHOSES *doivent être rapportées.* — L'héritier doit rapporter toutes les libéralités faites sans clause de préciput, qui ne rentraient pas dans les dépenses ordinaires du défunt, et qui lui ont procuré un avantage appréciable. Ces libéralités, presque toujours prises sur les capitaux, peuvent l'être aussi sur les revenus; et, par contre, nous verrons que les libéralités non rapportables, presque toujours prises sur les revenus, peuvent cependant l'être sur les capitaux : un double exemple va le prouver. Le payement des dettes de l'héritier donne lieu dans tous les cas au rapport (art. 851), et cependant il peut être fait sur les revenus. D'un autre côté, les frais d'éducation ne doivent pas être rapportés (art. 852), et cependant ils peuvent être pris sur les capitaux. Pour savoir si un don est ou non sujet au rapport, il faut donc examiner, non pas précisément s'il a été pris sur les capitaux ou sur les revenus, comme le font certains auteurs, mais s'il rentrait ou non dans les dépenses ordinaires du défunt, et s'il a ou non procuré à l'héritier un avantage facile à apprécier en argent.

Examinons maintenant les diverses libéralités qui sont ou non sujettes au rapport.

Aux termes de l'art. 851, le rapport est dû de ce qui a été employé pour l'établissement d'un héritier, ou, comme nous l'avons déjà dit, pour le payement de ses dettes. Mais on décide avec raison que, si l'héritier avait contracté les dettes pendant sa minorité, et que ces dettes fussent annulables ou rescindables, il ne serait point tenu au rapport, parce que le défunt pouvait se dispenser de les payer.

Les frais de remplacement militaire sont encore sujets au rapport, parce que, d'un côté, ils ne rentrent pas dans les dépenses ordinaires du père de famille, et que, de l'autre, ils procurent à l'héritier un avantage facilement appréciable. On devrait cependant décider le contraire, si le père de famille avait donné un remplaçant à son fils dans son propre intérêt ; par exemple, pour conserver un travailleur utile.

Au surplus, il faut, dans tous les cas, distinguer si les sommes ont été payées par le défunt à titre de *libéralité* ou à titre de *prêt* fait à l'enfant. En effet, le rapport sera soumis à des règles différentes dans cette double hypothèse ; ainsi, l'enfant donataire pourra s'y soustraire en renonçant à la

succession ; et, au contraire, l'enfant emprunteur en sera
tenu, même dans le cas de renonciation, tant vis-à-vis des
créanciers ou légataires du défunt que vis-à-vis de ses cohéritiers (art. 829).

L'héritier doit rapporter les libéralités qu'il a reçues, lors
même qu'elles auraient été faites indirectement, ou déguisées
sous la forme d'un contrat à titre onéreux, ou enfin faites à
des personnes interposées.

Des donations INDIRECTES. — L'héritier doit d'abord rapporter
les donations indirectes (art. 843). Ainsi, quand il recueille une
succession à laquelle le défunt a renoncé dans le but de l'en
faire profiter, il doit le rapport de cette succession [1]. Pareillement les art. 853 et 854, en dispensant l'héritier de rapporter les profits qu'il a pu retirer des conventions à titre
onéreux, et particulièrement des sociétés, faites sans fraude
avec le défunt, décident par cela même que le rapport de ces
profits deviendrait obligatoire, si les conventions ou associations dont il s'agit présentaient pour l'héritier un avantage
indirect.

Maintenant, toute société formée entre le successible et le
de cujus est censée contenir, au profit du premier, des avantages indirects, si elle n'est constatée par un acte authentique ;
et le Code ne distingue pas sous ce rapport les sociétés commerciales des sociétés civiles. Il est bien vrai que les sociétés
commerciales doivent être rendues publiques, et que cette
publicité semble être un obstacle suffisant aux suppressions
ou changements que les parties voudraient introduire dans
l'acte de société. Mais comme cependant la publicité dont il
s'agit n'a lieu que par extrait, les parties n'en conserveraient
pas moins la faculté de modifier l'acte de société, si cet acte
était purement sous seing privé. L'acte authentique, dont la
minute reste confiée à la garde du notaire, est donc seul à
l'abri de toute atteinte.

---

[1] Demolombe, t. IV, n. 332. — Cass., 8 mars 1858.

Un acte sous seing privé enregistré n'équivaudrait point à un acte authentique, parce que les associés pourraient, selon les besoins du moment et à leur gré, le représenter ou le faire disparaître.

De ce qui précède, il résulte que les seuls bénéfices non rapportables sont les bénéfices étrangers à toute idée de libéralité de la part du défunt et provenant de l'exécution même du contrat. Par exemple, quand la société formée sans fraude entre le défunt et l'héritier prospère, les bénéfices recueillis par ce dernier, lors de la liquidation, ne sont pas sujets au rapport.

DES DONATIONS DÉGUISÉES SOUS LA FORME D'UN CONTRAT A TITRE ONÉREUX. — Ces donations sont indirectes comme les précédentes; mais elles présentent ce caractère particulier que le défunt, au lieu de fournir simplement à l'héritier l'occasion d'un bénéfice, le lui procure lui-même sous la forme d'un contrat onéreux. Une personne fait, par exemple, une donation déguisée, lorsque, vendant un immeuble à son héritier, elle lui donne quittance du prix sans l'avoir reçu. Maintenant, faut-il ranger ces donations parmi celles que l'art. 845 déclare rapportables, ou faut-il, au contraire, voir dans le déguisement même de la libéralité une dispense de rapport? Plusieurs auteurs soutiennent la dernière opinion, en disant que le défunt n'eût pas pris la voie détournée d'un contrat à titre onéreux, s'il n'avait pas voulu dispenser son successible du rapport; mais on doit adopter l'opinion contraire :

1° Parce que les donations déguisées sous la forme d'un contrat à titre onéreux rentrent certainement dans la catégorie des donations indirectes : or, l'article 843 exige que toute donation, directe ou indirecte, soit rapportée;

2° Parce que le défunt peut très-bien avoir choisi la forme mensongère d'un contrat à titre onéreux dans un tout autre but que celui de dispenser son héritier du rapport. Le déguisement des donations aura souvent pour but de les cacher à

d'autres successibles, et, par là, de prévenir, soit leur mécontentement, soit la demande d'avantages semblables. Or, dans
le doute, le législateur a dù penser que le défunt n'a pas
voulu établir d'inégalité entre ses successibles, et c'est pourquoi il exige que la clause du préciput soit *expresse* (art. 843).
Mais, dit-on, le défunt ne pouvait pas révéler le véritable caractère de l'acte par une dispense expresse de rapport, du
moment qu'il voulait faire une donation déguisée. L'objection
serait fondée, si la clause de préciput devait nécessairement
être insérée dans l'acte même de donation ; mais le défunt
pouvait la mettre dans son testament et atteindre ainsi le résultat que, par hypothèse, il se proposait. Or, comme il ne
l'y a point mise, on doit en conclure qu'il n'a pas réellement
voulu dispenser du rapport la libéralité déguisée. On insiste,
et l'on dit encore : Il faut laisser aux actes la qualification
que les parties leur ont donnée, et il n'est pas permis de dire
qu'une vente, par exemple, est une donation. Le défunt n'a
rien fait que de légal, en dispensant l'héritier du rapport, et
l'on ne peut rechercher la fraude dans les actes que dans le
cas où leurs dispositions sont de nature à violer une prescription formelle et rigoureuse du Code. A quoi l'on répond qu'il
s'agit précisément de savoir si l'on peut rendre tacite une dispense que le Code dit devoir être expresse, et que déclarer
licite une dispense tacite de rapport, c'est précisément supposer établi ce qu'il faut démontrer. La question reste donc
entière, et, dès lors, il faut s'en tenir à l'article 843, aux
termes duquel toute clause de préciput doit être *expresse* [1].

Des donations faites à PERSONNES INTERPOSÉES. — On appelle ainsi les libéralités faites, par exemple, au fils pour que
le père en profite, ou au père pour que le fils en profite. Ces
libéralités donnent lieu à la même controverse que celles
déguisées sous la forme d'un contrat à titre onéreux, et il faut

---

[1] *Sic*, Demolombe, t. IV, n. 253 et 254. Pont, *Rev. crit.*, t. III,
p. 149. — Cass., 18 août 1862. — *Contrà*, Aubry et Rau, t. V, § 632, note 15,
p. 329. — Douai, 27 déc. 1861.

aussi, selon nous, résoudre la question de la même manière, et les déclarer rapportables comme les précédentes, quand le défunt ne les a pas expressément faites par préciput. Il est vrai que le Code n'admet plus aujourd'hui les présomptions d'interposition de personnes établies dans l'ancien droit français. Ainsi, les libéralités faites au fils ou au conjoint ne sont plus censées faites au père ou à l'autre conjoint (art. 847, 849). Mais si ' l'interposition des personnes n'est pas présumée, elle peut toujours être prouvée par les parties intéressées, et l'on doit alors décider que la donation est rapportable ; car, enfin, c'est une donation indirecte, et elle n'a pas été expressément dispensée du rapport.

QUELLES CHOSES *ne* DOIVENT PAS *être rapportées.* — Ne sont pas rapportables les dépenses faites dans l'intérêt de l'héritier, lorsqu'elles ne lui ont pas procuré un avantage facilement appréciable, et qu'elles rentraient d'ailleurs dans les dépenses ordinaires du défunt. Ainsi, ne sont pas rapportables les frais de nourrriture, d'éducation et d'entretien, etc. (art. 852), parce que ces frais sont non-seulement ordinaires, mais encore nécessaires, et qu'en outre on ne peut facilement évaluer l'avantage que l'héritier en a retiré.

Il nous suffit de renvoyer sur ce point à ce que nous avons dit plus haut sur les choses qui doivent être rapportées.

Des INTÉRÊTS *et* FRUITS *des choses sujettes à rapport.* — Les intérêts et fruits des choses sujettes à rapport ne sont dus qu'à partir de l'ouverture de la succession (art. 856). L'héritier donataire conservera toujours ainsi un avantage sur les autres héritiers, puisqu'à leur différence, il aura joui jusqu'à cette époque d'une portion de la masse partageable. Mais le Code a pensé que, d'une part, ces fruits ou intérêts eussent été dépensés par le défunt, dont le patrimoine fût en définitive resté le même, et que, d'autre part, le donateur avait eu l'intention de procurer irrévocablement à l'héritier la jouissance de la libéralité jusqu'à l'ouverture de la succession :

effectivement, si cet héritier rapportait tous les revenus en même temps que tous les capitaux, la donation ne lui eût été d'aucune utilité.

Rappelons que les fruits civils s'acquièrent jour par jour, et les fruits naturels par la perception seulement (art. 585 et 586). En conséquence, l'héritier donataire gardera tous les fruits civils *échus* et tous les fruits naturels *perçus* avant l'ouverture de la succession ; mais il rapportera tous les autres.

A qui *est dû le rapport*. — Le rapport des donations a été établi pour maintenir l'égalité entre les copartageants : dès lors, il est exclusivement dû aux cohéritiers. Les légataires et les créanciers de la succession ne peuvent ni le demander, ni en profiter (art. 857).

L'exclusion des légataires est également juste et rationnelle. En effet, ils ont, comme l'héritier, reçu du défunt une libéralité, et, entre deux acquéreurs à titre gratuit, celui-là doit être naturellement préféré, dont le titre est antérieur. *In pari causâ, melior est causa possidentis.*

L'exclusion des créanciers ne paraît pas tout d'abord aussi légitime que celle des légataires. Effectivement, ils avaient un *droit acquis* sur le patrimoine de leur débiteur avant l'ouverture de la succession, et lorsque les héritiers n'avaient encore qu'une simple espérance. Or, comme les héritiers peuvent exiger le rapport, il semble que, *à fortiori*, les créanciers devraient pouvoir l'exiger. Le Code décide cependant qu'ils ne le pourront pas, et avec raison ; car, de deux choses l'une : ou les créanciers sont antérieurs à la donation, et alors ils ont pu et dû la critiquer au moment même où elle a été faite à leur préjudice (art. 1167) ; ou ils sont postérieurs, et alors, n'ayant jamais dû compter sur les biens donnés, il est naturel qu'ils ne puissent pas en demander le rapport à la succession.

Nous avons ajouté que les créanciers ou légataires ne peuvent pas profiter du rapport effectué. Cela est évident pour les légataires, puisqu'une libéralité postérieure ne peut jamais préjudicier à une libéralité antérieure ; mais la double proposition que les créanciers ne peuvent ni demander le rapport, ni en profiter, doit être entendue avec un tempérament. En effet, lorsque la succession a été acceptée purement et simplement, ils peuvent poursuivre les héritiers devenus leurs débiteurs personnels, non-seulement sur les biens de la succession, mais encore sur leur propre patrimoine, et, en outre, ils peuvent exercer du chef de ces héritiers toutes les actions qui ne sont pas exclusivement attachées à leur personne (art. 1166). Dans cette hypothèse, ils auront donc évidemment la faculté et de demander le rapport du chef de l'héritier et d'en profiter [1]. Mais lorsque, au contraire, l'acceptation a eu lieu sous bénéfice d'inventaire, ils ne peuvent, comme les légataires, poursuivre les héritiers que sur les biens mêmes laissés par le défunt ; et comme la succession est restée parfaitement distincte du patrimoine personnel des héritiers, ils n'ont le droit ni de demander le rapport ni d'en profiter. On fait une objection : Les biens rapportés rentrent, dit-on, dans la succession. Or, le bénéfice d'inventaire, en dispensant les héritiers de payer les dettes du défunt sur leurs biens personnels, n'empêche nullement les créanciers de les poursuivre jusqu'à concurrence des biens héréditaires, lesquels, par hypothèse, comprennent les donations rapportées. A cela on répond que les biens rapportés rentrent dans la succession par rapport aux cohéritiers, mais y restent toujours étrangers par rapport aux créanciers.

Ces créanciers peuvent uniquement exercer leurs droits sur les biens mêmes laissés par le défunt, et leurs prétentions sont limitées par l'inventaire, lequel ne comprend jamais les libéralités antérieures au décès.

Concluons donc que, si les créanciers du défunt peuvent demander le rapport et en profiter, lorsque les héritiers ac-

---

[1] Demolombe, t. IV, n. 300. Nimes, 6 mai 1861.

ceptent purement et simplement la succession, ils ne peuvent jamais le demander ni en profiter, lorsque les héritiers acceptent la succession sous bénéfice d'inventaire, ou, à plus forte raison, lorsqu'ils demandent eux-mêmes que le patrimoine du défunt soit séparé du patrimoine de l'héritier (art. 878 et suiv.).

Quant aux legs faits par le défunt, ils ne doivent évidemment pas être distraits de la succession avant le complet désintéressement des créanciers. *Non sunt bona nisi deducto ære alieno.*

COMMENT *se fait le rapport.* — Le rapport se fait de deux manières :

1° En NATURE, c'est-à-dire en remettant dans la masse à partager les biens mêmes qui provenaient du défunt;

2° En MOINS PRENANT, c'est-à-dire en diminuant la part de l'héritier donataire d'une valeur égale au montant de la libéralité.

Le rapport des donations immobilières se fait en nature et celui des donations mobilières en moins prenant. Examinons les conditions et les règles de ces deux sortes de rapport.

RAPPORT DES IMMEUBLES.

Le rapport des immeubles doit, à raison de leur importance même, être fait en nature. Il pourra cependant avoir lieu en moins prenant dans une double hypothèse : lorsque la succession comprendra des immeubles de même espèce et qualité dont on puisse former des lots à peu près égaux pour les autres héritiers, et lorsque les immeubles donnés auront été aliénés par le donataire. Au premier cas, le rapport en nature était inutile ; au second cas, il eût, sans motif suffisant, jeté la perturbation dans les intérêts des tiers acquéreurs (art. 859).

Le rapport en nature a pour effet de réintégrer l'immeuble donné dans la masse à partager, franc et quitte de toutes

charges créées par le donataire, telles que servitudes, hypothèques, etc. (art. 865). L'héritier n'avait reçu la libéralité
que sous la condition tacite de rester étranger à la succession. Du moment qu'il l'accepte, son droit est résolu, et
comme toute condition accomplie rétroagit au jour du contrat
(art. 1179), il est censé n'avoir jamais été propriétaire des
immeubles rapportés. Conséquemment, ces immeubles rentrent dans la succession tels qu'ils étaient au jour de la donation, et les héritiers n'ont point à supporter les charges diverses dont le donataire a pu les grever. Pour être logique,
le législateur eût dû anéantir, en même temps que ces charges, les aliénations faites par le donataire ; et en effet, puisque l'héritier est censé n'avoir jamais été propriétaire des
immeubles donnés, il ne peut pas plus en avoir transmis la
propriété que les avoir grevés d'hypothèques ou d'autres
droits réels. Mais le Code a reculé devant la gravité d'un tel
résultat, et il a accordé à la circulation des biens une protection qu'il a refusée au crédit hypothécaire.

L'anéantissement des droits réels concédés par le donataire ne doit pas lui-même être entendu d'une manière trop
absolue. Admis dans l'intérêt des cohéritiers, il ne saurait
profiter au donataire. En conséquence, si l'immeuble rapporté tombe dans le lot de ce dernier, les charges par lui
constituées revivront ; car, d'un côté, elles ne peuvent plus
nuire à ses cohéritiers, et, de l'autre, il est lui-même non recevable à se prévaloir de leur extinction par l'effet du rapport. L'article 865 confirme cette décision. En effet, il permet aux créanciers hypothécaires d'intervenir au partage
·pour empêcher que le rapport ne soit fait en fraude de leurs
droits ; or, il est évident que, si ces droits devaient être réso-
lus, tant dans le cas où l'immeuble rapporté tombe au lot de
l'héritier donataire que dans le cas où il tombe au lot des
autres héritiers, leur intervention au partage serait parfaitement inutile, ce qu'on ne peut admettre.

Voyons maintenant de quelle manière se règle le rapport

des immeubles, lorsque ces immeubles ont subi un changement de valeur, ou ont été aliénés par l'héritier donataire.

Plusieurs hypothèses peuvent se présenter :

Quand l'immeuble rapportable n'a pas été aliéné par le donataire, il doit être remis en nature dans la succession qui profite de la plus-value, ou supporte la détérioration et même la perte ne provenant pas du fait de l'héritier ; mais si cette plus-value, ces détériorations ou cette perte proviennent du fait de l'héritier donataire, il en est dû compte par la succession à l'héritier, ou par l'héritier à la succession. Nous reviendrons plus tard sur ces comptes respectifs.

Quand la succession comprend des immeubles de mêmes nature et qualité que l'immeuble donné, dont on puisse faire des lots à peu près égaux pour les autres héritiers, le rapport a lieu, comme nous le savons, en moins prenant, mais toujours sauf les comptes respectifs entre le donataire et les cohéritiers. La base de ces comptes sera évidemment la même que dans l'hypothèse précédente.

Enfin, quand l'immeuble a été aliéné par le donataire, il faut distinguer si cette aliénation a été *forcée* ou *volontaire*. A-t-elle été *forcée*, comme dans le cas d'expropriation pour cause d'utilité publique ; l'héritier donataire doit toujours et uniquement rapporter la somme qu'il a reçue. Une telle aliénation est un cas fortuit, et nous savons que les risques provenant des cas fortuits sont pour la succession, et non pour l'héritier. Si donc la somme reçue excède la valeur de l'immeuble, la succession profitera du surplus ; et si elle est inférieure à cette valeur, la succession supportera le déficit. Maintenant l'aliénation a-t-elle été *volontaire ;* l'article 860 déclare qu'il sera dû rapport de la valeur de l'immeuble à l'époque de l'*ouverture* de la succession. Celle-ci recevra donc l'équivalent exact de ce qu'elle eût reçu dans l'hypothèse d'un rapport fait en nature. Cela est juste, puisque l'aliénation consentie par l'héritier ne doit ni profiter ni nuire à la succession. Précisons les conséquences de cette règle. Si,

depuis l'aliénation, l'immeuble a diminué de valeur et ne
vaut, par exemple, que 80 après avoir été vendu 100, l'héritier restituera seulement 80 au lieu de 100, et il profitera
de la différence 20. Mais, par contre, si depuis l'aliénation
l'immeuble a augmenté de valeur, et vaut, par exemple, 100,
après avoir été vendu 80 seulement, l'héritier restituera 100
au lieu de 80, et supportera le déficit 20. On voit par là que
les détériorations et même la perte de l'immeuble par cas
fortuit deviennent indifférentes à la succession, quand elles
surviennent postérieurement à son ouverture, le donataire
étant toujours et uniquement tenu de rapporter la valeur de
l'immeuble à cette époque.

Une grave différence existe entre la responsabilité de l'héritier donataire dans le cas où il a conservé l'immeuble, et
sa responsabilité dans le cas où il l'a aliéné. L'a-t-il conservé ?
Alors il le rapporte en nature, et, comme nous l'avons vu,
les détériorations ou la perte indépendantes de son fait sont
toujours pour la succession, qu'elles en aient précédé ou
suivi l'ouverture. L'a-t-il, au contraire, aliéné ? Alors les détériorations ou la perte indépendantes de son fait ne restent
à la charge de la succession que si elles ont précédé l'ouverture ; celles postérieures ne la touchent point, puisque l'héritier doit toujours la valeur qu'avait l'immeuble à cette époque. En d'autres termes, dans la première hypothèse, on se
réfère au temps de la *liquidation* et du *partage* pour déterminer l'étendue des obligations de l'héritier donataire, et,
dans la seconde, on se réfère au temps de l'*ouverture de la
succession*. Pourquoi cette différence ? C'est qu'au cas où
l'immeuble est resté entre les mains de l'héritier, la succession en devient rétroactivement propriétaire (art. 1179), et
tous les cas fortuits sont nécessairement pour elle jusqu'au
moment où, par l'effet du partage, l'immeuble rapporté
passe dans le patrimoine de l'un des héritiers. Dans le cas,
au contraire, où l'immeuble a été aliéné par l'héritier donataire, la succession, au lieu d'en recouvrer rétroactivement

la propriété, acquiert purement et simplement contre l'héritier une créance ayant pour objet sa valeur. Or, cette valeur est naturellement fixée au jour où l'immeuble eût dû rentrer dans la succession, c'est-à-dire au jour de l'ouverture. On sait d'ailleurs que le créancier d'une somme d'argent n'en supporte pas les risques tant que le payement n'a pas été effectué, et voilà pourquoi la succession ne souffre point des détériorations survenues après son ouverture.

Revenons aux comptes respectifs que peuvent se devoir la succession et l'héritier donataire. Nous savons déjà qu'ils ne peuvent jamais avoir pour objet que des améliorations ou des détériorations provenant du fait même de l'héritier. Parcourons les différentes dépenses que celui-ci a pu faire, et voyons dans quels cas elles donnent ou ne donnent pas lieu à un recours contre la succession.

1° Les *dépenses d'entretien* restent d'abord à la charge définitive de l'héritier, car il a touché et il garde les revenus, et ces dépenses sont toujours prises sur les revenus.

2° Les *dépenses voluptuaires* restent encore à sa charge, car elles n'ont donné aucune plus-value à l'immeuble, et la succession ne peut être tenue de payer des sommes dont elle n'a point profité.

3° Les *dépenses nécessaires* peuvent être répétées contre la succession, puisque, d'un côté, elles ne sont jamais prises sur les revenus, et que, de l'autre, l'immeuble rapporté eût péri sans elles. Bien plus, l'héritier aura le droit d'en exiger la restitution, même en cas de perte de l'immeuble. Effectivement, si le défunt n'avait pas donné l'immeuble, il eût fait les mêmes dépenses que l'héritier, et la succession en serait appauvrie jusqu'à due concurrence. Or, si la donation ne peut pas nuire aux cohéritiers du donataire, elle ne doit pas non plus leur profiter ; et, dans notre hypothèse, elle leur profiterait, si le donataire supportait définitivement les dépenses qui fussent restées à la charge de la succession, dans le cas où l'immeuble ne lui eût pas été donné (art. 862).

4° Les *dépenses simplement utiles* peuvent évidemment encore être répétées contre la succession jusqu'à concurrence du profit qu'elle en retire. Maintenant, à quelle époque faut-il se référer pour le calcul de ce profit? C'est, d'après l'article 861, à l'époque du partage; d'où la conséquence que si la plus-value disparaît dans l'intervalle de l'ouverture de la succession au partage, le donataire ne pourra rien réclamer. Mais la plupart des auteurs, écartant avec raison ce texte et cette conséquence, admettent que le calcul de la plus-value doit se faire au moment de l'ouverture de la succession. Il est facile de le démontrer. En effet, le donataire qui a vendu l'immeuble doit, aux termes de l'article 860, rapporter la valeur qu'il avait au moment de l'ouverture. Or, soit un immeuble valant 20 au temps de la donation et 30 au jour de l'ouverture par suite d'améliorations provenant de l'héritier: cet héritier sera tenu de rapporter les 30 représentant la valeur de l'immeuble aliéné au jour de l'ouverture de la succession. Mais si les 10 d'améliorations viennent à périr par cas fortuit dans l'intervalle de l'ouverture au partage, l'héritier n'en pourra pas demander compte à la succession; d'où la conséquence que l'héritier rapportera plus pour avoir amélioré l'immeuble qu'il ne rapporterait s'il ne l'avait pas amélioré, résultat évidemment inadmissible. Il faut donc déduire les 10 d'améliorations de la somme à rapporter, ce qui revient à évaluer les dépenses utiles en se référant à l'ouverture de la succession, et non, comme le dit l'article 861, au temps du partage. Ce qui est vrai pour le cas où l'immeuble a été aliéné par l'héritier donataire, l'est aussi pour le cas où l'immeuble est resté entre ses mains et est rapporté en nature. L'article 864 assimile formellement ces deux hypothèses. Comment alors expliquer cette erreur législative? Par un souvenir de l'ancien droit français, dans lequel on se référait au temps du partage pour fixer et la valeur de l'immeuble aliéné et la plus-value résultant des améliorations. L'article 860 a changé cette théorie en déclarant que la valeur de l'immeuble devait être déterminée au jour de l'ouverture (art. 860), et c'est par pure inadvertance que l'article 861 a indiqué l'époque du partage comme étant celle où doit se calculer la valeur des réparations utiles.

L'héritier donataire peut retenir l'immeuble amélioré jusqu'au remboursement effectif des sommes qui lui sont dues par la succession (art. 867). L'une des parties ne doit pas être tenue d'exécuter ses obligations, lorsque l'autre n'exécute point les siennes.

Passons aux détériorations provenant du fait de l'héritier. Le calcul des dommages-intérêts dont il peut être débiteur sera fait d'après les mêmes règles que le calcul des dommages-intérêts dont il peut être créancier (art. 864). Ainsi, l'on se référera toujours à l'*ouverture* de la succession, et l'héritier devra indemniser ses cohéritiers jusqu'à concurrence de la dépréciation de l'immeuble à cette époque.

Terminons la théorie du rapport des immeubles par une double observation.

Disons d'abord que dans l'hypothèse où ce rapport a lieu en moins prenant, parce que la succession comprend d'autres immeubles de mêmes nature et qualité, dont on peut former des lots à peu près égaux pour les autres héritiers, les immeubles donnés se calculent d'après leur valeur au temps du partage, et non d'après leur valeur à l'époque de l'ouverture de la succession. En effet, un tel rapport est au fond une opération de partage, et l'on ne pourrait, sans injustice, se référer à l'ouverture de la succession pour fixer la valeur des immeubles retenus par le donataire, lorsqu'on se réfère au jour du partage pour fixer la valeur des immeubles pris par ses cohéritiers. Au surplus, l'héritier donataire a toujours la faculté de remettre dans la masse les immeubles dont il a été gratifié par le défunt, et de courir, comme ses cohéritiers, les chances d'un partage.

Enfin, notons que l'art. 866 traite par mégarde une question de réduction au lieu de traiter une question de rapport.

D'après cet article, le donataire par préciput d'un immeuble qui excède la quotité disponible doit, dans l'hypothèse où cet excédant ne pourrait être facilement distrait, le rapporter tout entier si la partie réservée est supérieure à la partie disponible ; et il peut, au contraire, le retenir en entier, sauf récompense pour ses cohéritiers, si la partie disponible est supérieure à la partie réservée. Dans l'un et l'autre cas, on applique la règle : *Major pars trahit ad se minorem*. En cas d'égalité de la portion disponible et de la portion réservée, l'immeuble est rapporté ou retenu en entier par le donataire, suivant que la succession a plus d'intérêt que lui, ou qu'il a plus d'intérêt que la succession à un rapport en nature, ou à un rapport en moins prenant.

RAPPORT DES MEUBLES.

Le rapport des meubles se fait toujours en moins prenant, et d'après la valeur qu'ils avaient *au moment même de la donation*. La théorie du Code est donc différente pour les meubles et pour les immeubles. Les premiers sont dès l'origine aux risques du donataire, qui doit dans tous les cas rapporter le montant intégral de la donation. Les seconds restent aux risques de la succession jusqu'à l'ouverture, puisque le donataire rapporte les immeubles tels qu'ils se trouvent à cette époque, et ne répond jamais des détériorations ou de la perte arrivées sans sa faute ou sans son fait. Cette différence est rationnelle ; en effet, les meubles se détériorent facilement par l'usage, et peu de temps suffit pour que toute leur utilité soit absorbée. On comprend dès lors que l'héritier qui a profité de cette valeur soit tenu de la rapporter tout entière. Les immeubles, au contraire, se détériorent plus difficilement, et souvent même le temps et l'usage leur donnent une plus-value. Il est donc juste que l'héritier qui n'en a pas absorbé la valeur primitive ne soit pas tenu de la rapporter tout entière et à tout événement.

Comment sera fixée maintenant la valeur des donations mobilières au temps du contrat? Le voici : lorsqu'un état estimatif aura été annexé à l'acte de donation (art. 948), la valeur rapportable sera déterminée par cet acte même. Lorsque, au contraire, la donation aura été faite de la main à la main et sans état estimatif, ou encore lorsque l'état estimatif aura été perdu, le montant de la donation à l'époque du contrat sera fixé à dire d'experts (art. 868).

A quelle époque faut-il se placer pour déterminer la valeur sujette à rapport, lorsque la donation a pour objet des meubles incorporels, tels que rentes sur l'État, créances sur particuliers, etc. ? L'intérêt de la question est grave. En effet, si le débiteur est devenu insolvable, la perte sera pour l'héritier ou la succession, suivant que le rapport sera dû de la valeur au moment de la donation ou de la valeur au moment de l'ouverture.

Certains auteurs, s'attachant au texte même de l'article 868, soutiennent que le rapport des meubles incorporels doit, comme celui des meubles corporels, être fait sur le pied de leur valeur au temps de la donation, et non sur le pied de leur valeur au temps du partage. Conséquemment, l'héritier supporterait les risques de l'insolvabilité du débiteur dans l'intervalle de la donation au partage. Mais il est difficile d'admettre cette opinion. En effet, si le sens du mot *mobilier* était général dans l'article 868, le Code n'eût pas jugé nécessaire de dire dans l'article suivant que le rapport de l'argent serait fait en moins prenant dans le numéraire de la succession. L'article 869 prouve que le législateur ne comprenait pas tout au moins le numéraire dans l'article 868. Ajoutons qu'il n'y comprenait pas davantage les meubles incorporels ; en effet, l'art. 868 suppose un état estimatif, ou, à son défaut, une estimation par experts. Or, cet état ou cette estimation ne peuvent évidemment s'appliquer à des meubles incorporels, les rentes et créances portant toujours avec elles leur estimation. Enfin, la discussion de l'article 868 au

Conseil d'État montre que les rédacteurs du Code entendaient uniquement parler du mobilier corporel. Le Code a donc omis de régler le rapport des meubles incorporels, et, par suite, il faut s'en référer aux principes généraux. Maintenant ces principes veulent que le rapport soit dû de l'objet même donné par le défunt, afin que la succession soit remise au même état que si la donation n'avait pas été effectuée. L'héritier remettra donc dans la masse à partager les créances et autres titres qu'il aura conservés en nature, et, de la sorte, l'insolvabilité des débiteurs retombera sur la succession, au lieu de retomber sur lui-même.

Quant au rapport de l'argent donné, il se fait, nous l'avons déjà dit, en moins prenant dans le numéraire de la succession. A défaut de numéraire, il se fait en moins prenant dans le mobilier, et, à défaut de mobilier, dans les immeubles de la succession (art. 869). L'on doit décider par analogie que le rapport de meubles d'une certaine nature se ferait en moins prenant dans les meubles semblables; à défaut de meubles semblables, dans des meubles différents, et à défaut de meubles semblables et différents, dans les immeubles.

TROISIÈME SECTION

DU PAYEMENT DES DETTES

Art. 870. — Les cohéritiers contribuent entre eux au payement des dettes et charges de la succession, chacun dans la proportion de ce qu'il y prend.

871. Le légataire à titre universel contribue avec les héritiers, au prorata de son émolument; mais le légataire particulier n'est pas tenu des dettes et des charges, sauf toutefois l'action hypothécaire sur l'immeuble légué.

872. Lorsque des immeubles d'une succession sont grevés de rentes par hypothèque spéciale, chacun des cohéritiers peut exiger que les rentes soient remboursées et les immeubles rendus libres avant qu'il soit procédé à la formation des lots. Si les cohéritiers partagent la succession dans l'état où elle se trouve, l'immeuble grevé doit être estimé au même taux que les autres immeubles; il

est fait déduction du capital de la rente sur le prix total ; l'héritier dans le lot duquel tombe cet immeuble demeure seul chargé du service de la rente, et il doit en garantir ses cohéritiers.

873. Les héritiers sont tenus des dettes et charges de la succession, personnellement pour leur part et portion virile, et hypothécairement pour le tout ; sauf leur recours, soit contre leurs cohéritiers, soit contre les légataires universels, à raison de la part pour laquelle ils doivent y contribuer.

874. Le légataire particulier qui a acquitté la dette dont l'immeuble légué était grevé demeure subrogé aux droits du créancier contre les héritiers et successeurs à titre universel.

875. Le cohéritier ou successeur à titre universel, qui, par l'effet de l'hypothèque, a payé au delà de sa part de la dette commune, n'a de recours contre les autres cohéritiers ou successeurs à titre universel, que pour la part que chacun d'eux doit personnellement en supporter, même dans le cas où le cohéritier qui a payé la dette se serait fait subroger aux droits des créanciers ; sans préjudice néanmoins des droits d'un cohéritier qui, par l'effet du bénéfice d'inventaire, aurait conservé la faculté de réclamer le payement de sa créance personnelle, comme tout autre créancier.

876. En cas d'insolvabilité d'un des cohéritiers ou successeurs à titre universel, sa part dans la dette hypothécaire est répartie sur tous les autres, au marc le franc.

877. Les titres exécutoires contre le défunt sont pareillement exécutoires contre l'héritier personnellement ; et néanmoins les créanciers ne pourront en poursuivre l'exécution que huit jours après la signification de ces titres à la personne ou au domicile de l'héritier.

878. Ils peuvent demander, dans tous les cas, et contre tout créancier, la séparation du patrimoine du défunt d'avec le patrimoine de l'héritier.

879. Ce droit ne peut cependant plus être exercé, lorsqu'il y a novation dans la créance contre le défunt, par l'acceptation de l'héritier pour débiteur.

880. Il se prescrit, relativement aux meubles, par le laps de trois ans. — A l'égard des immeubles, l'action peut être exercée tant qu'ils existent dans la main de l'héritier.

881. Les créanciers de l'héritier ne sont point admis à demander la séparation des patrimoines contre les créanciers de la succession.

882. Les créanciers d'un copartageant, pour éviter que le partage ne soit fait en fraude de leurs droits, peuvent s'opposer à ce qu'il

y soit procédé hors de leur présence : ils ont le droit d'y intervenir à leurs frais ; mais ils ne peuvent attaquer un partage consommé, à moins toutefois qu'il n'y ait été procédé sans eux et au préjudice d'une opposition qu'ils auraient formée.

Notions générales. — La section qui nous occupe exige, pour être bien comprise, une distinction préalable entre la *contribution aux dettes* et le *droit de poursuite*. Quiconque doit définitivement supporter une dette peut, cela est évident, être toujours poursuivi jusqu'à concurrence de cette dette tout entière, et le *droit de poursuite* est au moins aussi étendu que le *droit de contribution*. Mais la réciproque n'est pas vraie, et souvent un héritier qui ne doit supporter une dette que pour partie, ou même qui en est complétement exempt, peut cependant être poursuivi, soit pour la totalité de cette dette, soit pour une part plus forte que celle définitivement mise à sa charge. En d'autres termes le *droit de poursuite*, qui égale toujours, dépasse quelquefois le *droit de contribution*. Un double exemple va le prouver : les dettes se divisent de plein droit entre les héritiers, et si le défunt laisse trois enfants, chacun supportera un tiers de chaque dette et pourra être poursuivi jusqu'à concurrence de ce même tiers (art. 870). Mais si la dette est garantie par une hypothèque sur un immeuble de la succession, celui-là qui détiendra l'immeuble pourra être poursuivi pour la totalité de la dette, quoiqu'il n'en doive supporter qu'un tiers définitivement (art. 873). Nous allons examiner successivement le droit de contribution et le droit de poursuite.

De la CONTRIBUTION *aux dettes.* — Toute masse de biens comprend un actif et un passif, et quiconque est appelé à recueillir une fraction de cette masse, de cette universalité, doit naturellement supporter une portion du passif, proportionnelle à la part qu'il prend dans l'actif ; l'une et l'autre lui sont dévolues au même titre, et comme les éléments inséparables du même tout. Énumérons les divers successeurs qui doivent contribuer au payement des dettes. Ce sont :

1° Les héritiers légitimes ;

2° Les successeurs irréguliers ;

3° Les légataires universels ou à titre universel ;

4° Les donataires universels ou à titre universel.

Effectivement, ces divers successeurs recueillent toute l'hérédité ou une fraction de l'hérédité, et dans cette masse, chacun doit prendre une part des dettes corrélative à sa part d'actif. Rappelons seulement la différence radicale qui existe entre les héritiers légitimes et tous les autres successeurs du défunt. Les héritiers légitimes continuent la personne du défunt, et, en cas d'insuffisance de l'actif successoral, ils doivent supporter le déficit sur leurs biens personnels. Les autres successeurs, au contraire, recueillent tels quels les biens du défunt, sans continuer sa personne, et si l'actif de la succession est insuffisant pour payer les dettes, ils ne supportent pas le déficit, lequel reste à la charge des créanciers.

Ne *contribuent* pas au payement des dettes :

1° Le légataire particulier ;

2° Le donataire particulier.

Quelles sont les raisons de cette différence entre les légataires ou donataires universels ou à titre universel d'une part, et les donataires ou légataires particuliers de l'autre? Les voici:

D'abord, celui qui dispose d'une fraction indivise de son patrimoine, par exemple d'un tiers, d'un cinquième, est censé la donner telle qu'elle est, c'est-à-dire composée d'actif et de passif, et, en conséquence, les légataires ou donataires universels ou à titre universel doivent participer au payement des dettes. Au contraire, lorsqu'une personne dispose d'un objet particulier ou d'une somme déterminée à prendre dans son patrimoine, elle est censée vouloir procurer au légataire ou donataire particulier un avantage égal à la valeur même de l'objet ou de la somme léguée ou donnée, et, en conséquence, le légataire ou donataire particulier ne contribue point aux dettes.

Un second motif de la différence que nous avons signalée

est tiré des difficultés pratiques qui résulteraient de la contribution des légataires ou donataires particuliers aux dettes.
En effet, pour connaître leur part dans les dettes, il faudrait
évidemment estimer la valeur de l'objet donné ou légué et
déterminer son rapport avec la valeur du restant de la succession. Or, pour beaucoup de legs ou de donations à titre
particulier, les frais d'estimation excéderaient la valeur
même de la chose léguée ou donnée, et il est clair qu'un
système conduisant à de tels résultats devait être écarté. Au
surplus, les donataires ou légataires particuliers peuvent indirectement souffrir des dettes qu'ils ne sont pas directement tenus de payer. En effet, les créanciers du défunt les
primeront toujours, et si le passif égale ou excède l'actif, les
légataires ou donataires n'obtiendront rien du legs ou de la
donation ; car, d'un côté, *non sunt bona nisi deducto œre
alieno*, et de l'autre, l'héritier n'est jamais tenu de payer les
libéralités au delà des forces de la succession [1]. Mais si l'actif
est supérieur au passif, et si, d'ailleurs, la somme des donations et des legs n'excède pas la quotité disponible (art. 926),
les donataires et légataires particuliers seront intégralement
désintéressés, et le passif sera exclusivement supporté par
les successeurs universels ou à titre universel.

Examinons maintenant la part des différents successeurs
universels ou à titre universel dans les dettes du défunt.
L'article 870 pose ce principe : la part dans le passif doit
être proportionnelle à la part dans l'actif. Ainsi, lorsque le
défunt laisse son père et un frère, le premier prend un quart
de l'actif avec un quart du passif, et le second les trois quarts
de l'actif avec les trois quarts du passif. Lorsque la même
personne est en même temps héritière et légataire à titre particulier, elle participe aux dettes en proportion de ce qu'elle
prend à titre d'héritière, et en est exempte à raison de ce
qu'elle prend comme légataire à titre particulier ; seulement

---

[1] Demolombe, t. III, n. 295 et 302. — Cass., 25 nov. 1861.

il faut alors que le legs ait été fait par préciput ou hors part, car, sans cette clause expresse, il devrait être rapporté à la masse avant partage.

La part proportionnelle d'un héritier dans la succession, et, par suite, sa contribution définitive aux dettes ne sont pas toujours connues dès l'origine : par exemple, lorsque l'ascendant donateur reprend les biens par lui donnés, qui se trouvent encore en nature dans la succession de son descendant donataire mort sans postérité (art. 747), on ne sait pas immédiatement la fraction que ces biens représentent dans la masse générale de la succession. Le même fait se reproduit dans la succession anomale du père adoptif et des frères et sœurs légitimes de l'enfant naturel (art. 351 et 766). Voici comment on règle ces trois hypothèses : on fixe provisoirement la part de l'héritier dans les dettes à une part *virile* (*pro numero virorum*), c'est-à-dire à la part dont chaque héritier serait tenu, si les droits de tous étaient absolument égaux. Ainsi, lorsque le défunt laisse cinq héritiers, l'ascendant donateur, le père adoptif et les frères ou sœurs légitimes de l'enfant naturel sont d'abord considérés comme devant supporter un cinquième des dettes, et, en effet, il n'y a aucune raison de supposer *à priori* que leur part héréditaire est supérieure ou inférieure à une part virile. Maintenant, si l'héritier anomal dont il s'agit paye en fait plus ou moins qu'il ne doit définitivement supporter, il aura recours contre ses cohéritiers, ou ses cohéritiers auront recours contre lui pour la différence.

Du droit de POURSUITE. — Les créanciers de la succession peuvent, avons-nous dit, poursuivre tout héritier jusqu'à concurrence de sa part définitive dans le passif, et quelquefois même pour une part plus étendue, sinon pour la totalité de certaines dettes, comme cela se présente dans le cas de dettes hypothécaires, lorsque l'immeuble hypothéqué est entre les mains d'un seul héritier.

Examinons d'abord le droit commun ; puis nous verrons les exceptions.

Aux termes de l'article 873, les créances et les dettes de la succession se divisent de plein droit entre les héritiers. De la sorte, chaque créance et chaque dette se décompose, par le seul fait de l'ouverture de la succession, en autant de créances et de dettes distinctes et principales qu'il y a d'héritiers. Soient une créance et une dette de 100, et quatre héritiers pour portions égales. Chaque héritier deviendra créancier et débiteur de 25, et, en principe, il ne pourra poursuivre les débiteurs ou être poursuivi par les créanciers que jusqu'à concurrence de 25.

Mais faisons remarquer la rédaction inexacte de l'article 873, disant : « Les héritiers sont tenus des dettes et char- « ges de la succession, personnellement pour leur *part* « et *portion virile*. » Ces mots, qui exprimaient une idée vraie dans l'ancien droit français, doivent être aujourd'hui remplacés par les mots *portion héréditaire*. Il est facile de le démontrer. Autrefois, on ne pouvait, dès l'ouverture de la succession, connaître la part définitive de chaque héritier, à cause de la recherche qu'il fallait faire de l'origine des biens, ou de leur nature, et comme les créanciers ne devaient pas souffrir de cette incertitude, on leur permettait de poursuivre les divers héritiers comme si leurs parts eussent dû être absolument égales. Les mots *portion virile* étaient donc exacts. Mais actuellement la part de chaque héritier est connue dès le principe, sauf les trois cas de succession anomale, et dès lors il n'existe plus aucun motif de maintenir le droit de poursuite pour *portion virile*, lorsqu'on peut lui substituer le droit de poursuite pour *portion héréditaire*. Les mots que nous critiquons n'ont évidemment été reproduits que par mégarde, et ils ne recevront d'application que dans l'hypothèse des successions anomales.

La division de plein droit des dettes et charges de la succession en parts proportionnelles aux parts héréditaires a cette grave conséquence, que le passif de chaque héritier devenant parfaitement distinct du passif de ses cohéritiers, l'un ne peut jamais être tenu de payer la part des autres dans les dettes, et que, dans le cas où certains héritiers deviennent insolvables, la perte retombe tout entière sur les créanciers. Ces derniers sont en faute de n'avoir pas exigé leur payement lorsque ces héritiers étaient encore solvables.

Le bénéfice d'inventaire fait-il obstacle à la division des dettes? En d'autres termes, les héritiers qui ont accepté bénéficiairement peuvent-ils être poursuivis pour la totalité, ou seulement pour une fraction de chaque dette? Le Code ne fait aucune distinction entre les héritiers qui acceptent purement et simplement, et ceux qui acceptent sous bénéfice d'inventaire. Il faut donc admettre la division des dettes dans la dernière hypothèse comme dans la première. Conséquemment, les héritiers bénéficiaires ne pourront être poursuivis que selon leur part dans la succession, et jusqu'à concurrence des biens par eux recueillis, et ces biens une fois épuisés, ils seront à l'abri de toute action de la part des créanciers [1].

Maintenant, il peut arriver que certains héritiers légitimes acceptent sous bénéfice d'inventaire et les autres purement et simplement. Les premiers ne sont tenus, comme nous l'avons dit, que selon leur part dans la succession et jusqu'à concurrence des biens qu'ils auront recueillis. Mais les seconds pourront, en cas d'insuffisance de leur part héréditaire, être poursuivis même sur leurs biens personnels pour la fraction qui leur revient dans les dettes. Les créanciers seront donc en perte vis-à-vis des premiers si la succession est insolvable, et ils ne le seront vis-à-vis des derniers que si leur patrimoine personnel ne suffit point pour combler le déficit de leur part héréditaire.

Les choses se passeraient différemment si l'héritier, dont l'acceptation est pure et simple avait en face de lui, non plus un cohéritier dont l'acceptation est bénéficiaire, mais un successeur irrégulier ou un légataire universel ou à titre uni-

---

[1] Demolombe, t. V, n. 211. — Cass., 9 juin 1857. — Limoges, 16 juin 1860.

versel. Effectivement, il représenterait seul alors le défunt,
et il serait en conséquence personnellement tenu de la totalité des dettes héréditaires, sauf son recours contre les successeurs ou légataires jusqu'à concurrence des biens qu'il
leur aurait délivrés. Cette solution est aussi conforme à la tradition qu'aux principes : en effet, Pothier disait que la délivrance faite aux successeurs irréguliers ou aux légataires de
leur part dans la succession ne *désoblige pas* l'héritier envers
les créanciers, qui peuvent toujours voir en lui le continuateur du défunt et le poursuivre comme ils auraient poursuivi le défunt lui-même, c'est-à-dire pour la totalité.

Passons aux cas exceptionnels où le droit de *poursuite* est
plus étendu que la *contribution* aux dettes. Un héritier peut
être poursuivi pour le tout, quoique la loi l'ait constitué débiteur d'une partie seulement.

1° Lorsqu'il détient un immeuble grevé de *privilége* ou
d'*hypothèque* au profit d'un créancier de la succession
(art. 873). Le privilége et l'hypothèque sont en effet indivisibles (art. 2114), et donnent au créancier le droit de poursuivre pour la dette entière quiconque, débiteur ou non, possède l'immeuble affecté de privilége ou d'hypothèque. Ainsi,
le légataire particulier et même un tiers totalement étranger
à la succession peuvent être poursuivis absolument comme
l'héritier (art. 2166).

2° Lorsque tous les héritiers *conviennent* que l'un d'eux
payera la totalité de certaines dettes pour compenser, soit des
charges semblables imposées aux autres héritiers, soit des
avantages excessifs qui lui auraient été faits dans le partage.
Dans ce cas, en effet, l'héritier s'engage personnellement à
supporter plus dans les dettes dont il s'agit que la loi ne
l'obligeait à payer, et il est de principe que l'on peut être
poursuivi jusqu'à concurrence de ce que l'on doit définitivement supporter. Seulement la convention des héritiers n'a
rien d'obligatoire pour les créanciers qui, au lieu de poursuivre l'un d'eux pour la totalité de certaines dettes, auront

toujours la faculté de les poursuivre tous proportionnellement à leurs parts héréditaires, sauf le recours de ceux qui auront payé sans être débiteurs contre ceux qui devaient payer.

3° Lorsque la dette est *indivisible* ou a pour objet un corps certain, ou doit être acquittée intégralement par un seul des héritiers, aux termes du contrat dont elle résulte (art. 1221). Nous reviendrons plus tard sur ces trois hypothèses.

Du RECOURS *entre cohéritiers.* —Quand un des héritiers a payé plus que sa part contributoire dans les dettes, et à plus forte raison quand un légataire particulier a payé une dette hypothéquée sur un immeuble dont il était détenteur, un recours est ouvert contre les héritiers auxquels a profité ce payement. Examinons d'abord le recours du légataire particulier.

Le légataire a une double action :

1° L'action qu'*avait* le créancier par lui désintéressé. En effet, aux termes de l'art. 874, il est subrogé de plein droit à sa créance et à tous les accessoires qui la garantissent.

2° Une action de *gestion d'affaires ;* et en effet, le légataire particulier a utilement géré les affaires des héritiers, en payant une dette de la succession : or, aux termes de l'art. 1375, toute gestion utile donne un recours contre celui qui en a profité. L'action récursoire du légataire est garantie par une hypothèque générale sur tous les biens de la succession (art. 1017). On peut, dès lors, se demander quelle sera pour lui l'utilité de sa·subrogation aux droits du créancier. Le voici :

L'hypothèque du légataire porte seulement sur les biens laissés par le testateur au jour du décès, tandis que l'hypothèque du créancier peut porter sur des biens aliénés avant l'ouverture de la succession. De plus, le rang de la première ne date que de l'inscription qui en est prise par le légataire (art. 2146), inscription nécessairement postérieure au décès ; tandis que celui de la seconde date de l'inscription prise par le créancier, inscription presque toujours antérieure au décès. Passons au recours de l'héritier :

Lorsqu'un héritier a payé plus que sa part dans une dette de la succession, son recours n'est pas soumis aux mêmes règles que celui du légataire particulier. D'abord, son action personnelle est garantie par un privilége sur tous les immeubles de la succession (art. 2103 3°), et non plus par une simple hypothèque. Mais est-il, comme le légataire, subrogé de plein droit à l'action du créancier ? Non, si l'on s'en tient aux termes de l'article 875 qui, prévoyant et réglant l'hypothèse où l'héritier aurait requis la subrogation, exclut par cela même une subrogation de plein droit et par le seul fait du payement. Cette induction ne doit pas toutefois être admise. Vraie dans l'ancienne jurisprudence, où les détenteurs d'un immeuble hypothéqué n'étaient pas de plein droit subrogés aux actions du créancier qu'ils désintéressaient, elle a cessé d'être applicable depuis que l'article 1251 3° a établi cette subrogation. Le cohéritier aura donc l'action du créancier en même temps que son action en garantie. Seulement, l'article 875 lui interdit d'exercer pour le tout son recours contre un seul de ses cohéritiers, recours qu'il pourrait exercer en vertu de l'indivisibilité de l'hypothèque, si ce texte n'y faisait obstacle. Le Code, en exigeant qu'il poursuive chaque cohéritier pour sa part seulement, a voulu empêcher cette série de recours successifs qui auraient été la conséquence nécessaire d'un recours du premier héritier contre un second, et du second contre un troisième, etc., pour la totalité. D'ailleurs, comment l'héritier pourrait-il réclamer plus que sa part de l'un de ses cohéritiers, lorsque lui-même serait tenu de le garantir, si un tiers le poursuivait au delà de cette part ? C'est le cas d'appliquer la règle : *Quem de evictione tenet actio, eumdem agentem repellit exceptio.* Néanmoins, l'héritier bénéficiaire peut toujours réclamer le payement intégral de sa créance personnelle, car il agit alors non plus comme héritier, mais comme créancier ordinaire (art. 875).

L'insolvabilité de l'un des héritiers se répartit au marc le franc sur tous les autres.

Lorsque certains immeubles de la succession sont grevés d'hypothèques destinées à garantir le service d'une rente, le Code (art. 872) trace aux héritiers des règles de liquidation tendant à supprimer tous recours respectifs. Chacun des héritiers peut exiger que le capital de la rente soit remboursé et que les immeubles soient avant la formation des lots affranchis de leurs hypothèques. Si aucun n'exige ce remboursement, ou encore si la rente n'est pas rachetable, soit parce qu'elle est viagère, soit parce que le terme après lequel le rachat peut avoir lieu n'est pas arrivé, l'immeuble grevé doit être estimé au même taux que les autres, il est fait déduction du capital de la rente sur le prix total, et l'héritier dans le lot duquel il tombe reste seul chargé du service de la rente, dont il doit garantie à ses cohéritiers. Soit un immeuble de 1,000, grevé d'une rente de 100. L'immeuble sera mis dans un lot, comme valant 900 au lieu de 1,000, et l'héritier auquel ce lot écherra devra seul payer les arrérages. Ce n'est pas à dire que le créancier de la rente perde le droit de poursuivre pour leur part chacun des autres héritiers : un tel arrangement ne peut en rien préjudicier aux droits qu'il tient de la loi même, mais, comme il lui sera plus commode d'exercer une seule poursuite, il s'adressera toujours de préférence à l'héritier chargé du service de la rente. Si, en fait, les autres étaient contraints au payement, ils auraient un recours contre ce dernier.

La disposition que nous venons d'examiner paraît uniquement écrite pour le cas où la rente est garantie par une hypothèque spéciale (art. 872). Que décider si l'hypothèque est générale ? Il est d'abord évident qu'un seul des héritiers ne pourra pas être chargé du service de la rente, puisque tous les lots comprennent des immeubles hypothéqués. Le créancier aura donc alors la faculté d'exiger de chacun la totalité des arrérages, à cause de l'indivisibilité de l'hypothèque.

Mais si la rente est rachetable, il faut reconnaître à chaque
héritier le droit d'en demander le remboursement avant la
formation des lots, car il n'y a sous ce rapport aucune raison
de différence entre le cas où la rente est garantie par une hypothèque générale, et celui où elle est garantie par une hypothèque spéciale. On objecte en vain le texte de l'article 872,
qui, permettant à chaque héritier d'exiger le rachat dans le
cas d'une hypothèque *spéciale*, semble *à contrario* le lui
dénier dans celui d'une hypothèque *générale*. En effet, les
rédacteurs du Code ne prévoyaient et ne réglaient, dans le
projet primitif, le service de la rente que dans l'hypothèse où
en fait le remboursement n'était pas effectué, sans accorder
d'ailleurs à chaque héritier le droit d'exiger ce remboursement. Or, il est clair qu'ils devaient nécessairement se placer dans le cas d'une hypothèque spéciale, puisque, dans ce
cas seulement, le service des arrérages peut être utilement
mis à la charge d'un seul héritier. Plus tard, ils accordèrent
à chaque héritier le droit d'exiger le remboursement, et, par
inadvertance, ils laissèrent subsister leur première hypothèse ; mais ils n'entendirent aucunement refuser ce droit à
chaque héritier, dans le cas où la rente serait garantie par
une hypothèque générale. Aussi faut-il reconnaître à chaque
héritier la faculté d'exiger le remboursement de la rente,
toutes les fois que cette rente est par elle-même rachetable,
et sans distinguer si elle est garantie par une hypothèque
générale ou par une hypothèque spéciale [1].

Effet envers l'héritier des TITRES EXÉCUTOIRES *contre le défunt*. — L'héritier continue la personne du défunt, et il est
tenu de la même manière que lui de ses obligations. Cependant, l'ancien droit français, dans le but d'empêcher qu'il ne
fût surpris par des poursuites de saisie, ne maintenait pas
contre lui les titres exécutoires qui existaient contre le défunt,
et il exigeait que les créanciers de la succession obtinssent à

---

[1] Marcadé, art. 872, n. 2.

l'amiable ou de justice de nouveaux titres exécutoires. Pour épargner à l'héritier des frais inutiles, le Code a changé cette théorie. Les titres exécutoires contre le défunt restent donc exécutoires contre l'héritier. Mais comme, d'un autre côté, il importe toujours de lui éviter des surprises, l'article 877 exige que ces titres soient signifiés à l'héritier ou à son domicile, huit jours au moins avant leur exécution.

Les titres peuvent être valablement signifiés pendant les délais de l'inventaire ; en effet, ils ne sont pas une mesure actuelle d'exécution, et font seulement connaître à l'héritier le péril d'une exécution prochaine.

Les créanciers de la succession peuvent-ils invoquer contre les simples successeurs aux biens les titres exécutoires rendus contre le défunt? Non, car les titres sont toujours exécutoires contre une personne, et non contre des biens déterminés. Or, si les héritiers légitimes continuent la personne du défunt et restent sous le coup de tous les titres exécutoires, il n'en est pas de même des successeurs aux biens, qui ne représentent aucunement le débiteur décédé. Les créanciers devront donc obtenir contre eux de nouveaux titres exécutoires.

De la séparation *des patrimoines.* — Lorsqu'une personne meurt, laissant un héritier légitime, le patrimoine du défunt et celui de l'héritier se confondent. Cette confusion peut être préjudiciable aux créanciers du défunt, aux créanciers personnels de l'héritier et à l'héritier lui-même.

Elle peut être préjudiciable aux créanciers du défunt, si la succession est solvable et l'héritier insolvable. En effet, les biens de la succession, ne formant plus qu'une seule masse avec les biens de l'héritier, serviront à payer ses dettes personnelles comme les dettes du défunt, et si la masse totale est insuffisante pour payer toutes les dettes, le déficit sera également supporté par les créanciers du défunt et par les créanciers de l'héritier. Soit une succession de 50, comprenant 20 de dettes, et un héritier ayant 20 d'actif avec 60 de dettes. L'actif total s'élève à 70 et le passif à 80 ; déficit 10. Les créanciers du défunt seront évidemment en perte, et cependant la succession était solvable.

La confusion des patrimoines peut être préjudiciable aux créanciers personnels de l'héritier dans l'hypothèse inverse de la précédente, c'est-à-dire si l'héritier est solvable et la succession insolvable ; et en effet, l'insuffisance de l'actif total sera également supportée et par les créanciers de l'héritier et par les créanciers de la succession. Soient un héritier ayant 50 d'actif et 20 de dettes, et une succession de 20 avec 60 de dettes : l'actif total sera encore de 70 et le passif de 80, déficit 10. Les créanciers personnels de l'héritier seront évidemment en perte, et cependant leur débiteur était solvable.

Enfin, la confusion des patrimoines sera préjudiciable à l'héritier dans cette même hypothèse, puisqu'il sera tenu de payer *ultra vires* toutes les dettes de la succession insolvable.

Qui peut *demander la séparation des patrimoines*. — Les créanciers du défunt d'abord peuvent demander la séparation des patrimoines. Ayant traité avec le défunt, ils ont dû compter sur toute sa fortune, et le Code leur accorde avec raison le droit de repousser le concours des créanciers personnels de l'héritier (art. 878). Mais ni les créanciers de l'héritier ni l'héritier lui-même ne peuvent demander cette séparation. Les créanciers ne le peuvent point (art. 881), parce qu'ils sont en faute d'avoir traité avec un débiteur assez téméraire pour accepter purement et simplement des successions insolvables. D'ailleurs, celui-ci n'a point perdu en contractant avec eux la faculté de prendre de nouveaux engagements, et c'est, au fond, un nouvel engagement qu'il prend, quand il accepte une succession insolvable. Si cependant, cette acceptation avait eu pour but de nuire à ses créanciers personnels, ces derniers pourraient, ainsi que nous l'avons vu plus haut, la faire rescinder comme frauduleuse (art. 1167). Maintenant, l'héritier ne peut pas demander la séparation des patrimoines, parce qu'il est en faute d'avoir accepté la succession purement et simplement. Il n'avait qu'à invoquer le bénéfice d'inventaire, et alors ses biens ne se seraient pas confondus avec ceux du défunt. Les créanciers du défunt sont donc les seuls qui puissent demander la séparation des patrimoines. Ils perdent même cette faculté, s'ils acceptent l'héritier pour débiteur ; car, alors, ils ne sont plus les créanciers de la succession, mais les créanciers personnels de l'héritier. Le Code (art. 872) appelle improprement *novation* cette acceptation de l'héritier comme débiteur pur et simple. Nous verrons, en effet, plus tard (art. 1271 et suiv.) quel a novation est un moyen d'éteindre une obligation en lui substituant une autre obligation. Or, ici, rien de pareil n'a lieu : l'héritier est accepté pour débiteur, mais sans qu'aucune obligation préexistante soit éteinte par cette acceptation [1].

Les tribunaux décident, en fait, si les créanciers du défunt ont ou non consenti à prendre l'héritier pour débiteur personnel. C'est là une pure question d'intention.

Maintenant, tous les créanciers du défunt, sans exception, peuvent-ils demander la séparation des patrimoines, quand ils n'ont pas accepté l'héritier pour débiteur personnel? Ils le peuvent tous, qu'ils soient chirographaires, hypothécaires ou privilégiés, purs et simples, à terme ou conditionnels, car l'article 881 ne fait aucune distinction. Les légataires eux-mêmes ont cette faculté (art. 2111). Mais quel intérêt les créanciers privilégiés ou hypothécaires et les légataires, qui, aux termes de l'article 1017, ont une hypothèque générale sur la succession, peuvent-ils avoir à une séparation de patrimoines? Ce privilége ou cette hypothèque ne suffisent-ils pas pour les protéger contre les créanciers personnels de l'héritier? L'intérêt des créanciers privilégiés est facile à trouver. Presque tous les priviléges sont limités à certains meubles ou à certains immeubles (art. 2102, 2103), et, en outre, les priviléges sur les immeubles sont soumis à des rè-

---

[1] Demolombe, t. V, n. 156 et 157. — Duranton, t. VII, n. 495.

gles rigoureuses de publicité (art. 2106 et suiv.). La séparation des patrimoines sera donc utile aux créanciers privilégiés pour les objets que n'atteint pas leur privilége, et même
pour ceux qu'il atteint, lorsque les mesures nécessaires à la
conservation de ce privilége n'auront pas été prises. L'intérêt
des créanciers hypothécaires et conséquemment des légataires à la séparation des patrimoines n'est pas moins facile à
saisir. En effet, l'hypothèque ne peut jamais porter sur les
meubles (art. 2119), et ne prend rang qu'à dater de son inscription au bureau des hypothèques dans l'arrondissement
duquel sont situés les immeubles hypothéqués (art. 2146 et
suiv.). La séparation des patrimoines est donc toujours utile
aux créanciers et légataires, relativement aux meubles de la
succession. Elle peut même leur être utile relativement aux
immeubles. En effet, la séparation des patrimoines demandée
en temps utile rétroagit au jour de l'ouverture de la succession, et, dans ce cas, elle est préférable à toute hypothèque
dont l'inscription n'aurait pas été prise avant cette époque
(art. 2111).

La demande en séparation des patrimoines ne devient inutile aux créanciers ou légataires du défunt que dans l'hypothèse où la succession a été acceptée sous bénéfice d'inventaire. Alors, en effet, cette séparation est établie par l'héritier
lui-même, et il suffit de la maintenir. Cet héritier peut, il est
vrai, devenir héritier pur et simple, si, par exemple, il fait
acte de propriétaire; mais c'est là une déchéance qui lui est
entièrement personnelle et qui ne peut en rien nuire aux
créanciers ou légataires du défunt [1].

DÉLAIS *de la demande en séparation de patrimoines.* —
La séparation des patrimoines peut être demandée, pour les
meubles, pendant trois ans, et pour les immeubles, tant qu'ils
sont dans la main de l'héritier (art. 880). Le délai a été limité à trois ans pour les meubles, parce qu'après un plus

---

[1] Aubry et Rau, t. V, § 619, note 58, p. 234 et s. — Cass., 8 juin 1863.

long intervalle il serait difficile, sinon impossible, de distin⸗ guer ceux provenant du défunt de ceux qui étaient propres à l'héritier. Cette distinction est, au contraire, toujours facile pour les immeubles, et c'est pourquoi la demande peut, par rapport à eux, être formée tant qu'ils n'ont pas été aliénés. Nous pensons même, qu'en cas d'aliénation, la demande serait encore recevable, si le prix n'avait pas été payé par l'acquéreur, parce qu'alors ce prix représenterait exactement l'immeuble [1].

Le système adopté par l'article 880 n'est pas sans inconvénients. En effet, la séparation des patrimoines fait, par rapport aux biens de succession, passer les créanciers ou légataires du défunt avant les créanciers personnels de l'héritier. Or, après un long délai, ceux-ci peuvent oublier l'origine des immeubles qu'ils voient entre les mains de l'héritier, leur débiteur, et accepter des droits réels, par exemple, des servitudes, des hypothèques, etc., sur des biens de succession qui deviendront le gage exclusif des créanciers ou légataires du défunt, par l'effet de la séparation des patrimoines. Sous ce point de vue, l'article 880 semble, en ce qui concerne les immeubles, accorder à ces derniers un avantage excessif. Par contre, les créanciers et légataires du défunt sont exposés à des aliénations subites des immeubles de la succession par l'héritier qui, en ne leur laissant pas le temps de former leur demande, les privera du bénéfice de la séparation des patrimoines. Sous cet autre point de vue, l'article 880 semble les avoir mis dans une situation trop défavorable. Ces inconvénients en sens contraires ont été supprimés par l'article 2111 du Code, aux termes duquel la demande en séparation des patrimoines doit être rendue publique dans les six mois à dater de l'ouverture de la succession. Cette innovation est également utile aux créanciers personnels de l'héritier et aux créanciers et légataires du défunt; elle es

---

[1] Demolombe, t. V, n. 181. — Pont, *Priv. et hyp.*, n. 302.

utile aux premiers en ce que, après le délai de six mois, ils pourront, avec toute sécurité, accepter de l'héritier des droits réels sur les immeubles laissés par le défunt ; elle est utile aux derniers en ce qu'elle les met à l'abri d'une aliénation trop rapide que l'héritier pourrait faire des biens de succession.

Le délai de six mois dont nous venons de parler est relatif aux immeubles seulement. En conséquence, la séparation des patrimoines pourra toujours être demandée pendant trois ans pour les meubles, à moins qu'ils n'aient été confondus avec les meubles propres à l'héritier, cas auquel toute séparation est, en fait, devenue impossible.

Sur quels biens *s'exerce la séparation des patrimoines.* — La séparation des patrimoines s'exerce sur tous les capitaux, mobiliers et immobiliers, laissés par le défunt, sur tous les fruits, naturels et civils, qui en sont provenus depuis l'ouverture de la succession, et enfin sur le prix encore dû des meubles et des immeubles qui auraient été aliénés ; et en effet, nous avons vu, dans les successions anomales que le prix dû pour certains biens équivaut aux biens eux-mêmes (art. 351, 747).

Procédure *de la séparation des patrimoines.* — A Rome, les créanciers et légataires du défunt formaient collectivement leur demande en séparation contre l'héritier et un décret du préteur, rendu à leur requête, la prononçait.

Aujourd'hui, le législateur est muet sur la marche à suivre. Mais il ne paraît pas que la demande puisse être formée contre l'héritier lui-même, car l'article 878 la suppose formée contre ses créanciers [1]. Faudra-t-il donc alors autant de demandes différentes en séparation de patrimoines que l'héritier a de créanciers personnels? Un tel système n'est évidemment pas praticable. Aussi admet-on généralement que les créanciers du défunt doivent user du bénéfice dont il s'a-

---

[1] Demante, t. III, p. 341. — Demolombe, t. V, n. 136 et suiv.

git par voie de défense, et non par voie d'attaque. En d'autres termes, lorsque les créanciers personnels de l'héritier demanderont à être payés sur les biens de la succession, les créanciers ou légataires du défunt se contenteront de les repousser, en invoquant la séparation des patrimoines.

Comme les créances et les dettes se divisent de plein droit entre les différents héritiers, les créanciers du défunt pourront évidemment demander la séparation des patrimoines par rapport aux créanciers personnels de certains héritiers, et ne pas la demander par rapport à ceux des autres héritiers.

Des EFFETS *de la séparation des patrimoines.* — La séparation des patrimoines donne, avons-nous dit, aux créanciers et légataires du défunt le droit d'exclure des biens de la succession les créanciers personnels de l'héritier, mais elle n'établit aucun droit de préférence au profit de ceux qui l'ont demandée. Les créanciers et légataires du défunt restent toujours entre eux dans les conditions respectives que leur assignent leurs différents titres contre la succession. Conséquemment, les deniers héréditaires seront distribués par ordre aux créanciers privilégiés et hypothécaires, et par contribution aux créanciers chirographaires ; puis seront payés les légataires, et enfin le surplus, s'il en reste un, appartiendra à l'héritier.

Les créanciers du défunt qui ont obtenu la séparation des patrimoines peuvent-ils concourir avec les créanciers personnels de l'héritier sur les biens de leur propre débiteur? Ils ne le pouvaient ni en droit romain ni dans l'ancien droit français. Excluant ces créanciers des biens de la succession, ils étaient, par une juste réciprocité, exclus à leur tour des biens personnels de l'héritier. On doit admettre encore aujourd'hui cette solution si équitable [1]. Mais maintenant, lorsque les créanciers personnels de l'héritier seront désintéressés, les

___
[1] *Sic,* Demante, t. III, § 223 *bis,* II. — *Contrà,* Nicias Gaillard, *Rev. crit.,* t. VIII, p. 193.

créanciers du défunt pourront-ils se faire payer sur le restant des biens de l'héritier devenu solvable ? En d'autres termes, les créanciers du défunt auront-ils un recours subsidiaire sur les biens personnels de l'héritier, comme les créanciers de l'héritier ont un recours subsidiaire sur les biens de la succession? Cette question est des plus anciennes et des plus controversées. A Rome, Paul et Ulpien refusaient et Papinien accordait aux créanciers du défunt un recours subsidiaire sur les biens personnels de l'héritier. Aujourd'hui, les opinions ne sont pas moins partagées qu'autrefois ; voici les raisons principales sur lesquelles l'un et l'autre système se fondent.

Ceux qui refusent tout recours subsidiaire aux créanciers du défunt disent : Ces créanciers ont, en demandant la séparation des patrimoines, refusé d'accepter l'héritier pour débiteur pur et simple : *ab hœrede recesserunt.* Or, s'ils ont mal calculé, et si l'héritier est solvable, tandis que la succession est insolvable, ils ne doivent s'en prendre qu'à eux-mêmes. Pourquoi rejetaient-ils l'héritier qui venait ajouter sa garantie personnelle à l'actif de la succession ?

Cette manière d'argumenter n'a pas aujourd'hui la même portée qu'en droit romain. En effet, la demande en séparation des patrimoines n'est plus formée contre l'héritier lui-même, mais contre ses créanciers. Elle ne fait donc plus nécessairement supposer que les créanciers du défunt refusent cet héritier comme débiteur pur et simple, mais seulement qu'ils veulent se soustraire au concours de ses créanciers personnels. Puis la séparation des patrimoines est établie dans l'unique intérêt des créanciers et des légataires de la succession, et nulle part le Code ne donne à entendre que l'héritier puisse échapper au payement *ultra vires* des dettes du défunt autrement que par une acceptation bénéficiaire ou une renonciation. Il trouverait donc dans un droit particulièrement établi au profit des créanciers et légataires de la succession un moyen de revenir sur une acceptation pure et simple li-

brement consentie. Cela ne paraît pas admissible. Ajoutons
d'ailleurs que l'ancienne jurisprudence française avait admis,
comme Papinien, le recours subsidiaire des créanciers de la
succession sur les biens personnels de l'héritier. Cette opinion doit donc encore aujourd'hui être préférée.

*Garanties offertes aux créanciers personnels de chaque
héritier.* — Lors du partage de la succession, les créanciers
de chaque héritier peuvent intervenir dans le but d'empêcher qu'aucune fraude ne soit commise à leur préjudice ; par
exemple, qu'un héritier ne reçoive un lot trop faible, ou composé de valeurs trop faciles à cacher ou à dissiper. A défaut
d'opposition faite en temps utile, ils ne peuvent attaquer un
partage sérieux, déjà consommé : *jura vigilantibus, non
dormientibus subveniunt.* Mais si le partage fait après l'opposition est, au moyen d'une antidate, présenté par les héritiers comme fait à une époque antérieure, nul doute que les
créanciers n'aient le droit de prouver l'antidate et de demander la nullité du partage ; car il n'est plus vrai de dire alors
que ce partage était consommé avant l'opposition. Le créancier intervenant supportera naturellement les frais de son intervention.

QUATRIÈME SECTION

DES EFFETS DU PARTAGE ET DE LA GARANTIE DES LOTS.

Art. 883. Chaque cohéritier est censé avoir succédé seul et immédiatement à tous les effets compris dans son lot, ou à lui échus
sur licitation, et n'avoir jamais eu la propriété des autres effets de
la succession.

884. Les cohéritiers demeurent respectivement garants, les uns
envers les autres, des troubles et évictions seulement qui procèdent
d'une cause antérieure au partage. — La garantie n'a pas lieu, si
l'espèce d'éviction soufferte a été exceptée par une clause particulière et expresse de l'acte de partage ; elle cesse, si c'est par sa
faute que le cohéritier souffre l'éviction.

885. Chacun des cohéritiers est personnellement obligé, en proportion de sa part héréditaire, d'indemniser son cohéritier de la
perte que lui a causée l'éviction. — Si l'un des cohéritiers se trouve

insolvable, la portion dont il est tenu doit être également répartie entre le garanti et tous les cohéritiers solvables.

886. La garantie de la solvabilité du débiteur d'une rente ne peut être exercée que dans les cinq ans qui suivent le partage. Il n'y a pas lieu à garantie à raison de l'insolvabilité du débiteur, quand elle n'est survenue que depuis le partage consommé.

Des effets du partage. — Le partage ne produit pas les mêmes effets en droit français qu'en droit romain. A Rome, il était *translatif*, et aujourd'hui il est simplement *déclaratif* de propriété. Expliquons le sens de cette double expression.

On disait à Rome que le partage était *translatif* ou *attributif* de propriété, en ce sens qu'il donnait à chaque héritier la propriété *exclusive* de certains objets, en lui faisant perdre sa part indivise dans les objets qui devenaient la propriété *exclusive* des autres héritiers. En d'autres termes, toute opération de partage impliquait un échange entre les divers héritiers : chacun aliénait sa part de propriété sur les choses de la succession qui étaient attribuées à ses cohéritiers, et, par contre, chacun acquérait les parts de ces derniers dans les choses qui lui étaient attribuées à lui-même. De là cette formule que le partage était en droit romain *translatif* ou *attributif* de propriété.

Le système que nous venons d'exposer était en tout point conforme à la réalité des faits et à la véritable nature des partages; mais il avait un grave inconvénient. En effet, dans l'intervalle de l'ouverture de la succession au partage, et pendant que toutes les choses héréditaires étaient la propriété commune de tous les cohéritiers, chacun de ces héritiers pouvait grever sa part indivise de droits réels, par exemple, de servitudes, d'hypothèques, etc., et lorsqu'arrivait le partage, les lots de tous les autres héritiers se trouvaient infectés de ces charges. Le fait d'un seul nuisait donc à tous. Le législateur français a voulu supprimer cet inconvénient, et il y est parvenu au moyen d'une fiction. Aujourd'hui, le partage n'a plus pour effet de *transférer* d'un héritier à l'autre

la propriété de leurs parts respectives dans les choses communes, mais de déterminer, de *déclarer* quels sont les objets
auxquels chacun est censé avoir seul succédé dès l'origine.
Ces objets une fois déterminés, l'héritier n'a plus à s'inquié-
ter de tous les droits réels dont un autre héritier les aurait
grevés avant le partage; car, par fiction, il en a toujours eu
la propriété exclusive, comme si le défunt les lui avait transmis à lui seul dès l'ouverture de la succession (art. 883).
Voilà le sens de ce principe nouveau, que le partage est *déclaratif* de propriété. Il importe d'en préciser les conséquences.

Du moment que chaque héritier est réputé avoir toujours
eu la propriété exclusive de son lot, il en résulte, avons-nous
dit, que les droits réels conférés à des tiers sur un des objets
de ce lot par d'autres héritiers s'évanouissent; et il n'y a pas
à distinguer entre les différents droits réels. Ainsi, non-
seulement les servitudes et les hypothèques, mais encore la
propriété même concédée à des tiers sur les objets compris
dans le lot d'un héritier, ne sont pas opposables à cet héritier, quand il est resté étranger à l'acte, parce que nul n'a
pu, sans son consentement, grever de charges ou aliéner
une chose dont il a toujours eu par fiction la propriété exclusive.

Mais, par contre, cette fiction conduit à cette conséquence
que les droits réels constitués sur un bien de succession, et
même son aliénation intégrale, doivent être maintenus dans
le cas où le bien dont il s'agit tombe, par l'effet du partage,
au lot de l'héritier qui a consenti ces droits réels ou cette aliénation. Effectivement alors l'héritier se trouve avoir grevé
de charges ou aliéné un bien dont il est censé avoir toujours
été le seul propriétaire, et la raison de maintenir les différents actes qu'il a faits est aussi péremptoire dans notre hypothèse, que la raison de les annuler était péremptoire dans
l'hypothèse inverse.

Les conséquences d'un principe doivent être déduites suivant l'idée qui a donné naissance à ce principe. Or, l'effet déclaratif du partage a été substitué par le Code à l'effet attributif dans le but unique de supprimer de la liquidation des successions toutes ces difficultés qui naissaient de la théorie romaine. Lors donc que les héritiers ne seront plus intéressés à la disparition des droits réels constitués par l'un d'eux sur sa part indivise, le principe que le partage est déclaratif de propriété devra rester sans application. Supposons, pour rendre cette pensée plus claire, qu'un héritier ait hypothéqué sa part indivise dans un immeuble de succession, et que cet immeuble, non commodément partageable, soit licité. La part de l'héritier dans le prix d'adjudication devra-t-elle être touchée par ses créanciers hypothécaires, ou devra-t-elle, au contraire, être distribuée au marc le franc entre tous ses créanciers sans distinction? Si l'on appliquait rigoureusement le principe de l'article 883, on dirait : « L'héritier n'a pas valablement hypothéqué l'immeuble licité, puisque nul ne peut, pendant l'indivision, grever de charges ou aliéner la chose commune qui doit passer aux mains du copartageant ou de l'adjudicataire telle qu'elle était lors de l'ouverture de la succession. Dès lors, le prix doit être distribué au marc le franc entre tous les créanciers de l'héritier, et non par ordre entre les créanciers qui ont vainement tenté de devenir créanciers hypothécaires. » — Mais il n'en sera pas ainsi[1] ; car, comme tous les héritiers sont ici désintéressés dans la question du maintien ou de la suppression des hypothèques, puisque le payement par l'adjudicataire des créanciers qui les ont reçues, les mettra à l'abri de tout recours en garantie, on doit écarter l'article 883, et décider que la part de l'héritier qui a consenti des hypothèques dans le prix d'adjudication sera distribuée par ordre aux créanciers munis de ces hypothèques, et non au marc le franc entre ses créanciers chirographaires.

---

[1] Aubry et Rau, t. V, p. 266, note 8. — Grenoble, 27 janv. 1859.

La décision devrait être différente si les charges consenties sur le bien licité n'étaient pas de nature à disparaître
par le payement même du prix d'adjudication. Tels seraient
l'usufruit, l'usage, l'habitation, les servitudes, etc. Alors les
cohéritiers de celui qui aurait consenti ces droits sur sa part
indivise se trouveraient exposés à un recours en garantie de
la part de l'adjudicataire, et ils pourraient conséquemment
invoquer le principe que le Code a établi dans leur intérêt, à
savoir, que le partage est déclaratif et non attributif de propriété (art. 883).

Une grave question est celle de savoir si l'effet déclaratif
du partage est applicable aux créances comme aux objets
corporels. L'intérêt de cette question est facile à saisir. Admet-
on l'affirmative ; alors chaque héritier étant réputé avoir toujours eu les créances comprises dans son lot, le payement
anticipé qu'il en aurait reçu du débiteur serait valable, les
saisies-arrêts dont elles auraient été frappées entre les mains
de ses cohéritiers seraient nulles, etc., etc. Admet-on la négative ; alors l'héritier dans le lot duquel se trouvent les
créances ne pourra pas invoquer une propriété rétroactive :
le débiteur aura donc pu valablement se libérer pour partie
entre les mains de ses cohéritiers, les saisies-arrêts pratiquées
sur leurs parts dans les créances seront valables, etc., etc. ;
en deux mots, l'héritier sera un véritable cessionnaire des
fractions de la créance qui appartenaient à ses cohéritiers, et
son droit à la créance entière ne pourra être invoqué par lui
contre les tiers, ou par les tiers contre lui, qu'à dater de la
signification du transport au débiteur, ou de son acceptation
dans un acte authentique (art. 1690).

Voici maintenant la solution que nous proposons. L'effet
rétroactif du partage ne doit, selon nous, être appliqué
qu'aux choses véritablement sujettes à partage, et qui pendant l'indivision auraient pu être grevées par l'un des héritiers de charges dont les autres héritiers auraient souffert, si
la rétroactivité de leur propriété ne les avait point fait dis-

paraître. Or, les créances ne sont évidemment pas comprises parmi les choses que nous indiquons, puisqu'elles se divisent de plein droit entre les différents héritiers lors de l'ouverture de la succession (art. 870). L'article 832 dit bien, il est vrai, que chaque lot doit contenir, s'il se peut, la même quantité de créances, et il semble ainsi les ranger parmi les choses sujettes à partage ; mais il ne faut pas se méprendre sur sa véritable signification. Son unique but est de fournir aux héritiers un moyen d'établir dans les lots une égalité que l'impossibilité de partager en nature les choses corporelles rend souvent difficile ; et il indique les créances de la succession comme une soulte naturelle pour compenser l'infériorité de certains lots par rapport aux autres. Mais la convention qui fait tomber certaines créances tout entières dans un lot comprenant moins de biens en nature que les autres n'est nullement opposable aux tiers, et particulièrement aux débiteurs des sommes héréditaires, qui peuvent se prévaloir de la division de plein droit opérée lors de l'ouverture de la succession, tant que l'attribution exclusive des créances dont il s'agit à certains héritiers ne leur a pas été légalement signifiée, ou qu'ils ne l'ont pas eux-mêmes acceptée dans un acte authentique (art. 1690) [1].

De la GARANTIE *entre cohéritiers.* — Le principe de l'égalité dans les partages exige non-seulement que les différents lots comprennent, autant que possible, des biens de même nature et de même valeur, mais encore que les différents héritiers soient respectivement tenus de se maintenir dans la libre et paisible possession des choses qui leur sont échues dans le partage. Maintenant quels sont les troubles ou évictions emportant garantie ? Ce sont, aux termes de l'article 884, ceux 1° qui proviennent d'une cause antérieure au partage, par exemple, d'une hypothèque ou d'une servitude constituée par le défunt sur un immeuble de la succession. L'héritier

---

[1] Marcadé, art. 883, n. 5. — Demolombe, t. V, n. 294 et suiv. — Limoges, 9 juin 1863.

poursuivi à raison de cette hypothèque ou de cette servitude peut appeler en garantie ses cohéritiers et se faire indemniser du préjudice que lui cause le trouble ou l'éviction. Mais si le trouble ou l'éviction procèdent d'une cause postérieure au partage, cette cause fût-elle indépendante du fait de l'héritier, l'action en garantie cesse d'exister : à plus forte raison n'aura-t-elle pas lieu s'ils proviennent d'une cause imputable à l'héritier lui-même. Un double exemple va préciser notre pensée. Supposons que l'héritier soit exproprié de tout ou partie de son lot pour cause d'utilité publique ; il ne pourra dans ce cas exiger aucune garantie, car au moment du partage, la propriété du lot était entrée dans ses mains liquide et certaine ; et d'ailleurs il a dû recevoir une juste et préalable indemnité, à raison de cette expropriation. *A fortiori* cet héritier ne pourra-t-il pas exiger garantie, s'il est poursuivi par un créancier auquel il a lui-même constitué une hypothèque depuis le partage. Il est donc vrai de dire que les troubles ou évictions dont la cause est postérieure au partage ne donnent jamais lieu à l'action en garantie.

Quand cesse *la garantie.* — La garantie cesse quand l'espèce de trouble ou d'éviction soufferte par l'héritier a été exceptée par une clause particulière et expresse de l'acte de partage. Alors, en effet, l'héritier a dû trouver dans la composition de son lot l'équivalent du risque de trouble ou d'éviction qu'il consentait à courir. Le Code, en exigeant une clause expresse de non-garantie (art. 884 2°), exclut par cela même toute clause tacite. Mais cependant on doit déclarer l'action en garantie non recevable toutes les fois que la cause de trouble ou d'éviction, non expressément exceptée, n'a pu être ignorée des copartageants, par exemple, quand elle résidait dans une servitude apparente. L'article 1638 donne cette décision pour l'acheteur ordinaire, et l'on doit l'appliquer, par analogie, aux copartageants.

*De l'*EXERCICE *de l'action en garantie.* — L'action en garantie peut être exercée soit par voie *principale,* soit par voie *incidente.* Elle sera exercée par voie *principale*, quand l'héritier ne s'en prévaudra qu'après avoir subi le trouble ou l'éviction. Alors il réclamera directement des dommages-intérêts à ses cohéritiers. Elle sera exercée par voie *incidente*, quand l'héritier s'en prévaudra sur les poursuites mêmes dont il est l'objet. Alors il appellera ses cohéritiers en cause devant le tribunal qui doit connaître de ces poursuites, et il sera statué en même temps, et sur la demande formée par les tiers contre l'héritier, et sur le recours en garantie exercé par cet héritier contre ses cohéritiers. Laquelle de ces deux voies est préférable? Évidemment la dernière. D'une part, en effet, les frais judiciaires seront moindres, et, d'autre part, les héritiers appelés en garantie ne pourront pas prétendre que leur cohéritier a perdu le procès par sa faute. En conséquence, ils seront nécessairement contraints à l'indemniser, tandis qu'ils auraient échappé à cette obligation, s'ils avaient pu prouver à l'héritier évincé qu'il existait des moyens suffisants pour faire rejeter la demande (art. 1640).

*De l'*INDEMNITÉ *due à l'héritier évincé.* — Dans le but d'éviter les frais d'un nouveau partage, le Code décide que l'héritier évincé sera simplement indemnisé en *argent* par ses cohéritiers. Chacun d'eux supportera l'indemnité en proportion de sa part héréditaire (art. 885). La perte éprouvée par l'héritier est calculée d'après la valeur des biens au moment de l'éviction [1], et avec raison, car si l'on se référait à l'époque du partage, cet héritier échapperait à toutes les chances de dépréciation postérieures à cette époque, tandis que les autres héritiers les auraient subies pour leurs lots personnels. L'héritier évincé recevra donc, en cas de plus-value, une indemnité supérieure, et, en cas de dépréciation, une indemnité inférieure à la valeur des biens au temps du partage. De la sorte, il se trouvera dans la même condition que les autres héritiers dont les lots ont pu éprouver une pareille plus-value

---

[1] Demolombe, t. V, n. 363. Aubry et Rau, t. V, p. 274, § 625, note 38.

ou dépréciation. Au surplus, il supportera évidemment lui-même sa part dans le déficit résultant de l'éviction, ou de l'insolvabilité de l'un des héritiers tenus de la garantie (art. 885 [20]).

De la garantie en matière de CRÉANCES *ordinaires.* — La garantie est due en matière de créances ordinaires, comme en matière d'objets corporels. Voici les règles du Code à cet égard :

Si la créance n'avait pas d'existence réelle au temps du partage, les cohéritiers doivent sans aucun doute indemniser celui dans le lot duquel elle avait été mise, car, de droit commun (art. 1693), garantie est due de l'existence de la créance transférée au moment du transport, lorsque ce transport n'avait pas un caractère aléatoire.

Si la créance existait au temps du partage et si le débiteur était déjà insolvable, les principes généraux (art. 1694) conduiraient à dire que les héritiers cédants ne doivent pas garantie au cohéritier cessionnaire. Mais on ne doit pas appliquer ici les règles ordinaires du transport. Effectivement, les acheteurs de créances sont presque toujours des spéculateurs dangereux, qui acquièrent à vil prix de personnes obérées les droits dont ils poursuivent ensuite le recouvrement intégral contre le débiteur, et la plupart des cessions de créances sont ainsi transformées en prêts usuraires. Il n'en est pas de même ici. Les héritiers, en mettant des créances entières dans certains lots, veulent uniquement faciliter le partage et ne font que se conformer aux prescriptions de la loi elle-même (art. 832). Aussi, lorsque le débiteur est insolvable au moment du partage, il faut encore accorder à l'héritier dont le lot comprend cette non-valeur, le droit de se faire indemniser par ses cohéritiers.

Si, enfin, la créance existait et si le débiteur était solvable au temps du partage, aucune garantie n'est due à l'héritier dans le lot duquel cette créance a été mise, car on peut toujours lui reprocher avec raison de n'en avoir pas opéré le recouvrement en temps utile, ou tout au moins de n'avoir pas pris des mesures conservatoires.

De la garantie en matière de RENTES. — Le capital de toute rente est remboursable au gré du débiteur, mais ne peut jamais être exigé par le créancier. Lors donc qu'une rente active est mise dans le lot d'un héritier, il ne dépend pas toujours de cet héritier de se mettre à l'abri de l'insolvabilité du débiteur. Aussi le Code lui accorde-t-il expressément une action en garantie (art. 886). Mais, par dérogation au droit commun, il limite à cinq ans la durée de cette action, tandis que, selon le droit commun, l'action en garantie dure trente ans, à compter du jour où elle a pris naissance (art. 2262). On a voulu justifier cette disposition exceptionnelle en disant que les arrérages de rentes se prescrivent par cinq ans (art. 2277), et que, par suite, l'héritier propriétaire de la rente a dû, dans ce délai, s'assurer par la poursuite du débiteur de son insolvabilité. Mais cette raison est insuffisante, car pourquoi l'héritier aurait-il un délai moindre pour intenter son action en garantie, parce qu'il a dû ou pu en connaître plus tôt l'existence ?

CINQUIÈME SECTION
DE LA RESCISION EN MATIÈRE DE PARTAGE.

ART. 887. Les partages peuvent être rescindés pour cause de violence ou de dol. — Il peut aussi y avoir lieu à rescision, lorsqu'un des cohéritiers établit, à son préjudice, une lésion de plus du quart. La simple omission d'un objet de la succession ne donne pas ouverture à l'action en rescision, mais seulement à un supplément à l'acte de partage.

888. L'action en rescision est admise contre tout acte qui a pour objet de faire cesser l'indivision entre cohéritiers, encore qu'il fût qualifié de vente, d'échange et de transaction, ou de toute autre manière. — Mais après le partage, ou l'acte qui en tient lieu, l'action en rescision n'est plus admissible contre la transaction faite sur les difficultés réelles que présentait le premier acte, même quand il n'y aurait pas eu à ce sujet de procès commencé.

889. L'action n'est pas admise contre une vente de droit successif

faite sans fraude à l'un des cohéritiers, à ses risques et périls, par ses autres cohéritiers ou par l'un d'eux.

890. Pour juger s'il y a eu lésion, on estime les objets suivant leur valeur à l'époque du partage.

891. Le défendeur à la demande en rescision peut en arrêter le cours et empêcher un nouveau partage, en offrant et en fournissant au demandeur le supplément de sa portion héréditaire, soit en numéraire, soit en nature.

892. Le cohéritier qui a aliéné son lot en tout ou partie n'est plus recevable à intenter l'action en rescision pour dol ou violence, si l'aliénation qu'il a faite est postérieure à la découverte du dol, ou à la cessation de la violence.

Des CAUSES *de rescision en matière de partage.* — Les causes de rescision en matière de partage sont, les unes générales, et les autres spéciales. Parmi les causes générales, le Code cite la violence et le dol (art. 887). On en tiendra compte selon les termes du droit commun (art. 1111 et suiv.). Le Code n'indique point l'erreur comme cause de nullité. Pourquoi ? Parce que l'erreur ou est indifférente, ou se confond avec d'autres causes de nullité. D'abord elle ne peut évidemment porter que sur les copartageants ou sur les choses partagées.

Si elle porte sur les copartageants, en ce sens que l'on a admis au partage un héritier qui n'avait point cette qualité, elle est indifférente, et il y aura simplement lieu au partage supplémentaire du lot qui lui avait été injustement attribué (art. 887). Si l'erreur porte sur les copartageants en ce sens que l'on a omis un des héritiers, elle se confond avec la lésion de plus du quart dont nous allons parler tout à l'heure, et l'héritier omis peut demander la rescision du partage, en se fondant sur cette lésion.

Si l'erreur porte sur les choses, en ce sens que l'on a omis le partage de certains objets de la succession, elle donne simplement lieu, comme plus haut, à un supplément de partage. Si enfin elle porte sur les choses, en ce sens que l'on a compris dans le partage des objets étran-

gers à la succession, l'héritier lésé par l'éviction se fera simplement indemniser par ses cohéritiers s'il n'est point lésé
de *plus du quart*, et dans le cas contraire il pourra demander en outre, s'il le désire, la rescision du partage pour cause
de lésion.

Nous avons dit que la lésion de *plus du quart* donne ouverture à l'action en rescision du partage. Sous ce rapport
une grave différence sépare les contrats ordinaires du partage. Dans les contrats ordinaires, la lésion n'est pas une
cause de rescision. Il en est autrement dans les partages, où
la plus grande égalité possible doit régner entre les cohéritiers. Aussi chacun d'eux a-t-il le droit d'intenter l'action en
rescision lorsqu'il n'a pas reçu au moins les trois quarts de
la portion qui devait lui revenir. Et il n'y a pas à distinguer
si le partage et l'attribution des lots ont été faits par la voie
du sort ou à l'amiable. L'action de l'héritier est recevable,
lors même qu'il aurait connu et en quelque sorte accepté l'infériorité du lot dont il est propriétaire. Le Code présume que
son consentement n'a été déterminé que par la nécessité.
Mais si les différents lots ont été faits sur l'estimation d'experts nommés par la justice, et qu'un jugement rendu sur la
réclamation de certains copartageants en ait reconnu l'égalité, nul ne sera désormais recevable à intenter l'action en
rescision pour cause de lésion, parce qu'il y a chose jugée sur
ce point.

Quelquefois l'héritier peut intenter une double action :
c'est quand il est évincé d'une partie de son lot supérieure au
quart de ce qu'il avait le droit de prétendre. Alors il a le
choix, ou d'intenter l'action en garantie (art. 884), ou de demander la rescision du partage pour cause de lésion. Laquelle
de ces deux actions est préférable ? A cet égard, on ne peut
faire de réponse absolue. D'abord l'action en garantie dure
trente ans, à dater de l'éviction ; au contraire, l'action en
rescision ne dure que dix ans, à dater du partage. Mais, d'un
autre côté, l'action en garantie procure à l'héritier une simple

somme d'argent, tandis que l'action en rescision lui procure, en remettant les choses dans l'indivision, le lot même qu'il aurait dû obtenir. Enfin, l'indemnité résultant de l'action en garantie est calculée sur la valeur des objets au moment de l'éviction (art. 885), et au contraire, pour savoir s'il y a eu lésion, on estime les objets suivant leur valeur à l'époque du partage (art. 890). De là il résulte que l'héritier aura tantôt plus d'avantage à intenter l'action en garantie, et tantôt plus d'avantage à intenter l'action en rescision pour cause de lésion. Il aura plus d'avantage à intenter l'action en garantie dans le cas où les objets dont il est évincé auront augmenté de valeur. Effectivement, alors il obtiendra des héritiers plus qu'il ne pourrait espérer d'un nouveau partage, dont l'effet serait de rétablir l'intégrité des lots sans qu'il lui fût tenu compte de cette plus-value. Il aura plus d'avantage à intenter l'action en rescision pour cause de lésion, dans le cas où les objets dont il est évincé auront diminué de valeur ; effectivement alors il obtiendra plus d'un nouveau partage qu'il ne pourrait réclamer des héritiers.

Lorsque les héritiers ont introduit dans l'acte de partage une clause expresse de non-garantie, l'action en rescision pour lésion de plus du quart est-elle recevable? Elle l'est en principe, car tout héritier peut, avons-nous dit, l'intenter, lors même qu'il aurait préalablement connu et en quelque sorte accepté l'infériorité de son lot par rapport aux autres. Mais si la clause de non-garantie a été basée sur la chance que courait l'héritier d'avoir un lot supérieur aux autres, dans le cas où il ne subirait point l'éviction, l'action en rescision n'est plus recevable, parce qu'autrement l'héritier aurait eu les chances favorables et ne supporterait pas les chances contraires. En réalité, son lot était égal aux autres.

Des partages SUJETS *à rescision.* — Aux termes dé l'article 888, tous les partages sont sujets à rescision, lors même qu'ils sont déguisés sous la forme d'un autre contrat, par exemple sous la forme d'une vente, d'un échange ou d'une transaction. Le Code n'a pas voulu que les héritiers pussent, par un détour, se soustraire aux règles qui doivent dominer tous les partages. Cependant, si la transaction a été faite après le partage et sur des difficultés *réelles* que présentait le premier acte, l'action en rescision n'est plus recevable (art. 2052), et avec raison, car les cohéritiers n'ont pas alors cherché à éluder les règles du partage.

L'article 888 vient de dire que le partage déguisé sous la forme d'une vente n'en est pas moins rescindable pour cause de lésion ; et maintenant l'article 889 ajoute que l'action en rescision n'est pas admise contre une vente de droits successifs faite sans fraude à un des héritiers par ses cohéritiers. Une telle vente a cependant pour but de faire cesser l'indivision, et en réalité elle contient un partage. Comment concilier ces deux articles ? Le voici. L'article 888 suppose la vente pure et simple de la part de certains héritiers dans la *masse à partager*. Mais ces héritiers restent toujours les continuateurs du défunt, et même après la vente, ils seraient tenus des dettes héréditaires dont le contrat ne les aurait pas expressément déchargés. L'article 889, au contraire, suppose la vente de la *qualité même d'héritier* avec tous les profits et pertes qui peuvent y être attachés. Le vendeur est donc alors déchargé de tout le fardeau de la succession ; or, comme il peut exister des dettes inconnues, l'acheteur court un risque en se substituant au vendeur ; mais puisqu'il supporte les risques, il doit évidemment avoir les chances favorables et ne pas être exposé à l'action en rescision pour cause de lésion. Autrement dit, cette vente est aléatoire, et jamais la lésion ne peut vicier les contrats aléatoires. Quant aux créanciers de la succession, ils auront le choix de poursuivre ou l'héritier vendeur qui pour eux a toujours conservé sa qualité, ou l'héritier acheteur qui s'est volontairement substitué au précédent.

Comment l'action en rescision peut ÊTRE ARRÊTÉE. —

L'action en rescision est de nature à jeter une grave perturbation dans les affaires des divers copartageants. Effectivement, les aliénations par eux consenties seront révoquées par la rescision du partage, et ils se trouveront ainsi exposés à des recours en garantie [1]. L'article 891 leur permet d'empêcher la rescision, en fournissant au demandeur le supplément de sa portion héréditaire, soit en numéraire, soit en nature. Alors l'inégalité disparaît, et *cessante causa, cessat effectus*.

Mais ce supplément ne pourrait arrêter le cours d'une action en nullité fondée sur la violence ou le dol : un tel vice du consentement est trop grave pour être purgé autrement que par un nouveau partage.

De la RATIFICATION *des partages rescindables*. — Les partages viciés par la violence ou le dol peuvent seuls être ratifiés. Certains auteurs ont cependant prétendu que les partages rescindables pour cause de lésion étaient, aussi bien que les partages annulables pour cause de violence et de dol, susceptibles de ratification. Mais leur opinion doit être rejetée ; effectivement, l'article 892, qui prévoit un cas de ratification, se place dans l'hypothèse d'une nullité provenant de la violence ou du dol, et exclut ainsi l'hypothèse d'une nullité provenant de la lésion. Puis, l'article 888 déclare rescindables toutes transactions non sérieuses ayant pour but de faire cesser l'indivision. Or, la ratification d'un partage rescindable pour cause de lésion ne serait-elle pas une transaction de cette nature ? Enfin il importe que l'héritier lésé soit protégé contre une ratification, et pour les mêmes motifs qui le font protéger contre la lésion [2].

La ratification des partages annulables pour cause de violence et de dol peut être expresse ou tacite. Elle est expresse, lorsqu'elle résulte d'une déclaration faite dans

---

[1] Marcadé, art. 892, n. 2. — Massé et Vergé, t. II, note 20, sur le § 393.

[2] Massé et Vergé, t. II, § 393, note 26, p. 388. — Cass., 18 fév. 1851.

un acte authentique ou sous seing privé. Elle est tacite :

1° Lorsque l'héritier laisse passer dix ans sans agir à dater du jour où la violence a cessé, où le dol a été découvert (art. 1304) ;

2° Lorsque l'héritier exécute le partage après la découverte du dol ou la cessation de la violence, par exemple en aliénant un des objets dont son lot est composé. Mais si cette aliénation avait précédé le double fait que nous venons d'indiquer, il pourrait évidemment attaquer le partage et faire le rapport des biens aliénés en moins prenant.

LIVRE III. TITRE II.

Des Donations entre-vifs et des Testaments.

(Décrété le 3 mai 1803 ; promulgué le 13 du même mois.)

CHAPITRE PREMIER

DISPOSITIONS GÉNÉRALES.

Art. 893. On ne pourra disposer de ses biens, à titre gratuit, que par donation entre-vifs ou par testament, dans les formes ci-après établies.

894. La donation entre-vifs est un acte par lequel le donateur se dépouille actuellement et irrévocablement de la chose donnée, en faveur du donataire qui l'accepte.

895. Le testament est un acte par lequel le testateur dispose, pour le temps où il n'existera plus, de tout ou partie de ses biens, et qu'il peut révoquer.

896. Les substitutions sont prohibées. — Toute disposition par laquelle le donataire, l'héritier institué ou le légataire sera chargé de conserver et de rendre à un tiers sera nulle, même à l'égard du donataire, de l'héritier institué, ou du légataire. — Néanmoins, les biens libres formant la dotation d'un titre héréditaire que l'Empereur aurait érigé en faveur d'un prince ou d'un chef de famille

pourront être transmis héréditairement, ainsi qu'il est réglé par l'acte du 30 mars 1806 et par celui du 14 août suivant *.

897. Sont exceptées des deux premiers paragraphes de l'article précédent les dispositions permises aux pères et mères et aux frères et sœurs au chapitre VI du précédent titre ** (1048 à 1074).

898. La disposition par laquelle un tiers serait appelé à recueillir le don, l'hérédité ou le legs, dans le cas où le donataire, l'héritier institué ou le légataire ne le recueillerait pas, ne sera pas regardée comme une substitution, et sera valable.

899. Il en sera de même de la disposition entre-vifs ou testamentaire par laquelle l'usufruit sera donné à l'un, et la nue propriété à l'autre.

900. Dans toute disposition entre-vifs ou testamentaire, les conditions impossibles, celles qui seront contraires aux lois ou aux mœurs, seront réputées non écrites.

Notions générales. — Les manières de disposer à titre gratuit ont beaucoup varié. À Rome, on pouvait disposer à titre gratuit de cinq manières différentes, savoir :

1° Par *donation entre-vifs;*

* Ce dernier paragraphe se trouve abrogé par la loi du 12 mai 1835.

Loi du 12 mai 1835.

1. Toute institution de majorats est interdite à l'avenir.

2. Les majorats fondés jusqu'à ce jour avec des biens particuliers ne pourront s'étendre au delà de deux degrés, l'institution non comprise.

3. Le fondateur d'un majorat pourra le révoquer en tout ou en partie, ou en modifier les conditions. — Néanmoins, il ne pourra exercer cette faculté s'il existe un appelé qui ait contracté, antérieurement à la présente loi, un mariage non dissous ou dont il soit resté des enfants. En ce cas, le majorat aura son effet restreint à deux degrés, ainsi qu'il est dit dans l'article précédent.

4. Les dotations ou portions de dotation, consistant en biens soumis au droit de retour en faveur de l'État, continueront à être possédées et transmises conformément aux actes d'investiture, et sans préjudice des droits d'expectative ouverts par la loi du 5 décembre 1814.

**   *Loi du 7 mai 1849 sur les substitutions.*

8. La loi du 17 mai 1826 sur les substitutions est abrogée.

9. Les substitutions déjà établies sont maintenues au profit de tous les appelés nés ou conçus lors de la promulgation de la présente loi. Lorsqu'une substitution sera recueillie par un ou plusieurs des appelés dont il vient d'être parlé, elle profitera à tous les autres appelés au même degré ou à leurs représentants, quelle que soit l'époque où leur existence aura commencé.

2° Par *donation à cause de mort;*

3° Par *institution d'héritier ;*

4° Par *legs;*

5° Par *fidéicommis.*

La *donation entre-vifs* était à Rome, comme chez nous, un contrat par lequel une personne se dépouillait actuellement et irrévocablement d'un droit au profit d'une autre personne, qui l'acceptait; nous reviendrons tout à l'heure sur les caractères de ce contrat (art. 894).

La *donation à cause de mort* était un contrat par lequel une personne se dépouillait d'un droit au profit d'une autre, soit pour le moment de son décès, soit même actuellement, mais avec faculté de révocation pour le cas où le donateur ne mourrait pas dans l'événement qu'il avait prévu, ou avant l'époque qu'il avait fixée. Au premier cas, la mort du donateur était une condition suspensive de la donation, laquelle devenait caduque si le donataire prédécédait; au second cas, la mort du donateur, sans être une condition suspensive de la donation, venait cependant lui conférer un caractère d'irrévocabilité.

La donation à cause de mort était donc toujours distincte de la donation entre-vifs ; car non-seulement elle pouvait ne pas être actuelle, mais encore elle restait essentiellement révocable.

L'*institution d'héritier* était la désignation faite par le défunt dans un testament régulier de la personne qui devait le remplacer : elle avait pour but et pour effet de transférer l'ensemble des droits actifs et passifs du testateur sur la tête de l'héritier, et elle eût même été nulle, si elle n'avait eu pour objet qu'une partie de la succession. Le testament ne conférait jamais un droit actuel ni irrévocable, et son efficacité était subordonnée au décès du testateur.

Le *legs* était une disposition testamentaire par laquelle le défunt transmettait à une personne survivante, non plus l'ensemble de la succession, mais certaines choses déterminées ;

son efficacité était du reste subordonnée aux mêmes conditions que celle de l'institution d'héritier.

Enfin, le *fidéicommis* était l'acte de dernière volonté par. lequel le défunt chargeait une personne, déjà désignée comme héritière ou légataire, de restituer à une autre l'hérédité ou le legs dont elle était investie. Les fidéicommis avaient pour but et pour effet de transmettre indirectement à certaines personnes une succession ou un legs qu'elles ne pouvaient recueillir directement. Leur exécution fut d'abord facultative de la part de l'héritier ou du légataire ; mais elle ne tarda point à devenir obligatoire.

L'ancien droit français admit seulement trois manières de disposer à titre gratuit, savoir :

1° La donation entre-vifs ;

2° La donation à cause de mort ;

3° Le testament.

Les donations entre-vifs et à cause de mort avaient les mêmes caractères qu'en droit romain ; il n'en était pas de même du testament, qui, comme nous le verrons, ne transmettait jamais la qualité d'héritier, laquelle resta toujours l'attribut des parents au degré successible.

Le Code a simplifié encore davantage les modes de transmission à titre gratuit (art. 893). Aujourd'hui, on ne peut disposer de ses biens que :

1° Par DONATION ENTRE-VIFS ;

2° Par TESTAMENT.

Pourquoi la donation à cause de mort a-t-elle été supprimée? Parce que cette manière de disposer présente un péril pour la sincérité de l'acte. Effectivement, d'un côté, le donateur ne se dépouille pas toujours actuellement, et de l'autre, il ne se dépouille jamais irrévocablement. Or, dans les actes à titre gratuit, l'on doit d'autant plus craindre les suggestions et les captations, que le disposant voit le préjudice plus éloigné ou plus facilement réparable. D'ailleurs, la donation à cause de mort participant, et de la donation entre-vifs, puisqu'elle exige le concours de deux volontés, et du testament, puisque le donateur ne se dépouille pas actuellement et irrévocablement, il était souvent difficile de connaître la nature de l'acte que le disposant avait entendu faire, et il y avait là une raison de plus pour ne conserver que la donation entre-vifs et le testament, dont les caractères sont parfaitement déterminés.

On a quelquefois prétendu que la donation à cause de mort n'avait pas été radicalement abolie par le Code. On cite comme exemple les donations faites par un des conjoints à l'autre pendant le mariage, lesquelles restent toujours révocables (art. 1096) : cet exemple prouve bien que les donations entre époux ont le principal caractère des donations à cause de mort, qui est la révocabilité ; mais il ne prouve nullement que ces deux sortes de donations doivent être à tous égards confondues. Il faut donc s'en tenir au texte de l'article 893, qui exclut toute disposition à titre gratuit autre que la donation entre-vifs ou le testament [1]. De là cette conséquence que les donations entre époux seront soumises à la formalité de l'acceptation expresse (art. 932), au lieu de pouvoir être acceptées tacitement comme les donations à cause de mort, et que la réduction, loin d'en être opérée concurremment avec les legs, le sera seulement après l'épuisement des legs, et en commençant par les plus récentes (art. 923).

Précisons les caractères de la donation entre-vifs et du testament.

Caractères de la DONATION *entre-vifs.* — Aujourd'hui comme autrefois, la donation entre-vifs est un acte par lequel le donateur se dépouille actuellement et irrévocablement de la chose donnée, en faveur du donataire qui l'accepte (art. 894).

Le Code appelle la donation un *acte*, et non un contrat : elle est cependant un contrat, puisqu'elle suppose le concours de deux volontés (art. 1101). Les rédacteurs du Code employè-

_____

[1] Marcadé, art. 893, n. 2. — Demolombe, t. I, n. 39. — Bordeaux, 8 août 1853.

rent de préférence le mot *acte*, uniquement pour donner satisfaction à un scrupule du Premier Consul, qui attachait à
tout contrat l'idée d'obligations réciproques. Mais ils démontrent eux-mêmes plus loin l'inexactitude de cette idée, en
mettant expressément la donation parmi les contrats (art. 1105).
Ajoutons seulement que ce contrat est soumis à des règles et
à des formalités particulières.

La donation entre-vifs a deux caractères *essentiels*, c'està-dire deux caractères sans lesquels elle ne peut exister,
savoir, l'*actualité* et l'*irrévocabilité*.

De l'ACTUALITÉ. — Le sens de cette expression a besoin
d'être précisé. Elle signifie qu'à l'instant même de la donation le donateur doit transmettre un droit au donataire, soit
réel, soit personnel. Ainsi la donation est actuelle si elle a
pour objet une chose dont le donateur est propriétaire et peut
disposer. En effet, rien ne fait obstacle à la transmission immédiate de cette chose au donataire. Est encore actuelle la donation qui transmet à l'instant même une créance au donataire,
par exemple, la donation d'une somme de 1,000 fr. payable à
telle époque. Il est vrai que la propriété de la somme ne passe
pas immédiatement du donateur au donataire, mais celui-ci
acquiert immédiatement le droit de l'exiger à l'échéance du
terme : le droit transféré est personnel au lieu d'être réel, et
voilà toute la différence. Si la transmission du droit, soit réel,
soit personnel, est subordonnée à l'accomplissement d'une
condition ; par exemple, si le donateur s'engage à donner
telle maison ou telle somme pour le cas où le donataire aurait
des enfants, la donation est encore actuelle dans l'hypothèse où
la condition s'accomplit. En effet, aux termes de l'art. 1179,
toute condition réalisée produit un effet rétroactif au jour du
contrat. Dans l'hypothèse où la condition ne s'accomplit pas,
a donation est évidemment nulle par ce seul fait, et il n'y a
pas à voir si elle a ou non manqué d'actualité.

La donation n'est plus actuelle lorsque le disposant confère
au donataire, non un droit, mais une simple espérance. C'est

là ce qui arrive dans les testaments qui sont nécessairement dépourvus du caractère de l'actualité. Ainsi, quand le légataire meurt dans l'intervalle qui sépare la confection du testament de l'ouverture de la succession, il n'a jamais eu aucun droit et ne transmet rien à ses héritiers. Au contraire, quand le donataire meurt dans l'intervalle de la donation à son exigibilité, celle-ci fût-elle retardée jusqu'au décès du disposant, il n'en a pas moins été donataire, et il transmet à ses héritiers le droit de réclamer le payement de la libéralité.

*De l'*IRRÉVOCABILITÉ. — Cette expression signifie que le donateur ne doit se réserver aucun moyen de revenir, soit directement, soit indirectement, sur sa libéralité. Le Code a consacré ainsi l'ancienne maxime du droit coutumier : « *Donner et retenir ne vaut.* » Ce n'est pas à dire qu'une donation ne puisse pas être subordonnée à une condition résolutoire, et doive dans tous les cas rester définitivement aux mains du donataire, mais alors il faut que cette condition ne dépende en rien du donateur. Ainsi, est valable la donation faite sous la condition que le donateur reprendra les biens donnés s'il survit au donataire (art. 951), parce que le prédécès ou la survie du donataire sont tout à fait indépendants de sa volonté. Mais est nulle la donation faite sous la condition que le donateur reprendra les biens donnés s'il se marie, car chacun peut à son gré se marier ou ne pas se marier. Pareillement serait nulle la donation faite sous la condition que le donataire payerait les dettes à venir du donateur; et en effet, il dépendrait uniquement de ce dernier de contracter des dettes jusqu'à concurrence de la donation tout entière. Serait encore nulle la donation de 10 à prendre sur les biens que le donateur *laissera* lors de son décès, car il dépend de lui de ne rien laisser [1]. Mais serait valable la donation de 10, *payable au décès* du disposant, car si la succession est insolvable, l'héritier supportera la libéralité sur ses biens personnels, et le donateur

---

[1] Paris, 14 juillet 1859.

n'aura point pu la révoquer en contractant des dettes au delà de son actif [1]. On voit par les exemples précédents que le Code proscrit avec rigueur tous les moyens directs ou indirects de révocation.

Caractères du TESTAMENT. — Les caractères du testament sont tout à fait opposés à ceux de la donation, et, en étudiant ceux-ci, nous avons par contre étudié ceux-là. Disons donc que tout testament est essentiellement dépourvu d'actualité et d'irrévocabilité. L'un et l'autre de ces caractères sont également incompatibles avec sa validité (art. 895).

Le testateur peut disposer comme il l'entend de son patrimoine, à la condition toutefois de limiter ses dispositions à la personne même qui doit les recueillir. Nous allons, à ce sujet, exposer les principes des substitutions.

Des SUBSTITUTIONS PROHIBÉES. — Les substitutions sont de plusieurs espèces, et on ne peut donner pour toutes une seule et même définition : les unes sont permises, les autres prohibées. Il importe d'en faire d'abord connaître les caractères distinctifs.

Le droit romain admettait trois espèces de substitutions, savoir :

1° La substitution *vulgaire;*

2° La substitution *pupillaire;*

3° La substitution *quasi-pupillaire* ou *exemplaire.*

La substitution *vulgaire* consistait dans la désignation d'un héritier qui devait recueillir la succession, au cas où un autre héritier précédemment institué viendrait à défaillir ; le testateur disait, par exemple : *Titius hœres esto ; si Titius hœres non erit, Sempronius hœres esto.* Une telle substitution avait pour but de prémunir le testateur contre le décès *ab intestat.* Aussi désignait-il souvent pour dernier substitué un esclave, qui devenait son héritier nécessaire. La substitution vulgaire du droit romain est expressément permise par

[1] Demolombe, *Rev. crit.*, t. I, p. 711. — Agen, 10 juin 1851.

l'article 898 du Code ; et en effet, elle n'a rien de contraire soit aux bonnes mœurs, soit à l'ordre public.

La substitution *pupillaire* consistait dans la désignation d'un héritier qui devait succéder, non plus au testateur lui-même, mais à son fils, pour le cas où ce dernier mourrait impubère, et par suite intestat. Le substitué pupillaire recueillait donc la succession d'un autre que du testateur. Le plus souvent, il est vrai, la succession du père de famille était comprise dans celle du fils mort impubère ; mais le contraire pouvait avoir lieu, car il n'était pas nécessaire d'instituer son fils héritier pour lui donner un substitué. La substitution pupillaire n'a point été maintenue par le Code, d'où il suit qu'elle est abrogée. Il faudrait, en effet, un texte formel pour permettre à une personne de faire le testament d'une autre. Toutefois, nous verrons tout à l'heure que les substitutions expressément prohibées par le Code sont autres que les substitutions pupillaires.

La substitution *quasi-pupillaire* a, comme son nom l'indique, la plus grande analogie avec la précédente. Il s'agit toujours d'une personne faisant le testament d'une autre ; seulement la substitution a lieu ici au profit d'incapables qu'il faut protéger contre le décès *ab intestat*, à cause de leur démence. Ces substitutions sont abrogées, comme les précédentes, par cela seul que le Code ne les a point expressément maintenues. Mais ce ne sont point encore celles dont l'article 896 entend parler. Quelles sont donc les substitutions que cet article prohibe? Le voici : ces substitutions ont leur origine dans les fidéicommis du droit romain. Souvent ces fidéicommis devaient être restitués immédiatement après la mort du testateur, mais quelquefois aussi ils ne devaient l'être qu'à la mort de l'héritier ou du légataire. Dans l'ancien droit français, les fidéicommis de la dernière espèce devinrent les plus nombreux comme les plus importants. Seulement la dénomination générale de *fidéicommis* fut remplacée par celle de *substitution fidéicommissaire,* laquelle fut à son

tour remplacée par celle, plus brève, de *substitution*. Bientôt
cette expression signifia uniquement la disposition, soit entre-
vifs, soit testamentaire, par laquelle le donataire, héritier ou
légataire fut chargé de conserver les biens *jusqu'à son décès*
et de les rendre à un tiers désigné par le disposant. Toute
substitution supposait donc trois personnes :

1° Le *disposant*, qui donnait ou léguait les biens ;

2° Le *grevé*, qui les recevait avec charge de les conserver
et de les rendre ;

3° L'*appelé*, qui devait profiter de cette restitution.

Les substitutions étaient dites *simples*, dans le cas où il y
avait un seul appelé et par suite une seule restitution à faire ;
et *graduelles*, dans le cas où il y avait plusieurs appelés et
plusieurs restitutions successives.

La nature des substitutions en fait immédiatement comprendre l'importance. En effet, dans une législation qui les
admettrait sans réserve, un donateur ou testateur pourrait
régler à l'infini le sort des biens dont il dispose, et renverser
ainsi tout système légal de succession. L'ancien droit, en général favorable aux substitutions, jugea cependant toujours
nécessaire de leur imposer certaines limites, qui devinrent de
plus en plus étroites.

A l'origine, les substitutions pouvaient être de dix degrés,
et le disposant avait ainsi la faculté de régler la dévolution
de ses biens jusqu'à la onzième génération.

Une ordonnance d'Orléans, rendue en 1560, restreignit à
deux degrés les substitutions à venir, non compris l'institution. Par exemple, le fils pouvait être chargé de conserver les
biens provenant du père et de les rendre au petit-fils, qui devait à son tour les conserver pour les rendre à l'arrière-petit-
fils ; mais ce dernier les recevait nécessairement francs et
libres de toute substitution.

Une ordonnance de Moulins, rendue en 1566, vint apporter
aux substitutions déjà faites des restrictions analogues à celles
que l'ordonnance d'Orléans avait antérieurement apportées

aux substitutions à venir. Elle les limita au quatrième degré.

La jurisprudence des Parlements, toujours favorable aux substitutions, prétendit que l'ordonnance de Moulins avait abrogé celle d'Orléans, et déclara que toutes les substitutions indistinctement seraient valables, si elles n'excédaient point quatre degrés.

Une ordonnance rendue en 1747 rétablit l'ordonnance d'Orléans et réduisit à deux degrés les substitutions que les Parlements déclaraient valables jusqu'au quatrième.

Quand la Révolution française éclata, de vives et nombreuses attaques furent dirigées contre les substitutions. Et en effet, les substitutions servaient principalement à la conservation des grandes fortunes et des grandes familles, et heurtaient ainsi les principes d'égalité que proclamait la Révolution. De plus, elles étaient un obstacle à la circulation des biens, qu'elles frappaient pour ainsi dire de mainmorte. Enfin elles étaient un piége continuellement tendu à la bonne foi publique, puisque le grevé, dont la fortune pouvait être en apparence fort étendue, se trouvait en réalité insolvable, si tous ses biens étaient grevés de substitution.

Une loi du 14 septembre 1792 donna satisfaction à ces réclamations universelles, en prohibant d'une manière absolue toutes les substitutions faites et à venir. Les biens grevés devinrent libres entre les mains des détenteurs actuels.

L'article 896 du Code reproduit cette prohibition, et, allant plus loin que la loi de 1792, déclare tout entière nulle la libéralité entachée de substitution. Cette nullité est d'ailleurs rationnelle, car il n'est pas prouvé que le donateur ou testateur eût fait la disposition, s'il eût cru la substitution prohibée, et, dans le doute, l'on doit laisser les biens suivre leur cours naturel et légal.

Notons en passant la rédaction inexacte de l'article 896. A ne consulter que son texte, toute disposition avec obligation de conserver et de rendre serait nulle, sans que l'on eût à distinguer si la restitution doit précéder ou suivre la *mort du grevé.* L'histoire des substitutions montre jusqu'à l'évidence que l'obligation de conserver constitue une substitution prohibée, alors seulement qu'elle doit durer pendant *toute la vie du grevé*, et les articles 1040 et 1121 du Code donnent un démenti formel à la portée absolue que l'on veut attribuer au texte précité, puisqu'ils présentent deux hypothèses où une personne est valablement chargée de conserver et de rendre à une autre personne : il faut et il suffit, pour la validité de la disposition, que la charge de conserver ne doive pas nécessairement durer pendant toute la vie du donataire ou légataire ou pendant un temps équivalent, et cette disposition est seule prohibée qui emporte obligation de conserver les biens *jusqu'à la mort* pour les rendre à cette époque [1].

Le Code, tout en prohibant en principe les substitutions, tempère la rigueur de son système par une double exception. Il admet les substitutions de la part des père et mère au profit de leurs petits-enfants, et de la part des frère et sœur au profit de leurs neveux et nièces (art. 897). Mais la substitution doit être faite à un seul degré, et tous les enfants du donataire ou légataire doivent être appelés à la recueillir, sans distinction d'âge ni de sexe (art. 1048 et suiv.). — La raison de cette double exception est facile à comprendre. Les familles sont souvent exposées à la ruine par la prodigalité ou l'incapacité d'un ou de plusieurs de leurs membres, et il importait de fournir aux particuliers un moyen de soustraire à un tel péril leurs plus proches parents. C'est pourquoi les père et mère d'une part, et les frère et sœur de l'autre, peuvent faire des substitutions au profit de leurs petits-enfants ou de leurs neveux et nièces. De telles substitutions sont dépourvues de ces caractères qui les avaient autrefois rendues odieuses ; et au contraire elles tendent à un but également politique et moral.

Avant d'examiner en détail les dispositions du Code sur

---

[1] Marcadé, art. 896, n. 3.

notre matière, parcourons les divers changements apportés à
son système général par des lois postérieures.

Un décret du 30 mars 1806 et un sénatus-consulte du 14
août suivant rétablirent d'abord les *majorats*. On appelle
ainsi des substitutions transmissibles de mâle en mâle et
d'aîné en aîné, auxquelles est attaché un titre nobiliaire. On
les divisait en majorats *de propre mouvement* et en majorats
sur demande. Les premiers étaient constitués directement
par le prince, avec une dotation prise sur son domaine extraordinaire : les seconds étaient constitués avec les biens mêmes
des particuliers qui en avaient sollicité la création. En cas
d'extinction de la descendance masculine du titulaire, les majorats de propre mouvement faisaient retour à l'État, et les
majorats sur demande devenaient libres entre les mains des
détenteurs actuels.

Une loi du 17 mai 1826, dictée par l'esprit qui avait
amené le rétablissement des majorats, vint faire à peu près
revivre les substitutions de l'ancien droit français. Elle permit
de grever même les biens donnés ou légués à des étrangers, et
d'y appeler un ou plusieurs des enfants du donataire ou légataire. Enfin les substitutions furent autorisées à deux degrés.
Le système de la loi de 1826 différait en un seul point du système adopté sous l'ancienne monarchie. Autrefois les substitutions pouvaient être restituables à des personnes qui n'é-
taient pas les enfants du donataire ou légataire ; sous la loi
de 1826, au contraire, elles devaient nécessairement être
restituées aux enfants mêmes du grevé ; mais cette différence était plutôt apparente que réelle, car les disposants
ont, de tout temps, appelé à la substitution les enfants du donataire ou du légataire, qu'ils chargeaient de conserver et de
rendre.

Une loi du 12 mai 1835 modifia la législation des majorats. Par son article 1ᵉʳ, elle interdit à l'avenir toute institution de majorats, et par son article 2 elle restreignit à
deux degrés ceux déjà créés.

Enfin une loi du 7 mai 1849 est venue rétablir le système du Code, en abrogeant la loi de 1826 sur les substitutions et en maintenant l'abolition des majorats. Cette loi dispose :

1° Que les majorats de biens particuliers déjà transmis à deux degrés successifs à partir du premier titulaire sont abolis, et que les biens composant ces majorats restent libres entre les mains de ceux qui les possèdent ;

2° Que, pour l'avenir, la transmission limitée à deux degrés à partir du premier titulaire n'aura lieu qu'en faveur des appelés déjà nés ou conçus lors de la promulgation de la loi, et qu'à défaut d'appelés, les biens du majorat deviendront immédiatement libres entre les mains du possesseur.

Pareillement, les substitutions déjà établies en vertu de la loi de 1826 sont maintenues au profit de tous les appelés nés ou conçus à la même époque, et pour l'avenir toutes substitutions non faites par des père et mère au profit de leurs petits-enfants, et par des frères et sœurs au profit de leurs neveux ou nièces, sont et demeurent prohibées.

Revenons au système du Code, purement et simplement rétabli par l'abrogation de toutes les lois qui étaient venues le modifier. Nous savons que toute libéralité faite avec *charge* de conserver *jusqu'à la mort*, et de rendre à un tiers désigné par le disposant, est interdite. Par contre, toute libéralité faite sans cette *condition* est valable. Ainsi, lorsque le disposant charge le donataire ou le légataire de restituer *ce qui restera* des biens donnés, *quod supererit,* la clause ne constitue point une substitution prohibée. Effectivement, le donataire ou le légataire n'est pas obligé de conserver les biens, et il peut en faire tel usage qu'il jugera convenable. Ces biens sont aussi libres dans ses mains que si la clause n'existait pas, et conséquemment la disposition doit être maintenue [1].

La charge de conserver et de rendre serait-elle illégale, si

[1] Cass. 11 fév. 1863, 3 mars et 11 août 1864.

elle était accompagnée de la faculté pour le donataire ou légataire d'aliéner les biens *en cas de besoin?* La raison de douter vient de ce que l'obligation de conserver existe, sans cependant être absolue. En général, on doit décider que la
libéralité est entachée de substitution prohibée; car il ne dépend pas d'une simple fantaisie du donataire ou légataire de
se mettre dans le besoin, et son droit d'aliéner les biens qu'il
a reçus est véritablement entravé. Mais si la clause n'a évidemment eu dans l'esprit du disposant que le sens d'une
invitation et non celui d'une obligation de conserver les
biens, nul doute que la libéralité ne soit valable [1].

La sanction établie par le Code pour assurer l'effet de sa
prohibition consiste, ainsi que nous l'avons précédemment
indiqué, dans la nullité de la disposition tout entière. Le donataire et le légataire ne recueilleront donc pas les biens entachés de substitution prohibée.

Les substitutions présentent une grande analogie avec les
constitutions d'usufruit. Effectivement, le grevé jouit des
biens comme l'usufruitier, et l'appelé les recueille aussi nécessairement que le nu-propriétaire. On ne doit cependant
pas confondre les deux choses, puisque les substitutions sont
prohibées, et les constitutions d'usufruit permises (art. 899).
Voici les principales différences qui les séparent :

1° Le grevé est, dès à présent, propriétaire; mais son
droit sera révoqué rétroactivement, si plus tard les appelés
arrivent à la substitution ; l'usufruitier, au contraire, n'a jamais qu'un démembrement de la propriété, et il est certain qu'il
n'aura jamais la propriété tout entière. Or, l'incertitude attachée au sort définitif de la substitution la rend dangereuse,
tandis que la certitude attachée au sort des biens grevés d'usufruit est sans péril pour les tiers qui contracteraient, soit avec
le détenteur actuel de la chose, soit avec le nu-propriétaire.

2° Le grevé étant propriétaire doit, par cela même, à

---

[1] Marcadé, art. 896, n. 3 *in fine*. — Demolombe, t. I, n. 142. — Cass.,
11 juin 1860.

la différence de l'usufruitier, faire les grosses réparations.

3° Le grevé n'est pas tenu de donner caution, et l'usufruitier en est tenu.

Faisons au surplus observer que les substitutions ne peuvent porter sur un usufruit, puisque tout usufruit s'éteint nécessairement avec la vie de l'usufruitier, et répugne par cela même à toute transmission.

Nous reviendrons, en expliquant le chapitre VI du présent titre, sur les substitutions permises au profit des petits-enfants et des neveux ou nièces du disposant.

Des CONDITIONS *insérées dans les donations ou testaments.* — Toute condition impossible, immorale ou illicite est nulle et entraîne la nullité des contrats à titre onéreux (art. 1174). Ainsi, la vente faite à une personne, à la condition qu'elle payera le prix avec un argent volé à une autre personne, est nulle et rend la vente nulle. Il n'en pouvait être différemment, car il n'est pas prouvé que les parties eussent contracté en l'absence de la condition.

Toute condition impossible, immorale ou illicite, insérée dans une donation ou testament, est bien nulle, mais elle n'annule ni la donation ni le testament. L'article 900 la répute *non écrite.* Cette différence entre la condition prohibée, mise dans un contrat à titre onéreux, et la même condition mise dans un acte à titre onéreux, tient à un double motif. D'une part, le donataire n'est point libre de rejeter la condition, et le légataire l'ignore jusqu'à l'ouverture du testament; et, d'autre part, l'intention principale du donateur ou testateur est plutôt de faire une libéralité que d'obtenir l'accomplissement d'une condition prohibée. L'ancien droit français admettait ce système pour les actes de dernière volonté seulement; et, suivant plusieurs auteurs, le Code a bien fait d'étendre la règle aux donations, puisque le donataire, quoique présent au contrat, n'a pas plus la faculté de régler les conditions de l'acte que le légataire lui-même; mais la plupart critiquent cette innovation par la raison que le donataire peut jusqu'à un certain point empêcher l'insertion dans le contrat de conditions prohibées, et que, dans tous les cas, l'on doit craindre qu'il n'exécute la condition par suite d'un faux point d'honneur.

CHAPITRE II

DE LA CAPACITÉ DE DISPOSER OU DE RECEVOIR PAR DONATION ENTRE-VIFS OU PAR TESTAMENT.

ART. 901. Pour faire une donation entre-vifs ou un testament, il faut être sain d'esprit.

902. Toutes personnes peuvent disposer et recevoir, soit par donation entre-vifs, soit par testament, excepté celles que la loi en déclare incapables.

903. Le mineur âgé de moins de seize ans ne pourra aucunement disposer, sauf ce qui est réglé au chapitre IX du présent titre (1095).

904. Le mineur parvenu à l'âge de seize ans ne pourra disposer que par testament, et jusqu'à concurrence seulement de la moitié des biens dont la loi permet au majeur de disposer.

905. La femme mariée ne pourra donner entre-vifs sans l'assistance ou le consentement spécial de son mari, ou sans y être autorisée par la justice, conformément à ce qui est prescrit par les articles 217 et 219, au titre *du Mariage*. — Elle n'aura besoin ni de consentement du mari, ni d'autorisation de la justice, pour disposer par testament.

906. Pour être capable de recevoir entre-vifs, il suffit d'être conçu au moment de la donation. — Pour être capable de recevoir par testament, il suffit d'être conçu à l'époque du décès du testateur. — Néanmoins, la donation ou le testament n'auront leur effet qu'autant que l'enfant sera né viable.

907. Le mineur, quoique parvenu à l'âge de seize ans, ne pourra, même par testament, disposer au profit de son tuteur. — Le mineur, devenu majeur, ne pourra disposer, soit par donation entre-vifs, soit par testament, au profit de celui qui aura été son tuteur, si le compte définitif de la tutelle n'a été préalablement rendu et apuré. — Sont exceptés, dans les deux cas ci-dessus, les ascendants des mineurs, qui sont ou qui ont été leurs tuteurs.

908. Les enfants naturels ne pourront, par donation entre-vifs ou

par testament, rien recevoir au delà de ce qui leur est accordé au titre *des Successions* (756 à 766).

909. Les docteurs en médecine ou en chirurgie, les officiers de santé et les pharmaciens qui auront traité une personne pendant la maladie dont elle meurt ne pourront profiter des dispositions entre-vifs ou testamentaires qu'elle aurait faites en leur faveur pendant le cours de cette maladie. — Sont exceptées : 1° les dispositions rémunératoires faites à titre particulier, eu égard aux facultés du disposant et aux services rendus. 2° Les dispositions universelles, dans le cas de parenté jusqu'au quatrième degré inclusivement, pourvu toutefois que le décédé n'ait pas d'héritiers en ligne directe ; à moins que celui au profit de qui la disposition a été faite ne soit lui-même du nombre de ces héritiers. — Les mêmes règles seront observées à l'égard du ministre du culte.

910. Les dispositions entre-vifs ou par testament, au profit des hospices, des pauvres d'une commune ou d'établissements d'utilité publique, n'auront leur effet qu'autant qu'elles seront autorisées par une ordonnance impériale.

911. Toute disposition au profit d'un incapable sera nulle, soit qu'on la déguise sous la forme d'un contrat onéreux, soit qu'on la fasse sous le nom de personnes interposées. — Seront réputés personnes interposées les père et mère, les enfants et descendants, et l'époux de la personne incapable.

912. (*Abrogé par la loi du 14 juillet* 1819*.) On ne pourra disposer, au profit d'un étranger, que dans le cas où cet étranger pourrait disposer au profit d'un Français.

Observation. — Le Code pose d'abord les principes généraux sur la capacité nécessaire, soit pour faire des donations ou des testaments, soit pour recevoir par l'un ou l'autre de ces modes. Il importe de ne pas confondre les règles sur la capacité de disposer avec les règles sur la disponibilité elle-même. La capacité ou l'incapacité de disposer ont trait aux personnes et s'apprécient au moment de la disposition ; la disponibilité ou l'indisponibilité ont trait aux choses, et s'apprécient au moment où décède le disposant. Un double exemple va préciser le sens et la portée de cette distinction.

---

[1] (*Loi du* 14 *juillet* 1819.) — 1. Les articles 726 et 912 du Code civil sont abrogés.

Une personne incapable de donner ou de tester fait-elle l'un ou l'autre de ces actes, la donation et le testament sont nuls dès à présent et le resteront toujours : *Quod ab initio nullum est, nullo lapsu temporis convalescere potest.* Au contraire, une personne dispose-t-elle d'une plus forte portion de ses biens que la loi ne permet, par exemple des trois quarts, dans le cas où il y a des enfants (art. 913), la disposition est valable : si les enfants existent encore à l'époque du décès, ils pourront, il est vrai, la faire réduire ; mais s'ils n'existent plus, la disposition sera inattaquable.

En fait de capacité, la règle générale est que toute personne, sauf exception, peut disposer par donation ou par testament. Nous allons parcourir les différentes exceptions, c'est-à-dire les différentes incapacités que le Code contient.

Des différentes INCAPACITÉS. — Les incapacités ont trait, tantôt au droit de disposer, tantôt à celui de recevoir. Les unes et les autres sont ou absolues, ou relatives ; absolues, lorsqu'elles existent indépendamment des rapports unissant celui qui dispose et celui qui reçoit ; relatives dans le cas contraire. L'incapacité absolue est un obstacle à la libéralité envers toute personne ; l'incapacité relative est un obstacle à la libéralité envers certaines personnes seulement.

Nous allons examiner tour à tour les incapacités ayant trait à la faculté de disposer, et celles ayant trait à la faculté de recevoir, soit par donation, soit par testament.

De l'incapacité de DISPOSER. — Ne peuvent disposer, *ni* par donation, *ni* par testament :

1° Ceux qui ne sont pas *sains d'esprit ;*

2° Ceux qui ont été *frappés de peines* emportant autrefois *mort civile ;*

3° Pendant la *période de grâce,* les condamnés par contumace, à des peines emportant autrefois mort civile ;

4° Les *mineurs* de *seize ans ;*

5° Les *interdits.*

1° *De ceux qui ne sont pas* SAINS D'ESPRIT. — L'article

901 déclare que « pour faire une donation entre-vifs ou un « testament, il faut être sain d'esprit. » Les auteurs ne sont pas d'accord sur le sens de cette disposition. La difficulté vient de ce que l'article 901 ne paraît subordonner à aucune condition la preuve de la démence du disposant, tandis que, d'après l'article 504, les actes faits par un individu décédé « ne peuvent être attaqués pour cause de démence « qu'autant que son interdiction aurait été prononcée ou pro- « voquée avant son décès, à moins que la preuve de la dé- « mence ne résulte de l'acte même qui est attaqué. »

Maintenant, on sait qu'aux termes de l'article 489, le « majeur qui est dans un état habituel d'imbécillité, de dé- « mence ou de fureur, doit être interdit, lors même que cet « état présente des intervalles lucides. » Certains auteurs prétendent que l'article 901 ne déroge point à l'article 504, toutes les fois que le disposant a été *en état habituel* d'imbé- cillité, de démence ou de fureur, et qu'en conséquence les actes à titre gratuit par lui consentis ne peuvent être attaqués pour cause de démence, si l'interdiction du disposant n'avait pas été provoquée ou prononcée avant son décès, ou si la preuve de la démence ne résulte pas de l'acte même qui est attaqué. Dans ce système, l'article 901 est seulement appli- cable au cas où le disposant aurait eu de rares accès de folie, qui n'auraient pas permis de provoquer utilement son inter- diction.

Le système que nous venons d'exposer ne nous paraît pas fondé, et nous pensons qu'il faut voir, dans l'article 901, non pas un complément de l'article 504 ajouté pour les cas de folie accidentelle, mais un système tout différent et d'une portée absolue, que le disposant ait été en état habituel ou en état accidentel de démence. Effectivement, l'article 901 ne fait aucune distinction, et il déclare que, pour faire une do- nation entre-vifs ou un testament, il faut être *sain d'esprit*. En conséquence, quiconque prouvera que le donateur ou testateur n'était pas *sain d'esprit* au moment de l'acte pourra faire tomber la donation ou le testament, lors même que l'acte attaqué ne porterait pas la trace de la démence, ou que l'interdiction du défunt n'aurait été ni prononcée ni provoquée. Le Code est donc moins rigoureux pour admettre la critique des actes à titre gratuit que pour admettre celle des actes à titre onéreux ; car il permet, dans toute hypothèse et sans restriction, de prouver que le donateur ou testateur n'avait pas le libre exercice de ses facultés, tandis qu'il ne permet d'attaquer les actes à titre onéreux que dans le cas et sous les conditions prévus par l'article 504. Cette différence a, au surplus, sa raison d'être : en effet, on abuse de l'affaiblissement ou de la disparition des facultés intellectuelles d'une personne, surtout pour obtenir d'elle des actes à titre gratuit, et le Code devait rendre ces actes d'autant plus facilement annulables que leur sincérité pouvait être plus justement suspectée.

L'historique de l'article 901 confirme l'interprétation que nous venons d'en donner. Sa rédaction primitive portait que les actes à titre gratuit ne pouvaient être attaqués que dans les cas et de la manière prescrite pour les actes à titre onéreux. Or, cette disposition ayant été supprimée dans la rédaction définitive, il est naturel d'en conclure que le système du Code n'est pas le même pour les actes à titre gratuit que pour les actes à titre onéreux, et que les premiers peuvent toujours être attaqués pour cause de démence, lorsque les seconds peuvent seulement l'être dans certains cas et sous certaines conditions [1].

De la haine, de la captation ou de la suggestion. — Les donations ou testaments faits en haine de certaines personnes au profit d'autres personnes, ou par suite de captation, c'est-à-dire de manœuvres pratiquées par le donataire ou légataire dans son intérêt particulier, ou enfin par suite de suggestion, c'est-à-dire de manœuvres pratiquées par des

---

[1] Zachariæ, t. I, § 127, note 9. — Duranton, t. III, n. 787. — Cass., 7 mars 1864.

tiers au profit du donataire ou du légataire, pouvaient, dans l'ancienne jurisprudence, être attaqués à raison des motifs qui les avaient dictés ou des manœuvres qui les avaient déterminés. Faut-il admettre encore aujourd'hui ces différentes causes de nullité ? Les rédacteurs du Code songèrent d'abord à les abroger expressément, mais ils reculèrent devant un texte formel, dans la crainte d'encourager des sentiments ou des manœuvres blâmables. Les donations ou les testaments pourront, par conséquent, être encore annulés pour cause de haine, de suggestion ou de captation, mais dans le cas seulement où les facultés du disposant en auront été véritablement troublées, car alors on retombera sous l'application de l'article 901, ou bien encore dans le cas où la suggestion et la captation auront été accompagnées de manœuvres frauduleuses, ou à plus forte raison d'actes de violence [1].

2° *De ceux qui ont été frappés de peines emportant autrefois* MORT CIVILE. — La loi du 31 mai 1854, qui a supprimé la mort civile, a maintenu l'incapacité de disposer par donation ou testament (art. 3). En conséquence, les donations ou testaments faits par le condamné, postérieurement à la peine encourue, sont radicalement nuls : le testament antérieur à cette époque le sera également, parce que, au moment du décès, le testateur sera indigne, et que, pour laisser un testament valable, il faut être capable, et au temps de la disposition, et au temps du décès ; mais la donation antérieure à la condamnation resterait valable, parce qu'elle a conféré un droit actuel au donataire, qui ne doit pas en être dépouillé par suite d'un fait auquel il est totalement étranger.

3° *Des condamnés, par contumace, à des peines emportant autrefois mort civile, durant la période* DE GRACE. — Nous savons que, durant la période de cinq ans à partir de l'exécution par effigie, le condamné est privé de l'exercice de tous ses droits ; les dispositions qu'il fait pendant cette période

---

[1] Demolombe, t. II, n. 384. — Agen, 7 mai 1851.

sont donc nulles *à priori*. Si cependant le condamné n'atteint pas la période suivante, elles doivent à notre avis être maintenues, car aux termes de l'article 31 du Code, le contumax mort dans le délai de grâce est réputé mort dans l'*intégrité* de ses droits, et de la sorte il se trouve avoir, par fiction, conservé même l'exercice des droits dont il avait toujours eu d'ailleurs la jouissance. Il a donc pu valablement disposer par donation ou testament.

4° *Des mineurs de seize ans.* — Les mineurs de seize ans sont également incapables de donner et de tester. Cependant ils peuvent, par contrat de mariage, faire toutes les dispositions dont un majeur serait capable, à la seule condition d'être assistés par ceux dont le consentement est nécessaire à la validité du mariage.

5° *Des interdits.* — Les interdits ne peuvent jamais faire de donation ni de testament, lors même qu'ils seraient dans un intervalle lucide ; et en effet, la présomption de folie, sous l'empire de laquelle ils se trouvent placés, n'admet pas la preuve contraire [1].

Mais nous avons vu dans notre tome Ier que les interdits légalement, par suite de condamnations criminelles temporaires, ne sont pas privés, comme les interdits judiciaires, de la faculté de tester.

De certaines personnes qui peuvent disposer par donation et non par testament, ou vice versâ. — Les mineurs de seize ans qui contractent mariage sont les seules personnes capables de donner qui ne puissent pas tester. Mais, par contre, plusieurs personnes incapables de donner sont capables de tester. La raison de cette différence vient de ce que la donation produit un effet actuel et irrévocable, tandis que le testament ne produit pas son effet avant la mort du testateur et peut toujours être révoqué. Or, s'il était nécessaire de prémunir certaines personnes contre des actes ayant la gravité

---

[1] Toullier, t. V, n. 57. — Marcadé, art. 901, n. 2.

d'une donation, il ne l'était point de les prémunir contre des actes qui, comme le testament, laissent l'avenir entièrement libre.

Parmi les personnes INCAPABLES de DONNER mais *capables* de TESTER sont :

1° Ceux qui ont été *pourvus d'un conseil judiciaire*. En effet, l'article 513 leur interdit l'aliénation et par cela même la donation, tandis qu'aucun texte ne leur interdit le testament;

2° Les mineurs parvenus à l'âge de *seize ans accomplis* (art. 904). Il a paru nécessaire d'accorder à ces mineurs la faculté de récompenser par des libéralités testamentaires les services qu'ils ont pu recevoir, et, d'un autre côté, il a paru dangereux de leur donner une entière liberté de disposition, et c'est pourquoi ils ne peuvent disposer par testament que de la moitié des biens dont le majeur pourrait lui-même disposer. La quotité disponible, que nous verrons bientôt, est donc pour eux réduite de moitié. Si le mineur a disposé d'une valeur excédant cette quotité particulière, l'acte ne deviendra pas valable par le seul fait de sa majorité ; et en effet, un acte nul dès l'origine reste toujours frappé de la même nullité.

3° Enfin peuvent tester, sans pouvoir donner, les *femmes mariées* non autorisées de leur mari ou de justice (art. 905). La raison de cette disposition est évidente. Le testament ne doit produire son effet qu'au décès de la femme, et alors toute puissance maritale cesse d'exister.

Nous venons d'examiner les différentes incapacités ayant trait à la faculté de disposer, soit par donation, soit par testament. Passons aux différentes incapacités ayant trait à la faculté de recevoir, soit de l'une, soit de l'autre manière.

De l'incapacité de RECEVOIR, *soit par* DONATION, *soit par* TESTAMENT. L'incapacité de recevoir par donation ou testament est tantôt *absolue*, tantôt *relative*.

Sont frappées de l'incapacité *absolue* de recevoir :

1° Les personnes *non conçues* ou déjà *décédées* au moment de la donation ou de l'ouverture de la succession (art. 906);

2° Les condamnés frappés de peines emportant autrefois *mort civile* (loi du 31 mai 1854) ;

3° Les personnes morales dites de *mainmorte*, car l'accumulation dans leurs mains de trop grandes richesses serait un obstacle au développement de la prospérité publique.

Sont frappés de l'incapacité *relative* de recevoir :

1° Le *tuteur* par rapport au mineur *devenu* majeur, tant que le compte définitif de tutelle n'a pas été rendu et apuré. Le législateur a craint avec raison que l'ex-tuteur n'usât de son influence pour se faire consentir par l'ex-mineur des libéralités (art. 907). A plus forte raison, le mineur âgé de seize ans, mais non encore de vingt-un, serait-il incapable de faire des legs à son tuteur (art. 907); la prohibition dont il s'agit ne devait cependant pas aller jusqu'à rendre impossibles les libéralités entre parents naturellement appelés à profiter, le cas échéant, de leurs fortunes respectives. Aussi l'article 907 3° fait-il une exception pour les ascendants des mineurs qui ont été ou sont leurs tuteurs.

2° Les *enfants naturels*, par rapport à leurs père et mère naturels (art. 908), dans le cas où la donation excéderait la part que la loi accorde elle-même aux enfants naturels au titre *des Successions* (art. 756 et suiv.). Cette part ne sera définitivement connue qu'à l'ouverture de la succession, puisqu'elle dépend du nombre et de la qualité des successibles, légitimes ou irréguliers, qui peuvent exister à cette époque. Si les libéralités faites par les père et mère naturels se trouvent, en fait, excessives, elles seront simplement réductibles.

Notons que l'incapacité dont il s'agit s'applique exclusivement aux enfants naturels, et qu'on ne saurait, d'après de nombreux auteurs, l'étendre par analogie à leurs descendants, lorsque par le prédécès des enfants naturels eux-mêmes, ils ne peuvent plus être considérés comme personnes interposées [1]. Cette cause de nullité ne devrait pas non plus atteindre les libéralités que les ascendants des père et mère naturels feraient aux enfants de ces derniers [2].

3° Enfin, les médecins et les ministres du culte qui auront traité ou assisté une personne pendant sa dernière maladie, ne peuvent point profiter des dispositions entre-vifs ou testamentaires qu'elle aurait faites en leur faveur pendant le cours de cette maladie (art. 909). Sans cette prohibition, l'on eût eu à craindre que les personnes appelées par leurs fonctions auprès des malades n'usassent de leur influence pour leur extorquer des libéralités. Au surplus, il faut restreindre la prohibition à ses termes exprès ; or, comme elle frappe uniquement les médecins, chirurgiens ou autres gens de l'art qui traitent le malade, et le ministre du culte qui lui donne les secours de la religion, il en résulte que les simples domestiques et même les gardes-malades pourraient recevoir des libéralités, quoique ayant donné leurs soins au défunt.

La prohibition du Code est en outre subordonnée à la double condition que la libéralité soit faite pendant la maladie dans laquelle le malade a reçu les secours du donataire ou légataire, et que le disposant soit mort de cette même maladie. La seconde condition ne peut guère être justifiée : effectivement, si le malade revient à la santé, la donation que lui aurait extorquée son médecin, par exemple, sera maintenue. Or, il est clair que ette donation n'est pas moins immorale quand le disposant revient à la santé que dans le cas où il décède. Le même inconvénient n'existe pas pour les testaments, qui sont toujours révocables, et il n'existait même pas dans l'ancien droit français pour les donations qui, étant dans ce cas censées faites à cause de mort, restaient également révocables. C'est par suite d'une inadvertance que le Code a étendu cette théorie aux donations entre-vifs, qui sont essentiellement irrévocables.

[1] Massé et Vergé, t. III, § 418, note 32, p. 40. — Montpellier, 25 anv. 1864.
[2] Marcadé, art. 908. — Demolombe, *Don,*, t. I, n. 562.

EXCEPTIONS *à l'*INCAPACITÉ RELATIVE *ci-dessus.* — Sont valables, même faites au profit dés personnes qui ont traité ou assisté le disposant dans sa dernière maladie :

1° Les libéralités rémunératoires faites à titre particulier eu égard aux facultés du disposant et aux services rendus (art. 909 1°);

2° Les libéralités à titre universel faites au profit d'un parent jusqu'au quatrième degré inclusivement, pourvu toutefois que le défunt ne laisse pas d'héritier en ligne directe, et dans ce cas encore la libéralité deviendrait valable, si le donataire ou légataire était lui-même au nombre de ces héritiers (art. 909 2°).

La double exception qui précède n'a pas besoin d'être justifiée : les motifs qui l'ont dictée sont manifestes.

3° Les libéralités faites par une femme à son mari médecin. Cette exception n'est pas expressément écrite dans le Code, mais elle résulte clairement des principes généraux. En effet, le mari doit secours et assistance à sa femme (art. 212), et il serait étrange qu'il fût frappé de l'incapacité de recevoir, précisément pour avoir rempli les devoirs que la loi lui impose. D'ailleurs il serait contradictoire que le mari non médecin pût recevoir une donation, tandis que le mari médecin en serait incapable.

Des FRAUDES *tendant à* ÉLUDER *les prohibitions précédentes.* — Le législateur, dans le but de rendre ses prohibitions efficaces, décide que toute disposition au profit d'un incapable sera nulle, lors même qu'on la déguiserait sous la forme d'un contrat à titre onéreux, ou qu'on la ferait sous le nom de personnes interposées (art. 911). Ainsi, lorsque les père et mère naturels vendent un immeuble à leur fils naturel, en donnant quittance du prix sans l'avoir réellement touché, toute partie intéressée peut prouver que cette vente est une libéralité déguisée, et toute espèce de preuves est recevable. Autrement, la faculté d'attaquer la disposition serait illusoire.

Pareillement la donation faite à un tiers qui doit la remettre à l'incapable peut être attaquée par tous les intéressés, et non-seulement le Code permet, ici comme précédemment, toute espèce de preuves [1], mais encore il établit lui-même des présomptions pour suppléer, le cas échéant, à leur insuffisance. Ainsi les père et mère, les enfants et descendants et le conjoint de l'incapable sont de plein droit réputés personnes interposées, de sorte que les libéralités à eux faites sont nulles de plein droit, tout comme si elles étaient directement faites à l'incapable.

Faisons observer que les présomptions ci-dessus ne peuvent être combattues par la preuve contraire, et que la donation est nulle, lors même que la personne présumée interposée ne le serait pas réellement (art. 1352) [2].

Nous avons examiné les différentes exceptions au double principe que toute personne est capable de donner ou de recevoir, tant par acte entre-vifs que par acte testamentaire. Il reste à préciser le moment auquel on doit se placer pour savoir si la personne a ou non cette capacité.

1° A QUEL INSTANT *est nécessaire la capacité du* DONATEUR. — La donation est un contrat, et un contrat n'est parfait que par le concours de deux volontés. Conséquemment le donateur doit être capable, et au moment où il offre la libéralité, et au moment où le donataire l'accepte. Lorsque l'offre et l'acceptation ont lieu simultanément, l'application de cette double règle ne présente aucune difficulté ; mais lorsque l'acceptation est postérieure à l'offre, nous verrons plus tard qu'elle doit être notifiée au donateur, et que jusqu'à cette notification la libéralité n'est point parfaite. Il faudra donc, dans cette hypothèse, que le donateur soit capable encore à l'époque de la notification.

2° A QUEL INSTANT *est nécessaire la capacité du* DONATAIRE. — Le donataire doit être capable au moment de l'acceptation et au moment de la notification ; mais il n'est pas nécessaire

---

[1] Cass., 28 mars 1859, 3 juin 1861, 8 mars 1864.
[2] Demante, t. IV, n. 32 *bis* IV. — Troplong, t. II, n. 708. — Metz, 10 août 1864.

qu'il le soit au moment de l'offre. Et en effet, l'offre est l'œuvre du donateur, et non la sienne : au contraire, l'acceptation et la notification émanent de lui, et doivent conséquemment, pour être valables, être faites par un donataire capable.

3° *A* QUEL INSTANT *est nécessaire la capacité du* TESTATEUR. — La capacité du testateur doit être examinée à une double époque : à l'époque de la confection du testament et à l'époque du décès. En effet, au point de vue de la confection, tout est parachevé dès que le testament est écrit; mais, d'un autre côté, aucun effet n'est produit avant la mort du testateur.

Au moment de la confection du testament, le testateur doit avoir en même temps et la jouissance et l'exercice du droit de tester. Si l'un ou l'autre manque, et à plus forte raison les deux, le testament est radicalement nul et ne produira jamais d'effet : *Quod ab initio nullum est, nullo lapsu temporis convalescere potest.*

Au moment du décès, le testateur doit avoir encore la jouissance du droit de tester; mais il n'est plus nécessaire qu'il en ait l'exercice. La raison de cette différence est que le rôle actif du testateur cesse par la confection du testament, et il doit suffire à la validité de l'acte que, d'une part, cet acte soit régulier, et que, de l'autre, le défunt ne soit pas condamné à mourir intestat.

On voit, par ce qui précède, que les interdits peuvent mourir avec un testament valable, quoiqu'ils ne puissent pas tester pendant leur interdiction. Mais il en est autrement des condamnés frappés de peines emportant autrefois mort civile, car l'application de la peine les prive, non-seulement de l'exercice, mais encore de la jouissance du droit de tester.

Pendant le temps intermédiaire entre la confection du testament et l'ouverture de la succession, il est indifférent que le testateur ait conservé ou perdu, soit l'exercice, soit même la jouissance du droit de tester : *Media tempora non nocent.* Il suffira qu'il en ait eu la jouissance et l'exercice au moment de la confection du testament et qu'il en recouvre la jouissance avant son décès.

A QUEL INSTANT *est nécessaire la capacité du* LÉGATAIRE. — Il faut et il suffit que le légataire soit capable au moment de l'ouverture de la succession : jusque-là il avait une simple espérance, et cette espérance ne devient un droit que par le décès du testateur. Or, si toute capacité était inutile au temps de la simple espérance, la capacité de recevoir est indispensable au moment où le droit se fixe sur la tête du légataire ; si ce dernier, tout en ayant la jouissance du droit, est privé de l'exercice, le legs sera recueilli en son nom et pour son compte par ses représentants légitimes [1].

Une conséquence du principe ci-dessus est que le legs fait au profit d'une personne qui n'existait point encore à l'époque du testament deviendrait valable, si cette personne était conçue avant l'ouverture de la succession (art. 906). Rappelons que, depuis la loi du 14 juillet 1819, les étrangers sont dans la même condition que les Français pour recevoir, tant par actes entre-vifs que par actes testamentaires.

CHAPITRE III

DE LA PORTION DE BIENS DISPONIBLE ET DE LA RÉDUCTION.

—

PREMIÈRE SECTION

DE LA PORTION DE BIENS DISPONIBLE.

ART. 913. Les libéralités, soit par acte entre-vifs, soit par testament, ne pourront excéder la moitié des biens du disposant, s'il ne laisse à son décès qu'un enfant légitime ; le tiers, s'il laisse deux enfants ; le quart, s'il en laisse trois ou un plus grand nombre.

914. Sont compris dans l'article précédent, sous le nom d'*enfants,*

---

[1] Marcadé, art. 906. — Demolombe, t. I, n. 715.

les descendants en quelque degré que ce soit ; néanmoins, ils ne sont comptés que pour l'enfant qu'ils représentent dans la succession du disposant.

915. Les libéralités, par actes entre-vifs ou par testament, ne pourront excéder la moitié des biens, si, à défaut d'enfant, le défunt laisse un ou plusieurs ascendants dans chacune des lignes paternelle et maternelle ; et les trois quarts, s'il ne laisse d'ascendants que dans une ligne. — Les biens ainsi réservés au profit des ascendants seront par eux recueillis dans l'ordre où la loi les appelle à succéder ; ils auront seuls droit à cette réserve, dans tous les cas où un partage en concurrence avec des collatéraux ne leur donnerait pas la quotité de biens à laquelle elle est fixée.

916. A défaut d'ascendants et de descendants, les libéralités par actes entre-vifs ou testamentaires pourront épuiser la totalité des biens.

917. Si la disposition par acte entre-vifs ou par testament est d'un usufruit ou d'une rente viagère dont la valeur excède la quotité disponible, les héritiers au profit desquels la loi fait une réserve auront l'option, ou d'exécuter cette disposition, ou de faire l'abandon de la propriété de la quotité disponible.

918. La valeur en pleine propriété des biens aliénés, soit à charge de rente viagère, soit à fonds perdu, ou avec réserve d'usufruit, à l'un des successibles en ligne directe sera imputée sur la portion disponible, et l'excédant, s'il y en a, sera rapporté à la masse. Cette imputation et ce rapport ne pourront être demandés par ceux des autres successibles en ligne directe qui auraient consenti à ces aliénations, ni, dans aucun cas, par les successibles en ligne collatérale.

919. La quotité disponible pourra être donnée en tout ou en partie, soit par acte entre-vifs, soit par testament, aux enfants ou autres successibles du donateur, sans être sujette au rapport par le donataire ou le légataire venant à la succession, pourvu que la disposition ait été faite expressément à titre de préciput ou hors part. La déclaration que le don ou le legs est à titre de préciput ou hors part pourra être faite, soit par acte qui contiendra la disposition, soit postérieurement, dans la forme des dispositions entre-vifs ou testamentaires.

Notions générales. — Toute personne peut en principe disposer de sa fortune comme elle l'entend. Le législateur a cependant limité les libéralités que les ascendants peuvent faire au préjudice de leurs enfants *et vice versâ ;* de là une *quotité disponible* et une *réserve.* L'une et l'autre ont leur raison d'être : la quotité disponible est en même temps pour le père de famille un moyen de rendre efficace l'autorité que la loi lui donne sur ses enfants, et un moyen de « réparer « entre eux les inégalités qui peuvent résulter des talents, des « infirmités, des faveurs ou des revers de la fortune. » La réserve, au contraire, «lui fait connaître les bornes au delà desquelles il serait présumé abuser de son droit de propriété, « en manquant à ses devoirs de père, de fils et de citoyen. » (Rapport de M. Bigot de Préameneu au Conseil d'État.)

Des HÉRITIERS A RÉSERVE. — Aux termes des art. 913 et suiv., ont seuls droit à une réserve les descendants et les ascendants du défunt.

De la RÉSERVE *des* DESCENDANTS. — La réserve des descendants est plus ou moins étendue, suivant qu'ils sont plus ou moins nombreux. Aux termes de l'art. 913, les libéralités faites par une personne, soit par acte entre-vifs, soit par testament, ne peuvent excéder la moitié de ses biens, si elle laisse un seul enfant légitime ; le tiers, si elle laisse deux enfants ; le quart, si elle en laisse trois ou un plus grand nombre. Par contre, la réserve est de moitié, des deux tiers ou des trois quarts, suivant ces différentes hypothèses.

Les petits-enfants, arrivant par représentation, ne sont comptés que pour l'enfant aux droits duquel ils se trouvent subrogés. Conséquemment, lorsque le défunt laisse un fils et deux petits-fils, issus d'un autre fils prédécédé, la quotité disponible reste la même que si les deux fils vivaient encore. Elle est donc dans ce cas du tiers de sa fortune. Si le défunt ne laisse que des petits-enfants et que ces derniers succèdent par tête, au lieu de succéder par représentation, on doit encore calculer la quotité disponible de la même manière et en ne tenant compte que des souches; car si l'on tenait compte des têtes, les petits-enfants pourraient augmenter la réserve en venant à la succession de leur aïeul par tête au lieu de venir par représentation, ce qui est inadmissible. Ainsi, trois petits-fils issus du même père auraient une réserve des trois quarts en succédant par tête, tandis qu'ils ont droit à une réserve de moitié seulement en succédant par souche.

Des enfants qui ONT DROIT *à la* RÉSERVE. — Ont droit à la réserve :

1° Les enfants légitimes du défunt (art. 913) ;

2° Ses enfants légitimés, puisque l'article 333 leur donne tous les droits d'enfants légitimes ;

3° Ses enfants adoptifs, puisque l'article 350 leur donne également tous les droits d'enfants légitimes ;

4° Ses enfants naturels reconnus. Aucun texte ne leur accorde expressément, il est vrai, une réserve ; mais cette réserve peut être rigoureusement déduite des principes généraux[1]. Effectivement, les articles 757 et suiv. accordent aux enfants naturels reconnus une fraction *de ce qu'ils auraient eu s'ils avaient été légitimes*. Or, s'ils avaient été légitimes, ils auraient eu droit à une réserve ; étant naturels, ils auront droit à une fraction de cette réserve, qui variera, comme leur part *ab intestat*, suivant que les père et mère naturels auront laissé des parents légitimes plus ou moins rapprochés.

On objecte :

1° Que l'article 913 accordant une réserve aux enfants légitimes la refuse, *à contrario*, aux enfants naturels ; à quoi l'on répond, d'une part, que le Code a réglé l'hypothèse la plus fréquente, qui est celle où le défunt ne laisse que des enfants légitimes, sans prévoir ni par cela même régler différemment l'hypothèse où il laisse des enfants naturels ; et, d'autre part, que la fixation de la réserve des enfants naturels était inutile, par la raison qu'elle résultait mathématiquement de la fixation même de la réserve des enfants légitimes ;

2° Que l'article 757 n'accorde des droits à l'enfant naturel que *sur les biens de ses père ou mère décédés*, c'est-à-dire

---

[1] V. Gros, *Rev. de droit fr.*, t. I, p. 507 et 594, et t. VI, p. 750. — Demolombe, *Don.*, t. II, n. 153 et suiv.

sur les biens présents dans leur succession, lors de son ouverture. Or, dit-on, si l'enfant naturel n'a aucun droit sur les
biens sortis du patrimoine de ses père et mère, soit par donation entre-vifs, soit par testament, il faut en conclure qu'il
n'a pas de réserve. A cela on répond que l'argument va trop
loin, et par suite ne porte pas : en effet, si l'enfant naturel
n'avait jamais droit qu'aux biens dont le défunt n'aurait pas
disposé par donation entre-vifs ou par testament, il suffirait à
ses père et mère d'instituer un légataire universel, pour le
priver même d'aliments. Or, il est clair qu'un tel résultat est
inadmissible, et que l'enfant naturel, même adultérin ou incestueux, peut exiger des aliments, à l'encontre de tout légataire universel ou particulier. Or, puisque le droit aux aliments est opposable au légataire, pourquoi la réserve ne le
serait-elle pas également? Il ne faut donc attacher aucun sens
restrictif aux expressions de l'article 757, et l'on doit, comme
nous l'avons dit plus haut, admettre que l'enfant naturel reconnu a droit à une réserve. Cette réserve sera le tiers de la
réserve des enfants légitimes, si l'enfant naturel est en concours avec des enfants légitimes du défunt, la moitié s'il est
en concours avec ses ascendants ou ses frères ou sœurs, et
enfin, les trois quarts, s'il est en concours avec d'autres parents (art. 757).

CONDITION NÉCESSAIRE *pour obtenir la réserve.* — Sur ce
point, la doctrine et la jurisprudence de la Cour de cassation,
ainsi que d'un grand nombre de cours impériales, ont été
longtemps divisées.

D'après la doctrine, le droit de demander la réserve appartenait exclusivement aux enfants qui avaient la qualité d'héritiers, et s'ils avaient perdu cette qualité, soit par suite d'une
renonciation, soit par suite de leur indignité, ils ne pouvaient
plus prétendre à la réserve.

D'après la jurisprudence, il suffisait d'avoir la qualité
d'*enfant* pour obtenir la réserve. Or, comme cette qualité est
indépendante de toute renonciation et même de l'indignité de

l'héritier, il en résultait que l'enfant renonçant ou indigne n'en était pas moins réservataire. Le système de la jurisprudence conduisait à cette conséquence grave que si l'enfant renonçait à la succession de son ascendant pour s'en tenir au don ou legs à lui fait (art. 845), il pouvait cumuler tout à la fois la *réserve* et la *quotité disponible*. Comme *enfant*, il gardait sa quote part dans la *réserve;* comme donataire *renonçant*, il gardait la *quotité disponible*. Cette question, du *cumul* ou du *non-cumul* des deux quotités, est une de celles qui ont le plus vivement agité le monde juridique. Les dissertations publiées, les décisions rendues dans un sens ou dans l'autre sont innombrables. Heureusement cette incertitude paraît arrivée à son terme. Un arrêt solennel de la Cour de cassation, du 27 nov. 1863, est venu faire, selon nous, triompher les vrais principes, en renversant la jurisprudence antérieure de cette cour, et en proscrivant la doctrine du *cumul* des deux quotités. Quoique cette question ait reçu une solution qu'on peut regarder comme définitive, il est nécessaire d'exposer en peu de mots les arguments qui se sont produits de part et d'autre.

Le système du *non-cumul*, qui a prévalu, raisonne ainsi :

1° Le Code regarde la succession *ab intestat* comme la règle, et la succession testamentaire comme l'exception. Effectivement, les articles 913 et 915 déterminent la quotité disponible et ne parlent point de la réserve. Celle-ci reste donc dans la succession *ab intestat,* et pour prendre une part de cette succession, il faut évidemment être héritier.

2° L'article 915 dit que les biens réservés au profit des ascendants seront par eux recueillis dans l'ordre où la loi les appelle à succéder, d'où la conséquence que, s'ils n'étaient point appelés à succéder, ils ne prendraient aucune part à la réserve, ou, en d'autres termes, qu'il faut être héritier pour être réservataire.

3° Enfin le Code, dans de nombreux articles, parle de la réserve comme étant un droit héréditaire, et confirme ainsi le principe qu'il faut être héritier pour avoir droit à la réserve (art. 915, 918, 922, 924, 930, 1004, etc.).

On objecte:

1° Que l'article 913 appelle *tous les enfants* à la réserve, sans distinguer ceux qui ont conservé la qualité d'héritiers de ceux qui l'ont perdue; à quoi l'on répond que le Code s'est placé dans l'hypothèse la plus fréquente, c'est-à-dire dans l'hypothèse de l'acceptation des enfants. D'ailleurs, l'article 757 contient une locution tout à fait semblable, dans un cas où il est certainement question d'enfants qui acceptent et non d'enfants qui renoncent.

2° Que s'il faut être héritier pour recueillir la réserve, cette réserve profitera aux créanciers du défunt, puisqu'ils pourront poursuivre sur tous ses biens, et conséquemment sur les biens réservés, l'enfant devenu leur débiteur pur et simple par son acceptation. Or, ce résultat est directement contraire à l'article 921, aux termes duquel les créanciers du défunt ne peuvent ni demander la réduction, ni en profiter. Cette objection est fondée, si l'on suppose l'acceptation pure et simple de l'enfant. Mais elle ne l'est plus, si l'on suppose son acceptation bénéficiaire : effectivement alors la réserve se trouve dans le patrimoine particulier de l'enfant héritier, et les créanciers ont seulement droit aux biens laissés par le défunt et composant sa succession. Dans ce cas, l'héritier conserve donc sa réserve intacte, et l'on ne peut plus dire que les créanciers aient le droit d'en profiter. Nous avons vu un résultat identique dans l'hypothèse où des biens donnés par le défunt sont rapportés à la succession par un héritier dont l'acceptation a été bénéficiaire.

Le système du *cumul*, suivi d'abord par la Cour de cassation paraît donc incompatible avec notre législation actuelle. Comment dès lors, ce système a-t-il pendant si longtemps prévalu? Sans nul doute parce que la Cour de cassation, imbue des principes du droit romain, pensait que le Code les avait reproduits. A Rome, où la qualité d'héritier dépendait du testateur, on ne pouvait évidemment exiger que l'enfant eût cette qualité pour faire réduire les libéralités contenues dans le testament qui instituait un étranger héritier. Mais il en est différemment en droit français, où la qualité d'héritier dérive uniquement de la loi et ne peut être enlevée par le testateur. Rien ne fait obstacle à ce que l'enfant la possède quand il réclame sa réserve, et au contraire il est naturel que, en renonçant à cette qualité, il perde tous les avantages que le législateur y a attachés, et particulièrement l'avantage de la réserve.

Des principes que nous venons d'exposer il résulte que l'enfant déjà nanti de sa part dans la réserve, par suite d'une donation, ne pourrait pas plus la *retenir* en renonçant à la succession, que les autres enfants ne pourraient, dans la même hypothèse, la *réclamer*. Il faut la qualité d'héritier, tant pour *conserver* que pour *acquérir* la réserve [1].

Après avoir établi que l'héritier renonçant perd tout droit à la réserve, il reste à examiner à qui sa part est dévolue.

Certains auteurs prétendent que les autres héritiers réservataires en profiteront. Ils se fondent sur l'article 786, aux termes duquel « la part du renonçant accroît à ses cohéritiers. »

Ce système est contraire aux vrais principes du Code sur notre matière. Toute renonciation doit profiter à ceux qui auraient recueilli les biens à défaut du renonçant. Or, si les cohéritiers ont droit à la part du renonçant lorsque la succession est dévolue *ab intestat*, il n'en résulte pas nécessairement qu'ils doivent la recueillir lorsque la succession est testamentaire. Loin de là : le testament, qui doit toujours recevoir l'exécution dont il est susceptible, vient s'interposer entre le renonçant et ses cohéritiers, et rendre utile la vocation des légataires à la part qui n'est pas directement réservée par la loi aux héritiers acceptants. La réserve sera donc calculée comme si *le renonçant n'avait jamais existé.* En fait,

---

[1] V. notre diss., *Rev. prat.*, t. III, p. 97. — Valette, le *Droit* du 6 sept. 1854. — Machelard, *Rev. hist.*, 1863, p. 245.

elle pourra rester la même ; mais elle pourra aussi varier. Deux exemples vont le prouver. Si le défunt a laissé quatre enfants, la réserve était des trois quarts ; l'un renonce, la réserve ne subira aucun changement, puisque l'article 913 la fixe aux trois quarts, que le défunt laisse trois enfants ou qu'il en laisse un plus grand nombre. Seulement, dans ce cas, chacun des enfants aura un tiers au lieu du quart de la réserve. Maintenant, si le défunt avait laissé trois enfants, dont l'un vient à renoncer, la réserve, qui eût été des trois quarts, n'est plus que de deux tiers. Les enfants acceptants profitent évidemment de la différence du tiers au quart ; mais les donataires ou légataires en profitent aussi dans la même proportion, puisqu'ils prennent non plus un quart, mais un tiers de la masse héréditaire [1].

De la RÉSERVE *des* ASCENDANTS. — Tous les ascendants *légitimes*, sans exception, ont droit à une réserve (art. 915). Cette réserve est d'un quart de la succession pour chaque ligne, et dans chaque ligne l'ascendant le plus proche exclut l'ascendant le plus éloigné. On voit que le Code n'a pas fidèlement calqué la hiérarchie des héritiers à réserve sur celle des héritiers *ab intestat*. En effet, dans toute succession *ab intestat*, les frère et sœur ou descendants d'eux excluent les ascendants autres que le père et la mère. Ici, au contraire, tous les ascendants sans exception ont droit à une réserve, et les frère et sœur ou descendants d'eux en sont toujours privés. Ce désaccord entre l'ordre des héritiers à réserve et celui des héritiers *ab intestat* a un résultat singulier. Effectivement, pour réclamer la réserve il faut être héritier : or, lorsque les ascendants autres que le père ou la mère se trouvent en concours avec les frère et sœur ou descendants d'eux, ils ne peuvent pas profiter de la réserve, puisqu'ils ne sont pas héritiers ; les frère et sœur ou descendants d'eux ne peuvent pas

[1] *Sic* Valette, le *Droit* du 17 déc. 1845. — Demolombe, t. II, n. 99. — Rennes, 10 août 1863. — *Contrà* Vernet, *Rec. de l'Acad. de lég.*, t. XIV, p. 553. — Troplong, n. 784. — Paris, 9 juin 1864.

en profiter davantage, puisqu'ils ne sont pas réservataires. Le conflit des ascendants non privilégiés avec les collatéraux privilégiés rend donc la réserve des premiers inutile.

Dans le but de prévenir ce résultat, on a proposé un moyen détourné. Les frère et sœur ou descendants d'eux renonceraient à la succession, et alors, ne faisant plus obstacle à la vocation des ascendants, ces derniers pourraient réclamer leur réserve. Ce palliatif a, selon nous, le double défaut de n'être ni certain ni applicable. Il n'est pas certain, car il dépendrait des frère ou sœur et descendants d'eux de renoncer ou de ne pas renoncer, et par là de faire arriver les ascendants à la réserve ou de les en exclure. Il n'est pas non plus applicable, car toute renonciation doit avoir un objet. Or, les frère et sœur du défunt sont exclus de la succession par les donataires ou les légataires, et puisqu'ils n'ont aucun droit sur elle, ils ne peuvent y renoncer. Le résultat bizarre que nous avons signalé doit donc être nécessairement accepté, et de la sorte la réserve des ascendants autres que le père et la mère sera subordonnée à l'absence des collatéraux privilégiés [1].

Si le défunt laissait des enfants et des ascendants, la renonciation des premiers serait possible, puisqu'ils ont la qualité d'héritiers, et elle aurait pour effet de rendre utile la vocation des ascendants à la réserve.

Les ascendants en concours avec des collatéraux auront intérêt tantôt à invoquer leur qualité d'héritiers réservataires, et tantôt à invoquer leur qualité de simples héritiers ab intestat. L'article 915 2° leur laisse le choix entre l'une et l'autre qualité, car il suppose qu'ils n'invoqueront leur droit à la réserve que dans le cas où leur partage avec des collatéraux leur laisserait une quotité moindre que cette réserve.

Les père et mère naturels ont-ils droit à une réserve sur la succession de leur enfant naturel reconnu ? Nous ne le

---

[1] Sic Aubry et Rau, t. V, § 680, et note 10, p. 549. — Contrà Vernet, p. 365 et suiv. — Demolombe, t. II, n. 22. — Cass., 21 fév. 1863.

pensons pas, car la loi n'en fait aucune mention, et nous n'apercevons aucune raison plausible d'étendre à ces père et mère naturels, qui ont une faute grave à se reprocher, l'avantage édicté en faveur des ascendants légitimes [1].

Des personnes à QUI PEUT *être donnée la quotité disponible.* — La quotité disponible peut être donnée ou léguée en tout ou en partie, soit à des étrangers, soit à des successibles ; seulement elle sera, dans cette dernière hypothèse, soumise au rapport, à moins que la libéralité n'ait été faite par préciput.

Le calcul de la réserve peut donner lieu dans l'un et l'autre cas à quelques difficultés. Par exemple, le défunt peut avoir disposé d'un usufruit ou d'une rente viagère. Or, pour savoir si la quotité disponible est ou non excédée, il faudrait connaître la valeur exacte de l'usufruit ou de la rente viagère. Maintenant cette valeur est subordonnée à la durée plus ou moins longue de la vie de l'usufruitier ou du rentier, et cette durée est essentiellement inconnue. On ne voit donc pas comment on pourra fixer dans ce cas les limites de la quotité disponible et de la réserve. Pour lever la difficulté, l'article 917 décide que les héritiers légitimes auront le choix ou de subir l'usufruit et la rente viagère, ou d'abandonner toute la quotité disponible. L'intérêt des héritiers les guidera plus sûrement dans le calcul de la durée probable de la vie de l'usufruitier ou du rentier, que ne pourraient le faire des règles préétablies. Nous verrons cependant, en traitant de la réduction des donations ou legs faits par le défunt, qu'il est quelquefois nécessaire d'en venir à ce calcul, et de déterminer la valeur d'un usufruit ou d'une rente viagère.

Une autre difficulté se présentait au législateur pour le calcul de la réserve, lorsque le défunt a aliéné certains biens au profit de l'un des successibles en ligne directe à charge de

---

[1] *Sic* Demante, t. IV, n. 51 et 51 *bis.* — Demolombe, t. II, n. 184. — Cass., 29 janv. 1862. — Bordeaux, 4 fév. 1863. — *Contrà*, Massé et Vergé, t. III, § 462, p. 174. — Pau, 29 nov. 1860.

rente viagère, à fonds perdu, ou avec réserve d'usufruit ;
car de semblables aliénations sont presque toujours des
moyens déguisés d'avantager un des successibles au préjudice des autres, le défunt abandonnant un droit perpétuel
pour acquérir un droit simplement viager. Le Code décide
que ces transformations par le défunt de droits perpétuels en
droits viagers, au profit d'un successible en ligne directe, ne
sont pas opposables aux autres, et il oblige ce successible à
imputer sur la portion disponible la valeur *en pleine propriété* des biens aliénés. La réduction aura lieu si la quotité
disponible ainsi formée se trouve excédée (art. 918). L'origine de cette disposition est dans la loi du 17 nivôse an II,
qui prohibait absolument toute disposition de la quotité disponible au profit de l'un des successibles, et sanctionnait cette
prohibition par la présomption légale que toute aliénation à
fonds perdu, au profit d'un successible en ligne directe, était
une libéralité. Le Code a supprimé la prohibition ; mais il a
maintenu la présomption dans le but d'assurer la sincérité
des partages et le droit de chaque héritier en ligne directe
à sa part dans la réserve. Seulement cette présomption,
comme toute autre, doit être limitée à ses termes exprès :
elle cessera donc d'être appliquée toutes les fois que l'aliénation à fonds perdu aura été faite au profit d'un étranger
ou d'un successible en ligne collatérale ; et, parmi les successibles en ligne directe, ceux-là seuls pourront en user qui
n'auront pas consenti à l'aliénation.

La présomption dont nous venons de parler n'est point,
d'après la plupart des auteurs, susceptible de la preuve contraire, et avec raison, puisqu'elle tend à prévenir les fraudes
qui seraient dirigées contre les droits des héritiers à réserve
restés étrangers à l'aliénation [1].

Le Code ne distingue pas entre les successibles qui existaient et ceux qui n'existaient pas au moment de l'opération.

---

[1] Marcadé, art. 918, n. 1. — Demolombe, t. II, n. 517.

En conséquence, tout enfant, même né postérieurement à l'acte dont il s'agit, pourrait invoquer la présomption établie en sa faveur, aussi bien que les enfants nés antérieurement.

Faisons remarquer, en terminant cette matière, que les aliénations à fonds perdu sont le genre, et les aliénations avec réserve d'usufruit ou à charge de rente viagère, l'espèce. Il suffisait donc de désigner les premières pour désigner les secondes. D'ailleurs, les aliénations à fonds perdu peuvent avoir encore lieu autrement qu'à charge de rente viagère ou avec réserve d'usufruit. Ainsi, le défunt a pu aliéner un de ses immeubles, à la condition que l'acquéreur lui constituerait un usufruit sur un immeuble à lui propre. Une semblable opération équivaut évidemment à l'aliénation d'un immeuble avec réserve d'usufruit sur ce même immeuble, et l'on doit appliquer dans ce cas, comme dans ceux formellement prévus par le Code, les règles d'imputation et de réduction que nous venons d'exposer.

DEUXIÈME SECTION

DE LA RÉDUCTION DES DONATIONS ET LEGS.

Art. 920. Les dispositions, soit entre-vifs, soit à cause de mort, qui excéderont la quotité disponible, seront réductibles à cette quotité lors de l'ouverture de la succession.

921. La réduction des dispositions entre vifs ne pourra être demandée que par ceux au profit desquels la loi fait la réserve, par leurs héritiers ou ayants cause : les donataires, les légataires ni les créanciers du défunt ne pourront demander cette réduction, ni en profiter.

922. La réduction se détermine en formant une masse de tous les biens existant au décès du donateur ou testateur. On y réunit fictivement ceux dont il a été disposé par donations entre-vifs, d'après leur état à l'époque des donations, et leur valeur au temps du décès du donateur. On calcule sur tous ces biens, après en avoir déduit les dettes, quelle est, eu égard à la qualité des héritiers qu'il laisse, la quotité dont il a pu disposer.

923. Il n'y aura jamais lieu à réduire les donations entre-vifs qu'après avoir épuisé la valeur de tous les biens compris dans les

dispositions testamentaires ; et lorsqu'il y aura lieu à cette réduction, elle se fera en commençant par la dernière donation, et ainsi de suite, en remontant des dernières aux plus anciennes.

924. Si la donation entre-vifs réductible a été faite à l'un des successibles, il pourra retenir, sur les biens donnés, la valeur de la portion qui lui appartiendrait, comme héritier, dans les biens non disponibles, s'ils sont de la même nature.

925. Lorsque la valeur des donations entre-vifs excédera ou égalera la quotité disponible, toutes les dispositions testamentaires seront caduques.

926. Lorsque les dispositions testamentaires excéderont, soit la quotité disponible, soit la portion de cette quotité qui resterait après avoir déduit la valeur des donations entre-vifs, la réduction sera faite au marc le franc, sans aucune distinction entre les legs universels et les legs particuliers.

927. Néanmoins, dans tous les cas où le testateur aura expressément déclaré qu'il entend que tel legs soit acquitté de préférence aux autres, cette préférence aura lieu ; et le legs qui en sera l'objet ne sera réduit qu'autant que la valeur des autres ne remplirait pas la réserve légale.

928. Le donataire restituera les fruits de ce qui excédera la portion disponible, à compter du jour du décès du donateur, si la demande en réduction a été faite dans l'année ; sinon, du jour de la demande.

929. Les immeubles à recouvrer par l'effet de la réduction le seront sans charge de dettes ou hypothèques créées par le donataire.

930. L'action en réduction ou revendication pourra être exercée par les héritiers contre les tiers détenteurs des immeubles faisant partie des donations et aliénés par les donataires, de la même manière et dans le même ordre que contre les donataires eux-mêmes, et discussion préalablement faite de leurs biens. Cette action devra être exercée suivant l'ordre des dates des aliénations, en commençant par la plus récente.

Notions générales. — La réserve dont nous venons d'étudier les règles trouve sa consécration dans l'action en réduction accordée par le Code aux héritiers réservataires (art. 920). Cette action ne prend naissance qu'à l'ouverture de la succession, car à cette époque seulement l'espérance des héritiers réservataires est convertie en un droit véritable, et il faut un droit véritable pour servir de fondement à une action quelconque, et particulièrement à l'action en réduction.

Qui peut demander *la réduction.* — Les héritiers réservataires et leurs ayants cause, c'est-à-dire leurs successeurs universels, à titre universel ou particulier, peuvent seuls demander la réduction (art. 921). On a contesté le droit de demander la réduction aux héritiers à réserve, qui ont accepté purement et simplement la succession, en se fondant sur ce qu'ils sont tenus de payer *ultra vires* les dettes du défunt. Mais cette opinion doit être rejetée par la raison que les héritiers à réserve ne cherchent point, en demandant la réduction, à se soustraire au payement des dettes, mais bien au payement de libéralités que le défunt n'avait pas le droit de faire à leur préjudice (art. 921).

Une fois que l'action en réduction est entrée dans le patrimoine de l'héritier réservataire, elle devient transmissible, comme tous les droits purement pécuniaires. Conséquemment, les légataires universels ou à titre universel de l'héritier et ses cessionnaires à titre gratuit ou onéreux pourraient l'intenter comme lui-même et en profiter.

De ce que l'action en réduction n'est pas exclusivement attachée à la personne de l'héritier réservataire, il résulte que ses créanciers peuvent l'exercer de son chef et à sa place (art. 1166). Or, lorsqu'un héritier accepte purement et simplement la succession qui lui est déférée, tous les créanciers du défunt deviennent ses créanciers personnels. Ceux-ci peuvent donc alors demander la réduction du chef de l'héritier et en profiter. Mais tant qu'ils restent les créanciers de la succession, sans devenir ceux de l'héritier, ils ne sont pas recevables à critiquer les donations entre-vifs faites par le défunt. Effectivement, ou leur créance est antérieure à la donation, et alors ils ont pu et dû l'attaquer comme faite en fraude de leurs droits, si elle rendait leur débiteur insolvable (art. 1167), et quand ils ne l'ont pas attaquée, ils ne doivent s'en prendre qu'à leur négligence ; ou, au contraire, leur créance est postérieure à la donation, et alors, n'ayant jamais dû compter sur les biens donnés, ils ne peuvent se plaindre de n'avoir pas l'action en réduction. Nous avons déjà vu un résultat semblable en matière de rapport. Maintenant, pour l'atteindre, il importe ici, comme en matière de rapport, que l'héritier réservataire ne contracte pas l'obligation personnelle de payer *ultra vires* les dettes héréditaires : en d'autres termes, il doit accepter sous le bénéfice d'inventaire, et non pas purement et simplement.

Qui ne peut *pas demander la réduction.* — Parmi les personnes qui ne peuvent pas demander la réduction, nous avons déjà cité les créanciers du défunt, quand l'héritier a accepté sous bénéfice d'inventaire. Il faut leur ajouter :

1° Les *donataires* du défunt ; effectivement, il serait singulier de voir un acquéreur à titre gratuit vouloir dépouiller un autre acquéreur à titre gratuit. La qualité des deux parties étant la même, le premier mis en possession doit évidemment être préféré à l'autre. Conséquemment, tout donataire non entièrement payé sera non recevable à critiquer les donations antérieures.

2° Les *légataires* du défunt ; car toutes les raisons que nous venons de donner pour les donataires postérieurs leur sont, à plus forte raison, applicables. Ainsi les légataires ne peuvent attaquer aucune des donations entre-vifs, parce que toutes ont précédé les legs. Entre légataires, la réduction doit avoir lieu au marc le franc, si la succession est insuffisante. Et en effet, il n'y a aucune raison de préférer un légataire à un autre.

Formation de la masse *et* calcul *de la quotité disponible.* — Pour savoir si la quotité disponible a été ou non excédée, il est nécessaire d'établir la consistance de la succession. Voici comment on doit procéder :

D'abord on déduit les dettes de l'actif laissé par le défunt, et, si leur montant excède celui de l'actif, les créanciers supportent la perte, puisqu'ils ne peuvent critiquer, comme nous l'avons vu, les libéralités antérieures à l'ouverture de la succession. Si, au contraire, l'actif égale ou excède le passif, les créanciers sont intégralement désintéressés ; et alors on réunit fictivement à l'excédant, s'il en reste un, les libéralités entre-vifs, faites par le défunt, d'après leur état à l'époque de la donation et leur valeur à l'époque du décès. Sur la masse ainsi formée, on calcule la quotité disponible et par contre la réserve.

Avant d'approfondir le mode suivant lequel s'opère ce calcul, faisons une observation critique sur la rédaction de l'article 922. Aux termes de cet article, l'on devrait d'abord réunir fictivement les donations faites par le défunt aux biens qu'il a laissés en mourant, et la déduction des dettes devrait toujours être postérieure à cette réunion fictive. Nous avons dit au contraire que la déduction des dettes doit être faite tout d'abord, et que la réunion des donations à la masse ne doit avoir lieu que postérieurement. Ces deux procédés mènent, nous le reconnaissons, au même résultat, lorsque la succession est solvable. Un exemple va le prouver. Soit une succession de 100, avec 60 de dettes, et supposons que le défunt ait donné 40. Si l'on suit la marche que nous avons indiquée, on déduira les 60 de passif des 100 d'actif, et à l'excédant 40 on réunira fictivement les 40 donnés : total 80. Si l'on suit la marche du Code, on réunira aux 100 laissés par le défunt les 40 donnés, et du total 140 on déduira les 60 de passif ; reste 80. Le résultat est donc identique. Mais les deux procédés mènent à un résultat différent, si la succession est insolvable. Un double exemple va encore le prouver. Soit une succession de 60, avec 100 de dettes : supposons que le défunt ait donné 40 ; si l'on suit la marche que nous avons indiquée, on déduira les 100 de passif des 60 d'actif ; déficit 40, supporté par les créanciers. Le montant intégral des donations restera donc pour le calcul de la quotité disponible et de la réserve. Si l'on suit la marche du Code, on réunira les 40 donnés aux 60 laissés par le défunt ; du total 100 on déduira les dettes égales à 100 ; reste zéro : il n'y aura donc rien pour les héritiers réservataires.

Évidemment, la marche du Code, et non la nôtre, est vicieuse ; car, en réunissant les donations aux biens laissés par le défunt avant le payement des dettes, on viole le principe expliqué précédemment, que les libéralités du défunt sont hors de l'atteinte de ses créanciers, qui ne doivent, en aucun cas, en profiter [1].

Revenons aux divers éléments dont la masse doit se composer. Cette masse comprend toutes les choses mobilières et immobilières, corporelles et incorporelles, laissées par le défunt. Si ce dernier avait des créances sur un ou plusieurs de ses héritiers, on devrait, malgré leur extinction par confusion, les joindre à l'actif, parce que l'héritier débiteur en doit compte à ses cohéritiers (art. 829).

Quant aux biens donnés, le rapport en est fait d'après leur état à l'époque de la donation, et leur valeur à l'époque du décès. Le législateur veut que la masse sur laquelle doivent être prises la quotité disponible et la réserve soit composée de la même manière que si le défunt n'avait pas fait les donations. Dès lors on doit se référer à l'époque de la libéralité, pour connaître la consistance des biens donnés. Mais on doit se référer à l'époque du décès pour connaître la valeur des biens, puisque cette valeur-là même eût été laissée par le défunt, dans le cas où il n'eût pas fait la donation. Si les biens ont reçu une plus-value ou subi une dépréciation indépendante du fait des donataires ou de leurs ayants cause, les héritiers profiteront de la différence ou en souffriront. Mais si a plus-value ou la dépréciation provenaient du fait des donataires ou de eurs ayants cause, il leur en serait tenu compte, activement ou passivement, par la succession.

L'article 922 ne faisant aucune distinction, on doit, pour les donations mobilières, comme pour les donations immo-

---

[1] Vernet, *Quot. disp.*, 2e part., ch. ii, § 6. — Marcadé, art. 922. — Cass., 14 janv. 1856.

bilières, remonter à l'époque de la libéralité pour en connaître l'état, et se reporter à l'époque du décès pour en connaître la valeur. Nous trouvons là une grave différence entre la
réduction et le rapport. Effectivement, le donataire réduit
doit compte des meubles d'après leur valeur à l'époque de
l'ouverture de la succession seulement, tandis que le donataire rapportant en doit compte d'après leur valeur au moment de la donation. Pourquoi, dans le premier cas, les risques sont-ils pour la succession, et dans le second pour le
donataire ? On n'en peut donner de raison bien plausible.
Peut-être le législateur a-t-il voulu traiter moins sévèrement
le donataire réduit, et plus sévèrement le donataire rapportant, parce que l'un ne peut pas se soustraire à la réduction,
tandis que l'autre peut, en renonçant, se soustraire au
rapport.

Comme on le voit par ce qui précède, tout est fixé dès
l'instant de l'ouverture de la succession, et, de la sorte, toutes
les plus-values ou dépréciations postérieures ne peuvent augmenter ni diminuer le chiffre de la réserve.

Une question vivement discutée est celle de savoir si les
biens *sujets à rapport* doivent être comptés dans la masse
pour le calcul de la quotité disponible et de la réserve. La
raison de douter vient de l'article 857, d'après lequel les donataires ou légataires du défunt n'ont aucun droit au rapport et ne peuvent en profiter. Or, disent certains auteurs, ils
en profiteraient indirectement, si ces biens étaient compris
dans la masse héréditaire, puisque la quotité disponible se
trouverait ainsi augmentée, et que le payement de donations
ou de legs qui, sans le rapport dont il s'agit, fussent restés
impayés, se trouverait de la sorte assuré. Mais ce système
part d'une fausse interprétation de l'article 857, et doit être
rejeté. Cet article veut dire que les donataires ou légataires
du défunt ne pourront jamais s'attribuer en tout ou en partie
les biens rapportés, mais non que ces biens ne devront pas
être *fictivement* réunis à la masse pour le calcul de la réserve

et de la quotité disponible. Loin de là, l'article 922 exige,
sans *distinction* ni *restriction*, la réunion fictive des biens
donnés aux biens laissés par le défunt dans la succession [1].

ORDRE *dans lequel l'action en* RÉDUCTION *doit être exercée.*
— Aux termes de l'article 923, les libéralités imputables sur
le disponible subissent la réduction par ordre de date, en
commençant par les plus récentes. Ce principe est juste, car
la quotité disponible a été excédée par les dernières libéralités
plutôt que par les premières, et conséquemment la réduction
doit avoir lieu en remontant des plus récentes aux plus anciennes. Cela posé, voici comment on opérera.

Lorsque le défunt aura fait des legs seulement, mais non
des donations, toutes ces libéralités ayant la même date devront, comme nous l'avons dit plus haut, être proportionnellement réduites.

Lorsque le défunt a fait des donations et des legs, la réduction frappe d'abord les legs, et, s'ils suffisent pour combler le
déficit de la réserve, toutes les donations resteront intactes.
S'ils ne suffisent pas, la réduction atteindra les donations, en
commençant par la dernière. Le même résultat aura lieu
lorsque le défunt n'aura fait que des donations et aura ainsi
entamé la réserve.

Si l'un des donataires a dissipé les biens qu'il avait reçus
du défunt et se trouve lui-même entièrement insolvable, la
réduction atteindra-t-elle les donataires antérieurs? La réponse varie suivant les auteurs; les uns veulent faire supporter la perte entière à l'héritier; les autres, partie à l'héritier et partie aux donataires antérieurs; d'autres enfin
rejettent toute la perte sur les donataires antérieurs, qui, par
conséquent, pourront être poursuivis par l'héritier jusqu'à
concurrence du déficit existant dans la réserve. La première
opinion doit, ce nous semble, être adoptée. Effectivement,
nous avons vu que la réduction des donations doit être faite

---

[1] Aubry et Rau, t. V, § 630, p. 310. — Demolombe, t. IV, n. 290. —
Cass., 17 août 1863.

d'après leur état à l'époque de la donation et leur valeur à l'époque du décès; or, avons-nous dit, toutes les détériorations ou pertes provenant du fait du donataire donnent simplement lieu à une indemnité de sa part, mais elles n'empêchent pas de réunir fictivement à la masse les biens qu'il avait reçus. Or, si, d'une part, cette réunion a fictivement lieu, et si, de l'autre, on songe que les libéralités antérieures ont réellement été faites sur le disponible, l'héritier réservataire ne sera plus recevable à les critiquer, et parce que la masse comprend fictivement les biens dissipés, et parce que les premières donations ont été véritablement légales [1].

Le défunt peut déroger à certaines règles ci-dessus, par exemple, il peut déclarer que tel legs sera payé de préférence aux autres (art. 927); mais il ne pourrait déclarer, en faisant une donation, qu'elle restera intacte, de préférence aux donations antérieures; car autrement il porterait atteinte à un droit acquis irrévocablement par les premiers donataires.

Nous verrons plus tard que la réduction des donations de biens à venir faites par contrat de mariage est soumise à la règle des dates, comme la réduction des donations ordinaires, et nous appliquerons aux donations entre époux, qui cependont sont révocables, ce que nous aurons dit des donations de biens à venir ou institutions contractuelles.

COMMENT *s'opère la* RÉDUCTION. — La réduction doit être faite en *nature,* comme le rapport, puisque tout héritier a le droit de demander en nature sa part dans la succession (article 826). La réduction sera exceptionnellement faite en *équivalents :*

1° Lorsque les biens donnés seront *fongibles;* car le donataire, ayant reçu un genre, ne peut être tenu de restituer un corps certain;

2° Lorsque la succession comprend des biens de la *même nature* que ceux de la donation; car alors l'héritier réserva-

[1] Amiens, 10 nov. 1853.

taire réduit garde exactement ce que les cohéritiers prélèveront sur la masse à partager pour compléter leur réserve. Seulement cette règle ne recevra d'application que si l'héritier est donataire par préciput, car autrement il serait soumis au rapport et par suite à l'égalité dans le partage, et que s'il a accepté la succession, car le renonçant peut bien retenir la quotité disponible, mais non une part de la réserve;

3° Lorsque l'immeuble donné par préciput à l'héritier donataire n'est pas *commodément partageable*, et que la portion disponible excède la portion non disponible (art. 866) ;

4° Lorsque les biens donnés ont été *aliénés* par le donataire. Nous reviendrons tout à l'heure sur cette hypothèse (art. 930).

Effets *de l'action en* réduction. — Appliquée aux donations composées de genres et non de corps certains, la réduction a pour effet de constituer le donataire débiteur d'une valeur égale à celle des biens donnés.

Appliquée aux corps certains, la réduction produit des effets différents, selon que les biens se trouvent encore entre les mains du donataire, ou sont passés en celles d'un tiers détenteur. Au premier cas, l'action en réduction constitue une condition résolutoire accomplie, et comme toute condition accomplie rétroagit au jour du contrat (art. 1179), elle fait rentrer dans la masse héréditaire les objets donnés francs et quittes de toute charge imposée par le donataire (art. 929). Ainsi les hypothèques, les servitudes et autres droits réels qu'il aurait constitués, disparaissent. Cette rétroactivité a cependant ses limites. Par exemple, le donataire conserve les fruits perçus avant l'ouverture de la succession, si la demande est faite dans l'année (art. 928), et, dans le cas contraire, il conserve tous ceux perçus avant la demande. A cet égard, il est mieux traité que le donataire soumis au rapport. Effectivement, ce dernier doit compte des fruits, lors même que la demande en rapport serait formée contre lui après plus d'une année (art. 856). Cette différence est rationnelle ; car l'héritier acceptant et donataire sans préciput sait, dès l'ouverture de la succession, qu'il est tenu du rapport, et, au contraire, le donataire par préciput ignore être sujet à réduction, tant que les héritiers réservataires n'ont pas calculé la réserve et intenté leur action. La mauvaise foi de l'un et la bonne foi de l'autre expliquent donc et justifient cette différence dans les résultats d'une possession prolongée au delà d'une année à partir du décès.

Au cas où les biens donnés sont passés entre les mains de tiers détenteurs, il faut distinguer si ces biens sont meubles ou immeubles. S'ils sont meubles, les tiers sont évidemment protégés par la maxime : « En fait de meubles, la possession vaut titre. » S'ils sont immeubles, on doit s'en référer à la double règle posée par l'article 930. Le donataire est-il solvable ; alors l'aliénation est maintenue, et le donataire subit la réduction sur ses biens personnels. Est-il, au contraire, insolvable ; alors la réduction atteint les immeubles entre les mains des tiers détenteurs, et l'on applique rigoureusement la fiction que « les biens donnés sont présumés n'avoir pas « cessé d'appartenir à la succession. » Et en effet, entre les héritiers réservataires que le défunt a voulu injustement dépouiller, et les tiers détenteurs qui sont en faute d'avoir accepté des biens dont la revendication pouvait être prévue, le législateur ne devait pas hésiter, et, au risque de paralyser la circulation des biens en faisant tomber les aliénations, comme il avait déjà paralysé le crédit en faisant tomber les hypothèques, il devait permettre aux héritiers réservataires de poursuivre entre toutes mains les immeubles pris sur la réserve.

La propriété des immeubles donnés étant résolue de plein droit (art. 1183), l'action en revendication pourra être directement intentée contre les tiers détenteurs, et il ne sera pas nécessaire de poursuivre le donataire pour arriver à ses ayants cause. Ces derniers auront toujours leur recours contre le donataire, et ils l'exerceront comme ils l'entendront.

Aux termes de l'article 930, l'action en revendication doit être exercée contre les tiers détenteurs *de la même manière et dans le même ordre* que contre les donataires eux-mêmes. Ces deux expressions demandent une courte explication.

D'abord, il n'est pas vrai de dire que la réduction sera faite, dans les deux cas, *de la même manière*. Effectivement, elle a toujours lieu en nature, lorsqu'elle est opérée à l'encontre des donataires eux-mêmes. Ici, au contraire, elle pourra avoir lieu en argent ; et en effet, le donataire aliénateur avait la faculté de désintéresser les héritiers réservataires sur ses biens personnels, c'est-à-dire en argent, et ses ayants cause doivent évidemment jouir du même avantage.

Lorsque le donataire aura fait plusieurs aliénations, la plus récente devra être critiquée avant la plus ancienne, tout comme la donation la plus récente est résolue avant les donations antérieures. C'est pourquoi l'article 930 déclare que la revendication sera exercée contre les tiers détenteurs, *dans le même ordre* que contre les donataires eux-mêmes. Si la revendication de tous les biens aliénés par le donataire le plus récent est insuffisante, les héritiers attaqueront les donations antérieures.

On voit par ce qui précède que le Code respecte les aliénations de la pleine propriété beaucoup plus que les constitutions de simples droits réels, tels qu'hypothèques, servitudes, etc. ; et en effet, les aliénations ne tombent que si le donataire est insolvable, tandis que les hypothèques et autres droits réels tombent même quand il est solvable, pourvu que la réduction ait lieu en nature.

Durée *de l'action en* réduction. — L'action en réduction prend naissance au décès du donateur ou testateur, et, comme aucun texte n'en a expressément fixé la durée, on doit dire qu'elle est de trente ans aux termes du droit commun (art. 2262). Mais les tiers acquéreurs des immeubles donnés commencent à les prescrire à dater du jour où ils les ont reçus du donataire, et après dix, vingt ou trente ans, suivant les

hypothèses (art. 2262 et suiv.), leur propriété devient inattaquable, même par les héritiers réservataires. Pourquoi cette
différence? Le voici. Le donataire, en recevant les biens du
défunt, s'oblige personnellement à les restituer, au cas où la
quotité disponible serait excédée. Or, il n'est possible de connaître si la quotité disponible est excédée, qu'à l'ouverture
de la succession. La prescription libératoire du donataire ne
peut donc commencer pour lui avant cette époque. Or,
comme toute prescription libératoire dure trente ans
(art. 2262), le donataire ne pourra jamais être à l'abri de
toute poursuite qu'après trente ans à partir de l'ouverture de
la succession.

Les tiers détenteurs sont, au contraire, dans une situation
bien différente. L'obligation de restituer la donation au cas
où la quotité disponible serait excédée leur est totalement
étrangère. En fait, ils se trouvent avoir reçu la chose d'autrui
par la résolution du droit de propriété qui appartenait à leur
auteur, et il est question pour eux, non de se libérer d'une
obligation, mais de *prescrire acquisitivement* les biens qu'ils
possèdent. Or, ils ont pu, dès le jour du contrat, commencer
cette prescription, qui peut ne durer que dix ou vingt ans,
suivant les hypothèses.

DIFFÉRENCES *entre le* RAPPORT *et la* RÉDUCTION. — Le rapport
et la réduction diffèrent :

1° Par leur *but*. Le rapport tend à établir l'égalité entre
les cohéritiers, et la réduction à maintenir, malgré le défunt,
le patrimoine de la famille.

2° Par les *personnes*, qui peuvent actionner ou être action-
nées. Le rapport peut être demandé par tout cohéritier contre
tout cohéritier, et la réduction par les héritiers réservataires
seulement, mais contre tout donataire, ce donataire fût-il
étranger à la succession.

3° Par leur *nature :* le rapport n'intéresse point l'ordre
public, et conséquemment le donataire peut en être dispensé
par une clause de préciput ; la réduction est, au contraire, jus-

qu'à un certain point d'ordre public et par aucun moyen le défunt ne peut y porter atteinte, ni le donataire ou légataire y échapper.

4° Par le *mode* suivant lequel ils s'opèrent. Le rapport des immeubles est fait suivant leur valeur au moment du décès, et celui des meubles suivant leur valeur au moment de la donation. La réduction est faite, pour les meubles comme pour les immeubles, d'après leur valeur à l'ouverture de la succession.

5° Par leurs *effets*. Le rapport ne peut jamais être opposé aux tiers détenteurs, tandis que la réduction peut les atteindre, si le donataire est insolvable.

CHAPITRE IV

DES DONATIONS ENTRE-VIFS.

—

PREMIÈRE SECTION

DE LA FORME DES DONATIONS ENTRE-VIFS.

ART. 931. Tous actes portant donation entre-vifs seront passés devant notaires, dans la forme ordinaire des contrats ; et il en restera minute, sous peine de nullité.

932. La donation entre-vifs n'engagera le donateur, et ne produira aucun effet, que du jour qu'elle aura été acceptée en termes exprès. — L'acceptation pourra être faite du vivant du donateur, par un acte postérieur et authentique, dont il restera minute ; mais alors la donation n'aura d'effet, à l'égard du donateur, que du jour où l'acte qui constatera cette acceptation lui aura été notifié.

933. Si le donataire est majeur, l'acceptation doit être faite par lui, ou, en son nom, par la personne fondée de sa procuration, portant pouvoir d'accepter la donation faite, ou un pouvoir général d'accepter les donations qui auraient été ou qui pourraient être faites. — Cette procuration devra être passée devant notaires ; et une expédition devra en être annexée à la minute de la donation, ou à la minute de l'acceptation, qui sera faite par acte séparé.

934. La femme mariée ne pourra accepter une donation sans le consentement de son mari, ou, en cas de refus du mari, sans autorisation de la justice, conformément à ce qui est prescrit par les articles 217 et 219 au titre *du Mariage*.

935. La donation faite à un mineur non émancipé ou à un interdit devra être acceptée par son tuteur, conformément à l'article 463, au titre *de la Minorité, de la Tutelle et de l'Emancipation*. — Le mineur émancipé pourra accepter avec l'assistance de son curateur. — Néanmoins les père et mère du mineur émancipé ou non émancipé, ou les autres ascendants, même du vivant des père et mère, quoiqu'ils ne soient ni tuteurs ni curateurs du mineur, pourront accepter pour lui.

936. Le sourd-muet qui saura écrire pourra accepter lui-même ou par un fondé de pouvoir. — S'il ne sait pas écrire, l'acceptation doit être faite par un curateur nommé à cet effet, suivant les règles établies au titre *de la Minorité, de la Tutelle et de l'Émancipation*.

937. Les donations faites au profit des hospices, des pauvres d'une commune, ou d'établissements d'utilité publique, seront acceptées par les administrateurs de ces communes ou établissements, après y avoir été dûment autorisés.

938. La donation dûment acceptée sera parfaite par le seul consentement des parties ; et la propriété des objets donnés sera transférée au donataire, sans qu'il soit besoin d'autre tradition.

939. Lorsqu'il y aura donation de biens susceptibles d'hypothèques, la transcription des actes contenant la donation et l'acceptation, ainsi que la notification de l'acceptation qui aurait eu lieu par acte séparé, devra être faite au bureau des hypothèques dans l'arrondissement desquels les biens sont situés.

940. Cette transcription sera faite à la diligence du mari, lorsque les biens auront été donnés à sa femme; et, si le mari ne remplit pas cette formalité, la femme pourra y faire procéder sans autorisation. — Lorsque la donation sera faite à des mineurs, à des interdits, ou à des établissements publics, la transcription sera faite à la dligence des tuteurs, curateurs ou administrateurs.

941. Le défaut de transcription pourra être opposé par toutes personnes ayant intérêt, excepté toutefois celles qui sont chargées de faire faire la transcription, ou leurs ayants cause, et le donateur.

942. Les mineurs, les interdits, les femmes mariées ne seront point restitués contre le défaut d'acceptation ou de transcription des donations; sauf leurs recours contre leurs tuteurs ou maris, s'il

y échet, et sans que la restitution puisse avoir lieu, dans le cas
même où lesdits tuteurs et maris se trouveraient insolvables.

943. La donation entre-vifs ne pourra comprendre que les biens
présents du donateur; si elle comprend des biens à venir, elle sera
nulle à cet égard.

944. Toute donation entre-vifs, faite sous des conditions dont
l'exécution dépend de la seule volonté du donateur, sera nulle.

945. Elle sera pareillement nulle, si elle a été faite sous la condition d'acquitter d'autres dettes ou charges que celles qui existaient
à l'époque de la donation, ou qui seraient exprimées, soit dans l'acte
de donation, soit dans l'état qui devrait y être annexé.

946. En cas que le donateur se soit réservé la liberté de disposer
d'un effet compris dans la donation, ou d'une somme fixe sur les
biens donnés; s'il meurt sans en avoir disposé, ledit effet ou ladite
somme appartiendra aux héritiers du donateur, nonobstant toutes
clauses et stipulations à ce contraires.

947. Les quatre articles précédents ne s'appliquent point aux donations dont est mention aux chapitres VIII et IX du présent
titre.

948. Tout acte de donation d'effets mobiliers ne sera valable que
pour les effets dont un état estimatif, signé du donateur et du donataire, ou de ceux qui acceptent pour lui, aura été annexé à la minute de la donation.

949. Il est permis au donateur de faire la réserve à son profit, ou
de disposer au profit d'un autre, de la jouissance ou de l'usufruit
des biens meubles ou immeubles donnés.

950. Lorsque la donation d'effets mobiliers aura été faite avec
réserve d'usufruit, le donataire sera tenu, à l'expiration de l'usufruit, de prendre les effets donnés qui se trouveront en nature, dans
l'état où ils seront, et il aura action contre le donateur ou ses héritiers, pour raison des objets non existants, jusqu'à concurrence de
la valeur qui leur aura été donnée dans l'état estimatif.

951. Le donateur pourra stipuler le droit de retour des objets
donnés soit pour le cas du prédécès du donataire seul, soit pour le
cas du prédécès du donataire et de ses descendants. — Ce droit ne
pourra être stipulé qu'au profit du donateur seul.

952. — L'effet du droit de retour sera de résoudre toutes les aliénations des biens donnés, et de faire revenir ces biens au donateur,
francs et quittes de toutes charges et hypothèques, sauf néanmoins
l'hypothèque de la dot et des conventions matrimoniales, si les autres biens de l'époux donataire ne suffisent pas, et dans le cas seu-

lement où la donation lui aura été faite par le même contrat de mariage duquel résultent ces droits et hypothèques.

Observation. — Nous avons précédemment étudié les caractères intrinsèques de la donation. Il s'agit maintenant d'en faire connaître les formalités essentielles.

De la FORME *des donations.* — Les contrats ordinaires sont parfaits par le seul concours des volontés, et encore qu'aucun écrit n'en ait constaté la formation (art. 1101). L'article 1341 exige, il est vrai, qu'il soit passé acte devant notaire ou sous signature privée de toute chose excédant la valeur de 150 francs. Mais l'absence de cet acte n'empêche point le contrat d'exister, et si aucune des parties ne le dénie, chacune d'elles peut être contrainte à l'exécuter. Il n'en est pas de même des donations : elles doivent toujours être faites par acte authentique, et le seul consentement des parties, fût-il reconnu par chacune d'elles, ne constituerait point la donation. En d'autres termes, la donation est un contrat *solennel*, et l'acte authentique est nécessaire, non pas seulement pour la preuve, mais encore pour l'existence même de la libéralité : *forma dat esse rei.*

De L'ACTE AUTHENTIQUE. — Toute donation doit, avons-nous dit, être faite par acte notarié. Les formes de cet acte sont les mêmes que celles des actes ordinaires. Il devra donc, aux termes de la loi du 25 ventôse an XI, être reçu par deux notaires ou par un notaire assisté de deux témoins. L'usage, consacré par une loi du 21 juin 1843, a cependant introduit une différence entre les actes notariés portant donation, et ceux constatant des conventions à titre onéreux. La présence du second notaire ou des deux témoins est seulement exigée à l'instant de la signature, lorsqu'il s'agit des derniers ; elle est exigée pendant tout le cours de l'acte et à la signature, lorsqu'il s'agit des premiers. Le législateur a voulu peut-être assurer ainsi davantage la sincérité des donations, qui, plus souvent que les contrats à titre onéreux, sont faites sous l'empire d'influences illicites.

Les actes notariés peuvent être rédigés en *brevet* ou en *minute*. Ils sont en *brevet*, quand le notaire délivre aux parties l'original lui-même ; ils sont en *minute*, quand le notaire garde l'original et délivre seulement aux parties une copie. L'original est dit *minute*, parce qu'il est ordinairement écrit en petites lettres (*minuta scriptura*); la copie est dite *grosse*, parce qu'elle est ordinairement écrite en gros caractères (*grossa scriptura*).

Les actes les plus importants, en général, et la donation, en particulier, sont rédigés en *minute ;* leur conservation est ainsi assurée, et il ne peut plus dépendre du donateur de révoquer la libéralité, par la suppression de l'acte qui la constate.

Pour que la donation existe, l'acte notarié ne doit pas seulement relater l'offre du donateur, il doit encore faire mention *expresse* de l'*acceptation* du donataire (art. 392) ou de son fondé de pouvoir *authentique* [1], et lors même que cette acceptation résulterait implicitement des circonstances qui accompagnent la libéralité, l'acte serait nul si la volonté du donataire n'était point, comme celle du donateur, solennellement constatée. Le mot *accepter* n'est cependant pas sacramentel, et le mot *recevoir* ou tout autre synonyme pourrait valablement exprimer la volonté du donataire. Quand le notaire rédacteur omet de mentionner formellement l'acceptation du donataire, et que d'ailleurs cette acceptation n'est pas douteuse, il commet un *fait de charge* et devient conséquemment responsable de tout le préjudice éprouvé par le donataire ou ses héritiers. On voit donc que la donation est un contrat solennel dans toutes ses parties constitutives, et que l'écrit est nécessaire pour attribuer une efficacité, tant à l'acceptation du donataire qu'à l'offre du donateur.

La donation peut être acceptée par acte postérieur et authentique, tout comme par l'acte même qui contient l'offre

---

[1] Demolombe, t. III, n. 29 et 30. — Troplong, t. II, n. 1084.

du donateur (art. 932). Cette acceptation devra être notifiée à ce dernier, à la requête du donataire et par ministère d'huissier, puisque les huissiers ont seuls qualité pour donner à la remise des actes un caractère authentique. Maintenant, il s'agit de savoir à partir de quel instant la donation est parfaite. D'après les uns, elle est parfaite à dater de l'acceptation, parce que, à dater de l'acceptation, le concours des deux volontés a existé et formé le contrat. D'autres soutiennent, et je crois avec raison, que la donation est inexistante tant que l'acceptation du donataire n'a pas été notifiée. Effectivement, les termes de l'article 932 2° paraissent absolus, et d'après eux la donation n'a d'effet à l'égard du donateur que du jour où l'acceptation lui en a été *notifiée*. D'ailleurs toutes les formalités des donations sont exigées *ad solemnitatem*, et l'on ne doit pas s'étonner si l'existence du contrat est retardée jusqu'à la notification. Enfin, l'article 932 2° disant que la donation doit être acceptée du vivant du donateur, et la notification étant l'expression nécessaire de l'acceptation, il semble bien que cette notification ne pourrait pas être postérieure au décès du donateur, ou, en d'autres termes, que la donation n'était point parfaite par la seule acceptation du donataire [1].

Des PERSONNES *qui* PEUVENT *accepter une donation.* — Une donation peut être acceptée par des personnes différentes, selon l'état ou la capacité du donataire.

1° La donation offerte à une personne capable peut être acceptée ou par elle-même, ou en son nom par le mandataire auquel elle a donné ses pouvoirs. La procuration pour accepter des donations doit être spéciale (art. 933); et un simple pouvoir d'administrer serait insuffisant, parce que l'acceptation d'une libéralité n'est pas un acte d'administration. La procuration doit en outre être authentique; car autrement il manquerait quelque chose à la solennité du con-

[1] Marcadé, art. 932, n. 6. — Troplong, n. 1102. — Demolombe, t. III, n. 149.

trat. Enfin, l'expédition de la procuration doit être annexée à la minute, soit de la donation, soit de l'acceptation, afin que toute personne puisse, à toute époque, en constater la régularité. La procuration doit être elle-même rédigée en minute, puisqu'il faut que l'expédition en reste annexée à l'acte de donation ou d'acceptation.

2° La donation offerte à une femme mariée doit être acceptée par la femme autorisée de son mari ou de justice, conformément au droit commun (art. 934).

3° La donation offerte à un mineur non émancipé ou à un interdit doit être acceptée par le tuteur autorisé du conseil de famille, qui juge souverainement de la convenance et de l'opportunité de la donation (art. 935 1°).

4° La donation offerte à un mineur émancipé doit être acceptée par lui-même, assisté de son curateur (art. 935 2°).

La donation offerte à un mineur émancipé ou non émancipé peut également être acceptée par ses ascendants, lors même qu'ils ne sont ni tuteurs ni curateurs de l'enfant (art. 935 3°). Effectivement, les donations faites à ces incapables sont soumises à la formalité de l'acceptation, uniquement à cause du préjudice moral que pourrait en éprouver la famille. Or, les ascendants sont présumés être les plus vigilants et les plus sûrs gardiens de l'honneur domestique.

5° La donation offerte à un sourd-muet qui ne sait pas écrire, et qui, par conséquent, ne peut accepter expressément ni par lui-même, ni par un fondé de pouvoir, doit être acceptée par un curateur qui lui sera nommé suivant les règles ordinaires (art. 936).

6° La donation offerte aux hospices ou autres établissements publics doit être acceptée par les administrateurs de ces établissements dûment autorisés (art. 937).

Quel sera l'effet de l'acceptation émanée d'un incapable qui n'a pas été dûment autorisé ou assisté? La donation sera-t-elle radicalement nulle ou simplement annulable? La question est grave : en effet, si l'on admet la nullité radicale, le donateur pourra lui-même s'en prévaloir, et reprendre les biens donnés ; si l'on admet, au contraire, une simple annulabilité, le donataire seul ou ses représentants pourront l'invoquer. Certains auteurs soutiennent la nullité radicale ; ils se fondent sur ce que la capacité de l'acceptant intéresse la forme même de la donation. Or, tout vice de forme entraîne l'inexistence du contrat. Ils invoquent ensuite l'article 938 qui semble faire dépendre la perfection du contrat de son acceptation régulière. Malgré cette raison et ce texte, l'on doit admettre la simple annulabilité de la donation. Effectivement, l'on ne peut d'abord confondre la capacité du donataire avec la forme de la donation. La forme est essentiellement matérielle ; la capacité, au contraire, est essentiellement du domaine moral ; puis l'article 938 déclare *imparfaite* et non pas *nulle* la donation qui n'a pas été dûment acceptée. Or, ces expressions ne sont pas synonymes, et, en admettant que la donation soit simplement annulable, il sera encore vrai de dire qu'elle est *imparfaite*. Il n'y a donc pas de raison sérieuse pour déroger ici au droit commun, et, par conséquent, la donation ne pourra être critiquée que par l'incapable ou ses représentants [1].

RÈGLES PARTICULIÈRES *aux* DONATIONS MOBILIÈRES. — Les donations mobilières, qu'elles aient pour objet des choses corporelles ou des choses incorporelles, doivent en principe être accompagnées d'un *état estimatif* signé du donateur et du donataire, ou de leurs représentants, et qui restera annexé à la minute de la donation (art. 948). Les motifs de cette estimation des meubles donnés sont nombreux. D'abord elle sanctionne la règle de l'irrévocabilité des donations ; effectivement, tous les meubles étant désignés avec leur valeur individuelle, le donateur ne pourra pas leur en substituer d'autres de valeur moindre ; puis l'état

---

[1] *Sic* Valette sur Proudhon, t. II, n. 179. — Demolombe, t. IV, n. 318. — *Contrà*, Troplong, n. 1118 et suiv. — Cass., 17 juillet 1856.

estimatif détermine le montant du rapport qui pourra être dû par le donataire à la succession dn donateur, et encore le montant des restitutions dont il sera tenu en cas de révocation de la libéralité pour cause d'inexécution des conditions, d'ingratitude ou de survenance d'enfants. Enfin, il est un élément essentiel pour le calcul de la quotité disponible et de la réserve. Dans l'ancien droit français, l'état estimatif avait une raison d'être de plus ; il opérait la translation de propriété, comme l'eût fait une tradition véritable. Mais aujourd'hui le seul consentement suffit, comme nous le verrons plus tard, pour transférer la propriété.

Toute donation mobilière faite sans état estimatif est nulle (art. 948). Cependant, si les objets compris dans la libéralité sont, en fait, livrés au donataire, une donation manuelle, parfaitement valable, est alors substituée à la donation nulle résultant du contrat. Nous reviendrons tout à l'heure sur cette nouvelle espèce de donation.

Des donations DISPENSÉES *de* TOUTE FORMALITÉ. — Certaines donations sont dispensées de toute formalité, soit parce que le législateur les favorise, soit parce que ces formalités ne pouvaient pas être utilement prescrites. Ainsi, lorsqu'un créancier fait remise de la dette à son débiteur, la libéralité est valable, indépendamment de toute forme ; il suffit que le créancier renonce à son droit, et la preuve de cette renonciation résulte de l'abandon du titre au débiteur (art. 1282). Pareillement, les libéralités faites au profit d'un tiers, dans un contrat à titre onéreux, sont valables comme étant les accessoires d'un contrat régulier (art. 1121). Par exemple, je peux utilement vendre mon domaine à la condition que l'acheteur payera 1,000 fr. à une personne que je veux avantager. Enfin, sont valables les dons manuels dont nous allons exposer la théorie.

Des DONS MANUELS. — Nous avons dit que, si les formalités ordinaires doivent être observées pour les donations mobilières, cette règle admet cependant des exceptions. En effet, l'on a de tout temps admis que la tradition à titre gratuit de meubles corporels constituait une donation valable. Le Code a plusieurs fois consacré cette règle de l'ancien droit français. Effectivement, l'article 868 suppose le rapport de donations mobilières faites *sans état estimatif*, et il reconnaît par cela même l'entière efficacité de semblables donations. D'ailleurs, il était impossible de soumettre les dons manuels aux formalités que nous avons vues précédemment. Il eût été trop facile aux particuliers de les éluder. Le législateur a donc dû, de tout temps, permettre ce qu'il n'a jamais pu utilement défendre [1]. Toutefois il va sans dire que la validité du don manuel est subordonnée à la condition que le *tradens* aura entendu se dépouiller *actuellement* et *irrévocablement* au profit du donataire, et se sera ainsi conformé aux règles fondamentales des donations [2].

Une question très-grave et très-controversée est celle de savoir si les donations *déguisées* sous la forme d'un contrat à titre onéreux sont valables.

La jurisprudence décide l'affirmative. Voici son argumentation : les articles 911 et 1099 annulent les donations déguisées sous la forme d'un contrat à titre onéreux, lorsqu'elles sont faites à des incapables ; de là, dit-elle, on peut conclure *à contrario* que ces donations seraient valables si elles étaient faites à des personnes capables. Mais une telle argumentation est inadmissible. Les articles précités annulent les donations déguisées sous la forme d'un contrat à titre onéreux d'une manière absolue, et lors même que le contrat servant à les déguiser aurait été revêtu des formalités prescrites pour les donations. Or, puisque cette nullité tient au fond de l'acte plutôt qu'à sa forme, l'on ne peut rien en conclure de dérogatoire au droit commun, en ce qui concerne les donations faites à des personnes capables. Il faut donc s'en tenir aux règles prescrites par le Code.

---

[1] Troplong, n. 1076. — Cass., 2 avril 1862.
[2] Marcadé, art. 931, n. 3. — Troplong, n. 1053. — Bordeaux, 8 août 1853.

D'ailleurs la jurisprudence devrait, pour être conséquente, admettre toujours la validité de ces donations, quel que soit le contrat à titre onéreux. Or, c'est ce qu'elle ne fait point; en effet, elle annule les billets faussement déclarés souscrits pour argent prêté, quand le prétendu prêteur et le prétendu emprunteur prennent ce détour pour se faire une libéralité; elle donne donc ainsi un démenti à sa propre doctrine. Au surplus, cette doctrine n'a pas l'inconséquence pour unique défaut ; elle tend en réalité à la suppression de toutes les garanties dont le Code a entouré les donateurs, pour les protéger, soit contre les suggestions ou captations d'autrui, soit contre leurs propres entraînements, et l'on doit, à notre avis, la rejeter comme dangereuse pour la sincérité des donations [1].

Des EFFETS *de la donation.* — La donation a des effets plus ou moins immédiats ou étendus, suivant qu'elle a pour objet un corps certain mobilier, un genre mobilier, un meuble incorporel, ou des immeubles. A-t-elle pour objet un corps certain mobilier, comme tel cheval, tel tableau, le donataire devient propriétaire de ce corps certain dès l'instant même du contrat, tant vis-à-vis des tiers que vis-à-vis du donateur. Mais que signifient ces expressions de l'article 938, que la propriété des objets est transférée, *sans qu'il soit besoin d'autre tradition?* Elles signifient que ni la tradition réelle du droit romain, ni la tradition verbale de l'ancien droit français ne sont plus nécessaires, et que la propriété est transmise, et conséquemment la donation parachevée, sans qu'il soit besoin d'autre tradition que celle résultant du simple consentement. Nous reviendrons, en expliquant l'article 1138, sur la théorie du Code en fait de translation de propriété. Maintenant la donation a-t-elle pour objet un genre mobilier, par exemple, telle quantité de vin ou d'huile, le

---

[1] Si G. Demante, Réc. de l'ac. de Toulouse 1855, p. 6 et suiv. — Demolombe, *Don.*, t. III, n. 101. — *Contrà.*, Cass. 18 nov. 1861, et tous les arrêts récents.

donateur est obligé, dès l'instant même du contrat, envers le donataire ; mais la propriété de la chose ne sera transférée que par la tradition ; car la tradition seule précisera l'objet sur lequel doit définitivement porter le droit du donataire. Enfin, si la donation a pour objet un meuble incorporel, comme une créance sur un tiers, le droit acquis par le donataire vis-à-vis du donateur, en vertu du seul consentement, ne lui sera définitivement acquis vis-à-vis des tiers, que par la signification du transport ou par l'acceptation que le débiteur en aura faite dans un acte authentique (art. 1690). Passons aux immeubles : la propriété en est aussi transférée par le seul consentement entre le donateur et le donataire. Les termes de l'article 938 sont à cet égard absolus. Mais pour que la donation devienne opposable aux tiers, le donataire est tenu de remplir la formalité de la *transcription,* que nous allons examiner tout à l'heure. Disons d'abord un mot de la *garantie* en matière de donations.

En principe, un donateur, soit de meubles, soit d'immeubles, n'est point tenu de garantir au donataire, comme un vendeur à son acheteur, la libre et paisible possession des biens qui lui ont été transmis, et avec raison, car s'il consent à se dépouiller d'un bien qu'il présume lui appartenir, il n'entend pas s'engager à indemniser le donataire pour le cas où la chose donnée appartiendrait à autrui. Cependant, comme nul ne peut se soustraire aux conséquences de son dol ou de sa promesse, le donateur devra garantie, s'il savait que la chose appartenait à autrui, car alors il a tendu un véritable piége au donataire, et il est juste qu'il l'indemnise de tout préjudice ; et encore s'il s'est engagé à cette garantie par une clause expresse du contrat. Enfin nous verrons plus tard que le donateur est, indépendamment de toute stipulation, tenu de la garantie dans tous les cas où la libéralité a été faite en faveur du mariage (art. 1440).

De la TRANSCRIPTION. — La transcription consiste dans la copie textuelle de l'acte de donation sur un registre spécial

tenu par le conservateur des hypothèques ; elle a pour but de
faire connaître aux tiers les mutations de propriétés immobilières, afin qu'ils ne soient pas exposés à recevoir sur elles
des droits réels de la part d'un détenteur qui a cessé d'être
propriétaire. La transcription devait être surtout exigée en
matière de donations ; en effet, le donataire cherche à faire
un bénéfice, et les tiers qui contractent avec le donateur
payent le plus souvent les droits qui leur sont constitués sur
les immeubles, objets de la donation. En d'autres termes,
le donataire *certat de lucro captando*, et les tiers presque toujours *de damno vitando*. C'est pourquoi la donation ne sera
point opposable à ces derniers avant la transcription qui en
doit être faite au bureau des hypothèques dans l'arrondissement duquel les biens sont situés (art. 939 et suiv.). Les
droits d'hypothèque, de servitude, etc., concédés par le donateur dans l'intervalle de la donation à sa transcription,
seront donc maintenus à l'encontre du donataire , sauf
son recours contre le donateur qui a manqué à ses engagements.

Lorsque la donation a été acceptée par acte séparé, transcription doit être faite et de l'acte qui contient l'offre, et de
l'acte qui contient l'acceptation, et enfin de l'acte de notification (art. 939).

Depuis la loi du 23 mars 1855, les donations de servitudes,
de droits d'usage ou d'habitation qui n'étaient point soumises
à la transcription par l'art. 939 du Code, devront évidemment être transcrites, puisque l'art. 2 de la loi prescrit cette
formalité, sans distinction ni réserve, pour *tous les actes*
constitutifs des droits immobiliers dont nous parlons [1].

HISTORIQUE *de la* TRANSCRIPTION. — La transcription a son
origine dans le droit romain. Justinien prescrivit la copie, sur
un registre spécial et public, des actes de donation ayant pour
objet une valeur excédant 500 solides. Cette copie porta le

[1] Demolombe, t. III, n. 358. — Troplong, *Transc.*, n. 110 et suiv.

nom d'*insinuation*. Elle était nécessaire pour la validité de la donation, même entre le donateur et le donataire.

L'insinuation fut introduite dans le droit français par une ordonnance de François Ier, rendue en 1539 ; toutefois, à partir d'une autre ordonnance, rendue en 1566 par Charles IX, elle devint inutile entre parties, et ne resta obligatoire que par rapport aux tiers.

L'ordonnance de 1731 sur les donations consacra les principes de l'ordonnance de Charles IX, et, les développant, elle déclara toute personne intéressée, autre que le donateur, recevable à opposer le défaut d'insinuation.

Vint ensuite la loi du 11 brumaire an VII, qui exigeait vis-à-vis des tiers la transcription de tous actes translatifs de propriété immobilière, soit à titre gratuit, soit même à titre onéreux. Depuis la loi de brumaire an VII jusqu'à la promulgation du Code, l'insinuation et la transcription des actes de donation ont été également nécessaires.

Le Code a maintenu la nécessité de la transcription ; mais les auteurs ne sont pas d'accord sur le caractère qu'il convient d'assigner à cette transcription. Les uns prétendent que le Code a reproduit sous un autre nom l'ancienne insinuation ; les autres, qu'il a reproduit la transcription exigée par la loi de brumaire an VII. Mais d'abord un mot sur les différences qui séparent l'insinuation et la transcription.

L'insinuation se faisait au greffe ;

Elle était exigée pour les donations mobilières comme pour les donations immobilières ;

Le donataire avait un délai pour faire l'insinuation, qui produisait alors un effet rétroactif ;

Enfin, le défaut d'insinuation pouvait être opposé même par les héritiers du donateur.

D'après la loi de brumaire an VII, la transcription se faisait au bureau des hypothèques ;

Elle n'était exigée que pour les donations immobilières.

Le donataire n'avait aucun délai pour faire la transcription, qui ne produisait jamais un effet rétroactif ;

Enfin, le défaut de transcription ne pouvait pas être opposé par les héritiers du donateur.

Quoique la pensée du législateur ne soit pas clairement exprimée, il est présumable que la transcription est désormais soumise aux règles de la loi de brumaire an VII, au lieu de l'être encore aux règles de l'ancienne insinuation. D'abord, elle a lieu au bureau des hypothèques, et non au greffe (art. 939) ; puis rien dans le Code ne fait supposer que le donataire ait un délai pour transcrire, et que la transcription ait un effet rétroactif. C'est donc avec raison que la jurisprudence suit le système de la loi de brumaire an VII.

Des personnes DEVANT *ou* POUVANT *requérir la transcription.* — La donation faite à une personne capable sera transcrite, soit à sa requête, soit à la requête de ses créanciers ; car ces derniers peuvent exercer tous les droits de leur débiteur qui ne sont pas exclusivement attachés à sa personne (art. 1166).

La donation faite à une femme mariée, à des mineurs ou à des interdits sera transcrite, soit à leur requête, car aucune capacité n'est exigée pour les actes purement conservatoires, soit à la diligence des maris, tuteurs, curateurs, ou administrateurs (art. 940). Les tuteurs et autres administrateurs non-seulement peuvent, mais encore doivent faire opérer la transcription sous leur responsabilité personnelle. Quant au mari, une distinction est nécessaire. A-t-il l'administration des biens de la femme, comme sous les régimes de communauté, sans communauté et dotal, alors il doit requérir la transcription, lors même que la donation n'aurait été acceptée par la femme qu'avec l'autorisation de justice ; et, en effet, il est tenu d'administrer en bon père de famille tous ses biens sans distinction. La femme a-t-elle, au contraire, conservé l'administration de sa fortune, comme sous le régime de séparation de biens ; alors le mari peut, ainsi que les parents et amis de la femme, requérir la transcription (art. 2139) ; mais il n'y est nullement obligé, puisqu'il n'est pas administrateur.

Conséquences du DÉFAUT *de transcription.* — Les conséquences du défaut de transcription retombent toujours sur le donataire, même quand il est incapable (art. 942), sauf son recours contre les personnes qui devaient veiller à l'accomplissement de cette formalité essentielle. C'est une conséquence légitime de ce fait que le donataire cherche à faire un bénéfice et les tiers à éviter une perte.

Des personnes POUVANT OPPOSER *au donataire le défaut de transcription.* — Peuvent opposer au donataire le défaut de transcription toutes personnes ayant intérêt à la nullité de la donation. Ainsi, les tiers qui auraient, soit acheté l'immeuble donné, soit reçu sur cet immeuble des hypothèques, des servitudes, etc., dans l'intervalle du contrat à la transcription, seront maintenus dans leurs droits, parce que la donation non transcrite est pour eux inexistante ; et peu importe qu'ils aient ou non connu la donation, car le Code la présume ignorée jusqu'à la transcription, et la preuve contraire n'est point recevable (art. 1352).

Des personnes ne POUVANT PAS *opposer le défaut de transcription.* — Ne peuvent opposer le défaut de transcription :

1° Ceux qui étaient *chargés* de faire transcrire la donation (art. 941), et avec raison, car nul ne doit profiter de sa propre faute. Ainsi, les maris, tuteurs, administrateurs, etc., qui auraient acheté l'immeuble donné, avant la transcription, ne pourraient opposer leur droit au donataire. D'ailleurs le pourraient-ils, que leur triomphe de ce chef n'aurait aucune utilité, puisqu'ils seraient obligés de rendre en dommages-intérêts ce qu'ils auraient conservé en nature.

2° Les *ayants cause* de ceux qui étaient *chargés* de faire transcrire la donation (art. 941). Rien n'est plus rationnel, lorsqu'il s'agit des ayants cause universels ou à titre universel, tels que les héritiers légitimes ou les successeurs irrégu-

liers, car ces ayants cause succèdent à toutes les obligations du
défunt, et particulièrement à celle de respecter la donation
non transcrite ; mais on peut critiquer la théorie du Code
lorsqu'il s'agit des ayants cause à titre particulier, par exemple, de ceux qui auraient acheté l'immeuble de la personne
chargée de faire transcrire la donation ; car ils ne succèdent
pas aux obligations du vendeur, et on ne voit pas de raison
de différence entre eux et les tiers qui ont directement traité
avec le donateur. Toutefois le sens absolu de la disposition
est incontestable.

3° Le *donateur* ; car autrement il pourrait révoquer la donation faite et non transcrite : or, nous savons que toute
donation entre-vifs est essentiellement actuelle et irrévocable
(art. 894).

Après avoir énuméré les personnes qui ne peuvent, de
l'avis de tous les auteurs, opposer le défaut de transcription,
passons à l'examen de certaines opinions d'après lesquelles
l'énumération précédente serait incomplète.

I. Les héritiers du donateur sont-ils, comme le défunt,
non recevables à opposer le défaut de transcription ? Leur intérêt est d'abord évident ; en effet, si la donation non transcrite leur est opposable, ils ne pourront pas conserver les biens
qui la composent, et que, par hypothèse, le défunt n'avait
pas encore délivrés. Si, au contraire, la donation non transcrite ne leur est point opposable, ils pourront repousser la
revendication du donataire. Il faut, je crois, littéralement
appliquer le principe et les exceptions du Code ; or, d'un
côté, le principe est que le défaut de transcription peut être
opposé par toute personne ayant intérêt, et, de l'autre côté,
les personnes chargées de faire transcrire, leurs ayants causes
et le donateur sont seuls exceptés. Mais puisque les héritiers
du donateur ne sont pas compris dans l'exception, il faut
leur appliquer la règle, et décider qu'ils pourront opposer,
comme les tiers, le défaut de transcription. Cette décision
produira peut-être des résultats iniques, en permettant à des

héritiers de mauvaise foi de conserver la libéralité. Mais il arrivera souvent aussi que les héritiers ne connaîtront pas la donation non transcrite, et les dépouiller de biens dont la présence dans le patrimoine du défunt les avait peut-être déterminés à accepter la succession ne serait pas moins inique. Dans le doute, on doit s'en tenir au texte du Code, et déclarer les héritiers du donateur recevables à opposer le défaut de transcription.

On objecte :

1° Que la loi du 11 brumaire an VII n'a pas expressément maintenu, et a par conséquent supprimé la faculté d'opposer le défaut de transcription que l'ordonnance de 1731 accordait aux héritiers du donateur ; à quoi l'on répond que l'omission signalée dans la loi de brumaire an VII n'a pas le sens abrogatoire qu'on lui attribue. Effectivement, l'art. 941 reproduit presque littéralement l'art. 27 de l'ordonnance précitée, et s'il ne mentionne pas toutes les personnes pouvant opposer le défaut de transcription, c'est parce que cette mention devenait inutile par les exceptions formulées dans le même article.

2° Que les héritiers ne peuvent avoir une faculté dont le donateur lui-même était privé ; à quoi l'on répond que les héritiers ont souvent des droits propres, et qui n'appartenaient point au défunt ; par exemple, ils peuvent intenter l'action en réduction de toutes les libéralités excédant la quotité disponible, et certainement le défunt était privé de cette faculté.

3° Que les héritiers du donateur sont tenus, comme le donateur lui-même, de garantir le donataire du préjudice qu'il éprouverait par un fait qui leur serait personnel ; qu'en d'autres termes, l'exception *quem de evictione tenet actio, eumdem agentem repellit exceptio,* les rend non recevables à opposer le défaut de transcription ; à quoi l'on répond que le donateur est garant de l'éviction résultant de son fait, par exemple, d'une vente qu'il aurait consentie des biens donnés, mais qu'il n'est nullement responsable de l'éviction résultant de la pure négligence du donataire. A proprement parler, ce donataire est ici privé de la libéralité par la loi qui le punit de son retard à faire transcrire la donation, et non par la faute ou le fait du donateur ou de ses héritiers. Ces derniers n'encourent donc aucune responsabilité en opposant le défaut de transcription, et ils ne peuvent être atteints par l'exception *quem de evictione,* etc.

4° On objecte enfin qu'aux termes de l'art. 1072, la donation grevée de substitution est opposable aux héritiers du donateur même avant la transcription ; à quoi l'on répond que la transcription appliquée aux substitutions a des effets tout différents de la transcription appliquée aux donations. Dans le premier cas, elle a pour but et pour effet d'avertir les tiers que les biens ne sont pas libres entre les mains du donataire. Dans le second, elle a pour but et pour effet de faire connaître aux tiers que les biens ne sont plus dans le patrimoine du donateur. Or, on comprend que, si les héritiers du donateur ont intérêt à savoir que les biens appartiennent désormais au donataire, ils n'en ont aucun à savoir que ces biens sont grevés entre ses mains de substitution, et voilà pourquoi la substitution non transcrite leur est opposable, tandis qu'il en est différemment de la donation non transcrite [1].

II. Les créanciers chirographaires du donateur peuvent-ils aussi opposer le défaut de transcription? Évidemment, puisqu'ils y ont intérêt, et que le Code ne les déclare pas non recevables [2].

III. La même question se présente et la même décision doit être donnée pour un donataire postérieur qui aurait fait transcrire sa donation avant le donataire antérieur.

[1] *Sic* Bugnet sur Pothier, t. VIII, p. 389. — *Contrà,* Demolombe, t. III, n. 307. — Troplong, n. 1176, 1177.
[2] Demolombe, t. III, n. 301. — Troplong, n. 1183, — Cass., 23 nov. 1859.

Ainsi, entre deux donataires d'immeubles, celui-là sera préféré à l'autre qui, le premier, aura fait opérer la transcription [1].

En résumé, on ne doit point étendre les trois exceptions de l'art. 941, et toute personne ayant intérêt, qui n'est point comprise dans l'une d'elles, peut opposer le défaut de transcription.

Développement de la règle DONNER ET RETENIR NE VAUT. — Nous avons vu précédemment que les donations ont deux caractères également essentiels, l'actualité et l'irrévocabilité. Il importe d'en préciser les conséquences. Le Code déclare nulles, non-seulement toutes les donations entre-vifs qui dépendent de la seule volonté du donateur (art. 944), mais encore celles qui dépendent d'événements dont la réalisation reste plus ou moins soumise à cette volonté. Ainsi sont frappées de nullité :

1° Les donations de *biens à venir* (art. 943), c'est-à-dire de biens que le donateur est libre d'acquérir ou de ne pas acquérir. Effectivement, alors, la libéralité ne serait pas essentiellement irrévocable ; mais si la donation a en même temps pour objet des biens présents et des biens à venir, elle sera valable pour partie et nulle pour partie, car *utile per inutile non vitiatur*. Par exemple, la donation de tel immeuble actuellement en la propriété du disposant et de tel autre immeuble qu'il se propose d'acquérir est valable pour le premier et nulle pour le second.

La donation est-elle valable lorsqu'elle a pour objet un bien dont le disposant ne deviendra propriétaire que sous une condition encore inaccomplie? Oui, évidemment, si la condition ne dépend pas du disposant ; car la donation ne peut alors être révoquée ; mais, dans le cas contraire, la libéralité serait nulle, puisqu'il dépendrait du donateur de faire que le bien lui appartienne ou ne lui appartienne pas.

---

[1] Aubry et Rau, t. VI, § 704, note 25, p. 86. — Demolombe, t. III, n. 298.

La donation des biens que le disposant laissera au jour de son décès est également nulle, tant pour les biens qu'il possède au jour de la donation que pour les biens acquis postérieurement. Et, en effet, le donateur peut, pendant toute sa vie, disposer de ses biens, et le donataire n'a pas véritablement sur eux un droit actuel et irrévocable.

Sont nulles :

2° Les donations faites sous la condition d'*acquitter d'autres dettes* ou *charges* que celles *existantes* à l'époque de la donation, ou qui seraient exprimées, soit dans l'acte même de donation, soit dans l'état qui doit y être annexé (art. 945). Pourquoi? Parce que, si le donataire pouvait être astreint au payement, soit des dettes que contracterait le donateur, postérieurement à la libéralité, soit à d'autres dettes déjà existantes au moment de la donation, mais non formellement désignées, le donateur aurait la faculté de rendre la libéralité illusoire, en faisant supporter au donataire des charges égales à la valeur des biens qu'il a recueillis.

3° Les donations faites avec *réserve* par le disposant de la faculté *de reprendre*, soit certains effets, soit une somme fixe sur les biens donnés (art. 946). Mais la nullité ne frappe la donation que jusqu'à concurrence des effets ou de la somme réservés. Les héritiers du donateur pourront donc, nonobstant toute clause contraire, réclamer du donataire ou de ses héritiers lesdits effets ou ladite somme.

Ces règles rigoureuses sont inapplicables, comme nous le verrons plus tard, aux donations faites par contrat de mariage, ou même pendant le mariage, par un époux à l'autre (art. 947).

Le Code fait observer que la donation de la nue propriété, avec réserve d'usufruit au profit du donateur, et conséquemment la donation de la nue propriété à l'un et de l'usufruit à l'autre, est valable (art. 949). Pourquoi cette disposition, car la réserve d'usufruit n'empêche évidemment pas la donation de la nue propriété d'être actuelle et irrévocable. Le Code a eu pour but d'abroger certaines coutumes de l'ancien droit français, qui ne permettaient même pas une réserve d'usufruit, tant elles appliquaient avec rigueur la règle : « Donner et retenir ne vaut. »

Lorsque la donation faite avec réserve d'usufruit a pour objet des immeubles, le donataire les prend dans l'état où ils se trouvent à la mort du donateur, et il ne peut demander compte à ses héritiers que des détériorations provenant de la faute ou du fait de l'usufruitier défunt.

Lorsque la donation faite avec réserve d'usufruit a pour objet des meubles, le donataire les prend également dans l'état où ils se trouvent à la mort de l'usufruitier ; mais, comme pour les immeubles, il peut évidemment demander compte aux héritiers des détériorations ou de la perte provenant de la faute ou du fait de l'usufruitier défunt. La valeur donnée aux meubles dans l'état estimatif servira alors de base à ces comptes respectifs (art. 950). Cette décision du Code est rigoureuse, car presque toujours les meubles auront, au moment de leur détérioration ou de leur perte imputable au défunt, une valeur moindre qu'au moment de la donation.

Du RETOUR CONVENTIONNEL. — L'article 951 permet au donateur de stipuler à son profit le retour des objets donnés pour le cas où il survivrait, soit au donataire seul, soit au donataire et à sa postérité. Dans le premier cas, le donateur préfère le donataire à lui-même, mais il se préfère à la postérité du donataire ; dans le second, il préfère à lui-même et le donataire et ses descendants, mais il se préfère aux autres héritiers du donataire. La stipulation du droit de retour ne viole pas la règle de l'irrévocabilité des donations, puisqu'il ne dépend pas du donateur de survivre, soit au donataire, soit au donataire et à sa postérité.

Quand le donateur a stipulé le droit de retour pour le cas où il survivrait au donataire et à ses descendants, il a évidemment eu en vue les descendants légitimes et non les enfants naturels ou adoptifs. Or, comme toute condition doit être interprétée selon l'intention probable des parties, il en résulte que le donateur reprendrait les biens à l'encontre, et des enfants naturels reconnus et des enfants adoptifs du donataire.

Le droit de retour ne peut être stipulé qu'au profit du donateur. Pourquoi pas au profit d'un tiers? Parce que cette stipulation serait une substitution prohibée. Effectivement, le donataire serait tenu de conserver les biens jusqu'à sa mort, pour les rendre au tiers survivant. Or, cette clause obligeant le donataire ou légataire à conserver les biens jusqu'à sa mort pour les rendre à des tiers constitue, ainsi que nous l'avons précédemment établi, une substitution prohibée.

EFFET *du retour conventionnel*. — Le droit de retour a pour effet de résoudre toutes les aliénations et tous les droits réels consentis par le donataire, par application du principe général que la condition résolutoire accomplie remet les choses au même état que si le contrat n'avait jamais existé (art. 1183). Au surplus, les tiers ne peuvent se plaindre de cette résolution. En effet, ou il s'agit d'immeubles, et alors la transcription de l'acte de donation leur a fait connaître la clause du droit de retour; ou il s'agit de meubles, et alors ils sont protégés par la règle : « En fait de meubles, la possession vaut titre (art. 2279). »

Les hypothèques grevant les immeubles repris par le donateur sont exceptionnellement maintenues dans le cas où la donation avait été faite par contrat de mariage, et où le mari donataire, étant insolvable, ne peut rembourser à sa femme la dot ou autres avantages stipulés par ledit contrat. Le législateur n'a pas voulu que la femme fût privée par le droit de retour d'une garantie sur laquelle elle avait compté, et qui désormais est la seule efficace (art. 952). D'ailleurs, le donateur est en faute de n'avoir pas fait ses réserves au moment de la donation.

DEUXIÈME SECTION

DES EXCEPTIONS A LA RÈGLE DE L'IRRÉVOCABILITÉ DES DONATIONS ENTRE-VIFS.

ART. 953. La donation entre-vifs ne pourra être révoquée que pour cause d'inexécution des conditions sous lesquelles elle aura été faite, pour cause d'ingratitude, et pour cause de survenance d'enfants.

954. Dans le cas de la révocation pour cause d'inexécution des conditions, les biens rentreront dans les mains du donateur, libres de toutes charges et hypothèques du chef du donataire ; et le donateur aura, contre les tiers détenteurs des immeubles donnés, tous les droits qu'il aurait contre le donataire lui-même.

955. La donation entre-vifs ne pourra être révoquée pour cause d'ingratitude que dans les cas suivants : 1° si le donataire a attenté à la vie du donateur ; — 2° s'il s'est rendu coupable envers lui de sévices, délits ou injures graves ; 3° s'il lui a refusé des aliments.

956. La révocation pour cause d'inexécution des conditions, ou pour cause d'ingratitude, n'aura jamais lieu de plein droit.

957. La demande en révocation pour cause d'ingratitude devra être formée dans l'année à compter du jour du délit imputé par le donateur au donataire, ou du jour que le délit aura pu être connu par le donateur. — Cette révocation ne pourra être demandée par le donateur contre les héritiers du donataire, ni par les héritiers du donateur contre le donataire, à moins que, dans ce dernier cas, l'action n'ait été intentée par le donateur, ou qu'il ne soit décédé dans l'année du délit.

958. La révocation pour cause d'ingratitude ne préjudiciera ni aux aliénations faites par le donataire, ni aux hypothèques et autres charges réelles qu'il aura pu imposer sur l'objet de la donation, pourvu que le tout soit antérieur à l'inscription qui aurait été faite de l'extrait de la demande en révocation en marge de la transcription prescrite par l'article 939. Dans le cas de révocation, le donataire sera condamné à restituer la valeur des objets aliénés eu égard au temps de la demande, et les fruits à compter du jour de cette demande.

959. Les donations en faveur de mariage ne seront pas révocables pour cause d'ingratitude.

960. Toutes donations entre-vifs faites par personnes qui n'avaient

point d'enfants ou de descendants actuellement vivants dans le temps de la donation, de quelque valeur que ces donations puissent être, et à quelque titre qu'elles aient été faites, et encore qu'elles fussent mutuelles ou rémunératoires ; même celles qui auraient été faites en faveur du mariage par autres que par les ascendants aux conjoints, ou par les conjoints l'un à l'autre, demeureront révoquées de plein droit par la survenance d'un enfant légitime du donateur, même d'un posthume, ou par la légitimation d'un enfant naturel par mariage subséquent, s'il est né depuis la donation.

961. Cette révocation aura lieu encore que l'enfant du donateur ou de la donatrice fût conçu au temps de la donation.

962. La donation demeurera pareillement révoquée, lors même que le donataire serait entré en possession des biens donnés, et qu'il y aurait été laissé par le donateur depuis la survenance de l'enfant, sans néanmoins que le donataire soit tenu de restituer les fruits par lui perçus, de quelque nature qu'ils soient, si ce n'est du jour que la naissance de l'enfant ou sa légitimation par mariage subséquent lui aura été notifiée par exploit ou autre acte en bonne forme, et ce quand même la demande pour rentrer dans les biens donnés n'aurait été formée que postérieurement à cette notification.

963. Les biens compris dans la donation révoquée de plein droit rentreront dans le patrimoine du donateur libres de toutes charges et hypothèques du chef du donataire, sans qu'ils puissent demeurer affectés, même subsidiairement, à la restitution de la dot de la femme de ce donataire, de ses reprises ou autres conventions matrimoniales, ce qui aura lieu quand même la donation aurait été faite en faveur du mariage du donataire, et insérée dans le contrat, et que le donateur se serait obligé comme caution, par la donation, à l'exécution du contrat de mariage.

964. Les donations ainsi révoquées ne pourront revivre ou avoir de nouveau leur effet ni par la mort de l'enfant du donateur, ni par aucun acte confirmatif, et si le donateur veut donner les mêmes biens au même donataire, soit avant ou après la mort de l'enfant par la naissance duquel la donation avait été révoquée, il ne le pourra que par une nouvelle disposition.

965. Toute clause ou convention par laquelle le donateur aurait renoncé à la révocation de la donation pour survenance d'enfant sera regardée comme nulle, et ne pourra produire aucun effet.

966. Le donataire, ses héritiers ou ayants cause, ou autres détenteurs des choses données, ne pourront opposer la prescription

pour faire valoir la donation révoquée par la survenance d'enfant qu'après une possession de trente années, qui ne pourront commencer à courir que du jour de la naissance du dernier enfant du donateur même posthume ; et ce sans préjudice des interruptions, telles que de droit.

Observation. — La rigueur du principe de l'irrévocabilité des donations devait fléchir devant certains faits dont la gravité intéressait la famille ou l'ordre public encore plus que le maintien absolu de la libéralité entre les mains du donataire.

Des CAUSES *de révocation.* — Le Code admet trois causes de révocation seulement :

I° L'*inexécution des conditions* insérées dans la donation ;

II° L'*ingratitude* du donataire ;

III° La *survenance d'enfants* au donateur.

A vrai dire, la révocation pour cause d'inexécution des conditions, et celle pour cause d'ingratitude, dépendent du donataire plutôt que du donateur, et conséquemment l'on ne peut voir en elles une exception au principe : « Donner et retenir ne vaut. » Le Code a néanmoins rangé cette double révocation parmi les exceptions au principe de l'irrévocabilité. Il a peut-être considéré que la révocation devant, dans ces cas, être demandée en justice, il dépendait jusqu'à un certain point du donateur de faire que la donation fût maintenue ou anéantie, selon qu'il intenterait ou n'intenterait pas son action.

I° *De la révocation pour cause d'*INEXÉCUTION *des* CONDITIONS. — Le Code entend parler ici, non des conditions ordinaires qui consistent dans des événements futurs et incertains (art. 1168 et suiv.), mais des *charges* imposées au donataire dans l'acte même de donation. Il est juste et rationnel que ce donataire refusant de supporter les charges dont était grevée la libéralité, le donateur puisse la révoquer.

Dans les contrats synallagmatiques, chacune des parties a

le choix, lorsque l'engagement de l'autre n'a pas été exécuté, ou de la contraindre à cette exécution, ou de demander la résolution du contrat, avec dommages-intérêts dans chacune des deux hypothèses, s'il y a lieu (art. 1184). Ainsi, quand un acheteur ne paye pas son prix, le vendeur peut, soit le forcer à ce payement, soit faire résoudre la vente. Une grave question est celle de savoir si les contrats à titre gratuit comportent la même alternative que les contrats à titre onéreux ; en d'autres termes, si le donateur peut, à son choix, contraindre le donataire à supporter les charges, ou faire révoquer la donation ; ou bien s'il peut seulement demander cette révocation. Certains auteurs prétendent que le donateur a le choix d'exiger l'exécution des conditions ou de demander la révocation de la donation. Ils se fondent sur l'art. 463, aux termes duquel la donation faite à un mineur, et acceptée par son tuteur, avec l'autorisation du conseil de famille, produit à son égard le même effet qu'à l'égard du majeur. Ce texte, disent-ils, ne peut avoir trait au bénéfice résultant de la libéralité, car, sous ce rapport, le mineur devait évidemment être assimilé au majeur ; et il était inutile de le dire expressément. L'article précité ne peut donc se référer qu'à un effet obligatoire de la donation, et si les donations obligent, le donataire peut être directement contraint à exécuter toutes les conditions dont elles sont grevées et qu'il a acceptées. Malgré ce texte et ces raisons, l'on doit adopter le système contraire, et décider que le donateur peut seulement demander la révocation de la donation. Effectivement, l'intention commune et principale des contractants est que le donataire reçoive une libéralité de la part du donateur. Or, si l'on admettait absolument que le donateur peut contraindre le donataire à l'exécution des charges de la libéralité, les rôles pourraient être intervertis, par suite de la dépréciation des biens donnés ou de l'aggravation des charges, et, dans le cas où celles-ci excéderaient la valeur des biens donnés, on arriverait à ce résultat bizarre que le donataire deviendrait donateur, ce qui n'est point admissible. Maintenant que le législateur exige l'autorisation du conseil de famille pour l'acceptation des libéralités offertes à des mineurs ou à des interdits, cela s'explique par la nécessité de veiller à l'intérêt moral et à la considération, soit du donataire, soit de sa famille. On n'en peut donc tirer cette conclusion que le donataire est tenu d'exécuter, malgré lui, les charges de la libéralité. Cela est si vrai que les ascendants non tuteurs ont le droit d'accepter, sans aucune autorisation, les donations offertes à leurs descendants mineurs. Or, si la libéralité pouvait non-seulement compromettre l'honneur domestique, mais encore les intérêts du pupille, n'est-il pas évident que les ascendants n'auraient pas le droit de l'accepter sans autorisation? L'art. 463 n'attribue donc point par lui-même des effets obligatoires à la donation, et l'on doit rejeter le système basé sur ces articles. Rappelons enfin que le mot *acte* fut substitué au mot *contrat* dans la définition de la donation (art. 894), parce que les rédacteurs crurent faussement que ce dernier mot emportait l'idée d'obligations réciproques. Or, cette substitution prouve clairement qu'ils n'entendaient attacher à la donation aucun effet obligatoire pour celui qui la recevait [1].

Quand les charges imposées au donataire sont considérées par les parties comme l'équivalent plus ou moins exact de la libéralité ; le contrat, en apparence à titre gratuit, est en réalité à titre onéreux. Or, comme il faut voir plutôt *quod actum quam quod dictum est,* on lui appliquera les règles des contrats à titre onéreux, et particulièrement celles de l'art. 1184 précité.

COMMENT *a lieu la révocation pour cause d'*INEXÉCUTION DES CONDITIONS. — Cette révocation n'a jamais lieu de plein droit (art. 956), et il faut que le donateur l'obtienne de la justice. De là cette conséquence que le donataire peut, en exécutant

[1] *Sic* Malleville sur l'art. 954. — Genreau, *Reu. crit.*, t. IV, p. 492. — *Contrà*, Marcadé, art. 954, n. 2. — Demolombe, t. III, n. 574.

les conditions avant que le jugement soit prononcé, arrêter
le cours de l'action en révocation. Bien plus, on doit admettre
que les tribunaux pourront accorder au donataire un délai
pour exécuter les charges de la donation, quand des circonstances plus ou moins indépendantes de sa volonté l'empê-
cheront de procéder immédiatement à cette exécution. En
effet, l'art. 1184 *in fine* attribue ce droit aux juges lorsqu'il
s'agit d'un acte à titre onéreux, et, à plus forte raison, faut-
il le leur reconnaître lorsqu'il s'agit d'un acte à titre gratuit.
Le délai de grâce une fois expiré, la révocation ne pourra
plus être retardée par la justice, dans le cas où les conditions n'auraient pas été exécutées. Effectivement, il est de
principe qu'un tribunal ne peut pas modifier ses jugements antérieurs, quand ils ont été rendus contradictoirement.

Lorsque le donateur a stipulé la révocation de plein droit,
pour cause d'inexécution des conditions, la justice ne peut
accorder aucun délai de grâce au donataire; mais il faut
toujours, à moins de convention contraire, que le donateur
avertisse par sommation le donataire qui pourrait être, sans
cela, victime d'un oubli. L'art. 1656 exige, en effet, cet
avertissement pour le cas de vente, et l'on doit, par analogie,
l'exiger pour le cas de donation.

Des EFFETS *de la révocation pour cause d'*INEXÉCUTION *des*
CONDITIONS. — Cette révocation a pour effet d'anéantir rétroactivement la propriété du donataire, et conséquemment
tous les droits qu'il avait constitués sur les biens donnés,
sauf aux tiers à invoquer, s'il y a lieu, la maxime : « En fait
de meubles, la possession vaut titre. » Le donataire devra
même compte de la totalité des fruits par lui perçus, car sa
mauvaise foi le rend non recevable à dire, qu'en qualité de
possesseur, il a fait les fruits siens.

A QUI *et* CONTRE QUI *compète l'action en révocation pour
cause d'*INEXÉCUTION DES CONDITIONS. — L'action en révocation
peut être intentée par le donateur, par ses héritiers et même

par ses créanciers, en vertu du principe général de l'article 1166.

Elle peut être intentée contre le donataire et ses héritiers ; mais ce n'est qu'après le jugement de révocation que le donateur pourra revendiquer les biens donnés contre les tiers détenteurs.

DURÉE *de l'action.* — Aucun texte n'ayant fixé cette durée, l'action en révocation pourra, selon le droit commun (art. 2262), être exercée pendant trente ans. Ces trente ans courent à dater du jour fixé pour l'exécution des conditions. Mais les tiers qui auraient, par exemple, reçu du donataire certains immeubles compris dans la donation pourraient sans aucun doute les prescrire par dix, vingt ou trente ans, suivant les cas (art. 2262 et 2265), et comme leur prescription acquisitive serait indépendante de la prescription libératoire courant au profit du donataire, ils pourraient être à l'abri de toute éviction, lorsque le donataire se trouverait encore exposé à l'action en révocation. Dans cette hypothèse, ils conserveraient les biens, malgré toute révocation ultérieure ; et, en effet, ils en sont désormais propriétaires, non en vertu de leur titre d'acquisition, mais en vertu de la prescription.

II° *De la* RÉVOCATION *des donations pour cause d'*INGRATITUDE. — Toute donation est faite sous la condition tacite que le donataire ne se montrera point ingrat envers le donateur. L'intention des parties et la morale exigent donc à la fois que le donataire ingrat soit privé des biens qu'il a reçus.

Des CAS *d'ingratitude.* — Le Code énumère et précise les cas d'ingratitude. Ils sont au nombre de trois seulement. L'ingratitude a lieu :

1° *Si le donataire a* ATTENTÉ A LA VIE *du donateur ;* et il n'est pas nécessaire ici, comme dans les successions, que cet attentat soit constaté par une condamnation criminelle, car l'article 955 n'a pas reproduit cette condition exceptionnelle de preuve.

2° *Si le donataire s'est rendu coupable envers le donateur de* SÉVICES, DÉLITS *ou* INJURES GRAVES. De *sévices*, c'est-à-dire de vexations qui, par leur nature ou leur nombre, deviennent un véritable tourment ; de *délits*, c'est-à-dire de faits punissables de peines correctionnelles ou criminelles, commis sur les biens [1] ou sur la personne du donateur ; d'*injures graves*, c'est-à-dire d'actes ou de propos capables de porter atteinte à l'honneur ou à la considération de ce dernier. Les tribunaux sont juges souverains de la pertinence des faits allégués.

3° *Si le donataire* REFUSE DES ALIMENTS *au donateur*, et il n'est pas nécessaire que le donateur en ait fait une charge de la donation. La seule qualité de donataire emporte obligation de fournir des aliments au donateur ; mais cette obligation ne prend évidemment naissance que si le donateur est dans le besoin, et n'a pas de parents légitimes auxquels il puisse en demander. Puis la pension alimentaire se calcule, non sur la totalité des biens du donataire, mais sur les revenus mêmes de la donation. L'autre mode de calculer mènerait quelquefois à un résultat inadmissible. Effectivement, un donataire opulent pourrait être tenu de payer au donateur une pension alimentaire supérieure à la libéralité qui en serait la cause.

Pourquoi l'indignité en matière de donation est-elle plus facilement encourue qu'en matière de succession ? On peut en donner deux raisons : la première, que le donataire tenant les biens de la seule volonté du disposant, au lieu de les tenir, comme l'héritier, de la loi elle-même, est plus rigoureusement astreint au devoir de la reconnaissance ; la seconde, que l'indignité en matière de succession a pour effet de renverser l'ordre légal d'après lequel les biens doivent être dévolus ; tandis que l'indignité en matière de donation a pour effet de le rétablir.

COMMENT *a lieu la révocation pour cause d'*INGRATITUDE.

---

[1] Marcadé, art. 955, n. 2. — Demolombe, t. III, n. 631.

— La révocation pour cause d'ingratitude n'a jamais lieu de plein droit (art. 956), et elle doit, comme la révocation pour cause d'inexécution des conditions, être demandée à la justice. Pourquoi? Parce que le donateur peut avoir pardonné l'injure qu'il avait reçue du donataire ; or, l'injure pardonnée est réputée n'avoir jamais existé, et les tribunaux pourront conséquemment maintenir une libéralité qu'ils auraient auparavant révoquée. D'ailleurs, l'injure du donataire ne touche que le donateur, et lui seul a qualité pour s'en plaindre. Or, si la donation était révoquée de plein droit, toute personne intéressée aurait le droit de se prévaloir de cette révocation, ce qui ne doit pas être.

Des EFFETS *de la révocation pour cause d'ingratitude.* — Les effets de la révocation des donations pour cause d'ingratitude sont bien différents des effets de la révocation pour cause d'inexécution des conditions. Opposables au donataire, ils ne le sont jamais au tiers, et tous les droits constitués à leur profit depuis la donation sont maintenus (art. 958). La raison de cette différence est que la révocation pour cause d'ingratitude a un caractère de pénalité, et qu'aucune peine ne doit frapper d'autres que le coupable. A proprement parler, la donation n'est pas révoquée, mais plutôt *retirée* pour cause d'ingratitude ; or, si la révocation a un effet rétroactif, le retrait n'atteint jamais que les biens actuellement existants dans les mains du détenteur, et dans l'état où ils se trouvent.

La non-rétroactivité de la révocation pour cause d'ingratitude présente un péril. En effet, le donataire actionné en révocation peut, en grevant les biens donnés de droits réels ou même en les aliénant avant que le jugement soit prononcé, rendre la révocation illusoire. Pour les donations immobilières, l'art. 958 pare à ce danger, en annulant tous les droits constitués par le donataire postérieurement à l'inscription d'un extrait de la demande en marge de la transcription de la donation au bureau des hypothèques. Les

tiers ne peuvent se plaindre de cette résolution de leurs
droits, car ils sont en faute de les avoir acceptés sur des
biens déjà frappés d'une demande en révocation. Pour les
meubles, le Code ne contient aucune disposition, et l'inconvénient signalé plus haut subsiste tout entier. L'ancienne
jurisprudence faisait, même dans l'hypothèse d'une donation mobilière, remonter au jour de la demande les effets de
la révocation ; rien ne porte à croire que le Code ait innové.
Seulement, les tiers détenteurs de meubles donnés seront
toujours protégés par la maxime : « En fait de meubles,
possession vaut titre. » Mais, toutes les fois qu'ils n'auront
pas reçu la possession des meubles par eux acquis, leur
droit deviendra caduc, s'il a été constitué depuis la demande
en révocation. Cependant il faut admettre une exception à
cette règle, dans le cas où la donation a pour objet une
créance ; en effet, le donateur trouve dans l'art. 1690 un
moyen de rendre sa demande publique ; il n'a qu'à la notifier au débiteur. Si cette notification n'a pas eu lieu, les
droits acquis à des tiers sur la créance avant le jugement de
révocation devront être maintenus, parce qu'une mutation
de créance n'est en principe jamais opposable aux tiers, si
elle n'a été préalablement signifiée au débiteur ou acceptée
par lui dans un acte authentique.

Dans tous les cas où le donateur, obligé de respecter les
droits conférés à des tiers, ne peut recouvrer en nature le
montant intégral de la donation, le donataire doit lui tenir
compte de la différence sur ses biens personnels. Il est même
tenu de restituer les fruits à dater du fait d'ingratitude ; car
sa bonne foi a cessé d'exister en même temps que sa reconnaissance.

DÉLAI *de l'action.* — L'action en révocation pour cause
d'ingratitude dure un an à *dater du délit* imputé par le donateur au donataire, ou du jour que le délit aura *pu être
connu* du donateur (art. 957). Passé ce délai, l'injure est
réputée pardonnée. Lorsque le donateur allègue n'avoir pas

eu dès l'origine connaissance de l'ingratitude, il doit le prouver, à moins que la preuve dont s'agit ne résulte des circonstances.

A qui et contre qui *compète l'action en révocation pour* cause d'ingratitude. — Aux termes de l'art. 957 2°, l'action en révocation pour cause d'ingratitude doit être en principe intentée par le donateur lui-même et peut l'être exceptionnellement par ses héritiers ; et, en effet, l'ingratitude est une injure personnelle au défunt, et l'on comprend que lui seul puisse intenter l'action à laquelle elle sert de fondement. Toutefois, le Code, par une inexplicable bizarrerie, détruit dans son exception la règle qu'il vient de poser. Effectivement, les héritiers du donateur peuvent continuer l'instance dans le cas où le défunt l'avait déjà commencée, et aussi la commencer eux-mêmes, dans le cas où le délit n'a pas été commis depuis plus d'une année. Or, comme le donateur n'a jamais qu'une année à compter du délit pour agir, il est évident que ses héritiers ont la même latitude que lui pour attaquer le donataire, et qu'en définitive l'exception est aussi étendue que la règle. Est-ce à dire que cette règle soit inutile ? Nullement ; en effet, du moment que l'action en révocation pour cause d'ingratitude ne peut prendre naissance dans la personne des héritiers du donateur, ces derniers ne pourront jamais l'intenter pour injure grave faite à la mémoire du défunt, comme ils le pourraient dans le cas d'une libéralité testamentaire (art. 1047), et il faut écarter des donations entre-vifs cette cause de révocation admise en matière de legs [1].

Le Code ne faisant aucune distinction, on doit mettre les successeurs irréguliers du défunt sur la même ligne que ses héritiers légitimes, au point de vue de l'action en révocation pour cause d'ingratitude. Mais les créanciers du donateur ne seraient pas recevables à l'intenter, parce qu'elle est exclusivement attachée à la personne.

---

[1] Demolombe, t. III, n. 639. — Metz, 24 mai 1859.

Nous avons vu qui peut demander la révocation d'une donation pour cause d'ingratitude : voyons contre qui elle peut être demandée.

Aux termes de l'art. 957 ^{2o}, la révocation ne peut être demandée que contre le donataire, et avec raison, car si l'injure est personnelle au point de vue du donateur, elle l'est à plus forte raison au point de vue du donataire, et les héritiers de celui-ci ne doivent pas souffrir de sa faute. Maintenant une grave question est celle de savoir si l'instance commencée contre le donataire peut être continuée contre ses héritiers. Dans une opinion, l'on admet l'affirmative ; car, dit-on, le demandeur ne doit pas souffrir de la mort du défendeur : un tel fait lui est et lui doit rester étranger ; puis, l'art. 957 ^{2o}, en interdisant d'intenter l'action contre les héritiers du donataire, permet implicitement de la continuer contre eux, lorsqu'elle avait été intentée contre le défunt. Enfin, les partisans de ce système invoquent l'ancienne règle du droit romain : *Omnes actiones quæ morte vel tempore pereunt, semel inclusæ judicio salvæ permanent.*

A cette argumentation l'on répond que l'action en révocation pour cause d'ingratitude est pénale, et qu'elle périt conséquemment avec le coupable, comme toutes les autres actions de cette nature. Puis, l'article précité, en interdisant d'intenter l'action contre les héritiers du donataire, veut dire, non pas qu'on pourra la continuer contre eux si elle a été commencée contre le défunt, mais bien que la révocation ne pourra jamais être obtenue contre les héritiers. La preuve de cette proposition est dans l'article lui-même. Effectivement, il interdit aux héritiers du donateur de *demander* la révocation de la donation, à moins que l'action n'ait été intentée par le défunt ; or, il est incontestable et incontesté que, dans ce cas, *demander* la révocation signifie l'*obtenir ;* or, si cette expression a ce sens, quand il s'agit des héritiers du donateur, pourquoi lui en donner un autre, quand il s'agit des héritiers du donataire ? et si elle n'a pas un autre

sens quand il s'agit des héritiers du donataire, n'est-il pas
certain que la révocation ne pourra jamais être prononcée
contre ces derniers? Enfin, rien ne démontre que le brocard
romain, invoqué par l'autre système, conserve encore quelque autorité chez nous, qui avons une organisation judiciaire
et une procédure tout autres. Il faut donc rester dans la règle
et décider que l'action s'éteint avec le coupable, puisqu'il n'y
a pas de raison suffisante de se placer dans l'exception et
d'admettre que l'action continue contre ses héritiers.

Des donations qui ne SONT PAS RÉVOCABLES *pour cause*
*d'*INGRATITUDE. — Les donations *en faveur du mariage* ne
sont pas révocables pour cause d'ingratitude (art. 959), et
avec raison ; car le mariage comprend les époux et les enfants. Or, la faute de l'époux donataire ne doit retomber ni
sur l'époux innocent ni sur les enfants. Ici se représente une
grave question que nous avons déjà examinée dans le tome Ier,
en traitant de la séparation de corps. Il s'agit de savoir si les
donations faites par un époux à l'autre doivent être assimilées à celles faites par des tiers aux époux ; en d'autres termes, si l'ingratitude cesse d'être une cause de révocation
lorsque la donation est faite par un époux à l'autre dans le
contrat de mariage, comme lorsqu'elle est faite par un tiers à
l'un des époux ou aux deux époux. Nous avons décidé et
nous répétons que l'ingratitude produit entre époux son
effet révocatoire, et que les seules donations non révocables
pour cette cause sont celles faites par un *tiers* aux *époux* [1].
Par application de cette idée, nous avons admis que la séparation de corps, à laquelle est toujours attaché un fait d'ingratitude, entraîne de plein droit, comme le divorce, la révocation des donations faites par l'époux innocent à l'époux
coupable.

L'exception du Code au principe que l'ingratitude entraîne
la révocation des donations étant limitée au cas de donations

---

[1] *Sic* Demante, t. II, p. 36, n. 29 *bis*. — Demolombe, *du Mar.*, t. II, n. 528
et s. — Cass., 20 fév. et 6 mars 1856.

faites *en faveur du mariage*, il faut décider que toutes les autres donations restent soumises à cette cause de révocation, si graves que soient d'ailleurs les raisons de les maintenir. Ainsi, les donations *rémunératoires*, c'est-à-dire faites en considération d'un service reçu, et les donations *mutuelles*, c'est-à-dire faites en considération d'une donation réciproque, seraient révocables pour cause d'ingratitude.

III° *De la* RÉVOCATION *des donations pour cause de* SURVENANCE D'ENFANTS. — Aux termes de l'art. 960, toutes donations entre-vifs, faites par personnes qui n'avaient point d'enfants ou de descendants vivants à l'époque de la donation, sont et demeurent révoquées par la survenance d'un enfant légitime au donateur, même d'un posthume, ou par la légitimation d'un enfant naturel par mariage subséquent, s'il est né depuis la donation. Cette révocation a sa raison d'être dans la nature même de l'homme. En effet, il est présumable que le donateur n'eût pas fait la libéralité s'il avait connu la puissance du sentiment paternel. Maintenant elle a son origine dans la loi *Si unquam*, insérée au Code, titre *De revocandis donationibus*. Mais la loi romaine limitait la révocation au cas où la libéralité avait été faite par un patron à son affranchi. L'ancienne jurisprudence l'étendit à toutes les donations, et le Code l'a maintenue avec rigueur. Ainsi, l'art. 965 interdit expressément toute clause ou convention par laquelle le donateur renoncerait à la révocation pour cause de survenance d'enfants.

Au PROFIT DE QUI *est établie la révocation pour* SURVENANCE *d'enfants.* — Cette révocation est établie au profit du donateur lui-même, et non au profit des enfants qui surviennent. Cela résulte de l'art. 963, qui fait rentrer les biens donnés dans le patrimoine même du donateur. Aussi les enfants pourront-ils ne pas profiter de la révocation dont ils sont la cause ; et, en effet, si le donateur dissipe les biens, ou si les enfants n'arrivent point à sa succession, la révocation n'aura profité qu'au donateur.

Des conditions *de la révocation pour cause de* survenance d'enfants. — D'après l'article 960, cette révocation est subordonnée à une double condition : la première, que le donateur n'ait point d'enfants ou de descendants actuellement vivants à l'époque de la donation ; la seconde, qu'il lui survienne un enfant légitime ou naturel légitimé. D'abord, il faut que le donateur n'ait ni enfants ni descendants vivants à l'époque de la donation ; d'où la conséquence que la donation serait sujette à révocation, même dans le cas où la femme du donateur aurait déjà conçu, mais non encore enfanté à l'époque de la donation. Et, en effet, l'on ne peut pas dire que l'enfant conçu soit actuellement vivant au temps de la libéralité : le sentiment paternel date de la naissance et non de la conception. Mais si le donateur avait déjà un enfant lors de la donation, la survenance d'un second enfant ne la révoquerait pas ; car il n'est plus vrai de dire alors que le donateur a ignoré la puissance du sentiment paternel. Enfin, il faut qu'il survienne au donateur un enfant légitime ou naturel légitimé ; d'où la conséquence que la légitimation d'un enfant naturel, né avant la donation, n'aurait point d'effet révocatoire.

La survenance d'un petit-enfant a le même résultat que la survenance d'un enfant. Mais comment comprendre que le donateur puisse avoir un petit-enfant, s'il n'avait pas, lors de la donation, ou n'a pas eu depuis cette époque un enfant ? C'est que le donateur peut avoir fait la libéralité après la mort de son fils, et antérieurement à la naissance de l'enfant conçu des œuvres de celui-ci.

Après avoir examiné avec le Code l'effet de la survenance d'un enfant légitime ou naturel légitimé, il reste à parcourir plusieurs hypothèses où les donations sont maintenues ou révoquées, suivant les opinions.

1° La survenance d'un enfant né d'un *mariage putatif* a-t-elle un effet révocatoire ? Évidemment, lorsque la donation émane d'un époux de bonne foi ; car le mariage putatif équi-

vaut pour lui à un mariage valable (art. 201 et 202), et la
survenance d'un enfant issu d'un tel mariage doit avoir le
même résultat que la survenance d'un enfant issu d'un mariage inattaquable. Mais lorsque la donation émane d'un
époux de mauvaise foi, elle n'est point révoquée par la survenance d'un enfant, car l'époux de mauvaise foi ne peut tirer
aucun avantage d'une union que la loi frappe de nullité.

2° La survenance d'un enfant *adoptif* révoque-t-elle la
donation? La raison de douter vient de ce que les enfants
adoptifs ont des droits égaux à ceux des enfants légitimes.
Toutefois, comme la révocation a directement lieu au profit
du donateur et non de ses enfants, l'on doit décider que ce
donateur ne peut point révoquer indirectement par une adoption une libéralité qui est en principe irrévocable. L'assimilation des enfants adoptifs aux enfants légitimes n'implique
nullement l'assimilation du père adoptif au père légitime [1].

3° Le retour d'un enfant *absent* à l'époque de la donation a-t-il un effet révocatoire? Les uns, s'attachant au texte
du Code, décident la négative; effectivement, dans ce cas,
l'enfant vivait au temps de la donation, et l'on ne peut pas
dire qu'il *soit survenu*. Il faut cependant, à notre avis, rejeter cette opinion rigoureuse, et abandonner la lettre du Code
pour en suivre l'esprit. Or, il est incontestable que le retour
d'un enfant que l'on croyait perdu est tout à fait analogue à
la survenance d'un enfant que l'on ne savait pas devoir exister, et, dans la plupart des cas, on pourra dire que le donateur n'eût point fait la libéralité s'il avait connu l'existence de
son enfant; son retour révoquera donc la donation.

4° Enfin, l'existence d'un enfant *naturel* reconnu à l'é-
poque de la donation en empêche-t-elle la révocation, dans
le cas où il survient un enfant légitime au donateur? On doit
admettre la négative pour une double raison : d'abord il eût
été inutile de dire que la légitimation d'un enfant naturel né

---

[1] Aubry et Rau, t. IV, § 560, p. 654. — Demolombe, *de l'Adop.*, n. 164.

avant la donation ne la révoque pas, si la seule présence de cet enfant naturel, au temps de la donation, empêchait la révocation : puis l'ancienne jurisprudence admèttait que la survenance d'un enfant légitime révoquait la donation, malgré l'existence d'un enfant naturel reconnu à l'époque où elle avait été consentie, et rien ne démontre que le Code ait voulu innover [1].

Des donations RÉVOCABLES OU NON *pour cause de* SURVENANCE D'ENFANTS. — Toutes les donations sont révocables pour cause de survenance d'enfants, même les donations mutuelles ou rémunératoires, et encore celles qui ont été faites en faveur du mariage (art. 960). Cette règle rigoureuse admet cependant quelques exceptions ; ainsi ne sont pas révocables pour cause de survenance d'enfants :

1° Les donations faites par un des *conjoints à l'autre,* parce que les enfants étant communs au donateur et au donataire, trouveront dans le patrimoine de ce dernier les biens qui manqueront dans le patrimoine du premier (art. 960).

2° Les donations faites en faveur du mariage par les *ascendants* de l'un ou l'autre des époux (art. 960). Mais si la donation émane des ascendants, comment comprendre la révocation, puisque le donateur avait des enfants vivants au temps de la libéralité? C'est que, selon d'anciens auteurs, la même personne ne pouvait jouer en même temps le rôle d'enfant et celui de donataire, et la survenance d'un second enfant révoquait la donation faite au premier, comme la survenance d'un premier enfant aurait révoqué la donation faite à un étranger. Le Code a peut-être voulu prévenir cette subtilité ; mais il suffisait de ne pas la reproduire pour l'abroger.

3° Enfin, ne sont pas révoquées les donations qui, par leur nature, sont *dispensées du rapport,* telles que cadeaux de noces, présents d'usage, etc. L'ancienne jurisprudence le décidait ainsi, et il ne paraît pas que le Code ait innové.

[1] Aubry et Rau, t. VI, § 709, p. 118. — Demolombe, t. III, n. 729.

COMMENT *a lieu la révocation pour cause de* SURVENANCE
D'ENFANTS. — Cette révocation a lieu de *plein droit*, et par le
seul fait de la survenance d'un enfant légitime ou légitimé. Il
sera donc inutile que le donateur obtienne un jugement de
révocation. Bien plus, la révocation aura lieu à son insu et
malgré lui, de sorte que les tiers eux-mêmes pourront l'invoquer; toutes conséquences qui n'existent point, lorsque l'i-
nexécution des conditions ou l'ingratitude du donataire sont
cause de révocation (art. 960). Si, nonobstant la survenance
d'enfants, le donateur persiste dans son intention de donner,
il devra faire un autre acte de donation, et le droit du donataire n'existera qu'à compter du jour de la nouvelle disposition (art. 964).

Des EFFETS *de la révocation pour cause de* SURVENANCE
D'ENFANTS. — Cette révocation produit, comme toute condition résolutoire accomplie, un effet rétroactif au jour du contrat (art. 1183). Conséquemment, tous les droits réels consentis par le donataire sur les biens donnés sont et demeurent
anéantis. Les tiers ne doivent s'en prendre qu'à eux-mêmes
de les avoir acceptés malgré les chances de révocation, et
d'ailleurs ils ont un recours contre le donataire. Les effets de
cette révocation sont tellement absolus que l'art. 963 déclare
les biens affranchis même de l'hypothèque légale dont ils
peuvent être grevés au profit de la femme du donataire, et
ce résultat a lieu, lors même que la donation aurait été
faite dans le contrat de mariage du donataire, et que le
donateur se serait obligé comme caution à l'exécution de
ce contrat (art. 963). Mais le cautionnement est-il révoqué comme la donation? Il l'était d'après Pothier; il doit
l'être encore d'après le Code; car autrement le donateur serait tenu de rendre comme caution ce qu'il reprendrait
comme donateur, et de la sorte il renoncerait par voie indirecte au bénéfice d'une révocation à laquelle il ne peut renoncer directement (art. 965). Cependant certains auteurs, se
fondant sur la séparation qui existe entre la qualité de dona-

teur et celle de caution, admettent l'opinion contraire.

Quant aux fruits, le donataire devrait à la rigueur les restituer en entier, puisque la donation est anéantie rétroactivement. Cependant il a possédé de bonne foi les biens donnés
dans l'intervalle de la donation à sa révocation, et, comme
possesseur, il peut garder les fruits auxquels il n'a pas droit
comme donataire. Pour mettre un terme à sa bonne foi, et,
par suite, à son acquisition des fruits, le donateur doit lui
notifier la survenance d'enfant qui opère la révocation
(art. 962). A dater de cette notification, il pourra réclamer
tous les fruits perçus par le donataire, lors même que sa demande pour rentrer dans les biens donnés ne serait formée
que postérieurement.

De la PRESCRIPTION *de l'action née de la révocation pour
cause de* SURVENANCE D'ENFANTS. — Quand le donateur, au
lieu de profiter de la révocation, laisse les biens donnés entre
les mains du donataire, celui-ci commence à prescrire contre
la réclamation à laquelle il se trouve exposé. Cette prescription est de trente ans, qui courent à dater de la naissance du
dernier enfant, même posthume (art. 966). Cette règle du
Code est bizarre; car la révocation a lieu par la survenance
du premier enfant et non par celle du dernier, et le point de
départ de la prescription devait être évidemment la survenance de l'enfant qui est cause de la révocation.

Lorsque les biens donnés sont passés entre les mains de
tiers détenteurs, la révocation ne peut les atteindre, s'ils sont
mobiliers, à cause de la maxime : « En fait de meubles, la
possession vaut titre. » Mais s'ils sont immobiliers, le donateur aura le droit de les revendiquer, et les tiers ne pourront,
comme le donataire, les prescrire que par trente ans, à dater
de la survenance du dernier enfant. Sous ce rapport, l'art. 966
déroge encore au droit commun, qui permet aux tiers de
prescrire par dix et vingt ans, quand leur possession est fondée sur la bonne foi et un juste titre (art. 2265).

Enfin, chose étonnante, le donataire est, même après la

prescription, toujours regardé comme un donataire. **En d'autres termes, son titre de propriété n'est pas la prescription, mais la donation ; cela résulte des termes mêmes de l'art. 966, d'après lesquels la prescription sert *à faire valoir la donation révoquée par la survenance d'enfants*. Les biens donnés, et puis prescrits, seront donc toujours rapportables et réductibles. Le législateur, en voulant assurer l'efficacité de la révocation des donations pour cause de survenance d'enfants, s'est jeté dans de véritables anomalies.**

CHAPITRE V

DES DISPOSITIONS TESTAMENTAIRES.

—

PREMIÈRE SECTION
DES RÈGLES GÉNÉRALES SUR LA FORME DES TESTAMENTS.

ART. 967. Toute personne pourra disposer par testament, soit sous le titre d'institution d'héritier, soit sous le titre de legs, soit sous toute autre dénomination propre à manifester sa volonté.

968. Un testament ne peut être fait dans le même acte par deux ou plusieurs personnes, soit au profit d'un tiers, soit à titre de disposition réciproque et mutuelle.

969. Un testament pourra être olographe, ou fait par un acte public, ou dans la forme mystique.

970. Le testament olographe ne sera point valable s'il n'est écrit en entier, daté et signé de la main du testateur ; il n'est assujetti à aucune autre forme.

971. Le testament par acte public est celui qui est reçu par deux notaires en présence de deux témoins, ou par un notaire, en présence de quatre témoins.

972. Si le testament est reçu par deux notaires, il leur est dicté par le testateur, et il doit être écrit par l'un de ces notaires, tel qu'il est dicté. — S'il n'y a qu'un notaire, il doit également être dicté par le testateur, et écrit par ce notaire. — Dans l'un et l'autre cas,

il doit en être donné lecture au testateur en présence des témoins. — Il est fait du tout mention expresse.

973. Ce testament doit être signé par le testateur ; s'il déclare qu'il ne sait ou ne peut signer, il sera fait dans l'acte mention expresse de sa déclaration, ainsi que de la cause qui l'empêche de signer.

974. Le testament devra être signé par les témoins ; et néanmoins, dans les campagnes, il suffira qu'un des deux témoins signe, si le testament est reçu par deux notaires, et que deux des quatre témoins signent, s'il est reçu par un notaire.

975. Ne pourront être pris pour témoins du testament par acte public ni les légataires, à quelque titre qu'ils soient, ni leurs parents ou alliés, jusqu'au quatrième degré inclusivement, ni les clercs des notaires par lesquels les actes seront reçus.

976. Lorsque le testateur voudra faire un testament mystique ou secret, il sera tenu de signer ses dispositions, soit qu'il les ait écrites lui-même, ou qu'il les ait fait écrire par un autre. Sera le papier qui contiendra ses dispositions, ou le papier qui servira d'enveloppe, s'il y en a une, clos et scellé. Le testateur le présentera ainsi clos et scellé au notaire et à six témoins au moins, où il le fera clore et sceller en leur présence, et il déclarera que le contenu en ce papier est son testament écrit et signé de lui, ou écrit par un autre et signé de lui ; le notaire en dressera l'acte de suscription qui sera écrit sur ce papier ou sur la feuille qui servira d'enveloppe ; cet acte sera signé tant par le testateur que par le notaire, ensemble par les témoins. Tout ce que dessus sera fait de suite et sans divertir à d'autres actes ; et en cas que le testateur, par un empêchement survenu depuis la signature du testament, ne puisse signer l'acte de suscription, il sera fait mention de la déclaration qu'il en aura faite, sans qu'il soit besoin, en ce cas, d'augmenter le nombre des témoins.

977. Si le testateur ne sait signer, ou s'il n'a pu le faire lorsqu'il a fait écrire ses dispositions, il sera appelé à l'acte de suscription un témoin, outre le nombre porté par l'article précédent, lequel signera l'acte avec les autres témoins ; et il y sera fait mention de la cause pour laquelle ce témoin aura été appelé.

978. Ceux qui ne savent ou ne peuvent lire ne pourront faire de dispositions dans la forme du testament mystique.

979. En cas que le testateur ne puisse parler, mais qu'il puisse écrire, il pourra faire un testament mystique, à la charge que le testament sera entièrement écrit, daté et signé de sa main, qu'il le

présentera au notaire et aux témoins, et qu'au haut de l'acte de suscription, il écrira, en leur présence, que le papier qu'il présente est son testament; après quoi le notaire écrira l'acte de suscription, dans lequel il sera fait mention que le testateur a écrit ces mots en présence du notaire et des témoins; et sera, au surplus, observé tout ce qui est prescrit par l'art. 976.

980. Les témoins appelés pour être présents aux testaments devront être mâles, majeurs, sujets de l'Empereur, jouissant des droits civils.

Observation. — Nous avons défini plus haut le testament, et examiné ses caractères essentiels. Il nous reste à voir dans quelle forme il doit être rédigé.

Des DIFFÉRENTES ESPÈCES *de testament.* — Les testaments sont ORDINAIRES OU PRIVILÉGIÉS. Les premiers sont régis par les règles du droit commun, les seconds par des règles exceptionnelles que motivent des circonstances graves, telles que le service dans les armées de terre ou de mer, les voyages maritimes, etc.

Règles communes à TOUS *les testaments.* — Tout testament est un acte solennel, et l'omission des formalités prescrites par la loi est une cause de nullité radicale. Sur ce point, nous renvoyons à ce que nous avons déjà dit sur la solennité des donations.

Tout testament doit être fait sur un acte séparé (art. 968), et avec raison. Car, si deux testaments pouvaient être faits sur le même acte, la faculté de révocation serait plus ou moins paralysée pour chacun des disposants. Or, nous savons que tout testament est et doit rester essentiellement révocable (art. 895).

Enfin, le testateur est libre de désigner comme il voudra la personne qui recueillera tout ou partie de sa fortune. Nous verrons plus tard que la qualification d'héritier ou de légataire donnée à cette personne est sans influence sur la validité ou les effets de la disposition (art. 1002). Sous ce rapport, le droit français accorde aux testateurs une faculté que leur refusait le droit romain; et, en effet, avant Justinien, *Institutio hœredis erat caput et fundamentum totius testamenti;* un testament n'était valable que s'il contenait une *institution d'héritier* faite dans les termes sacramentels.

Des TESTAMENTS ORDINAIRES. — Les testaments ordinaires peuvent revêtir trois formes différentes (art. 969), savoir :

1° La forme OLOGRAPHE ;

2° La forme PUBLIQUE ;

3° La forme MYSTIQUE.

Du testament OLOGRAPHE. — Le testament olographe (ὅλος, entier, γράφω, j'écris), est l'œuvre personnelle du testateur. Trois conditions sont nécessaires et suffisantes pour sa validité. Il doit être :

1° *Écrit* en entier,

2° *Daté*,

3° *Signé*,

De la main du testateur.

Peu importe d'ailleurs la matière sur laquelle il est écrit. Ainsi le testament olographe écrit par un prisonnier sur le mur de sa cellule, ou par un soldat blessé sur le poli de son arme, est valable s'il réunit les trois conditions susénoncées. On objecte en vain que ce testament ne pourra pas toujours être présenté au président du tribunal, comme l'article 1007 le prescrit. Il est clair que la disposition de cet article, écrit pour les cas les plus fréquents, n'a rien d'exclusif. Si donc elle ne peut-être, en fait, appliquée, le président, au lieu d'exiger que le testament lui soit présenté, se transportera lui-même là où est le testament, et en dressera un procès-verbal qui sera remis à un notaire par lui commis, ainsi que l'exige l'article précité.

Reprenons, pour les examiner en détail, chacune des conditions nécessaires à la validité du testament olographe.

De l'ÉCRITURE. — L'écriture doit être tout entière de la main du testateur, et avec raison, car l'écriture d'un tiers, loin de présenter une garantie de la sincérité de l'acte, est de nature à faire supposer que le disposant n'a pas agi en pleine liberté ou en parfaite connaissance de cause. Mais si l'écriture a été apposée au testament par une main étrangère, en dehors de la participation du testateur, nul doute que le testament ne soit valable, car, autrement, le premier venu pourrait, en écrivant quelques mots sur un testament olographe, le rendre nul, ce qui est inadmissible.

Dans toute hypothèse, l'acte doit avoir un caractère sérieux, pour être regardé comme un testament valable, et si des circonstances quelconques prouvent que le testateur n'a pas voulu réellement disposer de ses biens, son prétendu testament sera regardé comme non avenu.

De la DATE. — La date est exigée dans un double but : d'abord elle fait connaître si le défunt était capable de disposer à l'époque du testament ; puis, dans l'hypothèse de plusieurs testaments, elle détermine celui qui est le dernier et doit, par conséquent, être exécuté de préférence aux autres.

La date se compose ordinairement de l'indication des *jour, mois* et *an*. L'ordonnance de 1735 prescrivait cette triple indication, et rien ne montre que le Code ait voulu changer le système de l'ancienne jurisprudence [1]. Maintenant, il n'est pas nécessaire que la mention de la date soit faite en termes du calendrier : il suffit que nul doute ne puisse s'élever sur l'époque précise de la confection du testament. Ainsi le testament fait le jour de Pâques de telle année est suffisamment daté. Pareillement l'omission du siècle, lorsque les jour, mois et an sont indiqués, n'entraînerait pas la nullité du testament, parce que le doute ne peut exister entre un siècle et un autre. Ainsi, le testament daté du 5 décembre 66 équivaut au testament daté du 5 décembre 1866, et, par conséquent, est valable.

Quant la date est fausse ou erronée, le testament est nul à moins qu'il ne renferme *en lui-même* tous les éléments nécessaires pour reconnaître et fixer d'une manière certaine la

---

[1] Marcad art. 970. — Demolombe, t. IV, n. 75. — Cass., 31 juillet 1860.

véritable date. Dans aucun cas cette date ne peut être établie au moyen de preuves puisées en dehors du testament [1].

La date peut être mise à n'importe quel endroit du testament, puisque le législateur n'en détermine point la place. Cependant, si elle suivait la signature, elle ne serait valable que si elle formait avec le testament un seul et même contexte. En effet, si elle était écrite à un endroit trop éloigné, elle ne ferait plus, à proprement parler, partie de l'acte. Quant à l'indication du lieu où le testament a été fait, elle est entièrement indifférente.

De la SIGNATURE. — Le testateur doit mettre sa signature ordinaire sur le testament. Ainsi les évêques signent valablement par l'apposition sur l'acte de leur titre et de leur sceau ecclésiastique. Une simple croix ne pourrait cependant être regardée comme une signature, parce qu'elle ne constaterait pas suffisamment l'individualité du signataire.

La signature doit être mise à la fin du testament, car, si elle était mise au commencement, on ne saurait pas si le testateur avait clos et arrêté toutes ses dispositions. Il faudrait toutefois apporter une exception à cette règle pour le cas où le testateur aurait indiqué d'avance le nombre des articles de son testament, et où tous ces articles suivraient effectivement la signature. Dans cette hypothèse, en effet, l'on ne peut douter qu'il n'ait définitivement arrêté toutes ses dispositions.

De la FORCE PROBANTE *du testament olographe.* — Le testament olographe est un acte sous signature privée, et si les héritiers légitimes du testateur méconnaissent son écriture ou sa signature, ce sont les légataires qui doivent prouver que cette écriture et cette signature sont bien celles du défunt (article 1323). Mais, lorsque ces légataires obtiennent leur envoi en possession, ils passent de l'offensive à la défensive ; en d'autres termes, ils attendent l'attaque des héritiers légitimes,

[1] Cass., 18 janvier 1858 et 11 mai 1864.

au lieu de les attaquer eux-mêmes. Les héritiers légitimes ne pourront donc les évincer qu'en prouvant leur qualité ; mais une fois cette preuve fournie, ce sera aux légataires à prouver la leur en justifiant de la validité du testament qui les en a investis. S'ils succombent dans cette tentative, les héritiers légitimes conserveront la succession.

Tout testament olographe fait foi de sa date ; mais il ne serait nullement nécessaire de recourir à une inscription de faux pour prouver qu'elle est fausse, car elle n'émane point d'un officier public [1].

Certains auteurs et la Cour de cassation admettent cependant que le testament olographe, dont l'écriture est reconnue, fait foi de sa date jusqu'à inscription de faux, tout comme s'il était authentique. Mais nous ne voyons rien dans la loi qui autorise cette assimilation. La fausseté ou l'inexactitude de la date pourront donc être prouvées par tous les moyens. Elles le seront suffisamment, par exemple, si le papier timbré sur lequel le testament est écrit n'a été mis en circulation que postérieurement à la date apposée [2].

Du testament PUBLIC. — Le testament public est celui qui « est reçu par deux notaires, en présence de deux témoins, « ou par un notaire, en présence de quatre témoins » (article 971). Les formalités à suivre sont en principe les mêmes que celles exigées pour les autres actes notariés (loi du 25 ventôse an XI sur le notariat). Toutefois, comme nous le verrons, le Code trace certaines règles spéciales et déroge en quelques points au droit commun.

Cinq conditions sont nécessaires et suffisantes pour la validité du testament public. Il doit être :

1° *Dicté* par le testateur ;

2° *Écrit* par l'un des notaires ;

3° *Lu* au testateur en présence des témoins ;

---

[1] *Sic* Demolombe, t. IV, n. 162. — Demante, t, IV, n. 115 *bis*, IV. — *Contrà*, Aubry et Rau, t. V, § 669, p. 504. — Cass., 22 fév. 1853.
[2] Demolombe, t. IV, n. 87. — Cass., 11 mai 1864.

4° *Mention* doit être faite de l'accomplissement de toutes ces formalités ;

5° Enfin l'acte doit être *signé* par toutes les personnes qui ont participé à sa confection.

Nous allons examiner chacune de ces formalités.

1° Le testament doit être spontanément *dicté* par le testateur (art. 972), et avec raison ; car alors la sincérité de l'acte se trouve mise à l'abri de toute contestation. La conséquence de cette règle est que les muets ne peuvent jamais faire de testament public.

2° Le testament doit être *écrit* par l'un des notaires, tel qu'il est dicté (art. 972). Mais, bien entendu, le Code n'exige pas la reproduction des expressions incorrectes du testateur ; il suffit que sa pensée soit fidèlement rendue. Lorsque le testament est dicté en langue étrangère, le notaire n'en doit pas moins le rédiger en français ; seulement, alors, il doit mettre en marge la traduction en langue étrangère, afin que le testateur puisse comprendre la lecture de ses dispositions. Un pareil testament n'est du reste valable que lorsque les témoins connaissent également et la langue française et la langue du testateur.

Le second notaire et les témoins doivent être présents à la dictée et à la rédaction du testament. Dans les actes ordinaires, leur présence au moment de la lecture et de la signature suffit.

3° Le testament doit être *lu* au testateur, en présence des témoins. Le disposant pourra ainsi vérifier si ses dernières volontés ont été fidèlement reproduites, et les témoins, si le notaire les a rédigées comme elles avaient été dictées. La conséquence de notre règle est que les sourds ne peuvent pas faire de testament public, puisqu'ils ne peuvent pas en entendre la lecture.

4° *Mention* doit être faite de l'accomplissement de toutes les formalités ci-dessus, parce que le notaire qui déclarerait mensongèrement avoir reçu le testament en la forme légale serait coupable de faux, et comme tel passible des travaux forcés à perpétuité. Or, cette pénalité rigoureuse est évidemment une garantie contre les irrégularités mêmes qui pourraient être commises dans la rédaction du testament. Tout testament public devra donc mentionner expressément qu'il a été dicté par le testateur, fidèlement écrit par le notaire, et lu au testateur en présence des témoins.

5° Le testament doit être *signé* par toutes les personnes qui ont participé à sa confection. La signature est destinée à clore tous les actes publics et privés. Lorsque le testateur déclare qu'il ne sait ou ne peut signer, le notaire rédacteur doit faire mention expresse, et de sa déclaration et de la cause qui l'empêche de signer. Cette double déclaration est exigée à peine de nullité, parce que l'absence de la signature du testateur est un fait grave dont l'existence et la cause doivent être exactement connues. La déclaration faite par le testateur qu'il ne sait pas signer, lorsqu'en réalité il sait signer, équivaudrait à un refus de signer, et, par conséquent, entraînerait la nullité du testament [1].

La mention que le testateur n'a pas signé pour telle cause équivaut à sa signature.

Dans les campagnes, c'est-à-dire en dehors des villes et faubourgs, la signature d'un ou deux témoins, selon la distinction de l'article 974, est suffisante.

De la FORCE PROBANTE *du testament public.* — Le testament public a, comme tous les actes authentiques, une force probante absolue, et ceux qui en contesteraient la véracité devraient prendre la voie de l'inscription de faux.

Du testament MYSTIQUE. — Le testament mystique participe à la fois du testament olographe et du testament public. Il participe du testament olographe en ce que ses dispositions sont secrètes, et du testament public en ce que sa force probante est celle d'un acte authentique. Huit conditions

---

[1] Demolombe, t. IV, n. 307. — Aubry et Rau, t. V, § 670, p. 519. — Lyon, 16 août 1861.

sont nécessaires et suffisantes pour sa validité. Il doit être :

1° *Écrit*, soit par le testateur, soit par un tiers ; soit même par le légataire universel qui est institué dans le testament [1].

2° *Signé* par le testateur ;

3° *Clos* et *scellé*, afin qu'on ne puisse pas lui substituer un faux testament ;

4° *Présenté* au *notaire* et aux témoins, soit déjà clos et scellé, soit ouvert, cas auquel il sera clos et scellé en leur présence ;

5° *Affirmé* par le testateur, qui déclare l'avoir écrit ou fait écrire, et en outre l'avoir signé ;

6° *Procès-verbal* du tout doit être *dressé* par le notaire, soit sur le papier qui contient le testament, soit sur la feuille qui lui sert d'enveloppe ;

7° Ce procès-verbal, dit *acte de suscription*, doit être *signé* par le testateur, le notaire et les six témoins. Il doit, de plus, être daté, car la loi du 25 ventôse an XI exige la date pour tous les actes notariés. Si le testateur, par un empêchement survenu depuis la signature du testament, ne peut signer l'acte de suscription, mention doit être faite de sa déclaration, et cette mention équivaut à sa signature. Mais si le testateur ne savait pas signer, ou s'il n'avait pu signer au moment où il a fait écrire ses dispositions, un septième témoin devrait être appelé, et mention serait faite de la cause pour laquelle il a été appelé (art. 977).

8° Toutes les formalités ci-dessus devront être accomplies *sans interruption*, afin d'empêcher qu'un faux testament ne puisse être substitué au véritable pendant l'intervalle d'une suspension.

L'omission de l'une des formalités qui précèdent entraîne la nullité du testament mystique. Ici s'élève la question de savoir si le testament écrit, daté et signé du testateur, peut, quoique nul comme testament mystique, être valable comme

---

[1] Troplong, n. 1621. — Demolombe, t. IV, n. 333. — Bordeaux, 6 avril 1854.

testament olographe. Certains auteurs regardent le testament mystique comme indivisible, et ils décident que, nul en cette qualité, il ne peut valoir comme testament olographe. En d'autres termes, ils présument que le testateur a voulu et doit mourir *ab intestat*, lorsque son testament n'est pas maintenu comme testament mystique. Une pareille in- duction semble bien exagérée; la pensée principale du défunt a évidemment été de laisser un testament valable, et la forme ne l'a préoccupé qu'accessoirement. Or, puisque le testament, nul comme testament mystique, peut valoir comme testament olographe, pourquoi ne pas lui donner l'efficacité dont il est susceptible? Le Code lui-même admet cette théorie dans les actes ordinaires. Ainsi l'acte, nul comme authentique, vaut comme privé s'il a été signé des parties (art. 1318).

Les personnes qui ne savent ou ne peuvent lire sont privées de la faculté de tester en la forme olographe, puisque l'impossibilité de lire implique celle d'écrire, et en la forme mystique, puisqu'elles ne pourraient pas vérifier si leurs intentions ont été fidèlement reproduites par le rédacteur du testament (art. 978). Elles devront donc nécessairement recourir au testament public.

Les muets, qui ne peuvent tester en la forme publique, peuvent, lorsqu'ils savent écrire, tester en la forme olographe ou mystique. L'article 979 indique les formalités spéciales qui doivent être remplies dans cette dernière hypothèse. Notons seulement une particularité : l'article 976 n'exige pas d'autre date que celle de l'acte de suscription. L'article 979 exige, en outre, que le testament lui-même soit daté. Le Code a ici reproduit, par mégarde, l'ordonnance de 1735, qui exigeait cette formalité.

Des conditions requises pour ÊTRE TÉMOIN *dans un testament public ou mystique*. — D'après le Code, les témoins, dans les testaments publics ou mystiques, doivent être mâles, majeurs, Français, et avoir la jouissance ainsi que l'exercice de leurs droits civils. La loi de ventôse est plus rigoureuse. En effet, elle exige dans les témoins la qualité de citoyens : or, bien des Français, mâles et majeurs, sont privés des droits de citoyens, par exemple les faillis. Comme les testaments sont presque toujours reçus d'urgence, le Code a élargi avec raison le cercle des personnes capables d'être témoins.

Ne peuvent être témoins :

1° Les légataires, parce que leur témoignage manquerait de désintéressement ;

2° Leurs parents ou alliés jusqu'au quatrième degré inclusivement, pour la même raison.

Cette double exception est exclusivement applicable au testament public, car dans le testament mystique, le notaire ignorant le nom des légataires, et par suite celui de leurs parents, ne pourrait jamais s'assurer de la validité de l'acte auquel il procède, ce qui est inadmissible.

3° Les clercs des notaires qui ont reçu le testament, parce qu'ils sont privés d'indépendance.

Toutes autres personnes, non formellement exceptées par le Code, sont capables d'être témoins, lors même que la loi de ventôse ne leur reconnaîtrait pas cette capacité ; car les dispositions spéciales du Code dérogent aux dispositions générales de cette loi ; ainsi les parents et serviteurs, soit du notaire, soit du testateur, pourraient être témoins.

DEUXIÈME SECTION

DES RÈGLES PARTICULIÈRES SUR LA FORME DE CERTAINS TESTAMENTS.

ART. 981. Les testaments des militaires et des individus employés dans les armées pourront, en quelque pays que ce soit, être reçus par un chef de bataillon ou d'escadron, ou par tout autre officier d'un grade supérieur, en présence de deux témoins, ou par deux commissaires des guerres, ou par un de ces commissaires, en présence de deux témoins.

982. Ils pourront encore, si le testateur est malade ou blessé,

être reçus par l'officier de santé en chef, assisté du commandant
militaire chargé de la police de l'hospice.

983. Les dispositions des articles ci-dessus n'auront lieu qu'en faveur de ceux qui seront en expédition militaire, ou en quartier,
ou en garnison hors du territoire français, ou prisonniers chez l'ennemi ; sans que ceux qui seront en quartiers ou en garnison dans
l'intérieur puissent en profiter, à moins qu'ils ne se trouvent dans
une place assiégée ou dans une citadelle et autres lieux dont les
portes soient fermées et les communications interrompues à cause
de la guerre.

984. Le testament fait dans la forme ci-dessus établie sera nul six
mois après que le testateur sera revenu dans un lieu où il aura la
liberté d'employer les formes ordinaires.

985. Les testaments faits dans un lieu avec lequel toute commu-
nication sera interceptée, à cause de la peste ou autre maladie con-
tagieuse, pourront être faits devant le juge de paix, ou devant l'un
des officiers municipaux de la commune, en présence de deux témoins.

986. Cette disposition aura lieu, tant à l'égard de ceux qui seraient
attaqués de ces maladies, que de ceux qui seraient dans les lieux
qui en sont infectés, encore qu'ils ne fussent pas actuellement malades.

987. Les testaments mentionnés aux deux précédents articles deviendront nuls six mois après que les communications auront été
rétablies dans le lieu où le testateur se trouve, ou six mois après
qu'il aura passé dans un lieu où elles ne seront point interrompues.

988. Les testaments faits sur mer, dans le cours d'un voyage,
pourront être reçus, savoir : — à bord des vaisseaux et autres bâtiments de l'Empereur, par l'officier commandant le bâtiment, ou,
à son défaut, par celui qui le supplée dans l'ordre du service, l'un
ou l'autre conjointement avec l'officier d'administration ou avec
celui qui en remplit les fonctions ; — et, à bord des bâtiments de
commerce, par l'écrivain du navire, ou celui qui en fait les fonctions, l'un ou l'autre conjointement avec le capitaine, le maître ou
le patron, ou, à leur défaut, par ceux qui les remplacent. Dans
tous les cas, ces testaments devront être reçus en présence de deux
témoins.

989. Sur les bâtiments de l'Empereur, le testament du capitaine
ou celui de l'officier d'administration, et sur les bâtiments de commerce, celui du capitaine, du maître ou patron, ou celui de l'é-

crivain, pourront être reçus par ceux qui viennent après eux dans l'ordre du service, en se conformant pour le surplus aux dispositions de l'article précédent.

990. Dans tous les cas, il sera fait un double original des testaments mentionnés aux deux articles précédents.

991. Si le bâtiment aborde dans un port étranger dans lequel se trouve un consul de France, ceux qui auront reçu le testament seront tenus de déposer l'un des originaux, clos ou cacheté, entre les mains de ce consul, qui le fera parvenir au ministre de la marine ; et celui-ci en fera faire le dépôt au greffe de la justice de paix du lieu du domicile du testateur.

992. Au retour du bâtiment en France, soit dans le port de l'armement, soit dans un autre port que celui de l'armement, les deux originaux du testament, également clos et cachetés, ou l'original qui resterait si, conformément à l'article précédent, l'autre avait été déposé pendant le cours du voyage, seront remis au bureau du préposé de l'inscription maritime ; ce préposé les fera passer sans délai au ministre de la marine, qui en ordonnera le dépôt, ainsi qu'il est dit au même article.

993. Il sera fait mention sur le rôle du bâtiment, à la marge du nom du testateur, de la remise qui aura été faite des originaux du testament, soit entre les mains d'un consul, soit au bureau d'un préposé de l'inscription maritime.

994. Le testament ne sera point réputé fait en mer, quoiqu'il l'ait été dans le cours du voyage, si, au temps où il a été fait, le navire avait abordé une terre, soit étrangère, soit de la domination française, où il y aurait un officier public français ; auquel cas il ne sera valable qu'autant qu'il aura été dressé suivant les formes prescrites en France, ou suivant celles usitées dans les pays où il aura été fait.

995. Les dispositions ci-dessus seront communes aux testaments faits par les simples passagers qui ne feront point partie de l'équipage.

996. Le testament fait sur mer, en la forme prescrite par l'article 988, ne sera valable qu'autant que le testateur mourra en mer, ou dans les trois mois après qu'il sera descendu à terre, et dans un lieu où il aura pu le refaire dans les formes ordinaires.

997. Le testament fait sur mer ne pourra contenir aucune disposition au profit des officiers du vaisseau, s'ils ne sont parents du testateur.

998. Les testaments compris dans les articles ci-dessus de la pré-

sente section seront signés par les testateurs et par ceux qui les auront reçus. — Si le testateur déclare qu'il ne sait ou ne peut signer, il sera fait mention de sa déclaration, ainsi que de la cause qui l'empêche de signer. — Dans les cas où la présence de deux témoins est requise, le testament sera signé au moins par l'un d'eux, et il sera fait mention de la cause pour laquelle l'autre n'aura pas signé.

999. Un Français qui se trouvera en pays étranger pourra faire ses dispositions testamentaires par acte sous signature privée, ainsi qu'il est prescrit en l'article 970, ou par acte authentique, avec les formes usitées dans le lieu où cet acte sera passé.

1000. Les testaments faits en pays étrangers ne pourront être exécutés sur les biens situés en France qu'après avoir été enregistrés au bureau du domicile du testateur, s'il en a conservé un, sinon au bureau de son dernier domicile connu en France ; et dans le cas où le testament contiendrait des dispositions d'immeubles qui y seraient situés, il devra être, en outre, enregistré au bureau de la situation de ces immeubles, sans qu'il puisse être exigé un double droit.

1001. Les formalités auxquelles les divers testaments sont assujettis par les dispositions de la présente section et de la précédente doivent être observées à peine de nullité.

Observation. — Dans notre section, le Code trace les règles des TESTAMENTS PRIVILÉGIÉS. Nous allons examiner en faveur de quelles personnes et à raison de quelles circonstances elles ont été établies.

I° *Du testament* MILITAIRE. — Le service militaire est souvent un obstacle à l'accomplissement des formalités ordinaires du testament. Le législateur devait donc substituer ici des règles spéciales à celles du droit commun.

Des personnes ayant QUALITÉS POUR RECEVOIR *le testament militaire.* — Ont qualité pour recevoir le testament militaire : les chefs de bataillon ou d'escadron, ou tout autre officier supérieur, en présence de deux témoins, ainsi que les sous-intendants militaires (autrefois commissaires des guerres) (art. 981). Lorsque le testateur est malade ou blessé, l'officier de santé en chef, assisté du commandant militaire chargé de la police de l'hospice, peut encore recevoir le testament (art. 982).

Dans QUELS CAS *peuvent être employées les formes du testament* MILITAIRE. — Ces formes ne peuvent être employées que dans les cas où des circonstances de guerre empêchent l'emploi des formes ordinaires. Ainsi les soldats en expédition peuvent faire le testament militaire, et les soldats en garnison française n'auraient pas cette faculté, à moins que la ville ne fût assiégée et les communications interrompues. Le testament militaire cesse d'être valable six mois après que les circonstances faisant obstacle à l'emploi des formes ordinaires ont cessé (983 et 984).

Des PERSONNES POUVANT *faire un testament militaire.* — Peuvent faire un testament militaire, non-seulement tous les soldats en activité de service, mais encore tous les individus employés dans les armées (art. 981).

FORME *du testament* MILITAIRE. — Le testament militaire doit être signé par le testateur, ainsi que par les officiers ou témoins qui ont pris part à sa confection. Lorsque le testateur ne peut ou ne sait signer, la mention de cette circonstance équivaut à sa signature (art. 998). On voit que le testament militaire est plus simple que le testament ordinaire ; car ni la dictée, ni la rédaction de la main même de l'officier, ni la lecture n'en sont prescrites.

Quant aux témoins, le Code ne s'en explique point, et l'on doit s'en référer au droit commun.

IIº *Des testaments faits en temps* DE PESTE *ou autres* MALADIES CONTAGIEUSES. — La peste et autres maladies contagieuses rendent quelquefois, comme la guerre, l'accomplissement des formalités ordinaires impossible, et c'est pourquoi le Code a tracé pour cette hypothèse des règles spéciales.

Des personnes AYANT QUALITÉ *pour recevoir les testaments en temps de* PESTE. — Sont compétents, le juge de paix et les officiers municipaux de la commune, c'est-à-dire le maire et son adjoint (art. 985). Ils doivent être assistés de deux témoins.

Des PERSONNES POUVANT *faire le testament ci-dessus.* —
Peuvent faire le testament ci-dessus toutes personnes, même
non malades, qui se trouvent dans les lieux infectés de peste
ou autres maladies contagieuses (art. 986). Quant à la forme
du testament et au temps pendant lequel il conserve son
efficacité, les règles sont les mêmes que pour le testament
militaire.

III° *Du testament* MARITIME. — On appelle ainsi les testaments faits sur mer dans le cours d'un voyage (art. 988).

Des PERSONNES AYANT QUALITÉ *pour recevoir le testament*
MARITIME. — A bord des vaisseaux et autres bâtiments de
l'État, les testaments doivent être reçus par l'officier commandant ou celui qui le supplée, assisté de l'officier d'administration ou de celui qui le supplée (art. 988).

A bord des bâtiments de commerce, les testaments doivent être reçus par l'écrivain du navire ou celui qui le
supplée, assisté du capitaine ou de celui qui le supplée
(art. 988).

Deux témoins sont toujours nécessaires à la confection du
testament maritime.

Pourquoi est-ce le commandant qui reçoit les testaments à
bord des bâtiments de l'État, tandis que c'est l'écrivain à
bord des bâtiments du commerce? La raison en est que ces
écrivains ont ou avaient jadis presque toujours plus d'instruction que les simples capitaines des navires marchands.

Des PERSONNES POUVANT *faire le testament* MARITIME. —
Peuvent faire le testament maritime toutes personnes se
trouvant sur mer dans le cours d'un voyage. Avant que le
voyage soit commencé, ou après qu'il est fini, les testaments sont soumis aux règles du droit commun (art. 994).
Les agents diplomatiques ou consuls français à l'étranger
sont d'ailleurs compétents pour recevoir les testaments des
Français, qui peuvent en outre s'adresser aux officiers publics du lieu en vertu de la maxime : *Locus regit actum.*

Des personnes qui NE PEUVENT *être instituées légataires par testament* MARITIME. — Tous officiers du vaisseau, s'ils ne sont point parents du testateur, sont incapables de recevoir par testament maritime. Le Code a craint leur influence sur la volonté du disposant.

Le testament maritime n'est valable que pendant trois mois, à dater du jour où le disposant a pu tester suivant les formes ordinaires (art. 996).

Les art. 990-993 prescrivent les mesures propres à prévenir la perte du testament maritime.

IV° *Des testaments faits* A L'ÉTRANGER *par un Français.* — Les Français peuvent tester à l'étranger, soit dans la forme olographe, soit dans la forme usitée dans le pays où ils se trouvent (art. 999). Les testaments faits à l'étranger ne peuvent être exécutés en France qu'après avoir été préalablement enregistrés (art. 1000).

TROISIÈME SECTION
DES INSTITUTIONS D'HÉRITIER ET DES LEGS EN GÉNÉRAL.

ART. 1002. Les dispositions testamentaires sont ou universelles, ou à titre universel, ou à titre particulier. Chacune de ces dispositions, soit qu'elle ait été faite sous la dénomination d'institution d'héritier, soit qu'elle ait été faite sous la dénomination de legs, produira son effet suivant les règles ci-après établies pour les legs universels, pour les legs à titre universel et pour les legs particuliers.

QUATRIÈME SECTION
DU LEGS UNIVERSEL.

ART. 1003. Le legs universel est la disposition testamentaire par laquelle le testateur donne à une ou plusieurs personnes l'universalité des biens qu'il laissera à son décès.

1004. Lorsqu'au décès du testateur il y a des héritiers auxquels une quotité de ses biens est réservée par la loi, ces héritiers sont saisis de plein droit, par sa mort, de tous les biens de la succession ; et le légataire universel est tenu de leur demander la délivrance des biens compris dans le testament.

1005. Néanmoins, dans les mêmes cas, le légataire universel aura la jouissance des biens compris dans le testament, à compter du jour du décès, si la demande en délivrance a été faite dans l'année, depuis cette époque ; sinon, cette jouissance ne commencera que du jour de la demande formée en justice, ou du jour que la délivrance aurait été volontairement consentie.

1006. Lorsqu'au décès du testateur il n'y aura pas d'héritiers auxquels une quotité de ses biens soit réservée par la loi, le légataire universel sera saisi de plein droit par la mort du testateur, sans être tenu de demander la délivrance.

1007. Tout testament olographe sera, avant d'être mis à exécution, présenté au président du tribunal de première instance de l'arrondissement dans lequel la succession est ouverte. Ce testament sera ouvert, s'il est cacheté. Le président dressera procès-verbal de la présentation, de l'ouverture et de l'état du testament, dont il ordonnera le dépôt entre les mains du notaire par lui commis. — Si le testament est dans la forme mystique, sa présentation, son ouverture, sa description et son dépôt seront faits de la même manière ; mais l'ouverture ne pourra se faire qu'en présence de ceux des notaires et des témoins, signataires de l'acte de suscription, qui se trouveront sur les lieux, ou eux appelés.

1008. Dans le cas de l'article 1006, si le testament est olographe ou mystique, le légataire universel sera tenu de se faire envoyer en possession, par une ordonnance du président, mise au bas d'une requête à laquelle sera joint l'acte de dépôt.

1009. Le légataire universel qui sera en concours avec un héritier auquel la loi réserve une quotité des biens sera tenu des dettes et charges de la succession du testateur, personnellement pour sa part et portion, et hypothécairement pour le tout ; et il sera tenu d'acquitter tous les legs, sauf le cas de réduction, ainsi qu'il est expliqué aux articles 926 et 927.

CINQUIÈME SECTION
DU LEGS A TITRE UNIVERSEL.

ART. 1010. Le legs à titre universel est celui par lequel le testateur lègue une quote-part des biens dont la loi lui permet de disposer, telle qu'une moitié, un tiers, ou tous ses immeubles, ou tout son mobilier, ou une quotité fixe de tous ses immeubles ou de tout son mobilier. — Tout autre legs ne forme qu'une disposition à titre particulier.

1011. Les légataires à titre universel seront tenus de demander la délivrance aux héritiers auxquels une quotité des biens est réservée par la loi ; à leur défaut, aux légataires universels ; et, à défaut de ceux-ci, aux héritiers appelés dans l'ordre établi au titre *des Successions*.

1012. Le légataire à titre universel sera tenu, comme le légataire universel, des dettes et charges de la succession du testateur, personnellement pour sa part et portion, et hypothécairement pour le tout.

1013. Lorsque le testateur n'aura disposé que d'une quotité de la portion disponible, et qu'il l'aura fait à titre universel, ce légataire sera tenu d'acquitter les legs particuliers par contribution avec les héritiers naturels.

SIXIÈME SECTION

DES LEGS PARTICULIERS.

Art. 1014. Tout legs pur et simple donnera au légataire, du jour du décès du testateur, un droit à la chose léguée, droit transmissible à ses héritiers ou ayants cause. Néanmoins le légataire particulier ne pourra se mettre en possession de la chose léguée, ni en prétendre les fruits ou intérêts, qu'à compter du jour de sa demande en délivrance, formée suivant l'ordre établi par l'article 1011, ou du jour auquel cette délivrance lui aurait été volontairement consentie.

1015. Les intérêts ou fruits de la chose léguée courront au profit du légataire, dès le jour du décès, et sans qu'il ait formé sa demande en justice — : 1° lorsque le testateur aura expressément déclaré sa volonté, à cet égard, dans le testament ; 2° lorsqu'une rente viagère ou une pension aura été léguée à titre d'aliments.

1016. Les frais de la demande en délivrance seront à la charge de la succession, sans néanmoins qu'il puisse en résulter de réduction de la réserve légale. Les droits d'enregistrement seront dus par le légataire. — Le tout, s'il n'en a été ordonné autrement par le testament. — Chaque legs pourra être enregistré séparément, sans que cet enregistrement puisse profiter à aucun autre qu'au légataire ou à ses ayants cause.

1017. Les héritiers du testateur ou autres débiteurs d'un legs seront personnellement tenus de l'acquitter, chacun au prorata de la part et portion dont ils profiteront dans la succession. — Ils en seront tenus hypothécairement pour le tout, jusqu'à concurrence de la valeur des immeubles de la succession dont ils sont détenteurs.

1018. La chose léguée sera délivrée avec les accessoires nécessaires, et dans l'état où elle se trouvera au jour du décès du donateur.

1019. Lorsque celui qui a légué la propriété d'un immeuble l'a
ensuite augmentée par des acquisitions, ces acquisitions, fussent-
elles contiguës, ne seront pas censées, sans une nouvelle disposition, faire partie du legs. — Il en sera autrement des embellissements ou des constructions nouvelles faites sur un fonds légué, ou
d'un enclos dont le testateur aurait augmenté l'enceinte.

1020. Si, avant le testament ou depuis, la chose léguée a été hypothéquée pour une dette de la succession, ou même pour la dette
d'un tiers, ou si elle est grevée d'un usufruit, celui qui doit acquitter le legs n'est point tenu de la dégager, à moins qu'il n'ait été
chargé de le faire par une disposition expresse du testateur.

1021. Lorsque le testateur aura légué la chose d'autrui, le legs
séra nul, soit que le testateur ait connu ou non qu'elle ne lui appartenait pas.

1022. Lorsque le legs sera d'une chose indéterminée, l'héritier
ne sera pas obligé de la donner de la meilleure qualité, et il ne
pourra l'offrir de la plus mauvaise.

1023. Le legs fait au créancier ne sera pas censé en compensation de sa créance, ni le legs fait au domestique en compensation
de ses gages.

1024. Le légataire à titre particulier ne sera point tenu des dettes
de la succession, sauf la réduction du legs, ainsi qu'il est dit ci-
dessus, et sauf l'action hypothécaire des créanciers.

Observation. — Dans les quatre sections ci-dessus, le
Code traite des diverses dispositions que peut contenir un testament. Nous avons déjà indiqué dans notre tom. I, la nature
et les principaux caractères de ces dispositions. Nous allons
maintenant les examiner en détail.

DIVISION *des* LEGS. — Un legs peut être :

I° UNIVERSEL ; alors il a pour objet la totalité de la succession (art. 1003) ;

II° *A* TITRE UNIVERSEL ; alors il a pour objet, soit une quote-
part de la succession, par exemple un tiers, un quart ; soit
la totalité des meubles, soit la totalité des immeubles, soit
enfin une quote-part des uns ou des autres, par exemple,

le tiers des meubles ou le quart des immeubles (art. 1010) ;

III° PARTICULIER ; il a ce caractère lorsqu'il n'est ni universel ni à titre universel (art. 1010, 2°).

I° *Du* LEGS UNIVERSEL. — Un legs est, comme nous l'avons dit, universel, lorsqu'il a pour objet la totalité de la succession. Il ne faut pas, toutefois, se méprendre sur la portée de cette définition. Effectivement, le législateur considère, non pas si en fait le légataire universel recueille la totalité de la succession, mais s'il est, le cas échéant, appelé à la recueillir. Or, il peut arriver que le légataire universel ne recueille qu'une certaine part de la succession, ou même n'en conserve aucune partie, loin de posséder la succession tout entière ; et cependant il n'en sera pas moins un légataire universel, si le testateur l'avait virtuellement appelé à l'universalité de son patrimoine. Quelques exemples vont faire comprendre notre pensée. Le testateur est mort laissant un enfant légitime et un légataire universel ; celui-ci ne prendra évidemment que la moitié de la succession, puisque l'autre moitié appartient nécessairement à l'héritier réservataire. Est-ce à dire qu'il cesse d'être legataire universel? Nullement; car, quoiqu'il ne recueille que la moitié de la succession, il n'en est pas moins appelé à la totalité, et si l'héritier réservataire était déclaré indigne ou renonçait, sa vocation à l'universalité des biens du défunt deviendrait pleinement efficace. Pareillement si le testateur, dont la succession vaut 100, laisse deux légataires particuliers de 50 chacun, et un légataire universel ; celui-ci ne conservera rien dans la succession, puisqu'il est tenu d'acquitter les legs particuliers, et cependant il n'en sera pas moins légataire universel; car si les légataires particuliers étaient déclarés indignes ou renonçaient, il aurait la totalité de la succession.

Il ne faut pas confondre le legs universel avec celui par lequel le testateur dispose successivement de tous les objets dont se compose son patrimoine. Effectivement, le premier donne vocation à la totalité de la succession, quels que soient les changements de fortune par lesquels passe le testateur ; le second, au contraire, ne donne jamais droit qu'aux objets désignés dans le testament, et si, dans l'intervalle du testament à la mort, le défunt avait acquis de nouveaux objets, ce légataire ne pourrait y prétendre.

II° *Du* legs à titre universel. — Le legs à titre universel a été défini tout à l'heure. Il ne donne jamais vocation à l'ensemble des biens laissés par le défunt, et, lors même qu'il n'existerait point d'héritiers légitimes, le légataire ne pourrait pas recueillir plus que la fraction héréditaire à laquelle il est appelé. Le restant irait, soit aux successeurs irréguliers ordinaires, soit à l'État par droit de déshérence.

III° *Du* legs particulier. — L'article 1010 *in fine* donne ce nom à tout legs qui n'est ni universel ni à titre universel, quelle que soit d'ailleurs son importance par rapport au reste de la succession. Ainsi, lorsque le testateur lègue individuellement tous les objets qu'il possède, il fait un legs particulier, car il n'appelle le légataire ni à l'ensemble de tous ses biens, ni à l'ensemble de tous ses meubles ou de tous ses immeubles, ni à une quote-part de l'une ou de l'autre de ces universalités.

Le legs de la nue propriété de tous ses biens à l'un, et de l'usufruit à l'autre, est-il universel ou particulier ? Il est universel pour la nue propriété, puisqu'il y a vocation à l'ensemble de la succession (art. 1010) ; il est particulier pour l'usufruit, parce qu'il n'a plus pour objet un droit permanent comme la propriété, condition indispensable, et aux termes de l'article 1003, qui suppose le légataire universel appelé au droit même de propriété, et aux termes de l'article 1010, qui suppose le légataire à titre universel également appelé au droit de propriété.

Une question controversée est celle de savoir si le legs de la quotité disponible est universel ou à titre universel. Par exemple, un père a deux enfants, et il lègue à un étranger la quotité disponible. Le legs est-il, dans ce cas, universel

ou à titre universel? Si le testateur a entendu par quotité
disponible le tiers seulement de ses biens, le legs est évidemment à titre universel ; mais si, prévoyant le prédécès de ses
enfants, il a entendu la totalité de son patrimoine, le legs est
évidemment universel. Dans le doute on doit, je crois, décider que le legs est simplement à titre universel. En effet, il
n'est pas présumable que le testateur ait prévu le prédécès
de ses enfants, sans le dire expressément. Son intention a dû
être de limiter le legs au tiers de sa succession, et d'en faire
ainsi un simple legs à titre universel.

Du VÉRITABLE CARACTÈRE *des dispositions testamentaires.*
— Après avoir indiqué les principales dispositions que peut
contenir un testament, nous devons préciser le rôle que les
légataires sont appelés à jouer. Il importe de savoir s'ils recueillent la libéralité qui leur est faite, comme continuateurs
du défunt à l'exemple des héritiers légitimes, ou comme successeurs aux biens à l'exemple des successeurs irréguliers.
Dans le droit romain, la validité de tout testament était subordonnée à l'institution d'un héritier qui représentait le défunt, comme nos héritiers légitimes. Dans l'ancien droit
coutumier, au contraire, non-seulement le testament était
valable sans l'institution d'un héritier, mais encore les lois
alors existantes ne permettaient pas au défunt de se donner
un continuateur de sa personne ; la loi seule attribuait cette
prérogative importante, et les parents légitimes du défunt
pouvaient seuls y prétendre. De là cette ancienne maxime :
« Dieu seul fait un héritier. » Il s'agit maintenant de savoir
si le Code a suivi la tradition romaine ou la tradition française, et si les légataires universels ou à titre universel sont
les continuateurs du défunt ou de simples successeurs aux
biens. La question est grave. En effet, si le légataire universel, par exemple, représente le défunt comme l'héritier du
droit romain, il sera tenu de payer *ultrà vires* les dettes de
la succession, et conséquemment il devra recourir au bénéfice d'inventaire pour échapper aux risques d'une succession

insolvable ; et s'il est, au contraire, un simple successeur
aux biens, il ne sera tenu des dettes que jusqu'à concurrence
de l'actif qu'il aura recueilli, et par conséquent il n'aura pas
à invoquer le bénéfice d'inventaire. Le Code ne laisse aucun
doute sur la nature des legs à titre universel et particuliers.
Ceux qui les recueillent sont toujours traités comme de simples successeurs aux biens, ils n'ont jamais la saisine, et leur
véritable qualité n'est point contestable ; mais il en est autrement du légataire universel. L'art. 1006 lui accorde de plein
droit, tout comme aux héritiers légitimes, la saisine de la
succession, lorsque d'ailleurs le défunt n'a pas laissé d'héritiers à réserve. Certains auteurs en ont conclu que, dans cette
hypothèse, il représente le défunt et doit supporter *ultrà*
vires les dettes de la succession. Le Code aurait ainsi tran-
sigé entre les principes du droit romain, qui voyait toujours
dans l'héritier institué un continuateur de la personne, et les
principes de l'ancien droit français, qui ne voyait jamais en
lui qu'un successeur aux biens. Malgré la gravité de ces raisons, l'on doit décider que le légataire universel n'est jamais
aujourd'hui le continuateur de la personne du défunt, et que
le Code n'a point renversé le vieil adage : « Dieu seul fait
un héritier. » Il suffit de consulter l'historique de la rédaction des articles qui nous occupent, pour se convaincre de la
vérité de cette proposition. Effectivement, il fut déclaré en
termes formels au Tribunat que « tous les effets attachés par
« la loi romaine au titre d'héritier étaient entièrement effa-
« cés. » La seule doctrine qui fût dans la pensée des rédacteurs était celle enseignée par Pothier, aux yeux duquel
l'institution d'héritier équivalait à un legs universel. L'article 1002 le prouve ; car, d'après ses termes mêmes, les dispositions testamentaires doivent toujours produire le même
effet, qu'elles soient faites sous le titre d'institution d'héritier ou sous le titre de legs. Il ne faut donc voir qu'un successeur aux biens dans le légataire universel. Mais, dit-on, si
le légataire ne représente jamais le défunt, comment com-

prendre qu'il ait de plein droit la saisine, lorsque le défunt n'a point laissé d'héritiers à réserve ? Ce serait là une grave objection, si le fait de la saisine et la qualité de représentant du défunt étaient inséparables ; il n'en est heureusement pas ainsi. La qualité de représentant du défunt emporte bien, si l'on veut, la saisine, mais la saisine n'emporte pas nécessairement la qualité de représentant du défunt. La preuve en est que les exécuteurs testamentaires peuvent avoir la saisine de certains biens (art. 1026), et cependant ils ne sont pas, tout le monde le reconnaît, les représentants du défunt. On ne doit donc plus s'étonner que le législateur ait accordé au légataire universel une saisine que le testateur peut accorder pour certains biens à son exécuteur testamentaire. Loin de là : il était plus rationnel et plus simple d'investir immédiatement de la succession le légataire universel, lorsque le défunt n'avait pas laissé d'héritiers à réserve, que de donner cette saisine à des héritiers qui n'auraient pu conserver aucune partie des biens par eux recueillis. Voilà pourquoi le légataire universel, qui n'est jamais qu'un successeur aux biens, est saisi de plein droit de la succession en l'absence de tous héritiers à réserve, et pourquoi il n'en est pas saisi dans l'hypothèse contraire. Concluons donc que le légataire universel ne sera jamais tenu des dettes *ultrà vires bonorum,* et n'aura pas besoin de recourir au bénéfice d'inventaire [1]. Seulement, pour ne pas être poursuivi *ultrà vires,* il devra se conformer à toutes les règles que le Code prescrit à l'héritier bénéficiaire lui-même pour la *constatation* et la *vente* des biens soit mobiliers, soit immobiliers, de la succession, car autrement il ne pourrait pas prouver aux tiers que rien n'a été détourné, et que tout a été vendu au meilleur prix ; et alors il serait responsable sur ses biens personnels comme s'il était héritier pur et simple. Le seul avantage que le légataire uni-

---

[1] *Sic* Bugnet sur Pothier, t. VIII, n. 210. — Marcadé, art. 1017, n. 2. — *Contrà,* Demolombe, t. IV, n. 569 et suiv. — Troplong, n. 1840. — Poitiers, 16 mars 1864.

versel trouvera dans sa qualité de simple successeur aux biens consistera donc à être dispensé de faire au greffe une déclaration d'acceptation bénéficiaire, et à ne pas être tenu *ultrà vires*, comme le serait l'héritier pur et simple qui aurait omis cette déclaration.

Effets *des différentes dispositions testamentaires.* — Les legs universel et à titre universel ont pour effet de transmettre dé plein droit au légataire la *propriété* de tout ou partie de la succession. Cette transmission a les mêmes caractères et les mêmes effets que pour les successeurs aux biens en général.

Quant au legs particulier, il a pour effet, dit l'article 1014, « de donner un droit à la chose léguée; » mais quel est ce droit? Il faut distinguer : lorsque le legs a pour objet une chose individuellement déterminée, le légataire en acquiert la *propriété* même ; cela résulte et des principes de tout temps admis en cette matière, tant par la législation romaine que par l'ancienne législation française, et des dispositions même du Code, puisque, aux termes de l'art. 711, le legs est une manière d'acquérir la propriété. Lorsqu'au contraire le legs a pour objet un genre au lieu d'un corps certain, par exemple telle quantité de blé, de vin, etc., le légataire n'acquiert plus la propriété, car celle-ci ne peut porter que sur des choses parfaitement déterminées ; mais il acquiert un droit de *créance* contre la succession, qui sera tenue de lui procurer la chose léguée.

De la sanction *des différentes dispositions testamentaires.* — Les différentes dispositions testamentaires peuvent avoir trois sortes de sanction : la *propriété* divise ou indivise de la chose léguée a-t-elle été transmise, comme il arrive dans le cas de legs universel, à titre universel, ou de legs particulier ayant pour objet un corps certain ; alors le légataire a une action en *revendication*. Au contraire, la disposition n'a-t-elle conféré au légataire qu'un droit de *créance*, comme dans le cas de legs particulier d'une chose *in genere* ; alors le légataire a seulement une action *personnelle* contre la succession. Maintenant à cette action vient se joindre, aux termes de l'art. 1017, une *hypothèque* qui en garantit l'efficacité. Avant d'examiner la nature et les effets de l'action hypothécaire, faisons observer que les légataires universel et à titre universel, concourant avec des héritiers légitimes ou les uns avec les autres, ont de plus, aux termes de l'article 815, une action en partage, dont les règles ont été précédemment exposées.

Passons à l'examen de l'action hypothécaire ; toute hypothèque donne un double droit :

1° Un droit de *préférence*, en vertu duquel le créancier prime tous les créanciers chirographaires et même les créanciers hypothécaires qui ont une date postérieure à la sienne ;

2° Un droit de *suite*, en vertu duquel le créancier peut poursuivre la chose hypothéquée entre les mains des tiers détenteurs. L'importance d'une hypothèque est donc manifeste. Les légataires particuliers trouvent en elle la sécurité qui leur manquerait lorsque le défunt leur a transmis un simple droit de créance. Effectivement, ils auraient à craindre que les héritiers légitimes ou bien les légataires universels ou à titre universel, détenteurs de la succession et chargés de l'acquittement des legs particuliers, n'aliénassent les biens destinés à cet acquittement, et n'en dissipassent le prix. L'hypothèque rend un tel résultat impossible. Mais comme les hypothèques ne frappent jamais sur les meubles, l'action hypothécaire ne se conçoit que dans le cas où la succession comprend des immeubles. Voyons maintenant quel en sera l'effet.

Aux termes de l'art. 1017, les héritiers ou autres successeurs aux biens sont personnellement tenus d'acquitter les legs particuliers, en proportion de ce qu'ils prennent dans la succession, et cependant ils peuvent être hypothécairement poursuivis pour le tout, si les immeubles par eux recueillis suffisent au payement desdits legs. Ainsi, lorsque le défunt

laisse trois héritiers pour parts égales, chacun n'est personnellement tenu que pour un tiers de chaque legs particulier ;
et cependant, chose étrange, il peut être poursuivi pour la totalité de ces legs, si les immeubles compris dans son lot suffisent à ce payement. Le Code accorde, il est vrai, à celui qui
paye plus que sa part un recours contre ses cohéritiers ; mais
si ces héritiers sont déjà devenus insolvables, il supporte la
perte, et le légataire particulier n'en reste pas moins désintéressé. Sous ce rapport, la condition des légataires particuliers est meilleure que celle des créanciers eux-mêmes, puisqu'un créancier ne peut, comme nous l'avons vu plus haut,
jamais poursuivre un héritier au delà de sa part dans la
succession, ce qui fait retomber sur lui-même, et non sur
les autres héritiers, l'insolvabilité de l'héritier inutilement poursuivi. Comment expliquer un pareil système ? Le
voici : toute hypothèque est indivisible (art. 2114), c'est-à-
dire que la créance ou la dette hypothécaire venant à se diviser entre les héritiers du créancier ou ceux du débiteur,
chacun des héritiers de celui-là peut invoquer l'hypothèque
tout entière pour obtenir le payement de sa part dans la
créance ; et, par contre, chacun des héritiers de celui-ci peut
être poursuivi, non-seulement pour sa part dans la dette,
mais même pour le tout, et jusqu'à concurrence des immeubles hypothéqués dont il est détenteur. Maintenant le Code,
par suite d'une erreur regrettable, a fait, en matière de legs,
une fausse application du principe de l'indivisibilité des hypothèques. Effectivement, de ce que l'hypothèque constituée pour une dette entière ne se divise point avec elle, il ne
résultait aucunement que la créance naissant divisée, l'hypothèque destinée à la garantir dût, elle, naître indivise.
Ici, par exemple, chaque légataire acquiert, dès l'origine,
une créance multiple, et son hypothèque devait être multiple
comme la créance, au lieu d'être une et de porter tout entière sur le lot de chaque héritier. En d'autres termes, l'action hypothécaire devait être calquée sur l'action personnelle,

et cette conformité entre elles était également exigée par la raison, par l'équité et par la tradition (Inst., *De leg.*, § 32). Tout en expliquant la disposition dont il s'agit, il est donc nécessaire de la critiquer.

Du MOMENT *où le legs est acquis et devient* TRANSMISSIBLE. — Les legs sont acquis et deviennent transmissibles à des époques différentes, suivant les modalités auxquelles ils sont subordonnés. Or, une disposition testamentaire peut être :

1° *Pure et simple ;*

2° *A terme ;*

3° *Conditionnelle.*

Elle est *pure et simple* lorsque l'ouverture du droit et par suite sa transmissibilité dépendent du seul décès du testateur ; par exemple, le testateur a dit : « Je lègue à Pierre mon domaine de Provence. » Dès que la succession est ouverte, Pierre devient propriétaire de la chose léguée et peut la transmettre à ses héritiers.

Un legs est *à terme*, lorsque son ouverture coïncidant avec celle de la succession, son exigibilité est retardée jusqu'à une certaine époque qui doit nécessairement arriver ; par exemple, le testateur a dit : « Je lègue à Pierre mon domaine de Provence qu'il pourra réclamer un an après mon décès. » Dans ce cas, la propriété du domaine légué appartient bien à Pierre dès le jour de l'ouverture de la succession, mais la délivrance ne peut en être immédiatement exigée. Cependant, comme le droit est acquis à Pierre dès le décès, le legs devient immédiatement transmissible à ses héritiers.

Enfin, un legs est *conditionnel*, lorsque son existence et son exigibilité sont à la fois subordonnées à un événement futur et qui ne doit pas nécessairement arriver ; par exemple, le testateur a dit : « Je lègue mon domaine de Provence à Pierre, s'il revient de telle expédition. » Dans ce cas, Pierre n'acquiert, au moment du décès, qu'une simple espérance, et cette espérance n'est point transmissible à ses héritiers. Le legs est donc caduc, si le légataire meurt avant d'être revenu de l'expédition (art. 1040). Mais s'il meurt après, il sera réputé, par l'accomplissement même de la condition, avoir eu le legs dès l'ouverture de la succession. La raison en est que toute condition réalisée produit un effet rétroactif (art. 1179). Toutefois, cette rétroactivité ne pourrait jamais être invoquée par les héritiers du légataire dans le cas où celui-ci n'aurait pas survécu à la condition.

De L'EXÉCUTION *du testament et de la* DÉLIVRANCE *des legs.* — Avant de mettre un testament olographe à exécution, les parties intéressées doivent le présenter au président du tribunal de première instance dans l'arrondissement duquel la succession est ouverte. Le président l'ouvre s'il est cacheté, et dresse procès-verbal de la présentation, de l'ouverture et de l'état du testament, dont il ordonne le dépôt entre les mains d'un notaire par lui commis (art. 1007). Ces formalités ont pour but de constater l'existence et l'état du testament, et d'en assurer la conservation. Lorsque le testament est mystique, sa présentation, son ouverture, sa description et son dépôt sont faits de la même manière ; mais ceux des notaires ou témoins signataires de l'acte de suscription qui se trouvent sur les lieux doivent être appelés à l'ouverture, afin d'ajouter l'autorité de leur témoignage aux mesures de constatation et de conservation qui vont être prises. Enfin, lorsque le testament est public, aucune formalité préalable à son exécution n'est exigée par le Code, parce que le testament est déjà entre les mains d'un notaire.

Après l'accomplissement des formalités ci-dessus, les légataires doivent faire enregistrer le testament, c'est-à-dire payer les droits de mutation qui en résultent. Les légataires universels ou à titre universel doivent avancer les frais d'enregistrement de la succession tout entière, sauf leur recours, s'il y a lieu (loi du 22 frimaire an VII) ; mais les légataires particuliers peuvent faire enregistrer leurs legs séparément (article 1016). Le Code a, sous ce rapport, innové aux anciennes règles, qui regardaient l'enregistrement comme indivisible, même à l'égard des légataires particuliers.

Arrivons à l'exécution du testament et à la délivrance des legs qu'il peut contenir. Cette exécution et cette délivrance varient selon la nature des diverses dispositions testamentaires. Nous allons parcourir toutes les hypothèses qui peuvent se présenter.

Lorsque le legs est universel et qu'il n'y a point d'héritier à réserve, le légataire est, comme nous l'avons vu plus haut, saisi de plein droit de tous les biens de la succession (art. 1005). Dans ce cas, il n'a aucune formalité à remplir, et, comme les héritiers légitimes, il a tant l'exercice que la jouissance des droits actifs et passifs laissés par le défunt (art. 1006). Cependant, si le testament est olographe ou mystique, il doit faire donner un caractère authentique et exécutoire au titre purement privé d'où ses droits découlent. A cet effet, il présente une requête au président du tribunal, au bas de laquelle est mise une ordonnance qui l'envoie en possession. De la sorte, il pourra invoquer contre les tiers, comme les tiers contre lui, la qualité de légataire universel. L'envoi en possession dont il s'agit n'a pas les mêmes caractères que celui des successeurs irréguliers. Ici le président seul intervient et donne force exécutoire à un testament qui n'avait pas de caractère public. Dans l'autre hypothèse, le tribunal tout entier prononce, et son jugement, au lieu de constater une saisine préexistante, donne aux successeurs irréguliers une possession que le législateur leur avait refusée. Au surplus, le président peut ne pas accorder son ordonnance au légataire, si le testament lui paraît irrégulier ou est attaqué. Le tribunal décidera si ce testament doit ou non être maintenu et exécuté.

Lorsque le légataire universel est en présence d'héritiers à réserve, il n'a point la saisine, qui appartient alors à ces héritiers (art. 1004). Comme les successeurs irréguliers, il se trouve seulement investi, dans ce cas, de la jouissance des droits actifs et passifs laissés par le défunt, et n'en a point encore l'exercice. Pour l'obtenir, il devra se faire envoyer en possession des biens de la succession par les héritiers légitimes. Cette délivrance aura lieu soit à l'amiable, soit, en cas de refus de la part des héritiers, par jugement rendu contre eux, à la requête du légataire universel. Tant que la délivrance n'aura pas eu lieu, celui-ci ne pourra s'immiscer dans les affaires de la succession sans s'exposer aux poursuites des héritiers légitimes.

Les frais de la demande en délivrance sont à la charge de la succession, sans que toutefois il puisse en résulter une réduction de la réserve.

Lorsque le legs est à titre universel, le légataire n'a jamais la saisine, et doit conséquemment toujours demander la délivrance soit aux héritiers à réserve, soit, à leur défaut, au légataire universel, soit, enfin, à son défaut, aux héritiers appelés dans l'ordre établi au titre des successions (art. 1011). Ainsi, dans le cas où le défunt a laissé un frère, et, en outre, un légataire des cinq sixièmes de la succession, l'héritier légitime a toujours la saisine, et c'est à lui que le légataire à titre universel doit demander la délivrance.

Quant aux légataires particuliers, ils n'ont jamais la saisine, et ils doivent, par conséquent, obtenir dans tous les cas leur envoi en possession. Ils suivront les mêmes règles et la même marche que les légataires à titre universel.

Acquisition *des* revenus *produits par les choses léguées.* — Les revenus produits par les choses léguées sont encore acquis différemment, selon la nature des dispositions testamentaires.

Lorsque le legs est universel et qu'il n'y a point d'héritiers à réserve, le légataire, saisi de plein droit de la succession, en a évidemment les revenus à compter *du jour de l'ouverture.* S'il est en concours avec des héritiers à réserve, il a les revenus à partir de la même époque, pourvu qu'il forme sa demande en délivrance dans l'année ; mais s'il laisse passer l'année sans former sa demande, il ne les a que du jour où il intente son action en justice, ou du jour que la délivrance lui a été volontairement consentie (art. 1004).

L'acquisition des revenus par les légataires particuliers est soumise à des règles tout à fait différentes. Ils ne peuvent jamais les réclamer qu'à compter de leur *demande en délivrance* (art. 1014), sauf deux cas (art. 1015) :

1° Celui où le testateur a expressément déclaré le contraire dans le testament ;

2° Celui où le legs a pour objet une rente viagère ou pension alimentaire; car il importe alors que le légataire ait promptement le bénéfice de la disposition dont il est l'objet.

Ajoutons que, si le légataire particulier se trouve en possession de son legs, et n'est point inquiété par l'héritier ou le légataire universel, on devra considérer en général cette possession comme la preuve d'une délivrance tacite qui lui a été volontairement consentie, et qui équivaut, au point de vue de l'acquisition des fruits, à une délivrance régulière et formelle .

Maintenant il s'agit de savoir si les légataires à titre universel, dont le Code ne fait pas mention, doivent être assimilés au légataire universel, et par suite acquérir les fruits du legs à partir de l'ouverture de la succession, ou bien aux légataires particuliers, et par suite n'acquérir les fruits qu'à compter de la demande en délivrance. Sur ce point, deux opinions se sont produites.

D'après la première, les légataires à titre universel doivent être assimilés au légataire universel ; en effet, si ce dernier peut réclamer les fruits depuis l'ouverture de la succession, c'est parce qu'il a droit à une universalité, qui comprend naturellement les fruits produits par elle, selon la loi romaine : *fructus augent hœreditatem.* Or, il n'existe aucune

Demolombe, t. IV, n. 618. — Troplong, n. 1792 et 1803.

raison de différence entre les légataires appelés à l'universalité tout entière et ceux appelés à une fraction seulement
de cette universalité ; conséquemment, les légataires à titre
universel ont droit à une quote-part des fruits échus ou
perçus depuis l'ouverture de la succession, tout comme les
légataires universels.

D'après la seconde opinion, les légataires à titre universel
doivent être assimilés aux légataires particuliers, et, par
suite, n'acquérir les fruits qu'à compter de la demande en
délivrance. On nie d'abord la règle *fructus augent hœreditatem*, qui sert de fondement au système adverse. Effectivement, l'art. 138 du Code assimile l'hérédité aux objets
particuliers, et soumet l'acquisition des fruits produits par
l'hérédité aux mêmes règles que l'acquisition des fruits produits par un objet individuel. La règle ci-dessus une fois
écartée, il faut appliquer aux héritiers ou au légataire universel saisi de la succession les principes du droit commun ;
or, ces principes veulent que ces héritiers ou légataires, qui
sont les légitimes possesseurs de la succession, puisque le
Code lui-même leur en accorde la saisine, acquièrent les
fruits par la perception jusqu'à ce qu'ils soient régulièrement
mis en demeure de délivrer les legs contenus dans le testament. En d'autres termes, ils doivent être considérés comme
des possesseurs ayant bonne foi et juste titre, jusqu'à cette
demande en délivrance. Or, tout possesseur qui a bonne
foi et juste titre fait les fruits siens par la perception, et n'en
doit compte à personne. Les légataires à titre universel
sont donc avec raison assimilés aux légataires particuliers [1].

Maintenant, il reste à expliquer pourquoi le légataire
universel peut réclamer les fruits à compter de l'ouverture
de la succession, lorsqu'il se trouve en présence d'héritiers à
réserve. Rigoureusement, il ne devrait, dans ce cas, comme
les légataires à titre universel, acquérir les fruits qu'à dater

---

[1] Marcadé, t. IV, art. 1005, n. 2. — Dalloz, V⁰ *Disp. entre-vifs et test.*,
n. 3748.

de sa demande en délivrance. Le Code en a décidé autrement par une sorte de transaction entre les partisans de la doctrine romaine, qui voulait assimiler le légataire universel à un héritier légitime, et les partisans de l'ancien droit coutumier, qui voulaient l'astreindre à demander dans tous les cas la délivrance de la succession. Le législateur a fait une concession à ceux-ci, en obligeant le légataire universel à demander la délivrance lorsqu'il est en concours avec des héritiers à réserve; mais, par contre, il en a fait une à ceux-là en donnant dans toute hypothèse à ce légataire les fruits à compter de l'ouverture de la succession, et même la saisine dans le cas particulier où il n'existe pas d'héritiers réservataires.

Comment les DETTES *et les legs* PARTICULIERS *sont supportés par les légataires universels ou à titre universel.* — Nous avons dit plus haut que les légataires universels et à titre universel supportent dans les dettes et charges de la succession une part proportionnelle à celle qu'ils prennent dans les biens laissés par le défunt. Ainsi, lorsqu'un légataire universel recueille seul toute la succession, il en supporte toutes les charges; lorsqu'il la recueille en concours avec des héritiers à réserve, il paye les dettes au prorata de ce qu'il conserve; mais il supporte tous les legs, car la réserve se calcule en tenant compte des dettes et en faisant abstraction des legs. En d'autres termes, les créanciers du défunt peuvent toujours poursuivre les héritiers même réservataires; et, au contraire, les légataires ne peuvent jamais les actionner, puisque la réserve est précisément dirigée contre les legs (art. 1009). Une difficulté se présente : d'une part, l'art. 1009 dit que le légataire universel en concours avec un héritier réservataire paye *tous* les legs; et, d'autre part, l'article 926 dit que la réduction des legs doit être faite au marc le franc, sans aucune distinction entre les legs universels et les legs particuliers. Comment concilier ces deux textes, dont le premier semble contredire le second? Le

voici : l'art. 1009 signifie, non que le légataire universel
payera la *totalité* des legs, mais qu'il payera *tout ce qui
devra être payé* pour chaque legs : or, ce qui doit être payé
est déterminé par l'art. 926. Autrement dit, l'expression
tous les legs doit être traduite par *omnia legata*, et non
par *tota legata*. Conséquemment, le légataire universel
fera subir à chaque légataire particulier une réduction
proportionnelle à celle que l'héritier réservataire lui fait
subir à lui-même.

Lorsque le testament contient des legs à titre universel
ayant pour objet, non plus une quote-part de la succession,
mais tous les meubles ou tous les immeubles, ou une quote-
part, soit des meubles, soit des immeubles, alors la part
contributoire de ces légataires dans les dettes et charges de
la succession ne peut être connue qu'après l'estimation des
meubles et des immeubles, et la détermination du rapport
qui existe entre leur valeur et celle de la succession tout
entière. Par exemple, lorsque le legs a pour objet le tiers des
immeubles, il faut connaître la valeur de ces immeubles par
une estimation préalable, et la comparer avec celle de toute
la succession. S'ils équivalent à la moitié de celle-ci, le
légataire à titre universel aura définitivement à supporter
le tiers de la moitié, c'est-à-dire un sixième des dettes et
charges de la succession. Les dettes sont toujours proportionnellement supportées par les héritiers réservataires en
concours avec des légataires à titre universel, mais les legs
doivent toujours être pris sur la quotité disponible, et ceux
qui la recueillent doivent proportionnellement les supporter. Quelquefois cependant certains légataires universels ou
à titre universel ont à supporter pour le tout et sans recours
certains legs particuliers ; par exemple, lorsque le testateur,
ayant donné au premier légataire tous les meubles ou tous
les immeubles, lègue au dernier un de ces meubles ou de
ces immeubles. En ce cas, le legs particulier est à la charge
du légataire général des meubles ou des immeubles.

Quant aux légataires particuliers, ils ne contribuent jamais aux dettes et charges de la succession, par une double raison que nous avons exposée plus haut. Toutefois, comme il faut toujours respecter la volonté du défunt, un legs particulier pourra se trouver à la charge d'un légataire particulier ; ainsi lorsque le testateur lègue à quelqu'un les chevaux de son écurie, il peut le charger de remettre à un autre un de ces chevaux.

Règles d'interprétation *sur l'étendue des legs particuliers.* — Après avoir indiqué la nature et les effets des différentes dispositions testamentaires, le Code donne certaines règles d'interprétation sur l'étendue de quelques legs particuliers. D'abord, la chose léguée doit être délivrée avec tous ses accessoires nécessaires. Ainsi, le legs d'un cheval comprend celui de son harnachement (art. 1018). De plus, la chose doit être délivrée dans l'état où elle se trouve au jour du décès (art. 1018). Ce qui signifie simplement que tous les changements antérieurs au décès doivent profiter ou nuire au légataire. Ainsi, lorsque le cheval légué a augmenté ou diminué de valeur par ou sans le fait du défunt, le légataire profite ou souffre de ces changements ; mais l'on ne doit pas étendre la disposition du Code à ceux qui surviendraient postérieurement au décès. Alors une distinction est nécessaire : les changements proviennent-ils d'un cas fortuit ; ils sont à la charge du légataire particulier ; proviennent-ils, au contraire, de la faute ou du fait des héritiers ; ils donnent lieu à une action, soit de leur part contre les légataires, en cas d'amélioration, soit du légataire contre eux, en cas de détérioration (art. 1245). La différence des solutions qui précèdent est rationnelle : en effet, jusqu'au décès, le légataire n'a qu'une espérance, et, conséquemment, il ne peut critiquer les actes du testateur par rapport à la chose léguée. A partir du décès, au contraire, il est propriétaire de la chose léguée, à moins que le legs ne soit sous condition ; et, comme tout propriétaire, il a droit de se faire indemniser du préjudice qui lui est causé par autrui, comme il peut être poursuivi pour des impenses faites par d'autres à son profit.

Le Code, par application des principes ci-dessus, déclare que le légataire profite des embellissements ou constructions nouvelles faits par le testateur sur le fonds légué. Il va même plus loin, et décide que le legs d'une enceinte comprend l'enclos dont le testateur l'a augmentée (art. 1019 4°); mais ce legs ne comprendrait pas les acquisitions nouvelles, fussent-elles contiguës à la chose léguée, si elles n'en faisaient point partie intégrante; car alors il y a là un objet nouveau qui ne peut, sans une disposition nouvelle, faire partie de la libéralité.

Les deux règles qui précèdent présentent quelques difficultés d'application. Ainsi le legs d'un domaine comprend-il les immeubles dont le testateur l'a augmenté dans l'intervalle de son testament à son décès? La raison de douter vient de ce que, d'un côté, le domaine comprend un ensemble variable d'immeubles, et que, de l'autre, les fonds, même contigus aux immeubles légués, ne sont point réputés faire partie du legs dans lequel sont compris les premiers. Il faut ici, avant tout, consulter l'intention du testateur, et, si cette intention est douteuse, décider que le legs du domaine comprend celui des immeubles acquis par le testateur entre le testament et l'ouverture de la succession, comme on déciderait que le legs d'un troupeau comprend les têtes acquises par le défunt dans le même intervalle. La jurisprudence adopte cependant la solution contraire; elle se fonde sur l'art. 1019 1°, qui ne permet pas de comprendre dans le legs d'un immeuble les acquisitions nouvelles; mais ici c'est un domaine et non un immeuble qui a été légué; et si l'on ne peut pas dire que les acquisitions nouvelles font virtuellement partie d'un immeuble déterminé, on peut dire, au contraire, qu'elles font virtuellement partie d'un domaine.

Une autre question est celle de savoir si le legs d'un terrain nu comprend les constructions faites postérieurement au testament, comme le legs d'un terrain déjà bâti comprend les constructions nouvelles dont les premières sont augmentées. La raison de douter vient de l'ambiguïté des termes de l'art. 1019 *¹⁰*. Les *constructions nouvelles* dont il parle semblent supposer des *constructions anciennes*. Or, quelques auteurs ont prétendu que, dans le cas où il n'existe pas de constructions anciennes, le legs ne peut comprendre celles qui sont faites par le testateur sur un terrain entièrement nu auparavant. Il semble bien difficile d'admettre cette solution, car les constructions sont certainement plus inséparables du terrain qui les supporte qu'un enclos ne l'est d'une enceinte. Or, puisque le legs de l'enceinte comprend l'enclos acquis postérieurement, à plus forte raison, le legs du terrain nu doit-il comprendre les constructions élevées sur ce terrain.

Le légataire supporte les détériorations juridiques comme les détériorations matérielles provenant du défunt. Ainsi, l'héritier n'est pas tenu de dégager la chose léguée des hypothèques ou autres charges dont elle a été grevée avant l'ouverture de la succession. Il ne pourrait y être obligé que par une clause expresse du testament.

Du legs de la chose d'autrui. — Lorsque le testateur lègue la chose d'autrui, par exemple la maison de son voisin, doit-on maintenir cette disposition? En droit romain, le legs de la chose d'autrui était valable, pourvu que le testateur eût su que la chose appartenait à autrui. Voici maintenant l'effet qu'il produisait. L'héritier devait acheter à autrui la chose léguée pour la remettre au légataire : si le propriétaire refusait de la vendre, on l'estimait, et l'héritier donnait au légataire le montant de cette estimation. Au surplus, c'était toujours au légataire de prouver que le testateur avait su que la chose appartenait à autrui; et en effet, alléguant l'existence du legs, il devait naturellement établir toutes les conditions de cette existence. En droit français, le legs de la chose d'autrui est nul, soit que le testateur ait connu ou non qu'il n'en était pas propriétaire (art. 1021). Par cette disposition, le Code a voulu prévenir les difficultés et les procès qui s'élevaient toujours à Rome sur le point de savoir si le testateur avait ou non connu que la chose appartenait à autrui. Cela résulte de ces paroles de M. Treilhard au Conseil d'État : « La meilleure manière de faire cesser les subtilités « du droit romain était d'exiger que le testateur s'expliquât « clairement. » De là on peut conclure que, dans tous les cas où le testateur aura formellement déclaré qu'il entend léguer la chose, quoiqu'elle appartienne à autrui, le doute n'étant plus possible sur la connaissance qu'il avait de la propriété d'autrui, il n'y aura plus de raison d'appliquer la disposition de l'article 1021. Le legs sera donc valable, et l'héritier sera tenu d'acheter la chose d'autrui pour la remettre au légataire, ou, si le propriétaire refuse de la vendre, de lui en payer l'estimation. Ainsi, seront valables les legs faits en ces termes : « Je lègue à Pierre la maison de mon voisin, que mon héritier achètera et lui remettra », et même : « Je lègue à Pierre la maison de mon voisin » ; car il n'est pas douteux, dans ce cas, que le testateur ait connu qu'il n'était pas propriétaire de la chose léguée.

Du legs de CHOSES INDÉTERMINÉES. — Lorsque le legs est d'une chose indéterminée, par exemple, d'un cheval, l'héritier n'est pas tenu de la donner de la meilleure qualité, et il ne peut cependant pas l'offrir de la plus mauvaise. L'article 1022 a substitué cette interprétation toute d'équité aux distinctions qu'admettait sur ce point le droit romain.

Du legs fait à UN CRÉANCIER. — Disons enfin que tout legs ayant pour but de procurer une libéralité, le legs fait au créancier ne sera pas censé fait en compensation de sa créance, ni celui fait au domestique en compensation de ses gages (art. 1023). Ainsi, lorsque devant 100 à mon voisin ou 10 à mon domestique, je lègue 100 au premier et 10 au second, la succession devra supporter 200 dans un cas et 20 dans l'autre, dont moitié à titre de legs et moitié à titre de dette. Cependant le testateur peut déclarer le contraire et léguer la

somme même dont il est débiteur. Mais quel est alors l'effet
du legs? D'abord le legs peut être pur et simple, lorsque la
créance était à terme ou sous condition, et c'est là un avantage pour le créancier; puis le legs est garanti par une hypothèque générale sur tous les biens de la succession, et c'est
encore là un autre avantage. Un pareil legs est donc valable, puisqu'il n'est pas complétement inutile.

SEPTIÈME SECTION

DES EXÉCUTEURS TESTAMENTAIRES.

Art. 1025. Le testateur pourra nommer un ou plusieurs exécuteurs testamentaires.

1026. Il pourra leur donner la saisine du tout, ou seulement d'une
partie de son mobilier; mais elle ne pourra durer au delà de l'an
et jour, à compter de son décès. — S'il ne la leur a pas donnée, ils
ne pourront l'exiger.

1027. L'héritier pourra faire cesser la saisine, en offrant de remettre aux exécuteurs testamentaires somme suffisante pour le
payement des legs mobiliers, ou en justifiant de ce payement.

1028. Celui qui ne peut s'obliger ne peut pas être exécuteur testamentaire.

1029. La femme mariée ne pourra accepter l'exécution testamentaire qu'avec le consentement de son mari. — Si elle est séparée de
biens, soit par contrat de mariage, soit par jugement, elle le pourra
avec le consentement de son mari, ou, à son refus, autorisée par la
justice, conformément à ce qui est prescrit par les articles 217 et
219, au titre *du Mariage*.

1030. Le mineur ne pourra être exécuteur testamentaire, même
avec l'autorisation de son tuteur ou curateur.

1031. Les exécuteurs testamentaires feront apposer les scellés,
s'il y a des héritiers mineurs, interdits ou absents. — Ils feront faire,
en présence de l'héritier présomptif, ou lui dûment appelé, l'inventaire des biens de la succession. — Ils provoqueront la vente du
mobilier, à défaut de deniers suffisants pour acquitter les legs. —
Ils veilleront à ce que le testament soit exécuté; et ils pourront, en
cas de contestations sur son exécution, intervenir pour en soutenir
la validité.— Ils devront, à l'expiration de l'année du décès du testateur, rendre compte de leur gestion.

1032. Les pouvoirs de l'exécuteur testamentaire ne passeront point à ses héritiers.

1033. S'il y a plusieurs exécuteurs testamentaires qui aient accepté, un seul pourra agir au défaut des autres; et ils seront solidairement responsables du compte du mobilier qui leur a été confié, à moins que le testateur n'ait divisé leurs fonctions, et que chacun d'eux ne se soit renfermé dans celle qui lui était attribuée.

1034. Les frais faits par l'exécuteur testamentaire pour l'apposition des scellés, l'inventaire, le compte et les autres frais relatifs à ses fonctions, seront à la charge de la succession.

Définition. — On appelle EXÉCUTEUR TESTAMENTAIRE une personne chargée par le défunt de veiller à l'accomplissement de ses dernières volontés. L'exécuteur testamentaire est donc un mandataire imposé par le *de cujus* à des héritiers qui n'ont pas toute sa confiance, et qui peut-être essayeraient de se soustraire à l'exécution de certaines clauses du testament, si un tiers n'avait pas mission spéciale de les y contraindre.

Qui PEUT ÊTRE *exécuteur testamentaire.* — Un mandat peut en général être confié à toute personne, même aux incapables, car chacun est libre de remettre ses intérêts entre les mains de qui lui convient; mais comme l'exécuteur testamentaire gérera les affaires des héritiers du mandant à l'encontre desquels sa nomination a été faite, et non les affaires du mandant lui-même de qui ses pouvoirs procèdent, le Code exige qu'il soit capable de s'obliger, afin que les héritiers puissent utilement exercer contre lui leur recours (art. 1028). Ainsi, la femme mariée ne pourra accepter une exécution testamentaire qu'avec l'autorisation de son mari ou de justice (art. 1029), et les mineurs ou interdits, même autorisés de leur tuteur, ne pourront jamais être exécuteurs testamentaires; car ils courraient des risques, sans avoir la chance d'aucun bénéfice, et ils ne peuvent jamais être autorisés à faire des actes aussi compromettants pour leurs intérêts (art. 1030).

De ce que l'exécution testamentaire est un mandat, il résulte :

Que nul n'est tenu de l'accepter ;

Que l'exécuteur testamentaire n'est point salarié (art. 1986) ;

Qu'il aura recours contre les héritiers, non-seulement pour les avances et frais par lui faits en exécutant le testament, mais encore pour toutes les pertes qu'il aura essuyées à l'occasion de cette exécution, sans faute ni imprudence à lui imputables (art. 1999, 2000) ;

Que ses pouvoirs cesseront avec lui sans jamais passer à ses héritiers (art. 2003), etc., etc.

Quoique l'exécuteur testamentaire n'ait pas droit à un salaire, il est d'usage que le défunt lui laisse certains objets à titre rémunératoire. On appelle ce don un *diamant*.

De la SAISINE *accordée aux exécuteurs testamentaires.* — Le défunt peut accorder aux exécuteurs testamentaires la saisine de tout ou partie de son mobilier (art. 1026). Cette saisine ne doit pas être confondue avec celle accordée par la loi aux héritiers légitimes, et au légataire universel qui n'est point en concours avec des héritiers réservataires. Dans ce dernier cas, en effet, la saisine attribue aux successeurs du défunt la *possession* de l'hérédité ; en d'autres termes, ces successeurs s'emparent des biens laissés par le défunt avec l'intention d'en être propriétaires. La saisine accordée aux exécuteurs testamentaires ne leur donne, au contraire, que la *détention* du mobilier désigné par le testateur ; en d'autres termes, ils ne peuvent appréhender ce mobilier qu'à titre précaire, c'est-à-dire sans aucune intention d'en devenir propriétaires. Institués pour veiller à l'accomplissement de toutes les volontés du défunt, ils doivent appréhender les meubles dont la saisine leur est accordée, uniquement pour empêcher qu'ils ne soient détournés ou aliénés par les héritiers en fraude de certaines clauses du testament.

A QUELS BIENS *peut s'appliquer la saisine des exécuteurs testamentaires.* — Cette saisine ne peut avoir pour objet que le mobilier (art. 1026), et encore faut-il que le testateur l'ait expressément accordée aux exécuteurs testamentaires. Pourquoi la saisine ne peut-elle pas s'appliquer aux immeubles? Par la raison que les immeubles ne sont pas susceptibles de détournement, et que l'exécution des clauses du testament qui s'y réfèrent est toujours à peu près assurée. D'ailleurs, cette saisine aurait pu avoir les plus graves inconvénients pour leur exploitation. Enfin, la discussion du Code au Tribunat ne laisse aucun doute sur ce point que la saisine ne peut atteindre les biens immobiliers.

Durée *de la* saisine *des exécuteurs testamentaires.* — Aux termes de l'article 1026, la saisine peut durer l'an et jour à compter du décès. Certains auteurs ont prétendu que le testateur, pouvant disposer de la propriété même au profit de l'exécuteur testamentaire, peut à plus forte raison lui donner une saisine de plus longue durée. Malgré cette raison, on doit s'en tenir au texte précité : il ne s'agit pas, en effet, de savoir si le testateur aurait pu léguer aux exécuteurs testamentaires la propriété même des meubles dont ils ont la saisine ; il suffit de constater que cette propriété ne leur appartient pas, et que de là résulte une situation anormale dont la durée trop prolongée ne serait pas sans inconvénient. D'ailleurs, si le testateur avait la faculté de donner, pour un temps indéfini, la saisine de toutes les choses dont il peut léguer la propriété, il en résulterait que la saisine des immeubles eux-mêmes pourrait être conférée aux exécuteurs testamentaires ; or, un pareil résultat est évidemment inadmissible. Disons enfin qu'il fut expressément déclaré par M. Joubert, rapporteur de notre titre au Tribunat, que la saisine ne devait jamais durer au delà d'une année [1].

Effets *de la* saisine *des exécuteurs testamentaires.* — Les exécuteurs testamentaires peuvent appréhender eux-mêmes tous les meubles corporels ou incorporels dont ils sont saisis,

---

[1] Colmet de Santerre, t. IV, n. 171 *bis*, III. — Demolombe, t. V, n. 48.

à la charge de les employer au payement des legs faits par le défunt (art. 1031).

Comment FINIT *la saisine des exécuteurs testamentaires.* — Cette saisine finit :

1° Par l'expiration du temps pour lequel elle avait été accordée, et qui, dans *aucun cas*, ne peut excéder un an à dater de l'ouverture de la succession ;

2° Par l'offre que font les héritiers de remettre à l'exécuteur testamentaire une somme suffisante pour le payement des legs mobiliers, ou par la preuve même de leur payement (art. 1027) ;

3° Par l'entière exécution du testament ;

4° Par la mort de l'exécuteur testamentaire (art. 1032).

Des DROITS *et des* OBLIGATIONS *des exécuteurs testamentaires.* — Les exécuteurs testamentaires, saisis, doivent :

1° Faire *apposer les scellés*, s'il y a des héritiers mineurs, interdits ou absents ;

2° Faire *confectionner* en présence de l'héritier présomptif, ou lui dûment appelé, *l'inventaire* des biens de la succession ;

3° *Provoquer*, avec le consentement des héritiers, ou, à leur défaut, avec l'autorisation de justice, la *vente* du mobilier, si la succession ne contient pas des deniers suffisants pour l'acquittement des legs ;

4° Veiller à *l'exécution du testament* et soutenir tous les procès qui peuvent la concerner ;

5° Enfin *rendre compte* de leur gestion (art. 1031). Au surplus, cette gestion ne finit pas nécessairement comme la saisine, à l'expiration de l'an et jour à compter de l'ouverture de la succession. Les exécuteurs testamentaires conservent leurs pouvoirs jusqu'à l'entier accomplissement des volontés du défunt.

Lorsque les exécuteurs testamentaires n'ont pas la saisine, ils ne peuvent que requérir l'apposition des scellés et la confection de l'inventaire, qui sont des mesures essentiellement

conservatoires, et surveiller l'exécution du testament; mais
ils n'ont qualité ni pour appréhender le mobilier ni pour en
provoquer la vente. Au surplus, les dettes et les legs sont
toujours payés par les héritiers; car, si l'exécuteur testamentaire peut surveiller l'exécution du testament, il n'a
nullement qualité pour faire de sa propre main les divers
payements que comporte cette exécution.

L'exécuteur testamentaire, avons-nous dit, doit faire inventaire et rendre compte. On agite beaucoup la question de
savoir si le défunt qui ne laisse pas d'héritiers à réserve peut
le dispenser de remplir l'une ou l'autre de ces obligations. Il
peut évidemment le dispenser de faire inventaire, car cette
dispense n'empêchera point les héritiers d'y faire procéder
eux-mêmes, et, leurs droits étant sauvegardés, ils n'auront
aucune raison de critiquer cette clause du testament. Mais il
ne pourra point le dispenser de rendre compte. En effet, ce
serait indirectement l'autoriser à garder, selon son bon plai-
sir, tout ou partie des meubles dont il aurait été saisi. On
objecte, il est vrai, que le défunt, pouvant donner la propriété, peut à plus forte raison dispenser de rendre compte ;
mais cette objection n'a pas ici plus de force que plus haut, et
puisque, en fait, l'exécuteur testamentaire n'a pas reçu la
propriété des objets confiés à sa surveillance, il faut qu'il en
rende compte aux héritiers [1].

Des COEXÉCUTEURS *testamentaires*. — Le testateur peut
nommer plusieurs exécuteurs testamentaires (art. 1023).
Dans ce cas, il faut examiner s'il a, ou non, divisé leurs
fonctions. Les a-t-il divisées; alors chacun agit dans la sphère
de ses attributions, et comme il n'a pas le droit de s'immiscer
dans la gestion des autres, il n'est pas non plus tenu d'en répondre. Ne les a-t-il pas, au contraire, divisées; alors chaque exécuteur peut seul poursuivre l'exécution du testament
en entier, à moins que le défunt n'ait déclaré qu'ils devraient

[1] Aubry et Rau, t. VI, § 711, note 13, p. 134. — Troplong, n. 2028. —
Demolombe, t. V, n. 119.

tous agir de concert, et les différents exécuteurs sont *solidai-rement* responsables du compte du mobilier qui leur a été confié, c'est-à-dire que chacun doit rendre compte de la tota-lité du mobilier, soit en le restituant, soit en prouvant qu'il est resté entre les mains des autres exécuteurs testamentaires, soit enfin en justifiant de son emploi à l'acquittement des legs ou dettes du défunt. Mais si chaque exécuteur testamen-taire doit seul rendre compte de tout le mobilier, il n'est évidemment pas tenu de supporter les dommages-intérêts que les autres exécuteurs testamentaires pourraient avoir en-courus par leur fait personnel ; en d'autres termes, la solida-rité s'applique à la *reddition du compte* et non à la *respon-sabilité* qui peut en être la conséquence, le fait de l'un des exécuteurs ne devant pas retomber sur les autres (art. 1033).

La mort de l'un des exécuteurs testamentaires rompt-elle le mandat des autres? C'est là une pure question de fait. L'affirmative devra être adoptée, si le testateur paraît avoir subordonné la gestion de chaque exécuteur testamentaire au contrôle de tous les autres, et au contraire la négative devra l'être, si le testateur paraît n'avoir nommé plusieurs exé-cuteurs testamentaires que pour mieux assurer l'accomplis-sement de ses dernières volontés par la dévolution aux survivants des pouvoirs conférés à ceux qui viendraient à prédécéder.

HUITIÈME SECTION

DE LA RÉVOCATION DES TESTAMENTS ET DE LEUR CADUCITÉ.

Art. 1035. Les testaments ne pourront être révoqués, en tout ou en partie, que par un testament postérieur, ou par un acte devant notaires, portant déclaration du changement de volonté.

1036. Les testaments postérieurs qui ne révoqueront pas d'une manière expresse les précédents n'annuleront, dans ceux-ci, que celles des dispositions y contenues qui se trouveront incompatibles avec les nouvelles, ou qui y seront contraires.

1037. La révocation faite dans un testament postérieur aura tout son effet, quoique ce nouvel acte reste sans exécution par l'incapacité de l'héritier institué ou du légataire, ou par leur refus de recueillir.

1038. Toute aliénation, celle même par vente avec faculté de rachat ou par échange, que fera le testateur de tout ou de partie de la chose léguée, emportera la révocation du legs pour tout ce qui a été aliéné, encore que l'aliénation postérieure soit nulle, et que l'objet soit rentré dans la main du testateur.

1039. Toute disposition testamentaire sera caduque, si celui en faveur de qui elle est faite n'a pas survécu au testateur.

1040. Toute disposition testamentaire faite sous une condition dépendante d'un événement incertain, et telle que, dans l'intention du testateur, cette disposition ne doive être exécutée qu'autant que l'événement arrivera ou n'arrivera pas, sera caduque, si l'héritier institué ou le légataire décède avant l'accomplissement de la condition.

1041. La condition qui, dans l'intention du testateur, ne fait que suspendre l'exécution de la disposition, n'empêchera pas l'héritier institué, ou le légataire, d'avoir un droit acquis et transmissible à ses héritiers.

1042. Le legs sera caduc, si la chose léguée a totalement péri pendant la vie du testateur. — Il en sera de même si elle a péri depuis sa mort, sans le fait et la faute de l'héritier, quoique celui-ci ait été mis en retard de la délivrer, lorsqu'elle eût également dû périr entre les mains du légataire.

1043. La disposition testamentaire sera caduque, lorsque l'héritier institué où le légataire la répudiera, ou se trouvera incapable de la recueillir.

1044. Il y aura lieu à accroissement au profit des légataires, dans le cas ou le legs sera fait à plusieurs conjointement. — Le legs sera réputé fait conjointement, lorsqu'il le sera par une seule et même disposition, et que le testateur n'aura pas assigné la part de chacun des colégataires dans la chose léguée.

1045. Il sera encore réputé fait conjointement, quand une chose qui n'est pas susceptible d'être divisée sans détérioration aura été donnée par le même acte à plusieurs personnes, même séparément.

1046. Les mêmes causes qui, suivant l'article 954 et les deux premières dispositions de l'article 955, autoriseront la demande en révocation de la donation entre-vifs, seront admises pour la demande en révocation des dispositions testamentaires.

1047. Si cette demande est fondée sur une injure grave faite à la mémoire du testateur, elle doit être intentée dans l'année, à compter du jour du délit.

Notions générales. — Un testament peut être inefficace pour trois causes différentes :

1° Pour inaccomplissement des *formalités* exigées à peine de nullité, cas auquel il est, dès le principe, réputé inexistant. Les Romains appelaient ce testament *injustum ;*

2° Pour cause de *révocation :* dans ce cas, le testament est valable dès l'origine, mais il perd sa force par un changement de volonté de la part du disposant. Les Romains disaient qu'il était *ruptum ;*

3° Pour cause de *caducité :* dans ce cas, le testament a, dès l'origine, et conserve toujours sa force intrinsèque ; mais il manque de produire son effet, du moins le plus souvent, par la faute ou le fait du légataire. Les Romains disaient qu'il était *irritum.* ·

Des trois causes précédentes d'inefficacité des testaments, la première nous est connue. En effet, nous avons étudié toutes les règles sur les formes des testaments, et, par contre, toutes les causes qui peuvent rendre un testament *injustum.* Il nous reste à étudier la révocation et la caducité.

De la RÉVOCATION. — La révocation d'un testament peut être expresse ou tacite.

De la RÉVOCATION EXPRESSE. — Cette révocation peut avoir lieu de deux manières, savoir :

1° Par *testament postérieur,* quelle que soit d'ailleurs la nature et du testament qui révoque et du testament qui est révoqué, car le Code ne fait aucune distinction (art. 1035). Ainsi, un testament public peut être révoqué par un testament olographe ou mystique, et réciproquement. Le testament postérieur cesserait de produire son effet révocatoire, s'il était nul ; mais il produirait cet effet, s'il était simplement caduc (art. 1037) ; et avec raison. En effet, dans le premier cas, le testament est dépourvu de toute existence juridique,

tandis que dans le second il conserve, malgré la caducité de
ses dispositions, toute sa force intrinsèque. Au surplus, un
testament postérieur ne révoque un testament antérieur que
s'il le contredit expressément ou implicitement ; car si les
dispositions diverses qu'ils peuvent contenir n'étaient pas
incompatibles, elles devraient être toutes exécutées (art.
1036) ;

2° Par *acte notarié* portant déclaration du changement de
volonté (art. 1035) ; et il n'est pas nécessaire que cet acte contienne de nouvelles dispositions. La seule mention d'un
changement de volonté suffit.

Ici se présente une grave question. La révocation peut-
elle avoir lieu par un acte sous seing privé, écrit, daté et
signé de la main du disposant, tout comme un testament olographe, mais ne contenant aucune disposition de dernière
volonté ?

Suivant une première opinion, on doit s'en tenir au texte
même du Code. Or, d'après l'art. 1035, les testaments ne
peuvent être révoqués en tout ou en partie que par un testament postérieur ou par acte notarié. Maintenant l'acte dont
il s'agit n'est ni un testament postérieur, puisqu'il ne contient aucune disposition de dernière volonté, ni un acte notarié, puisque, par hypothèse, il a été écrit, daté et signé de la
seule main du testateur. D'où la conséquence que le testament
antérieur n'est pas révoqué. On objecte à tort, dit-on, que cet
acte, restituant la succession aux héritiers légitimes, est au
fond un véritable testament. En effet, les héritiers légitimes
recevront dans ce cas la succession non des mains du testateur, mais de la loi elle-même ; et on ne peut qualifier de
testament un acte qui laisse leur libre cours aux successions
légitimes.

Suivant une seconde opinion [1], un testament peut être révoqué par un acte sous seing privé, écrit, daté et signé de la

[1] Colmet de Santerre, t. IV, n. 182 *bis*. — Troplong, t. IV, n. 2051. —
Cass., 10 janv. 1865.

main du testateur, comme par acte devant notaire. Cette décision est d'abord très-logique; en effet, si un acte, écrit, daté et signé par le testateur, suffit pour enlever la succession aux héritiers légitimes, à plus forte raison un acte écrit, daté et signé du testateur, doit-il suffire pour la leur restituer. Mais alors comment expliquer le texte précis et rigoureux de l'article 1035? Le voici : le projet du Code portait que les testaments devaient toujours être révoqués par un acte revêtu des formes du testament. On fit observer avec raison que ce système obligerait les personnes ne sachant pas écrire à recourir aux formes solennelles d'un testament public, et par suite mettrait une entrave à la révocation. Sur cette observation, il fut décidé que la révocation pourrait avoir lieu, même par acte notarié ordinaire ; mais on maintint la première idée, que tout testament peut être révoqué par un acte postérieur ayant lui-même la forme d'un testament. En d'autres termes, au lieu d'imposer à tout acte révocatoire la forme d'un testament, on permit d'insérer la révocation et dans un acte ayant cette forme, et dans un acte notarié ordinaire. On employa l'expression vicieuse *testament postérieur* pour signifier un acte postérieur ayant la forme d'un testament. Mais la pensée des rédacteurs n'en est pas moins certaine, et l'on doit décider, comme nous l'avons dit, que la révocation résulte de tout acte ayant la forme d'un testament sans cependant contenir des dispositions de dernière volonté.

Lorsque la révocation d'un premier testament est insérée dans un second, fait par-devant notaire, et que ce dernier testament, nul à ce titre pour défaut de forme, est cependant valable comme acte notarié ordinaire, la révocation doit-elle produire son effet? La raison de douter vient de ce que d'une part le testateur a voulu faire un testament postérieur valable, et qu'il subordonnait peut-être la révocation du premier à la validité du second ; tandis que d'autre part l'acte contenant la révocation est parfaitement régulier comme acte notarié ordinaire.

Les uns regardent l'acte notarié dont il s'agit comme indivisible. Or, cet acte contenait deux choses, la révocation du premier testament et la confection d'un second. Maintenant il est nul au point de vue de cette confection, et conséquemment il doit l'être au point de vue de la révocation. Non-seulement rien ne montre que le testateur eût révoqué le premier testament, s'il n'avait pas cru à la validité du second, mais encore la préférence des étrangers aux héritiers légitimes, deux fois manifestée, tend à faire croire que le testateur avait subordonné la révocation du premier testament à la validité du second.

Les autres considèrent l'acte notarié dont il s'agit comme divisible, et maintiennent la révocation, quoique la désignation d'un nouveau légataire soit nulle. Ils se fondent avec raison sur l'article 1037, aux termes duquel la révocation, faite par testament postérieur, produit son effet, quoique ce nouvel acte reste sans exécution par l'incapacité de l'héritier institué ou du légataire, ou par leur refus·de recueillir. Dans ce cas évidemment l'on eût pu, en l'absence de tout texte, dire aussi que le testateur avait subordonné la révocation du premier testament à l'efficacité du second, et cependant le Code en a décidé autrement, puisqu'il maintient la révocation, malgré la caducité des legs faits dans le testament qui la contient. La plupart des auteurs et la jurisprudence se sont néanmoins rangés à la première opinion [1].

De la RÉVOCATION TACITE. — La révocation tacite ne peut résulter que de certains faits déterminés par le Code. Ainsi emportent révocation :

1° Les clauses d'un testament postérieur qui se trouvent *incompatibles* avec celles d'un testament antérieur; par exemple, lorsque le testateur a d'abord légué son cheval à Pierre et qu'il le lègue ensuite à Paul, le second legs révoque le premier, à moins de déclaration contraire; car il

[1] Colmet de Santerre, t. IV, n. 184 *bis*, IV. — Demolombe, t. V, n. 155. — Cass., 10 avril 1855.

n'est pas présumable que le testateur ait voulu léguer le
même cheval pour moitié à Pierre et pour moitié à Paul. Il
sera quelquefois fort difficile de décider si le second testament révoque le premier. Ainsi, l'institution d'un légataire
universel par le second testament révoquera presque toujours
une institution de même nature contenue dans le premier
testament. Mais quelquefois aussi le testateur aura voulu
laisser deux légataires universels. Toutes ces questions sont
purement de fait, et les tribunaux les apprécieront souverainement.

Emporte révocation tacite :

2° Toute *aliénation* de tout ou partie de la chose léguée
par le testateur, encore qu'elle ait eu lieu par vente avec faculté de rachat, ou par échange, ou enfin qu'elle soit déclarée
nulle, et que par suite les biens soient rentrés dans le patrimoine du disposant (art. 1038). Lorsque le testateur vend
purement et simplement la chose léguée, la présomption de
révocation du legs est naturelle. Elle était admise en droit
romain et dans l'ancien droit français, qui permettaient cependant au légataire de prouver qu'en fait le testateur n'avait
pas voulu la révocation. Non-seulement le Code n'admet
point cette preuve, mais encore il fait résulter la révocation
de certaines aliénations qui impliquaient autrefois le maintien du legs aujourd'hui révoqué. Ainsi, lorsque le testateur
vend la chose léguée avec faculté de rachat, c'est-à-dire en
stipulant qu'il pourra la reprendre moyennant la restitution
du prix principal et des accessoires (art. 1659), il semble
bien que cette clause soit faite dans l'intérêt du légataire.
Pareillement, lorsque le testateur aliène la chose par voie
d'échange, celle qu'il reçoit à sa place semble bien subrogée à la précédente. Enfin, quand l'aliénation est déclarée
nulle et que la chose léguée reste entre les mains du testateur, rien ne paraît s'opposer à l'efficacité du legs. Le Code,
rejetant en cela l'ancienne théorie, en a décidé autrement, et
il a fait de la seule volonté d'aliéner, quoiqu'elle n'ait pas été

en fait exécutée, une cause de révocation. Son but a été probablement de prévenir les procès que faisaient naître autrefois les différents actes dont nous venons de donner l'énumération.

De la CADUCITÉ *des dispositions testamentaires.* — Une disposition testamentaire est caduque (*cadere*, tomber), lorsqu'aucune main ne se présente pour la recueillir. Sont causes de caducité :

1° Le *décès* du légataire, arrivé *avant celui* du testateur (art. 1039) ;

2° Le *décès* du légataire même ayant survécu au testateur, arrivé *avant l'accomplissement* de la condition à laquelle la disposition testamentaire était subordonnée (art. 1040) ; et en effet, nous avons vu plus haut que l'ouverture des legs conditionnels était fixée à l'événement de la condition. Ainsi, lorsque je lègue mon cheval à Pierre, s'il revient de son expédition, il ne suffit pas que Pierre me survive pour avoir droit au legs, il faut encore qu'il revienne de son expédition. Le terme incertain équivaut dans les testaments à une condition, parce qu'il est douteux que le légataire survive à l'arrivée du terme; par exemple, lorsque je lègue mon cheval à Pierre pour l'époque où Paul mourra, je fais un legs conditionnel, car il est douteux si Pierre survivra à Paul. Cependant si le testateur avait voulu retarder, non plus l'existence, mais la simple exécution du legs jusqu'à la mort de Paul, la disposition ne serait pas caduque, puisque le legs se fût ouvert au décès même du testateur (art. 1041) ;

3° La *défaillance* de la *condition* à laquelle le legs était subordonné ;

4° La *perte* de la *chose léguée*, arrivée pendant la vie du testateur ou même depuis sa mort sans la faute ni le fait des héritiers (art. 1042). Mais, dans ce dernier cas, le legs n'est pas, à proprement parler, caduc, puisque le légataire a recueilli et conservé pendant un instant la propriété de la chose léguée ; et la preuve en est que, dans l'hypothèse où la chose a péri par la faute ou le fait des héritiers, le légataire peut en réclamer l'équivalent. A la faute des héritiers il faut assimiler leur retard à délivrer la chose léguée, après qu'ils ont été mis en demeure, soit par une sommation, soit par une demande en délivrance. Cependant, si la chose eût également dû périr entre les mains du légataire, toute indemnité cesserait d'être due, puisque le retard dans la livraison n'a été pour rien dans la perte. Nous reviendrons plus tard en traitant des obligations, et sur la mise en demeure, et sur les effets de la perte.

A la perte matérielle de la chose il faut assimiler la perte de la substance, c'est-à-dire de l'ensemble des qualités essentielles qui constituent son utilité. Ainsi, non-seulement le legs est caduc lorsque, par exemple, le bloc de marbre que je vous avais légué a été détruit par un accident, mais encore lorsqu'il a été transformé en statue, car la substance d'un bloc de marbre et celle d'une statue diffèrent radicalement, et, à vrai dire, la chose n'est plus la même.

5° La *répudiation* du légataire ou son *incapacité* de recueillir la disposition (art. 1043). Les causes d'incapacité sont ici les mêmes que pour les successions (art. 725).

Des EFFETS *de la caducité.*—La caducité d'un legs a des effets différents, selon que le légataire était ou n'était pas seul appelé à le recueillir. Était-il seul appelé à le recueillir, alors la caducité profite à ceux qui ont vocation à tout ou partie de l'universalité des biens laissés par le défunt, c'est-à-dire aux héritiers légitimes et aux légataires, soit universels, soit à titre universel. N'était-il pas seul appelé à le recueillir, alors il faut distinguer s'il avait un substitué vulgaire ou un colégataire. Lorsqu'il avait un substitué vulgaire, la caducité profite à ce dernier ; ainsi, quand le défunt a légué son cheval à Pierre, et, à défaut de Pierre, à Paul, Pierre venant à manquer, Paul recueille la libéralité. Lorsque au contraire il avait un colégataire, la caducité donne lieu au *droit d'accroissement*, dont nous allons examiner la nature et les effets.

*Du droit d'*ACCROISSEMENT. — Quand une seule et même chose a été léguée à plusieurs conjointement, et que l'un des légataires vient à défaillir, les autres profitent *par droit d'accroissement* de la part qu'aurait prise le défaillant. Mais, à proprement parler, ces expressions sont inexactes. En effet, chacun des légataires étant appelé à la totalité de la chose conserve plutôt un droit propre, désormais à l'abri de tout concours, qu'il n'acquiert le droit d'autrui ; en d'autres termes, il y a *non-décroissement* au lieu d'un véritable *accroissement*. Les colégataires d'un objet particulier sont alors dans la même situation que plusieurs légataires universels. Lorsque tous arrivent à la libéralité, *concursu partes fiunt ;* lorsque certains font défaut, les autres conservent la part qui revenait aux défaillants. Maintenant il reste à examiner de combien de manières un legs peut être fait conjointement.

L'on a de tout temps admis qu'il peut y avoir trois espèces de conjonction, savoir :

1° La conjonction *re et verbis ;*

2° La conjonction *re tantùm ;*

3° La conjonction *verbis tantùm.*

Les légataires sont conjoints *re et verbis* lorsque le testateur leur a légué la même chose par une seule et même disposition. Exemple : « Je lègue mon cheval à Pierre et à Paul.»

Les légataires sont conjoints *re tantùm* lorsque le testateur leur a légué la même chose par des dispositions différentes. Exemple : « Je lègue mon cheval à Pierre. » Et plus bas : « Je lègue mon cheval à Paul. »

Les légataires sont conjoints *verbis tantùm* lorsque le testateur leur a légué la même chose par une seule disposition, mais en désignant la part de chacun. Exemple : « Je lègue mon cheval à Pierre et à Paul, chacun pour moitié. »

Comme le droit d'accroissement repose tout entier sur cette idée, que chaque légataire est appelé, à défaut des autres, à recueillir la totalité de la disposition, il importe de voir dans quel cas un legs fait conjointement implique ou exclut cette vocation à la totalité de la chose léguée. Avant tout il faut consulter l'intention du testateur. Si aucune circonstance ne la dénote, voici les présomptions que l'on appliquait autrefois et celles que l'on doit appliquer aujourd'hui. Autrefois, les légataires conjoints *re et verbis* ou *re tantùm* étaient censés appelés à la totalité de la chose, et, lorsque l'un venait à défaillir, les autres profitaient du droit d'accroissement. Les légataires conjoints *verbis tantùm* n'étaient au contraire appelés qu'à une partie de la chose, et ils ne pouvaient jamais invoquer le droit d'accroissement. Le Code a, dans l'art. 1044, consacré ces présomptions pour les legs conjoints *re et verbis* ou *verbis tantùm*. Ainsi les premiers profiteront toujours et les seconds ne profiteront jamais du droit d'accroissement. Mais il a introduit une règle nouvelle pour les legs conjoints *re tantùm :* il faut, aux termes de l'art. 1045, distinguer si la chose léguée à plusieurs dans des dispositions différentes peut ou non être divisée sans détérioration. Peut-elle être divisée sans détérioration ? Le Code présume que le testateur n'a appelé chaque légataire qu'à une partie de la chose, et dès lors il n'y a pas lieu au droit d'accroissement. Ne peut-elle pas au contraire être divisée sans détérioration ? Le Code présume que le testateur a appelé chaque légataire à la totalité de la chose léguée, et dès lors il y a lieu au droit d'accroissement. Cette innovation du Code a été l'objet de critiques nombreuses et méritées. Effectivement, lorsque le testateur lègue la même chose à plusieurs par des dispositions distinctes, il appelle évidemment chaque légataire à recueillir la totalité de la chose dans le cas où les autres feraient défaut. Son intention est même, dans ce cas, plus manifeste que dans l'hypothèse d'un legs fait à plusieurs par une seule et même disposition. Puis, quoi de plus arbitraire que cette distinction entre les choses qui peuvent et celles qui ne peuvent pas être divisées sans détérioration ? Le Code n'a-t-il point ouvert là une source de procès lui qui cherche tant à les prévenir ?

Maintenant il s'agit de savoir si les règles que nous venons de voir pour l'accroissement en matière de legs particuliers, faits conjointement *re tantùm*, doivent être étendues aux legs universels, faits de la même manière. Nous ne le pensons pas : les articles 1044 et 1045 sont évidemment écrits pour l'hypothèse où un corps certain a été légué, et l'on ne peut, sans un texte exprès, qui heureusement n'existe pas, transporter leur étrange théorie dans les legs universels. Dès lors les légataires universels conjoints *re tantùm* pourront toujours invoquer le droit d'accroissement comme les légataires universels conjoints *re et verbis* [1].

Une autre question controversée est celle de savoir à qui profite le droit d'accroissement en matière d'usufruit, lorsqu'un des légataires meurt après avoir profité de la disposition testamentaire. Par exemple, une personne a légué l'usufruit de son jardin à Pierre et à Paul, qui tous les deux ont accepté la libéralité. Pierre meurt : sa part d'usufruit va-t-elle à l'héritier nu propriétaire ou bien au colégataire de l'usufruit ? D'après les uns, elle va à l'héritier par la raison que le legs n'est pas caduc, et que rien ne permet ici de déroger au principe général en vertu duquel un usufruit éteint retourne à la nue propriété. D'après les autres, chacun des légataires peut, lorsque son colégataire décède, invoquer le droit d'accroissement. Ils se fondent sur ce que le droit d'accroissement n'est pas limité au cas de caducité. Ordinairement, il est vrai, cette caducité est nécessaire pour qu'il s'exerce, parce qu'ordinairement les legs ont pour objet la pleine propriété, et que cette propriété, une fois acquise à un des légataires, est un obstacle perpétuel à l'exercice du droit d'accroissement par les autres. Mais quand l'obstacle est de sa nature simplement temporaire, comme l'usufruit, il n'y a aucune raison pour que, ayant disparu, le droit d'accroissement ne reçoive pas son application.

[1] Demolombe, t. V, n. 383. — Troplong, n. 1773 et 2188.

Enfin le droit d'accroissement a-t-il lieu avec ou sans charges ? Ainsi, lorsqu'une personne a légué sa maison à Pierre et à Paul à la condition que Pierre servirait une rente viagère à un tiers, Paul sera-t-il tenu de ladite rente dans le cas où le droit d'accroissement s'ouvrirait à son profit ? En droit romain, on décidait l'affirmative, si les légataires étaient conjoints *re et verbis*, et la négative, s'ils étaient conjoints *re tantùm*. Dans l'ancien droit français, l'on admettait que l'accroissement avait toujours lieu avec charges, et rien ne montre que le Code ait innové. On doit donc décider que l'accroissement a toujours lieu avec charges.

De la RÉVOCATION *des legs par le* FAIT *du légataire*. — Aux termes de l'art. 1046, certains des faits qui entraînent la révocation des donations doivent aussi entraîner la révocation des libéralités testamentaires. Tels sont :

1° *L'inexécution des conditions ;*

2° *L'ingratitude manifestée*, soit par un attentat à la vie du testateur, soit par des sévices, délits ou injures graves commis envers sa personne ou envers sa mémoire (art. 954 et 955). Le refus d'aliments n'est pas ici une cause de caducité, parce que le légataire n'a pu se trouver dans le cas d'en fournir au testateur depuis qu'il a reçu sa libéralité. La demande en révocation fondée sur une injure grave faite à la mémoire du testateur doit être intentée dans l'année du délit (art. 1047), ou plutôt, comme nous l'avons vu pour les donations, dans l'année à partir du jour où les héritiers ont eu connaissance du délit. Quand le fait d'ingratitude a eu lieu pendant la vie du disposant, la demande en révocation du legs ne peut, comme la demande en révocation des donations, être intentée par ses héritiers que s'il n'a point laissé passer plus d'un an à compter du délit ou du jour qu'il en a eu connaissance (art. 957).

CHAPITRE VI

DES DISPOSITIONS PERMISES EN FAVEUR DES PETITS-ENFANTS DU
DONATEUR OU TESTATEUR, OU DES ENFANTS DE SES FRÈRES ET
SŒURS.

ART. 1048. Les biens dont les pères et mères ont la faculté de disposer pourront être par eux donnés, en tout ou en partie, à un ou plusieurs de leurs enfants, par actes entre-vifs ou testamentaires, avec la charge de rendre ces biens aux enfants nés et à naître, au premier degré seulement [1], desdits donataires.

1049. Sera valable, en cas de mort sans enfants, la disposition que le défunt aura faite par acte entre-vifs ou testamentaire, au profit d'un ou plusieurs de ses frères ou sœurs, de tout ou partie des biens qui ne sont point réservés par la loi dans sa succession, avec la charge de rendre ces biens aux enfants nés et à naître, au premier degré seulement [1], desdits frères ou sœurs donataires.

1050 [1]. Les dispositions permises par les deux articles précédents ne seront valables qu'autant que la charge de restitution sera au profit de tous les enfants nés et à naître du grevé, sans exception ni préférence d'âge ou de sexe.

1051. Si, dans les cas ci-dessus, le grevé de restitution au profit de ses enfants meurt laissant des enfants au premier degré et des descendants d'un enfant prédécédé, ces derniers recueilleront, par représentation, la portion de l'enfant prédécédé.

1052. Si l'enfant, le frère ou la sœur auxquels des biens auraient été donnés par acte entre-vifs, sans charge de restitution, acceptent une nouvelle libéralité faite par acte entre-vifs ou testamentaire, sous la condition que les biens précédemment donnés demeureront grevés de cette charge, il ne leur est plus permis de diviser les deux dispositions faites à leur profit, et de renoncer à la seconde pour s'en tenir à la première, quand même ils offriraient de rendre les biens compris dans la seconde disposition.

1053. Les droits des appelés seront ouverts à l'époque où, par quelque cause que ce soit, la jouissance de l'enfant, du frère ou de la sœur, grevés de restitution, cessera : l'abandon anticipé de la

---

[1] Les art. 1048, 1049 et 1050, qui avaient été modifiés par la loi du 17 mai 1826, ont repris toute leur force depuis que cette loi a été abrogée par la loi du 7 mai 1849 (V. art. 897, *note*).

jouissance au profit des appelés ne pourra préjudicier aux créanciers du grevé antérieurs à l'abandon.

1054. Les femmes des grevés ne pourront avoir sur les biens à rendre de recours subsidiaire, en cas d'insuffisance des biens libres, que pour le capital des deniers totaux, et dans le cas seulement où le testateur l'aurait expressément ordonné.

1055. Celui qui fera les dispositions autorisées par les articles précédents pourra, par le même acte ou par un acte postérieur, en forme authentique, nommer un tuteur chargé de l'exécution de ces dispositions ; ce tuteur ne pourra être dispensé que pour une des causes exprimées à la section VI du chapitre ii du titre *de la Minorité, de la Tutelle et de l'Émancipation*.

1056. A défaut de ce tuteur il en sera nommé un à la diligence du grevé, ou de son tuteur s'il est mineur, dans le délai d'un mois, à compter du jour du décès du donateur ou testateur, ou du jour que, depuis cette mort, l'acte contenant la disposition aura été connu.

1057. Le grevé qui n'aura pas satisfait à l'article précédent sera déchu du bénéfice de la disposition, et, dans ce cas, le droit pourra être déclaré ouvert au profit des appelés, à la diligence, soit des appelés s'ils sont majeurs, soit de leur tuteur ou curateur s'ils sont mineurs ou interdits, soit de tout parent des appelés majeurs, mineurs ou interdits, ou même d'office, à la diligence du procureur impérial près le tribunal de première instance du lieu ou la succession est ouverte.

1058. Après le décès de celui qui aura disposé à la charge de restitution, il sera procédé, dans les formes ordinaires, à l'inventaire de tous les biens et effets qui composeront sa succession, excepté néanmoins le cas où il ne s'agirait que d'un legs particulier. Cet inventaire contiendra la prisée à juste prix des meubles et effets mobiliers.

1059. Il sera fait à la requête du grevé de restitution, et dans le délai fixé au titre *des Successions*, en présence du tuteur nommé pour l'exécution. Les frais seront pris sur les biens compris dans la disposition.

1060. Si l'inventaire n'a pas été fait à la requête du grevé dans le délai ci-dessus, il y sera procédé dans le mois suivant, à la diligence du tuteur nommé pour l'exécution, en présence du grevé ou de son tuteur.

1061. S'il n'a point été satisfait aux deux articles précédents, il sera procédé au même inventaire, à la diligence des personnes désignées en l'article 1057, en y appelant le grevé ou son tuteur, et le tuteur nommé pour l'exécution.

1062. Le grevé de restitution sera tenu de faire procéder à la vente par affiches et enchères de tous les meubles et effets compris dans la disposition, à l'exception néanmoins de ceux dont il est mention dans les deux articles suivants.

1063. Les meubles meublants et autres choses mobilières qui auraient été compris dans la disposition, à la condition expresse de les conserver en nature, seront rendus dans l'état où ils se trouveront lors de la restitution.

1064. Les bestiaux et ustensiles servant à faire valoir les terres seront censés compris entre les donations entre-vifs ou testamentaires desdites terres, et le grevé sera seulement tenu de les faire priser et estimer, pour en rendre une égale valeur lors de la restitution.

1065. Il sera fait par le grevé, dans le délai de six mois, à compter du jour de la clôture de l'inventaire, un emploi des deniers comptants, de ceux provenant du prix des meubles et effets qui auront été vendus, et de ce qui aura été reçu des effets actifs. — Ce délai pourra être prolongé, s'il y a lieu.

1066. Le grevé sera pareillement tenu de faire emploi des deniers provenant des effets actifs qui seront recouvrés et des remboursements de rentes, et ce dans trois mois au plus tard, après qu'il aura reçu ces deniers.

1067. Cet emploi sera fait conformément à ce qui aura été ordonné par l'auteur de la disposition, s'il a désigné la nature des effets dans lesquels l'emploi doit être fait, sinon il ne pourra l'être qu'en immeubles, ou avec privilége sur des immeubles.

1068. L'emploi ordonné par les articles précédents sera fait en présence et à la diligence du tuteur nommé pour l'exécution.

1069. Les dispositions par acte entre-vifs ou testamentaires, à charge de restitution, seront, à la diligence soit du grevé, soit du tuteur nommé pour l'exécution, rendues publiques ; savoir, quant aux immeubles, par la transcription des actes sur les registres du bureau des hypothèques du lieu de la situation ; et quant aux sommes colloquées avec privilége sur des immeubles, par l'inscription sur les biens affectés aux priviléges.

1070. Le défaut de transcription de l'acte contenant la disposition pourra être opposé par les créanciers et tiers acquéreurs, même aux mineurs ou interdits, sauf le recours contre le grevé et contre le tuteur à l'exécution, et sans que les mineurs ou interdits puissent être restitués contre ce défaut de transcription, quand même le grevé et le tuteur se trouveraient insolvables.

1071. Le défaut de transcription ne pourra être suppléé ni regardé comme couvert par la connaissance que les créanciers ou les tiers acquéreurs pourraient avoir eue de la disposition par d'autres voies que celle de la transcription.

1072. Les donataires, les légataires, ni même les héritiers légitimes de celui qui aura fait la disposition, ni pareillement leurs donataires, légataires ou héritiers, ne pourront, en aucun cas, opposer aux appelés le défaut de transcription ou inscription.

1073. Le tuteur nommé pour l'exécution sera personnellement responsable, s'il ne s'est pas en tout point conformé aux règles ci-dessus établies pour constater les biens, pour la vente du mobilier, pour l'emploi des deniers, pour la transcription et l'inscription, et, en général, s'il n'a pas fait toutes les diligences nécessaires pour que la charge de restitution soit bien et fidèlement acquittée.

1074. Si le grevé est mineur, il ne pourra, dans le cas même de l'insolvabilité de son tuteur, être restitué contre l'inexécution des règles qui lui sont prescrites par les articles du présent chapitre.

Notions générales. — Nous avons vu plus haut (p. 195) que les dispositions entre-vifs ou testamentaires faites à la charge par le donataire ou le légataire de conserver les biens jusqu'à sa mort, pour les rendre à une autre personne, sont prohibées en principe (art. 896), mais permises par exception aux pères et mères et frères et sœurs au profit de leurs petits-enfants ou de leurs neveux et nièces (art. 897). C'est qu'en effet, les substitutions prohibées auraient pour résultat de centraliser les fortunes, et de constituer ainsi une aristocratie territoriale ; tandis que les substitutions exceptionnelles, autorisées par l'art. 897, ont pour unique but et pour unique effet de prévenir les désastres et la ruine dont les familles sont quelquefois menacées par la prodigalité de certains de leurs membres : nous allons examiner les règles de ces substitutions.

A QUI *et en* FAVEUR DE QUI *sont permises ces substitutions.* — Aux termes des art. 1048 et 1049, ces substitutions sont exclusivement permises aux pères et mères en faveur des en-

fants nés ou à naître du donataire, au premier degré seulement ; et aux frères et sœurs au profit des enfants nés ou à
naître des frères ou sœurs donataires, au premier degré seulement. Tous les enfants nés et à naître du grevé doivent, à
peine de nullité, être appelés à la substitution, sans exception et sans préférence d'âge ou de sexe (art. 1050). Comme
on le voit, le Code veut permettre aux pères et mères et frères
ou sœurs, laissant pour héritiers des enfants ou des frères et
sœurs peu capables de conserver leurs biens, d'assurer ce
dont ils disposent à leurs petits-enfants et à leurs neveux ou
nièces. Mais, par contre, toute préférence de certains appelés
aux autres est sévèrement proscrite ; car, encore une fois, le
but du Code est uniquement de faciliter la conservation des
biens dans la famille, et non d'en permettre la centralisation
dans la main d'un seul appelé à l'exclusion des autres. La
loi du 17 mai 1826 autorisa, il est vrai, les substitutions
faites à deux degrés et au profit d'un ou plusieurs appelés
seulement ; mais, comme nous l'avons vu, elle a été abrogée
par une loi du 7 mai 1849, qui a purement et simplement
rétabli le système du Code.

Les substitutions ici permises sont, avons-nous dit, tout
à fait exceptionnelles ; or de si graves exceptions ne doivent
pas être facilement étendues. Conséquemment, l'aïeul ou le
grand-oncle ne pourront pas grever de substitution les libéralités faites à un petit-fils ou à un petit-neveu, puisque les
art. 1048 et 1049 ne permettent la substitution qu'aux pères
et mères donnant à leurs enfants, et aux frères et sœurs donnant à leurs frères et sœurs survivants [1]. Il faut de plus que
les frères et sœurs, disposant avec charge de substitution,
meurent sans enfants. Maintenant quel est le sens de ces
mots des art. 1048 et 1049, que la donation doit être faite
avec charge de rendre aux enfants nés et à naître du donataire, *au premier degré seulement ?* S'agit-il du premier de-

[1] Marcadé, art. 1048. — Colmet de Souterre, t. IV, n. 209 *bis*, III. — Cass.,
9 juin 1853.

gré de parenté ou du premier degré de substitution ? Si l'on admet le premier sens, la substitution ne pourra profiter qu'aux fils ou filles du grevé, et, dans le cas où celui-ci mourrait ne laissant que des petits-enfants, la substitution ne produirait plus d'effet par suite de l'absence des appelés. Si l'on admet au contraire le second sens, la substitution produirait son effet, même au profit des petits-fils et arrière-petits-fils du grevé, pourvu qu'elle ne régît point plus d'une fois la dévolution des biens qui en sont frappés. On admet généralement que les art. 1048 et 1049 entendent parler des degrés de parenté et non de substitution. On s'appuie sur l'art. 1051, qui applique le mot *degré* à la parenté, en réglant précisément l'étendue des substitutions permises. Concluons de là que la substitution s'évanouit, et que par suite les biens se trouvent libres entre les mains du grevé, quand ce grevé survit à ses enfants immédiats, quoique ceux-ci laissent d'ailleurs des petits-enfants et arrière-petits-enfants [1].

De la REPRÉSENTATION *en matière de substitutions permises.* — Lorsque certains enfants du grevé meurent avant lui, laissant eux-mêmes des enfants, ces derniers ne doivent pas souffrir du prédécès de leur père, appelé à la substitution, et l'égalité veut qu'ils le représentent. L'art. 1051 consacre expressément en eux cette faculté ; mais si tous les enfants du grevé étaient prédécédés, la substitution s'évanouirait, ainsi que nous venons de le dire, et aucun d'eux ne pourrait invoquer la représentation.

Faisons observer que les enfants du grevé nés postérieurement à la libéralité profiteront de la substitution comme les enfants nés antérieurement. En effet, l'on n'a jamais admis en pareille matière que l'existence des appelés fût nécessaire au moment où le droit du grevé prend naissance.

L'art. 1052 décide que la substitution dont une première libéralité, d'abord pure et simple, serait frappée dans une

[1] Demolombe, t. V, n. 429. — Troplong, n. 2222.

seconde libéralité dûment acceptée, est valable, et que désormais les deux dispositions sont indivisibles. Notre matière étant de droit strict, nous devons décider que cette substitution, insérée dans un acte postérieur qui ne serait pas à titre gratuit, ne produirait aucun effet. Au surplus, cet effet ne pourra jamais être rétroactif.

Des EFFETS *de la substitution permise.* — Les biens frappés de substitution appartiennent au grevé sous condition résolutoire et aux appelés sous condition suspensive. Cette double condition consiste dans le prédécès du grevé et la survie de l'appelé. Si l'appelé survit au grevé, il devient rétroactivement propriétaire des biens frappés de substitution ; car l'effet de toute condition accomplie remonte au jour de la disposition (art. 1179). Mais si, au contraire, le grevé survit à l'appelé, la condition qui devait résoudre son droit n'étant pas accomplie, il reste propriétaire des biens frappés de substitution, et il pourra valablement, soit les grever de droits réels, soit les aliéner. Sa mauvaise gestion ne peut désormais nuire qu'à lui-même [1].

L'appelé ayant une vocation directe et propre aux biens frappés de substitution peut évidemment les recueillir en renonçant à la succession même du grevé, et il les recueille alors francs de toutes charges, à cause de la rétroactivité de la condition accomplie. Aux yeux de la loi, il est censé propriétaire dès le jour de la donation ou du legs qui contenait la substitution. Mais si l'appelé accepte purement et simplement la succession du grevé, il devient personnellement responsable de tous les actes faits par le défunt, et, par suite, il se rend non recevable à critiquer les droits réels constitués par lui sur les biens de substitution. D'ailleurs pût-il les critiquer, il serait comme héritier tenu d'indemniser les tiers des droits qu'il leur ferait perdre comme appelé. Or il est de principe que nul ne peut évincer autrui d'un droit qu'il est lui-même

---

[1] Demolombe, t. V, n. 550 et suiv. — Aubry et Rau, t. VI, § 696, p. 50.

tenu de lui garantir : *quem de evictione tenet actio, eumdem agentem repellit exceptio*. Au reste, que l'appelé accepte purement et simplement la succession du grevé ou qu'il la répudie, celui-ci a toujours été de son vivant l'administrateur légal des biens frappés de substitution, et l'appelé doit maintenir tous les actes par lui faits en cette qualité. Ainsi les baux faits sans fraude par le grevé, les quittances par lui données aux débiteurs des sommes frappées de substitution, les procès instruits et jugés pour ou contre le grevé, assisté du tuteur à la substitution, etc., doivent être maintenus et produire tout leur effet. La doctrine contraire présenterait les plus graves inconvénients.

Outre les actes d'administration, l'appelé devra respecter encore les aliénations mobilières faites par le grevé, puisque les tiers sont protégés par la maxime : « En fait de meubles, la possession vaut titre ; » les hypothèques et même les aliénations immobilières que le grevé aurait consenties avec l'autorisation de justice et l'assistance du tuteur à la substitution ; et, en effet, quelquefois la conservation de certains biens est subordonnée à l'aliénation des autres, qui servent par exemple à se procurer l'argent nécessaire à des réparations urgentes, etc.

Ici se présente la question de savoir si la prescription peut courir contre les appelés. Par exemple, le grevé laisse un tiers posséder un immeuble grevé de substitution : ce tiers pourra-t-il prétendre l'avoir prescrit, lorsque les appelés viendront le lui réclamer après l'expiration des délais nécessaires à la prescription ? Évidemment non, si les appelés étaient mineurs : car, aux termes de l'art. 2252, la prescription ne court pas contre les mineurs : mais il le pourra si les appelés étaient majeurs ; car le Code n'établit, pour ce cas, aucune suspension de prescription. On objecte, il est vrai, que les appelés ne peuvent point agir, avant que leur droit soit ouvert ; à quoi l'on répond que, s'ils ne peuvent pas encore exiger les biens grevés de substitution, ils peuvent tout au moins faire des actes conservatoires, et particulièrement interrompre la prescription. Leur vocation aux biens de substitution est purement conditionnelle si l'on veut, mais une condition n'empêche pas de procéder à des actes conservatoires. Toutefois il faut admettre une restriction pour les créances comprises dans la substitution, parce que, en matière de prescription libératoire, l'existence d'une condition suffit pour suspendre la prescription (art. 2257). Celle-ci ne courra donc pas contre les appelés relativement aux créances grevées de substitution à leur profit.

*De l'*OUVERTURE *du droit des appelés.* — Le droit des appelés est ouvert à l'époque où cesse la jouissance du grevé (art. 1053). Les faits qui mettent fin à cette jouissance sont :

1° La *mort* du grevé ;

2° La *déchéance* prononcée contre lui, pour avoir omis de faire nommer un tuteur à la substitution (art. 1057) ; déchéance que les tribunaux doivent toujours appliquer rigoureusement.

3° L'*abandon anticipé* que le grevé fait de sa jouissance au profit des appelés, pourvu que ce ne soit pas en fraude de ses créanciers. Mais faisons observer que la jouissance dont parle le Code doit s'entendre ici de la propriété même des biens ; en effet, si le grevé n'abandonnait aux appelés que l'usufruit en se réservant la nue propriété, la substitution ne serait pas, à proprement parler, ouverte.

Maintenant, quel est l'effet de cet abandon anticipé ? Si tous les appelés existent au moment où il a lieu, nul doute qu'il ne doive produire un effet définitif et irrévocable, à moins qu'il ne soit fait en fraude des créanciers du grevé. Mais si en fait tous les appelés ne sont pas nés au moment de l'abandon, nul doute que l'ouverture de la substitution ne soit purement provisoire. Décider le contraire serait permettre au grevé de modifier la substitution, et d'en faire profiter les appelés actuellement existants au préjudice des appelés à naître, ce qui est inadmissible. Conséquemment les appelés nés

après l'abandon pourront exiger leur part dans les biens
de substitution, tout comme si les autres appelés n'en avaient
pas été investis. Au surplus, le grevé qui a fait l'abandon ne
peut plus reprendre les biens, même lorsque tous les appelés
n'existent pas encore ; pour lui cet abandon est définitif.

Des mesures prescrites *dans l'intérêt des appelés ou des
tiers.* — Dans le but d'assurer l'effet des substitutions, le
Code prescrit certaines mesures tendantes à constater et à
conserver les biens qui la composent, et à faire connaître aux
tiers la nature du droit accordé au grevé par le disposant.
Parcourons ces diverses mesures.

La première consiste dans la *nomination d'un tuteur*
chargé de l'exécution de la substitution. Ce tuteur est nommé,
soit par le disposant, soit par un conseil de famille convoqué
à la diligence du grevé. Les règles à suivre, soit pour cette
nomination, soit pour les dispenses ou les excuses de la tutelle, sont les mêmes que pour les tuteurs ordinaires
(art. 1055). Cependant, lorsque c'est le disposant lui-même
qui désigne le tuteur à la substitution, l'art. 1055 semble
exiger que ce soit par acte authentique ; on s'est donc demandé si cette nomination ne pourrait pas valablement être
inscrite dans un testament olographe. Il faut, sans aucun
doute, admettre l'affirmative : effectivement, le tuteur ordinaire, qui administre tous les biens du mineur, peut être
institué par testament olographe ; à plus forte raison, le tuteur dont il s'agit ici pourra-t-il l'être, puisque ce tuteur sera
un simple surveillant de l'administration du grevé.

Quand le disposant n'a pas nommé de tuteur à la substitution, le grevé ou ses représentants doivent provoquer cette
nomination dans le délai d'un mois à compter du décès du
donateur ou testateur, ou bien du jour où ce décès leur sera
connu (art. 1056). Cette obligation du grevé a pour sanction
sa déchéance, et le juge doit toujours la prononcer, à moins
que la négligence du grevé ne lui soit pas imputable, soit à
cause de sa minorité soit à raison de circonstances de force

majeure, etc. Une peine en général, et la déchéance dont il s'agit en particulier, ne doit jamais atteindre qu'une · personne coupable (art. 1057).

Pourront invoquer le bénéfice de la déchéance les seuls appelés ou leurs représentants légitimes : les tiers ne doivent ni en profiter ni en souffrir.

Si tous les appelés existent au moment où elle a lieu, l'ouverture de leur droit produit un effet définitif, et le partage des biens est irrévocablement effectué. Si, au contraire, tous les appelés n'existent pas encore, la déchéance ne produit que des effets provisoires, et le partage définitif aura seulement lieu lorsque tous les appelés seront nés et présents.

Il peut arriver qu'aucun appelé n'existe au moment où le grevé encourt sa déchéance. Dans ce cas, les biens sont régis par le tuteur à la substitution. En effet, le grevé a montré, en ne poursuivant pas la nomination d'un tuteur, qu'il voulait échapper à tout contrôle, et son administration ne présenterait pas de sérieuses garanties.

La seconde mesure conservatoire à prendre par le grevé consiste dans l'*inventaire* des biens frappés de substitution. Cet inventaire n'aura lieu, du reste, que si la substitution est faite par testament et comprend soit l'universalité de la succession, soit une quote-part de cette universalité (art. 1058). Et, en effet, un legs particulier est suffisamment déterminé par lui-même, et les donations le sont aussi par l'état estimatif qui doit leur être annexé.

L'inventaire doit contenir l'estimation des objets mobiliers, afin que la valeur à restituer par le grevé ne puisse plus tard être l'objet d'aucune contestation.

Les art. 1059-1061 indiquent les personnes qui devront requérir la confection de l'inventaire, le délai dans lequel il devra être fait, et les biens sur lesquels les frais seront prélevés.

La troisième mesure conservatoire consiste dans la *vente* du mobilier corporel, qui est presque toujours sujet à dépérissement ou à dépréciation. Cette vente aura lieu aux enchères après affiche préalable : elle comprendra tous les meubles, excepté ceux dont le disposant aurait prescrit la conservation, et ceux qui servent à l'exploitation des biens frappés de substitution, tels que bestiaux et ustensiles (articles 1063-1064).

La quatrième mesure conservatoire consiste dans *l'emploi* que le grevé devra faire des deniers comptants et de ceux provenant de la vente des meubles, dans le délai de six mois à compter de la clôture de l'inventaire (art. 1065). Quant aux deniers provenant des effets actifs qui sont recouvrés et des remboursements de rentes, l'art. 1066 en prescrit l'emploi dans les trois mois à compter de leur recouvrement. Cette différence de délais est rationnelle. En effet, dans le premier cas, le grevé n'a pu prendre d'avance ses dispositions pour un placement avantageux, et au contraire il a pu les prendre dans le second, puisqu'il devait s'attendre à la rentrée des fonds remboursés.

L'emploi doit être fait conformément à ce qui a été ordonné par l'auteur de la disposition (art. 1067). Si ce dernier n'a rien ordonné, il sera fait en achat d'immeubles, ou en placements avec privilége sur des immeubles. Une première hypothèque non primée par des priviléges devrait évidemment être assimilée à un privilége, puisqu'elle constitue la garantie la plus solide que l'on puisse désirer.

L'emploi est toujours fait par le grevé en la présence et à la diligence du tuteur à la substitution (art. 1068), qui doit également assister au remboursement des sommes.

De la PUBLICITÉ *des substitutions.* — L'article 1069, dans le but de faire connaître aux tiers la condition résolutoire dont les droits du grevé sont affectés, prescrit une publicité spéciale pour les substitutions. Cette publicité a lieu, pour les immeubles, par la transcription au bureau des hypothèques dans l'arrondissement duquel ils sont situés, des actes de libéralité contenant la substitution. Les tiers apprennent ainsi et l'existence de la donation ou du legs et la clause de substitution. Elle a lieu pour les sommes colloquées avec privilége ou première hypothèque sur des immeubles, par l'inscription prise sur lesdits biens au bureau des hypothèques dans l'arrondissement duquel ils sont situés (art. 1069).

De ceux qui PEUVENT *ou* NE PEUVENT PAS *opposer aux appelés le* DÉFAUT DE PUBLICITÉ *de la substitution.* — Nous venons de voir que le Code prescrit pour les substitutions des mesures de publicité analogues à celles qu'il avait déjà prescrites pour les donations. Lorsque la substitution n'a pas été rendue publique (la donation ou le legs, fussent-ils d'ailleurs parfaitement réguliers vis-à-vis des tiers comme vis-à-vis des parties intéressées), ceux qui traitent avec le grevé dans l'ignorance que la donation ou le legs est frappé de substitution, et acceptent de lui des droits qu'ils croient irrévocables, ne doivent pas être victimes d'une telle erreur. En conséquence, peuvent opposer le défaut de publicité de la substitution :

1° *Les créanciers du grevé*, qu'ils soient ou non hypothécaires, car la loi ne fait aucune distinction. Ils auront donc tous la faculté de saisir et de faire vendre les biens grevés de substitution (art. 1070) ;

2° *Les tiers acquéreurs* de tout ou partie desdits biens, encore qu'ils auraient connu la substitution par d'autres voies que celle de la transcription (art. 1071).

Quoique le Code ne distingue pas les acquéreurs à titre onéreux des acquéreurs à titre gratuit, on doit refuser à ces derniers la faculté d'invoquer le défaut de transcription ; et, en effet, l'ancienne jurisprudence le décidait ainsi, et rien ne prouve que le Code ait innové. Entre deux donataires, il n'y a aucune raison de déposséder le premier au profit du second.

Ne peuvent pas, au contraire, opposer le défaut de publicité de la substitution :

1° Les *donataires* ou *légataires* du disposant. Sous ce rapport, il n'y a aucune raison de différence entre eux et les donataires ou légataires du grevé lui-même ; il s'agit toujours de maintenir les premiers acquéreurs à titre gratuit à l'encontre des derniers (art. 1072) ;

2° Les *héritiers légitimes* du disposant ; car, succédant à toutes les obligations du défunt, ils doivent, comme lui, respecter les substitutions qu'il avait faites, quoique ces substitutions n'aient pas encore été rendues publiques ;

3° Les *donataires*, *légataires* ou *héritiers* dés héritiers précédents, par les mêmes motifs que dans les deux cas ci-dessus (art. 1072).

Lorsque les appelés ont à souffrir du défaut de publicité de la substitution, ils exercent leur recours contre le grevé et contre le tuteur à l'exécution (art. 1070). Si ce tuteur ou ce grevé sont insolvables, ils subissent leur insolvabilité. Le Code aime mieux infliger une perte à des acquéreurs à titre gratuit, même incapables, que de léser les tiers qui ont contracté à titre onéreux dans l'ignorance de la substitution.

CHAPITRE VII

DES PARTAGES FAITS PAR PÈRE, MÈRE OU AUTRES ASCENDANTS ENTRE LEURS DESCENDANTS.

Art. 1075. Les père et mère et autres ascendants pourront faire, entre leurs enfants et descendants, la distribution et le partage de leurs biens.

1076. Ces partages pourront être faits par actes entre-vifs ou testamentaires, avec les formalités, conditions et règles prescrites pour les donations entre-vifs et testaments. Les partages faits par actes entre-vifs ne pourront avoir pour objet que les biens présents.

1077. Si tous les biens que l'ascendant laissera au jour de son décès n'ont pas été compris dans le partage, ceux de ces biens qui n'y auront pas été compris seront partagés conformément à la loi.

1078. Si le partage n'est pas fait entre tous les enfants qui existeront à l'époque du décès et les descendants de ceux prédécédés, le partage sera nul pour le tout. Il en pourra être provoqué un nouveau dans la forme légale, soit par les enfants ou descendants qui n'y auront reçu aucune part, soit même par ceux entre qui le partage aurait été fait.

1079. Le partage fait par l'ascendant pourra être attaqué pour cause de lésion de plus du quart ; il pourra l'être aussi dans le cas où il résulterait du partage et des dispositions faites par préciput, que l'un des copartagés aurait un avantage plus grand que la loi ne le permet.

1080. L'enfant qui, pour une des causes exprimées en l'article précédent, attaquera le partage fait par l'ascendant, devra faire l'avance des frais de l'estimation ; et il les supportera en définitive, ainsi que les dépens de la contestation, si la réclamation n'est pas fondée.

Observation. — Les partages donnent souvent lieu à des difficultés et à des procès funestes à la paix des familles. Il importait de supprimer un si grave inconvénient, surtout entre frères et sœurs. C'est pourquoi le Code permet aux ascendants de régler eux-mêmes la distribution de leurs biens entre leurs descendants.

De la FORME *des* PARTAGES *faits par les ascendants*. — Ces partages peuvent être faits soit dans la forme d'une donation, soit dans la forme d'un testament.

Dans la première hypothèse, le disposant doit se conformer à toutes les règles et conditions des actes entre-vifs ; ainsi le partage doit être fait par acte notarié (art. 931), accepté par tous les enfants et contenir mention de cette acceptation, être transcrit s'il a pour objet des immeubles (art. 939), être accompagné d'un état estimatif, s'il a pour objet des meubles (art. 948), ne comprendre que les biens présents de l'ascendant (art. 943), ne pas être fait sous des conditions potestatives de la part du donateur, etc., etc.

Dans la seconde hypothèse, le disposant doit se conformer à toutes les règles et conditions des testaments. Ainsi le partage ne peut avoir lieu que par testament olographe, public ou mystique, ne transfère un droit aux enfants qu'à l'ouverture de la succession (art. 895), reste sujet à révocation pendant toute la vie du disposant, etc., etc.

Que devient le passif du disposant dans ces divers partages ? Il faut distinguer si l'ascendant a distribué ses biens sous forme de donation ou sous forme de testament.

Les a-t-il distribués sous forme de donation ? il faut encore distinguer si la donation est à titre universel ou à titre particulier. Au premier cas, par exemple si le disposant a donné à chacun de ses trois enfants un tiers de son patrimoine, qu'il a plus tard précisé en déterminant les objets dont il doit être composé, chaque donataire supportera dans les dettes une part proportionnelle à celle qu'il prend dans l'actif, et, en effet, le tiers d'un patrimoine s'entend du passif comme de l'actif. Au second cas, par exemple si le disposant a donné à chacun de ses trois enfants tels et tels biens déterminés sans leur attribuer une quote-part de l'ensemble, aucun des donataires ne sera tenu de contribuer au payement des dettes, puisqu'il a reçu une fraction de l'actif sans recevoir une fraction correspondante du passif [1]. Que deviendront alors les droits des créanciers ? Ils seront évidemment sacrifiés, si le partage est maintenu tel qu'il est ; mais comme ce partage a évidemment un caractère frauduleux, les créanciers n'auront qu'à l'attaquer en vertu de l'article 1167 pour le faire rescinder.

L'ascendant a-t-il distribué ses biens sous la forme d'un testament ? Alors il a simplement déterminé les parts des enfants, qui, ayant tous la qualité d'héritiers légitimes, succèdent tous comme *ab intestat*. Ces enfants seront donc tenus de supporter proportionnellement à leur part héréditaire les dettes de la succession, même *ultrà vires bonorum*, à moins qu'ils n'acceptent sous bénéfice d'inventaire ou qu'ils ne renoncent.

Des PARTAGES SUPPLÉMENTAIRES. — Lorsque le partage fait

---

[1] Aubry et Rau, t. VI, § 733, note 6, p. 230.

par les ascendants ne comprend pas la totalité de leurs biens,
ce qui arrive, soit lorsque, postérieurement à la donation-
partage, le disposant a augmenté son patrimoine, soit lorsque
certains enfants sont prédécédés sans laisser de descendants
qui puissent les représenter, il y a lieu, lors du décès de l'ascendant, à un partage supplémentaire des biens non compris
dans le partage primitif (art. 1077). Ce partage sera fait conformément aux règles du droit commun.

Des causes de NULLITÉ *ou de* RESCISION *des partages faits
par des ascendants.* — Les ascendants qui procèdent à un
partage de leurs biens doivent se conformer aux principes
généraux du Code sur cette matière. Ainsi ils doivent mettre,
autant que possible, dans chaque lot, la même quantité de
meubles et d'immeubles, tout en évitant la division des héritages (art. 832). Si donc tous les immeubles sont attribués à
l'un des enfants et tous les meubles à l'autre, chacun pourra
demander la nullité du partage, à moins que ce partage ne
soit fait sous forme de donation et que les enfants ne l'aient
eux-mêmes accepté. La composition défectueuse des lots est
donc une première cause de nullité [1].

La seconde cause de nullité provient de l'*omission* de l'un
des enfants ou descendants qui devaient être compris dans le
partage, c'est-à-dire qui, ayant survécu au disposant, n'ont
pas renoncé à la succession et n'en ont pas non plus été déclarés indignes (art. 1078). Dans ce cas, le nouveau partage
pourra être provoqué tant par l'enfant omis que par les enfants ou descendants qui ont reçu leur part dans la succession.

La troisième cause de rescision provient de la *lésion* de
plus du quart éprouvée par l'un des héritiers (art. 1079).
Soient une succession de 100 et cinq enfants : la part de chacun est, en dehors de toute disposition par préciput, de 20 ;
si donc l'un d'eux a été lésé de plus de 5, c'est-à-dire n'a pas
reçu 15 au moins, il peut faire annuler le partage.

---

[1] Aubry et Rau, t. VI, § 730, note 3. — Troplong, t. IV, n. 2305. — Cass.,
18 août 1859. — Agen, 7 et 22 nov. 1865.

Doit-on, pour apprécier la lésion, estimer les biens d'après leur valeur à l'époque du partage, ou d'après leur valeur à l'époque du décès? Cette question est fort discutée. On décide généralement qu'il faut faire cette estimation en se plaçant à l'époque du décès, parce que le décès de l'ascendant vient seul donner à son œuvre une consécration définitive [1].

La quatrième cause de rescision provient de l'attribution faite à l'un des enfants d'une part plus forte que la loi ne permet (art. 1079), c'est-à-dire d'une part excédant la quotité disponible et une portion de réserve réunies. Ce cas se rapproche du précédent, et cependant ne doit pas être confondu avec lui, car il est possible que l'un des héritiers ait reçu plus que la loi ne permet, sans qu'aucun des autres soit lésé de plus du quart des biens partagés. Soient une succession de 60 et 2 enfants. La quotité disponible est du tiers, c'est-à-dire de 20, et la réserve des deux tiers, c'est-à-dire de 40. La part de chaque enfant dans cette réserve est de 20, et, pour que l'un fût lésé de plus du quart, dans le cas où la quotité disponible aurait été donnée à un étranger, ou même par préciput à l'autre enfant, il faudrait qu'il n'eût pas reçu 15. Mais, en vertu de la disposition que nous expliquons, l'action en rescision du partage sera ouverte si l'un des enfants a reçu plus de 40, par exemple 43, et l'autre moins de 20, par exemple 17 ; car, quoique le second ne soit pas lésé de plus du quart, le premier a une part plus forte que la loi ne permet, une part de réserve et la quotité disponible réunies étant de 40 au *maximum*. Nous avions donc raison de dire que les deux causes de nullité contenues dans l'article 1079 ne doivent pas être confondues.

Évidemment ici, comme dans l'action en rescision intentée pour les partages ordinaires, on admettrait les moyens de défense édictés par les articles 891 et 892 que nous avons précédemment étudiés.

---

[1] Aubry et Rau, t, VI, § 734, p. 234. — Cass., 28 juin et 29 août 1864.

Délai *de l'action en rescision*. — L'action en rescision se prescrit par dix ans, si le partage a été fait entre-vifs, et par trente ans, s'il a été fait par testament. Elle se prescrit par dix ans dans le premier cas, parce qu'il s'agit de faire rescinder un *contrat,* et qu'en vertu de l'article 1304 l'action en rescision des contrats est limitée à dix années. Elle se prescrit par trente ans dans le second cas, parce qu'il s'agit de faire tomber une *disposition testamentaire,* et qu'aucun texte ne limite à un plus court délai l'action dirigée contre un testament.

Dans les deux hypothèses la prescription ne commence à courir qu'à dater du décès de l'ascendant, car ce décès seul donne ouverture à l'action en rescision [1].

La loi, présumant que l'ascendant a mis plus de sagesse dans son partage que le descendant ne met de justice dans sa réclamation, oblige ce dernier à faire l'avance des frais de l'estimation, lorsqu'il attaque le partage pour l'une des causes que nous venons d'examiner, et il les supporte en définitive, ainsi que les dépens de la contestation, si sa réclamation n'est pas fondée (art. 1080). Si elle est fondée, les frais peuvent être entièrement mis à la charge des perdants, soit même être compensés, car, entre frères et sœurs, l'article 131 du Code de procédure autorise cette compensation.

CHAPITRE VIII

DES DONATIONS FAITES PAR CONTRAT DE MARIAGE AUX ÉPOUX ET AUX ENFANTS A NAITRE DU MARIAGE.

Art. 1081. Toute donation entre-vifs de biens présents, quoique faite par contrat de mariage aux époux, ou à l'un d'eux, sera sou-

---

[1] Aubry et Rau, t. VI, § 734, p. 237, et note 18. — Cass., 25 nov. 1857. — Bordeaux, 22 fév. 1858.

mise aux règles générales prescrites pour les donations faites à ce titre. — Elle ne pourra avoir lieu au profit des enfants à naître, si ce n'est dans les cas énoncés au chapitre VI du présent titre.

1082. Les pères et mères, les autres ascendants, les parents collatéraux des époux, et même les étrangers, pourront, par contrat de mariage, disposer de tout ou partie des biens qu'ils laisseront au jour de leur décès, tant au profit desdits époux qu'au profit des enfants à naître de leur mariage, dans le cas où le donateur survivrait à l'époux donataire. — Pareille donation, quoique faite au profit seulement des époux ou de l'un d'eux, sera toujours, dans ledit cas de survie du donateur présumée faite au profit des enfants et descendants à naître du mariage.

1083. La donation, dans la forme portée au précédent article, sera irrévocable, en ce sens seulement que le donateur ne pourra plus disposer, à titre gratuit, des objets compris dans la donation, si ce n'est pour sommes modiques, à titre de récompense ou autrement.

1084. La donation par contrat de mariage pourra être faite cumulativement des biens présents et à venir, en tout ou en partie, à la charge, qu'il sera annexé à l'acte un état des dettes et charges du donateur existantes au jour de la donation; auquel cas il sera libre au donataire, lors du décès du donateur, de s'en tenir aux biens présents, en renonçant au surplus des biens du donateur.

1085. Si l'état dont est mention au précédent article n'a point été annexé à l'acte contenant donation des biens présents et à venir, le donataire sera obligé d'accepter ou de répudier cette donation pour le tout. En cas d'acceptation, il ne pourra réclamer que les biens qui se trouveront existants au jour du décès du donateur, et il sera soumis au payement de toutes les dettes et charges de la succession.

1086. La donation par contrat de mariage en faveur des époux et des enfants à naître de leur mariage pourra encore être faite, à condition de payer indistinctement toutes les dettes et charges de la succession du donateur, ou sous d'autres conditions dont l'exécution dépendrait de sa volonté, par quelque personne que la donation soit faite : le donataire sera tenu d'accomplir ces conditions, s'il n'aime mieux renoncer à la donation ; et, en cas que le donateur par contrat de mariage se soit réservé la liberté de disposer d'un effet compris dans la donation de ses biens présents, ou d'une somme fixe à prendre sur ces mêmes biens, l'effet ou la somme, s'il meurt sans en avoir disposé, seront censés compris dans la donation, et appartiendront au donataire ou à ses héritiers.

1087. Les donations faites par contrat de mariage ne pourront être attaquées ni déclarées nulles, sous prétexte du défaut d'acceptation.

1088. Toute donation faite en faveur du mariage sera caduque, si le mariage ne s'ensuit pas.

1089. Les donations faites à l'un des époux, dans les termes des articles 1082, 1084 et 1086 ci-dessus, deviendront caduques, si le donateur survit à l'époux donataire et à sa postérité.

1090. Toutes donations faites aux époux par leur contrat de mariage seront, lors de l'ouverture de la succession du donateur, réductibles à la portion dont la loi lui permettait de disposer.

Notions générales. — Les donations faites par contrat de mariage aux époux et aux enfants à naître du mariage sont de quatre espèces, savoir :

I° La donation ordinaire de *biens présents ;*

II° La donation *de biens à venir* ou *institution contractuelle ;*

III° La donation *cumulative* de *biens présents et à venir ;*

IV° La donation faite sous des *conditions potestatives de la part du donateur.*

Chacune de ces donations a ses règles spéciales, comme aussi des règles communes avec les autres ; ainsi :

1° Toutes sont *dispensées* de la formalité de l'*acceptation expresse* (art. 1087) ;

2° Elles sont toujours faites sous la condition tacite que le *mariage aura lieu* (art. 1088);

3° Elles sont *réductibles* à la quotité disponible (art. 1090); et *rapportables ;*

4° Révocables pour cause de *survenance d'enfants,* et pour *inexécution* des conditions, elles ne le sont jamais pour *ingratitude* (art. 959, 960) ;

5° Les trois dernières sont présumées faites *aux enfants à naître* du mariage (1082-1086) ;

6° Ces mêmes donations sont *caduques,* si le donateur survit à l'époux donataire et à sa postérité (art. 1089).

Comme on le voit, certaines de ces règles confirment le

droit commun, et les autres y dérogent. Ces dérogations ont toutes pour but de faciliter les donations faites par contrat de mariage, et, par suite, le mariage lui-même.

Il ne faut pas confondre les donations dont s'occupe le chapitre VIII, qui sont faites par des tiers aux époux, avec celles dont s'occupe le chapitre IX, qui sont faites à un époux par son conjoint, soit par contrat de mariage, soit pendant le mariage. Les premières sont en faveur du mariage, puisque, si la donation n'avait pas été faite, la famille aurait eu un moindre patrimoine ; et comme le mariage comprend non-seulement les époux, mais encore les enfants à naître, on s'explique pourquoi ces donations ne sont pas révocables pour cause d'ingratitude. Le fait personnel des époux ne devait pas compromettre les avantages sur lesquels les enfants ont le droit de compter. Au contraire, les donations faites . par un époux à son conjoint enrichissent le donataire et non la famille ; car, quoique la donation n'eût point été faite, les biens eussent appartenu à cette famille ; seulement, ils se fussent trouvés dans le patrimoine de l'époux donateur, au lieu de se trouver dans celui de l'époux donataire. Aussi, les règles tracées par le Code sont-elles différentes pour ces deux catégories de donations, et les principes qui doivent présider aux unes sont quelquefois étrangers aux autres.

I° *Donation de* BIENS PRÉSENTS. — Cette donation est, de toutes celles que nous avons énumérées, la plus voisine de la donation entre-vifs ordinaire. Le donateur se dépouille en effet actuellement et irrévocablement des biens donnés. La transcription s'il s'agit d'immeubles, et l'état estimatif s'il s'agit de meubles, en sont des conditions indispensables. Toutefois l'art. 1081 2° ne permet pas de la faire aux enfants à naître du mariage ; cette disposition était nécessaire pour abroger l'ancienne jurisprudence, qui contenait une règle contraire. Au surplus, elle s'explique tout naturellement, car l'effet de la donation étant de dépouiller actuellement et irrévocablement le donateur, il faut que le donataire puisse au même instant profiter du droit qui lui est transféré, et il ne le peut s'il n'est pas encore conçu. Une fois la donation faite, l'époux donataire est libre de disposer des biens qu'il a reçus, et quand même il mourrait avant le donateur, ses héritiers n'en recueilleraient pas moins les biens donnés, à moins que le donateur ait stipulé un droit de retour à son profit.

II° *Donation de* BIENS A VENIR. — La donation de biens à venir s'appelle aussi *institution contractuelle,* parce qu'elle participe en même temps du contrat et du testament : du contrat, en ce qu'elle ne peut être faite que par contrat de mariage ; du testament, en ce qu'elle ne donne un droit que sur la succession du donateur. Cette donation peut comprendre soit l'universalité de cette succession, soit une quote-part, soit enfin un objet déterminé [1]. Dans le premier cas, elle tiendra du legs universel ; dans le second, du legs à titre universel ; dans le troisième, du legs particulier.

La donation de biens à venir est une transaction entre l'intérêt du donateur qui ne veut pas se dépouiller actuellement, et l'intérêt du donataire, auquel le législateur a voulu qu'on pût procurer la garantie d'un acte plus efficace qu'un simple testament, dont la révocation peut à chaque instant résulter d'un caprice du disposant. En conséquence, d'une part le donateur reste propriétaire des biens donnés, qu'il peut aliéner à titre onéreux et qu'il peut grever de servitudes et d'hypothèques ; mais, d'autre part, le donataire est à l'abri de toutes donations ou legs postérieurs qui lui seraient préjudiciables, et il a la certitude de recueillir les biens donnés si le donateur ne les a point dissipés. Le donataire de biens à venir peut être assimilé à un héritier à réserve. Son droit est de même nature et produit les mêmes effets (art. 1083).

Les institutions contractuelles ne conférant pas actuellement au donataire la propriété des choses données, on doit

---

[1] Colmet de Santerre, t. IV, n. 25 *bis,* II. — Troplong, t. IV, n. 2364.

décider qu'elles ne sont pas soumises à la formalité de la transcription [1].

Quoique l'institution contractuelle tienne du testament, il ne suffit point d'être capable de tester pour pouvoir faire cette donation. Ainsi le mineur âgé de plus de seize ans et la femme mariée ne peuvent point faire de donations, quoique capables de tester ; la raison en est que le testament ne porte pas dès à présent atteinte au droit qu'a le propriétaire de disposer de sa chose comme il l'entendra, tandis que l'institution contractuelle ne laisse au donateur que le droit de disposer à titre onéreux.

La plus grave dérogation au droit commun en cette matière est que la loi autorise la donation au profit de personnes non encore conçues. Cette exception ne saurait être étendue au delà des limites précises que la loi a fixées ; or, l'art. 1082 n'autorise la donation en faveur des enfants à naître du mariage, qu'en supposant la donation faite principalement aux époux eux-mêmes. D'où il faut conclure que la donation serait nulle, si les enfants à naître étaient institués donataires au lieu d'être simplement les substitués de l'époux donataire.

La faveur du mariage fait présumer que la donation à laquelle les époux sont seuls appelés contient une substitution au profit des enfants à naître ; de sorte que, quand même les époux viendraient à mourir avant le donateur, la libéralité n'en produirait pas moins ses effets à l'égard des enfants. Mais ce n'est là qu'une présomption qui peut tomber devant une déclaration contraire.

La substitution expresse que mettrait le donateur dans le contrat serait inutile ; car, ne pouvant être différente de celle que la loi présume, la substitution tacite aura les mêmes effets que cette substitution expresse. La substitution doit profiter à tous les enfants à naître, et toute clause qui aurait

1 Aubry et Rau, t. VI, § 704, p. 81. Troplong, n. 1169.

pour but d'exclure certains enfants, ou d'établir entre eux des parts inégales, serait illicite.

La substitution dont il s'agit n'étant que vulgaire, une fois que les biens ont été recueillis par l'époux qui a survécu au donateur, il n'y a plus obligation pour lui de les conserver pour les rendre aux enfants, qui ne les recueilleront qu'autant que l'époux donataire n'en aura point disposé.

La substitution fidéicommissaire, emportant obligation de conserver et de rendre, n'est permise qu'au profit des petits-enfants et des neveux ou nièces ; et si le donateur n'est point aïeul, oncle ou tante, cette substitution inscrite au contrat de mariage ne sera point valable.

Le donataire universel, ou à titre universel, supportera les dettes de la succession, comme s'il était légataire au même titre. Le donataire particulier en sera exempt comme le légataire au même titre.

Notons que la *promesse d'égalité* ou assurance de part héréditaire, faite en contrat de mariage à un enfant par ses père et mère, est regardée, avec raison, comme une véritable institution contractuelle, qui confère à l'enfant un droit certain aux biens des instituants, et emporte interdiction pour ces derniers de toute libéralité qui porterait atteinte à l'égalité promise [1].

III°. *Donation* CUMULATIVE *de biens* PRÉSENTS *et* A VENIR. — La donation qui précède présente un grand inconvénient, c'est que le donataire n'a pas la certitude de la recueillir, la mauvaise administration du donateur pouvant compromettre et anéantir l'avantage qu'il espère ; d'un autre côté, peu de personnes sont disposées à faire des donations de biens présents, les seules qui assurent au donataire la libéralité qui lui est offerte. La donation dont nous nous occupons pare au double inconvénient que nous venons de signaler ; car, d'un côté, elle ménage l'intérêt du donateur, qui conserve pen-

[1] Massé et Vergé, t. III, § 517, p. 321, note 2. — Bordeaux, 20 janv. 1863.

dant toute sa vie les biens donnés ; et, de l'autre, elle donne des garanties au donataire, qui, sans perdre l'espérance des biens à venir, acquiert la certitude des biens présents, à l'égard des créanciers éventuels du disposant. Le problème qui consistait à concilier le moindre désavantage pour le donateur avec le plus grand avantage pour le donataire se trouve donc résolu par la donation cumulative de biens présents et à venir.

A parler exactement, cette donation n'a un caractère propre et distinctif, que si on se place avant la mort du donateur ; si on se place après, elle devient, par suite du choix que fait le donataire, ou une simple donation de biens présents, ou une simple donation de biens à venir, et elle se confond ainsi avec les deux espèces de donations que nous avons étudiées. En effet, ou le donateur a sinon augmenté, du moins conservé sa fortune, et alors le donataire accepte tant les biens à venir que les biens présents, confusion qui assimile notre donation à la donation de biens à venir ; ou, au contraire, le donateur a compromis sa fortune, et alors le donataire, se contentant des biens présents, est censé n'avoir jamais été appelé aux biens à venir. Dans le premier cas, la donation se liquide d'après l'état de l'actif et du passif au moment de la mort ; dans le second, d'après cet état au moment du contrat de mariage.

De ce que, dans le premier cas, la donation se trouve ne plus être qu'une simple institution contractuelle, il résulte que le donataire est tenu de payer dans la limite de son émolument toutes les dettes du défunt, qu'elles soient postérieures ou antérieures à la donation.

De ce que, dans le second cas, la donation se trouve ne plus être qu'une donation de biens présents, il résulte que le donataire est seulement tenu de payer les dettes antérieures à la donation.

Du reste, dans aucune des deux hypothèses, le donataire de biens présents et avenir n'est saisi de la propriété actuelle et immédiate des biens donnés, même des biens présents. En conséquence, le donateur peut aliéner à titre onéreux ses biens présents, et ses créanciers peuvent les saisir et les faire vendre, sans que le donataire soit fondé à revendiquer la part qui lui a été donnée, parce qu'il n'en est pas encore propriétaire [1].

Prévoyant le cas d'une option pour les biens présents seuls, la loi exige : 1° qu'il soit annexé à la donation un état des dettes dont est tenu le donateur au moment du contrat ; à défaut de cet état, la donation n'est plus qu'une simple institution contractuelle, et le donataire ne pourra plus qu'accepter en bloc toute la succession ou la répudier de même (art. 1085) ; 2° qu'il soit annexé à l'acte de donation un état estimatif des meubles appartenant au donateur au moment de la donation ; à défaut de cet état, la donation n'est cumulative de biens présents et à venir que pour les immeubles. Si donc le donataire opte pour les biens présents, il ne pourra pas réclamer les meubles, et il devra se contenter des immeubles.

La donation qui nous occupe a cela de particulier, que, même lorsque le donataire se contente des biens présents et renonce aux biens à venir, il n'entre en jouissance qu'après la mort du donateur. Le droit ne lui est acquis qu'à ce moment. De là plusieurs conséquences :

La première, c'est que le donataire est tenu de respecter tous les actes d'administration et autres qu'a faits le défunt ; la deuxième, que les enfants à naître du mariage sont présumés substitués vulgairement à cette donation ; la troisième, enfin, qu'il y a caducité, si le donateur survit au donataire et à sa postérité.

IV°. *Donation faite sous des* CONDITIONS POTESTATIVES *de la part du donateur.*— Cette donation, qui serait nulle en droit commun comme dérogatoire au principe *donner et retenir ne vaut*, devient valable lorsqu'elle est inscrite dans un contrat de mariage (art. 1086). Ainsi doit être maintenue

---

[1] Marcadé, art. 1085, n. 2. — Troplong, t. IV, n. 2400 et suiv.

la donation faite avec charge de payer les dettes futures du donateur, sauf pour le donataire la faculté de renoncer à la libéralité si les dettes sont trop considérables. Le donateur peut, en outre, se réserver le droit de reprendre un objet dans la donation, et la donation ne sera pas nulle quant à cet objet, comme cela serait d'après les règles ordinaires. Si le donateur décède sans avoir repris l'objet, celui-ci appartient au donataire; l'article 1086 ajoute: *et à ses héritiers*, sans distinguer si ces héritiers sont des enfants ou des collatéraux. Malgré la généralité des termes de l'article, il faut exclure les collatéraux, et n'admettre que les enfants du donataire à recueillir l'objet donné et non repris. En effet, si le donateur survit au donataire et à sa postérité, il serait absurde de faire profiter d'une donation, exclusivement permise en faveur du mariage, des héritiers qui, en leur qualité de collatéraux, n'ont jamais fait partie de la famille de l'époux donataire. Dans ce cas, l'objet donné retournera donc au donateur ou à ses héritiers.

Comme l'institution contractuelle, la donation dont nous nous occupons a l'inconvénient de ne point assurer au donataire les biens qui la composent, et c'est seulement par la mort du donateur que la libéralité devient irrévocable : de là il résulte que cette donation est encore censée faite aux enfants à naître du mariage, et qu'elle serait caduque si le donateur survivait au donataire et à sa postérité (art. 1089).

De la RÉDUCTION *des donations faites en* FAVEUR *du mariage*. — Nous avons dit que les donations faites en faveur du mariage étaient réductibles quand la quotité disponible était dépassée ; comment doit se faire cette réduction? Est-ce au marc le franc comme pour les legs, ou en commençant par la donation la plus récente comme pour les donations ordinaires? C'est sans aucun doute en commençant par la donation la plus récente. Il est bien vrai que les trois dernières espèces de donation n'attribuent point au donataire un droit actuel et irrévocable, dès le moment du contrat, et que, sous ce rapport, elles ont une grande analogie avec les legs; mais elles lui confèrent néanmoins plus qu'une espérance, et, à la différence des legs, elles ne sont pas absolument révocables; un simple changement de volonté ne suffit pas pour les faire tomber, même quand elles sont sous condition potestative de la part du donateur, puisque, aux termes de l'article 1174 du Code, cette condition ne doit pas être *purement potestative*, et qu'elle peut en conséquence ne pas arriver. Il faut donc traiter ces donations comme les donations ordinaires plutôt que comme des legs; et dès lors elles ne seront réductibles, à quelque classe qu'elles appartiennent, que lorsque les legs n'auront pu combler le déficit de la réserve.

CHAPITRE IX

DES DISPOSITIONS ENTRE ÉPOUX, SOIT PAR CONTRAT DE MARIAGE, SOIT PENDANT LE MARIAGE.

ART. 1091. Les époux pourront, par contrat de mariage, se faire réciproquement, ou l'un des deux à l'autre, telle donation qu'ils jugeront à propos, sous les modifications ci-après exprimées.

1092. Toute donation entre-vifs de biens présents, faite entre époux, par contrat de mariage, ne sera point censée faite sous la condition de survie du donataire, si cette condition n'est formellement exprimée; et elle sera soumise à toutes les règles et formes ci-dessus prescrites pour ces sortes de donations.

1093. La donation de biens à venir ou de biens présents et à venir, faite entre époux par contrat de mariage, soit simple, soit réciproque, sera soumise aux règles établies par le chapitre précédent, à l'égard des donations pareilles qui leur seront faites par un tiers; sauf qu'elle ne sera point transmissible aux enfants issus du mariage, en cas de décès de l'époux donataire avant l'époux donateur.

1094. L'époux pourra, soit par contrat de mariage, soit pendant le mariage, pour le cas où il ne laisserait point d'enfants ni descendants, disposer en faveur de l'autre époux, en propriété, de tout ce dont il pourrait disposer en faveur d'un étranger, et, en outre, de l'usufruit de la totalité de la portion dont la loi prohibe la disposition au préjudice des héritiers. — Et pour le cas où l'époux donateur laisserait des enfants ou descendants, il pourra donner à l'autre époux ou un quart en propriété et un autre quart en usufruit, ou la moitié de tous ses biens en usufruit seulement.

1095. Le mineur ne pourra, par contrat de mariage, donner à l'autre époux, soit par donation simple, soit par donation réciproque, qu'avec le consentement et l'assistance de ceux dont le consentement est requis pour la validité de son mariage ; et, avec ce consentement, il pourra donner tout ce que la loi permet à l'époux majeur de donner à l'autre conjoint.

1096. Toutes donations faites entre époux pendant le mariage, quoique qualifiées entre-vifs, seront toujours révocables. — La révocation pourra être faite par la femme, sans y être autorisée par le mari ni par justice. — Ces donations ne seront point révoquées par la survenance d'enfants.

1097. Les époux ne pourront, pendant le mariage, se faire, ni par acte entre-vifs, ni par testament, aucune donation mutuelle et réciproque par un seul et même acte.

1098. L'homme ou la femme qui, ayant des enfants d'un autre lit, contractera un second ou subséquent mariage, ne pourra donner à son nouvel époux qu'une part de l'enfant légitime le moins prenant, et sans que, dans aucun cas, ces donations puissent excéder le quart des biens.

1099. Les époux ne pourront se donner indirectement au delà de ce qui leur est permis par les dispositions ci-dessus. — Toute donation, ou déguisée, ou faite à personnes interposées, sera nulle.

1100. Seront réputées faites à personnes interposées, les donations de l'un des époux aux enfants ou à l'un des enfants de l'autre époux issus d'un autre mariage, et celles faites par le donateur aux parents dont l'autre époux sera héritier présomptif au jour de la donation, encore que ce dernier n'ait point survécu à son parent donataire.

Des donations faites ENTRE ÉPOUX PAR CONTRAT *de mariage.* — Les futurs époux peuvent se faire par contrat de mariage les mêmes donations qu'un tiers pourrait leur faire à eux-mêmes : ils ont donc toutes les facilités que la loi a établies pour les donations en faveur du mariage (art. 1091).

Si c'est une donation de biens présents qu'un futur époux fait à son conjoint, elle ne sera point, aux termes de l'article 1092, censée faite sous la condition de survie du donataire, et, si ce donataire vient à prédécéder, les biens qu'il a reçus passeront à ses héritiers même en ligne collatérale, et ne retourneront pas au donateur. En d'autres termes, l'article 1092 applique aux donations de biens présents, faites entre époux par contrat de mariage, le droit commun admis pour les donations ordinaires de biens présents. Mais alors pourquoi s'est-il sur ce point formellement expliqué? C'est que, d'après les principes du droit écrit, les donations, même de biens présents, étaient faites sous la condition de survie de l'époux donataire à l'époux donateur. Le droit coutumier suivait la règle contraire, et le Code l'a reproduite. Au surplus il n'y a là qu'une présomption, et l'époux donateur peut très-bien faire la libéralité, sous la condition de survie de l'époux donataire.

Lorsque les futurs époux se font une donation, soit de biens à venir, soit de biens présents et à venir, soit sous des conditions potestatives de la part du donateur, on doit appliquer les mêmes règles et suivre les mêmes formes que lorsque c'est un tiers qui leur fait la donation. Il faut toutefois admettre deux exceptions à cette identité de règles. D'abord les donations qui étaient présumées faites en faveur des enfants à naître du mariage ne seront plus ici soumises à cette présomption. La loi va même plus loin, et elle déclare que la donation faite par un époux à l'autre n'est point transmissible aux enfants, en cas de décès de l'époux donataire, avant l'époux donateur (art. 1093). La raison de cette différence entre la donation faite par un tiers aux époux, et celle faite par un époux à l'autre, est facile à saisir; c'est que la donation faite par un tiers ne profiterait pas aux enfants en cas de prédécès de l'époux donataire, si ces enfants n'étaient pas subsidiairement appelés à la recueillir. Au contraire, lorsque la donation est faite par un époux à son futur conjoint, les biens resteront toujours dans la famille, que la donation soit ou non caduque par le prédécès du donataire, car les enfants sont les héritiers du donateur qui reprend l'objet de la libéralité, tout comme ceux du donataire dont le prédécès rend cette libéralité caduque. Ils retrouveront dans le patrimoine du premier ce qu'ils eussent trouvé dans la patrimoine du second, et voilà toute la différence. Ce n'est point que leur substitution à l'époux donataire n'eût pu leur être utile. En effet, elle eût empêché le retour des biens entre les mains de l'époux donateur, qui peut-être les dissipera; mais le Code a craint, avec raison, que la puissance paternelle appartenant à ce dernier ne fût trop affaiblie par l'appréhension immédiate de la libéralité par les enfants, et il a voulu prévenir ce grave inconvénient au moyen de la caducité dont il frappe la donation.

Faisons en second lieu observer que la donation dont il s'agit n'est pas, comme celle faite par un tiers aux époux, révocable pour cause de survenance d'enfants. La raison en est que les enfants du donateur sont aussi les enfants du donataire, et que la révocation eût intéressé l'époux donataire à n'avoir point d'enfants.

En vertu de la règle *habilis ad nuptias, habilis ad nuptiarum consequentias*, le mineur pourra faire ou recevoir toutes les donations dont nous venons de parler, à la seule condition d'être assisté de ceux dont le consentement est nécessaire pour la validité de son mariage (art. 1095).

Des donations faites ENTRE ÉPOUX PENDANT *le mariage.* — Ces donations étaient prohibées par le droit romain et par un grand nombre de coutumes, parce qu'elles peuvent être le résultat d'une passion aveugle ou d'obsessions irrésistibles. Le Code les autorise, mais à la condition qu'elles soient et restent essentiellement révocables (art. 1096). A côté du danger se trouve donc le remède. La révocation pourra être expresse ou tacite : expresse, elle résultera d'une déclaration soit par acte sous seing privé, soit par acte

authentique. Tacite, elle résultera de tout acte incompatible
avec le maintien de la donation ; par exemple, d'une donation postérieure, d'un legs, d'une aliénation quelconque, etc.

Pour que la révocation soit plus facile, il est interdit
aux époux de se faire des donations par un seul et même
acte (art. 1097).

Toutes les donations que les futurs époux peuvent se faire
par leur contrat de mariage sont permises entre époux pendant le mariage. Toutefois, il existe plusieurs différences
entre les donations faites entre futurs époux par contrat
de mariage, et les donations qu'ils se font pendant le mariage.

Ainsi : 1° les donations faites *avant* le mariage sont essentiellement *irrévocables*, et cela se comprend : en effet, à ce
moment les parties sont encore complétement indépendantes
l'une de l'autre, et d'ailleurs la présence des personnes qui
les assistent dans leur contrat de mariage est de nature à augmenter cette indépendance réciproque. On ne peut donc
pas croire que ces donations n'aient été faites en pleine liberté, et il n'existe dès lors aucun motif de les déclarer révocables. Les donations faites *pendant* le mariage, au contraire, sont essentiellement *révocables*, et avec raison,
comme nous l'avons dit précédemment.

2° Les premières donations sont dispensées de l'*acceptation expresse;* cette dispense n'existe point pour les secondes.

3° Enfin les donations de biens présents ne sont pas censées
faites sous la *condition de survie* du donataire, lorsqu'elles
le sont par contrat de mariage; il en est différemment, selon
nous, de celles faites pendant le mariage, car ces donations
sont révocables au gré du donateur. Or, comme les donations de biens à venir, de biens présents et à venir, ou sous
des conditions potestatives de la part du donateur, sont, ainsi
que nous l'avons vu, caduques par le prédécès du donataire,
précisément parce que celui-ci n'avait point un droit défini-

tif, à plus forte raison doit-il en être de même des donations qui sont absolument et directement révocables [1].

Les donations entre époux ne doivent pas, quoique révocables, être confondues avec les legs. En effet, la donation suppose deux volontés, et le testament n'en suppose qu'une. D'ailleurs pourquoi l'article 1096 aurait-il dit que ces libéralités ne sont pas révocables pour cause de survenance d'enfants, s'il n'y avait pas vu une véritable donation, car il est notoire que les legs ne sont pas soumis à cette cause de révocation? De là plusieurs conséquences. La première est que les biens passent actuellement, du moins quand la donation a pour objet des biens présents, dans le patrimoine du donataire, et sont ainsi soustraits, sauf le cas de fraude, aux créanciers du donateur ; la deuxième, que le mineur âgé de plus de seize ans ne peut pas faire de donation à son conjoint, quoiqu'il puisse tester ; la troisième, que la donation ne sera réduite qu'après le complet épuisement des legs ; la quatrième, que la donation sera soumise, non pas aux formes du testament, mais à celles des donations.

La transcription ne sera pas inutile, quoique le donateur, maître de révoquer expressément ou tacitement la donation, puisse valablement disposer des biens. Elle aura pour effet d'empêcher que les créanciers du donateur puissent saisir les biens donnés, et que des hypothèques légales ou judiciaires les grèvent du chef de ce dernier.

De la quotité DISPONIBLE *entre* ÉPOUX. — C'est au décès du donateur que la quotité disponible doit être fixée ; peu importe, d'ailleurs, que les libéralités soient faites avant ou pendant le mariage, par acte entre-vifs ou par testament.

La quotité disponible varie suivant que l'époux donateur ou testateur a laissé, soit un ou plusieurs *ascendants*, soit des *enfants* issus du *mariage actuel*, soit des *enfants* issus d'un *mariage précédent*.

---

[1] *Sic* Poujol, art. 1096, n. 7. — *Contrà*, Troplong, t. IV, n. 2659. — Toulouse, 26 fév. 1861.

Dans le premier cas, l'époux peut donner à son conjoint toute *la quotité disponible ordinaire*, plus l'*usufruit* des biens réservés aux ascendants (art. 1094[1°]) ; disposition étrange : en effet, les ascendants étant presque toujours plus âgés que les époux, ils ne jouissent jamais des biens qui leur sont réservés.

Dans le second cas, l'époux peut donner à son conjoint, soit la *moitié* de ses biens en *usufruit*, soit un *quart* en *pleine propriété* et un *quart en usufruit*. Cette quotité est-elle extensive ou restrictive de la quotité disponible ordinaire ? Elle est extensive si l'époux peut donner à son conjoint ou cette quotité, ou la quotité disponible ordinaire, suivant que la première excède la seconde ou que la seconde excède la première. Elle est au contraire restrictive, s'il ne peut jamais donner plus que cette quotité, puisque dans le cas où il existe un seul enfant, elle est inférieure à la quotité disponible ordinaire fixée par l'article 913 à la moitié des biens du disposant en *pleine propriété*.

Sur cette question, deux systèmes sont en présence : l'un soutient le sens extensif et l'autre le sens restrictif de la quotité disponible entre époux.

Le premier système se fonde sur trois arguments principaux, que voici :

1° Il serait absurde que l'un des époux ne pût pas toujours donner à l'autre au moins ce qu'il peut donner à un étranger, et qu'une qualité de laquelle dérivent tant de liens réciproques fût précisément un obstacle à une libéralité permise par le droit commun.

2° L'article 1094, qui règle la quotité disponible entre époux, était primitivement calqué sur les art. 913 et 916, qui fixaient à un *maximum* du quart la quotité disponible ordinaire : seulement il ajoutait au quart en pleine propriété un quart en usufruit, étendant ainsi le disponible ordinaire. Maintenant les articles 913 et 916 ont été changés, et ils ont porté le maximum de ce disponible à la moitié des biens du donateur ou testateur. Les rédacteurs du Code ont oublié de faire un changement analogue dans l'article 1094, mais leur intention de calquer le disponible entre époux sur le disponible ordinaire, en y ajoutant l'usufruit d'une portion réservée égale à la portion disponible, n'en est pas moins certaine, et l'on doit admettre que l'époux peut donner à son conjoint la moitié de ses biens en pleine propriété, dans tous les cas où il pourrait les donner à un étranger.

3° La discussion de l'article 1098 au Conseil d'État prouve que les rédacteurs du Code entendaient le disponible entre époux dans un sens extensif.

Le second système se fonde principalement sur le texte de l'article 1094, qui fixe invariablement la quotité disponible entre époux à un quart en pleine propriété et un quart en usufruit, ou à la moitié en usufruit seulement. Voici maintenant de quelle manière il réfute les arguments du système opposé.

1° Les époux sont toujours très-enclins à se faire des donations; presque tous les contrats de mariage en contiennent. Au contraire, ils sont rarement tentés de donner à un étranger leur quotité disponible : ils ne peuvent y être déterminés que par de graves sujets de mécontentement de la part des enfants. L'on comprend donc que le législateur ait mis aux donations entre époux un frein qu'il a jugé inutile pour les donations faites à des étrangers : c'est une application de l'adage : *Lex arctius prohibet quod facilius fit.*

2° Puisque le disponible entre époux est calqué sur le disponible ordinaire, sauf une addition d'usufruit sur une portion réservée égale à la portion disponible, il faut être conséquent, et dire que, dans le cas où il existe un seul enfant, l'époux peut donner à son conjoint moitié en pleine propriété comme à un étranger, plus moitié en usufruit : or, tous les auteurs reculent devant ce résultat nécessaire de l'analogie que l'on veut établir entre le disponible ordinaire et le disponible entre époux ; mais puisque certaines conséquences de ce système sont inadmissibles, c'est que le système lui-même est vicieux et doit être rejeté. D'ailleurs, comment admettre que les rédacteurs du Code aient omis de retoucher l'article 1094, en supposant qu'ils aient toujours conservé l'intention d'en faire le pendant des articles 913 et 916 relatifs à la quotité disponible ordinaire ?

3° Enfin, la discussion de l'art. 1098 au Conseil d'État n'a rien de concluant, car si certains orateurs semblèrent attribuer à l'art. 1094 un sens extensif, d'autres lui attribuèrent positivement un sens restrictif du disponible ordinaire.

Le second système est, du moins encore, plus généralement adopté que le premier [1].

Il paraît singulier que le Code, après avoir autorisé une quotité disponible d'un *quart* en pleine propriété et d'un *quart* en usufruit, ajoute que cette quotité pourra être de *moitié* de l'usufruit seulement. Mais cette disposition se comprend par cette pensée du législateur, de limiter à la moitié des biens la libéralité *même de simple usufruit* qu'un époux peut faire à son conjoint; par là il prévient la difficulté d'évaluer à sa valeur réelle l'usufruit qui porterait sur une plus grande somme de biens que ceux qui peuvent être donnés ou légués en pleine propriété.

Lorsque l'un des époux a disposé de l'usufruit de la moitié de ses biens en faveur de son conjoint, peut-il disposer encore, au profit de l'un de ses enfants ou d'un étranger, du quart en nue propriété complétant la quotité disponible fixée par l'art. 1094 ? Cette question est des plus controversées. Les uns voient dans la quotité de l'art. 1094 une faveur personnelle aux époux et dont eux seuls peuvent profiter. En conséquence, ils se prononcent pour la négative. Les autres disent que l'époux donateur pourra toujours atteindre la limite extrême de cette quotité, par la raison qu'il est censé avoir voulu d'abord imputer la libéralité faite à son conjoint

---

[1] V. Dalloz, *Rép.*, v°. *Disp. entre-vifs et test.*, n. 814 et suiv.

sur le disponible particulier aux époux, et se réserver la libre disposition au profit de ses enfants ou même d'un étranger de la différence qui existe entre ce disponible exceptionnel et le disponible ordinaire. Cette dernière opinion nous paraît plus conforme à l'intention de l'époux donateur et, comme aucun texte ne la condamne, nous l'adoptons [1].

Dans le troisième cas, c'est-à-dire quand l'époux disposant a laissé des enfants d'un *premier lit*, la quotité disponible vis-à-vis de son conjoint est beaucoup plus faible ; elle ne peut jamais excéder ni le *quart* des biens, ni même *une part* d'enfant le *moins prenant*, dans le cas où celle-ci serait inférieure au quart.

La part d'enfant qui peut être attribuée au nouveau conjoint se calcule eu égard au nombre des enfants que le *de cujus* a laissés à son décès, et qui ont accepté sa succession. En effet, il faut être héritier pour avoir droit à la réserve, ainsi que nous l'avons précédemment expliqué.

Comment doit-on entendre l'article 1098, lorsqu'une personne ayant des enfants d'un premier lit a contracté successivement plusieurs mariages ?

L'ancienne jurisprudence décidait que tous les conjoints réunis ne pouvaient jamais prétendre qu'à une part d'enfant le moins prenant. Il résulte de la discussion du Code que cette sage disposition a été maintenue.

La quotité disponible entre époux, quand il y a des enfants d'un premier lit, est restrictive de la quotité disponible ordinaire, parce que les seconds mariages sont vus avec défaveur. Le législateur craint que l'affection des nouveaux époux l'un pour l'autre n'affaiblisse ou ne détruise celle due aux enfants issus du premier mariage. Comme les dispositions que nous venons d'expliquer ont été établies dans l'intérêt de ces enfants, eux seuls peuvent intenter l'action en réduction.

---

[1] *Sic* Colmet de Santerre, t. IV, n. 281 *bis*. — Aubry et Rau, t. V, § 689, p. 613 et 614, note 19. — *Contrà*, Troplong, n. 2599 et suiv. — Cass., 2 août 1853.

S'ils meurent avant le disposant, ou s'ils renoncent à sa succession, les libéralités que l'époux marié en secondes noces
a faites à son conjoint restent inattaquables.

Si la réduction est opérée, il va sans dire que les enfants
communs en profitent ; car toute succession se partage également entre les enfants de la même ligne, qu'ils soient issus
ou non du même mariage [1].

Pour sanctionner les prohibitions qui précèdent, le Code a
établi des *présomptions de fraude*, en vertu desquelles sont
annulées les libéralités qui paraissent faites contrairement à
ces prohibitions.

L'article 1099 a donné lieu à diverses interprétations.
Dans un premier alinéa, il déclare que les donations indirectes *ne peuvent excéder* la quotité disponible, et, dans un
deuxième alinéa, que les donations déguisées ou faites à personnes interposées *sont nulles*. Faut-il voir, dans ces deux
manières de s'exprimer, deux théories différentes ou une
seule ?

Les uns sont pour la première opinion : la loi, disent-ils,
devait frapper d'une nullité absolue les donations cachées du
second alinéa, puisque, par leur nature même, elles sont
plus propres à échapper aux règles de la quotité disponible.
Au contraire, on comprend que les donations du premier
alinéa soient seulement réductibles, puisque, n'ayant rien
de caché, elles ne méritent pas d'être si sévèrement traitées.
D'ailleurs, dit-on, le second alinéa de l'article 1099 serait
inutile, s'il n'avait pas un sens différent du premier [2].

Les autres prétendent que le second alinéa n'est que le développement du premier : le mot *indirectement* aurait pu
recevoir une application trop étroite, et le Code a voulu la
prévenir. D'ailleurs, il faut interpréter la loi par son intention ; or, ici, elle a évidemment voulu protéger les héritiers

---

[1] Aubry et Rau, t. V, § 690, p. 680. — Troplong, t. IV, n° 2723.
[2] G. Demante, *Rec. de l'Acad. de lég. de Toul.*, t. IV, p. 22. — Colmet
de Santerre, t. IV, n. 279 *bis*, II, Grenoble, 29 nov. 1862.

à réserve contre des donations excessives ; mais, comme l'action en réduction suffit à cette protection, la nullité complète dépasserait le but, et il faut la rejeter [1].

Il y a présomption d'interposition de personnes, toutes les fois que la donation est faite aux *enfants* d'un premier lit ou aux personnes dont le conjoint du donateur était l'*héritier présomptif* au moment de la donation. Au surplus, peu importe que l'époux du donateur ait été ou non l'héritier réel du donataire : la donation sera valable, pourvu qu'au moment où elle a été faite il ne fût point son héritier présomptif ; comme aussi elle serait nulle si, ayant été son héritier présomptif, il ne lui avait pas cependant survécu et par conséquent succédé.

Aux termes de l'art. 1350, les présomptions ci-dessus ne sont pas susceptibles de preuve contraire.

LIVRE III, TITRE III.

Des contrats ou des obligations conventionnelles en général,

Décrété le 7 février 1804 ; promulgué le 17 du même mois.

CHAPITRE PREMIER

DISPOSITIONS PRÉLIMINAIRES.

Art. 1101. Le contrat est une convention par laquelle une ou plusieurs personnes s'obligent, envers une ou plusieurs autres, à donner, à faire ou à ne pas faire quelque chose.

1102. Le contrat est *synallagmatique* ou *bilatéral* lorsque les contractants s'obligent réciproquement les uns envers les autres.

1103. Il est *unilatéral* lorsqu'une ou plusieurs personnes sont obli-

---

[1] Zachariæ, édit. Massé, t. III, § 461. — Lyon, 18 nov. 1862.

gées envers une ou plusieurs autres, sans que de la part de ces dernières il y ait d'engagement.

1104. Il est *commutatif* lorsque chacune des parties s'engage à donner ou à faire une chose qui est regardée comme l'équivalent de ce qu'on lui donne, ou de ce qu'on fait pour elle. — Lorsque l'équivalent consiste dans la chance de gain ou de perte pour chacune des parties, d'après un événement incertain, le contrat est *aléatoire*.

1105. Le contrat de *bienfaisance* est celui dans lequel l'une des parties procure à l'autre un avantage purement gratuit.

1106. Le contrat *à titre onéreux* est celui qui assujettit chacune des parties à donner ou à faire quelque chose.

1107. Les contrats, soit qu'ils aient une dénomination propre, soit qu'ils n'en aient pas, sont soumis à des règles générales, qui sont l'objet du présent titre. Les règles particulières à certains contrats sont établies sous les titres relatifs à chacun d'eux ; et les règles particulières aux transactions commerciales sont établies par les lois relatives au commerce.

Observation. — Nous avons vu, dans le tome Ier, que les droits se divisent en *droits* RÉELS et *droits* PERSONNELS, et nous avons en même temps indiqué les principales différences qui les séparent. Le livre II du Code a été consacré à la théorie des divers droits réels, ou du moins des plus importants, tels que la propriété, l'usufruit, l'usage, l'habitation et les servitudes. Le titre que nous allons étudier contient celle des droits personnels ou *des* OBLIGATIONS.

DÉFINITION *de* l'OBLIGATION. — L'obligation est un lien de droit par lequel une personne est astreinte, envers une autre, à donner, à faire ou à ne pas faire quelque chose. Celui au profit duquel existe l'obligation s'appelle *créancier*, et celui qui est tenu de l'exécuter s'appelle *débiteur*. On dit que l'obligation est un *lien de droit*, parce que le créancier peut contraindre le débiteur à remplir son engagement. On appelle *action*, l'instrument que la loi met entre les mains du créancier pour obtenir son payement. L'action s'exerce par une demande en justice, qui est suivie d'un jugement, lequel, à son tour, est exécuté avec l'assistance de la force publique, en cas de résistance de la part du débiteur ; et c'est pourquoi l'on dit encore que l'obligation est une *nécessité légale* existant d'une personne à une autre.

L'obligation, avons-nous dit, peut avoir pour objet, soit de donner, soit de faire, soit de ne pas faire quelque chose. Dans le premier cas, le débiteur doit transférer au créancier la propriété, ou tout au moins la possession de la chose due ; dans le second, il doit exécuter le fait convenu ; et, dans le troisième, il doit s'en abstenir. De graves différences séparent les obligations de donner des obligations de faire ou de ne pas faire. Les obligations de donner peuvent, en général, être exécutées par un tiers, tout comme par le débiteur, tandis que les obligations de faire ne peuvent guère être exécutées que par le débiteur. Ainsi, lorsque j'ai stipulé de vous 100 francs, toute personne peut payer votre dette (art. 1236), parce qu'il m'est indifférent de recevoir les deniers de vous ou d'un autre. Mais lorsque j'ai stipulé de vous une œuvre d'art, vous seul pouvez exécuter votre obligation, parce qu'il ne m'est pas indifférent que l'œuvre sorte de vos mains ou des mains d'autrui. Pareillement, dans les obligations de donner, le créancier peut presque toujours obtenir, malgré le débiteur, l'exécution de l'engagement même qu'il a contracté ; et, au contraire, il le peut rarement dans les obligations de faire ou de ne pas faire, qui se convertissent alors en simples dommages et intérêts. Ainsi, lorsque vous refusez de me payer les 100 francs que vous m'avez promis, je puis vous poursuivre, et, en faisant vendre vos biens, obtenir la somme dont je suis créancier. Au contraire, lorsque vous ne voulez pas exécuter l'œuvre d'art que vous m'avez promise, je n'ai aucun moyen direct de vous y contraindre, et je ne pourrai obtenir de vous que des dommages-intérêts. Les différences qui précèdent ne sont pas les seules existantes entre les obligations de donner et les obligations de faire ou de ne pas faire. Nous verrons les autres plus tard (art. 1142 et suiv).

DIVISION *des* OBLIGATIONS. — A Rome, les obligations se divisaient en *civiles, prétoriennes* et *naturelles*. Les obligations civiles étaient ainsi appelées, parce qu'elles donnaient lieu à une *action civile,* et les obligations prétoriennes, parce qu'elles donnaient lieu à une *action prétorienne*. Quant aux obligations naturelles, elles étaient dépourvues de toute action, et conséquemment elles ne trouvaient de sanction que dans l'exécution volontaire qu'en faisait le débiteur. Aujourd'hui ce parallélisme de deux législations, l'une civile, ayant pour fondement les lois et la tradition, l'autre prétorienne, ayant pour fondement les principes abstraits du juste et de l'injuste, a complétement disparu, et par suite l'on ne retrouve plus que les obligations *civiles* d'une part et les obligations *naturelles* de l'autre. Nous verrons plus tard, en expliquant l'art. 1235, deuxième alinéa, que l'on distingue à présent les obligations civiles des obligations naturelles, par ce fait que les premières peuvent être prouvées d'après les règles du droit civil, et que, au contraire, la preuve des secondes ne peut être légalement fournie. Sous ce rapport, la distinction des obligations en naturelles et civiles ne repose pas, en droit français, sur la même idée qu'en droit romain ; car à Rome on s'attachait à la forme extérieure du consentement, au lieu de s'attacher à la légalité ou à l'illégalité de la preuve, pour savoir si l'obligation qui prenait naissance était civile ou naturelle. Ainsi, toute convention exprimée en la forme civile, c'est-à-dire en la forme d'un contrat *re, verbis, litteris* ou *consensu*, engendrait une obligation civile, tandis que la convention ne rentrant pas dans l'un des contrats ci-dessus engendrait seulement une obligation naturelle. Chez nous, toute convention produit obligation civile, de quelque manière que les parties se soient exprimées (art. 1134), et il faut, comme nous l'avons dit, uniquement s'attacher à la recevabilité ou à la non-recevabilité de la preuve pour savoir si l'obligation est civile ou naturelle.

SOURCES DES OBLIGATIONS.

Les obligations peuvent dériver de cinq sources différentes, qui sont :

1° Le CONTRAT ;

2° Le QUASI-CONTRAT ;

3° Le DÉLIT ;

4° Le QUASI-DÉLIT ;

5° La LOI.

1° *Du* CONTRAT. — On appelle *contrat* l'accord de deux volontés tendant à créer une obligation (art. 1101). Ainsi la vente est un contrat, puisque le vendeur s'engage à donner une chose et l'acheteur à en payer le prix. On appelle *pollicitation*, l'*offre* faite par une personne à une autre de contracter. La pollicitation ne devient un contrat que par l'*acceptation* de la partie adverse, car l'accord des deux volontés n'existe qu'à partir de cette acceptation. Le *contrat* ne doit pas être confondu avec la *convention* : il est l'*espèce*, et la convention est le *genre*. En d'autres termes, le contrat n'a jamais pour but que de créer des obligations, et, au contraire, la convention peut avoir pour but, non-seulement de créer des obligations, mais encore de modifier ou d'éteindre des obligations préexistantes, et même, comme nous le verrons bientôt, de transférer la propriété (art. 1138). Le contrat et la convention, qui ne doivent pas être confondus entre eux, ne doivent pas non plus l'être avec les obligations : ils sont la *cause*, et l'obligation est l'*effet*. L'obligation produit à son tour une action, de sorte que le contrat, l'obligation et l'action se rattachent les uns aux autres par un lien de descendance, analogue à celui qui existe dans la parenté. Malheureusement la pratique, et souvent le Code lui-même, confondent la convention, le contrat et l'obligation, et le langage ordinaire est ainsi loin d'avoir la netteté et la précision qui seraient la conséquence du bon emploi des locutions que nous venons de définir et de distinguer.

2° *Du* QUASI-CONTRAT. — On appelle *quasi-contrats* certains faits licites et non dommageables, produisant obligation (art. 1371 et suiv.). Ces faits ont quelquefois de l'analogie avec les contrats, et alors l'expression *quasi-contrat* se trouve justifiée. Ainsi, le gérant d'affaires s'oblige par un quasi-contrat, qui a beaucoup de rapports avec le mandat ordinaire (art. 1372). Mais les faits dont il s'agit n'ont quelquefois aucune analogie avec les contrats, et alors l'expression *quasi-contrat* est inexacte. Ainsi, celui qui reçoit par erreur une somme dont il n'est pas réellement créancier est obligé par ce seul fait à la restituer (art. 1376). Or, ce quasi-contrat ne ressemble évidemment pas à un contrat, puisque les deux volontés, au lieu de concourir à former une obligation nouvelle, tendaient précisément à éteindre une obligation ancienne qui, en fait, avait cessé d'exister ou n'avait même jamais existé. L'expression quasi-contrat s'explique par la traduction vicieuse des mots latins *quasi ex contractu,* mots qui signifiaient, non pas une analogie entre le fait productif d'obligation et un contrat ordinaire, mais une analogie entre l'obligation résultant de ce fait et celle résultant d'un contrat ordinaire. Autrement dit, les obligations naissaient avec les mêmes caractères que si elles fussent nées d'un contrat même, *quasi ex contractu,* et l'on n'entendait pas dire qu'elles eussent pour cause un *quasi-contrat.*

3° *Du* DÉLIT. — On appelle *délit* un fait illicite et dommageable, commis avec intention de nuire (art. 1382 et suiv.) : ainsi, la personne qui vend un immeuble dont elle avait déjà disposé au profit d'un autre commet un délit appelé *stellionat.* Tout délit oblige son auteur à réparer le préjudice qu'il a causé. Dans le cas de stellionat en particulier, la réparation de ce préjudice sera en raison de la mauvaise foi évidente du stellionataire.

4° *Du* QUASI-DÉLIT. — On appelle *quasi-délit* un fait illicite, dommageable, commis sans intention de nuire. Ainsi, le propriétaire d'un animal est responsable du dommage que cause cet animal (art. 1385). La critique que nous avons faite de l'expression quasi-contrat n'est plus vraie pour l'expression quasi-délit. En effet, le délit et le quasi-délit ont toujours cela de commun qu'ils sont illicites et dommageables ; et, de la sorte, l'analogie existe, non pas seulement entre les obligations, mais encore entre les causes qui les produisent.

5° *De la* LOI. — Enfin la *loi* crée directement certaines obligations. Ainsi, elle astreint tout propriétaire indivis à subir le partage des choses qui lui sont communes avec d'autres propriétaires (815). Nous avons vu ou nous verrons les autres obligations résultant de la loi en leur lieu et place.

Le contrat est la source la plus abondante des obligations, et cela est tellement vrai, que le Code traite simultanément, et dans les mêmes articles, des contrats et des obligations. La rubrique du titre III paraît même les confondre, car elle est ainsi conçue : *Des contrats ou des obligations conventionnelles en général.*

DES CONTRATS.

DIVISION *des contrats.* — Les divisions des contrats sont nombreuses et importantes. Les unes se trouvent dans le Code ; les autres sont suppléées par la doctrine.

Les contrats sont :

1° *Synallagmatiques* ou *bilatéraux* d'une part, et *unilatéraux* de l'autre.

Le contrat est *synallagmatique* ou *bilatéral*, lorsqu'il engendre des obligations réciproques (art. 1102) ; telle est la vente qui produit obligation, de la part du vendeur, de procurer à l'acheteur la chose promise, et, de la part de l'acheteur, de payer le prix convenu. Dans tout contrat synallagmatique, chaque partie est donc à la fois créancière et débitrice. Ainsi, le vendeur est créancier du prix, et débiteur de la chose, tandis que l'acheteur est créancier de la chose et débiteur du prix.

Le contrat est *unilatéral*, lorsqu'il engendre obligation d'un côté seulement (art. 1103) ; tel est le prêt de consommation qui oblige l'emprunteur à restituer la chose prêtée, sans que cette obligation soit contre-balancée par une obligation réciproque de la part du prêteur.

Certains contrats tiennent à la fois des contrats synallagmatiques et des contrats unilatéraux ; on les appelle contrats *synallagmatiques imparfaits*. Dans le principe, ils engendrent une seule obligation ; mais par la suite, et en vertu de faits qui peuvent arriver ou ne pas arriver, ils font ou peuvent faire naître une obligation de la part de celui qui était d'abord seul créancier. Tel est le dépôt. A l'origine, le dépositaire seul est obligé ; il doit garder la chose, et la rendre au déposant à la première réquisition. Mais, s'il fait des dépenses pour la conservation de la chose, il devient, à son tour, créancier de son créancier, qui est tenu de l'indemniser (art. 1947). On voit donc que, si ce contrat est, en principe, unilatéral, il peut, dans le cours même de son exécution, se convertir en un contrat synallagmatique, et qu'en définitive les deux parties seront liées, quoique l'une des obligations soit née *à priori*, et l'autre *à posteriori*.

La division des contrats synallagmatiques et unilatéraux présente un double intérêt. Tout contrat synallagmatique est réputé fait par chaque partie, sous la condition que l'autre exécutera son engagement ; et, dès l'instant que l'une d'elles ne l'exécute point, l'autre peut demander la résolution du contrat (art. 1184). Cette condition résolutoire tacite n'existe évidemment pas dans les contrats unilatéraux. En second lieu, l'acte sous seing privé destiné à prouver un contrat synallagmatique doit être fait en autant d'originaux qu'il y a de parties ayant un intérêt distinct (art. 1325), tandis que celui destiné à prouver un contrat unilatéral est dispensé de cette formalité (art. 1326).

Les contrats sont :

2° *A titre onéreux* ou *de bienfaisance*.

Le contrat est *à titre onéreux* lorsqu'il présente, pour les deux parties, un avantage réciproque. L'article 1106 donne, il est vrai, une autre définition. D'après lui, le contrat à titre onéreux est celui « qui *assujettit* chacune des parties à donner ou à faire quelque chose. » Mais cette définition est inexacte, parce qu'elle confond les contrats à titre onéreux avec les contrats bilatéraux.

Sans doute, les contrats à titre onéreux engendrent presque toujours des obligations de part et d'autre, par cela même qu'ils procurent aux parties des avantages réciproques ; mais cette confusion des contrats à titre onéreux, avec les contrats synallagmatiques, n'est pas nécessaire, quoique fréquente. Ainsi, le prêt à intérêt est un contrat à titre onéreux, puisqu'il procure au créancier l'avantage d'un intérêt, et au débiteur la possession d'un capital ; et cependant il n'est pas synallagmatique, puisque le prêteur ne contracte aucune obligation. C'est donc avec raison que nous avons substitué une autre définition à celle du Code.

Le contrat est *de bienfaisance* ou *à titre gratuit*, lorsqu'il ne présente un avantage que pour une seule des deux parties ; telle est la donation qui enrichit le donataire, sans procurer un équivalent au donateur.

L'intérêt de la division ci-dessus consiste principalement en ce que, dans les contrats à titre onéreux, chacune des parties est tenue à plus de soins dans l'exécution de son obligation, précisément parce qu'elle a droit à un équivalent ; tandis que, dans les contrats à titre gratuit, la responsabilité du débiteur qui ne reçoit pas l'équivalent de ce qu'il donne est appréciée moins sévèrement.

3° *Commutatifs et aléatoires*. — Ces contrats sont une subdivision des contrats à titre onéreux, et c'est pourquoi nous en parlons en seconde ligne, à la différence du Code, qui définit les contrats commutatifs et aléatoires d'abord et les contrats à titre onéreux ensuite.

Le contrat est *commutatif*, lorsque chacune des parties s'engage à donner ou à faire une chose qui est regardée comme l'équivalent actuel et certain de ce que la partie adverse fait ou donne elle-même (art. 1104). Ainsi, lorsque je vous loue mon cheval, nous faisons un contrat commutatif, puisque chacun de nous reçoit l'équivalent actuel et certain de ce qu'il procure à l'autre. Peu importe, d'ailleurs, que l'avantage réciproque donné et reçu par chaque partie soit exactement de même valeur : ce qui fait le caractère du contrat commutatif, c'est l'existence actuelle et certaine, et non l'égalité rigoureuse des avantages respectifs.

Le contrat est *aléatoire*, lorsque l'équivalent consiste pour chacune des parties dans une chance de gain ou de perte. Ainsi, le jeu est un contrat aléatoire, puisque chacune des parties trouve la compensation du risque auquel elle s'expose dans le risque contraire couru par la partie adverse. Il n'y a pas là un avantage actuel et certain pour chacun des contractants. L'un doit gagner et l'autre perdre, et le résultat définitif du contrat est subordonné à un événement futur et incertain.

Le Code est en général très-hostile aux contrats aléatoires, qui déplacent les fortunes au gré du hasard et sans le travail de l'homme.

Nous venons de parcourir toutes les divisions des contrats indiquées par le Code. La doctrine complète cette énumération, en ajoutant les divisions suivantes. Les contrats sont :

4° *Nommés* ou *innomés*, suivant qu'ils ont ou n'ont pas dans notre droit des caractères, des règles et enfin un *nom* propre et spécial. Ces contrats sont nombreux et varient selon les besoins ou les caprices des particuliers. Ils sont soumis aux règles générales que nous allons bientôt étudier.

5° *Consensuels*, *réels* et *solennels*.

Le contrat est *consensuel*, lorsqu'il prend naissance de la seule volonté des parties, indépendamment de tout fait matériel. Ainsi la vente est un contrat consensuel; car elle existe par cela seul que les parties sont d'accord sur la chose et le prix (art. 1583).

Le contrat est *réel*, lorsque l'accomplissement d'un fait matériel est nécessaire à sa formation; tel est le prêt, car tout prêt suppose obligation de la part de l'emprunteur de restituer la chose qu'il a reçue, et il ne peut évidemment être tenu de la restituer que si, en fait, il l'a reçue. Ce n'est pas à dire que la convention de prêter ne soit par elle-même obligatoire; mais elle reste un contrat innomé , tant que la livraison de la chose n'est pas venue la convertir en un prêt véritable.

Le contrat est *solennel* lorsque le consentement des parties doit être exprimé en des formes spéciales et rigoureuses, pour produire obligation; tels sont les contrats de donation, de mariage et d'hypothèque. La volonté des parties ne devient civilement obligatoire que par la rédaction d'un acte authentique passé suivant certaines formes; on peut dire alors: *Forma dat esse rei.*

En droit français, tous les contrats, sauf exception, sont consensuels, à la différence du droit romain où tous les contrats, sauf exception, étaient solennels. Cette transformation du droit est la conséquence de la transformation des idées et des mœurs. Chez un peuple ignorant, la solennité des formes a le triple avantage d'exciter l'attention des contractants, de se graver aisément dans la mémoire des témoins, et de pouvoir être plus tard facilement prouvée. Mais dans une société civilisée comme la nôtre, où chacun connaît mieux la portée de ses actes, et peut presque toujours procéder à leur constatation immédiate par acte sous seing privé, la formation des contrats par le seul consentement a, d'un côté, peu d'inconvénients, et, de l'autre, elle présente l'incontestable avantage de faciliter les nombreuses transactions qui sont l'aliment du commerce et la conséquence naturelle de la civilisation.

La division des contrats en consensuels, réels et solennels, présente un grand intérêt. Les contrats consensuels et réels peuvent être établis par tous les moyens ordinaires de preuve (art. 1316); les contrats solennels, au contraire, ne peuvent être prouvés que par la représentation de l'acte authentique nécessaire à leur formation.

CHAPITRE II

DES CONDITIONS ESSENTIELLES POUR LA VALIDITÉ DES CONVENTIONS.

Art. 1108. Quatre conditions sont essentielles pour la validité d'une convention : le consentement de la partie qui s'oblige; — sa capacité de contracter; — un objet certain qui forme la matière de l'engagement; — une cause licite dans l'obligation.

Notions générales. — Tout contrat contient ou peut contenir des éléments ESSENTIELS, NATURELS OU ACCESSOIRES.

Les éléments ESSENTIELS sont ceux en l'absence desquels le contrat ne peut exister. Ainsi, la vente contient trois éléments essentiels, qui sont : *la chose, le prix* et *le consentement* des parties sur la chose et le prix.

Les éléments NATURELS ne sont pas nécessaires à l'existence du contrat, mais ils en font partie toutes les fois qu'ils n'en ont pas été exclus par une convention expresse. Ainsi, la garantie est naturellement due par le vendeur à l'acheteur. Elle ne cesse d'exister que si elle a été exclue du contrat par une clause spéciale.

Les éléments ACCESSOIRES sont ceux qui ne peuvent appartenir au contrat qu'en vertu d'une stipulation formelle. Tels sont le terme et la condition qui n'existent dans la vente,

par exemple, que si les parties en sont expressément convenues.

Dans tout contrat il faut distinguer les conditions essentielles à son EXISTENCE, et les conditions essentielles à sa VALI-
DITÉ. Une des premières vient-elle à manquer, le contrat est
radicalement nul, et toute personne intéressée peut à toute
époque, même après les délais de la prescription , se prévaloir de cette nullité. Ainsi , lorsque le prix n'a pas été
fixé dans la vente, la vente n'existe pas, et n'a jamais
existé. L'une des conditions essentielles à la validité seulement vient-elle à manquer, alors le contrat existe, mais
il est affecté d'un vice qui peut en amener la rescision. Ainsi,
lorsque la vente est entachée de dol ou de violence, elle
existe; mais la partie trompée ou violentée peut faire annuler
le contrat dans le délai de dix ans, à compter du jour où le
dol a été découvert, où la violence a cessé (art. 1304). Si,
dans ce délai, l'action en nullité n'a pas été intentée, la vente
devient valable, et nul désormais n'est recevable à la critiquer.

Dans le chapitre II, le Code traite de quatre conditions
dont trois sont essentielles à l'*existence* du contrat, et une à
sa *validité*. Les trois premières sont : le *consentement* des
parties, un *objet certain* formant la matière de l'engagement,
et une *cause licite* dans l'obligation. La dernière est la *capacité* des contractants. Faisons seulement observer que le
Code parle du consentement de la partie *qui s'oblige* ,
et non du consentement de la partie envers laquelle est
contractée l'obligation ; mais il est clair que ce double
consentement est nécessaire pour qu'il y ait contrat ; et si
l'article 1108 ne mentionne pas celui du créancier, c'est
parce que l'existence de ce consentement ne peut être douteuse.

Dans les sections qui suivent, le Code s'occupe spécialement de chacune des conditions ci-dessus , c'est-à-dire du
consentement, de la capacité, de l'objet et de la cause.

PREMIÈRE SECTION

DU CONSENTEMENT.

ART. 1109. Il n'y a point de consentement valable, si le consentement n'a été donné que par erreur, ou s'il a été extorqué par violence ou surpris par dol.

1110. L'erreur n'est une cause de nullité de la convention que lorsqu'elle tombe sur la substance même de la chose qui en est l'objet. — Elle n'est point une cause de nullité, lorsqu'elle ne tombe que sur la personne avec laquelle on a intention de contracter, à moins que la considération de cette personne ne soit la cause principale de la convention.

1111. La violence exercée contre celui qui a contracté l'obligation est une cause de nullité, encore qu'elle ait été exercée par un tiers autre que celui au profit duquel la convention a été faite.

1112. Il y a violence, lorsqu'elle est de nature à faire impression sur une personne raisonnable, et qu'elle peut lui inspirer la crainte d'exposer sa personne ou sa fortune à un mal considérable et présent. — On a égard, en cette matière, à l'âge, au sexe et à la condition des personnes.

1113. La violence est une cause de nullité du contrat, non-seulement lorsqu'elle a été exercée sur la partie contractante, mais encore lorsqu'elle l'a été sur son époux ou sur son épouse, sur ses descendants ou ses ascendants.

1114. La seule crainte révérentielle envers le père, la mère, ou autre ascendant, sans qu'il y ait eu de violence exercée, ne suffit point pour annuler le contrat.

1115. Un contrat ne peut plus être attaqué pour cause de violence, si, depuis que la violence a cessé, ce contrat a été approuvé, soit expressément, soit tacitement, soit en laissant passer le temps de la restitution fixé par la loi.

1116. Le dol est une cause de nullité de la convention, lorsque les manœuvres pratiquées par l'une des parties sont telles, qu'il est évident que, sans ces manœuvres, l'autre partie n'aurait pas contracté. — Il ne se présume pas, et doit être prouvé.

1117. La convention contractée par erreur, violence ou dol, n'est point nulle de plein droit; elle donne seulement lieu à une action en nullité ou en rescision, dans les cas et de la manière expliqués à la section VII du chapitre V du présent titre.

1118. La lésion ne vicie les conventions que dans certains contrats ou à l'égard de certaines personnes, ainsi qu'il sera expliqué en la même section.

1119. On ne peut, en général, s'engager, ni stipuler en son propre nom, que pour soi-même.

1120. Néanmoins on peut se porter fort pour un tiers, en pro·mettant le fait de celui-ci ; sauf l'indemnité contre celui qui s'est porté fort ou qui a promis de faire ratifier, si le tiers refuse de tenir l'engagement.

1121. On peut pareillement stipuler au profit d'un tiers, lorsque telle est la condition d'une stipulation que l'on fait pour soi-même, ou d'une donation que l'on fait à un autre. Celui qui a fait cette stipulation ne peut plus la révoquer, si le tiers a déclaré vouloir en profiter.

1122. On est censé avoir stipulé pour soi et pour ses héritiers et ayants cause, à moins que le contraire ne soit exprimé ou ne résulte de la nature de la convention.

Observation. — Le consentement ou concours des volontés doit être exempt de tout vice pour produire des obligations valables. Or, les vices qui peuvent l'affecter sont au nombre de trois, savoir :

Iᵉ *L'erreur* (art. 1109-1111).

IIᵉ *La violence* (art. 1111-1116).

IIIᵉ *Le dol* (art. 1116).

1ᵉ *De* l'ERREUR. — L'erreur consiste dans le fait de croire à une chose qui n'est pas réellement. Tantôt elle rend le contrat *radicalement nul*, tantôt elle le rend *simplement annulable*, tantôt enfin elle n'affecte en rien ni son existence ni sa validité.

L'erreur rend le contrat radicalement nul, lorsqu'elle porte sur la *nature* ou sur l'*objet* même de la convention. Ainsi, lorsque je vous vends mon cheval, et que vous croyez seulement l'emprunter, l'erreur empêche la formation du contrat, parce qu'il n'y a pas *concours des deux volontés*. Pareillement, lorsque je vous vends tel cheval, et que vous croyez acheter tel autre, l'erreur empêche encore la formation du contrat, parce qu'il n'y a pas *consensus in idem placitum*.

L'erreur rend le contrat simplement annulable, lorsqu'elle porte sur la *substance* de l'objet, ou sur la *personne*, dans le cas particulier où l'on a contracté en vue de la personne. Nous allons revenir à l'instant sur la théorie de cette double erreur.

Enfin, l'erreur n'altère ni l'existence ni la validité du contrat, lorsqu'elle porte sur des qualités purement accessoires, ou sur le motif de la convention, ou sur la personne, quand on n'a pas contracté en vue de la personne. Ainsi, lorsque j'achète un cheval, dont je crois la course très-rapide, je ne puis pas demander la nullité de la vente, par cela seul que sa course est moins rapide que je ne pensais, mon erreur n'ayant pas porté sur la substance même de l'animal. Pareillement, quand j'achète votre maison, croyant à tort que la mienne a brûlé, je ne puis pas attaquer la vente, parce que mon erreur porte seulement sur les motifs de mon obligation, et que je suis en faute de n'en avoir pas vérifié l'exactitude. Enfin, lorsque j'achète du pain chez un boulanger, je ne peux pas critiquer la vente sous le prétexte que je me suis trompé de boulanger, par la raison qu'un pareil contrat n'était pas fait en vue de la personne, et n'avait eu d'autre mobile que la nature et l'utilité de la marchandise que j'avais achetée.

Il nous reste à expliquer l'erreur sur la substance et l'erreur sur la personne, quand on a contracté en vue de la personne. Ces deux erreurs rendent, avons-nous dit, le contrat annulable. Déterminons les conditions et les règles de cette double nullité.

De l'erreur sur la SUBSTANCE. — Cette erreur consiste à attribuer à une chose une substance qui n'est pas la sienne. Mais qu'est-ce donc que la *substance?* On entend par ces mots l'ensemble des qualités essentielles d'une chose *au point de vue de son utilité*. Ainsi, la substance d'une maison consiste dans sa qualité même de maison. Si la maison est détruite, la substance périt, parce que les matériaux n'ont plus la même utilité que la construction. Il est facile de voir, d'après la définition qui précède, que la même matière peut successivement revêtir plusieurs substances. Ainsi, un lingot d'or peut être successivement converti en vaisselle, en statue, en monnaie, etc. ; et, à chacune de ces transformations, il acquiert une substance nouvelle, puisque l'ensemble des qualités utiles de l'or est tout différent, selon qu'il est sous forme de vaisselle, de statue ou de monnaie. C'est une pure question de substance qu'agite et résout le statuaire de La Fontaine lorsqu'en présence de son bloc de marbre, il se demande :

> Sera-t-il dieu, table ou cuvette ?

et répond :

> Il sera dieu [1] . . . .

Ainsi, l'on voit que, dans la langue du droit, le mot *substance* n'a pas le même sens que dans celle de la philosophie ou des sciences physiques. En philosophie, la substance (*sub, stare*) exprime ce qui supporte les modes. Et, en effet, comme il est impossible à l'homme de pénétrer dans la nature même des choses, et de désigner directement leur essence, on a toujours employé cette expression corrélative aux modes pour exprimer ce qu'on ne pouvait indiquer en soi, et par un mot propre et défini. Dans les sciences physiques, le mot substance sert à désigner un corps d'une certaine nature, quels que soient, d'ailleurs, son état ou sa forme. Dans le droit enfin la substance indique, comme nous l'avons dit, les qualités principales des choses au point de vue de leur utilité. Et pourquoi ? C'est parce que le droit a pour but de régler les intérêts des hommes, et que ces intérêts naissent précisément de l'utilité que les différentes choses comportent.

Chose remarquable, le langage ordinaire est en harmonie, non pas avec l'idée de substance telle que l'entend la philosophie ou la science, mais avec l'idée de substance telle que l'entendent les jurisconsultes, de telle sorte que le *substantif*

[1] Liv. IX, fable 6.

de la grammaire correspond exactement à la *substance* du langage juridique. Cela est si vrai, que, pour savoir si une chose a changé de substance juridique, il suffit d'examiner si elle est ou non désignée par un substantif différent. Ainsi, comme nous l'avons vu, le même or s'appelle successivement lingot, vaisselle, statue, monnaie, suivant qu'il prend ces différentes substances. Pareillement, un fonds de terre change de dénomination en changeant de substance, et on l'appelle, ou on peut l'appeler tour à tour bois, pré, vigne, etc.

Comment se fait-il que, quand il s'agit de substance, le langage ordinaire exprime si exactement les idées du droit, et si inexactement celles de la philosophie ou des sciences physiques? La raison en est fort simple. C'est que les hommes se sont d'abord occupés des choses au point de vue de leur utilité, et les ont, par suite, désignées en vue de cette utilité même; et, au contraire, ils ne se sont occupés des choses, au point de vue philosophique ou scientifique, que plus tard, et à une époque où le langage ordinaire était déjà formé.

Terminons cette théorie générale de la substance, en faisant observer que les changements de substance correspondent presque toujours à des changements de forme, et réciproquement. Cela vient de ce que l'utilité des choses dépend le plus souvent de la forme. Mais le contraire peut arriver. Ainsi, les liquides ont la même utilité, quelle que soit la forme du vase qui les contient; aussi, pour eux, la substance est tout à fait indépendante de cette forme.

A côté de la substance dont nous venons de préciser la nature, il faut placer les qualités purement accessoires des choses. Ainsi, la substance d'une maison est, avons-nous dit, sa qualité même de maison. La solidité des murs, l'agrément de la vue, etc., constitueront ses qualités accessoires; et, de même que le *substantif* sert à désigner la *substance* de la maison, pareillement l'*adjectif* servira à désigner ses *qualités accessoires*, et l'on dira que la maison est *solide* ou *agréable*. Mais rappelons que l'erreur sur la substance est seule cause de nullité. L'erreur sur les qualités accessoires ne vicierait le contrat que si elle avait été déterminée par le dol de la partie adverse (art. 1116).

Il importe d'observer ici que souvent les parties font de la substance une qualité accessoire, et, par contre, d'une qualité accessoire la substance. Alors, il faut évidemment abandonner la théorie générale de la substance faite *à priori* par le jurisconsulte, pour s'attacher à la détermination spéciale de la substance faite *à posteriori* par les parties contractantes. Un exemple va faire comprendre notre pensée. Lorsqu'un amateur achète un tableau comme étant de Raphaël, il entend évidemment acheter le tableau, parce qu'il est de Raphaël, et non parce qu'il est un tableau. En d'autres termes, l'origine du tableau se confond pour lui avec sa substance, et il n'est pas douteux que, si le tableau n'est pas véritablement de Raphaël, la vente ne soit annulable pour cause d'erreur sur la substance [1]. Du reste, dans ce cas et autres semblables, le langage ordinaire se met encore en harmonie avec l'idée juridique. Ainsi, l'amateur dit qu'il veut acheter *un Raphaël,* qu'on ne lui a pas vendu *un véritable Raphaël;* et pour lui le nom du peintre devient le substantif qui sert à désigner le tableau lui-même. Par là se trouve confirmé ce que nous avons dit sur les rapports intimes qui unissent le langage ordinaire et les idées juridiques en fait de substance.

Il faut expliquer par quelques exemples comment l'erreur sur la substance peut avoir lieu dans les cas usuels; car on ne comprend pas tout d'abord que l'on puisse attribuer à une chose des qualités essentielles qui ne seraient pas les siennes. Cependant, une telle erreur est possible : elle aura lieu, par exemple, si, achetant un livre intitulé *Code civil,*

---

[1] Aubry et Rau, t. III, § 255 *bis*, n. 3. — Paris, 29 mars 1856.

que je prends pour un recueil de lois, il se trouve que j'ai
acheté un recueil de règles de politesse ; et, en effet, l'utilité
principale de l'un ou de l'autre livre n'est pas la même : le
contrat sera donc annulable. Pareillement, lorsqu'un paysan
achète une boussole, croyant acheter une montre, il commet
une erreur sur la substance, et peut conséquemment demander la nullité de la vente. Comme on le voit, l'erreur
sur la substance naturelle des choses sera fort rare. Mais
l'erreur sur les qualités accessoires dont les parties font souvent des qualités substantielles pourra être fréquente. Ainsi,
il arrivera très-souvent que des amateurs achèteront des
tableaux, des médailles, etc., qui seront faussement attribués
à certains artistes ou à certaines époques. Dans toutes ces
hypothèses, le contrat sera, comme nous l'avons vu plus
haut, annulable pour cause d'erreur sur la substance.

Une question controversée est celle de savoir si l'erreur
doit ou non être commune aux deux parties pour engendrer la nullité du contrat. On admet généralement que
l'erreur d'une seule partie suffit pour produire la nullité,
car le Code n'établit aucune distinction entre l'erreur commune aux deux parties et l'erreur particulière à l'une d'elles
seulement. Cependant, si la partie trompée avait commis
une faute grossière, et si la partie adverse était exempte
de mauvaise foi, nul doute que le contrat ne dût être maintenu par la raison que nul ne peut par sa faute occasionner
un préjudice à autrui ; et la nullité du contrat serait le plus
souvent préjudiciable à l'autre partie.

De l'erreur *sur la* personne. — Cette erreur ne rend le
contrat annulable que s'il était fait en considération de la
personne (art. 1110). Or, certains contrats sont toujours faits
en vue de la personne ; tels sont la donation, le louage
d'ouvrage, etc. Si donc j'ai fait une donation à quelqu'un,
croyant la faire à un autre, ou si j'ai commandé une œuvre
d'art à un sculpteur, pensant la commander à un autre, je
pourrai faire annuler le contrat pour erreur sur la personne.

L'action en nullité résultant, soit de l'erreur sur la substance, soit de l'erreur sur la personne, dure dix ans à compter du jour où l'erreur a cessé (art. 1304). Elle peut être intentée par la personne trompée seulement.

II. *De la* VIOLENCE. — La violence peut être définie, « la crainte actuelle d'un mal considérable, de nature à faire raisonnablement impression sur la personne qui a contracté. » Cette définition diffère de celle donnée par l'art. 1112 du Code, qui suppose un mal *considérable* et *présent,* comme cause de violence, et une *personne raisonnable* comme partie violentée. Mais ce sont évidemment là des idées à rectifier. Effectivement ce qu'il importe de connaître, ce n'est pas si le mal est ou non *présent,* ou bien si la partie est ou non *raisonnable,* mais si la partie, telle qu'elle est, a eu ou n'a pas eu sa volonté contrainte. Or, il est clair que, d'une part, un mal futur peut quelquefois intimider autant qu'un mal présent, et que, de l'autre, on doit d'autant plus protéger le contractant violenté, qu'il trouve un plus faible appui dans sa propre raison. D'ailleurs ce n'est pas; à proprement parler, le mal qui constitue la violence, mais plutôt la *crainte* de ce mal, et cela est tellement vrai que les menaces les plus exagérées n'entraîneraient pas la nullité du contrat, si elles étaient restées sans influence sur la volonté de la partie, et qu'au contraire les menaces les plus légères entraîneraient cette nullité, si en fait elles avaient déterminé la partie à contracter. On doit donc uniquement examiner si la partie a agi sous l'empire d'une crainte sérieuse, sans rechercher si le mal était ou non présent, ni si cette partie était ou non raisonnable.

Comment se fait-il qu'un contrat, fait sous l'empire de la violence, ne soit pas radicalement nul, au lieu d'être simplement annulable ? La raison de ce fait est dans la tradition romaine acceptée par le législateur français. A Rome, l'on disait : Celui qui aime mieux contracter que subir la violence fait un acte de volonté, et, du moment que sa volonté existe, le contrat prend naissance : *Qui mavult, vult ;* mais cette théorie, empruntée à la doctrine stoïcienne, est plus subtile que vraie, car on ne peut voir une volonté sérieuse dans une volonté que la violence a dominée.

Ces mêmes idées avaient conduit les Romains à une appréciation singulière de la violence. Celle-ci ne devenait un moyen de défense que si elle avait été de nature à impressionner *virum fortissimum et constantissimum*. Le Code a justement modifié cette théorie, et, aux termes de l'art. 1112, le juge doit apprécier la violence eu égard à l'âge, au sexe et à la condition des personnes.

La violence est une cause de nullité, qu'elle vienne d'un tiers ou de la partie adverse. Et, en effet, il n'est pas plus possible à la partie contractante de s'y soustraire dans la première hypothèse que dans la seconde. La violence constitue donc une exception *réelle*, puisqu'elle est par elle-même, et abstraction faite de son auteur, une cause de nullité. Nous verrons, au contraire, que le dol doit émaner de la partie adverse pour engendrer la nullité du contrat, et que, par suite, il constitue une exception purement *personnelle*.

A la violence exercée sur la partie contractante, l'art. 1113 assimile celle exercée, soit sur le conjoint de la partie, soit sur ses ascendants ou descendants. Ainsi, le mari qui souscrit une obligation pour arracher sa femme au déshonneur, ou le fils, pour arracher son père à un péril, peut en demander la nullité, et les tribunaux sont tenus de la prononcer. Que dire de la violence exercée sur un ami ? Évidemment, les juges pourraient l'admettre comme cause de nullité, puisque le Code ne limite point les cas et les circonstances de la violence ; mais ils ne sont pas tenus d'annuler le contrat, même en admettant cette violence, et leur décision échapperait à la censure de la Cour de cassation.

Il n'y a pas de violence, lorsque le mal dont la partie était menacée n'avait pas le contrat pour objet. Ainsi, quand je promets une forte somme à une personne pour qu'elle me tire du péril où je me trouve, je ne peux pas demander la nullité de ma promesse pour cause de violence ; mais les juges pourraient admettre que le danger m'avait enlevé la raison, et que je n'ai pas donné un véritable consentement. Ce serait pour eux l'unique moyen d'annuler légalement ma promesse.

Faisons observer que la crainte révérentielle n'est jamais par elle-même une cause de nullité.

III° Du DOL. — Le dol consiste dans des manœuvres frauduleuses sans lesquelles l'une des parties n'aurait pas contracté (art. 1116). Ainsi, quand vous me faites croire que ma maison a brûlé pour me vendre la vôtre, je peux demander la nullité du contrat, si ma maison n'a pas réellement brûlé. Il va du reste sans dire que le dol cesserait d'être une cause de nullité, si la partie contractante n'avait pas été induite en erreur. Mais on peut alors se demander quelle différence existe entre le vice du consentement provenant de l'erreur pure et simple, et le vice du consentement provenant de l'erreur motivée par des manœuvres frauduleuses ? C'est que l'erreur pure et simple devient seulement une cause de nullité, quand elle porte sur la substance de l'objet ou sur la personne, dans le cas où le contrat a été fait en vue de la personne (art. 1110), tandis que l'erreur provenant de manœuvres frauduleuses est une cause de nullité, lors même qu'elle ne porte que sur les qualités accessoires de la chose ou sur les motifs du contrat. Il n'est donc pas nécessaire que l'erreur ait ici des caractères aussi graves que dans l'hypothèse précédente, et, aux termes de l'art. 1116, il suffit qu'elle ait déterminé à contracter la partie envers laquelle ont été pratiquées les manœuvres frauduleuses.

Lorsque le dol est *principal*, c'est-à-dire de telle nature qu'il a fait naître l'idée du contrat, il est toujours et nécessairement une cause de nullité, puisque sans lui la partie trompée n'eût pas contracté. Mais lorsqu'au contraire il est *incident*, c'est-à-dire pratiqué dans le cours d'une négociation, il cesse d'être une cause de nullité, parce qu'il n'est plus certain, comme l'exige l'art. 1116, que, sans ces manœuvres, la partie n'eût point contracté. Néanmoins, comme tout fait quelconque de l'homme qui cause du dommage à autrui oblige son auteur à le réparer (art. 1382), la partie trompée pourra demander des dommages-intérêts.

Les manœuvres frauduleuses cessent d'avoir un caractère répréhensible, lorsqu'elles ont pour but, non d'égarer la bonne foi de la partie adverse, mais de soustraire celui-là même qui les pratique, soit à un dol, soit à une violence ; en d'autres termes, il ne faut pas confondre le *dolus bonus* avec le *dolus malus*. La première espèce de dol ne vicie point le contrat ; la dernière seule est une cause de nullité.

Pareillement, on ne peut faire rentrer, dans les manœuvres frauduleuses qui suffisent pour vicier un contrat, ces louanges exagérées que les marchands donnent à leurs marchandises, ou ces invitations pressantes dont ils accablent le public, car les acheteurs connaissent eux-mêmes la portée de ces affirmations, comme le but de ces excitations, et ils sont en faute de les croire ou d'y obéir, sans avoir soigneusement vérifié l'état véritable des choses. D'ailleurs, l'usage, souvent plus fort que les lois, ne permet pas de demander la nullité des contrats faits sous l'empire de ces circonstances.

Nous avons vu plus haut que la violence est une cause de nullité, même dans le cas où un tiers l'a exercée. Il n'en est pas de même du dol qui, aux termes de l'article 1116, doit être pratiqué par la partie adverse elle-même pour vicier le contrat. La raison de cette différence vient de ce que l'on ne peut pas plus se soustraire à la violence émanée d'un tiers, qu'à celle émanée de la partie adverse, tandis que, d'un côté, l'on peut toujours se soustraire au dol pratiqué par des tiers, et que, de l'autre, le contractant de bonne foi ne doit pas être victime des manœuvres frauduleuses auxquelles il est resté étranger. D'ailleurs, l'auteur de la violence est souvent inconnu ou insolvable ; et, comme un recours contre lui serait, la plupart du temps, impossible ou illusoire, il importait d'accorder une action en nullité à la partie dont le consentement n'a pas été libre. Les choses se passent presque toujours autrement dans le cas de dol ; et non-seulement la partie trompée peut recourir contre le tiers auteur des manœuvres frauduleuses, mais encore ce recours est souvent pour elle aussi efficace qu'une action en nullité du contrat.

Le dol, comme la violence et l'erreur, rend le contrat simplement annulable (art. 1117). Nous verrons plus tard les règles de cette action en nullité (art. 1304 et suiv.).

IV. *De la* LÉSION. — Après avoir exposé les différents vices qui peuvent affecter le consentement des parties contractantes, le Code passe à la lésion, qui n'intéresse pas, à proprement parler, la volonté des contractants, mais qui produit quelquefois des effets entièrement analogues à ceux de l'erreur, de la violence ou du dol. Aux termes de l'art. 1118, la lésion ne vicie les contrats que dans certains cas, et à l'égard de certaines personnes ; autrement dit, la lésion est une cause exceptionnelle de nullité ; c'est à chacun de veiller à ses intérêts.

La lésion entre majeurs est admise dans deux cas seulement, savoir :

Le cas où le *vendeur d'un immeuble* a été lésé de plus des 7/12 de sa valeur (art. 1674 et suiv.).

Le cas où l'un *des héritiers* a été lésé de plus du quart, ainsi que nous l'avons précédemment expliqué.

Pour les mineurs, la lésion est une cause générale de nullité, comme nous le verrons plus tard (art. 1305).

Les actions en nullité pour cause d'erreur, de violence, de dol ou de lésion, sont *réelles*, c'est-à-dire opposables et à la partie adverse et aux tiers qui ont acquis d'elle des droits sur les biens formant l'objet du contrat. En effet, lorsque je fais annuler la vente que je vous ai consentie de mon domaine, je ruine par la base tous les droits dont vous l'avez grevé depuis le contrat. Votre propriété était affectée d'un vice, et révocable ; vous n'avez donc pas pu constituer sur elle des droits irrévocables, à cause de la règle : *Resoluto jure dantis, resolvitur jus accipientis.* Conséquemment, je pourrai revendiquer mon domaine entre les mains des tiers détenteurs ; et nul ne pourra m'opposer son titre ou sa bonne foi, tant que les délais de la prescription ne seront pas accomplis.

Des stipulations *ou* promesses *pour* autrui. — Dans les articles 1119 à 1122, le Code expose la théorie des stipulations ou promesses qui sont faites pour autrui. Cette matière est aujourd'hui régie par des principes tout différents des principes du droit romain auquel elle est empruntée, et nous allons voir que cette différence dans les principes a jeté les rédacteurs du Code dans des dispositions obscures, ou tout au moins incohérentes. Expliquons successivement chacun des articles.

Aux termes de l'art. 1119, « on ne peut en général s'en-« gager ni stipuler en son propre nom que pour soi-même. » Pris au pied de la lettre, cet article est inintelligible ; effectivement on ne peut comprendre que quelqu'un puisse, en contractant personnellement et pour lui-même, rendre autrui créancier ou débiteur. Il est par trop évident qu'un tel contrat ne doit ni profiter ni nuire à des personnes qui y sont restées totalement étrangères. Comment donc expliquer la présence d'une semblable disposition dans le Code ? Par un souvenir inopportun du droit romain. A Rome, en effet, on disait que l'on ne pouvait stipuler ou promettre pour autrui, en ce sens que, même en qualité de mandataire, on ne pouvait rendre le mandant créancier ou débiteur, et que toutes les créances et toutes les dettes reposaient exclusivement sur la tête du mandataire lui-même, sauf son recours contre le mandant pour les dettes, et le recours du mandant contre lui pour les créances. Sous l'empire du Code, cette doctrine a cessé d'être vraie, et tout ce qui est fait par le mandataire au nom et pour le compte du mandant, dans les limites de la procuration, profite ou nuit directement à ce dernier, comme s'il avait lui-même contracté (art. 1998). L'article 1119 du Code n'a donc plus le sens que suppose son origine, et, comme il ne peut en avoir un autre qui soit raisonnable, il est complétement inutile.

Aux termes de l'art. 1120, « on peut valablement se por- « ter fort pour un tiers, en promettant le fait de celui-ci. » Cette disposition est exacte quoiqu'elle ne présente pas non plus une grande utilité. Il est facile de voir en effet que le contrat, toujours nul, en tant que le contractant a promis le fait d'autrui, peut devenir valable en tant qu'il s'est lui-même porté fort pour le cas où le tiers refuserait d'accomplir le fait convenu. Mais ce n'est plus là, à proprement parler, promettre pour autrui, comme les premiers mots de l'art. 1120 semblent le faire supposer.

Maintenant l'art. 1121 décide que la stipulation faite dans l'intérêt d'autrui devient valable lorsqu'elle est l'accessoire d'une stipulation faite dans son propre intérêt. Cela se conçoit, puisque l'action, garantissant le contrat principal, sert en même temps à garantir le contrat accessoire. Ainsi, quand je fais une donation à Pierre, à la condition qu'il servira une rente viagère à Paul, la stipulation au profit de Paul est valable, parce qu'elle est l'accessoire d'une donation au profit de Pierre, qui est elle-même valable. Seulement Paul devra accepter la stipulation faite à son profit, car nul ne peut évidemment bénéficier d'une disposition à laquelle il reste étranger. D'après la plupart des auteurs, cette acceptation sera valablement faite, même après mon décès, si toutefois la stipulation n'a pas été révoquée par moi ou par mes héritiers [1].

Pareillement une clause pénale, en ajoutant un intérêt à la convention que je ferais pour autrui, rendrait cette convention obligatoire : ainsi, lorsque je stipule de vous que vous construirez la maison de mon frère, sous peine

---

[1] Massé et Vergé, t. III, § 617, p. 565, n. 16. — Troplong, Donat. 3, n° 1107.

de me payer 100 fr. de dommages-intérêts, en cas d'inexécution de votre engagement, la stipulation est valable puisque j'ai un intérêt à cette exécution.

L'art. 1122 déclare enfin que les contrats sont censés faits pour soi et pour ses héritiers et ayants cause, à moins que le contraire ne soit exprimé ou ne résulte de la nature même de la convention. On appelle *ayants cause* ceux qui nous succèdent dans nos droits, à un titre ou à un autre; ainsi, l'acheteur ou le donataire de notre maison est notre ayant cause relativement à cette maison. Les contrats obligent donc, du moins pour les objets qui en ont été la matière, et les successeurs à titre universel des parties, comme les héritiers, et leurs successeurs à titre particulier, comme les acheteurs, les donataires, etc.

Lorsqu'il résulte, soit des déclarations faites par les parties, soit de la nature de la convention, que le contrat est personnel aux parties, les héritiers ou ayants cause ne sont pas tenus de l'exécuter. Ainsi, la rente viagère est presque toujours limitée à la vie du rentier. Ses héritiers ne pourront donc pas en exiger le payement. Pareillement, l'ouvrier qui loue ses services contracte exclusivement pour lui-même, et ses héritiers sont dispensés par la nature même de la convention d'exécuter les engagements qu'il a pris.

DEUXIÈME SECTION

DE LA CAPACITÉ DES PARTIES CONTRACTANTES.

Art. 1123. Toute personne peut contracter, si elle n'en est pas déclarée incapable par la loi.

1124. Les incapables de contracter sont : les mineurs; — les interdits; — les femmes mariées, dans les cas exprimés par la loi; — et généralement tous ceux à qui la loi interdit certains contrats.

1125. Le mineur, l'interdit et la femme mariée ne peuvent attaquer, pour cause d'incapacité, leurs engagements, que dans les cas prévus par la loi. — Les personnes capables de s'engager ne peuvent opposer l'incapacité du mineur, de l'interdit ou de la femme mariée, avec qui elles ont contracté.

Des personnes CAPABLES *de contracter.* — Aux termes de l'article 1123, *toute personne*, sauf exception, est capable de contracter. Voyons ces exceptions.

Des personnes INCAPABLES *de contracter.* — Sont incapables de contracter (art. 1124) :

1° Les *mineurs,* mais leur incapacité est plus ou moins étendue, suivant qu'ils sont non émancipés ou émancipés. Lorsqu'ils ne sont pas émancipés, ils ne peuvent faire aucun acte, pas même d'administration. Leur tuteur les représente, et lui seul peut les obliger, à la condition toutefois de s'être conformé aux règles prescrites par le Code, au titre *de la Minorité et de la Tutelle.* Cependant le mineur âgé de seize ans, et non émancipé, a le droit, comme nous l'avons vu, de disposer sans aucune autorisation, par testament, de la moitié des biens dont il pourrait disposer s'il était majeur. Quant aux mineurs émancipés, ils ont la faculté de faire par eux-mêmes tous les actes d'administration, par exemple, de louer leurs biens pour une période de neuf ans ou au-dessous, de faire inscrire leurs hypothèques, de renouveler les inscriptions déjà prises, de toucher leurs revenus, et d'en donner quittance, etc. Pour les actes autres que ceux d'administration, ils doivent être assistés de leur curateur, et même, dans certains cas, être autorisés du Conseil de famille et de la justice (art. 482 et suiv.).

2° Les *interdits,* qui sont, en général, dans la même condition que les mineurs non émancipés. Ainsi, la loi les déclare incapables de tous actes, et leur donne un tuteur pour les représenter. Il existe cependant quelques différences entre les mineurs non émancipés et les interdits. La raison en est que les mineurs sont, du moins à partir d'une certaine époque, présumés dépourvus plutôt de discernement que d'intelligence, tandis que l'interdiction suppose toujours un trouble profond dans les facultés intellectuelles, et l'impossibilité, de la part de l'incapable, de comprendre les actes qu'il consentirait. De là cette conséquence, comme nous

le verrons plus tard, que les actes faits par le mineur non
autorisé ne peuvent, en général, être rescindés, s'ils ne lui
ont pas été plus ou moins préjudiciables, et qu'au contraire
les actes faits par les interdits sont nuls *de droit*, c'est-à-dire
indépendamment de toute lésion (art. 1305, 502). Ajoutons
que le mineur peut se marier ou tester à partir d'un certain
âge, et que l'interdit ne peut faire aucun de ces actes.

3° Les personnes *pourvues d'un conseil judiciaire :* elles
doivent être autorisées par lui pour faire tous les actes que
l'art. 513 énumère.

4° Les *femmes mariées*, dont l'incapacité est plus ou moins
étendue, suivant le régime sous lequel elles sont mariées, et
la nature des actes qu'elles veulent consentir.

A ces incapacités générales l'on peut ajouter plusieurs
incapacités spéciales, auxquelles fait allusion l'art. 1123 *in
fine*. Ainsi, les époux ne peuvent se vendre ou s'acheter
respectivement les choses qui leur appartiennent (art. 1595);
les tuteurs ne peuvent se rendre adjudicataires des biens de
ceux dont ils ont la tutelle, ni les mandataires des biens
qu'ils sont chargés de vendre, etc. (art. 1596).

Les actes faits par les incapables ne sont pas radicalement
nuls, mais simplement annulables, et eux seuls peuvent
invoquer cette nullité, parce que les tiers sont en faute de
n'avoir pas vérifié leur incapacité (art. 1125). Cependant,
comme nul ne peut s'enrichir au préjudice d'autrui, les incapables qui feront annuler un contrat par eux consenti
devront restituer les sommes qu'ils auraient reçues, ou tout
autre objet qui leur aurait été livré par la partie adverse, et
dont ils auraient profité.

TROISIÈME SECTION

DE L'OBJET ET DE LA MATIÈRE DES CONTRATS.

Art. 1126. Tout contrat a pour objet une chose qu'une partie
s'oblige à donner, ou qu'une partie s'oblige à faire ou à ne pas
faire.

1127. Le simple usage ou la simple possession d'une chose peut être, comme la chose même, l'objet du contrat.

1128. Il n'y a que les choses qui sont dans le commerce qui puissent être l'objet des conventions.

1129. Il faut que l'obligation ait pour objet une chose au moins déterminée quant à son espèce. — La quotité de la chose peut être incertaine, pourvu qu'elle puisse être déterminée.

1130. Les choses futures peuvent être l'objet d'une obligation. — On ne peut cependant renoncer à une succession non ouverte, ni faire aucune stipulation sur une pareille succession, même avec le consentement de celui de la succession duquel il s'agit.

Observation. — L'objet est le second élément essentiel, non plus seulement à la validité, mais à l'existence même du contrat. Il peut consister, soit dans une chose qu'une partie s'oblige à donner, soit dans un fait qu'elle s'oblige à exécuter ou à ne pas exécuter (art. 1126). Le Code confond l'objet du contrat (art. 1126) avec l'objet de l'obligation (art. 1108), et cela se conçoit, puisque le contrat et l'obligation qui en résulte tendent tous les deux à procurer la même chose au créancier. Ainsi, lorsque je vous vends mon cheval moyennant 10, le contrat a deux objets, qui sont le cheval et le prix. Les deux obligations qui en résultent ont aussi ces deux objets : je suis tenu de vous donner mon cheval, et vous de m'en payer le prix.

Quelles choses PEUVENT ÊTRE L'OBJET *ou la matière des contrats.* — Toutes choses qui sont dans le commerce peuvent être l'objet des contrats (art. 1128), soit que la propriété en doive être transférée, soit que le simple usage ou la simple possession en doive être procurés par une partie à l'autre (art. 1127). Ainsi, dans la vente, le contrat a pour objet la propriété, et dans le commodat, il a pour objet l'usage. Il n'est pas nécessaire que la chose formant l'objet du contrat existe actuellement, pour que le contrat puisse lui-même exister. L'art. 1130 permet les conventions sur choses futures : je peux donc vous vendre la récolte de l'an prochain ou le coup de filet que je vais jeter, quoique la récolte puisse ne pas exister, et le coup de filet ne pas réussir. Maintenant tout contrat ayant pour objet les choses futures peut être interprété de deux manières ; en effet, tantôt il a pour objet les *choses* futures elles-mêmes, et tantôt il a pour objet la *chance* d'avoir ou de ne pas avoir les choses futures. Je m'explique : lorsque je vous vends ma récolte de l'an prochain, je peux vous vendre, soit la récolte elle-même, soit la chance d'avoir ou de ne pas avoir la récolte. Si le contrat a pour objet la récolte elle-même, vous ne serez tenu de m'en payer le prix que si je vous la livre ; c'est donc moi qui supporterai les risques. Au contraire, si la convention a eu pour objet la chance d'avoir ou de ne pas avoir la récolte, vous m'en devrez le prix, lors même qu'elle manquerait entièrement, et on ne pourrait pas dire que le contrat a été sans objet, puisque ce n'est point la récolte mais la *chance* de cette récolte qui formait la matière de l'obligation. Mais à quels signes distinguer le contrat commutatif du contrat aléatoire ? Évidemment au montant du prix fixé par les parties. Lorsque ce prix est à peu près égal à la valeur d'une récolte ordinaire, il est présumable que le contrat a pour objet la récolte même, car l'acheteur n'eût pas promis un prix si élevé s'il eût entendu courir les risques d'un manque de récolte. Le contrat est donc alors commutatif. Mais par contre, lorsque le prix est très-inférieur à la valeur d'une récolte ordinaire, il est vraisemblable que l'acheteur s'est chargé des risques, et l'on doit alors décider que le contrat est aléatoire.

L'article 1130 prohibe toute stipulation sur succession non encore ouverte. De semblables contrats ont toujours quelque chose de blessant pour la moralité publique. Plus rigoureux que le droit romain, le Code prohibe ces conventions, même lorsque la personne de la succession de laquelle il s'agit y donne son consentement.

Plusieurs choses ont été mises hors du commerce, soit par le Code, soit par des lois particulières. Ainsi, ne peuvent être vendues ni les choses du domaine public, telles que chemins,

canaux, forteresses, etc. (art. 538), ni les successions non ouvertes (art. 1130), ni les substances vénéneuses, ni, en général, toute chose dont le gouvernement se réserve exclusivement la fabrication ou la vente, soit dans un intérêt fiscal,
comme le tabac, soit dans un but de police, comme les pou-
dres, les armes de guerre, etc.

Pareillement sont nuls tous traités ayant pour objet la
transmission d'une fonction publique, ne rentrant pas dans
la catégorie des offices ministériels pour lesquels la loi admet
la faculté de présenter un successeur à l'agrément de l'autorité (offices de notaire, d'avoué, d'huissier, etc.).

Des CONDITIONS *que doit remplir* L'OBJET *d'un contrat.*
— L'objet d'un contrat doit être :

1° *Possible,* car un objet chimérique, tel qu'un centaure,
ou un voyage autour du monde en vingt-quatre heures, n'a
pas pu être sérieusement stipulé par l'un ou promis par l'autre. Mais si l'objet, impossible relativement, est possible absolument, l'obligation devient valable, parce que le créancier
a pu raisonnablement compter sur son exécution. Ainsi,
quand je stipule de vous que vous ferez mon portrait, le contrat est valable, quoique vous ignoriez la peinture. En effet,
ce qui vous est impossible ne le serait point à un autre, et
j'ai pu sérieusement compter sur l'exécution de votre engagement. Vous serez donc, dans ce cas, tenu à des dommages-
intérêts ;

2° *Licite,* c'est-à-dire non contraire aux lois ou aux bonnes
mœurs (art. 6) ;

3° *Utile.* — Effectivement, l'intérêt est le fondement de
tout contrat, et le législateur ne devait point accorder d'action pour assurer l'exécution d'engagements sans but ou sans
portée, et qui ne touchent en rien à la fortune des particuliers. L'art. 1129 indique à quelles conditions l'objet du contrat peut être utile au créancier. La chose promise doit être
déterminée, quant à son *espèce,* ou quant à sa *quotité.* Il ne
suffirait donc pas d'indiquer le genre dans lequel doit être

prise ladite espèce ou ladite quotité. Ainsi, lorsqu'une personne stipule d'une autre un animal ou du vin, le contrat est nul, parce que le *genre* seul est indiqué, et que le débiteur pourrait exécuter son obligation en livrant au créancier un animal ou une quotité de nulle valeur, par exemple, un moucheron ou une goutte de vin. Mais si l'espèce, et, à plus forte raison, l'individu d'une part, et la quotité d'autre part, sont indiqués par les contractants, l'obligation prend naissance, puisque la chose déterminée par les parties a une valeur sérieuse. Ainsi, le contrat qui a pour objet, soit un cheval, soit un hectolitre de vin, est valable, puisque le cheval appartient à une espèce, et l'hectolitre constitue une quotité, susceptibles de procurer à l'homme une véritable utilité. Dans ces différents cas, le débiteur n'est pas tenu de délivrer une chose de la meilleure espèce, mais il ne peut l'offrir de la plus mauvaise (art. 1246). Les tribunaux apprécient, en cas de contestation, si la chose offerte par le débiteur et refusée par le créancier est ou non suffisante.

La quotité de la chose due peut être incertaine, quand d'ailleurs le contrat contient les éléments nécessaires à sa détermination (art. 1129, 2me al.). Sera donc valable le contrat dans lequel une personne aura stipulé d'une autre le blé qu'il lui faut pour sa nourriture ; car si la quantité en est dès à présent incertaine, rien n'est plus facile que de la déterminer.

Nous terminerons la théorie de la matière des contrats par une observation. Aux termes de l'art. 1108, tout contrat doit avoir un *objet certain :* or, il importe de ne pas confondre l'objet certain avec le *corps certain*. L'*objet certain* consiste, comme nous venons de le montrer, en une chose déterminée dans son espèce ou sa quotité : le *corps certain*, au contraire, consiste dans une chose déterminée quant à l'individu lui-même. Ainsi, un cheval est un objet, mais non un corps certain, parce que, si l'espèce est connue, l'individu est ignoré : au contraire, le cheval Bucéphale était un corps certain, puisque l'espèce et l'individu étaient également connus et déterminés. Nous verrons bientôt que le contrat produit des effets plus ou moins étendus, suivant qu'il repose sur un *corps certain* ou simplement sur un *objet certain*.

QUATRIÈME SECTION

DE LA CAUSE.

ART. 1131. L'obligation sans cause, ou sur une fausse cause, ou sur une cause illicite, ne peut avoir aucun effet.

1132. La convention n'est pas moins valable, quoique la cause n'en soit pas exprimée.

1133. La cause est illicite, quand elle est prohibée par la loi, quand elle est contraire aux bonnes mœurs ou à l'ordre public.

Observation. — La *cause* est le troisième élément essentiel à l'existence d'un contrat. Il importe d'en bien préciser la nature et les caractères, car elle a beaucoup d'analogie avec les motifs et même avec l'objet des contrats.

DÉFINITION *de la* CAUSE. — La cause est le motif *immédiat* qui détermine une personne à contracter. Ainsi lorsque je vous vends ma maison moyennant 100, le motif immédiat qui me détermine à la vente est l'engagement que vous contractez de me payer le prix convenu, et, par contre, le motif immédiat qui vous détermine à l'achat est l'engagement que je contracte de vous procurer la propriété de ma maison. Pareillement, lorsque je vous fais donation de 50, le motif immédiat qui me détermine au contrat est le désir de vous faire une libéralité. Dans le premier exemple, nous avons rencontré une double cause, parce que le contrat est synallagmatique, et engendre deux obligations ; dans le second, nous en rencontrons une seule, parce que le contrat est unilatéral, et engendre une seule obligation. Faisons en passant une remarque : lorsqu'un contrat produit deux obligations, on peut dire que l'une d'elles est la cause de l'autre. Ainsi, nous avons vu que, dans la vente, l'obligation du vendeur a pour cause celle de l'acheteur, et que l'obligation de l'acheteur a pour cause celle du vendeur. De même, lorsque je loue ma ferme, mon obligation d'en faire jouir le preneur a pour cause celle qu'il contracte de me payer une redevance périodique, et réciproquement. Dans les contrats unilatéraux, la cause de l'obligation unique résultant du contrat est dans l'intention de procurer à autrui une libéralité ou dans le fait de recevoir une certaine chose sujette à restitution. Ainsi, dans la donation, la cause du contrat est l'intention de procurer à autrui une libéralité ; et, dans le prêt, l'obligation de restituer a pour cause la livraison de la chose faite par le prêteur à l'emprunteur.

Maintenant, il importe d'indiquer les différences qui séparent la cause, soit du motif, soit de l'objet du contrat.

Le motif est la raison extrinsèque et médiate qui a porté la partie à contracter. Ainsi, lorsque je vends ma maison pour me procurer l'argent nécessaire au payement d'une dette, le payement de cette dette est le motif et non la cause de la vente. Pareillement, lorsque je vous fais une donation pour assurer à mes enfants votre protection, l'espoir de cette protection est le motif, mais non la cause de la donation. La distinction que nous venons de faire a de graves conséquences : en effet, le motif n'étant pas un élément constitutif du contrat n'influe en rien sur son existence et sa validité, à moins toutefois qu'il n'ait été le résultat de manœuvres frauduleuses émanées de la partie adverse (art. 1116); la cause, au contraire, est un élément essentiel du contrat, et si elle est fausse ou illicite, l'obligation ne peut prendre naissance.

Passons à la différence qui existe entre la cause et l'objet. L'objet est l'avantage que l'une des parties ou toutes les deux veulent se procurer. Ainsi, dans la vente que je vous fais de ma maison moyennant 100, l'objet de mon obligation, et, par contre, de votre créance, est la *maison* ; et l'objet de votre obligation, et, par contre, de ma créance, est la *somme* de 100 dont nous sommes convenus. Nous avons, au contraire, dit plus haut que ce sont les *obligations* même, contractées par les parties, qui, dans les contrats synallagmatiques en général, et dans la vente en particulier, sont cause l'une de l'autre. Voici, du reste, un moyen facile de distinguer la cause de l'objet : veut-on connaître la cause; alors il faut se poser cette question : *Cur debetur ?* Veut-on connaître l'objet; alors il faut se poser cette autre question : *Quid debetur?* La distinction que nous venons de faire a aussi ses conséquences. Effectivement, l'objet doit satisfaire, comme nous l'avons vu, à certaines conditions, et nous allons voir que la cause doit, de son côté, satisfaire à d'autres conditions toutes différentes.

Des CONDITIONS *que doit remplir la cause pour être valable.* — Aux termes de l'article 1131, « l'obligation sans cause « ou sur une fausse cause, ou sur une cause illicite, ne peut « avoir aucun effet. » Disons d'abord que l'*absence* de toute cause ne doit pas être distinguée de la *fausseté* de la cause. Effectivement, la personne qui contracte est toujours et nécessairement déterminée par un motif immédiat. Ainsi, l'on ne peut comprendre que quelqu'un s'engage à livrer sa maison, sans vouloir ni la donner, ni la vendre, ni la louer, etc. Un fou seul pourrait faire un pareil acte ; mais alors le contrat serait nul pour défaut de consentement, et il serait inutile d'examiner s'il contient ou non une cause. Maintenant, puisque l'absence de la cause ne peut être comprise en soi, voyons comment elle se confond avec la fausseté de la cause; un exemple va le montrer. Je stipule d'un peintre qu'il fera mon portrait moyennant 50 ; mon obligation de payer 50 a évidemment pour cause l'engagement du peintre de faire mon portrait. Mais supposons que ce peintre meure le lendemain du contrat, mon obligation cesse aussitôt d'avoir une cause, puisque mon portrait ne peut plus être fait par lui. La cause se trouve donc n'avoir existé que dans mon esprit, et on dit alors que l'obligation est sans cause ou sur une fausse cause.

La cause est illicite, lorsqu'elle est contraire à la loi, aux bonnes mœurs, ou à l'ordre public. Comme la fausse cause, elle rend le contrat radicalement nul (art. 1131). Ainsi, lorsque je promets 10 à un électeur pour le faire voter en faveur de tel candidat, je ne contracte pas une véritable obligation, parce que la cause est illicite. De même, lorsque le titulaire d'un office stipule de son successeur un supplément de prix en dehors de celui porté au contrat, la stipulation est nulle, parce qu'il est contraire à l'ordre public que la transmission des offices s'opère à des conditions plus onéreuses que celles approuvées par le gouvernement [1]. Le même contrat peut contenir une cause licite et une cause illicite ; alors l'obligation de la partie qui a contracté sur cause licite est valable, et celle de la partie qui a contracté sur cause illicite est nulle. Ainsi, quand je promets une indemnité à celui qui m'a volé, s'il me restitue la chose dont il m'a dépouillé, l'obligation qu'il prend de me la restituer est valable, puisqu'il était déjà obligé à cette restitution en sa qualité de voleur ; mais celle que je prends de l'indemniser est nulle, car la cause sur laquelle repose mon engagement est immorale. Nous verrons plus tard, en traitant du payement de l'indu (art. 1376 et suiv.), si la partie qui a exécuté une obligation contractée sur cause illicite peut ou non répéter ce qu'elle a payé indûment.

Une fois que l'obligation a pris naissance par le concours simultané du consentement des parties, d'un objet certain et d'une cause licite (art. 1108), elle est et reste efficace, quoique la cause ne soit pas formellement exprimée dans l'écrit destiné à constater le contrat (art. 1132). Par exemple, est valable le billet ainsi conçu : « Je reconnais vous devoir 10, que je vous payerai à telle époque, » et encore cet autre billet : « Je vous payerai 10 à telle époque. » Seulement il s'agit de savoir si le fardeau de la preuve qu'il existe une

---

[1] Duvergier, *Rec. de lég.*, 1840, p. 321. — Cass., 19 avril 1852.

cause licite retombera sur vous qui demandez à être payé, ou sur moi qui refuse de vous payer. En d'autres termes, est-ce à vous de prouver que le billet a, par exemple, été souscrit par suite d'un prêt ou d'une donation ; ou bien est-ce à moi de prouver que mon obligation est sans cause, et que vous ne m'avez jamais compté les deniers en vue desquels j'avais souscrit le billet, ou que je n'ai jamais entendu vous faire une libéralité? Nous verrons plus tard, en traitant des principes généraux de la preuve (art. 1315), que c'est à moi de prouver l'inexistence de la cause, et non à vous d'en prouver l'existence.

Le droit commercial n'a pas admis, sur le point qui nous occupe, les mêmes principes que le droit civil, et il exige non-seulement une cause licite dans toute obligation, mais encore l'indication expresse de cette cause.

CHAPITRE III

DE L'EFFET DES OBLIGATIONS.

—

PREMIÈRE SECTION

DISPOSITIONS GÉNÉRALES.

Art. 1134. Les conventions légalement formées tiennent lieu de loi à ceux qui les ont faites. — Elles ne peuvent être révoquées que de leur consentement mutuel, ou pour les causes que la loi autorise. — Elles doivent être exécutées de bonne foi.

1135. Les conventions obligent non-seulement à ce qui y est exprimé, mais encore à toutes les suites que l'équité, l'usage ou la loi donnent à l'obligation d'après sa nature.

Notions générales. — Dans ce chapitre, le Code traite, non-seulement de l'effet des obligations, comme la rubrique semble l'indiquer, mais encore de l'effet des conventions. Or, ces effets ne sont pas identiques. Ainsi les conventions peuvent :

1° *Engendrer* des obligations, et, sous ce rapport, elles se confondent avec les contrats ;

2° *Modifier ou détruire* des obligations préexistantes ;

3° *Transférer la propriété* des choses tant mobilières qu'immobilières.

Les obligations ont simplement pour effet la prestation volontaire ou forcée de ce qui est dû par le débiteur. On appelle *action*, nous le savons déjà, le moyen de contrainte accordé par la loi au créancier.

L'art. 1134, 1ᵉʳ alinéa, voulant indiquer l'effet obligatoire des conventions, dit « qu'elles tiennent lieu de loi à ceux qui les ont faites ; » mais ces expressions ne sont pas très-exactes. En effet, l'interprétation d'une loi proprement dite par les tribunaux pourrait donner ouverture à cassation, et il n'en est pas de même de l'interprétation des contrats.

De ce que les conventions sont obligatoires, il résulte que les parties ne peuvent en principe les révoquer que de leur consentement mutuel ou pour des causes que la loi autorise. Ainsi, le vendeur ne peut résoudre la vente que du consentement de l'acheteur ou, à défaut de ce consentement, que pour les causes autorisées par la loi elle-même, par exemple, pour inexécution du contrat de la part de l'acheteur (art. 1184), ou pour lésion de plus des 7/12 dans le cas où le contrat avait pour objet un immeuble (art. 1674), ou, en général, pour cause d'erreur, de violence, de dol, d'incapacité, etc. (art. 1304).

La révocation opérée du consentement des deux parties ne peut nuire aux tiers : *res inter alios acta aliis neque nocet neque prodest ;* elle ne produira donc pas d'effet rétroactif, et tous les droits, conférés par l'acheteur à des tiers sur la chose acquise, seront maintenus à l'encontre du vendeur. A proprement parler, les parties feront une revente, plutôt qu'elles n'annuleront la vente ancienne.

La révocation pour les causes que la loi autorise a des

effets différents de ceux de la révocation volontaire, et avec
raison, car alors il s'agit de protéger l'une des parties contre
la mauvaise foi ou contre tout autre fait répréhensible de la
partie adverse, et cette protection ne serait pas efficace si le
contrat n'était pas rétroactivement anéanti. Ainsi, lorsque
je fais annuler pour cause de dol ou de violence la vente que
je vous ai consentie de ma maison, le contrat est censé n'avoir
jamais existé, et je recouvre ma maison libre de toutes les
charges dont vous auriez pu la grever.

Certains contrats peuvent être anéantis par le fait d'une
seule des parties, dans les cas et sous les conditions exprimés
par le Code. Tels sont le mandat, la société, le dépôt, etc. Par
contre, certains contrats ne peuvent jamais être révoqués par
les parties ; tels sont les deux contrats de mariage, celui qui
unit les époux comme mari et femme, et celui qui règle leurs
rapports pécuniaires.

De l'INTERPRÉTATION *et de* l'EXÉCUTION *des conventions.* —
En droit romain, on distinguait, au point de vue de cette interprétation et de cette exécution, les contrats de *droit strict*,
dans lesquels le juge ne devait tenir compte que des paroles
prononcées par les parties, ou du sens rigoureux de la loi, et
les contrats de *bonne foi*, dans lesquels le juge devait examiner moins le texte de la convention que son esprit et son sens
probable. Aujourd'hui, tous les contrats s'interprètent et
s'exécutent de bonne foi, et, en cas de doute, le juge doit apprécier l'intention des parties selon l'usage et l'équité
(art. 1135, 1156, 1164).

Après avoir tracé ces règles générales, le Code examine
successivement les obligations de donner, de faire ou de ne
pas faire, et précise leurs effets.

DEUXIÈME SECTION
DE L'OBLIGATION DE DONNER.

ART. 1136. L'obligation de donner emporte celle de livrer la chose
et de la conserver jusqu'à la livraison, à peine de dommages et
intérêts envers le créancier.

1137. L'obligation de veiller à la conservation de la chose, soit que la convention n'ait pour objet que l'utilité de l'une des parties, soit qu'elle ait pour objet leur utilité commune, soumet celui qui en est chargé à y apporter tous les soins d'un bon père de famille. Cette obligation est plus ou moins étendue relativement à certains contrats, dont les effets, à cet égard, sont expliqués sous les titres qui les concernent.

1138. L'obligation de livrer la chose est parfaite par le seul consentement des parties contractantes. — Elle rend le créancier propriétaire et met la chose à ses risques dès l'instant où elle a dû être livrée, encore que la tradition n'en ait point été faite, à moins que le débiteur ne soit en demeure de la livrer, auquel cas la chose reste aux risques de ce dernier.

1139. Le débiteur est constitué en demeure, soit par une sommation ou par autre acte équivalent, soit par l'effet de la convention, lorsqu'elle porte que, sans qu'il soit besoin d'acte et par la seule échéance du terme, le débiteur sera en demeure.

1140. Les effets de l'obligation de donner ou de livrer un immeuble sont réglés au titre *de la Vente* et au titre *des Priviléges et Hypothèques.*

1141. Si la chose qu'on s'est obligé de donner ou de livrer à deux personnes successivement est purement mobilière, celle des deux qui en a été mise en possession réelle est préférée et en demeure propriétaire, encore que son titre soit postérieur en date, pourvu toutefois que la possession soit de bonne foi.

De l'obligation de DONNER. — Le Code entend par ces mots toute obligation ayant pour but de transférer, soit la propriété, soit un démembrement de la propriété. L'obligation de donner emporte celle de livrer la chose et de la conserver jusqu'à la livraison. La livraison consiste dans la remise de la possession ; elle a lieu pour les immeubles par la remise même des clefs et des titres (art. 1605), et pour les meubles par la remise matérielle de la chose ou par celle des clefs ouvrant les bâtiments qui les contiennent (art. 1606). Le Code suppose dans notre section que la chose due est un corps certain, par exemple, telle maison, ou tel cheval, et il détermine d'abord les soins que le débiteur doit apporter à sa conservation, ainsi que les conséquences des fautes qu'il peut commettre. Quand l'obligation a pour objet une chose *in genere*, par exemple tant d'hectolitres de blé, de vin, etc., il ne peut plus être question de ces soins ou de ces fautes. En effet, les risques sont, dans ce cas, pour le débiteur jusqu'à la livraison, et, à partir de la livraison, il n'est plus tenu de conserver la chose promise.

Lorsque l'obligation a pour objet une chose incorporelle, comme une servitude, une hypothèque, etc., la livraison n'en peut être matériellement faite, et le débiteur est simplement tenu de ne pas s'opposer à l'exercice du droit qu'il a concédé à son créancier. Cette abstention vaudra livraison.

Des SOINS *que le débiteur doit à la chose, et des diverses* FAUTES *qu'il peut commettre.* — Aux termes de l'art. 1137, le débiteur d'un corps certain doit apporter à sa conservation tous les soins d'un bon père de famille, soit que le contrat ait pour objet l'utilité de l'une des parties, soit qu'il ait pour objet leur utilité commune. Celui qui vend un cheval doit donc, jusqu'à la livraison, veiller à sa conservation en bon père de famille. Pareillement celui qui le prendrait à loyer devrait veiller à sa conservation en bon père de famille, jusqu'à ce qu'il l'eût restitué au locateur. Mais qu'est-ce donc que *le bon père de famille ?* On entend par ces mots *le type légal du bon administrateur.* Il ne suffit donc pas, lorsqu'on est négligent pour ses propres affaires, d'apporter à la conservation des choses d'autrui les mêmes soins qu'aux siennes ; on doit encore leur donner les soins du meilleur administrateur, et on est responsable de toutes les fautes que n'eût pas commises cet administrateur.

Le Code a supprimé en principe les nombreuses distinctions que contenait le droit romain sur l'étendue des soins que l'on devait à la chose dans les différents contrats ; mais quelquefois il les fait revivre, et il importe de les rappeler.

Division et THÉORIE *des* FAUTES. — Pothier distinguait trois sortes de fautes, qu'il croyait avoir trouvées dans le droit romain, savoir :

1° La faute *lourde* (*lata culpa*), c'est-à-dire la faute que ne commet pas le commun des hommes ;

2° La faute *légère*, c'est-à-dire celle que ne commet pas le bon père de famille ;

3° La faute *très-légère*, c'est-à-dire celle que ne commet pas l'excellent père de famille.

Lorsque le contrat était fait dans l'unique intérêt du créancier, comme le dépôt, le débiteur répondait seulement de la faute lourde.

Lorsque le contrat était fait dans l'unique intérêt du débiteur, comme le commodat ou prêt à usage, le débiteur répondait de la faute très-légère.

Enfin, lorsque le contrat était fait dans l'intérêt commun du créancier et du débiteur, comme la vente, le louage, ce débiteur répondait simplement de la faute légère.

Cette classification des contrats et des fautes était purement arbitraire, et, du vivant même de Pothier, elle fut énergiquement combattue. Aujourd'hui on l'a complétement abandonnée pour lui substituer une autre classification tout aussi rationnelle dans son principe, et en même temps plus en harmonie avec les textes anciens ou nouveaux. On distingue simplement :

1° La faute lourde, dont la définition vient d'être donnée ;

2° La faute légère, que l'on apprécie tantôt *in abstracto* et tantôt *in concreto*.

On apprécie la faute légère *in abstracto*, quand on compare le débiteur au type légal du bon administrateur, au bon père de famille. On l'apprécie *in concreto*, quand on compare le débiteur à lui-même, en examinant s'il a donné à la conservation de la chose due les soins qu'il apporte ordinairement à ses propres affaires. On voit donc que le terme de comparaison n'est pas nécessairement ici *le bon père de famille*, tandis que la classification de Pothier n'en admettait point d'autre.

Le Code rend en principe, comme nous l'avons dit, tout

débiteur responsable de la faute légère *in abstracto;* seulement il fait pressentir dans l'article 1137 [2o] certaines exceptions. Ainsi, aux termes de l'article 1937, le dépositaire non
salarié ne répond que de la faute lourde, et, d'un autre côté,
aux termes de l'article 1882, l'emprunteur à usage doit à la
conservation de la chose plus que les soins d'un bon père de
famille.

De la TRANSLATION *de la* PROPRIÉTÉ *par l'effet des conventions.* — L'article 1138 contient une importante innovation
aux principes du droit romain et de l'ancien droit français.
Autrefois, la translation de la propriété n'avait lieu que par
la tradition. Aujourd'hui elle a lieu par le seul consentement des parties contractantes. Nous allons le démontrer.

D'après le texte, assez obscur du reste, de l'article 1138,
« l'obligation de livrer la chose est parfaite par le seul con-
« sentement des parties contractantes; elle rend le créancier
« propriétaire, et met la chose à ses risques dès l'instant où
« elle a dû être livrée, encore que la tradition n'ait pas été
« faite. »

Pour bien comprendre ce texte, il faut mettre en présence
la théorie du droit romain et celle de nos anciennes coutumes sur la translation de la propriété.

Le droit romain exigeait toujours la tradition *réelle*, effec-
tive de la chose due, pour que la propriété en fût transmise
du débiteur au créancier. Le contrat pouvait bien, sans tradition aucune, faire naître des obligations, mais la tradition
seule transférait la propriété.

Nos anciennes coutumes, et notamment celle d'Orléans
(art. 278), avaient admis aussi en principe la nécessité de
la tradition ; seulement, au lieu d'exiger une tradition *réelle*,
elles se contentaient d'une tradition *fictive.* Le vendeur déclarait tout simplement dans le contrat se *dessaisir* de la
chose qu'il voulait aliéner, et en *saisir* l'acheteur qui voulait
l'acquérir; cette seule déclaration équivalait à une véritable
livraison et transmettait la propriété.

Survinrent les rédacteurs du Code : allaient-ils exiger la
tradition réelle du droit romain, ou se contenter de la tradition fictive de l'ancien droit français? Ni l'un ni l'autre
parti ne leur convenait absolument. La tradition réelle ca-
drait mal avec un système de législation qui dépouillait les
faits juridiques de tout le matérialisme du droit romain, et
la tradition fictive ne rentrait pas davantage dans l'esprit de
ce système, qui tendait également à la suppression de toutes
les formalités inutiles. Aussi résolurent-ils de rejeter la tradition comme cause translative de propriété. Seulement ils
n'osèrent pas rompre ouvertement avec les anciennes idées,
en proclamant tout haut que le seul consentement suffit
pour transférer la propriété, et ils dirent que l'obligation de
livrer rend le créancier propriétaire « dès l'instant où la
chose eût dû être livrée, » au lieu de déclarer nettement
que l'obligation rend par elle-même et instantanément le
créancier propriétaire. Le sens et la portée que nous venons
d'attribuer à l'art. 1138 sont du reste incontestables. En
effet, aux termes du second alinéa, le créancier devient propriétaire, comme nous venons de le dire, « dès l'instant où
« la chose a dû être livrée, encore que la tradition n'ait pas
« été faite. » Or, il est clair que, si le contrat ne contient ni
terme ni condition, ce que l'article ne suppose nullement,
c'est à l'instant même où les parties tombent d'accord que
les obligations respectives doivent être exécutées, et que la
livraison de la chose doit notamment être opérée. Mais
comme cette livraison est réputée accomplie, lors même
qu'elle ne l'est pas réellement, il en résulte que rien ne
sépare plus désormais le consentement des parties du transfert de la propriété, ce qui revient à dire que le seul consentement des contractants transfère la propriété.

L'article 1138 est rédigé en vue de l'hypothèse la plus
fréquente, qui est celle d'un contrat sans terme ni condition.
Mais comme le terme n'empêche pas les droits stipulés de
prendre naissance, et n'a d'autre résultat que de retarder le

fait de leur exécution, ainsi que nous le verrons plus tard, il est évident qu'il n'empêcherait pas la translation de la propriété par le seul consentement des parties contractantes. Il en serait toutefois autrement de la condition qui suspend non-seulement l'exécution, mais encore l'existence des obligations et conséquemment des droits réels en vue desquels les parties ont contracté.

L'explication que nous avons donnée de l'art. 1138 suffit pour faire comprendre le sens ambigu du premier alinéa, aux termes duquel « l'obligation de livrer est *parfaite* par le seul consentement des parties contractantes. » Ces mots ne signifient pas, comme l'ont prétendu certains auteurs, que l'obligation *prend naissance* par le seul consentement des parties contractantes (l'article 1134 avait déjà exprimé cette idée, et il n'est pas probable que le législateur se soit répété à si peu de distance), mais que l'obligation de livrer est *censée accomplie* (*perfecta*) par le seul consentement ; ou, en d'autres termes, que la livraison réelle de la chose est désormais inutile.

Maintenant, un exemple : supposons que je vous vende mon jardin. Si nous raisonnons d'après les principes du droit romain, la propriété du jardin ne vous sera transmise que par la livraison matérielle que je vous en ferai ; si nous raisonnons, au contraire, d'après les principes de l'ancien droit français, la propriété vous en sera transmise par la clause de *dessaisine* et *saisine* insérée au contrat. Enfin, si nous raisonnons d'après les principes du Code, la propriété vous en est transmise par le seul fait de la vente.

Il va sans dire que la transmission de la propriété n'a pas lieu pour les choses *in genere*, ni pour les choses dont le vendeur se serait réservé la propriété jusqu'à une certaine époque.

De la translation de la PROPRIÉTÉ *à* L'ÉGARD DES TIERS. — Nous avons établi que le seul consentement suffit pour transférer la propriété. L'article 1140 semble cependant apporter une restriction à cet effet du consentement. Pour compren-

la réserve qu'il contient, il faut se reporter à l'époque où notre titre fut rédigé. Les rédacteurs du Code se trouvaient en présence de la loi du 11 brumaire an VII, qui prescrivait pour l'aliénation des immeubles des mesures de publicité, sans lesquelles la propriété transférée entre les parties ne l'était point à l'égard des tiers étrangers au contrat. Tout acte d'aliénation *immobilière*, soit à titre onéreux, soit à titre gratuit, devait être transcrit au bureau des hypothèques dans l'arrondissement duquel l'immeuble était situé. Jusqu'à cette transcription l'aliénateur restait propriétaire vis-à-vis des tiers, et il pouvait, par exemple, vendre ou hypothéquer à un autre l'immeuble qu'il avait déjà vendu à un premier acheteur ou hypothéqué à un premier créancier.

La nécessité de la transcription présentait un grand avantage et un grand inconvénient : son avantage était de faire connaître aux tiers la transmission de la propriété, et de rendre ainsi impossible toute erreur sur la qualité véritable des détenteurs d'immeubles ; son inconvénient était d'exposer les acheteurs ignorants, qui omettaient la formalité essentielle de la transcription, à une sorte de révocation de la vente par la constitution de droits réels faite postérieurement au contrat par un vendeur qui violait la foi promise. Ils avaient bien contre lui un recours sanctionné même de la contrainte par corps; mais si le vendeur était insolvable, ils perdaient en totalité ou en partie l'immeuble dont ils avaient cependant payé le prix.

Au Conseil d'État, un grave dissentiment s'éleva sur la transcription; les uns voulaient la maintenir, les autres la supprimer; on ne put s'entendre, et on renvoya la question aux titres *de la Vente* et *des Priviléges et Hypothèques*. Or, dans ces différents titres, elle ne fut pas plus résolue qu'au titre *des Contrats*. Aussi de nombreux procès ne tardèrent-ils pas à s'élever sur le point de savoir si la transcription avait été, en définitive, maintenue ou supprimée. Les tribunaux se prononcèrent pour la suppression, et leur décision fut confir-

mée par le législateur lui-même, qui, dans l'article 834 du
Code de pr., supposa et admit que la transcription n'était pas
indispensable pour transférer la propriété. L'opinion dont il
s'agit reposait d'ailleurs sur des arguments sérieux. Ainsi, le
Code avait, ainsi que la loi de brumaire, exigé la transcription
pour les donations immobilières, et comme il avait gardé le
silence pour les aliénations à titre onéreux, il était naturel de
conclure à un changement de système. Puis, dans le projet
du Code, un article avait été inséré au titre *des Priviléges et
Hypothèques*, qui exigeait la transcription ; or, cet article
avait disparu lors de la rédaction définitive, et c'était encore
là un argument pour la suppression de la transcription. Bref,
presque tous les auteurs et toute la jurisprudence admettaient, sans hésiter, que la transcription n'était plus, dans le
système du Code, nécessaire pour transférer à titre onéreux
la propriété des immeubles. Toutefois, après une expérience
de plus d'un demi-siècle, le législateur a cru nécessaire de rétablir le système de publicité déjà mis en pratique par la loi
de brumaire an VII, et une loi du 23 mars 1855 est venue
rendre la transcription obligatoire, non-seulement pour le
transfert de la propriété, mais encore pour la constitution de
tous les *droits réels immobiliers*, tels qu'usufruit, usage, habitation, etc. En traitant de la vente, nous examinerons les
dispositions de cette loi d'une manière plus approfondie.

Passons à la translation de propriété des choses purement
mobilières : à leur égard, il importe de faire une distinction.
Si les meubles sont corporels, alors on applique la règle que
le seul consentement des parties suffit pour en transférer la
propriété ; mais s'ils sont incorporels, comme les créances,
les rentes sur l'État, etc., la propriété n'en est transmise que
suivant des règles particulières tracées, soit par le Code, soit
par des lois spéciales, règles que plus tard nous étudierons.

La translation de la propriété des meubles corporels par le
seul consentement des parties contractantes est souvent rendue
inefficace par l'intervention du principe « En fait de meubles,

la possession vaut titre (art. 2279, 1ᵉʳ al.). Ainsi, l'art. 1141 décide que, dans le cas où un meuble aura été successivement vendu par la même personne à deux acheteurs, celui des deux qui aura été *de bonne foi* mis en possession réelle sera préféré à l'autre, et demeurera propriétaire de l'objet, encore que son titre soit postérieur en date. Exemple : je vends mon cheval à Pierre, et par ce seul fait je lui en transfère la propriété ; mais plus tard, je vends le même cheval à Paul, qui ignore la première vente, et c'est à lui que j'en fais la livraison. Immédiatement Paul devient propriétaire du cheval à la place de Pierre, non pas que je lui en aie transféré la propriété, cela m'était impossible, mais parce qu'il en est devenu possesseur de *bonne foi*, et qu'il peut invoquer la prescription instantanée résultant de cette possession (art. 2279, 1ᵉʳ al.). La translation de la propriété des meubles corporels, quoique opérée par le seul consentement, n'est donc irrévocable que par la tradition.

Des RISQUES. — Nous avons vu que le seul consentement des parties met la chose aux risques et périls du créancier, en même temps qu'il en transfère la propriété (art. 1138). Cela signifie que, si la chose périt après le contrat, la perte retombe sur le créancier, qui n'en doit pas moins fournir l'équivalent promis par lui lors de la convention. Exemple : je vous vends ma maison 100, et le lendemain du contrat, avant qu'aucun de nous ait exécuté son engagement, cette maison brûle, sans faute ou fait qui me soit imputable. C'est vous qui supportez le sinistre, et quoique je ne puisse plus vous livrer la maison, vous n'en êtes pas moins tenu de me payer le prix convenu. Cette théorie a été, surtout dans le dernier siècle, l'objet de vives critiques ; mais il est facile de démontrer qu'elle est également juste et rationnelle. Elle est juste : en effet, si, au lieu de périr, la chose augmentait de valeur, le créancier profiterait de la plus-value sans cependant payer un prix plus élevé ; il doit donc, lorsque la chose diminue de valeur ou périt, supporter la dépréciation ou la perte, et ne jamais payer moins que le prix convenu. Mais, dit-on, aucune plus-value ne peut égaler la perte totale. C'est là une erreur, et, en effet, si la chose doublait de valeur, le créancier aurait certainement en plus ce qu'il a en moins lorsqu'elle périt entièrement. En outre, la théorie du Code est rationnelle, et voici comment je le démontre : le vendeur doit un corps certain et l'acheteur une somme d'argent, c'est-à-dire un genre ; or, lorsque le corps certain qui forme la base de la première obligation disparaît, il est naturel que l'obligation elle-même cesse d'exister ; mais comme l'obligation de l'acheteur a pour objet un genre qui n'est pas susceptible de périr, il est naturel que, cet objet pouvant toujours être réalisé, l'obligation de l'acheteur continue à subsister, malgré l'extinction de l'obligation adverse. La logique veut donc, comme l'équité, que l'obligation de l'acheteur puisse survivre à celle du vendeur.

Les risques passent du créancier de la chose au débiteur lorsqu'il y a eu convention expresse, ou que les détériorations ou la perte proviennent de la faute ou du fait de ce dernier. A la faute, l'art. 1138 assimile le retard de livrer. Mais, de quelle manière le débiteur sera-t-il constitué en demeure (*mora*) ? Le voici : la mise en demeure résulte :

1° D'une *sommation ;* on donne ce nom à l'injonction que le créancier fait au débiteur par le ministère d'un huissier, d'avoir à livrer la chose due, le menaçant de poursuites en cas de refus.

2° D'un *commandement*, c'est-à-dire d'une injonction que le créancier fait au débiteur par le ministère d'un huissier, et *en vertu d'un titre exécutoire*, tel que la grosse d'un acte notarié ou l'expédition d'un jugement. Le commandement porte en lui-même la preuve que la prétention du créancier est fondée : sa force est, comme nous le verrons plus tard, supérieure à celle de la sommation ;

3° D'une *demande en justice*, ou d'une citation *en conciliation*, pourvu qu'elle soit suivie dans le mois d'une demande en justice. Une telle demande contient en effet la même injonction qu'une sommation, et, de plus, elle montre que le créancier est prêt à prouver son droit judiciairement ;

4° De *la convention expresse*, quand il est convenu que, par la seule échéance du terme, le débiteur sera constitué en demeure (art. 1139) ; mais si la dispense de sommation ou de commandement n'est pas *expresse*, la seule échéance du terme ne suffit pas pour mettre le débiteur en demeure. La loi ne veut pas qu'il puisse être victime d'un oubli de son engagement. Au surplus, la dispense d'un acte spécial de mise en demeure du débiteur peut être induite des clauses de l'acte d'obligation : les termes employés par l'art. 1139, comme énonciatifs d'une telle dispense, ne sont point sacramentels [1].

5° De *l'expiration* du terme, lorsque l'obligation ne pouvait être exécutée utilement qu'avant le terme : ainsi, vous devez me construire une maison pour l'hiver ; je n'ai pas besoin de vous mettre en demeure, et vous serez tenu envers moi à des dommages-intérêts par cela seul que l'hiver sera survenu sans que vous ayez bâti la maison. Dans ce cas on dit : *Dies interpellat pro homine ;*

6° De *la reconnaissance* par le débiteur de son retard à exécuter l'obligation. L'aveu est, en effet, la meilleure de toutes les preuves.

Nous verrons plus tard que, malgré la mise en demeure, la perte serait pour le créancier, si la chose eût dû également périr chez lui, dans le cas où elle lui eût été livrée (art. 1302 2°).

TROISIÈME SECTION

DE L'OBLIGATION DE FAIRE OU DE NE PAS FAIRE.

ART. 1142. Toute obligation de faire ou de ne pas faire se résout en dommages et intérêts, en cas d'inexécution de la part du débiteur.

---

[1] Duranton, t. X, n° 441. — Aubry et Rau, t. III, § 308, n. 6, p. 64.

1143. Néanmoins le créancier a le droit de demander que ce qui aurait été fait par contravention à l'engagement soit détruit; et il peut se faire autoriser à le détruire aux dépens du débiteur, sans préjudice des dommages et intérêts, s'il y a lieu.

1144. Le créancier peut aussi, en cas d'inexécution, être autorisé à faire exécuter lui-même l'obligation aux dépens du débiteur.

1145. Si l'obligation est de ne pas faire, celui qui y contrevient doit les dommages et intérêts par le seul fait de la contravention.

Notions générales. — Tout créancier peut, en principe, exiger l'exécution de l'obligation même qui a été contractée par le débiteur. Ainsi, lorsque j'ai stipulé de vous une somme d'argent ou un corps certain, je peux, si vous refusez de remplir votre engagement, ou faire vendre vos biens jusqu'à concurrence de cette somme, ou faire saisir le corps certain et en prendre possession avec l'assistance de la force publique. Mais il n'est pas toujours possible au créancier d'atteindre l'objet même de l'obligation, et alors cette obligation se résout en dommages-intérêts. Ainsi, lorsque je stipule de vous une chose indéterminée, par exemple, telle quantité de vin ou de blé, je ne peux vous contraindre à me livrer la quantité de vin ou de blé que vous m'avez promise si vous ne l'avez pas en votre possession, et ma seule ressource est de vous poursuivre en payement de dommages-intérêts. La conversion de l'objet dû en dommages-intérêts au cas où le débiteur refuse de remplir ses engagements est surtout fréquente pour les obligations de faire ou de ne pas faire. La raison en est que, pour contraindre le débiteur à exécuter son obligation, il faudrait exercer une violence sur sa personne, et qu'une telle violence ne pouvait être autorisée par une législation civilisée. D'ailleurs, en admettant que cette violence fût permise, elle serait souvent sans résultat. Par exemple, vous m'avez promis de faire un tableau et vous refusez de remplir votre engagement : il est clair que, même en exerçant sur vous une contrainte corporelle, je ne pourrais pas atteindre mon but contre votre volonté et vous faire exécuter le tableau que vous m'avez promis. Nous allons traiter successivement de l'obligation de faire et de l'obligation de ne pas faire.

De L'OBLIGATION *de* FAIRE. — Aux termes de l'art. 1142, toute obligation de faire doit se résoudre en dommages-intérêts, en cas d'inexécution de la part du débiteur. Mais une telle règle ne peut être admise sans restriction. En effet, dans certains cas, le fait qui devait être exécuté par le débiteur peut l'être par une autre personne avec la même utilité pour le créancier. Lorsque, par exemple, vous m'avez promis de creuser un fossé, je peux évidemment obtenir l'objet même de votre obligation par les mains d'un autre, tout comme par les vôtres. Aussi l'art. 1144 modifiant, sous ce point de vue, la règle trop absolue de l'art. 1142, me donne-t-il la faculté alternative ou de vous poursuivre en dommages-intérêts, ou de faire exécuter l'obligation par une autre personne et à vos dépens. Mais on rentre dans la règle générale toutes les fois que l'obligation ne peut être accomplie que par le débiteur; car, encore une fois, toute violence physique est interdite au créancier, sauf les cas exceptionnels de contrainte par corps, et d'ailleurs cette violence manquerait le plus souvent le but que je veux atteindre.

De L'OBLIGATION *de* NE PAS FAIRE. — Cette obligation est soumise aux mêmes règles d'exécution que la précédente. Ainsi le créancier peut ou faire résoudre le contrat avec dommages-intérêts, ou poursuivre l'objet même de l'obligation, lorsqu'il est possible de l'atteindre sans exercer une contrainte physique sur le débiteur. Les dommages-intérêts sont du reste encourus par le seul fait que le débiteur n'a pas satisfait à l'obligation, car il résulte de la nature même de l'engagement que toute mise en demeure est inutile (art. 1145).

QUATRIÈME SECTION
DES DOMMAGES ET INTÉRÊTS RÉSULTANT DE L'INEXÉCUTION DE L'OBLIGATION.

ART. 1146. Les dommages et intérêts ne sont dus que lorsque le débiteur est en demeure de remplir son obligation, excepté néanmoins lorsque la chose que le débiteur s'était obligé de donner ou de faire ne pouvait être donnée ou faite que dans un certain temps qu'il a laissé passer.

1147. Le débiteur est condamné, s'il y a lieu, au payement de dommages et intérêts, soit à raison de l'inexécution de l'obligation, soit à raison du retard dans l'exécution, toutes les fois qu'il ne justifie pas que l'inexécution provient d'une cause étrangère qui ne peut lui être imputée, encore qu'il n'y ait aucune mauvaise foi de sa part.

1148. Il n'y a lieu à aucuns dommages et intérêts lorsque, par suite d'une force majeure ou d'un cas fortuit, le débiteur a été empêché de donner ou de faire ce à quoi il était obligé, ou a fait ce qui lui était interdit.

1149. Les dommages et intérêts dus au créancier sont, en général, de la perte qu'il a faite et du gain dont il est privé, sauf les exceptions et modifications ci-après.

1150. Le débiteur n'est tenu que des dommages et intérêts qui ont été prévus ou qu'on a pu prévoir lors du contrat, lorsque ce n'est point par son dol que l'obligation n'est point exécutée.

1151. Dans le cas même où l'inexécution de la convention résulte du dol du débiteur, les dommages et intérêts ne doivent comprendre, à l'égard de la perte éprouvée par le créancier et du gain dont il a été privé, que ce qui est une suite immédiate et directe de l'inexécution de la convention.

1152. Lorsque la convention porte que celui qui manquera de l'exécuter payera une certaine somme à titre de dommages et intérêts, il ne peut être alloué à l'autre partie une somme plus forte ni moindre.

1153. Dans les obligations qui se bornent au payement d'une certaine somme, les dommages et intérêts résultant du retard dans l'exécution ne consistent jamais que dans la condamnation aux intérêts fixés par la loi; sauf les règles particulières au commerce et au cautionnement. — Ces dommages et intérêts sont dus sans que le créancier soit tenu de justifier d'aucune perte. — Ils ne sont dus que du jour de la demande, excepté dans les cas où la loi les fait courir de plein droit.

1154. Les intérêts échus des capitaux peuvent produire des intérêts, ou par une demande judiciaire, ou par une convention spéciale, pourvu que, soit dans la demande, soit dans la convention, il s'agisse d'intérêts dus au moins pour une année entière.

1155. Néanmoins les revenus échus, tels que fermages, loyers, arrérages de rentes perpétuelles ou viagères, produisent intérêt du jour de la demande ou de la convention. — La même règle s'applique aux restitutions de fruits et aux intérêts payés par un tiers au créancier en acquit du débiteur.

Définition des DOMMAGES-INTÉRÊTS. — On appelle dommages-intérêts l'équivalent de la perte que l'on éprouve et du gain que l'on manque de réaliser. Les anciens auteurs désignaient ces deux éléments des dommages-intérêts par ces expressions peu cicéroniennes, *lucrum cessans et damnum emergens* (art. 1149).

QUAND *le débiteur* EST TENU *de dommages-intérêts*. — Le débiteur est tenu de dommages-intérêts toutes les fois qu'il a tardivement ou incomplétement exécuté son obligation, et que cette inexécution, provenant de sa négligence ou de son fait, a été préjudiciable au créancier (art. 1146). Ainsi, lorsque vous m'avez vendu votre maison et que, mis en demeure de me la livrer, vous n'exécutez point votre obligation, je peux demander contre vous des dommages-intérêts, si j'ai éprouvé une perte, ou seulement si j'ai manqué de réaliser un bénéfice, à moins que vous ne prouviez que l'inexécution de votre engagement provient d'une cause qui ne vous est point imputable (art. 1147). Les dommages-intérêts seront évidemment plus ou moins considérables, suivant que l'obligation sera restée sans aucune exécution, ou que son exécution aura été plus ou moins incomplète ou plus ou moins tardive.

Du MONTANT *des* DOMMAGES-INTÉRÊTS. — Le montant des dommages-intérêts n'est pas seulement subordonné à l'inexécution plus ou moins complète ou prolongée de l'obligation : il l'est encore et surtout aux circonstances de dol ou de simple faute qui ont accompagné cette inexécution. Écartons d'abord de la discussion les dettes de sommes d'argent, pour lesquelles la loi elle-même fixe le taux des dommages-intérêts. Pour toutes les autres dettes, la détermination des dommages-intérêts est subordonnée à la distinction suivante :

Lorsque le débiteur a omis d'exécuter l'obligation, sans son *dol*, c'est-à-dire par sa seule *faute* ou par son seul *fait*, il est simplement tenu des dommages-intérêts qui sont la suite directe et immédiate de cette inexécution, et qui *ont été* ou *pu être prévus* lors du contrat (art. 1150). Par exemple, vous m'avez bâti une maison sur des fondations que vous avez crues capables de la supporter, et la maison s'écroule : vous devez simplement me payer les dommages-intérêts que nous avons prévus ou pu prévoir lors du contrat ; et si une circonstance fortuite, devant donner une plus-value extraordinaire à la maison, est survenue depuis le contrat, je ne pourrai pas m'en faire un argument pour obtenir des dommages-intérêts égaux à la perte que j'éprouve et au bénéfice que je manque de réaliser, parce qu'une telle plus-value ne pouvait pas être prévue à l'époque de la convention.

Maintenant, lorsque l'inexécution de la convention résulte du *dol* du débiteur, les dommages-intérêts doivent comprendre tout le préjudice occasionné ou tout le bénéfice manqué, même dans le cas où ils ne pouvaient pas être prévus lors du contrat, pourvu toutefois que l'un et l'autre soient une suite *immédiate* et *directe* de l'inexécution du contrat (art. 1151). Ainsi, dans l'exemple cité plus haut, vous serez tenu de m'indemniser de toute la plus-value qu'aurait eue la construction, si vous saviez que les fondations sur lesquelles vous l'avez bâtie étaient incapables de la supporter. Mais, dans aucun cas, je ne pourrai alléguer le préjudice ou l'absence de gain qui ne résulterait pas immédiatement et directement de votre dol ; et, en effet, on ne saurait plus alors où s'arrêter, et, à propos d'une maison mal bâtie, je pourrais vous demander des dommages-intérêts illimités. Comme on le voit, la seule différence qui, dans les deux hypothèses ci-dessus, sépare le calcul des dommages-intérêts, consiste en ce qu'on ne tient compte, d'une part, que du préjudice ou de l'absence de gain que les parties *ont prévus* ou *pu prévoir* lors du contrat, tandis que, de l'autre, on tient compte même du préjudice et de l'absence de gain qui n'ont pas *pu être prévus*.

Des CLAUSES PÉNALES. — On appelle *clauses pénales* les clauses par lesquelles les parties fixent elles-mêmes d'avance le montant des dommages-intérêts pour le cas où l'obligation ne serait point exécutée comme il a été convenu. L'art. 1152 déclare que les dommages-intérêts fixés par les parties ne peuvent jamais être augmentés ni diminués par le juge, et il abroge ainsi une pratique de l'ancien droit français, qui autorisait le juge à diminuer les dommages-intérêts dans le cas où il les trouvait excessifs. C'est au débiteur à ne pas en promettre d'exagérés. Cependant la règle du Code cesserait d'être applicable si les dommages-intérêts avaient été stipulés pour le cas d'inexécution totale, et que le débiteur eût partiellement rempli son engagement. Les dommages-intérêts fixés par la clause pénale devraient évidemment alors être diminués par le juge, en proportion de ce qui a été exécuté.

Des dommages-intérêts en matière de DETTES D'ARGENT. — La loi a pris soin de déterminer elle-même les dommages-intérêts, lorsque la dette non payée a pour objet une somme d'argent. Pourquoi ? Parce que, si elle eût permis aux tribunaux de fixer ces dommages-intérêts selon les circonstances, elle eût dû accorder aux particuliers la même faculté. Or, comme l'argent est la commune mesure de toutes choses, et que les particuliers se trouvent souvent dans la nécessité de contracter des dettes de cette nature, il importait de protéger la gêne de l'emprunteur contre la cupidité du prêteur. Les rédacteurs du Code décidèrent donc que le taux de l'intérêt serait réglé ; mais, pour ne pas ralentir la circulation des capitaux encore effrayés des mesures de la Révolution, ils se contentèrent d'annoncer la loi qui devait plus tard déterminer le taux au-dessus duquel les intérêts ne pourraient jamais s'élever. Cette loi fut promulguée le 3 septembre 1807 ; elle permit de prêter à un maximum de 5 pour 100 en matière civile, et de 6 pour 100 en matière commerciale.

Depuis cette époque, le taux légal de l'intérêt n'a pas été changé.

La matière du prêt à intérêt se trouve développée dans les art. 1905 et s. du Code. Nous allons exposer en peu de mots les principes généraux que nous rencontrons dans le titre même *des Contrats*.

D'abord le créancier d'une somme d'argent peut exiger des intérêts sans être tenu de prouver aucune perte (art. 1153 [2o]). Les intérêts dont nous venons d'indiquer le maximum pourront donc être, pour lui, tantôt une indemnité excessive, et tantôt aussi une indemnité insuffisante. Le Code veut que le juge ferme les yeux sur cet excès ou sur cette insuffisance, et avec raison, car, si l'on permettait au débiteur de prouver que les intérêts sont excessifs, et au créancier de prouver qu'ils sont insuffisants, on retomberait dans des appréciations de fait que la loi a proscrites dans cette matière.

Dans trois cas seulement le Code permet au créancier d'exiger plus que l'intérêt légal : c'est lorsqu'il a, par suite de l'exécution d'un mandat, essuyé des pertes excédant l'intérêt légal des sommes par lui dépensées. L'art. 2000 l'autorise alors à se faire complétement indemniser du mandant, et rien n'est plus juste, puisqu'il avait quitté ses affaires pour celles de son débiteur. Le second cas où le créancier peut réclamer plus que l'intérêt légal est celui où il agit contre un associé qui n'avait point réalisé son apport à l'époque convenue (art. 1846), et qui a par suite occasionné à la société des pertes excédant cet intérêt. Enfin le troisième cas est celui prévu par l'art. 2028, aux termes duquel la caution qui a payé peut exercer son recours contre le débiteur pour le principal de la dette, pour les intérêts et les frais, et en outre, s'il y a lieu, pour des dommages-intérêts.

Des DIVERSES ESPÈCES *d'intérêts*. — Les intérêts sont :

1° *Conventionnels* ou *légaux*, suivant qu'ils courent en vertu de la convention elle-même, ou en vertu de la loi ;

2° *Compensatoires* ou *moratoires*, suivant qu'ils sont dus, par suite d'une stipulation expresse du créancier qui a exigé ces intérêts comme équivalent de la privation qu'il éprouve de son capital, et des chances de perte auxquelles il s'expose ; ou par suite d'une mise en demeure du débiteur qui n'a pas restitué la somme au terme convenu.

Le Code s'occupe ici spécialement des intérêts moratoires. Il·importe donc d'indiquer comment le débiteur d'une somme d'argent sera mis en demeure.

COMMENT *courent les* INTÉRÊTS MORATOIRES. — Aux termes de l'art. 1153, les intérêts moratoires ne courent que du jour de la demande en justice, à moins que la loi ne les fasse courir elle-même de plein droit. Une sommation, ni, à plus forte raison, la seule échéance du terme ne suffisent donc plus ici pour mettre le débiteur en demeure. Pourquoi cette dérogation au droit commun ? C'est que les intérêts moratoires aggravent considérablement la dette. Or, il était naturel de ne les faire courir qu'en vertu d'une réclamation énergique, émanée du créancier. Maintenant, cette réclamation ne paraît suffisamment pressante au législateur que si elle consiste dans une demande en justice.

A la demande en justice il faut évidemment assimiler la citation en conciliation, pourvu qu'elle soit suivie dans le mois de la demande en justice. L'art. 57 du Code de proc. ne laisse à cet égard aucun doute. Mais un commandement ferait-il courir les intérêts ? Le Code ne l'a pas dit, probablement par oubli. Le commandement est en effet un acte qui prouve et le droit et l'intention du créancier de rentrer dans son capital, aussi énergiquement que la demande en justice, puisqu'un jour franc après sa signification il peut être procédé à la saisie des meubles du débiteur (C. de pr., art. 583), et trente jours francs après la même époque à la saisie de ses immeubles (C. de pr., art. 673).

Maintenant, la demande en justice ou la citation en conciliation font-elles courir les intérêts, lorsqu'elles mentionnent seulement le capital ? Non. Effectivement, le débiteur auquel le capital seul est réclamé se fût peut-être exécuté plus tôt, s'il avait su que le créancier demanderait des intérêts dans le cours de l'instance, et l'on ne doit pas faire peser sur lui une aggravation de la dette qu'il n'a pas dû prévoir. L'art. 1207, en supposant que la demande judiciaire s'applique aux intérêts et non pas seulement à la somme principale, confirme pleinement cette opinion [1].

La demande formée devant un juge incompétent ferait-elle courir les intérêts ? La raison de douter vient de ce qu'une telle demande ne peut aboutir à un jugement de condamnation, et que cependant elle a pour effet, aux termes de l'article 2246, d'interrompre la prescription. La question est fort controversée. La plupart des décisions de jurisprudence sont dans le sens de la négative. Mais il paraît bien difficile d'admettre que la demande en justice, qui est suffisante pour interrompre la prescription, ne le soit pas pour faire courir simplement les intérêts de la somme réclamée. Aussi regardons-nous la solution affirmative comme plus exacte [2].

Des cas où les intérêts courent en vertu d'une simple sommation. — Une simple sommation suffit exceptionnellement pour faire courir les intérêts dans deux hypothèses, savoir : celle où le mineur doit un reliquat au tuteur qui lui en réclame le payement (art. 474, 2e al.), et celle où le vendeur d'une chose non frugifère met l'acheteur en demeure de payer le prix convenu (art. 1652 4°).

Des cas où les intérêts courent DE PLEIN DROIT. — Les intérêts courent de plein droit dans de nombreuses hypothèses. On peut citer, entre autres, celle d'un tuteur reliquataire envers le mineur (art. 474 1°), celle d'un héritier qui doit rapporter à la succession les donations à lui faites par le défunt (art. 856), etc., etc.

---

[1] Massé et Vergé, t. III, § 550, note 15 p. 402. — Larombière, art. 1153, n. 21.
[2] Aubry et Rau, t. III, § 308, note 12. — Amiens, 8 fév. 1862.

De l'anatocisme. — On appelle *anatocisme* (ἀνὰ τόχος, *rur-sùs usura*) les intérêts des intérêts. Lorsqu'une somme est prêtée avec anatocisme, la dette prend vite de grandes proportions. Aussi le Code ne permet-il pas, d'une manière absolue, la stipulation des intérêts composés. L'art. 1154 décide que les intérêts ne peuvent produire des intérêts que s'ils sont dus pour une année entière, et que s'ils sont déjà échus au moment où les parties font la convention d'anatocisme. Cette seconde condition n'est pas, il est vrai, formellement écrite dans l'article, mais elle résulte implicitement de son texte. En effet, la convention et la demande en justice sont mises par lui sur la même ligne. Or, comme la demande en justice est nécessairement postérieure à l'échéance des intérêts, la convention doit l'être également. Cette disposition a, au surplus, sa raison d'être. Et, en effet, au moment du contrat, le débiteur espère pouvoir exactement payer les intérêts à leur échéance, et sa promesse de payer les intérêts de ces intérêts pour le cas où il ne satisferait point à son obligation sera presque toujours téméraire. Or, il importe d'autant plus de le protéger contre un tel engagement, que d'un côté il est plus porté à se faire illusion sur ses propres ressources, et que de l'autre il subit toujours plus ou moins la loi de son créancier. La jurisprudence, et une pratique constante, maintiennent cependant les conventions anticipées d'anatocisme, et il serait aujourd'hui impossible de lutter contre cet usage. Il a même été jugé que les intérêts courus pendant une fraction d'année, en sus d'une ou plusieurs années révolues, doivent être comptés dans le calcul de la capitalisation, tout aussi bien que les intérêts des années entières et complètes [1].

Certains revenus peuvent produire des intérêts, quoique non dus pour une année entière. Tels sont les loyers des maisons, les fermages des biens ruraux, les arrérages des rentes

[1] Cass., 17 mai 1865.

perpétuelles ou viagères (art. 1155). Par exemple, je peux stipuler de vous des intérêts pour les six mois de fermage que vous me devez. La loi ne craint pas, dans ce cas et autres semblables, que la position du débiteur soit aggravée outre mesure, parce que la somme principale ne consiste jamais qu'en quelques termes de loyer ou de fermage non payés. Mais il faut toujours que ces termes soient échus, et la convention tendant à leur faire produire des intérêts ne pourrait pas être faite d'avance.

Pareillement, lorsqu'un possesseur de mauvaise foi est tenu de restituer les fruits qu'il a perçus, ou lorsqu'un tiers paye les intérêts dus par le débiteur, ces fruits ou intérêts peuvent eux-mêmes produire des intérêts (art. 1155 2°). En effet, ces fruits ou intérêts sont, par rapport au possesseur de mauvaise foi, ou par rapport au tiers qui a payé en l'acquit du débiteur, de véritables capitaux susceptibles de produire des intérêts comme tout autre capital.

CINQUIÈME SECTION
DE L'INTERPRÉTATION DES CONVENTIONS.

Art. 1156. On doit dans les conventions rechercher quelle a été la commune intention des parties contractantes, plutôt que de s'arrêter au sens littéral des termes.

1157. Lorsqu'une clause est susceptible de deux sens, on doit plutôt l'entendre dans celui avec lequel elle peut avoir quelque effet, que dans le sens avec lequel elle n'en pourrait produire aucun.

1158. Les termes susceptibles de deux sens doivent être pris dans le sens qui convient le plus à la matière du contrat.

1159. Ce qui est ambigu s'interprète par ce qui est d'usage dans le pays où le contrat est passé.

1160. On doit suppléer dans le contrat les clauses qui y sont d'usage, quoiqu'elles n'y soient pas exprimées.

1161. Toutes les clauses des conventions s'interprètent les unes par les autres, en donnant à chacune le sens qui résulte de l'acte entier.

1162. Dans le doute, la convention s'interprète contre celui qui a stipulé, et en faveur de celui qui a contracté l'obligation.

1163. Quelque généraux que soient les termes dans lesquels une convention est conçue, elle ne comprend que les choses sur lesquelles il paraît que les parties se sont proposé de contracter.

1164. Lorsque dans un contrat on a exprimé un cas pour l'explication de l'obligation, on n'est pas censé avoir voulu par là restreindre l'étendue que l'engagement reçoit de droit aux cas non exprimés.

Observation. — Toute la section V n'est que le développement de ce principe de notre droit : « Les conventions doivent être exécutées de bonne foi. » (Art. 1134 3°.) Il nous suffit de renvoyer au texte des articles.

SIXIÈME SECTION

DE L'EFFET DES CONVENTIONS A L'ÉGARD DES TIERS.

ART. 1165. Les conventions n'ont d'effet qu'entre les parties contractantes ; elles ne nuisent point au tiers, et elles ne lui profitent que dans le cas prévu par l'article 1121.

1166. Néanmoins les créanciers peuvent exercer tous les droits et actions de leur débiteur, à l'exception de ceux qui sont exclusivement attachés à la personne.

1167. Ils peuvent aussi, en leur nom personnel, attaquer les actes faits par leur débiteur en fraude de leurs droits. — Ils doivent néanmoins, quant à leurs droits énoncés au titre *des Successions* et au titre *du Contrat de mariage et des Droits respectifs des époux*, se conformer aux règles qui y sont prescrites.

Observation. — La rubrique de notre section paraît contraire au principe : *Res inter alios acta aliis neque nocet neque prodest.* Aussi ne faut-il pas l'accepter sans réserve. La preuve en est dans l'art. 1165, aux termes duquel l'effet des conventions ne doit être produit qu'entre les parties contractantes. Toutefois, le Code admet plusieurs dérogations à cette règle générale. Ainsi, nous avons vu que l'art. 1121 permet de stipuler au profit d'un tiers, lorsque telle est la condition d'une stipulation que l'on fait pour soi-même ou d'une donation que l'on fait à un autre. Pareillement, les substitutions et les donations de biens à venir profitent ou peuvent profiter à des personnes étrangères à l'acte qui les contient et qui n'étaient peut-être même pas conçues au moment de la disposition. Mais ce sont là des cas tout à fait exceptionnels.

Dans les art. 1166 et 1167, le Code détermine l'effet des actes d'un débiteur, par rapport à ses créanciers, et il paraît ranger ces derniers parmi les tiers pouvant profiter ou souffrir d'un contrat auquel ils sont restés étrangers. Mais rien ne serait plus inexact qu'une telle induction. En effet, ou ces actes sont exempts de fraude, et alors les créanciers en profitent ou en souffrent par la raison que le débiteur les a représentés dans le contrat et qu'ils sont dans le cas d'un mandant auquel reviennent les conséquences de sa procuration. Ou ces actes ont un caractère frauduleux, et alors, n'ayant pas été sérieusement représentés par leur débiteur, les créanciers trouvent précisément dans l'art. 1167 un moyen d'échapper à la lésion qu'ils entraîneraient pour eux, de sorte qu'ils sont toujours dans la règle au lieu de se trouver dans l'exception.

De l'exercice par les créanciers des DROITS *de* LEUR DÉBITEUR. — Aux termes de l'art. 1166, « les créanciers peuvent exercer tous les droits et actions de leur débiteur, à l'exception de ceux qui sont exclusivement attachés à sa personne. » Ainsi, lorsqu'un débiteur a lui-même des débiteurs, et qu'il néglige de les poursuivre, ses créanciers ont le droit de les poursuivre en son lieu et place : mais peuvent-ils agir directement et *de plano*, ou doivent-ils obtenir, à cet effet, l'autorisation de la justice? Ils peuvent agir directement ; l'article 1166 leur en donne expressément le pouvoir, et il ne paraît le subordonner à aucune autorisation préalable, ni de la part du débiteur ni de la part du tribunal [1]. Les créanciers feront donc rentrer à l'amiable ou judiciairement dans le patrimoine de leur débiteur ce qui lui est dû par ses propres débiteurs ou ce qui lui appartient ; et les biens ainsi recouvrés seront vendus au profit de tous les créanciers sans

[1] Bounier, *Rev. prat.*, t. I, p. 98. — Labbé, *ibid.*, t. IX, p. 208.

distinction, à moins que certains d'entre eux n'aient des causes de préférence (art. 2093).

Il reste maintenant à préciser quels sont les droits « exclusivement attachés à la personne. » On appelle ainsi les droits ayant surtout un caractère moral, et spécialement les droits concernant l'état ou la capacité des particuliers. On peut y ajouter certains droits purement pécuniaires qui seraient modifiés si un tiers les exerçait, par exemple, les droits d'usage et d'habitation. Les créanciers ne peuvent pas exercer ces différents droits du chef de leur débiteur, parce qu'ils doivent rester étrangers à tout ce qui concerne principalement l'honneur ou la constitution des familles, et même aux droits purement pécuniaires que leur main ne pourrait saisir sans les altérer. Conséquemment, les actions en désaveu, en réclamation ou en contestation d'état, en séparation de corps et même de biens (art. 1446), en interdiction ou en mainlevée d'interdiction, etc., etc., ne pourront jamais être exercées par les créanciers de celui qui les possède. Si le débiteur ne juge pas à propos de s'en prévaloir, ses créanciers n'auront pas le droit de le trouver mauvais. Il en sera de même d'un droit d'usage ou d'habitation.

*De l'*ACTION PAULIENNE. — A Rome, le préteur Paul avait créé une action au profit des créanciers qui avaient souffert des actes faits par leurs débiteurs. Cette action dite *Paulienne*, du nom de son auteur, a été maintenue par le droit moderne, et l'article 1167 n'en est que la reproduction. Aux termes de cet article, les créanciers « peuvent, en leur nom personnel, attaquer les actes faits par leur débiteur *en fraude de leurs droits.* » Tout à l'heure les créanciers agissaient au nom de leur débiteur ; maintenant ils vont agir en leur nom personnel et en vertu d'un droit qui leur est propre. Effectivement, ils demandent une chose que le débiteur ne pourrait pas lui-même demander, c'est-à-dire la rescision des actes par lui faits en fraude de leurs droits.

Des CONDITIONS *auxquelles est subordonnée l'*ACTION PAU-

LIENNE. — Les jurisconsultes romains hésitèrent longtemps avant de les préciser. Les uns voulaient que les créanciers pussent attaquer les actes faits par leur débiteur, toutes les fois qu'ils en avaient éprouvé un préjudice ; les autres exigeaient non-seulement que l'acte fût préjudiciable aux créanciers, mais encore que le débiteur l'eût fait en connaissance de cause, et sachant qu'il allait leur nuire ; autrement dit, une seule condition, le *préjudice*, était nécessaire aux yeux des premiers, et deux conditions, l'*intention* et le *fait* de nuire (*consilium et eventus*), étaient nécessaires aux yeux des derniers. Le second système finit par triompher, et l'art. 1167 l'a reproduit.

Le préjudice existe toutes les fois que le débiteur, en accomplissant l'acte, est devenu insolvable, ou bien a augmenté son insolvabilité antérieure. Les créanciers qui voudront exercer l'action Paulienne devront donc d'abord prouver l'insolvabilité de leur débiteur, et cette preuve sera faite si, poursuivant la vente des biens de ce dernier, le produit n'en suffit pas pour les désintéresser.

Passons à la fraude.

La fraude a lieu toutes les fois que le débiteur fait l'acte, sachant qu'il va devenir insolvable ou augmenter son insolvabilité antérieure. La preuve de la fraude doit être fournie par les créanciers, sauf les cas exceptionnels où la loi la présume.

Maintenant est-il nécessaire que le tiers avec lequel a contracté le débiteur ait participé à la fraude ? On doit résoudre cette question par une distinction.

S'agit-il d'un acte à titre gratuit ; alors il n'est pas nécessaire que les créanciers prouvent, pour le faire annuler, la participation du tiers à la fraude. La raison en est que les créanciers cherchent à éviter une perte, *certant de damno vitando*, tandis que le donataire cherche à faire un bénéfice, *certat de lucro captando*. Or, il est évidemment juste que les premiers soient préférés au dernier. L'acte pourra donc

être annulé indépendamment de toute complicité du donataire.

S'agit-il d'un acte à titre onéreux ; alors le tiers qui a
contracté avec le débiteur cherche, en luttant contre la rescision, à éviter une perte, comme les créanciers en luttant
pour la rescision : *utrique certant de damno vitando*. Si
donc il est de bonne foi, il n'y a aucun motif de sacrifier ses
intérêts à ceux des créanciers, et l'acte doit être maintenu.
Mais s'il est de mauvaise foi et qu'il ait été complice de la
fraude du débiteur, alors on doit lui préférer les créanciers qui
n'ont rien à se reprocher. Cette décision était unanimement
adoptée en droit romain et dans l'ancien droit français, et
rien ne donne à penser que le Code l'ait changée. Précisons-
la par un exemple. Le débiteur a vendu un immeuble dans
le but de cacher ou de dissiper l'argent qu'il en retirerait. Si
l'acheteur a ignoré cette intention frauduleuse, l'acte sera
maintenu ; si, au contraire, il l'a connue, la vente sera rescindée, et rien n'est plus juste.

Des actes SUJETS A RESCISION. — En droit romain, les créanciers pouvaient faire rescinder les actes par lesquels leur débiteur s'était appauvri, et non ceux par lesquels il avait manqué de s'enrichir. Ainsi, lorsque le débiteur donnait ou
vendait un de ses biens en fraude de ses créanciers, l'acte
tombait sous le coup de l'action Paulienne. Mais lorsqu'il refusait une donation ou une succession à lui échue, l'acte était
à l'abri de toute critique de la part des créanciers. La raison
de cette théorie était que les créanciers avaient dû compter
sur les biens sortant du patrimoine de leur débiteur, et qu'au
contraire ils n'avaient pas dû compter sur les biens qui man-
quaient d'y entrer. Le droit français a modifié, ou paraît tout
au moins avoir modifié en un point la doctrine du droit
romain. Aujourd'hui, en effet, les créanciers peuvent attaquer la renonciation que leur débiteur fait à une succession
au préjudice de leurs droits (art. 788), tandis qu'à Rome ils
ne le pouvaient point. Faut-il conclure de cette innovation à

un véritable changement de système? Je ne le pense pas; et l'exception du Code me semble plus apparente que réelle. Chez nous, en effet, l'héritier devient de plein droit propriétaire de la succession, et, quand il y renonce, il ne manque pas précisément d'acquérir, il s'appauvrit réellement; tandis que, en droit romain, où l'adition était nécessaire pour acquérir les successions, l'héritier renonçant ne diminuait pas son patrimoine, mais manquait seulement de l'augmenter. Comme il n'existe chez nous aucune raison d'étendre aux donations offertes au débiteur et par lui refusées la théorie admise par l'article 788 en matière de successions, l'on doit encore appliquer la théorie romaine, à laquelle il n'a pas été expressément dérogé, et dire que les créanciers ne peuvent pas faire rescinder les actes par lesquels leur débiteur a manqué de s'enrichir.

Reste maintenant à savoir si la renonciation du débiteur, soit à une succession (art. 788), soit à un droit d'usufruit (art. 622), soit à la jouissance de biens grevés de substitution (art. 1053), ne peut être attaquée par les créanciers que sous la double condition de la fraude et du préjudice, ou peut l'être sous la seule condition du préjudice. La raison de douter vient de ce que les articles précités supposent le préjudice, sans parler de la fraude. Quelques auteurs, les prenant au pied de la lettre, soutiennent que les créanciers ont seulement à prouver le préjudice pour attaquer ces divers actes de renonciation ; mais il est difficile d'admettre un pareil système en présence de l'art. 1464, aux termes duquel les créanciers de la femme qui renonce à la communauté ne peuvent critiquer cette renonciation qu'à la double condition de prouver la fraude et le préjudice. La renonciation à un usufruit ou à une succession est, en tout point, identique à la renonciation à une communauté, et puisque la dernière ne peut être attaquée si elle n'est pas frauduleuse, la première ne doit pareillement pouvoir être attaquée que si elle est frauduleuse. Mais alors pourquoi le Code ne suppose-t-il pas, dans les articles précités, la fraude en même temps que le préjudice? La raison en est que les conditions auxquelles devait être plus tard subordonné l'exercice de l'action Paulienne n'étaient pas encore arrêtées, et que les rédacteurs ne voulaient pas préjuger la question de fraude avant d'avoir posé les principes généraux de cette action. Mais puisque ces principes sont aujourd'hui les mêmes qu'en droit romain, et que la fraude doit toujours concourir avec le préjudice, pour que l'action rescisoire soit ouverte au profit des créanciers, il faut étendre cette théorie générale aux cas particuliers ci-dessus, et décider que les renonciations dont il s'agit ne tomberont que devant la double preuve de la fraude et du préjudice.

QUI PEUT *intenter* L'ACTION PAULIENNE. — L'action Paulienne peut être intentée par tous les créanciers antérieurs à l'acte préjudiciable et frauduleux; mais elle ne peut jamais l'être par les créanciers postérieurs [1]. En effet, les premiers ont dû, et les seconds n'ont pas dû compter sur les biens dont le débiteur s'est dépouillé; puis comment concevoir qu'un acte ait pu être fait en fraude de personnes qui n'étaient pas encore créancières?

CONTRE QUI *peut être intentée* L'ACTION PAULIENNE. — L'action Paulienne peut être intentée, comme nous l'avons dit, contre tous les acquéreurs à titre gratuit, sans distinction, et contre les acquéreurs à titre onéreux, qui ont participé à la fraude du débiteur. Les successeurs universels ou à titre universel de ces acquéreurs seraient évidemment, comme eux, passibles de l'action des créanciers. Mais cette action pourra-t-elle atteindre les successeurs à titre particulier desdits acquéreurs, par exemple les acheteurs, les coéchangistes, les donataires, etc., qui ont acquis en sous-ordre les biens frauduleusement aliénés? On doit, sans aucun doute, leur appliquer la même distinction qu'aux acquéreurs immédiats. Ainsi, l'action Paulienne les atteindra dans le cas où ils seront,

---

[1] **Aubry et Rau**, t. III, § 313, p. 16. — Cass., 2 mai 1855.

soit des acquéreurs à titre gratuit, soit des acquéreurs à titre onéreux complices de la fraude de leur auteur. Dans le cas contraire, elle ne pourra les atteindre, et l'acte sera maintenu.

DURÉE *de l'action Paulienne.* L'action Paulienne n'est pas soumise à la prescription de dix ans établie par l'art. 1304, car cet article n'a en vue que la nullité ou la rescision des contrats affectés d'un vice intrinsèque, tel que l'erreur, la violence, le dol ou la lésion, vices dont le débiteur peut tout le premier se prévaloir, et il est étranger aux actes faits par un débiteur en fraude de ses créanciers, actes parfaitement obligatoires pour ce débiteur qui n'a aucun moyen personnel de les attaquer, et nuls, seulement au regard de ses créanciers qui ne doivent pas souffrir de la fraude pratiquée contre leurs légitimes intérêts. — L'action Paulienne durera donc trente ans, délai ordinaire de la prescription [1].

DES EFFETS *de* L'ACTION PAULIENNE. — L'action Paulienne a pour effet de réintégrer dans le patrimoine du débiteur des biens qu'il avait aliénés en fraude de ses créanciers. Mais comme toute action doit seulement profiter à ceux qui pouvaient l'intenter, les biens ainsi recouvrés serviront au payement des créanciers antérieurs, mais non à celui des créanciers postérieurs à l'acte frauduleux. Par rapport à ces derniers, les biens ne sont pas censés rentrés dans le patrimoine du débiteur. Conséquemment, si le prix provenant de la vente desdits biens en justice est plus que suffisant pour désintéresser les créanciers antérieurs, l'excédant retournera aux tiers détenteurs.

Quelques auteurs ont contesté ces solutions, en se fondant sur ce que tous les créanciers ont un droit égal au prix provenant de la vente des biens de leur débiteur, à moins qu'il n'y ait entre eux des causes légitimes de préférence (art. 2093). Or, disent-ils, le Code n'a établi aucune cause de préférence au profit des créanciers antérieurs à l'acte frauduleux par rap-

1 Marcadé, art. 1167, n° 7. — Capmas, n° 79. — Cass., 9 janv. 1865.

port aux créanciers postérieurs, et, en conséquence, ils doivent subir le concours de ces derniers. La réponse à cette objection est facile. Les biens recouvrés par l'exercice de l'action Paulienne ne rentrent dans le patrimoine du débiteur que relativement aux créanciers antérieurs à l'acte frauduleux ; et, à vrai dire, ce n'est pas un gage *commun* à tous les créanciers qui est vendu, mais un gage *spécial* aux créanciers qui avaient pu compter sur les biens aliénés par le débiteur en fraude de leurs droits et recouvrés par l'exercice de l'action Paulienne. Les créanciers postérieurs ne sont donc pas recevables à invoquer des principes qui supposent la vente d'un gage *commun* à tous les créanciers [1].

L'art. 1167 2° renvoie à des titres spéciaux qui modifient plus ou moins l'exercice de l'action Paulienne. C'est ainsi que, dans les successions, les créanciers, n'ayant pas fait d'opposition, ne peuvent jamais attaquer le partage opéré en dehors de leur présence. Faisons seulement observer que notre article renvoie inutilement au titre du *Contrat de mariage*, car ce titre est en tout point conforme au droit commun.

CHAPITRE IV

DES DIVERSES ESPÈCES D'OBLIGATIONS.

—

PREMIÈRE SECTION

DES OBLIGATIONS CONDITIONNELLES.

§ 1. — De la condition en général et de ses diverses espèces.

ART. 1168. L'obligation est conditionnelle lorsqu'on la fait dépendre d'un événement futur et incertain, soit en la suspendant jusqu'à ce que l'événement arrive, soit en la résiliant, selon que l'événement arrivera ou n'arrivera pas.

[1] *Sic*, Aubry et Rau, t. III, § 313, n. 35 et 36. —Poitiers, 16 janvier 1862. *Contrà*, Marcadé, art. 1167, n° 6. — Pont, *Priv. et hyp.*, t. I, p. 11, n° 18.

1169. La condition *casuelle* est celle qui dépend du hasard, et qui n'est nullement au pouvoir du créancier ni du débiteur.

1170. La condition *potestative* est celle qui fait dépendre l'exécution de la convention d'un événement qu'il est au pouvoir de l'une ou de l'autre des parties contractantes de faire arriver ou d'empêcher.

1171. La condition *mixte* est celle qui dépend tout à la fois de la volonté d'une des parties contractantes et de la volonté d'un tiers.

1172. Toute condition d'une chose impossible, ou contraire aux bonnes mœurs, ou prohibée par la loi, est nulle, et rend nulle la convention qui en dépend.

1173. La condition de ne pas faire une chose impossible ne rend pas nulle l'obligation contractée sous cette condition.

1174. Toute obligation est nulle lorsqu'elle a été contractée sous une condition potestative de la part de celui qui s'oblige.

1175. Toute condition doit être accomplie de la manière que les parties ont vraisemblablement voulu et entendu qu'elle le fût.

1176. Lorsqu'une obligation est contractée sous la condition qu'un événement arrivera dans un temps fixe, cette condition est censée défaillie lorsque le temps est expiré sans que l'événement soit arrivé. S'il n'y a point de temps fixe, la condition peut toujours être accomplie; et elle n'est censée défaillie que lorsqu'il est devenu certain que l'événement n'arrivera pas.

1177. Lorsqu'une obligation est contractée sous la condition qu'un événement n'arrivera pas dans un temps fixe, cette condition est accomplie lorsque ce temps est expiré sans que l'événement soit arrivé; elle l'est également, si, avant le terme, il est certain que l'événement n'arrivera pas; et, s'il n'y a pas de temps déterminé, elle n'est accomplie que lorsqu'il est certain que l'événement n'arrivera pas.

1178. La condition est réputée accomplie lorsque c'est le débiteur, obligé sous cette condition, qui en a empêché l'accomplissement.

1179. La condition accomplie a un effet rétroactif au jour auquel l'engagement a été contracté. Si le créancier est mort avant l'accomplissement de la condition, ses droits passent à son héritier.

1180. Le créancier peut, avant que la condition soit accomplie, exercer tous les actes conservatoires de son droit.

Observation. — Une obligation peut être PURE *et* SIMPLE, CONDITIONNELLE OU *à* TERME.

L'obligation est *pure et simple* lorsqu'elle prend naissance et devient exigible dès l'instant même du contrat. Ainsi, quand je m'engage à vous payer 10, je contracte une obligation pure et simple, puisque dès à présent je vous dois 10, et que dès à présent vous pouvez en exiger de moi le payement.

L'obligation est *conditionnelle*, lorsque son existence, et, à plus forte raison, son exigibilité, dépendent d'un événement *futur* et *non nécessaire*. Ainsi, quand je m'engage à vous payer 10 si tel vaisseau revient de son voyage, je contracte une obligation conditionnelle, puisque le retour du vaisseau est un événement futur, et qui peut ne pas se réaliser.

Enfin l'obligation est *à terme* lorsqu'elle prend naissance dès le moment même du contrat, mais que son exigibilité est retardée jusqu'à un événement *futur* et *nécessaire*. Ainsi, quand je m'engage à vous payer 10 le 1er mars 1870, je contracte envers vous une obligation à terme; parce que, si ma dette prend naissance dès à présent, son exigibilité se trouve retardée jusqu'à l'époque fixée par la convention.

Le Code ne s'occupe pas spécialement des obligations pures et simples, précisément parce que leur existence et leur exigibilité sont actuelles. Mais il traite successivement des obligations conditionnelles et des obligations à terme. Nous allons le suivre dans ses développements.

Des DIVERSES ESPÈCES *de conditions*. — Les conditions sont :

1° *Suspensives* ou *résolutoires*, selon que de leur accomplissement dépend l'existence ou l'anéantissement de l'obligation (art. 1168). Par exemple, lorsque je vous promets 20 si tel vaisseau revient de son voyage, je contracte une obligation sous condition suspensive, puisque la dette ne prendra naissance que par le retour du vaisseau. Par contre, quand nous disons : la dette de 20 que je contracte envers vous sera éteinte si tel navire revient de son voyage, cette dette est subordonnée à une condition résolutoire, puisque ce n'est plus son existence, mais son anéantissement qui dépend de l'événement de la condition.

2° *Positives* ou *négatives*, selon que l'existence ou la résolution de l'obligation est subordonnée à un événement qui doit arriver ou ne pas arriver.

3° *Casuelles*, *potestatives* et *mixtes*. La condition est *casuelle* (*casus*), lorsqu'elle dépend uniquement du hasard, ou plutôt, car cette qualification est opposée à celle de *potestative*, lorsqu'elle n'est nullement au pouvoir du créancier ni du débiteur (art. 1169). Exemple : je vous promets 20, s'il pleut le 1ᵉʳ mars prochain, ou encore, si Paul achète la maison de Pierre. La condition est *potestative*, lorsqu'elle dépend d'un événement qu'il est au pouvoir de l'une ou de l'autre des parties contractantes de faire arriver ou d'empêcher (art. 1170). Exemple : je vous donnerai 20, si vous faites tel voyage. Au surplus, il faut aujourd'hui, comme dans l'ancien droit français, distinguer deux sortes de conditions potestatives : celles qui, comme la précédente, dépendent un peu du hasard et surtout de la volonté de l'une des parties, et celles qui dépendent exclusivement de la volonté de l'une des parties, ou plutôt de la volonté du débiteur. Les premières peuvent, et les secondes ne peuvent pas être valablement insérées dans un contrat (art. 1171, 1174). Ainsi quand je vous promets 20 si vous creusez tel fossé, la condition potestative est valable, puisque votre volonté peut, en définitive, être entravée par des circonstances de force majeure; mais quand je vous promets 20 si telle est ma volonté, ou si j'accomplis un fait tellement facile qu'il équivaut à un simple acte de ma volonté, par exemple, si je lève le doigt, le contrat est nul, parce qu'il ne peut y avoir d'obligation sérieuse là où le débiteur est entièrement libre d'être ou de ne pas être engagé. Tel est le sens de l'art. 1174, dont la rédaction est d'ailleurs fort obscure. Mais notons que, si la condition purement potestative dépend du créancier, au lieu de dépendre du débiteur, le contrat devient valable, parce qu'il n'exclut pas alors une obligation sérieuse (art. 1174). Ainsi, quand je vous loue ma maison si vous le voulez, le contrat est valable, car dès à présent je suis engagé envers vous, et il ne dépend pas de moi de me dégager.

La condition est *mixte*, lorsqu'elle dépend tout à la fois de la volonté de l'une des parties contractantes et de la volonté d'un tiers. Exemple : je vous vends ma maison, si vous épousez une telle.

Après avoir posé la division des conditions en *casuelles*, *potestatives* et *mixtes*, le Code n'en tire aucune conséquence.

Les conditions sont :

4° *Possibles*, ou *impossibles*, selon que l'événement prévu peut ou ne peut pas arriver. La condition *possible* est la seule que l'on rencontre ordinairement dans les contrats. La condition *impossible* aurait évidemment pour résultat de rendre nulle l'obligation subordonnée à son accomplissement. Mais si les parties l'avaient subordonnée à son inaccomplissement, l'obligation existerait comme obligation pure et simple (art. 1173), puisque, dès présent, les parties auraient la certitude que la condition ne peut arriver. Ainsi est nulle la promesse que je vous fais de 50 si Paul ressuscite, et, au contraire, est valable et en même temps pure et simple la promesse de 50 que je vous fais si Paul ne ressuscite pas.

5° *Licites* et *illicites*, suivant qu'elles sont permises ou défendues par les lois ou les bonnes mœurs. De telles conditions sont nulles, et rendent nuls les contrats dans lesquels elles sont insérées (art. 1172); ainsi quand Pierre vous vend sa maison à la condition que vous y établirez une maison de jeu, la vente tout entière est nulle, et avec raison, parce qu'il n'est pas prouvé que le vendeur eût consenti au contrat si cette condition n'eût pas été stipulée. Bien plus, le contrat serait encore nul, si la condition illicite ou immorale était négative. Ainsi, je ne peux valablement vous vendre ma maison, à la condition que vous ne volerez pas vos locataires, parce qu'il y a immoralité de votre part à stipuler un avantage pour vous abstenir d'un fait que la morale elle-même condamne.

Toute condition contraire aux bonnes mœurs est, par cela même, contraire à la loi (art. 6). Mais toute condition contraire à la loi n'est point, par cela même, contraire aux bonnes mœurs. Par exemple, la loi défend de laisser dans les rues, chemins ou places publiques, des machines ou instruments dont puissent abuser les voleurs (C. Pén., art. 471, 7°), et cependant un tel fait n'est pas par lui-même immoral.

Rappelons que, dans toute disposition entre-vifs ou testamentaire, les conditions impossibles-positives, et celles contraires aux lois ou aux bonnes mœurs, sont réputées non écrites (art. 900).

De L'INTERPRÉTATION *des conditions.* — « Toute condition « doit être accomplie de la manière que les parties ont vrai-« semblablement voulu et entendu qu'elle le fût (art. 1175). » Le Code a ainsi tranché la question tant débattue autrefois de savoir si les conditions devaient être nécessairement exécutées selon les termes mêmes du contrat, ou si elles pouvaient l'être par équivalent. Les tribunaux doivent exclusivement s'attacher à l'intention des parties contractantes. Le législateur pose cependant quelques règles d'interprétation. Ainsi, quand une obligation est contractée sous la condition que tel événement arrivera ou n'arrivera pas dans un temps fixe, cette condition est censée défaillie lorsque le temps est expiré, sans que l'événement soit arrivé, ou lorsque l'événement est arrivé sans que le temps soit expiré (art. 1176, 1177). S'il n'y a point de temps fixé, la condition positive peuttoujours être accomplie, et elle n'est censée défaillie que lorsqu'il est devenu certain que l'événement n'arrivera pas. Pareillement, la condition négative n'est accomplie ou défaillie que lorsqu'il est certain que l'événement n'arrivera pas ou qu'il arrivera.

Toute condition non potestative est réputée accomplie, lorsque c'est le débiteur, obligé sous cette condition, qui en a empêché la réalisation (art. 1178). Et, en effet, les parties n'ont évidemment pas pu entendre que le débiteur ferait obstacle à l'accomplissement des conditions casuelles prévues par elles dans le contrat.

§ 2. — De la condition suspensive.

ART. 1181. L'obligation contractée sous une condition suspensive est celle qui dépend d'un événement futur et incertain, ou d'un événement actuellement arrivé, mais encore inconnu des parties. — Dans le premier cas, l'obligation ne peut être exécutée qu'après l'événement. — Dans le second cas, l'obligation a son effet du jour où elle a été contractée.

1182. Lorsque l'obligation a été contractée sous une condition suspensive, la chose qui fait la matière de la convention demeure aux risques du débiteur qui ne s'est obligé de la livrer que dans le cas de l'événement de la condition. — Si la chose est entièrement périe sans la faute du débiteur, l'obligation est éteinte. — Si la chose s'est détériorée sans la faute du débiteur, le créancier a le choix ou de résoudre l'obligation, ou d'exiger la chose dans l'état où elle se trouve, sans diminution du prix. — Si la chose s'est détériorée par la faute du débiteur, le créancier a le droit ou de résoudre l'obligation, ou d'exiger la chose dans l'état où elle se trouve, avec dommages et intérêts.

Observation. — Dans ce paragraphe, le Code traite des effets de la condition suspensive. Nous allons les examiner en reportant ici la théorie des art. 1179 et 1180, qui se trouvent à tort placés dans le précédent paragraphe.

Des EFFETS *de la condition* SUSPENSIVE NON ENCORE ACCOMPLIE. — La condition suspensive non encore accomplie empêche, avons-nous dit, l'EXISTENCE même de l'obligation. Le créancier n'a qu'une simple espérance, *spes est tantum debitum iri*, et son droit prendra seulement naissance à l'événement de la condition. De là il suit que, si le débiteur payait avant cette époque, il pourrait exiger la restitution de la chose payée, puisque cette chose n'était pas encore véritablement due. Toutefois, quoique le créancier ne puisse pas être valablement payé avant l'événement de la condition, il a le droit d'exercer tous les actes conservatoires de sa créance : par exemple, de faire inscrire l'hypothèque qui la garantit, de renouveler l'inscription déjà prise (art. 1180), etc.

Des EFFETS *de la condition suspensive* ACCOMPLIE. — La condition suspensive accomplie réalise l'espérance du créancier, en donnant naissance à l'obligation. L'art. 1181 1° et 2° contient, sur la nature et les effets de la condition en général, une double inexactitude qu'il importe de relever. D'abord, il range parmi les conditions les événements *déjà arrivés*, et encore *inconnus* des parties. Ces événements ne peuvent évidemment jamais suspendre l'existence des obligations, puisqu'ils sont réalisés au moment même du contrat. L'article dit, ensuite, que l'obligation ne peut être *exécutée* qu'après l'événement de la condition. Or, ce n'est pas seulement l'exécution, comme nous l'avons déjà dit, mais l'existence même de l'obligation qui se trouve suspendue jusqu'à cette époque.

De la RÉTROACTIVITÉ *des conditions.* — Toute condition accomplie a un effet rétroactif au jour où l'engagement a été contracté (art. 1179). Exemple : Je vous ai vendu ma maison le 1er mai 1850, et la condition s'est accomplie le 1er avril 1867, vous êtes, par l'effet rétroactif de cette condition, censé propriétaire de la maison depuis le 1er mai 1850. En conséquence, tous les droits dont je l'ai grevée au profit de tiers dans l'intervalle du contrat à l'événement de la condition s'évanouissent, parce que je me trouve les avoir concédés sur une chose dont je n'étais pas propriétaire, et, par contre, tous les droits dont vous pouvez l'avoir grevée dans le même intervalle deviennent valables, puisque vous les avez constitués sur une chose dont vous êtes rétroactivement propriétaire. De la sorte, vous aurez ma maison dans l'état où elle était au moment même du contrat, et rien n'est plus juste, puisque vous avez évidemment entendu l'avoir telle que vous l'aviez connue.

La rétroactivité de la condition, interprétée rigoureusement, aurait pour effet d'obliger le débiteur à restituer au
créancier tous les fruits qu'il a perçus, mais ce résultat doit être
écarté. En effet, la rétroactivité de la condition a été introduite pour mettre le créancier à l'abri de tous les droits réels
que le débiteur aurait pu établir sur la chose dans l'intervalle
du contrat à l'accomplissement de la condition, et non pour
lui faire acquérir les fruits perçus par ce dernier dans ledit
intervalle. D'ailleurs, il faut interpréter les conditions de la
manière que les parties ont vraisemblablement voulu et entendu qu'elles le fussent (art. 1175). Or, quand je vous
vends ma maison sous condition, nous entendons, évidemment, que je garderai tous les loyers perçus du jour de la
vente au jour de l'accomplissement de la condition, et la
solution que nous proposons pour les fruits n'est en réalité
que l'exécution pure et simple de la volonté même des contractants.

La condition ne suspend pas seulement l'existence de l'o-
bligation, elle modifie encore gravement le droit commun en
matière de risques. Ainsi, nous avons vu que, dans un contrat pur et simple ou à terme, les risques sont supportés par
le créancier, à moins que les détériorations ou la perte de la
chose ne proviennent de la faute ou du fait du débiteur, ou
ne surviennent postérieurement à sa mise en demeure.
Si l'on appliquait ces règles aux obligations conditionnelles,
on dirait : le créancier est, aux termes de l'art. 1179, rétroactivement propriétaire de la chose ; il en a donc dû supporter les risques, et si cette chose a péri sans la faute ou le
fait du débiteur, il n'en doit pas moins payer le prix convenu.
Mais telle n'est pas la théorie du Code. L'art. 1182 2° met
la perte totale, survenue par cas fortuit, à la charge du
débiteur, et le créancier est libéré de l'obligation de payer le
prix convenu si la chose n'existe pas au moment où la condition se réalise. Cette théorie est injuste. En effet, dans le
cas où la chose aurait augmenté de valeur, le créancier pour-

rait, sans aucun doute, l'exiger sans payer plus. Il ne devrait
donc pas, au cas où elle a péri, pouvoir se dispenser de rien
payer. Quant aux simples détériorations, l'art. 1182 ³° ne les
met pas non plus absolument à la charge du créancier. Effectivement, il lui laisse le choix ou de résoudre l'obligation
et d'échapper ainsi au payement du prix, ou d'exiger sans
diminution de prix la chose dans l'état où elle se trouve.
Le créancier pourra donc ainsi, suivant son intérêt, prendre
sur lui les risques ou les rejeter sur son débiteur. Un tel résultat n'est pas moins injuste que le précédent. Comment
expliquer ces graves dérogations au droit commun ? Pour
les risques relatifs à la perte totale, on donne une double raison : la première, que la chose n'existant pas à l'événement
de la condition, l'obligation n'a pas pu prendre naissance
faute d'objet ; à quoi l'on peut répondre que la condition
ayant un effet rétroactif, l'obligation se trouve reportée à une
époque où la chose existait réellement et pouvait lui servir de
matière. La seconde raison est tirée de l'interprétation du
contrat : on présume que le créancier n'a entendu payer le
prix de la chose que si elle existe à l'événement de la condition. Telle sera le plus souvent, en effet, l'intention des parties contractantes, mais, alors, le prix aura été fixé en conséquence, et, sous ce point de vue, la dérogation au droit
commun en ce qui concerne la perte totale peut, jusqu'à un
certain point, être justifiée. Mais il n'en est pas de même de
la dérogation au droit commun en ce qui concerne les simples détériorations. Et, en effet, l'équité exigeait impérieusement, ou que le créancier fût obligé, dans tous les cas, de les
supporter, ou bien qu'ayant la faculté de demander la résiliation du contrat lorsque les détériorations lui paraissent
trop graves , le débiteur eût aussi la faculté de demander
cette résiliation lorsque les améliorations lui paraissent trop
considérables.

Quand la perte totale ou les détériorations proviennent de
la faute ou du fait du débiteur, le créancier rentre dans le

droit commun, et peut, soit demander la résolution du contrat, soit en exiger l'exécution, si toutefois elle est possible, avec des dommages-intérêts dans l'une et l'autre hypothèse (art. 1182 ³°).

§ 3. — De la condition résolutoire.

Art. 1183. La condition résolutoire est celle qui, lorsqu'elle s'accomplit, opère la révocation de l'obligation, et qui remet les choses au même état que si l'obligation n'avait pas existé. — Elle ne suspend point l'exécution de l'obligation; elle oblige seulement le créancier à restituer ce qu'il a reçu, dans le cas où l'événement prévu par la condition arrive.

1184. La condition résolutoire est toujours sous-entendue dans les contrats synallagmatiques, pour le cas où l'une des deux parties ne satisfera point à son engagement. — Dans ce cas, le contrat n'est point résolu de plein droit. La partie envers laquelle l'engagement n'a point été exécuté a le choix ou de forcer l'autre à l'exécution de la convention, lorsqu'elle est possible, ou d'en demander la résolution avec dommages et intérêts. — La résolution doit être demandée en justice, et il peut être accordé au défendeur un délai selon les circonstances.

Effets *de la condition* résolutoire. — La condition résolutoire, avons-nous dit, est celle qui suspend, non plus l'existence, mais l'anéantissement d'une obligation. Comme la condition suspensive, elle produit un effet rétroactif et remet les choses au même état que si l'obligation n'avait pas existé (art. 1183).

Ainsi, lorsque je vous ai vendu ma maison, sous la condition que je ne reviendrai pas habiter la ville où elle se trouve avant telle époque, votre droit sera rétroactivement anéanti, si j'accomplis la condition qui doit le résoudre, et, avec lui, toutes les charges que vous auriez imposées à cette maison, telles que servitudes, hypothèques, etc., parce que vous les avez consenties sur une chose dont vous êtes réputé n'avoir jamais été propriétaire.

Maintenant, qui supportera les risques? Évidemment celui dont le droit doit être résolu à l'événement de la condition.

En effet, celui qui est propriétaire d'une chose sous condition résolutoire en est, au fond, débiteur sous condition suspensive : par exemple, quand vous m'avez acheté ma maison sous la condition que je ne retournerai pas avant telle époque dans la ville où elle se trouve, vous êtes exactement dans la même situation que si vous m'aviez vendu cette maison sous la condition suspensive que j'habiterai avant telle époque la ville où elle se trouve. Or, puisque l'acquéreur sous condition résolutoire n'est, en réalité, qu'un débiteur sous condition suspensive, il faut appliquer ici les principes que nous venons de poser pour cette dernière hypothèse, et décider que la perte totale arrivée par cas fortuit sera pour cet acquéreur, et que le vendeur aura le choix, dans le cas de simple détérioration, ou de profiter du contrat, en assumant sur lui les risques, ou de demander sa résolution en les rejetant sur l'acheteur.

Des DIVERSES ESPÈCES *de conditions* RÉSOLUTOIRES. — La condition résolutoire peut être EXPRESSE OU TACITE : elle est expresse quand les parties l'ont formellement prévue lors du contrat ; elle est tacite, lorsqu'elle découle de leur intention simplement présumée.

La condition résolutoire expresse anéantit le contrat de plein droit, et par le seul fait de son événement.

La condition résolutoire tacite n'opère pas de plein droit, et elle donne seulement à la partie au profit de laquelle elle s'est accomplie le droit de demander la résolution du contrat à la justice. Dans quel cas le Code admet-il la condition résolutoire tacite ? L'art. 1184 la suppose dans tous les contrats synallagmatiques : chacune des parties est présumée avoir subordonné l'exécution de son engagement à l'exécution même de l'engagement pris par la partie adverse. En conséquence, si l'un des contractants ne satisfait point à son obligation, l'autre a le choix ou de le contraindre à s'exécuter, ou de demander la résolution du contrat avec dommages-intérêts, s'il y a lieu, dans l'une et l'autre hypothèse. Pourquoi la condition résolutoire tacite ne produit-elle pas de plein droit son effet ? C'est que la justice doit être appelée à vérifier les circonstances qui ont pu motiver l'inexécution du contrat par l'une des parties : il serait trop rigoureux, par exemple, de déclarer une vente résolue par le seul fait que l'acheteur n'a pas payé le prix à l'époque fixée. Ce retard aura quelquefois une cause parfaitement légitime. Ainsi, l'art. 1184 2° prévoit que le débiteur peut être sous le coup d'une gêne momentanée et permet aux juges de lui accorder, suivant les circonstances, des délais modérés pour le payement.

Quelquefois les parties disent expressément que, si l'une d'elles n'exécute pas ponctuellement son obligation, le contrat sera par cela même résolu ; en d'autres termes, elles font de la condition résolutoire tacite une condition résolutoire expresse. Cette clause s'appelle *pacte commissoire.* Il semble que le contrat doive, dans ce cas, être résolu de plein droit par le seul fait du retard de l'une des parties à l'exécuter. Il n'en est cependant pas ainsi : le législateur a pensé que les débiteurs ne devaient pas être exposés à éprouver un trop grave préjudice par suite d'un retard dont la cause sera le plus souvent un oubli, et, tout en refusant à la justice la faculté de leur accorder des délais, même modérés, il déclare valable le payement fait après l'expiration du terme et sur la mise en demeure émanée du créancier. Si cette mise en demeure a eu lieu sans résultat, le contrat est définitivement résolu (art. 1656). Au surplus, les parties pourraient, par une convention expresse, supprimer même la nécessité d'une mise en demeure.

DEUXIÈME SECTION
DES OBLIGATIONS A TERME.

ART. 1185. Le terme diffère de la condition en ce qu'il ne suspend point l'engagement, dont il retarde seulement l'exécution.

1186. Ce qui n'est dû qu'à terme ne peut être exigé avant l'échéance du terme ; mais ce qui a été payé d'avance ne peut être répété.

1187. Le terme est toujours présumé stipulé en faveur du débiteur, à moins qu'il ne résulte de la stipulation ou des circonstances qu'il a été aussi convenu en faveur du créancier.

1188. Le débiteur ne peut plus réclamer le bénéfice du terme lorsqu'il a fait faillite, ou lorsque par son fait il a diminué les sûretés qu'il avait données par le contrat à son créancier.

Observation. — Nous savons que le terme est un événement *futur* et *nécessaire*, et qu'il suspend, non plus l'*existence*, mais seulement l'*exigibilité* de l'obligation.

Des diverses ESPÈCES *de* TERME. — Le terme est :

1° *Certain* ou *incertain*, suivant qu'il doit arriver à une époque fixe ou à une époque indéterminée. Exemple : je vous payerai 10 le 1er mai prochain, ou à la mort de telle personne. Dans l'un et l'autre cas, l'événement est nécessaire ; seulement, dans le premier, il doit arriver à une époque connue d'avance, et, dans le second, à une époque indéterminée.

2° *Exprès* ou *tacite*, selon qu'il a été formellement stipulé dans le contrat, ou qu'il résulte des circonstances. Exemple : je vous payerai 10 fin janvier prochain, voilà un terme exprès : je vous payerai 10 à Paris, et nous sommes à Constantinople, voilà un terme tacite, car la distance qui sépare le lieu du contrat de celui du payement implique manifestement de ma part la réserve du délai nécessaire à la franchir.

3° *De droit* ou *de grâce*, selon qu'il résulte de la convention des parties, ou d'un jugement. Et, en effet, nous avons vu tout à l'heure que l'art. 1184 2°, et nous verrons plus tard que l'art 1244 donne aux juges la faculté d'accorder des délais de grâce au débiteur, suivant les circonstances et en considération de sa position.

A QUI *profite le* TERME. — Le terme peut être stipulé ou au profit du débiteur, ou au profit du créancier, ou au profit du débiteur et du créancier. Il est au profit du débiteur, par exemple, dans le prêt ordinaire ; il est au profit du créancier, par exemple, dans le dépôt; il est au profit du débiteur et du créancier, par exemple, dans le prêt à intérêt. En cas de doute, il est présumé être au profit du débiteur; celui-ci peut donc y renoncer, et payer avant l'époque fixée. Mais si le terme était en faveur du créancier, le débiteur ne pourrait pas contraindre celui-ci à recevoir un payement anticipé, parce que l'une des parties n'a pas le droit de diminuer les avantages que l'autre trouve dans le contrat, sans son consentement.

Des payements ANTICIPÉS. — L'art. 1186 ne permet pas au débiteur d'exiger la restitution de ce qu'il a payé par anticipation. La raison en est que le débiteur ne peut ici, comme dans l'hypothèse d'une obligation conditionnelle, prétendre qu'il a payé une chose non due. Cependant presque tous les auteurs distinguent s'il a payé, connaissant ou non l'existence du terme. S'il a payé, connaissant l'existence du terme, c'est qu'il y a volontairement renoncé, et on ne lui permet pas la répétition; mais s'il a payé dans l'ignorance du terme, on ne peut plus dire qu'il y a renoncé, et on lui accorde alors la répétition de ce qu'il a payé au delà de la dette. En supposant, par exemple, qu'il dût 10, payables dans cinq ans, il a le droit d'exiger que le créancier lui restitue l'escompte de la somme ou bien la somme elle-même. Cette distinction n'est pas faite par le Code, mais, comme elle est également juste et rationnelle, on doit l'admettre.

Comment le débiteur PERD *le bénéfice du terme.* — Le débiteur ne peut plus réclamer le bénéfice du terme :

1° Lorsqu'il tombe en *faillite* (art. 1188 : C. de Com., art. 444), parce qu'il cesse alors de présenter les garanties à raison desquelles le créancier avait consenti au terme. Au surplus, la faillite n'implique pas nécessairement l'insolvabilité du débiteur : il suffit que le débiteur, ayant perdu son crédit commercial, ait suspendu ses payements. Or, des circonstances particulières, par exemple, une révolution, peuvent faire que le commerçant le plus solvable perde son crédit et suspende ses payements. Mais il n'en est pas moins certain que le plus souvent la faillite sera le signe d'une insolvabilité réelle.

2° Lorsqu'il tombe en *déconfiture*. La déconfiture est l'état d'un non-commerçant dont l'insolvabilité est prouvée. Cette preuve peut être fournie par tous les moyens. Maintenant il est clair que, si la faillite suffit pour enlever au débiteur le bénéfice du terme, il doit en être à plus forte raison de même de la déconfiture [1].

3° Lorsque par *son fait* il *diminue les sûretés* qu'il avait, dans le contrat, données à son créancier (art. 1188). Ainsi, le débiteur qui détruit la maison hypothéquée à son créancier perd le bénéfice du terme, et peut être immédiatement poursuivi. Mais toute diminution de son patrimoine qui n'affecterait point les sûretés spéciales attribuées par le contrat au créancier laisserait subsister ce terme, car décider le contraire serait mettre tout débiteur dans l'impossibilité de faire, par exemple, la moindre donation, ou de porter la plus légère atteinte aux biens composant son patrimoine ; ce qui est inadmissible. Si les sûretés données au créancier lors du contrat périssent en tout ou en partie par cas fortuit, le débiteur n'est pas nécessairement privé de son terme, et il peut leur substituer des sûretés nouvelles. Mais dans le cas où il ne pourrait ou ne voudrait pas faire cette substitution, le créancier qui n'avait prêté qu'à raison de ces garanties aurait la faculté d'exiger son remboursement (art. 2131).

TROISIÈME SECTION
DES OBLIGATIONS ALTERNATIVES.

Art. 1189. Le débiteur d'une obligation alternative est libéré par la délivrance de l'une des deux choses qui étaient comprises dans l'obligation.

---

[1] Boitard, t. I, n° 261. — Aubry et Rau, t. III, § 303, n. 8.

1190. Le choix appartient au débiteur, s'il n'a pas été expressément accordé au créancier.

1191. Le débiteur peut se libérer en délivrant l'une des deux choses promises ; mais il ne peut pas forcer le créancier à recevoir une partie de l'une et une partie de l'autre.

1192. L'obligation est pure et simple, quoique contractée d'une manière alternative, si l'une des deux choses promises ne pouvait être le sujet de l'obligation.

1193. L'obligation alternative devient pure et simple, si l'une des choses promises périt et ne peut plus être livrée, même par la faute du débiteur. Le prix de cette chose ne peut pas être offert à sa place. — Si toutes deux sont péries, et que le débiteur soit en faute à l'égard de l'une d'elles, il doit payer le prix de celle qui a péri la dernière.

1194. Lorsque, dans les cas prévus par l'article précédent, le choix avait été déféré par la convention au créancier, — ou l'une des choses seulement est périe ; et alors, si c'est sans la faute du débiteur, le créancier doit avoir celle qui reste ; si le débiteur est en faute, le créancier peut demander la chose qui reste, ou le prix de celle qui est périe ; — ou les deux choses sont péries ; et alors, si le débiteur est en faute à l'égard des deux, ou même à l'égard de l'une d'elles seulement, le créancier peut demander le prix de l'une ou de l'autre à son choix.

1195. Si les deux choses sont péries sans la faute du débiteur, et avant qu'il soit en demeure, l'obligation est éteinte, conformément à l'article 1302.

1196. Ces mêmes principes s'appliquent au cas où il y a plus de deux choses comprises dans l'obligation alternative.

Définition. — Une obligation est ALTERNATIVE lorsqu'elle a pour objet deux ou plusieurs choses, dont une seule doit être définitivement payée au choix du débiteur ou au choix du créancier. Exemple : Je vous vends, moyennant 50, mon champ ou ma maison. Dans ce cas le champ et la maison sont également dus : mais le payement de l'une des deux choses éteindra la dette tout entière (art. 1189).

Différences entre l'obligation ALTERNATIVE *et l'obligation* FACULTATIVE. — L'obligation *alternative* ne doit pas être con-

fondue avec l'obligation *facultative*. Celle-ci suppose la dette
d'une seule chose, avec faculté pour le débiteur d'en payer
une autre. Exemple : Je vous promets ma maison, mais je me
réserve le droit de vous donner mon champ à sa place. Au
contraire, l'obligation alternative a toujours pour objet plusieurs choses, dont une seule doit, en définitive, être payée.
Voici l'intérêt de cette distinction. Quand l'obligation est alternative, les deux choses sont également dues, et la perte de
l'une n'éteint pas l'obligation, puisque l'autre est toujours là
pour lui servir d'objet. Quand, au contraire, l'obligation est
facultative, une seule chose est due; et, si elle vient à périr,
l'obligation elle-même est éteinte, parce qu'elle est désormais
sans objet. De plus, lorsque l'une des deux choses dues alternativement est mobilière et l'autre immobilière, on ne peut
dire *à priori* si l'obligation est elle-même mobilière ou immobilière. Sa nature dépend du choix qui sera fait par celle
des deux parties à laquelle il appartient. Dans l'obligation facultative, au contraire, une seule chose est due, et l'on connaît toujours, dès le principe, le véritable caractère de l'obligation.

C'est en examinant les expressions et les circonstances du
contrat que les juges détermineront si l'obligation est alternative ou facultative.

A QUI *appartient le* CHOIX *dans les obligations alternatives.* — Le choix appartient au débiteur, s'il n'a pas été expressément accordé au créancier (art. 1190). Le débiteur
peut l'exercer jusqu'au moment où, ayant offert l'une
des deux choses au créancier, cette offre a été acceptée
par lui; et, en effet, il se forme alors un nouveau contrat qui détermine définitivement et irrévocablement l'objet du précédent. Pareillement, lorsque le créancier a le
choix, il peut l'exercer jusqu'à ce que, ayant demandé
l'une des deux choses au débiteur, ce dernier ait accepté
sa demande. Mais ni le débiteur ne peut offrir, ni le créancier demander partie d'une chose et partie d'une autre,

car l'intention des contractants a évidemment été que l'une des deux choses fût exclusivement consacrée au payement (art. 1191).

L'obligation est pure et simple, et non alternative, lorsque l'une des deux choses était hors du commerce ou illicite (art. 1192). L'obligation facultative, au contraire, serait nulle tout entière si la chose due était hors du commerce ou illicite, et c'est encore là une différence à signaler.

De la PERTE *des* CHOSES *ou de l'*UNE *des choses dues alternativement.* — Le Code fait ici une distinction entre le cas où le choix appartient au débiteur et le cas où il appartient au créancier.

Premier cas. — Lorsque le choix appartient au débiteur, la perte de l'une des deux choses, survenue avec ou sans la faute ou le fait du débiteur, réduit l'obligation à la chose restante, et rend ainsi pure et simple l'obligation alternative (art. 1193). Le prix de la chose périe ne peut être offert à sa place. La chose restante vient-elle à périr ; alors le débiteur est libéré si la perte de la première et la perte de la dernière ont également eu lieu par cas fortuit (art. 1302). Mais si la perte de l'une des deux choses a eu lieu par sa faute, il doit, aux termes de l'art. 1193 2°, payer le prix de celle qui a péri la dernière. Pourquoi, lorsque la première ayant péri par la faute du débiteur, la seconde périt, elle, par cas fortuit ? Il semble que le débiteur devrait alors être libéré, puisque son obligation était devenue pure et simple, et que la chose due a péri sans sa faute. Il n'en doit cependant pas être ainsi par la raison que le débiteur n'avait pas le droit de rendre l'obligation pure et simple, en faisant un choix anticipé qui augmentait les risques du créancier. Le résultat auquel conduit l'art. 1193 2° sera toutefois bien rigoureux lorsque, la première chose ayant péri par la faute du débiteur, et la seconde par cas fortuit, celle-ci valait plus que la première. En effet, si je vous dois ma voiture, valant 10, ou mon cheval valant 15, et que, ayant détruit la voiture, j'aie rendu l'obligation pure et simple en la réduisant à la dette du cheval ; je vous devrai 15, si je viens plus tard à perdre aussi le cheval par cas fortuit, et de la sorte je vous procurerai plus que je ne vous aurais procuré dans le cas où j'aurais conservé la voiture, puisque dans ce cas je ne vous devrais que la voiture, c'est-à-dire 10 au lieu de 15. Le texte de l'art. 1193 $^{3°}$ est néanmoins trop clair et trop précis pour qu'il soit possible d'en corriger la solution.

Deuxième cas. — Lorsque le choix appartient au créancier, la perte de l'une des deux choses survenue sans la faute, le fait ou la demeure du débiteur, réduit l'obligation à la chose restante, et rend ainsi pure et simple l'obligation alternative (art. 1194, 1er al.). Mais si la perte de l'une des deux choses est imputable au débiteur, l'obligation reste alternative, et le créancier peut demander, soit la chose qui reste, soit le prix de celle qui a péri (art. 1194, 2e al.). Lorsque les deux choses périssent, et que leur perte n'est aucunement imputable au débiteur, l'obligation est éteinte (art. 1195). Mais si le débiteur est en faute à l'égard de l'une d'elles, le créancier peut, à son choix, demander le prix de l'une ou le prix de l'autre. Ce résultat est encore rigoureux. En effet, si le débiteur doit répondre de la chose dont la perte lui est imputable, on ne comprend pas qu'il puisse être contraint à payer le prix de la chose périe par cas fortuit, dans le cas où cette chose vaudrait plus que l'autre. C'est cependant le système que l'art. 1194 $^{8°}$ a consacré.

De la NATURE *du* DROIT *que l'obligation alternative confère au créancier.* — Il reste à examiner, en terminant cette matière, quelle est la nature du droit appartenant au créancier, lorsque deux choses lui ont été promises alternativement. Si ces deux choses sont des genres, il est évidemment alors simple créancier. Ainsi, quand je vous dois dix hectolitres de vin ou trente d'huile, vous avez le droit d'exiger l'un ou l'au-

tre de ces genres, et vous n'en acquérez toutefois la propriété que par la livraison. Mais le créancier devient-il
propriétaire par le seul consentement, dans le cas où
les deux choses dues sont également des corps certains ?
Ainsi, lorsque je vous dois mon champ ou ma maison,
êtes-vous dès à présent propriétaire de la chose qui vous
sera définitivement livrée, comme si je vous devais uniquement le champ ou la maison ? La question est grave.
En effet, si vous êtes propriétaire dès le contrat, vous
aurez pu aliéner ou grever de droits réels quelconques la
chose qui vous sera payée ; et, au contraire, si je reste
propriétaire .jusqu'au payement, ce sera moi qui aurais
pu aliéner ou grever de droits réels quelconques les choses
dues alternativement. Certains auteurs, se fondant sur
ce que la propriété ne peut exister sur une chose qui
n'est point parfaitement déterminée, admettent ce dernier
système, et prétendent que le payement de l'une des deux
choses par le débiteur pourra seul rendre le créancier propriétaire. Mais il est préférable de voir dans les obligations
alternatives de véritables obligations sous condition potestative. Le créancier ne sera pas propriétaire avant le payement ; mais, à cette époque, il le deviendra rétroactivement,
et il prendra la chose libre et franche de toutes les charges
dont le débiteur aurait pu la grever dans l'intervalle du contrat au payement. Cette solution est également conforme au
caractère du contrat et à l'intention des parties. En effet, lorsque je vous promets mon champ ou ma maison, vous devenez propriétaire de l'une des deux choses, à la condition que
je ne choisirai pas l'autre, et comme vous avez entendu avoir
la chose telle qu'elle était au moment du contrat, la rétroactivité de la condition vient résoudre tous les droits réels dont
j'aurais pu la grever à votre préjudice dans l'intervalle du
contrat au payement.

QUATRIÈME SECTION

DES OBLIGATIONS SOLIDAIRES.

§ 1. — De la solidarité entre les créanciers.

ART. 1197. L'obligation est solidaire entre plusieurs créanciers, lorsque le titre donne expressément à chacun d'eux le droit de demander le payement du total de la créance, et que le payement fait à l'un d'eux libère le débiteur, encore que le bénéfice de l'obligation soit partageable et divisible entre les divers créanciers.

1198. Il est au choix du débiteur de payer à l'un ou à l'autre des créanciers solidaires, tant qu'il n'a pas été prévenu par les poursuites de l'un d'eux. — Néanmoins, la remise qui n'est faite que par l'un des créanciers solidaires ne libère le débiteur que pour la part de ce créancier.

1199. Tout acte qui interrompt la prescription à l'égard de l'un des créanciers solidaires profite aux autres créanciers.

Définition de la SOLIDARITÉ. — La *solidarité* (*solidum,* totalité), consiste dans un lien unissant plusieurs créanciers ou plusieurs débiteurs, dont chacun peut exiger le payement intégral de la chose ou être poursuivi pour ce même payement. Il y a donc la solidarité de la part des créanciers et la solidarité de la part des débiteurs. Les créanciers sont solidaires, par exemple, lorsque plusieurs personnes se réunissent pour prêter à une autre une seule et même somme, avec clause expresse que chacune d'elles aura le droit de demander le payement de toute la créance, et que le payement fait à l'une d'elles libérera le débiteur. La solidarité est rare entre créanciers, parce que l'intérêt de chacun est plus ou moins à la discrétion des autres, et que cette association présente, en définitive, plus de dangers que d'avantages. Les avantages consistent en ce qu'un seul créancier a, comme nous l'avons dit, qualité pour recouvrer toute la créance, ce qui peut augmenter, dans certaines circonstances, les chances d'obtenir un payement intégral; et en ce que tous les actes conservatoires tels que interruption de prescription, inscription d'hypothèques, saisie-arrêt ou opposition, accomplis par un seul, profitent à tous les autres (art. 1199). Mais tous ces avantages sont paralysés par ce grave inconvénient, que le créancier entre les mains duquel le débiteur s'est libéré par un payement intégral peut dissiper la somme et devenir insolvable avant d'avoir remis à ses cocréanciers la part qui leur revenait.

La solidarité suppose plusieurs créances ayant un seul objet dû pour le tout par une seule et même personne. Elle suppose plusieurs créances, et, en effet, la créance de l'un peut être pure et simple, celle d'un autre à terme et celle d'un troisième sous condition. Elle suppose un seul objet, *una res vertitur;* car si chaque créance avait un objet différent, ce seraient des créances distinctes et indépendantes les unes des autres, au lieu d'être des créances solidaires liées les unes aux autres ; elle suppose, en dernier lieu, que l'objet est dû pour le tout par une seule et même personne, et, en effet, si le débiteur devait à chaque créancier une fraction et non la totalité de l'objet, ou, enfin, si plusieurs débiteurs devaient aux différents créanciers les diverses fractions de l'objet, ces créanciers seraient conjoints, mais non solidaires.

PREUVE *de la solidarité.* — La solidarité doit être toujours expressément stipulée, et jamais elle ne se présume (art. 1197).

Des EFFETS *de la solidarité* ENTRE CRÉANCIERS. — Chaque créancier solidaire peut, avons-nous dit, recevoir payement intégral, et, par contre, le débiteur peut se libérer entre les mains de chacun. Cependant, si celui-ci a été prévenu par les poursuites de l'un d'eux, il ne peut payer à un autre. Le poursuivant doit être récompensé de sa diligence par la possession de la chose due, ce qui le mettra dans le cas de rendre des comptes à ses créanciers, au lieu qu'il ait à leur en demander.

Enfin, les poursuites de chaque créancier interrompent la

prescription, font courir les intérêts, et rejettent les risques sur le débiteur, par rapport à tous les autres créanciers. Mais si chaque créancier a le droit de faire des actes conservatoires de la créance commune, il n'aurait évidemment pas celui de faire des actes qui seraient de nature à la compromettre. Ainsi la novation consentie par l'un des créanciers n'aurait point d'effet à l'égard des autres [1].

§ 2. — De la solidarité de la part des débiteurs.

ART. 1200. Il y a solidarité de la part des débiteurs lorsqu'ils sont obligés à une même chose, de manière que chacun puisse être contraint pour la totalité, et que le payement fait par un seul libère les autres envers le créancier.

1201. L'obligation peut être solidaire, quoique l'un des débiteurs soit obligé différemment de l'autre au payement de la même chose ; par exemple, si l'un n'est obligé que conditionnellement, tandis que l'engagement de l'autre est pur et simple, ou si l'un a pris un terme qui n'est point accordé à l'autre.

1202. La solidarité ne se présume point ; il faut qu'elle soit expressément stipulée. — Cette règle ne cesse que dans les cas où la solidarité a lieu de plein droit, en vertu d'une disposition de la loi.

1203. Le créancier d'une obligation contractée solidairement peut s'adresser à celui des débiteurs qu'il veut choisir, sans que celui-ci puisse lui opposer le bénéfice de division.

1204. Les poursuites faites contre l'un des débiteurs n'empêchent pas le créancier d'en exercer de pareilles contre les autres.

1205. Si la chose due a péri par la faute ou pendant la demeure de l'un ou de plusieurs des débiteurs solidaires, les autres codébiteurs ne sont point déchargés de l'obligation de payer le prix de la chose ; mais ceux-ci ne sont point tenus des dommages et intérêts. — Le créancier peut seulement répéter les dommages et intérêts, tant contre les débiteurs par la faute desquels la chose a péri, que contre ceux qui étaient en demeure.

1206. Les poursuites faites contre l'un des débiteurs solidaires interrompent la prescription à l'égard de tous.

1207. La demande d'intérêts formée contre l'un des débiteurs solidaires fait courir les intérêts à l'égard de tous.

---

[1] Aubry et Rau, t. III, § 298, p. 12. — Larombière, n° 14.

1208. Le codébiteur solitaire, poursuivi par le créancier, peut opposer toutes les exceptions qui résultent de la nature de l'obligation, et toutes celles qui lui sont personnelles, ainsi que celles qui sont communes à tous les codébiteurs. — Il ne peut opposer les exceptions qui sont purement personnelles à quelques-uns des autres codébiteurs.

1209. Lorsque l'un des débiteurs devient héritier unique du créancier, ou lorsque le créancier devient l'unique héritier de l'un des débiteurs, la confusion n'éteint la créance solidaire que pour la part et portion du débiteur ou du créancier.

1210. Le créancier qui consent à la division de la dette à l'égard de l'un des codébiteurs conserve son action solidaire contre les autres, mais sous la déduction de la part du débiteur qu'il a déchargé de la solidarité.

1211. Le créancier qui reçoit divisément la part de l'un des débiteurs, sans réserver dans la quittance la solidarité ou ses droits en général, ne renonce à la solidarité qu'à l'égard de ce débiteur. — Le créancier n'est pas censé remettre la solidarité au débiteur lorsqu'il reçoit de lui une somme égale à la portion dont il est tenu, si la quittance ne porte pas que c'est *pour sa part*. — Il en est de même de la simple demande formée contre l'un des codébiteurs *pour sa part*, si celui-ci n'a pas acquiescé à la demande, ou s'il n'est pas intervenu un jugement de condamnation.

1212. Le créancier qui reçoit divisément et sans réserve la portion de l'un des codébiteurs dans les arrérages ou intérêts de la dette ne perd la solidarité que pour les arrérages ou intérêts échus, et non pour ceux à échoir, ni pour le capital, à moins que le payement divisé n'ait été continué pendant dix ans consécutifs.

1213. L'obligation contractée solidairement envers le créancier se divise de plein droit entre les débiteurs, qui n'en sont tenus entre eux que chacun pour sa part et portion.

1214. Le codébiteur d'une dette solidaire, qui l'a payée en entier, ne peut répéter contre les autres que les part et portion de chacun d'eux. Si l'un d'eux se trouve insolvable, la perte qu'occasionne son insolvabilité se répartit, par contribution, entre tous les autres codébiteurs solvables et celui qui a fait le payement.

1215. Dans le cas où le créancier a renoncé à l'action solidaire envers l'un des débiteurs, si l'un ou plusieurs des autres codébiteurs deviennent insolvables, la portion des insolvables sera contributoirement répartie entre tous les débiteurs, même entre ceux précédemment déchargés de la solidarité par le créancier.

1216. Si l'affaire pour laquelle la dette a été contractée solidairement ne concernait que l'un des coobligés solidaires, celui-ci serait tenu de toute la dette vis-à-vis des autres codébiteurs, qui ne seraient considérés par rapport à lui que comme ses cautions.

Observation. — La solidarité entre débiteurs est fréquente, car plus il y a de personnes tenues de payer pour le tout la même chose, plus le payement de cette chose est assuré, et plus, par conséquent, le créancier est disposé à accorder du crédit aux débiteurs. La nécessité de ce crédit en matière commerciale a même fait établir en règle générale que les signataires d'un effet de commerce, ou autres coobligés commerciaux, seraient tous tenus solidairement.

La solidarité entre débiteurs suppose plusieurs dettes ayant toutes un seul et même objet, comme la solidarité entre créanciers supposait plusieurs créances ayant toutes un seul et même objet. La preuve que la solidarité entre débiteurs suppose plusieurs dettes et non pas une seule, comme on le dit souvent, est dans l'article 1201, aux termes duquel la dette de l'un peut être pure et simple, et celle des autres à terme ou conditionnelle; seulement toutes ces obligations convergent vers un seul et même objet, *una res vertitur*. Et le payement de cet objet, fait par un seul des débiteurs, libérera tous les autres.

On voit qu'une grande différence existe entre les débiteurs solidaires et les débiteurs conjoints, puisque chacun des débiteurs solidaires doit *toute* la chose, et que chacun des débiteurs conjoints en doit seulement une *fraction*. Ainsi, quand dix personnes doivent 30 solidairement, chacune d'elles peut être poursuivie pour ces 30 en entier, et, au contraire, lorsque trois personnes doivent 30 conjointement, chacune d'elles peut être poursuivie pour 10 seulement.

Des diverses ESPÈCES *de solidarité.* — La solidarité est :

1° *Conventionnelle* ou *légale*, selon qu'elle résulte de la convention des parties ou d'une disposition législative. Dans le premier cas, elle doit être expressément stipulée, dans le second, elle doit être expressément édictée (art. 1202). Les cas de solidarité légale sont nombreux; on peut citer :

Le cas de la veuve, tutrice des enfants de son premier lit, qui contracte un second mariage; aux termes des art. 395 et 396, son nouveau mari devient avec elle solidairement responsable de toutes les suites de la tutelle ;

Le cas de plusieurs exécuteurs testamentaires qui sont, aux termes de l'art. 1033, solidairement responsables du compte du mobilier de la succession ;

Le cas de plusieurs locataires d'une maison, qui sont, aux termes de l'art. 1734, solidairement responsables de l'incendie ;

Le cas de plusieurs emprunteurs de la même chose, qui sont, aux termes de l'art. 1885, solidairement responsables envers le prêteur ;

Le cas de plusieurs personnes qui en chargent une autre de gérer une affaire ; l'art. 2002 les déclare solidairement responsables envers les mandataires ;

Le cas de différents signataires d'un effet de commerce (C. com., art. 22, 24, 140, 187) ;

Enfin le cas de plusieurs individus condamnés pour le même crime ou le même délit, à des amendes, dommages-intérêts, etc. L'art. 55 du Code pénal les déclare débiteurs solidaires de toutes ces sommes.

2° *Parfaite* ou *imparfaite.* La solidarité est *parfaite* quand les débiteurs sont tenus, suivant une vieille expression, *in totum et totaliter ; in totum,* c'est-à-dire chacun pour le montant intégral de la dette, *et totaliter,* c'est-à-dire de telle manière que les actes de poursuite ayant pour but d'interrompre la prescription (art. 1206), ou de faire courir les intérêts de la dette commune (art. 1207), soient censés dirigés contre tous, dès qu'ils sont exercés contre un seul. Une telle solidarité suppose évidemment un mandat réciproque, une sorte d'association entre les différents débiteurs chargés les uns par les autres de se représenter mutuellement vis-à-vis des créanciers ; toutes les fois que ce mandat, cette association n'existeront pas, la solidarité ne pourra être qu'imparfaite.

La solidarité est *imparfaite* quand les débiteurs sont tenus *in totum* et non *totaliter*. Alors chacun d'eux peut bien être poursuivi pour le montant intégral de la dette ; mais les poursuites dirigées contre un seul, pour interrompre la prescription ou faire courir les intérêts, ne seront pas censées dirigées contre les autres, et le créancier devra former autant de demandes différentes qu'il y a de débiteurs solidaires. Le Code désigne toujours par la même expression, *solidaires*, les débiteurs tenus de la solidarité parfaite et ceux tenus de la solidarité imparfaite. C'est à la doctrine de les distinguer : or, la doctrine les distingue en examinant, comme nous l'avons dit plus haut, s'ils se sont donné ou non un mandat réciproque pour se représenter mutuellement vis-à-vis du créancier. Se sont-ils donné ce mandat; alors la solidarité est parfaite. Citons un double exemple. Trois personnes se réunissent pour emprunter solidairement une somme à une autre personne : elles seront évidemment tenues de la solidarité parfaite, car, s'étant associées pour l'emprunt, elles se sont par cela même implicitement associées pour le payement. Les poursuites exercées contre l'une d'elles auront donc pour effet d'interrompre la prescription et de faire courir les intérêts contre toutes les autres. Au contraire, les locataires d'une maison, que l'art. 1734 déclare solidairement responsables de l'incendie, sont simplement tenus de la solidarité imparfaite, car les locataires d'une maison se connaissent quelquefois à peine et ne se sont en tout cas jamais associés pour leur reponsabilité vis-à-vis du bailleur. Les poursuites exercées contre l'un d'eux n'interrompront donc pas la prescription et ne feront pas courir les intérêts à l'égard des autres.

On voit, par ce qui précède, que la solidarité parfaite présente pour le créancier plus d'avantages que la solidarité imparfaite. On peut même se demander en quoi le débiteur, tenu *in solidum* seulement, diffère de la simple caution qui peut, comme lui, être poursuivie pour la totalité de la dette. Le voici : le débiteur tenu *in solidum* ne peut opposer au créancier ni le bénéfice de division, ni celui de discussion (art. 1203). En d'autres termes, ce débiteur ne peut pas exiger que le créancier le poursuive pour sa part seulement, ou actionne préalablement les autres débiteurs. La caution, au contraire, peut demander que le créancier divise sa poursuite entre les diverses cautions (art. 2026), et qu'il poursuive préalablement le débiteur principal (art. 2021). La solidarité imparfaite est donc préférable au cautionnement, comme la solidarité parfaite est préférable à la solidarité imparfaite.

Des EFFETS *de la* SOLIDARITÉ *entre débiteurs.* — Nous avons indiqué la plupart de ses effets, en montrant les différences qui séparent la solidarité parfaite de la solidarité imparfaite. Ajoutons seulement que les poursuites exercées contre un débiteur tenu, soit de la solidarité parfaite, soit de la solidarité imparfaite, n'empêchent pas le créancier non intégralement désintéressé d'en exercer de semblables contre les autres (art. 1204). Pourquoi le Code a-t-il expressément consacré cet effet de la solidarité, puisque tous les débiteurs, étant directement et principalement tenus de l'obligation, semblent avoir précisément contracté dans le but d'en assurer le payement, malgré l'insolvabilité des uns ou des autres? La raison de cette disposition est dans le droit romain, qui ne permettait pas au créancier de poursuivre plus d'un débiteur solidaire. Dès qu'il avait choisi celui contre lequel il voulait intenter son action, son droit était épuisé, et les autres débiteurs étaient désormais à l'abri de toute poursuite. Le Code a rejeté cette théorie, née de la subtilité des principes romains, pour s'attacher à l'intention réelle et sérieuse des parties contractantes. Le créancier peut donc poursuivre pour le tout et successivement chaque débiteur jusqu'à ce qu'il soit entièrement payé.

Qu'arrive-t-il lorsque la chose due périt par la faute ou

pendant la demeure de l'un ou de plusieurs des débiteurs solidaires? Les débiteurs exempts de faute ou de demeure sont-ils responsables de la faute ou de la demeure des autres débiteurs, ou se trouvent-ils, par la perte de la chose, déchargés de l'obligation qu'ils avaient contractée? La raison de douter vient de ce que, d'une part, la faute ou la demeure des uns semble être un cas fortuit pour les autres, et que, d'autre part, la solidarité paraît lier indivisiblement le sort de chaque débiteur à celui de tous les autres. Le législateur pouvait, en adoptant l'une ou l'autre de ces idées, soit déclarer les débiteurs exempts de faute ou de retard entièrement libérés par la perte de la chose, soit les astreindre à toutes les conséquences de cette perte arrivée par la faute ou pendant la demeure des autres débiteurs. Maintenant, disons que ces conséquences peuvent elles-mêmes être doubles. Ainsi, les débiteurs responsables de la perte sont d'abord tenus de la valeur réelle de la chose, et ils peuvent en outre être quelquefois tenus de dommages-intérêts. Qu'a fait le Code? Il a écarté les deux partis extrêmes d'une responsabilité nulle ou d'une responsabilité absolue, pour adopter un système intermédiaire, introduit dans l'ancienne jurisprudence par Dumoulin et suivi par Pothier. Il déclare les débiteurs exempts de faute ou de retard tenus de la valeur de la chose périe, mais non des dommages-intérêts qui seraient dus au delà de cette valeur. En d'autres termes, il attribue à la solidarité tous les effets nécessaires à la conservation du droit, *ad perpetuandam obligationem*, et il rejette ceux qui tendraient à l'aggraver, *ad augendam obligationem* (art. 1205).

Lorsque les dommages-intérêts ont été fixés par une clause pénale, on doit donner une solution différente de celle qui précède. En effet, comme le disaient Dumoulin et Pothier, la clause pénale est un contrat accessoire, auquel ont adhéré tous les débiteurs, et chacun est censé en avoir promis l'exécution pour le cas où le contrat principal resterait lui-même inexécuté en tout ou en partie, par la faute ou le fait de l'un des débiteurs. D'ailleurs, l'art. 1232 décide que tous les débiteurs d'une chose indivisible encourent, par la faute ou le fait d'un seul, la clause pénale : or, comme le lien résultant de la solidarité est plus rigoureux que celui résultant de l'indivisibilité, l'on doit, à plus forte raison, admettre ici la même décision.

Des EXCEPTIONS *que le débiteur solidaire poursuivi peut opposer au créancier.* — On entend en droit civil par *exceptions* les moyens de défense dont les débiteurs peuvent user à l'encontre de leur créancier. L'art. 1208 distingue :

1° Les exceptions résultant de *la nature* de l'obligation;

2° Les exceptions *personnelles* à un ou plusieurs des débiteurs·solidaires ;

3° Les exceptions *communes* à tous les débiteurs.

La première et la dernière classe d'exceptions peuvent également être invoquées par tous les débiteurs, et on leur donne souvent la dénomination commune d'*exceptions réelles*, c'est-à-dire absolues et indépendantes de la personne qui en use, par opposition aux *exceptions personnelles,* qui peuvent seulement être invoquées par certains débiteurs. Mais puisque les exceptions de la première et de la troisième classe sont toutes des exceptions réelles, pourquoi le Code les a-t-il distinguées? C'est que si leurs effets sont absolus, et, par suite, identiques, leur origine est différente. Ainsi les exceptions de la première classe résultent de la nature même de l'obligation, qui manque de l'un des éléments essentiels à son existence ; par exemple, d'un objet certain ou d'une cause licite. Les exceptions de la deuxième classe, au contraire, résultent d'un fait postérieur au contrat, qui a pu modifier ou éteindre l'obligation par rapport à tous les débiteurs. Voilà pourquoi le Code a cru devoir les distinguer.

Des exceptions résultant de la NATURE *de l'obligation.* — Ces exceptions comprennent tous les cas d'inexistence ou de nullité de l'obligation, soit parce que les parties n'ont pas donné leur consentement, soit parce que l'obligation manque d'objet certain ou de cause licite, soit enfin parce que les formalités nécessaires à l'existence du contrat, par exemple de la donation, n'ont pas été remplies.

Des exceptions PERSONNELLES. — Ces exceptions proviennent toutes d'une cause particulière à l'un des débiteurs; par exemple, de sa minorité, de son interdiction, de son erreur sur la substance de la chose, de la violence, du dol ou de la lésion dont il a souffert, du terme ou de la condition qu'il a stipulés. Le débiteur au profit duquel existe l'exception peut évidemment l'invoquer pour la totalité. Mais ses codébiteurs ne peuvent-ils jamais s'en prévaloir pour la part qu'il devait définitivement supporter dans l'obligation ? Ils ne le peuvent pas lorsque l'exception est tirée de la minorité ou de l'interdiction, car ils sont en faute de n'avoir pas vérifié l'état civil de la personne avec laquelle ils contractaient la même dette; ni quand elle est tirée du terme ou de la condition stipulés par leur codébiteur, car ils ont dès le principe accepté le contrat malgré cette clause, et ils ne sont plus recevables à la critiquer. Ils le peuvent, au contraire, lorsque l'exception est tirée de la violence, du dol ou de toute autre cause semblable de nullité dont ils n'auraient pas eux-mêmes eu connaissance, parce qu'ils n'auraient peut-être pas contracté la dette tout entière s'ils avaient prévu l'exception qu'invoque aujourd'hui leur codébiteur. Ils sont donc recevables à invoquer à leur tour cette exception pour la part que ce débiteur doit définitivement supporter dans l'obligation. Ainsi, en supposant que sur trois débiteurs l'un fasse annuler son engagement pour cause de violence, les autres ne sont tenus de payer que les deux tiers restants de la dette quand ils ont, lors du contrat, ignoré cette violence.

Des exceptions COMMUNES. — Ces exceptions proviennent, avons-nous dit, d'une cause d'extinction totale ou partielle de la dette solidaire. Mais tous les modes d'extinction des obligations ne produisent pas des effets également étendus. Quelques-uns même engendrent des exceptions purement personnelles à certains débiteurs. Nous allons tous les parcourir (V. art. 1234).

Le *payement* de la dette donne d'abord lieu, ainsi que nous l'avons expliqué, à une exception commune à tous les débiteurs (art. 1200).

La *prescription* produit le même effet, puisque, comme nous le verrons plus tard, elle n'est elle-même qu'une présomption de payement.

La *perte* par cas fortuit de la chose due, la *condition résolutoire* accomplie, la *nullité* ou *rescision* de toute la dette, et la *novation*, c'est-à-dire la substitution d'une dette nouvelle à la dette solidaire, ont encore le même effet, car elles éteignent l'obligation tout entière.

La *compensation*, au contraire, ne peut, en principe, être opposée que par le débiteur même en qui elle s'est accomplie, et constitue une exception purement personnelle (art. 1294 ³⁰). Précisons d'abord le sens de cette expression. La compensation a lieu lorsqu'un débiteur devient créancier de son créancier : les deux dettes s'éteignent jusqu'à concurrence de la plus faible, pourvu qu'elles soient également liquides et exigibles, et qu'elles aient pour objet soit une somme d'argent, soit une certaine quantité de choses fongibles de la même espèce; par exemple, du vin de même cru et de même année (art. 1291). Cela posé, le créancier s'adressera ou à l'un des débiteurs solidaires en qui ne s'est pas opérée la compensation, ou à celui en qui elle s'est opérée. Dans le premier cas, le débiteur poursuivi sera nécessairement condamné, puisque, aux termes de l'art. 1294, il ne peut opposer la compensation du chef de son codébiteur. Dans le second cas, le débiteur poursuivi opposera la compensation, et alors tous ses codébiteurs pourront l'opposer également; de sorte que cette exception, personnelle *à priori*, deviendra réelle *à posteriori*, par le seul fait qu'elle aura déjà été opposée par le débiteur ayant qualité. Maintenant, pourquoi tous les débiteurs ne peuvent-ils pas opposer la compensation du

chef de leur codébiteur avant que celui-ci ait été mis en demeure de l'invoquer? La raison en est que, pour connaître
la compensation, ils devraient s'immiscer dans les affaires de
leur codébiteur, et le Code a justement voulu prévenir une
pareille immixtion. Ajoutons que, si la compensation pouvait
être dès l'origine invoquée par tous les débiteurs, celui dans
la personne duquel elle aurait eu lieu se trouverait privé de
la chance d'échapper à l'avance du payement, et, par suite,
à la nécessité de recourir contre ses codébiteurs. Or, cette
avance et ce recours présentent, pour celui qui est tout d'a-
bord contraint au payement, un inconvénient véritable.

La *confusion* éteint la dette solidaire pour la part seulement du débiteur en qui elle s'est accomplie (art. 1209). La
confusion a lieu par la réunion dans la même personne des
qualités de créancier et de débiteur (art. 1300). Ainsi, lorsque sur trois débiteurs solidaires l'un succède au créancier,
cette confusion éteint la dette pour un tiers, et le débiteur,
héritier du créancier, ne peut réclamer de ses anciens codébiteurs que les deux tiers restants. Par exemple, si la dette
était de 12, il ne pourra exiger que 8. Ce résultat est également simple et équitable.

Ce que nous venons de dire pour la dette est vrai pour la
créance solidaire, qui s'éteint pour partie lorsque l'un des
créanciers solidaires succède au débiteur.

La *remise* produit des effets différents, selon qu'elle porte
sur la *dette* elle-même ou simplement sur la *solidarité*.
Porte-t-elle sur la *dette* ; alors elle l'éteint tout entière, quoique faite au profit d'un seul des débiteurs solidaires, à moins
que le créancier n'ait expressément réservé ses droits contre
les autres ; et, lorsqu'il se les est réservés, il ne peut plus
exiger la dette que déduction faite de la part de celui auquel
il a fait la remise (art. 1285). Mais, sera-ce déduction faite
de la part réelle ou de la part virile? Ce sera évidemment de
la part réelle, si le créancier l'a connue, car on ne peut supposer qu'il ait voulu remettre au débiteur plus ou moins que

la part définitivement mise à sa charge par le contrat. Ce sera, au contraire, de la part virile, lorsque le créancier a ignoré la part réelle, car on ne peut supposer qu'il ait voulu remettre au débiteur plus ou moins que la part indiquée par le nombre même des têtes. Soit donc une dette de 12 et trois débiteurs, dont le premier doit définitivement supporter 3, le second 4, et le troisième 5 ; le créancier fait remise de sa part au premier, et il connaît la proportion dans laquelle chacun des débiteurs doit contribuer au payement de la dette ; il est, dans ce cas, censé avoir remis 3 seulement, et il peut encore exiger 9 des autres. Si, au contraire, il a ignoré la proportion dans laquelle chacun des débiteurs doit définitivement contribuer au payement, il est censé avoir remis 4, qui est la part virile, et il ne peut désormais poursuivre les autres que pour 8.

La remise de la dette solidaire, faite à un seul débiteur, libère, avons-nous dit, et celui-là et tous les autres, à moins de réserves expresses faites par le créancier. Cette décision de l'art. 1285 est évidemment injuste. En effet, l'abandon d'un droit ne doit point se présumer, et ici la loi le présume par rapport aux débiteurs auxquels la remise n'a pas été consentie. C'est encore là une trace regrettable de la théorie plus subtile que sensée des Romains sur l'extinction des obligations, notamment par l'*acceptilatio*.

Passons à la remise de la *solidarité*. Faite au profit de tous, cette remise a pour résultat de changer la dette solidaire en autant de dettes partielles et distinctes ; faite au profit d'un ou de plusieurs seulement, elle a pour effet de limiter leur obligation à une part soit réelle, soit virile, suivant la distinction ci-dessus. Quant aux autres débiteurs, ils ne peuvent plus être poursuivis que déduction faite de la part du débiteur déchargé. Ainsi, soit une dette de 12 et trois débiteurs, tenus pour parts égales : le créancier remet la solidarité à l'un ; il ne peut plus poursuivre les autres que pour les deux tiers de la dette, c'est-à-dire pour 8, et cela nonobstant toute réserve. Rien n'est plus juste, puisque la remise de la solidarité déchargeant le débiteur, au profit duquel elle a été consentie, de la chance d'avancer le payement intégral de la dette sauf son recours, aggrave par cela même les chances contraires des autres débiteurs, qui doivent trouver une compensation dans une diminution de la poursuite (art. 1210).

La remise de la solidarité n'est pas toujours expresse. Dans une double hypothèse, prévue par l'art. 1211, elle est tacite; c'est : 1° lorsque le créancier reçoit un payement partiel d'un débiteur, auquel il donne quittance *pour sa part* dans la dette; alors, évidemment le créancier consent à n'être payé par lui que divisément, et il lui remet la solidarité, à moins de réserve expresse; 2° lorsque le créancier poursuivant un des débiteurs solidaires *pour sa part*, celui-ci déclare acquiescer à la demande ; et, en effet, il se forme par cet acquiescement un contrat de remise entre le débiteur et son créancier. Tout jugement équivant à un contrat : la condamnation d'un débiteur *pour sa part* emporterait donc encore remise de la solidarité. En dehors de la double hypothèse qui précède, la remise de la solidarité doit être expresse. Ainsi, le créancier qui reçoit divisément les intérêts ou arrérages de la dette solidaire ne perd la solidarité que pour les intérêts ou arrérages échus, et non pour ceux à échoir, ni pour le capital, à moins toutefois que ce payement divisé n'ait continué pendant dix ans consécutifs (art. 1212), cas auquel il y aurait remise de la solidarité, ainsi que dans les cas précédents.

La remise de la solidarité faite à un seul des débiteurs ne profite pas, comme la remise de la dette, à tous les autres débiteurs (art. 1210). Cette différence vient de ce que les rédacteurs du Code ont calqué la remise de la dette sur l'*acceptilatio* du droit romain, qui produisait toujours des effets absolus, tandis qu'ils ont emprunté au droit prétorien la remise de la solidarité.

Du RECOURS *à exercer par le débiteur qui a* PAYÉ *la dette contre ses codébiteurs.* — Le débiteur qui paye la dette entière a un recours contre ses codébiteurs pour leur part et portion (art. 1214). Si l'un d'eux est insolvable, la perte résultant de son insolvabilité se répartit également sur tous les autres débiteurs solvables et sur celui qui a fait le payement. Cela est vrai, lors même que certains débiteurs auraient été déchargés de la solidarité par le créancier (art. 1215), car cette décharge ne doit en rien préjudicier au règlement final de la dette entre les différents débiteurs. Si la dette avait été contractée dans l'intérêt d'un seul des débiteurs, celui-là seul devrait définitivement supporter le payement, et les autres ne seraient considérés, par rapport à lui, que comme ses cautions (art. 1216).

Le débiteur qui a payé a une double action pour exercer son recours : l'action de mandat, qui résulte de la convention même intervenue dès l'origine entre lui et ses codébiteurs, et l'action du créancier aux droits duquel il a été subrogé en vertu de l'art. 1251 [3o]. Il semble qu'en vertu de cette subrogation, qui a substitué le débiteur au créancier, ce débiteur devrait pouvoir poursuivre chacun de ses codébiteurs pour la totalité de la dette, moins sa part personnelle. Le Code en a décidé autrement, et il ne lui permet de poursuivre ses codébiteurs que pour leur part. La liquidation de la dette est plus simple par la division de plein droit de l'action récursoire entre tous les débiteurs qu'elle ne le serait, si le débiteur qui a payé pouvait poursuivre, pour le tout moins sa part, l'un de ses codébiteurs qui exercerait ensuite une poursuite semblable contre un autre des codébiteurs, et ainsi de suite. La division de l'action récursoire du débiteur qui a payé permet ainsi de supprimer, au grand avantage des divers obligés, toutes ces actions récursoires successives.

CINQUIÈME SECTION

DES OBLIGATIONS DIVISIBLES ET INDIVISIBLES.

Art. 1217. L'obligation est divisible ou indivisible, selon qu'elle a pour objet ou une chose qui dans sa livraison, ou un fait qui dans l'exécution est ou n'est pas susceptible de division, soit matérielle, soit intellectuelle.

1218. L'obligation est indivisible, quoique la chose ou le fait qui en est l'objet soit divisible par sa nature, si le rapport sous lequel elle est considérée dans l'obligation ne la rend pas susceptible d'exécution partielle.

1219. La solidarité stipulée ne donne point à l'obligation le caractère d'indivisibilité.

Notions générales. — Aux termes de l'art. 1217, l'obligation est divisible ou indivisible, selon qu'elle a pour objet « ou une chose qui dans sa livraison, ou un fait qui dans son exécution est ou n'est pas susceptible de division, soit matérielle, soit intellectuelle. » Ainsi, la dette d'une somme d'argent est divisible, à moins de convention contraire, car elle peut être livrée partiellement ; et, au contraire, la dette d'une servitude de passage est indivisible, car, pour être utile au créancier, elle doit évidemment lui être livrée tout entière. Entre le créancier et le débiteur originels, il importe peu de savoir si l'obligation est divisible ou indivisible. En effet, aux termes de l'art. 1220, la dette divisible doit être exécutée comme si elle était indivisible. Entre leurs héritiers, au contraire, il importe de savoir quel est le véritable caractère de la dette. Est-elle divisible ; alors elle se partage de plein droit entre les héritiers ? Est-elle indivisible ; alors elle reste telle qu'elle était avant le décès de la partie, en sorte que chaque héritier du créancier peut poursuivre, ou chaque héritier du débiteur être poursuivi pour le montant intégral de l'obligation.

Des différentes ESPÈCES *d'indivisibilité.* — Le Code reconnaît, avec Pothier et Dumoulin, trois espèces d'indivisibilité, savoir :

1° L'indivisibilité *naturâ* ;

2° L'indivisibilité *contractu* ou *obligatione* ;

3° L'indivisibilité *solutione*.

L'indivisibilité *naturâ* existe toutes les fois que l'objet de

la dette ne peut subir de division matérielle ou intellectuelle.
Ainsi la dette d'une servitude de vue ou de passage est indivisible *naturâ*, car on ne peut comprendre que l'on ait
pour fraction un droit de vue ou de passage. Il n'y a point de
milieu entre voir ou passer entièrement, et ne voir ni ne
passer aucunement (art. 1217).

L'indivisibilité *contractu* ou *obligatione* existe lorsque les
parties ont considéré la chose sous un point de vue tel que
l'obligation ne puisse être exécutée pour partie. Ainsi, quand
vous devez me construire une maison, il est clair que vous
devez me la livrer parachevée, et que je ne puis profiter de
la dette si elle n'est entièrement exécutée. Quel avantage
puis-je trouver, en effet, dans les quatre murs, sans couver-
ture ni plancher, de plus que dans une complète inexécution
de votre obligation? Seulement, comme la maison est par
elle-même susceptible de division matérielle et intellectuelle,
la dette n'est ici indivisible qu'à raison du contrat intervenu
entre les parties (art. 1218), *contractu tantùm aut obligatione.*

L'indivisibilité *solutione* existe toutes les fois que l'objet
de la dette étant divisible par lui-même, et en outre au point
de vue des contractants, il a été cependant convenu que le
débiteur ne pourrait le livrer par fractions. Ainsi, quand je
stipule de vous 2,000 fr. pour m'acheter un remplaçant
militaire, vóus ne pouvez me payer fractionnellement la
somme, parce que l'intégrité du payement peut seule me
procurer l'avantage que je veux obtenir. Ce n'est pas que
la somme ne soit divisible, mais c'est que nous avons rendu
son *payement indivisible* par une convention tacite, sinon
expresse (art. 1221).

La distinction entre l'indivisibilité *naturâ* et l'indivisibilité
obligatione ne présente aucun intérêt, puisque l'une et
l'autre sont régies par les mêmes règles; mais la distinction
entre l'indivisibilité *naturâ* ou *obligatione*, d'une part, et
l'indivisibilité *solutione tantùm*, d'autre part, est importante.

En effet, la première existe en même temps par rapport au créancier et par rapport au débiteur, tandis que la seconde existe seulement par rapport au débiteur. En d'autres termes, l'obligation indivisible *naturâ* ou *obligatione* conserve ce caractère tant entre les héritiers du créancier qu'entre les héritiers du débiteur. Au contraire, l'obligation indivisible *solutione tantùm* se partage entre les héritiers du créancier, et ne conserve son caractère d'indivisibilité qu'entre les héritiers du débiteur.

ANALOGIE *et* DIFFÉRENCES *entre la* SOLIDARITÉ *et* l'INDIVISIBILITÉ. — La solidarité et l'indivisibilité présentent la plus grande analogie. En effet, chacun des débiteurs peut, dans l'un et l'autre cas, être poursuivi pour la totalité. Mais plusieurs différences les séparent ; ainsi, la solidarité n'empêche pas, et, au contraire, l'indivisibilité empêche la division de la dette entre les héritiers du débiteur (art. 1213, 1220). De plus, lorsque la chose due solidairement périt par la faute ou pendant la demeure de l'un des débiteurs, les autres n'en restent pas moins tenus de payer au créancier sa valeur intégrale, tandis que, dans le cas où la chose due indivisiblement périt par la faute ou pendant la demeure de l'un des débiteurs, les autres ne sont tenus des dommages-intérêts que pour leur portion, par la raison que rien ne fait désormais obstacle à la division de la dette.

§ 1. — Des effets de l'obligation divisible.

ART. 1220. L'obligation qui est susceptible de division doit être exécutée entre le créancier et le débiteur comme si elle était indivisible. La divisibilité n'a d'application qu'à l'égard de leurs héritiers, qui ne peuvent demander la dette, ou qui ne sont tenus de la payer que pour les parts dont ils sont saisis, ou dont ils sont tenus comme représentant le créancier ou le débiteur.

1221. Le principe établi dans l'article précédent reçoit exception à l'égard des héritiers du débiteur : — 1° dans les cas où la dette est hypothécaire ; — 2° lorsqu'elle est d'un corps certain ; — 3° lorsqu'il s'agit de la dette alternative de choses, au choix du créancier, dont l'une est indivisible ; — 4° lorsque l'un des héritiers est chargé seul par le titre de l'exécution de l'obligation ; — 5° lorsqu'il résulte, soit de la nature de l'engagement, soit de la chose qui en fait l'objet, soit de la fin qu'on s'est proposée dans le contrat, que l'intention des contractants a été que la dette ne pût s'acquitter partiellement. Dans les trois premiers cas, l'héritier qui possède la chose due ou le fonds hypothéqué à la dette peut être poursuivi pour le tout sur la chose due ou sur le fonds hypothéqué, sauf le recours contre ses cohéritiers. Dans le quatrième cas, l'héritier seul chargé de la dette, et dans le cinquième cas, chaque héritier peut aussi être poursuivi pour le tout, sauf son recours contre ses cohéritiers.

Observation. — La dette divisible a pour effet, avons-nous dit, d'astreindre le débiteur originaire à l'exécution intégrale de son engagement, et sous ce rapport elle ne doit pas être distinguée de l'obligation indivisible. Mais quand le débiteur décède laissant plusieurs héritiers, elle se divise de plein droit entre eux, et chacun n'en est tenu que proportionnellement à sa part héréditaire (1220). Quelquefois cependant la dette, divisible par elle-même, peut être réclamée tout entière de chaque héritier du débiteur. L'art 1221 énumère cinq exceptions de cette espèce, qui ne sont, à vrai dire, que des cas d'indivisibilité *solutione tantùm*. Nous allons les examiner en détail, et montrer qu'au fond elles doivent se réduire à quatre seulement. La dette, quoique divisible, ne se divise pas :

1° Dans le cas où elle est *hypothécaire ;* l'héritier, détenteur de l'immeuble hypothéqué, peut, en effet, être astreint au payement intégral de la dette. D'après le Code, ce serait par exception au principe que toute dette divisible se partage de plein droit entre les héritiers, mais on ne peut admettre une telle exception. Effectivement, l'héritier peut être poursuivi pour la dette entière, non pas en sa qualité d'héritier, mais seulement en sa qualité de détenteur de l'immeuble hypothéqué, lequel est indivisiblement affecté à la sûreté du créancier. L'indivisibilité porte donc ici, non sur la dette,

mais sur l'hypothèque elle-même (art. 2114). Et cela est tellement vrai, qu'un tiers, même étranger à la dette, pourrait,
s'il détenait l'immeuble hypothéqué, être poursuivi pour le
montant intégral de l'obligation tout comme l'héritier lui-
même. Le Code ne devait donc pas considérer cet héritier
comme tenu du payement intégral en cette qualité.

2° La dette ne se divise pas lorsqu'elle est *d'un corps
certain* tombé tout entier au lot d'un héritier. Dans ce cas,
en effet, l'héritier qui détient la chose due, pouvant seul
désintéresser le créancier, peut naturellement aussi être
poursuivi par ce créancier pour la totalité de l'obligation.

3° La dette ne se divise pas lorsqu'elle est *alternative* de
choses, au choix du créancier, dont l'une est *indivisible*.
Cette prétendue exception à la règle que toute dette divisible se partage de plein droit entre les héritiers du débiteur
doit encore être rejetée. Effectivement, ou le créancier choisit
la chose indivisible, et alors on n'est plus dans l'hypothèse
d'une chose divisible qui, par exception, ne se divise pas ;
ou il choisit la chose divisible, et alors rien ne fait obstacle
au partage de la dette entre les différents héritiers du débiteur. Ce que le Code aurait dû dire et ce que disait Pothier,
c'est que dans ce cas le *choix* est indivisible, et en effet il
est clair que le débiteur ne pouvant, aux termes de l'art. 1191,
forcer le créancier à recevoir une partie de l'une des choses
dues et une partie de l'autre, le créancier ne pouvait pas
non plus forcer le débiteur à lui donner partie de l'une et
partie de l'autre.

4° La dette ne se divise pas lorsque l'un des héritiers est
chargé par le titre de la payer intégralement. Peu importe
que ce titre soit un testament, un partage, ou même la
convention originaire. La loi ne fait aucune distinction. Mais,
dans ce cas, l'héritier qui paye a évidemment son recours
contre ses cohéritiers, en proportion de leur part héréditaire.

5° La dette enfin peut être exigée tout entière de chaque
héritier du débiteur, quand il résulte de la *nature* de l'enga-

gement, de la *chose* qui en fait l'objet, ou encore de la *fin* des contractants, que leur intention a été que la dette ne pût être partiellement acquittée. Dans tous ces cas, en effet, il y a une stipulation tacite d'indivisibilité *solutione*, qui doit équivaloir à une stipulation expresse.

Comme on le voit, la première exception de l'art. 1221 doit être rejetée, la seconde doit être modifiée, et en définitive cet article ne contient que quatre cas d'indivisibilité *solutione tantùm*.

§ 2. — Des effets de l'obligation indivisible.

ART. 1222. Chacun de ceux qui ont contracté conjointement une dette indivisible en est tenu pour le total, encore que l'obligation n'ait pas été contractée solidairement.

1223. Il en est de même à l'égard des héritiers de celui qui a contracté une pareille obligation.

1224. Chaque héritier du créancier peut exiger en totalité l'exécution de l'obligation indivisible. — Il ne peut seul faire la remise de la totalité de la dette ; il ne peut recevoir seul le prix de la chose. Si l'un des héritiers a seul remis la dette ou reçu le prix de la chose, son cohéritier ne peut demander la chose indivisible qu'en tenant compte de la portion du cohéritier qui a fait la remise ou qui a reçu le prix.

1225. L'héritier du débiteur assigné pour la totalité de l'obligation peut demander un délai pour mettre en cause ses cohéritiers, à moins que la dette ne soit de nature à ne pouvoir être acquittée que par l'héritier assigné, qui peut alors être condamné seul, sauf son recours en indemnité contre ses cohéritiers.

Observation. — Nous venons de parcourir les cas et d'examiner les effets de l'indivisibilité *solutione tantùm*. Dans notre paragraphe, le Code traite de l'indivisibilité *naturâ aut obligatione*.

Des EFFETS *de l'obligation indivisible.* — L'obligation indivisible *naturâ aut obligatione* astreint, nous le savons déjà, chaque héritier du débiteur au payement intégral de la dette, et, à l'inverse, donne à chaque héritier du créancier le droit de l'exiger. De là il résulte que les poursuites d'un seul créancier interrompent la prescription pour la totalité de la dette et par rapport à tous les héritiers du débiteur (art. 2249). Pareillement, si la prescription est suspendue à l'égard d'un seul des héritiers du créancier à raison, soit de sa minorité, soit de son interdiction, cette suspension profite à tous les autres créanciers (art. 709, 710). Ces conséquences rigoureuses de l'indivisibilité sont peu compatibles avec la faculté que l'art. 1224²° accorde à chaque héritier du créancier de faire au débiteur la remise de *sa part* dans la dette; car si la remise peut être divisée, pourquoi les poursuites d'un seul héritier, ou bien son état de minorité ou d'interdiction, produiraient-ils des effets indivisibles? Il semble que chacun, pouvant disposer de sa part dans la créance, devrait, par contre, être astreint à faire lui-même les actes nécessaires à la conservation de ses droits.

Quel sera l'effet de la remise faite au débiteur par l'un des héritiers du créancier? Évidemment cette remise ne peut directement affecter la part du créancier dans l'obligation indivisible, dont le payement intégral pourra toujours être réclamé par chacun des autres héritiers; mais elle aura pour effet d'astreindre celui d'entre eux qui poursuivra l'exécution entière de l'engagement à tenir compte au débiteur de *la valeur* de la portion qui lui a été remise. Par exemple, lorsque la dette a pour objet une servitude de passage valant 12, et que sur trois héritiers du créancier l'un a fait remise de sa part au débiteur, les autres héritiers ne peuvent exiger la servitude entière qu'en lui tenant compte de 4.

Du recours en GARANTIE *de l'héritier poursuivi.* — Aux termes de l'art. 1225, l'héritier du débiteur assigné pour la totalité de l'obligation peut demander un délai pour mettre en cause ses cohéritiers. Ainsi, lorsque le débiteur devait livrer une servitude de passage, ou construire une maison, et qu'il meurt laissant plusieurs héritiers, le créancier peut poursuivre chacun d'eux pour la totalité, sauf à celui-ci à demander un délai pour recourir contre ses cohéritiers. Maintenant, de deux choses l'une : ou l'obligation est de telle nature que le créancier peut en exiger l'exécution selon les termes du contrat, et alors tous les débiteurs seront condamnés à cette exécution, avec dommages-intérêts pour ceux qui refuseraient, ou se laisseraient mettre en demeure; ou bien l'obligation est de telle nature que le créancier ne peut en exiger l'exécution directe, parce qu'elle a, par exemple, un fait pour objet, et alors elle se résoudra en dommages-intérêts, que chaque héritier supportera en proportion seulement de sa part héréditaire. Et en effet, du moment que rien ne fait plus obstacle à la division de la dette, on doit rentrer dans le droit commun et admettre cette division.

L'héritier poursuivi ne peut plus demander un délai pour mettre en cause ses cohéritiers, lorsque la dette est telle que lui seul peut l'exécuter (art. 1225). Alors, en effet, la condamnation doit, à tout événement, être prononcée contre lui pour la totalité. Ainsi, quand la dette a pour objet une servitude de passage à établir sur un fonds tombé au lot d'un héritier, cet héritier seul peut exécuter l'obligation, et, conséquemment, il doit, dans tous les cas, être condamné à cette exécution intégrale. Mais le délai qui ne peut être demandé pour la division de la condamnation pourra l'être pour la garantie due par les autres héritiers à celui qui est poursuivi (C. pr., art. 175). De la sorte, le tribunal statuera en même temps et sur la condamnation de l'héritier assigné, et sur la garantie qui lui est due par les autres héritiers.

SIXIÈME SECTION

DES OBLIGATIONS AVEC CLAUSE PÉNALE.

ART. 1226. La clause pénale est celle par laquelle une personne, pour assurer l'exécution d'une convention, s'engage à quelque chose en cas d'inexécution.

1227. La nullité de l'obligation principale entraîne celle de la clause pénale. — La nullité de celle-ci n'entraîne point celle de l'obligation principale.

1228. Le créancier, au lieu de demander la peine stipulée contre le débiteur qui est en demeure, peut poursuivre l'exécution de l'obligation principale.

1229. La clause pénale est la compensation des dommages et intérêts que le créancier souffre de l'inexécution de l'obligation principale. — Il ne peut demander en même temps le principal et la peine, à moins qu'elle n'ait été stipulée pour le simple retard.

1230. Soit que l'obligation primitive contienne, soit qu'elle ne contienne pas un terme dans lequel elle doive être accomplie, la peine n'est encourue que lorsque celui qui s'est obligé soit à livrer, soit à prendre, soit à faire, est en demeure.

1231. La peine peut être modifiée par le juge lorsque l'obligation principale a été exécutée en partie.

1232. Lorsque l'obligation primitive contractée avec une clause pénale est d'une chose indivisible, la peine est encourue par la contravention d'un seul des héritiers du débiteur, et elle peut être demandée, soit en totalité contre celui qui a fait la contravention, soit contre chacun des cohéritiers pour leur part et portion, et hypothécairement pour le tout, sauf leur recours contre celui qui a fait encourir la peine.

1233. Lorsque l'obligation primitive contractée sous une peine est divisible, la peine n'est encourue que par celui des héritiers du débiteur qui contrevient à cette obligation, et pour la part seulement dont il était tenu dans l'obligation principale, sans qu'il y ait d'action contre ceux qui l'ont exécutée. — Cette règle reçoit exception lorsque la clause pénale ayant été ajoutée dans l'intention que le payement ne pût se faire partiellement, un cohéritier a empêché l'exécution de l'obligation pour la totalité. En ce cas, la peine entière peut être exigée contre lui, et contre les autres cohéritiers pour leur portion seulement, sauf leur recours.

De la CLAUSE PÉNALE. — Nous avons dit plus haut que la clause pénale est le règlement fait par les parties elles-mêmes des dommages-intérêts qui peuvent être dus au cas où l'une d'elles ne satisferait point à son engagement. Quelquefois aussi elle sera stipulée pour le simple retard dans l'exécution de l'obligation (art. 1229).

TOME II. 32

La clause pénale est un contrat accessoire au contrat principal. Or, comme l'accessoire ne peut subsister sans le principal, il s'ensuit que la nullité de l'obligation principale entraînerait celle de la clause pénale ; mais comme le principal peut subsister sans l'accessoire, il en résulte que la nullité de la clause pénale n'entraînerait pas celle de l'obligation principale (article 1227).

A moins de convention contraire, la clause pénale ne doit pas être cumulée avec l'exécution de l'obligation principale. Le créancier peut demander l'une ou l'autre, mais non l'une et l'autre (art. 1128).

La clause pénale n'étant que la représentation des dommages-intérêts ne peut être encourue que lorsque les dommages-intérêts le seraient eux-mêmes, c'est-à-dire après une mise en demeure régulière du débiteur (art. 1230).

En principe, le juge ne peut, contrairement à ce qui avait lieu dans l'ancien droit français, ni augmenter ni diminuer la clause pénale (art. 1152). Cependant, lorsqu'elle a été stipulée en vue d'une inexécution complète de l'obligation, et que le débiteur l'a partiellement exécutée, le juge a le droit de la diminuer (article 1231).

Quand l'obligation principale est indivisible, la clause pénale est encourue par le fait d'un seul des débiteurs (art. 1232). Cette solution, empruntée à Pothier, est regrettable, car elle viole le principe que nul ne doit répondre que de ses fautes ou de son fait personnel, quand, d'ailleurs, il ne s'est pas engagé à répondre de la faute ou du fait d'autrui ; ce qui n'a pas lieu entre débiteurs d'une chose indivisible. Quand l'obligation principale est divisible, le Code déclare, conformément aux vrais principes, que celui-là seul est tenu de la clause pénale qui contrevient à l'obligation (art. 1233).

CHAPITRE V

DE L'EXTINCTION DES OBLIGATIONS.

Art. 1234. Les obligations s'éteignent : par le payement ; — par la novation ; — par la remise volontaire ; — par la compensation ; — par la confusion ; — par la perte de la chose ; — par la nullité ou la rescision ; — par l'effet de la condition résolutoire, qui a été expliquée au chapitre précédent ; — et par la prescription, qui fera l'objet d'un titre particulier.

Observation. — L'art. 1234 énumère *neuf* causes d'extinction des obligations ; on peut y ajouter :

10° La *mort* du débiteur ou du créancier, lorsque l'obligation était attachée à sa personne. Ainsi la dette d'un tableau à exécuter s'éteint par la mort de l'artiste et celle d'une rente viagère par la mort du rentier.

11° L'*expiration* du terme, lorsque l'obligation ne devait durer que pendant un certain délai. Par exemple, je m'engage à vous payer 10 par an, jusqu'à votre majorité ; mon obligation cesse d'exister le jour où vous avez vingt-un ans révolus.

Nous allons parcourir successivement avec le Code les divers modes d'extinction des obligations.

PREMIÈRE SECTION

DU PAYEMENT.

§ 1. — Du payement en général.

Art. 1235. Tout payement suppose une dette : ce qui a été payé sans être dû est sujet à répétition. — La répétition n'est pas admise à l'égard des obligations naturelles qui ont été volontairement acquittées.

1236. Une obligation peut être acquittée par toute personne qui y est intéressée, telle qu'un coobligé ou une caution. — L'obligation peut même être acquittée par un tiers qui n'y est point intéressé, pourvu que ce tiers agisse au nom et en l'acquit du débiteur, ou que, s'il agit en son nom propre, il ne soit pas subrogé aux droits du créancier.

1237. L'obligation de faire ne peut être acquittée par un tiers contre le gré du créancier, lorsque ce dernier a intérêt qu'elle soit remplie par le débiteur lui-même.

1238. Pour payer valablement, il faut être propriétaire de la chose donnée en payement, et capable de l'aliéner. — Néanmoins le payement d'une somme en argent ou autre chose qui se consomme par l'usage ne peut être répété contre le créancier qui l'a consommée de bonne foi, quoique le payement en ait été fait par celui qui n'en était pas propriétaire ou qui n'était pas capable de l'aliéner.

1239. Le payement doit être fait au créancier, ou à quelqu'un ayant pouvoir de lui, ou qui soit autorisé par justice ou par la loi à recevoir pour lui. — Le payement fait à celui qui n'aurait pas pouvoir de recevoir pour le créancier est valable, si celui-ci le ratifie, ou s'il en a profité.

1240. Le payement fait de bonne foi à celui qui est en possession de la créance est valable, encore que le possesseur en soit par la suite évincé.

1241. Le payement fait au créancier n'est point valable, s'il était incapable de le recevoir, à moins que le débiteur ne prouve que la chose payée a tourné au profit du créancier.

1242. Le payement fait par le débiteur à son créancier, au préjudice d'une saisie ou d'une opposition, n'est pas valable à l'égard des créanciers saisissants ou opposants ; ceux-ci peuvent, selon leur droit, le contraindre à payer de nouveau, sauf, en ce cas seulement, son recours contre le créancier.

1243. Le créancier ne peut être contraint de recevoir une autre chose que celle qui lui est due, quoique la valeur de la chose offerte soit égale ou même plus grande.

1244. Le débiteur ne peut point forcer le créancier à recevoir en partie le payement d'une dette, même divisible. — Les juges peuvent néanmoins, en considération de la position du débiteur, et en usant de ce pouvoir avec une grande réserve, accorder des délais modérés pour le payement, et surseoir à l'exécution des poursuites, toutes choses demeurant en état.

1245. Le débiteur d'un corps certain et déterminé est libéré par la remise de la chose en l'état où elle se trouve lors de la livraison, pourvu que les détériorations qui y sont survenues ne viennent point de son fait ou de sa faute, ni de celle des personnes dont il est responsable, ou qu'avant ces détériorations il ne fût pas en demeure.

1246. Si la dette est d'une chose qui ne soit déterminée que par son espèce, le débiteur ne sera pas tenu, pour être libéré, de la donner de la meilleure espèce ; mais il ne pourra l'offrir de la plus mauvaise.

1247. Le payement doit être exécuté dans le lieu désigné par la convention. Si le lieu n'y est pas désigné, le payement, lorsqu'il s'agit d'un corps certain et déterminé, doit être fait dans le lieu où était, au temps de l'obligation, la chose qui en fait l'objet. — Hors ces deux cas, le payement doit être fait au domicile du débiteur.

1248. Les frais du payement sont à la charge du débiteur.

Observation. — Le *payement* (*solutio*) est le mode naturel et général d'extinction des obligations. Il consiste dans l'exécution même de l'engagement, et, sous ce rapport, il est la traduction du mot *solutio,* qui indiquait la rupture du lien constitutif de l'obligation. Dans la pratique, le mot *payement* s'applique plus spécialement à l'exécution des engagements qui ont pour objet des sommes d'argent. Mais ce sens restreint n'est pas, comme nous venons de le dire, celui de la section qui nous occupe.

Nous allons examiner : 1° *quelles dettes* on peut payer ; 2° *qui peut* les payer ; 3° *à qui l'on peut* payer ; 4° *quelle chose* on doit payer ; 5° *où* l'on *doit* payer ; 6° aux *frais de qui* se fait le payement.

1° QUELLES DETTES *on peut payer.* — On peut payer toute espèce de dettes, même les dettes naturelles, et le payement ne cesse d'être valable que dans le cas où l'obligation était purement imaginaire. Alors celui qui a payé peut exiger la restitution de la chose dont il s'est dessaisi, en prouvant que son payement a été le résultat de l'erreur. Nous reviendrons là-dessus, en traitant du *payement de l'indu* (art. 1376 et suiv.).

Des obligations NATURELLES. — On peut, avons-nous dit, payer valablement des obligations naturelles ; mais qu'est-ce donc qu'une obligation naturelle ? Le Code n'en donne pas la définition, seulement il en valide le payement, lorsque ce payement a été volontaire. On voit déjà par ce résultat que l'obligation naturelle n'est pas une obligation purement morale et de conscience, et qu'elle appartient, du moins dans certaines limites, au droit civil qui en maintient l'exécution ; mais alors pourquoi le Code ne la munit-il pas d'une action comme les obligations civiles ? Le voici : les obligations naturelles proviennent toutes de faits que l'on ne peut légalement prouver, et le Code n'a pas voulu se mettre en contradiction avec lui-même en permettant la poursuite de ces obligations. Mais comme cependant les dettes naturelles n'ont en soi rien de contraire au droit civil, celui-ci les sanctionne toutes les fois que le débiteur lui-même les reconnaît. Cela revient à dire que les obligations naturelles sont des obligations civiles mutilées, des obligations civiles dépourvues d'action, et dont l'accomplissement est entièrement subordonné à la volonté du débiteur. Quelques exemples vont préciser notre pensée.

Le Code prescrit, à peine de nullité, certaines règles pour les testaments. Supposons que ces règles n'aient pas été observées, le légataire ne pourra pas exiger la délivrance du legs, puisque l'acte dans lequel son droit doit prendre naissance est entaché de nullité et ne peut être utilement produit en justice. En vain voudrait-il fournir la preuve de la sincérité du legs, la justice ne pourrait l'admettre, puisque le Code exige, à peine de nullité, que tout legs résulte d'un testament parfaitement régulier. Les héritiers du testateur ne sont donc pas tenus civilement de la délivrance du legs, mais ils n'en restent pas moins débiteurs naturels, et, s'ils l'acquittent, le payement sera valable.

Pareillement lorsque je suis votre débiteur, et que, poursuivi en justice, je gagne mon procès, je reste tenu d'une obligation naturelle, quoique vous ne puissiez plus désormais me poursuivre, à cause du principe *Res judicata pro veritate habetur*. Si donc je vous paye volontairement ma dette, ce payement sera valable, et, par suite, ne pourra pas être répété.

A ces obligations naturelles on peut ajouter celle de l'interdit qui a contracté dans un intervalle lucide, et qui se trouve cependant protégé par la présomption légale que tous ses actes sont faits sans discernement; celle des débiteurs qui ont prescrit l'obligation civile et qui sont également protégés par une présomption de payement contre laquelle le Code n'admet pas en principe la preuve contraire (art. 1350), etc.

On ne saurait assimiler une dette *nulle* pour cause illicite par exemple, à une dette *naturelle*. Dans le premier cas le payement est toujours nul et sujet à répétition. Ainsi l'officier ministériel qui a payé à son prédécesseur un supplément de prix en dehors de celui fixé par le gouvernement, peut en exiger la restitution [1]. Au contraire, cette restitution ne peut pas être demandée quand il y a véritablement dette naturelle.

Quel est, dans l'article 1235 2º le sens de ces mots *payement volontaire ?* Évidemment ils signifient que le débiteur doit payer la dette, non-seulement sans y être contraint par la violence ou par des manœuvres frauduleuses, mais encore en parfaite connaissance de cause, et sachant qu'il acquitte une obligation dont l'exécution ne peut être exigée par le créancier. Et, en effet, puisque l'obligation naturelle n'est en réalité qu'une obligation civile, dont la preuve ne peut être légalement fournie, il faut de toute nécessité que la reconnaissance de la dette par le débiteur vienne suppléer la preuve qui doit être fournie par le créancier. Or, cette reconnaissance ne peut résulter que d'un payement fait en connaissance de cause et par un débiteur qui sait n'être obligé que naturellement. D'ailleurs, comme l'erreur, aussi bien que le dol ou la violence, est un obstacle au libre exercice de la volonté, le mot *volontairement* ne peut être plus exactement

---

[1] Larombière, art. 1235, nº 11. — Cass., 28 mai 1856.

traduit que par ces autres mots : *en connaissance de cause*. L'obligation naturelle ne sera donc valablement payée que si le débiteur en connaissait le véritable caractère.

La validité du payement volontaire n'est pas le seul effet des obligations naturelles. Reconnues par le débiteur, elles peuvent encore être novées ou opérer novation, et, de plus, être garanties par des accessoires tels que gages, hypothèques, cautions ; en un mot, elles produisent alors tous les effets des obligations civiles ordinaires, moins l'action.

2° Qui peut *payer*. — Toute personne, même étrangère à la dette, peut la payer, pourvu que le créancier n'ait pas intérêt à ce que le payement soit fait par le débiteur lui-même (art. 1236). Cet intérêt existe, par exemple, dans presque toutes les obligations de faire, car un tiers pourrait ne pas accomplir le fait promis comme le débiteur ; et, en outre, dans plusieurs obligations de donner, car souvent le débiteur seul possède la chose stipulée par le créancier. Cet intérêt n'existe plus, au contraire, lorsqu'il s'agit de dettes d'argent, car il doit être indifférent au créancier de recevoir la somme du débiteur ou d'une autre personne. Examinons, dans cette hypothèse, l'effet du payement fait par le débiteur ou bien par des tiers.

Le payement fait par le débiteur éteint la dette entière, avec tous ses accessoires.

Le payement fait par un tiers intéressé à l'obligation, soit caution, soit débiteur solidaire, éteint également toute la dette par rapport au créancier, mais la laisse subsister avec ses accessoires par rapport au débiteur principal ou aux autres débiteurs solidaires, à cause de la subrogation de celui qui a payé aux droits du créancier (art. 1251³°).

Le payement fait par un tiers non intéressé à l'obligation (lequel peut, nous l'avons vu, avoir lieu malgré le débiteur et malgré le créancier) éteint la dette, pourvu, dit l'art. 1236 ²°, que le tiers agisse au nom et en l'acquit du débiteur, ou que, s'il agit en son propre nom, il ne *soit pas subrogé* aux

droits du créancier. Le cas où le tiers agit au nom et en l'acquit
du débiteur est sans difficulté. C'est, par exemple, un parent de
ce débiteur qui va trouver le créancier et le désintéresse. Le
payement dont il s'agit sera ou non accompagné de subrogation,
selon que le créancier ou le débiteur l'auront ou ne l'auront
pas concédée au tiers qui paye, car le Code n'admet pas la
subrogation de plein droit au profit de personnes étrangères
à l'obligation. — La seconde hypothèse de l'article, celle
d'un tiers payant en son propre nom, pourvu qu'il ne *soit pas
subrogé* aux droits du créancier, est fort obscure. On comprend bien que le tiers paye en son propre nom, au lieu de
payer au nom du débiteur, et qu'il montre ainsi l'intention
d'acquitter la dette dans son intérêt personnel au lieu de
l'acquitter dans l'intérêt du débiteur, mais on ne comprend
pas en quoi la subrogation pourrait entraver l'opération,
puisque cette subrogation n'empêche pas le payement de la
dette par un tiers qui y est intéressé, d'être parfaitement valable. Il est probable que les rédacteurs du Code, confondant
la subrogation avec la cession des créances, ont voulu dire
que le payement ne peut être fait par un tiers qui achète les
droits du créancier. Alors, en effet, le tiers ne paye pas la *dette*,
mais le *prix* de la créance ; en d'autres termes, la dette n'est
pas *éteinte*, mais la créance est *transférée* d'une personne à
une autre, et ce transport a, comme nous le verrons plus tard,
des effets tout différents de ceux de la subrogation. Si telle
est la pensée des rédacteurs du Code, ils n'avaient pas besoin
de l'exprimer ; il va de soi que l'achat de la créance ne peut
être confondu avec son payement. En définitive, il faut, je
crois, regarder comme non avenues les dernières expressions
de l'art. 1236. Le payement fait par un tiers, même avec
subrogation, sera donc valable, et toutes les fois que le tiers
aura entendu acheter les droits du créancier, ce ne sera plus
un payement, et il n'y aura plus, dès lors, à s'occuper de sa
validité.

Le tiers qui a payé la dette a-t-il un recours contre le dé-

biteur ? Oui, évidemment, lorsqu'il était intéressé à l'obligation, puisque l'art. 1251 ²° le déclare subrogé de plein droit
au créancier. Mais faut-il donner la même décision dans le
cas où le tiers était étranger à la dette ? Alors on doit distinguer si le tiers a payé dans le but de gérer simplement les affaires du débiteur, ou bien dans le but de lui faire une donation. Au premier cas, il peut exercer contre lui son recours
jusqu'à concurrence de ce dont le payement lui a profité, car
il est de principe que tout gérant d'affaires a le droit de répéter, contre celui dont l'affaire a été administrée, toutes les
impenses nécessaires et même simplement utiles. Au second
cas, il ne peut exercer aucun recours contre le débiteur,
puisque « donner et retenir ne vaut. » Mais, sera-ce au tiers
de prouver qu'il a été gérant d'affaires du débiteur, ou à celui-ci de prouver que le tiers a voulu lui faire une donation ?
Les donations ne se présument pas, et, en conséquence, si le
tiers exerce son recours contre le débiteur, celui-ci devra
prouver que le payement a été fait *animo donandi*.

Quand le payement fait par le tiers, au lieu d'être une gestion d'affaires ou une donation, a eu pour but de lui faire acquérir par l'action récursoire un moyen de tourmenter le débiteur, alors le juge doit s'opposer à une pareille manœuvre,
et accorder au débiteur les mêmes conditions que lui eût accordées son ancien créancier. Ainsi, il pourra lui donner de
longs délais pour le remboursement de la somme payée, et la
prescription continuera de courir contre l'action récursoire,
même appartenant à un mineur ou à un interdit, comme elle
courait contre la créance primitive.

De la CAPACITÉ *nécessaire pour* PAYER. — D'après l'art. 1238,
pour payer valablement, « il faut être propriétaire de la chose
donnée en payement et capable de l'aliéner. » Cette disposition est exacte pour les dettes d'argent ou de choses *in genere* ; mais elle est évidemment fausse pour les dettes de
corps certains. Ainsi, quand je vous dois tel cheval que je
vous ai vendu ou emprunté, non-seulement je n'en suis pas,

mais encore je n'en puis pas être propriétaire, car la vente vous en a transféré la propriété, ou le prêt ne vous a pas empêché de la conserver. Il faut donc restreindre l'application du principe posé par l'art. 1238 aux dettes de genre.

Quel est l'effet d'un payement émané d'une personne qui n'est point propriétaire de la chose, ou capable de l'aliéner ? D'abord, si celui qui paye n'est pas propriétaire, le créancier ne peut le devenir, et comme il reste exposé à la revendication de la chose par le véritable propriétaire, il a le droit de faire annuler le payement et de réclamer une autre chose. Il peut user de cette faculté, même quand la chose payée étant mobilière, il se trouve protégé par la maxime : « En fait de meubles la possession vaut titre. » Car il doit rester libre de ne pas invoquer une prescription qui répugne à sa conscience. Quant au débiteur qui aurait par erreur payé la chose d'autrui, l'art. 1238 ²° lui permet de la répéter du créancier, à moins que celui-ci ne l'ait consommée de bonne foi. Cette décision est de toute justice : en effet, d'un côté le créancier ne peut raisonnablement refuser de rendre au débiteur une chose qui ne lui appartenait pas, et à laquelle sera substituée une chose qui lui appartenait ; et, de l'autre côté, le débiteur ne peut raisonnablement exiger cette restitution, lorsque le créancier a consommé de bonne foi la chose payée.

Si celui qui paye, tout en étant propriétaire de la chose, est incapable de l'aliéner, par exemple, à cause de sa minorité ou de son interdiction, il peut demander la nullité du payement, à moins qu'il n'ait aucun intérêt à cette nullité ; or, il n'y a aucun intérêt s'il n'a pas payé plus qu'il ne devait, ni à raison de la chose, ni à raison du lieu, du terme ou de la condition. — Aurait-il un intérêt ; il perd encore son droit de répétition, dans le cas où le créancier a consommé de bonne foi la chose payée. Ce résultat est injuste si le débiteur a, en fait, payé plus qu'il ne devait, mais la loi est formelle. Quant au créancier, il ne peut critiquer le payement émané d'un incapable, puisque les incapables seuls sont recevables à demander la nullité des actes faits par eux sans autorisation.

3° A qui *l'on peut* PAYER. — On peut payer valablement :

1° Au créancier ;

2° A son représentant conventionnel, légal ou judiciaire ;

3° Au possesseur de la créance.

Et d'abord, l'on peut payer valablement au créancier, mais bien entendu à la condition qu'il soit capable de recevoir (art. 1241). En effet, le créancier incapable ne peut renoncer à sa créance, et le payement fait par le débiteur ne saurait le libérer. Cependant, lorsque le payement fait au créancier incapable tourne à son profit, il libère le débiteur par la raison que, dans ce cas, un créancier, même capable, n'en eût pas retiré un plus grand avantage. Mais quand donc le payement sera-t-il réputé avoir tourné au profit du créancier incapable? C'est lorsque ce créancier en aura fait le même usage qu'un créancier capable. Ainsi, quand le mineur ou l'interdit emploie la somme payée à l'acquisition d'une maison achetée à des conditions raisonnables, le payement tourne à son profit, lors même que la maison viendrait à périr par cas fortuit. Mais si, au contraire, il dépense follement l'argent reçu du débiteur, celui-ci sera contraint de payer une seconde fois, et avec raison, puisque son imprudence est sans excuse.

Le payement fait à l'incapable ou même à une tierce personne devient évidemment encore valable par la ratification que lui donne le créancier devenu capable (art. 1239 2°).

En second lieu, le payement peut être valablement fait au représentant conventionnel, légal ou judiciaire du créancier. Le représentant conventionnel sera un mandataire soit général, soit spécial, que le créancier aura muni de pouvoirs réguliers et suffisants. Si le mandataire a reçu ses pouvoirs dans le contrat d'où est née la dette, le créancier ne pourra pas le révoquer sans le consentement du débiteur, parce qu'un tel mandataire est institué dans l'intérêt commun de l'un et de l'autre : les Romains l'appelaient *adjectus solutionis gratiâ*. Le représentant légal du créancier auquel on pourra payer encore valablement sera, par exemple, son tuteur, son conjoint, etc. Son représentant judiciaire sera, par exemple, l'administrateur provisoire désigné pour gérer sa fortune pendant un procès en interdiction, ou un créancier saisissant, dont l'opposition aura été validée par la justice. Un mot sur la *saisie-arrêt* ou *opposition*. Ces expressions désignent l'acte d'huissier par lequel un créancier signifie au débiteur de son débiteur de ne point faire à son propre créancier un payement qui serait peut-être dissipé, et dont ne profiterait pas le saisissant ou opposant. Lorsque cette saisie-arrêt ou opposition est validée par la justice, le créancier à la requête duquel elle a été pratiquée peut valablement recevoir payement du débiteur de son débiteur, et même, en cas de refus, l'y contraindre. En procédure, on appelle *saisi* le débiteur du saisissant, et *tiers saisi*, le débiteur de ce débiteur. On peut donc dire que le payement fait par tout tiers saisi à un créancier saisissant est valable, comme s'il avait été fait au saisi lui-même (C. pr., art. 557 et seq.).

L'on peut enfin payer valablement au possesseur de la créance, pourvu qu'on l'en croie propriétaire. On entend par *possesseur* de la créance celui qui joue le rôle de créancier sans l'être véritablement.

Le Code a pensé qu'il serait trop rigoureux d'annuler un payement fait de bonne foi à celui qui pouvait exercer des poursuites contre le débiteur et le contraindre à s'exécuter. Mais comment comprendre que le débiteur se méprenne sur la qualité de la personne à laquelle il paye, puisque le titre de la créance porte le nom du véritable propriétaire ? Une telle erreur sera fort rare. Elle peut cependant se présenter ; par exemple, dans le cas où une succession est appréhendée par un autre que le véritable héritier. En effet, l'héritier apparent possède toutes les créances héréditaires, et les payements faits entre ses mains par les débiteurs de la succession sont valables. Quand une créance est *au porteur*, la personne obligée peut encore valablement se libérer entre les mains de celui qui lui présente le titre, lors même que ce porteur ne serait pas légitime propriétaire de la créance.

4° Quelle *chose on* doit payer. — L'on doit payer la chose due, et la payer tout entière, à moins que le créancier ne consente à recevoir une autre chose à sa place, ou ne se contente de payements partiels. Lorsqu'il consent à recevoir une autre chose que celle véritablement due, l'opération ne s'appelle plus *payement,* mais *dation en payement (datio in solutum).* Si plus tard il est évincé de cette chose, son ancienne créance revit, car il n'y avait renoncé qu'à la condition de devenir propriétaire de la chose donnée *in solutum,* et ne l'étant pas devenu, il doit rentrer et rentre dans tous ses droits primitifs.

Le débiteur d'une chose déterminée seulement par son espèce n'est pas tenu de la donner de la meilleure espèce, mais il ne peut l'offrir de la plus mauvaise (art. 1246). Ainsi le débiteur d'un cheval n'est pas tenu de donner un cheval de prix, et ne peut non plus offrir une haridelle.

Le créancier, avons-nous dit, n'est pas tenu de recevoir des payements partiels. Cependant l'art. 1244 2° permet expressément aux juges d'accorder des délais de grâce modérés au débiteur, en considération de sa position. Et, en effet, l'avantage pour le créancier de recevoir d'un seul coup le payement de sa créance n'est pas par lui-même tellement essentiel que le débiteur ne doive, suivant les circonstances, pouvoir être soustrait par le juge à l'empire du droit commun. D'ailleurs, le décès du débiteur qui laisse plusieurs héritiers a nécessairement pour effet la division des payements, et, après tout, le juge ne fait que transporter dans sa vie un résultat que la loi elle-même place à l'ouverture de sa succession.

Maintenant, quelques auteurs soutiennent que l'article 1244 2° doit être interprété en ce sens que les juges peuvent accorder un seul délai de grâce, et jamais la division des payements; car, disent-ils, cette division est à la fois contraire au juste intérêt du créancier et au principe que toute créance divisible doit être exécutée comme si elle était indivisible. Mais une telle interprétation ne peut être admise en présence du texte formel de l'art. 1244 2°, qui permet au juge d'accorder plusieurs *délais* au débiteur, et, par une conséquence nécessaire, de diviser les payements. Ce sens est consacré et par l'ancienne jurisprudence et par la discussion même de notre article au Conseil d'État. Pourquoi d'ailleurs les juges, qui peuvent modifier la convention en reculant l'époque du payement, ne pourraient-ils pas aussi bien la modifier en divisant ce payement[1] ?

Ici se présente une grave question. Il s'agit de savoir si les juges peuvent accorder des délais de grâce au débiteur, lorsque le créancier est muni d'un *titre exécutoire*. Ils ne le peuvent évidemment pas, si ce titre est un jugement : lorsqu'un premier jugement ne contient pas les délais, un second ne peut les donner ; l'art. 122 du Code de proc. est formel à cet égard. Mais la question reste entière, lorsque le titre exécutoire est la grosse d'un acte notarié. En effet, les tribunaux ne sont plus liés par un jugement antérieur, et ils ont à statuer purement et simplement sur une convention ordinaire. L'on doit décider, je crois, que dans ce cas ils peuvent accorder des délais au débiteur, tout comme dans le cas où il n'existe pas de titre exécutoire. Effectivement, d'un côté le débiteur peut se trouver actuellement dans des circonstances malheureuses, qui exciteront à juste titre l'intérêt de la justice, et, de l'autre, l'intervention des tribunaux paraît d'autant plus nécessaire que ce débiteur est plus directement et plus immédiatement à la merci de son créancier. Puis l'art. 1244 2° est absolu dans ses termes, et confère, sans distinction aucune, aux juges le droit d'accorder des délais modérés au débiteur. En vain dira-t-on que la justice empiète sur le pouvoir exécutif, dont émane le titre exécutoire ; le fait se présente tous les jours, puisque tous les jours les

---

[1] Marcadé, art. 1244, n° 1. — Aubry et Rau, t. III, § 319, p. 113.

tribunaux supérieurs réforment les jugements rendus par les tribunaux inférieurs, quoique ces jugements soient exécutoires. Il n'existe donc aucune raison péremptoire de déroger à la règle de l'art. 1244 [2o], et l'on doit dès lors l'appliquer [1].

Par exception, le juge ne peut point accorder de délais au débiteur qui est en état de faillite ou de déconfiture, ou qui a diminué par son fait les sûretés spéciales qu'il avait données à son créancier, ou qui est, soit constitué prisonnier, soit contumax. Dans ces diverses hypothèses, en effet, les droits du créancier seraient mis en péril par le moindre retard.

5° Ou *l'on doit* PAYER. — L'on doit payer au lieu désigné par la convention ; ou, à défaut de lieu désigné, et lorsque la dette a pour objet un corps certain, au lieu où ce corps était au moment du contrat ; et, à défaut de l'un et l'autre de ces lieux, au domicile du débiteur (art. 1247), lors même que celui-ci en aurait changé depuis la formation de son engagement. C'était au créancier à prendre ses précautions.

6° AUX FRAIS DE *qui se fait le payement.* — Les frais de payement sont doubles. Ils comprennent ceux de délivrance et ceux d'enlèvement ; les premiers sont à la charge du débiteur (art. 1248), et les seconds à la charge du créancier (art. 1608). Ainsi la personne qui verse le vin dû dans le fût est payée par le débiteur, et celle qui emporte le fût est payée par le créancier.

§ 2. — Du payement avec subrogation.

ART. 1249. La subrogation dans les droits du créancier au profit d'une tierce personne qui le paye est ou conventionnelle ou légale.

1250. Cette subrogation est conventionnelle : — 1° lorsque le créancier, recevant son payement d'une tierce personne, la subroge

---

[1] Demolombe, *Rev. crit.*, t. 1, p. 331. — Marcadé, art. 1244, n° 3. — Alger, 17 février 1861.

dans ses droits, actions, priviléges ou hypothèques contre le débiteur; cette subrogation doit être expresse et faite en même temps que le payement; 2° lorsque le débiteur emprunte une somme à l'effet de payer sa dette, et de subroger le prêteur dans les droits du créancier. Il faut, pour que cette subrogation soit valable, que l'acte d'emprunt et la quittance soient passés devant notaires, que dans l'acte d'emprunt il soit déclaré que la somme a été empruntée pour faire le payement, et que dans la quittance il soit déclaré que le payement a été fait des deniers fournis à cet effet par le nouveau créancier. Cette subrogation s'opère sans le concours de la volonté du créancier.

1251. La subrogation a lieu de plein droit : — 1° au profit de celui qui, étant lui-même créancier, paye un autre créancier qui lui est préférable à raison de ses priviléges ou hypothèques ; — 2° au profit de l'acquéreur d'un immeuble, qui emploie le prix de son acquisition au payement des créanciers auxquels cet héritage était hypothéqué ; — 3° au profit de celui qui, étant tenu avec d'autres ou pour d'autres au payement de la dette, avait intérêt à l'acquitter ; —4° au profit de l'héritier bénéficiaire qui a payé de ses deniers les dettes de la succession.

1252. La subrogation établie par les articles précédents a lieu tant contre les cautions que contre les débiteurs ; elle ne peut nuire au créancier lorsqu'il n'a été payé qu'en partie ; en ce cas, il peut exercer ses droits pour ce qui lui reste dû, par préférence à celui dont il n'a reçu qu'un payement partiel.

DÉFINITION et NATURE *de la* SUBROGATION. — La subrogation dont il s'agit ici peut être définie : la substitution au créancier d'un tiers qui a payé la dette à la place du débiteur. Les auteurs ne sont pas d'accord sur la nature et les effets de la subrogation. Nous allons exposer les deux systèmes principaux qui sont en présence.

D'après le premier, le payement fait avec subrogation produit un double résultat : d'une part, il éteint la dette, et, de l'autre, il engendre au profit du tiers qui paye une action récursoire contre le débiteur, entièrement nouvelle et distincte de la précédente, action qui est cependant garantie par tous les accessoires de la créance payée, tels que priviléges, hypothèques, cautionnements, etc. Selon ce système, tout ce qui,

dans une créance, ne peut être regardé comme un de ses accessoires cesse, nonobstant la subrogation, de subsister avec
la dette payée. Ainsi, dans le cas où la compétence d'un tribunal autre que celui dans le ressort duquel le débiteur a son
domicile avait été attribuée par le contrat au créancier primitif, le subrogé ne peut pas invoquer cette compétence exceptionnelle. Pareillement, il ne pourrait pas, si la dette était
commerciale, produire les moyens de preuve exceptionnels
qu'avait le créancier originaire, parce que les accessoires de
la créance ont seuls survécu, et profitent seuls au subrogé.

D'après le second système [1], la subrogation fait passer sur
la tête du subrogé non-seulement les *accessoires* de la créance
payée, mais encore cette *créance elle-même*, avec tous ses
avantages de toute nature, même de preuve, de compétence
et d'exécution.

On fait à ce système une double objection. D'abord, dit-on,
tout payement a pour résultat d'éteindre la dette ; et si la
dette est éteinte, on ne peut comprendre que le subrogé ait la
même créance que le subrogeant. A cela on répond que le
payement éteint bien la dette par rapport au créancier, mais
qu'il la laisse subsister par rapport au débiteur. L'opération a
deux faces : vis-à-vis du créancier, elle est un payement ordinaire ; vis-à-vis du débiteur, elle n'est pas un payement.
Mais, dit-on encore, si la créance elle-même passe du créancier primitif au créancier subrogé, la subrogation ne diffère
plus de la cession des créances, dont l'effet est de transférer
également d'une personne à une autre les droits et actions
que le cédant avait contre son débiteur. A cela on répond que
le payement fait avec subrogation est et doit rester une gestion d'affaires accomplie par le tiers dans l'intérêt du débiteur, tandis que la cession est presque toujours une spéculation faite par le cessionnaire dans son propre intérêt; d'où
cette grave différence que le créancier subrogé ne pourra ja-

[1] Valette, cité par Mourlon.

mais réclamer du débiteur que ses déboursés, au lieu que le cessionnaire pourra exiger le montant intégral de la créance, lors même que ses déboursés seraient inférieurs. Ainsi ce système peut, d'une part, se concilier avec l'idée de payement inhérente à la subrogation, et, de l'autre, il ne se confond nullement dans ses résultats avec la cession des créances. Voyons maintenant sur quelles bases il repose.

On invoque en sa faveur l'autorité historique, les textes du Code, et l'esprit même de la subrogation. Et d'abord il est conforme à la tradition. En effet, l'ordonnance de 1609 dit expressément que le subrogé acquiert les *droits, actions, priviléges et hypothèques* de l'ancien créancier, ou, en d'autres termes, la créance elle-même, et Pothier n'a jamais entendu autrement la subrogation. L'article 1250 1° du Code reproduit textuellement les termes de l'ordonnance et de Pothier, et il confirme ainsi le sens que ce système emprunte à l'histoire. Enfin, la pensée qui a fait instituer la subrogation a été de donner au tiers qui paye la dette d'autrui le plus de garanties possible, afin que la libération des débiteurs en soit favorisée. Or le système qui attribue à la subrogation les effets les plus étendus est évidemment le plus conforme à l'esprit même et au but de la subrogation, et, dans le doute, il doit prévaloir.

Des diverses ESPÈCES *de subrogation*. — La subrogation est CONVENTIONNELLE OU LÉGALE, suivant qu'elle résulte de la volonté des parties ou de la volonté du législateur. La première doit être expresse, et peut avoir lieu au profit de toute personne qui désintéresse le créancier ; la seconde s'opère de plein droit, et n'a jamais lieu qu'au profit de certaines personnes déterminées (art. 1249).

I. *De la subrogation* CONVENTIONNELLE. — La subrogation conventionnelle peut émaner soit du créancier, soit du débiteur.

De la subrogation émanée du CRÉANCIER. — La subrogation émanée du créancier doit, pour être valable, réunir deux conditions, savoir : être *expresse*, et, en outre, *contemporaine* au payement (art 1250 1°). Elle doit être expresse, car on ne doit pas facilement présumer que le créancier ait déserté sa place pour y mettre le tiers qui le paye. Peu importent d'ailleurs les expressions dont il s'est servi : la subrogation est valable, si sa volonté de subroger est certaine. De plus, la subrogation doit être comtemporaine au payement ; et, en effet, si elle était antérieure, le tiers n'aurait pas rempli la première condition de la subrogation, qui est le payement, et, si elle était postérieure, le créancier lui transmettrait des droits éteints, ce qui est impossible. La subrogation doit donc être faite en même temps que le payement. Elle pourra l'être, par exemple, dans la quittance remise au tiers par le créancier. Que cette quittance soit authentique ou privée, la subrogation sera toujours valable [1].

On décide généralement que le créancier subrogaent n'est pas, comme le créancier qui fait un transport, obligé de garantir l'existence de la créance. La raison de cette différence est que le subrogeant pourrait refuser, s'il voulait, la subrogation au tiers qui le paye, et qu'on ne saurait retourner contre lui une stipulation faite exclusivement dans l'intérêt de ce dernier ; tandis qu'au contraire le cédant vend un droit dont il affirme et doit conséquemment garantir l'existence, sans quoi il aurait touché sans cause le prix du transport qu'il a consenti [2].

De la subrogation émanée du DÉBITEUR. — Cette subrogation paraît d'abord singulière. En effet, l'on ne comprend pas comment le débiteur peut transférer au tiers qui paye sa dette des droits qui, loin d'être à sa disposition, sont précisément dirigés contre lui. La faveur accordée à la libération des débiteurs a cependant fait établir qu'ils pourraient subroger aux droits de leurs créanciers les tiers bailleurs des fonds nécessaires à l'acquittement de l'obligation. Un édit de 1609, rendu par Henri IV, et maintenu depuis cette époque, introduisit le premier ce droit particulier dans notre lé-

[1] Aubry et Rau, t. III, § 321, note 4. — Cass., 20 janv. 1857.
[2] Marcadé, art. 1250, Massé et Vergé, t. III, § 563, note 6.

gislation. Ainsi tout débiteur peut, quand il veut, substituer à un créancier, auquel il aurait consenti des avantages excessifs, un tiers qui, moyennant la subrogation, se contentera peut-être d'avantages moindres, par exemple, d'intérêts plus faibles ou d'un terme plus éloigné. Le débiteur se trouve donc de la sorte soustrait au mauvais vouloir d'un créancier, qui, en refusant toute subrogation, aurait empêché les tiers de prêter leur argent au débiteur, faute de pouvoir en obtenir des sûretés suffisantes. La subrogation par le débiteur n'a d'ailleurs rien d'injuste. Effectivement, le créancier reçoit le montant intégral de ce qui lui est dû, et dès lors il ne peut se plaindre. Quant aux autres créanciers, il doit leur être indifférent de se trouver en présence du créancier primitif ou du tiers qui lui est subrogé. Dans l'un et l'autre cas, leur situation est identique.

La subrogation émanée du débiteur est surbordonnée à deux conditions : la première, qu'il emprunte par *acte notarié* la somme nécessaire à la subrogation, et retire des mains du créancier une quittance également *notariée ;* la seconde, que l'acte d'emprunt déclare la *destination* des deniers, et que la quittance constate leur *affectation réelle* au payement projeté. Ces formalités ont pour but de prévenir la fraude que voici : il était à craindre que le débiteur, de concert avec un créancier déjà désintéressé, et dont les droits sont par conséquent éteints, ne fît revivre ces droits, en cachant la quittance qui en constatait l'extinction, et ne les transférât à un tiers qui aurait prêté des fonds en apparence nécessaires au payement du créancier, mais en réalité destinés à rester entre les mains du débiteur, et dont le remboursement eût été garanti par des priviléges, hypothèques, etc., frauduleusement ressuscités. Or, autant il importe de faciliter la libération des débiteurs, en leur permettant de subroger au créancier les tiers qui leur fournissent l'argent nécessaire à son désintéressement, autant il importe d'empêcher qu'un créancier complaisant, et peut-être payé depuis longtemps, ne devienne le complice d'un débiteur qui, sous prétexte de le payer, ferait revivre des droits éteints pour contracter de nouveaux emprunts au préjudice de ses autres créanciers. Maintenant, la nécessité d'un acte d'emprunt et d'une quittance notariés sera un obstacle sérieux, quoique non insurmontable, à une semblable fraude. Il n'est pas en effet présumable qu'un créancier désintéressé consente à feindre le contraire dans un acte public, et qu'il signe la déclaration mensongère que ce sont les deniers empruntés qui ont servi à son payement. Le notaire lui-même saura quelquefois ce qui en est, et il ne se prêtera évidemment pas à une subrogation dépourvue de sincérité. La nécessité d'un acte d'emprunt et d'une quittance notariés se trouve donc ainsi justifiée.

II. *De la subrogation* LÉGALE. — La subrogation légale est accordée à diverses personnes qui sont présumées n'avoir payé le créancier que sous cette condition. Elle a lieu de *plein droit*, et, de la sorte, on n'a pas à craindre que, par oubli ou même par ignorance, ces personnes soient privées d'un avantage sur lequel elles avaient légitimement compté ou dû compter. Aux termes de l'art. 1251, la subrogation légale a lieu :

1° « Au profit de celui qui, étant lui-même créancier, « paye un autre créancier qui lui est préférable à raison de « ses priviléges ou hypothèques. » Ainsi, lorsque le premier créancier hypothécaire inscrit sur un immeuble veut en poursuivre la vente en temps inopportun, et qu'un créancier postérieur, craignant de ne pas être colloqué en rang utile, et désintéresse, il est subrogé de plein droit à sa créance et à son hypothèque ; et rien n'est plus juste, puisque le créancier postérieur a payé le premier dans le but, non de tourmenter le débiteur, mais de retarder une vente qui aurait pu être préjudiciable et à ce débiteur et à lui-même. Le Code prévoit seulement l'hypothèse d'un créancier postérieur désintéressant un créancier antérieur, par la double raison qu'à Rome

le premier créancier en date pouvait seul faire vendre
la chose hypothéquée, et que chez nous encore cette
vente sera toujours provoquée, sinon par les premiers
créanciers inscrits sur l'immeuble, du moins par ceux
qui arrivent en rang utile. Mais y aura-t-il subrogation
légale si, en fait, un créancier antérieur désintéresse un
créancier postérieur, par exemple, dans le but d'éviter les
frais de la vente et de la distribution des deniers ? L'équité et
l'analogie l'exigeraient; malheureusement le texte du Code
est formel, et il ne permet pas d'étendre à cette hypothèse
la subrogation légale. Nous donnerions une solution différente si le payement avait été fait par un créancier chirographaire à un créancier privilégié ou hypothécaire. Alors en
effet le payement réunit toutes les conditions prescrites par
l'art. 1251 1° pour produire la subrogation légale, puisque
d'une part il émane de celui qui est lui-même créancier, et que,
de l'autre, il est fait à un autre créancier qui lui est préférable à raison de ses priviléges ou hypothèques [1].

2° « Au profit de l'acquéreur d'un immeuble qui emploie
« le prix de son acquisition au payement des créanciers aux-
« quels cet héritage était hypothéqué. » Cette subrogation
n'est évidemment utile que quand le prix de l'immeuble ne
suffit pas pour désintéresser tous les créanciers privilégiés
ou hypothécaires. Et, en effet, si tous étaient payés, le tiers
acquéreur n'aurait pas à craindre leurs poursuites, et peu
importerait qu'il fût ou non désarmé contre elles ; mais si,
en fait, le prix est insuffisant, l'acheteur qui aura payé les
créanciers par ordre de priviléges ou d'inscriptions hypothécaires aura besoin de la subrogation pour primer les créanciers inférieurs non désintéressés, au cas où ils viendraient
plus tard à faire vendre l'immeuble; et voilà pourquoi le
Code la lui accorde.

Ce n'est pas seulement l'acheteur, mais encore le léga-

---

[1] Marcadé, art. 1251, Massé et Vergé, t. III, § 563, note 13.

taire (art. 874), et par analogie le donataire, et *à fortiori* le coéchangiste d'un immeuble, qui seraient subrogés aux droits des créanciers ayant privilége ou hypothèque sur cet immeuble, dans le cas où ils viendraient à les payer de *leurs deniers*.

L'effet de la subrogation légale dont nous parlons n'est pas limité à l'immeuble dont est acquéreur celui qui paye ; il s'étend encore aux droits du créancier payé sur les autres biens hypothéqués à sa dette [1].

3° « Au profit de celui qui, étant tenu avec d'autres ou « pour d'autres au payement de la dette, avait intérêt à l'ac- « quitter. » Ainsi, les codébiteurs solidaires et les cautions ont le bénéfice de la subrogation légale quand ils payent le créancier commun.

4° « Au profit de l'héritier bénéficiaire qui a payé de ses « deniers les dettes de la succession. » Et, en effet, une semblable faveur était due à l'héritier qui, pour échapper aux frais d'une vente judiciaire des immeubles laissés par le défunt, paye de son argent les dettes héréditaires. Le Code n'étendant pas ce privilége au simple curateur d'une succession vacante, on doit décider que la subrogation légale n'aurait pas lieu à son profit, si, pendant la curatelle, il désintéressait avec ses deniers personnels les créanciers de la succession [2].

Des personnes auxquelles la subrogation est OPPOSABLE. — La subrogation est opposable au débiteur, aux créanciers postérieurs à celui que le tiers a désintéressé, aux cautions du débiteur, et enfin aux tiers détenteurs des immeubles affectés de priviléges ou d'hypothèques. Mais lorsque le créancier n'a reçu qu'un payement partiel, la subrogation ne lui est pas opposable pour le restant de sa créance (art. 1252). La loi présume que toute subrogation partielle a lieu sous cette condition, que le créancier sera intégralement

---

[1] Marcadé, art. 1251, n° 2. — Mourlon, p. 388. — Cass., 7 nov. 1854.
[2] Mourlon, p. 477. — Larombière, n° 79.

désintéressé avant que le subrogé puisse rien prétendre sur les biens ou contre les cautions qui garantissent l'exécution de l'engagement. Soit un immeuble de 80, hypothéqué à une créance de 100 ; un tiers paye 50 au créancier avec subrogation. Si l'on raisonnait rigoureusement, on dirait : le subrogeant et le subrogé sont tous les deux créanciers de 50, garantis par la même hypothèque ; et comme l'immeuble ne vaut que 80, chacun doit supporter le déficit par égale part et se contenter de 40 ; mais tel n'est pas le résultat de la disposition du Code. Le créancier subrogeant, qui a déjà reçu 50, prélèvera les 50 restant sur les 80 provenant de l'immeuble, et, de la sorte, le subrogé supportera le déficit tout entier, puisqu'il touchera 30 seulement, au lieu de 50. Voilà le sens et la portée de la règle romaine, reproduite par l'article 1252 : *Nemo censetur subrogasse contrà se.*

Le droit de préférence accordé au créancier partiellement désintéressé pour le recouvrement du restant de sa créance, lui est exclusivement personnel et ne saurait être invoqué par un subrogé contre d'autres subrogés, quelle que fût d'ailleurs la date de sa subrogation. — En conséquence, lorsque plusieurs personnes ont payé à des dates différentes les diverses parties d'une même dette, et qu'elles ont reçu des subrogations successives soit de la part du créancier, soit de la part du débiteur, elles ont toutes la même situation puisqu'elles sont subrogées aux mêmes droits, et elles doivent venir en concurrence [1].

§ 3. — De l'imputation des payements.

Art. 1253. Le débiteur de plusieurs dettes a le droit de déclarer, lorsqu'il paye, quelle dette il entend acquitter.

1254. Le débiteur d'une dette qui porte intérêt ou produit des arrérages ne peut point, sans le consentement du créancier, imputer le payement qu'il fait sur le capital, par préférence aux arrérages ou intérêts : le payement fait sur le capital et intérêts, mais qui n'est point intégral, s'impute d'abord sur les intérêts.

[1] Marcadé, art. 1252, n° 2. — Massé et Vergé, t. III, § 563, note 24.

1255. Lorsque le débiteur de diverses dettes a accepté une quittance par laquelle le créancier a imputé ce qu'il a reçu sur l'une de ces dettes spécialement, le débiteur ne peut plus demander l'imputation sur une dette différente, à moins qu'il n'y ait eu dol ou surprise de la part du créancier.

1256. Lorsque la quittance ne porte aucune imputation, le payement doit être imputé sur la dette que le débiteur avait pour lors le plus d'intérêt d'acquitter entre celles qui sont pareillement échues; sinon sur la dette échue, quoique moins onéreuse que celles qui ne le sont point. — Si les dettes sont d'égale nature, l'imputation se fait sur la plus ancienne : toutes choses égales, elle se fait proportionnellement.

Observation. — Une personne peut être tenue de plusieurs dettes envers une autre personne. Il s'agit alors de savoir sur quelles dettes devront être imputés les payements divers que le débiteur pourra faire à son créancier. Notre paragraphe trace à cet égard les règles à suivre. D'abord le débiteur a le droit d'indiquer la dette qu'il entend payer la première. Quand il ne l'indique point, le créancier dirige lui-même, comme il l'entend, l'imputation. Si cette imputation n'a été faite ni par le débiteur ni par le créancier, la loi indique l'ordre dans lequel les dettes seront censées acquittées.

Le débiteur a le droit, disons-nous, de faire l'imputation comme il l'entend. Cette règle admet toutefois les deux restrictions suivantes : d'abord le débiteur ne peut, sans le consentement du créancier, diriger l'imputation sur le capital de préférence aux arrérages ou intérêts, et avec raison, car les intérêts ne produisent pas ordinairement des intérêts, et, en dirigeant l'imputation sur le capital, le débiteur substituerait sans droit une dette moins onéreuse à une dette plus onéreuse (art. 1254). En outre, le débiteur ne peut faire l'imputation sur une dette supérieure à la somme payée, parce qu'un créancier n'est pas tenu de recevoir des payements partiels.

L'imputation est faite, avons-nous dit encore, par le créancier, à défaut du débiteur ; ajoutons que celui-ci peut en de-

mander la rectification, s'il prouve que le créancier a usé de
dol ou même de simple surprise (art. 1255).

Enfin la loi fait elle-même l'imputation, à défaut du débiteur et du créancier, et alors elle se conforme à leur
intention présumée. Ainsi, l'imputation est dirigée sur
les dettes échues, avant de l'être sur les dettes non échues ;
et si toutes les dettes sont échues, sur la plus onéreuse,
avant de l'être sur la moins onéreuse ; et si toutes les
dettes sont également onéreuses, sur la plus ancienne ;
et, enfin, si toutes les dettes sont également onéreuses et anciennes, elle se fait proportionnellement. Voici maintenant
dans leur ordre les dettes les plus onéreuses ; ce sont : 1° les
dettes emportant contrainte par corps, dans les cas très-ex-
ceptionnels où la loi autorise cette voie d'exécution ; 2° les
dettes produisant les plus gros intérêts ; 3° les dettes garanties par privilége ; 4° les dettes garanties par hypothèque ;
5° les dettes chirographaires. Les juges ont du reste toute
latitude pour décider, selon les cas, quelle est la dette que le
débiteur avait le plus d'intérêt à acquitter. Quant à l'ancienneté de la dette, on la fixe par le moment de son échéance, et
non par celui de sa formation. En effet, de l'échéance datent
l'exigibilité et le commencement de la prescription (art. 2257 3°).
Or il est présumable que les parties auraient plutôt dirigé
l'imputation sur une dette plus près de se prescrire que sur
une dette dont l'extinction par prescription serait plus éloi-
gnée, ou que tout au moins le créancier n'aurait pas accepté
une imputation différente.

§ 4. — Des offres de payement, et de la consignation.

ART. 1257. Lorsque le créancier refuse de recevoir son payement, le débiteur peut lui faire des offres réelles, et, au refus du
créancier de les accepter, consigner la somme ou la chose offerte.
— Les offres réelles, suivies d'une consignation, libèrent le débiteur ; elles tiennent lieu à son égard de payement, lorsqu'elles sont
valablement faites, et la chose ainsi consignée demeure aux risques du créancier.

1258. Pour que les offres réelles soient valables, il faut : — 1° qu'elles soient faites au créancier ayant la capacité de recevoir, ou à celui qui a pouvoir de recevoir pour lui ; — 2° qu'elles soient faites par une personne capable de payer ; — 3° qu'elles soient de la totalité de la somme exigible, des arrérages ou intérêts dus, des frais liquidés, et d'une somme pour les frais non liquidés, sauf à la parfaire ; — 4° que le terme soit échu, s'il a été stipulé en faveur du créancier ; — 5° que la condition sous laquelle la dette a été contractée soit arrivée ; — 6° que les offres soient faites au lieu dont on est convenu pour le payement, et que, s'il n'y a pas de convention spéciale sur le lieu du payement, elles soient faites ou à la personne du créancier, ou à son domicile, ou au domicile élu pour l'exécution de la convention ; — 7° que les offres soient faites par un officier ministériel ayant caractère pour ces sortes d'actes.

1259. Il n'est pas nécessaire, pour la validité de la consignation, qu'elle ait été autorisée par le juge ; il suffit : — 1° qu'elle ait été précédée d'une sommation signifiée au créancier, et contenant l'indication du jour, de l'heure et du lieu où la chose offerte sera déposée ; — 2° que le débiteur se soit dessaisi de la chose offerte, en la remettant dans le dépôt indiqué par la loi pour recevoir les consignations, avec les intérêts jusqu'au jour du dépôt ; — 3° qu'il y ait eu procès-verbal, dressé par l'officier ministériel, de la nature des espèces offertes, du refus qu'a fait le créancier de les recevoir, ou de sa non-comparution, et enfin du dépôt ; — 4° qu'en cas de non-comparution de la part du créancier, le procès-verbal du dépôt lui ait été signifié, avec sommation de retirer la chose déposée.

1260. Les frais des offres réelles et de la consignation sont à la charge du créancier, si elles sont valables.

1261. Tant que la consignation n'a point été acceptée par le créancier, le débiteur peut la retirer ; et, s'il la retire, ses codébiteurs ou ses cautions ne sont point libérés.

1262. Lorsque le débiteur a lui-même obtenu un jugement passé en force de chose jugée, qui a déclaré ses offres et sa consignation bonnes et valables, il ne peut plus, même du consentement du créancier, retirer sa consignation au préjudice de ses codébiteurs ou de ses cautions.

1263. Le créancier qui a consenti que le débiteur retirât sa consignation, après qu'elle a été déclarée valable par un jugement qui a acquis force de chose jugée, ne peut plus, pour le payement de sa créance, exercer les priviléges ou hypothèques qui y étaient attachés : il n'a plus d'hypothèque que du jour où l'acte par lequel il a consenti que la consignation fût retirée aura été revêtu des formes requises pour emporter l'hypothèque.

1264. Si la chose due est un corps certain qui doit être livré au lieu où il se trouve, le débiteur doit faire sommation au créancier de l'enlever, par acte notifié à sa personne ou à son domicile, ou au domicile élu pour l'exécution de la convention. Cette sommation faite, si le créancier n'enlève pas la chose, et que le débiteur ait besoin du lieu dans lequel elle est placée, celui-ci pourra obtenir de la justice la permission de la mettre en dépôt dans quelque autre lieu.

Observation. — Quelquefois les créanciers refusent d'être payés, soit parce qu'ils trouvent la somme offerte insuffisante, soit parce que, suivant eux, le terme est stipulé en leur faveur, et qu'ils ne veulent pas y renoncer. Quelquefois aussi une opposition faite entre les mains de leur débiteur, opposition dont ils ne peuvent pas obtenir la mainlevée, les empêche de donner une quittance qui mette ce dernier *à l'abri de tout recours ultérieur.* Un obstacle analogue existerait pour le vendeur d'un immeuble qui ne pourrait pas rapporter à l'acquéreur la radiation des inscriptions qui le grèvent, radiation nécessaire pour que celui-ci puisse payer son prix en toute sûreté. Dans notre paragraphe, le Code fournit au débiteur le moyen de triompher de cette résistance volontaire, ou de ces obstacles légaux, et de parvenir à sa parfaite libération. A cet effet, il doit faire offrir le payement au créancier par ministère d'huissier, et, en cas de refus, ou d'impossibilité de sa part de le recevoir en donnant bonne et valable quittance, déposer en un lieu déterminé par la loi ou le juge la chose due, qui sera dès lors réputée valablement payée, pourvu que les offres et la consignation soient elles-mêmes déclarées valables par la justice. Passons aux détails de la matière (art. 1257). Nous allons examiner successivement les cas de dettes d'argent, de dettes de corps certains, et de dettes de genres autres que l'argent.

Dettes de SOMMES D'ARGENT. — La validité des offres est, en matière de sommes d'argent, subordonnée par l'art. 1258 à sept conditions : la sixième et la septième méritent seules une observation particulière. D'après le droit commun, le payement doit être fait au domicile du débiteur ; d'après le sixième alinéa de l'art. 1258, au contraire, la somme due doit être portée au domicile du créancier. Pourquoi cette exception ? Elle a été probablement introduite dans le but de prévenir les offres de payement faites par un débiteur qui ne serait pas encore nanti des fonds nécessaires ; mais il faut avouer qu'elle est bien rigoureuse.

Quel est l'officier ministériel compétent pour signifier les offres réelles ? Le septième alinéa de l'article omet de l'indiquer. Les huissiers ont incontestablement cette compétence, et il faut décider, je crois, que les notaires l'ont également, car rien n'empêche qu'ils ne constatent par procès-verbal authentique les offres réelles faites au créancier, tout comme ils peuvent, aux termes de l'art. 164 du Code de com., constater par protêt le non-payement d'un effet commercial [1].

Ajoutons que les offres doivent être faites en espèces d'or ou d'argent ayant cours légal en France, et qu'elles ne pourraient pas l'être en valeurs d'une autre nature, *pas même* en billets de banque.

Après avoir vu les conditions nécessaires à la validité des offres, indiquons celles nécessaires à la validité de la consignation. L'art. 1259 en indique quatre ; il faut et il suffit que le débiteur les remplisse (V. le texte de l'article). Ajoutons seulement que le lieu de la consignation des deniers est, à Paris, la Caisse des dépôts et consignations ; dans les chefs-lieux de département, le bureau du trésorier-payeur général, et dans ceux d'arrondissement, le bureau de la recette particulière.

Les offres réelles, suivies de consignation, libèrent le débiteur comme un payement ordinaire (art. 1257²⁰) ; mais la libération date-t-elle des offres, ou bien de la consignation ?

----

[1] Marcadé, art. 1258. — Larombière, n° 16.

L'art. 1259 2° démontre qu'elle date seulement de la consignation. En effet, le débiteur doit faire consigner les intérêts du capital jusqu'au jour où la somme est déposée, et non pas seulement jusqu'au jour des offres ; d'où il résulte que les offres n'opèrent point par elles-mêmes libération. Du reste, le Code n'exige pas, pour la validité de la consignation, qu'elle ait été autorisée par le juge ; l'art. 1259 a, sur ce point, abrogé la jurisprudence du Châtelet de Paris.

L'art. 816 du Code de pr. a modifié, dans une hypothèse particulière, la théorie que nous venons d'exposer. Il déclare que les intérêts cesseront de courir du jour de la *réalisation*, lorsque le débiteur aura demandé la validité des offres avant de consigner la somme offerte. Maintenant, que faut-il entendre par *réalisation* ? La plupart des auteurs regardent ce mot comme synonyme de consignation, et, d'après eux, l'art. 816 du Code de pr. n'est que la consécration du Code Napoléon ; mais il est difficile d'admettre cette opinion, qui a pour résultat de rendre l'art. 816 inutile, et qui, en outre, attribue au mot réalisation un sens autre que celui admis dans l'ancienne jurisprudence. Ce mot signifiait alors et doit signifier encore la *réitération* des offres à l'audience ; d'où il suit que, si le débiteur se fait autoriser aujourd'hui, comme il devait le faire toujours autrefois, par justice, à consigner la somme offerte, les intérêts cesseront de courir, et la somme sera aux risques du créancier à dater de la réitération des offres à l'audience. En fait, cette procédure n'est jamais suivie.

Les offres réelles, suivies de consignation, éteignent irrévocablement la dette, quand le créancier se décide à les accepter ou quand il intervient entre lui et le débiteur un jugement inattaquable par voie d'opposition ou d'appel, qui les déclare régulières et valables ; si, après l'un ou l'autre de ces événements, le créancier laissait le débiteur reprendre la somme offerte et consignée, il se formerait entre eux une dette nouvelle, dépourvue de tous les accessoires qui garantissaient la précédente. Mais si le créancier n'avait pas encore

accepté les offres, ou s'il n'était pas intervenu un jugement
inattaquable qui en prononçât la validité, le débiteur pourrait, à moins d'acquiescement de la part du créancier au jugement susceptible d'opposition ou d'appel, retirer la somme
consignée et se replacer sous le coup de l'ancienne obligation
qui se trouverait n'avoir jamais été véritablement éteinte, et
qui, par conséquent, serait encore garantie par ses mêmes
accessoires, tels que priviléges, hypothèques, cautions (art.
1261-1263).

Les frais des offres réelles et de la consignation sont supportés par le créancier ou le débiteur, suivant qu'elles sont
déclarées valables ou non par la justice.

Des dettes de CORPS CERTAINS. — Lorsque la dette a pour
objet un corps certain, le débiteur est dispensé de le transporter au domicile du créancier. Les offres réelles sont alors
remplacées par une sommation faite à ce dernier d'enlever
la chose, et si le débiteur a besoin du lieu qu'elle occupe, il
fait désigner par la justice un autre lieu qui devient, pour le
corps certain, ce que la caisse des dépôts et consignations est
pour les sommes d'argent (art. 1264).

Dettes de GENRES AUTRES *que les sommes d'argent.* — Lorsque la dette a pour objet un genre autre qu'une somme d'argent, par exemple, telle quantité de blé ou de vin, faut-il
suivre les règles établies pour les sommes d'argent ou les règles établies pour les corps certains ? L'art. 1257, qui prévoit l'hypothèse d'une somme ou d'une *chose* offerte, et
Pothier lui-même, dont la doctrine est presque toujours suivie par les rédacteurs du Code, semblent décider que l'on
doit suivre ici les règles établies pour les sommes d'argent,
et non celles établies pour les corps certains. Le débiteur serait donc tenu de faire transporter au domicile du créancier
la quantité de blé ou de vin dont il est tenu. Mais la plupart
des auteurs et la pratique repoussent ce système, et appliquent
aux dettes de ce genre, autres que les sommes d'argent, les
règles établies pour les corps certains. Cette solution est peut-

être moins conforme à la tradition et aux textes, mais elle est certainement plus sensée ; ne serait-il pas, en effet, absurde d'obliger un débiteur à transporter à deux cents lieues le blé, le vin qu'il plaît à son créancier de ne pas retirer ? Les frais du transport seraient quelquefois supérieurs au montant de la dette, et, dans l'intérêt des deux parties, on doit appliquer ici les règles admises pour les corps certains, et non celles admises pour les sommes d'argent.

§ 5. — De la cession de biens.

Art. 1265. La cession de biens est l'abandon qu'un débiteur fait de tous ses biens à ses créanciers, lorsqu'il se trouve hors d'état de payer ses dettes.

1266. La cession de biens est volontaire ou judiciaire.

1267. La cession de biens volontaire est celle que les créanciers acceptent volontairement, et qui n'a d'effet que celui résultant des stipulations mêmes du contrat passé entre eux et le débiteur.

1268. La cession judiciaire est un bénéfice que la loi accorde au débiteur malheureux et de bonne foi, auquel il est permis, pour avoir la liberté de sa personne, de faire en justice l'abandon de tous ses biens à ses créanciers, nonobstant toute stipulation contraire.

1269. La cession judiciaire ne confère point la propriété aux créanciers ; elle leur donne seulement le droit de faire vendre les biens à leur profit, et d'en percevoir les revenus jusqu'à la vente.

1270. Les créanciers ne peuvent refuser la cession judiciaire, si ce n'est dans les cas exceptés par la loi. — Elle opère la décharge de la contrainte par corps. — Au surplus, elle ne libère le débiteur que jusqu'à concurrence de la valeur des biens abandonnés ; et, dans le cas où ils auraient été insuffisants, s'il lui en survient d'autres, il est obligé de les abandonner jusqu'au parfait payement.

Observation. — Avant la loi de 1867, qui a supprimé la contrainte par corps, la cession de biens était un moyen offert par le Code au débiteur *malheureux* et *de bonne foi* de se soustraire à cette voie rigoureuse d'exécution. Il consistait dans l'abandon fait par le débiteur aux créanciers de tout ou partie de ses biens sous la distinction suivante.

Des DIVERSES ESPÈCES *de cession*. La cession de biens était de deux espèces : *volontaire* ou *judiciaire*.

La cession de biens *volontaire* était celle que le débiteur faisait avec le consentement de ses créanciers ; elle pouvait être partielle ou totale, et donner aux créanciers soit la propriété même des biens cédés, soit simplement la faculté de les vendre sans passer par les enchères publiques. En d'autres termes, cette cession produisait les effets qu'il avait plu aux parties de lui attribuer (art. 1267).

La cession de biens *judiciaire* était celle que le débiteur faisait avec l'autorisation de justice et sans le consentement de ses créanciers ; elle impliquait l'abandon de tous les biens, et n'était accordée qu'au débiteur insolvable, contraignable par corps, malheureux et de bonne foi.

La cession de biens judiciaire déchargeait le débiteur de la *contrainte par corps*, et transférait aux créanciers non la propriété de ses biens, mais la faculté d'en percevoir les fruits et d'en poursuivre la vente. Le débiteur était libéré jusqu'à concurrence du prix que cette vente produisait, et, dans le cas où ils auraient été insuffisants, il était obligé, s'il lui en survenait d'autres, de les abandonner jusqu'au parfait payement (art. 1270).

Toutes ces dispositions sont aujourd'hui dépourvues d'application.

DEUXIÈME SECTION
DE LA NOVATION.

ART. 1271. La novation s'opère de trois manières : — 1° lorsque le débiteur contracte envers son créancier une nouvelle dette qui est substituée à l'ancienne, laquelle est éteinte ; — 2° lorsqu'un nouveau débiteur est substitué à l'ancien, qui est déchargé par le créancier ; — 3° lorsque, par l'effet d'un nouvel engagement, un nouveau créancier est substitué à l'ancien envers lequel le débiteur se trouve déchargé.

1272. La novation ne peut s'opérer qu'entre personnes capables de contracter.

1273. La novation ne se présume point ; il faut que la volonté de l'opérer résulte clairement de l'acte.

1274. La novation par la substitution d'un nouveau débiteur peut s'opérer sans le concours du premier débiteur.

1275. La délégation par laquelle un débiteur donne au créancier un autre débiteur qui s'oblige envers le créancier n'opère point de novation, si le créancier n'a expressément déclaré qu'il entendait décharger son débiteur qui a fait la délégation.

1276. Le créancier qui a déchargé le débiteur par qui a été faite la délégation n'a point de recours contre ce débiteur, si le délégué devient insolvable, à moins que l'acte n'en contienne une réserve expresse, ou que le délégué ne fût déjà en faillite ouverte, ou tombé en déconfiture au moment de la délégation.

1277. La simple indication faite par le débiteur d'une personne qui doit payer à sa place n'opère point novation. — Il en est de même de la simple indication faite par le créancier d'une personne qui doit recevoir pour lui.

1278. Les priviléges et les hypothèques de l'ancienne créance ne passent point à celle qui lui est substituée, à moins que le créancier ne les ait expressément réservés.

1279. Lorsque la novation s'opère par la substitution d'un nouveau débiteur, les priviléges et hypothèques primitifs de la créance ne peuvent point passer sur les biens du nouveau débiteur.

1280. Lorsque la novation s'opère entre le créancier et l'un des débiteurs solidaires, les priviléges et hypothèques de l'ancienne créance ne peuvent être réservés que sur les biens de celui qui contracte la nouvelle dette.

1281. Par la novation faite entre le créancier et l'un des débiteurs solidaires, les codébiteurs sont libérés. — La novation opérée à l'égard du débiteur principal libère les cautions. — Néanmoins, si le créancier a exigé, dans le premier cas, l'accession des codébiteurs, ou, dans le second, celle des cautions, l'ancienne créance subsiste, si les codébiteurs ou les cautions refusent d'accéder au nouvel arrangement.

Définition. — La NOVATION est la substitution d'une dette nouvelle à une dette ancienne, qui se trouve ainsi éteinte.

COMMENT *s'opère la* NOVATION. — La novation s'opère de trois manières (art. 1271) :

1° Par changement *d'objet ;* par exemple, lorsque le débiteur et le créancier conviennent que telle somme sera due à la place de tel cheval.

2° Par changement *de débiteur ;* ainsi, quand je vous dois 100 francs, et qu'un tiers me doit pareille somme, nous pou · vons convenir que mon débiteur deviendra le vôtre à ma place, et alors ma dette sera éteinte par celle que mon débiteur consentira à votre profit. La novation par changement de débiteur peut elle-même avoir lieu de deux manières : tantôt le créancier accepte le nouveau débiteur sans que l'ancien l'ait présenté ; on dit alors qu'il y a *expromission ;* tantôt, au contraire, le créancier n'accepte le nouveau débiteur que sur sa présentation par l'ancien ; on dit alors qu'il y a *délégation.* On appelle *délégant* l'ancien débiteur qui présente le nouveau, *délégué* le nouveau débiteur substitué à l'ancien, et *délégataire* le créancier qui accepte cette substitution d'un débiteur à l'autre.

Une grave différence sépare la novation par expromission de la novation par délégation. Au premier cas, l'ancien débiteur est entièrement déchargé de son obligation, et il ne répond point de l'insolvabilité du nouveau débiteur, qui s'est de lui-même, et sans son concours, obligé envers le créancier ; au second cas, le délégant répond, aux termes de l'art. 1276, de l'insolvabilité du délégué, qui serait déjà en faillite ouverte ou tombé en déconfiture lors de l'opération. Le créancier n'est présumé avoir accepté la novation que pour substituer à son ancien débiteur une personne solvable, au moins à l'époque de la délégation, et comme cette substitution, au lieu d'avoir, ainsi que le transport des créances, le caractère d'une spéculation, tend presque toujours à simplifier la liquidation des affaires, on ne peut qu'approuver un tel recours accordé par la loi au créancier délégataire contre le débiteur délégant. Si cependant l'insolvabilité du délégué était postérieure à la novation, elle retomberait sur le créancier, à moins, toutefois, que celui-ci n'eût fait contre

le délégant des réserves expresses (art. 1276). Rien, d'ailleurs, n'est plus juste ; en effet, le créancier est en faute de
n'avoir pas exigé le payement de la chose due au temps où le
délégué était encore solvable, et puis il a la chance d'obtenir
un nouveau débiteur plus solvable que l'ancien. Or, ayant
les chances favorables, il doit naturellement supporter les
chances contraires ; aussi peut-on poser comme règle générale que la délégation, tout comme l'expromission, se fait
aux risques du créancier.

3° La novation s'opère par changement de *créancier;*
ainsi, quand un créancier renonce à ses droits, à la condition
que le débiteur contracte une dette nouvelle envers un autre
créancier, il s'opère une novation, et cette substitution d'un
nouveau créancier à l'ancien ne doit pas être confondue avec
la cession des créances ; car, dans la cession, *la même* créance
passe d'une personne à une autre, tandis que dans la novation il y a une créance *nouvelle* en même temps qu'un
créancier nouveau.

Aux trois manières ci-dessus d'opérer la novation, les auteurs en ajoutent une quatrième, qui consiste dans un changement de *cause.* Elle a lieu, par exemple, si nous convenons
que je vous devrai, à titre de prêt, les 100 francs dont je suis
tenu envers vous à titre de loyer. L'intérêt de cette novation
est grave ; en effet, les dettes de loyer sont prescriptibles
par cinq ans (art. 2277), et, en outre, garanties par un privilége (art. 2102 1°) ; et, au contraire, la dette résultant
d'un emprunt ne se prescrit que par trente ans, et n'est garantie par aucun privilége.

Les différentes manières d'opérer novation que nous venons d'exposer se combinent souvent les unes avec les autres, et la novation a lieu, par exemple, par changement simultané de débiteur et de créancier, de débiteur et de cause,
de débiteur et d'objet, ou réciproquement.

De la CAPACITÉ *des parties.* — Les parties doivent être capables de contracter, pour opérer novation (art. 1272), et

avec raison puisque l'une dispose de sa créance et que l'autre prend un nouvel engagement.

PREUVE *de la novation.* — Aux termes de l'art. 1273, la volonté d'opérer novation doit « résulter clairement de l'acte » ; autrement dit, toute novation doit être constante, et si l'acte peut recevoir deux interprétations, l'une dans le sens favorable, et l'autre dans le sens contraire à la novation, on doit adopter la dernière, de préférence à l'autre. Ainsi, quand un nouveau débiteur vient contracter la même dette que l'ancien, ce seul fait n'indique pas si le nouveau débiteur est un ex-promisseur ou une caution, c'est-à-dire si le créancier entend le prendre comme substitué ou comme garant de l'autre débiteur ; dans le doute, on déclarera qu'il est sa caution. Pareillement, la simple indication faite par le débiteur d'une personne qui doit payer à sa place, ou par le créancier d'une personne qui doit recevoir pour lui, n'opère jamais novation (art. 1277). Au surplus, il n'est pas nécessaire que la novation soit expresse ; il suffit que la volonté des parties ne laisse aucun doute à cet égard [1].

Des dettes susceptibles de NOVER *ou d'*ÊTRE NOVÉES. — Toute novation implique l'extinction d'une dette ancienne et la création d'une dette nouvelle. Conséquemment, une dette nulle ne peut nover ni être novée, puisque, dans la première hypothèse, il n'y aurait pas de nouvelle obligation substituée à l'ancienne, et que, dans la seconde, il n'y aurait pas d'ancienne obligation à laquelle pût être substituée la nouvelle. Certains cas cependant méritent un examen particulier. Nous allons les parcourir.

D'abord, une dette conditionnelle peut-elle nover une dette pure et simple ou à terme? Cela est évident, si la condition se réalise, car il y a véritablement alors une dette nouvelle substituée à l'ancienne. Mais si la condition vient à défaillir, l'on peut douter qu'il y ait novation, puisque la dette nou-

---

[1] Marcadé, art. 1273 et 1275. — Massé et Vergé, t. III, § 566, p. 446, note 6.

velle qui devait éteindre l'ancienne n'a pu prendre naissance. Ce doute sera levé par une distinction. Les parties n'ont-elles entendu substituer la dette conditionnelle à la dette pure et simple ou à terme que dans l'hypothèse où l'événement s'accomplirait ? Alors la novation n'aura pas eu lieu, puisque la dette nouvelle n'a pas pris naissance. Les parties ont-elles, au contraire, entendu substituer à tout événement la dette conditionnelle à la dette pure et simple ou à terme ? Alors la novation aura lieu, lors même que la condition viendrait à défaillir, et, en effet, la chance courue par les parties est une cause suffisante de novation.

Maintenant se présente l'hypothèse inverse. Ainsi, une dette pure et simple ou à terme peut-elle nover une dette conditionnelle ? La même distinction et la même décision doivent évidemment être données. La novation aura donc toujours lieu si la condition s'accomplit, et, même, dans le cas où elle ne s'accomplirait point, si les parties ont entendu faire une convention aléatoire ; dans les autres cas, elle ne pourra pas exister.

Des questions analogues aux précédentes s'élèvent pour les dettes annulables que l'on veut substituer à des dettes valables, ou réciproquement.

Supposons d'abord qu'à une dette valable on ait substitué une dette annulable, pour cause de minorité, par exemple. La novation s'est-elle accomplie? Sans aucun doute, si le mineur, devenu majeur, confirme expressément ou tacitement la nouvelle obligation ; mais, s'il en fait prononcer la nullité, il semble que la novation ne puisse avoir lieu, puisqu'aucune dette nouvelle n'est en réalité substituée à l'ancienne. Tel est aussi le résultat que l'on doit admettre, à moins, toutefois, que le créancier ne se soit contenté de la dette annulable, cas auquel il doit subir les chances de nullité auxquelles il s'est volontairement exposé.

Supposons maintenant que l'on ait substitué une dette valable à une dette annulable, pour cause de minorité, par exemple. La novation a certainement lieu, car, au temps du contrat, la dette annulable existait encore, et elle a pu, dès lors, être remplacée par une dette valable.

Des EFFETS *de la novation par rapport aux* ACCESSOIRES *de la dette.* — La novation éteignant la dette principale éteint par cela même tous ses accessoires, tels que priviléges, hypothèques, cautionnements, etc. (art. 1278) ; il est cependant permis au créancier de se les réserver, lors même que la novation aurait lieu par la substitution d'un nouveau débiteur à l'ancien (art. 1279). Seulement il ne peut transporter à leur date primitive, sur les biens du nouveau débiteur, les priviléges ou hypothèques existant sur les biens de l'ancien. La raison en est que cette migration des priviléges et hypothèques des biens du premier débiteur aux biens du second porterait préjudice aux créanciers personnels de ce dernier, qui auraient des priviléges moins avantageux ou des hypothèques inscrites à une date plus récente. Le créancier au profit duquel a lieu la novation conservera donc tels quels les priviléges ou hypothèques qu'il se sera réservés sur les biens de l'ancien débiteur, mais il ne pourra recevoir d'hypothèque sur les biens du nouveau qu'à la date de sa novation.

La novation faite avec le débiteur principal ou l'un des débiteurs solidaires libère les cautions ou les autres débiteurs solidaires qui n'ont pas expressément adhéré à cette novation, et le Code, suivant l'opinion de Pothier, n'a pas permis au créancier de se réserver pour la nouvelle dette ces garanties personnelles de l'ancienne, ce qui n'est pas en harmonie avec la faculté qu'il a de se réserver les garanties réelles résultant de priviléges ou d'hypothèques (art. 1281). Le législateur va même plus loin, dans le cas où la novation s'opère entre le créancier et l'un des débiteurs solidaires. En effet, il ne lui donne la faculté de se réserver les priviléges et hypothèques de l'ancienne créance que sur les biens du débiteur qui contracte la nouvelle obligation ; en sorte que les priviléges et hypothèques existant sur les biens de l'autre débiteur sont

nécessairement éteints. Du reste, il dépend du créancier de
subordonner toujours la novation à l'accession des autres débiteurs solidaires ou des cautions.

TROISIÈME SECTION

DE LA REMISE DE LA DETTE.

ART. 1282. La remise volontaire du titre original sous signature
privée, par le créancier au débiteur, fait preuve de la libération.

1283. La remise volontaire de la grosse du titre fait présumer la
remise de la dette ou le payement, sans préjudice de la preuve
contraire.

1284. La remise du titre original sous signature privée, ou de la
grosse du titre, à l'un des débiteurs solidaires, a le même effet au
profit de ses codébiteurs.

1285. La remise ou décharge conventionnelle au profit de l'un
des codébiteurs solidaires libère tous les autres, à moins que le
créancier n'ait expressément réservé ses droits contre ces derniers.
— Dans ce dernier cas, il ne peut plus répéter la dette que déduction faite de la part de celui auquel il a fait la remise.

1286. La remise de la chose donnée en nantissement ne suffit
point pour faire présumer la remise de la dette.

1287. La remise ou décharge conventionnelle accordée au débiteur principal libère les cautions. — Celle accordée à la caution ne
libère pas le débiteur principal : — celle accordée à l'une des cautions ne libère pas les autres.

1288. Ce que le créancier a reçu d'une caution pour la décharge
de son cautionnement doit être imputé sur la dette, et tourner à la
décharge du débiteur principal et des autres cautions. ✻

Définition. — *La* REMISE de la dette consiste dans l'abandon à titre gratuit que le créancier fait de ses droits contre le
débiteur. Nous avons vu, en traitant des donations, qu'une
telle libéralité est dispensée des formalités ordinaires. Cette
libéralité reste toutefois soumise au rapport, à la réduction,
à la révocabilité pour cause d'ingratitude ou de survenance
d'enfants, etc.

Comment se PROUVE *la remise de la dette.* — La remise

de la dette se prouve, soit par un acte exprès, soit par certains faits qui la font supposer. Voici, à cet égard, les présomptions établies par le Code, et en même temps les critiques méritées qui leur ont été adressées.

Aux termes de l'art. 1282, « la remise volontaire du titre « original, sous signature privée, par le créancier au débi- « teur, fait preuve de la libération. » Que signifie d'abord ici le mot *remise ?* Le Code entend évidemment par ce mot *l'a-bandon* du titre fait par le créancier au débiteur ; et la preuve de cet abandon résulte du seul fait que le titre est entre les mains du débiteur [1]. D'un côté, en effet, il n'est pas d'habitude que les créanciers confient leurs titres à leurs débiteurs, et, de l'autre, il n'est pas vraisemblable que le débiteur ait trouvé ce titre ou l'ait soustrait à son créancier. Mais que prouve à son tour l'abandon du titre ? Aux termes du même article 1282, il prouve la *libération.* Cette expression est fort large, car la libération peut aussi bien résulter d'un paye-ment fait par le débiteur à son créancier, que d'une remise de la dette consentie par le créancier à son débiteur. Aussi ne faut-il pas voir dans l'abandon du titre un fait nécessai-rement corrélatif à la remise de la dette. Toutefois, le législa-teur entraîné, sans doute, par les expressions dont il se servait, traite de la *remise du titre,* au lieu de traiter de la *remise de la dette.* Nous allons le suivre dans ses développe-ments. Et d'abord, précisons le genre de libération que fait supposer l'abandon du titre. Il est important de savoir si cette libération doit être regardée comme le résultat d'un *payement* ou comme celui d'une *libéralité.* Admet-on qu'elle résulte d'un payement ; alors on doit lui appliquer les règles établies pour les actes à titre onéreux. Admet-on, au con-traire, qu'elle résulte d'une libéralité ; alors, on doit lui ap-pliquer les règles des donations, et particulièrement celles qui concernent le rapport, la réduction, la révocation pour

---

[1] Aubry et Rau, t. III, § 323, p. 144. — Marcadé, art. 1283, n° 2.

cause d'ingratitude, de survenance d'enfants, etc. D'après certains auteurs, l'abandon du titre doit faire supposer la libération par payement, par la raison que l'immense majorité des titres remis par les créanciers à leurs débiteurs, le sont à cause d'un payement préalable. Mais il me semble qu'on n'est pas en droit d'établir, en l'absence de tout texte positif, une semblable présomption, et je ne vois pas pourquoi l'on n'appliquerait pas ici ce principe de droit commun que quiconque allègue un fait doit le prouver. En conséquence, si ce débiteur affirme avoir payé la dette, par exemple, pour exercer un recours contre ses codébiteurs, il devra prouver le payement ; et si, au contraire, des tiers affirment que le débiteur a reçu le titre par suite d'une libéralité, afin de le soumettre au rapport ou à la réduction, ils devront également prouver la remise de la dette.

Le créancier qui a fait abandon d'un titre sous seing privé ne peut combattre la présomption de libération résultant de cet abandon (art. 282)[1]. Et, en effet, celui qui veut rester créancier ne remet pas au débiteur l'unique preuve de sa créance ; mais il en est autrement de la présomption de libération qu'engendre l'abandon de la grosse d'un titre authentique. L'art. 1283 permet de la faire tomber devant la preuve contraire. Pourquoi? Parce que, malgré l'abandon de la grosse, le créancier peut encore prouver son droit par la minute du titre. Toutefois, comme un tel abandon n'est pas naturel, c'est à lui d'établir qu'il n'a pas voulu libérer le débiteur (art. 1283).

Des EFFETS *de la* REMISE *de la dette*. — La remise produit des effets différents, selon qu'elle est *réelle*, c'est-à-dire faite en termes généraux et absolus, ou *personnelle*, c'est-à-dire faite en vue de tel ou tel débiteur. Dans le premier cas, elle éteint la dette par rapport à toutes les parties intéressées ; dans le second, elle ne l'éteint que par rapport au débiteur en

[1] Massé et Vergé, t. III, § 569, note 7. — Marcadé, art. 1282, n° 1.

faveur de qui elle a été consentie. La remise résultant de l'abandon du titre par le créancier est toujours réelle. En effet, ce créancier, se dessaisissant de l'unique preuve de son droit, met non-seulement le débiteur qui a reçu le titre, mais encore les autres débiteurs ou les cautions, à l'abri de toute poursuite. Au contraire, la remise faite par le créancier sans abandon de son titre est presque toujours personnelle. Ajoutons que la remise accordée à une caution ne libère pas le débiteur principal, ni même les autres cautions (art. 1287 2º et 3º), et pareillement que la remise faite à l'un des débiteurs conjoints, mais non solidaires, ne libère pas les autres débiteurs de leur part dans la dette. Quant aux débiteurs solidaires, nous savons déjà que la remise de la dette faite à un seul libère tous les autres (art. 1285), et nous avons fait observer que cette regrettable solution est uniquement due à la tradition romaine.

La remise faite au débiteur principal libère nécessairement les cautions (art. 1287 1º), et avec raison, car si les cautions pouvaient être contraintes au payement de la dette, elles feraient retomber sur le débiteur, en exerçant contre lui leur recours, tout le poids de l'obligation, et rendraient de la sorte inutile la remise qui lui a été faite, ce qui est inadmissible.

Quand la remise est faite à l'une des cautions, les autres ne doivent rester sujettes à l'obligation que déduction faite de la part remise. Et, en effet, l'art. 1285 donne cette solution pour le cas de plusieurs débiteurs solidaires, dont un seul a reçu la remise de la dette. Or, si les autres débiteurs solidaires ne peuvent être poursuivis que déduction faite de la part de celui auquel la remise a été consentie, à plus forte raison les cautions, qui sont tenues moins rigoureusement que les débiteurs solidaires, doivent-elles avoir le bénéfice de cette déduction.

Terminons cette matière par une critique. L'art. 1288 déclare que toute somme reçue par le créancier pour la décharge d'une caution doit être imputée sur la dette et tourner à la décharge du débiteur principal et des autres cautions. Par exemple, le créancier consent à libérer une caution moyennant 10 ; d'après la convention, cette somme doit être l'équivalent du risque auquel il s'expose, en déchargeant la caution, et si l'on ne consultait que la volonté des parties, la dette continuerait d'exister tout entière ; mais le Code en décide autrement, et il ne permet pas que les 10 payés par la caution servent à couvrir le créancier du risque auquel il s'expose ; ils doivent être imputés sur la dette et tourner à la décharge du débiteur principal et des autres cautions. Pourquoi cette disposition si contraire à la liberté des contrats ? Le Code a probablement voulu empêcher que le créancier n'exploitât sa situation, et que, même dans les cas où le débiteur serait solvable, il n'obligeât les cautions, en les menaçant de poursuites, à lui acheter leur décharge. Cette décharge ne serait le plus souvent, à ses yeux, qu'un fait d'usure déguisée, et c'est là, sans aucun doute, le motif de la disposition qui nous occupe et que nous critiquons.

QUATRIÈME SECTION

DE LA COMPENSATION.

ART. 1289. Lorsque deux personnes se trouvent débitrices l'une envers l'autre, il s'opère entre elles une compensation qui éteint les deux dettes, de la manière et dans les cas ci-après exprimés.

1290. La compensation s'opère de plein droit par la seule force de la loi, même à l'insu des débiteurs ; les deux dettes s'éteignent réciproquement à l'instant où elles se trouvent exister à la fois, jusqu'à concurrence de leurs quotités respectives.

1291. La compensation n'a lieu qu'entre deux dettes qui ont également pour objet une somme d'argent, ou une certaine quantité de choses fongibles de la même espèce et qui sont également liquides et exigibles. — Les prestations en grains ou denrées non contestées, et dont le prix est réglé par les mercuriales, peuvent se compenser avec des sommes liquides et exigibles.

1292. Le terme de grâce n'est point un obstacle à la compensation.

1293. La compensation a lieu, quelles que soient les causes de l'une ou l'autre des dettes, excepté dans les cas : — 1° de la demande en restitution d'une chose dont le propriétaire a été injustement dépouillé ; — 2° de la demande en restitution d'un dépôt et d'un prêt à usage ; — 3° d'une dette qui a pour cause des aliments déclarés insaisissables.

1294. La caution peut opposer la compensation de ce que le créancier doit au débiteur principal ; — mais le débiteur principal ne peut opposer la compensation de ce que le créancier doit à la caution. — Le débiteur solidaire ne peut pareillement opposer la compensation de ce que le créancier doit à son codébiteur.

1295. Le débiteur qui a accepté purement et simplement la cession qu'un créancier a faite de ses droits à un tiers, ne peut plus opposer au cessionnaire la compensation qu'il eût pu, avant l'acceptation, opposer au cédant. — A l'égard de la cession qui n'a point été acceptée par le débiteur, mais qui lui a été signifiée, elle n'empêche que la compensation des créances postérieures à cette notification.

1296. Lorsque les deux dettes ne sont pas payables au même lieu, on n'en peut opposer la compensation qu'en faisant raison des frais de la remise.

1297. Lorsqu'il y a plusieurs dettes compensables dues par la même personne, on suit, pour la compensation, les règles établies pour l'imputation, par l'art. 1256.

1298. La compensation n'a pas lieu au préjudice des droits acquis à un tiers. Ainsi celui qui, étant débiteur, est devenu créancier depuis la saisie-arrêt faite par un tiers entre ses mains, ne peut, au préjudice du saisissant, opposer la compensation.

1299. Celui qui a payé une dette qui était, de droit, éteinte par la compensation ne peut plus, en exerçant la créance dont il n'a point opposé la compensation, se prévaloir, au préjudice des tiers, des priviléges ou hypothèques qui y étaient attachés, à moins qu'il n'ait eu une juste cause d'ignorer la créance qui devait compenser sa dette.

Notions générales. — La COMPENSATION (*cum pensare*) est la balance établie entre deux dettes réciproques d'une certaine nature, qui s'éteignent jusqu'à concurrence de la plus faible. Ainsi, lorsque je vous dois 30, et que plus tard vous devenez mon débiteur de 10, votre dette et la mienne se compensent jusqu'à concurrence de 10, et, en définitive, je reste votre débiteur de 20 seulement. La compensation repose sur cette idée romaine : *melius est non solvere quam solutum repetere.* Et, en effet, il est également juste et utile aux parties contractantes que leurs dettes respectives se liquident par le simple payement d'un reliquat.

Des EFFETS *de la.* COMPENSATION. — En droit français, à la différence du droit romain, la compensation s'opère de plein droit et par la seule force de la loi, et même à l'insu des parties. Il suffit que des dettes existantes réunissent certaines conditions.

Des CONDITIONS *de la compensation.* — Le Code exige trois conditions pour qu'il y ait compensation, savoir :

1° Que les dettes aient pour objet des *sommes d'argent* ou des *choses fongibles* de la même espèce, par exemple, du vin de même nature, cru et année ;

2° Que ces dettes soient *liquides,* ou, en d'autres termes, que l'on puisse dire de leur objet : *quid, quale, quantumque sit ;*

3° Que ces dettes soient *exigibles*, c'est-à-dire sans terme ni condition.

Reprenons avec détail chacune de ces conditions.

D'abord, les dettes doivent avoir pour objet des choses fongibles de la même espèce. La raison en est que les dettes n'ayant pas pour objet des choses fongibles de la même espèce sont sans commune mesure, et que d'ailleurs il peut ne pas être indifférent aux parties d'échanger ou de ne pas échanger des choses de nature ou d'espèces différentes. Ainsi, quand je vous dois un cheval et que vous me devez du blé, ou même un autre cheval, la compensation ne peut avoir lieu. En effet, le cheval et le blé n'ont pas de commune mesure; et, en outre, chacun de nous peut avoir intérêt au payement effectif de la dette de l'autre. Les deux chevaux eux-mêmes, ayant leurs qualités propres et distinctes, peuvent ne pas s'équivaloir exactement, et leur appliquer la compensation serait aller contre le but du législateur.

Toutefois, le Code déroge à son principe, que les deux dettes doivent avoir pour objet des choses fongibles de même espèce, dans le cas particulier où l'un doit de l'argent et l'autre des grains ou denrées, dont le prix est réglé par les mercuriales (art. 1291 2°). L'on comprend, en effet, que les denrées, cotées aux mercuriales, soient l'équivalent de l'argent, puisqu'on en connaît le prix exact et que l'on peut à tout moment les convertir en numéraire. La compensation aura donc lieu si vous me devez du blé et que je vous doive de l'argent. Mais il faut, bien entendu, que les deux dettes ne soient pas cause l'une de l'autre. Ainsi, quand je vous dois de l'argent, parce que vous m'avez vendu du blé, chacun de nous est tenu d'exécuter le contrat, et nul ne peut opposer la compensation ; car, s'il pouvait l'opposer, tout contrat de vente ayant pour objet des denrées cotées aux mercuriales serait impossible, puisque les deux dettes ne seraient pas plutôt nées, qu'elles s'éteindraient par compensation. Un tel résultat ne peut évidemment être accepté, et la volonté des parties doit prévaloir sur un texte trop général pour être absolu.

Maintenant, les dettes non liquides ne sont pas susceptibles de compensation, parce que la liquidation de l'une peut durer plus longtemps que la liquidation de l'autre, et qu'on ne saurait, sans injustice, les assimiler, pour les éteindre par compensation. D'ailleurs leur *quantùm* n'est pas encore connu.

Enfin, les dettes non exigibles ne peuvent être compensées, parce que la durée de chaque terme ou l'éventualité de chaque condition peuvent être fort inégales, et qu'on ne saurait encore, sans injustice, assimiler des dettes de cette nature. De là, il résulte qu'un débiteur pur et simple pourra être actionné par un débiteur à terme, ou sous condition, sans que celui-ci puisse opposer la compensation. Seulement, il sera tenu de rendre ce qu'il a reçu, quand le terme sera expiré ou la condition accomplie. Faisons observer que le terme de grâce n'est point un obstacle à la compensation (art. 1292). Le terme de grâce n'est effectivement accordé au débiteur qu'à raison de sa position malheureuse, et, du moment qu'il devient créancier de son créancier, et qu'il peut payer par compensation ce qu'il ne pouvait payer directement, le terme de grâce disparaît avec sa cause et la compensation s'opère.

Les trois conditions ci-dessus coexistant, la compensation a lieu de plein droit, lors même que les dettes proviendraient de sources différentes, par exemple, l'une d'un contrat et l'autre d'un quasi-contrat, et qu'elles ne seraient point payables au même lieu (art. 1296) : seulement, dans ce dernier cas, il devrait être tenu compte au créancier qui devait recevoir son payement dans un lieu plus commode, de l'intérêt qu'il avait à toucher la somme audit lieu. Or, cet intérêt est égal aux frais d'envoi de la somme ou *frais de la remise*.

Des EXCEPTIONS *à la* COMPENSATION. — L'art. 1293, après avoir posé en principe que la compensation a lieu, quelles que soient les causes de l'une ou de l'autre dette, apporte à cette règle une triple exception. La compensation n'a pas lieu :

1° Lorsque l'une des parties demande la restitution d'une chose dont elle a été *injustement dépouillée :* d'où il faut conclure que, si un créancier voulait se payer de ses propres mains et sans le consentement de son débiteur, celui-ci pourrait exiger la restitution de la chose prise par le créancier, sans que la compensation lui fût opposable.

2° Lorsqu'une des parties demande la restitution d'un *dépôt* ou d'un *prêt à usage.* Cette double exception et même, dans la plupart des cas, l'exception précédente, font naître une difficulté. Effectivement le dépôt et le prêt à usage ont toujours pour objet un corps certain, et la chose dont une des parties aura été injustement dépouillée sera souvent aussi un corps certain. Et, d'un autre côté, nous savons que la compensation a seulement lieu entre dettes de genres, de choses fongibles. Pourquoi donc le Code présente-t-il comme des exceptions à la compensation des cas où la nature même des dettes l'empêchait de s'accomplir ? L'explication de cette bizarrerie est dans le droit romain, où toutes les condamnations étaient pécuniaires, et où la compensation était toujours faite par le juge au lieu de l'être par la loi elle-même. Or, on conçoit que le juge introduisît la compensation jusque dans les dettes de corps certains, puisqu'ils condamnait toujours les parties, non à la restitution même des objets, mais au payement d'une somme représentative de leur valeur : dès lors il était utile de dire que certaines dettes dont le caractère est sacré, par exemple, des dettes provenant d'un prêt à usage ou d'un dépôt, ne pouvaient être compensées. Mais la même utilité n'existait pas en droit français, où la compensation est légale et n'a jamais lieu que pour des dettes de choses fongibles ; c'est-à-dire de choses qui ne sont évidemment ni remises en dépôt ni prêtées à usage. L'exception dont nous parlons est dans une pure erreur législative. Est-ce à dire qu'elle ne trouvera jamais une application ? Nullement; mais les cas où cette application aura lieu sont tellement exceptionnels qu'ils n'ont certainement pas préoccupé le législateur. En voici quelques-uns. Si la chose déposée consiste en une somme d'argent, le dépositaire ne pourra pas la garder en opposant la compensation : pareillement, si la chose déposée ou prêtée périt par la faute ou le fait du débiteur, et que, de la sorte, la dette de corps certain se transforme en une dette de dommages-intérêts liquidés en argent, le dépositaire ou l'emprunteur ne pourra pas se dispenser de payer ces dommages-intérêts, en opposant la compensation.

3° La compensation n'a pas lieu enfin lorsque l'une des deux dettes a pour cause des *aliments* déclarés *insaisissables* : autrement le débiteur de ces aliments en dépouillerait le créancier par voie de compensation, lorsqu'il ne pourrait l'en dépouiller par voie de saisie, ce qui serait contradictoire.

Quand plusieurs dettes compensables sont dues par la même personne, l'on suit, pour la compensation, le même ordre et les mêmes règles que pour l'imputation (V. art. 1297).

PAR QUI et CONTRE QUI *la compensation peut ou ne peut pas être invoquée.* — Aux termes de l'article 1294 [1°], la compensation peut être invoquée par la caution, jusqu'à concurrence de ce que le créancier doit au débiteur cautionné. Il est rationnel, en effet, que la dette accessoire s'éteigne en proportion de la dette principale. Mais le débiteur principal ne peut opposer la compensation de ce que le créancier doit à la caution ; et avec raison, car, s'il le pouvait, il ferait supporter à cette caution l'avance du payement, ce qui est inadmissible (art. 1294 [2°]).

Le débiteur solidaire ne peut pas non plus opposer la compensation de ce que le créancier doit à son codébiteur (art. 1294 [3°]). Nous avons dit précédemment que le Code avait voulu prévenir par là l'immixtion des différents débiteurs solidaires dans leurs affaires respectives.

Si l'une des créances sujettes à compensation a été transférée à un tiers et que le débiteur ait accepté ce transport, il a, par cela même, renoncé au bénéfice de la compensation, et il ne peut plus l'opposer au cessionnaire ; mais il en serait différemment si la cession de la créance lui avait été simplement signifiée (art. 1295). Nous reviendrons, en traitant du transport des créances, sur ce point, qui n'a pas ici sa place naturelle (V. art. 1689 et suiv.).

La compensation n'a jamais lieu au préjudice des droits acquis à des tiers (art. 1298) ; ainsi, quand la créance est frappée de saisie-arrêt avant que la compensation ne l'ait éteinte, la survenance d'une créance réciproque de la part du débiteur n'empêche pas cette saisie de conserver toute son efficacité. Pareillement, si l'une des créances est cédée à un tiers avant la compensation, cette cession est désormais à l'abri de toute extinction par compensation.

La compensation ayant lieu même à l'insu des parties, il peut arriver que l'une d'elles paye sa dette avant d'en avoir connu l'extinction par la survenance d'une dette réciproque. Selon la rigueur des principes, elle peut seulement, alors, répéter le payement qu'elle a fait, à titre de payement de l'indû ; en d'autres termes, elle a une simple *condictio indebiti*. Or, une telle créance est purement chirographaire, tandis que celle éteinte par compensation pouvait être entourée de priviléges, hypothèques ou autres accessoires. De là un préjudice éventuel pour le débiteur, dans le cas où le créancier indûment payé serait insolvable. Si le débiteur était en état de connaître la compensation, le Code laisse à sa charge le risque d'un payement qui n'était pas dû ; mais dans le cas où il a eu une *juste cause* d'ignorer la compensation, l'art. 1299 lui permet de se prévaloir des priviléges ou hypothèques qui étaient attachés à la créance éteinte, tout comme si la compensation ne s'était pas accomplie (art. 1299). Ainsi, quand je vous dois 10, et qu'à votre tour vous devez 10 garantis par hypothèque à mon oncle, auquel j'ai succédé à mon insu, je peux, si je vous paye mes 10, vous les réclamer hypothécairement, comme eût pu le faire le défunt lui-même, parce que j'ai eu, dans ce cas, une juste cause d'ignorer la compensation.

Faisons remarquer en terminant que les parties peuvent, à leur gré, compenser des dettes, même de nature toute différente, et que, pareillement, le juge opère souvent dans la liquidation de certaines dettes une compensation qui ne pouvait d'elle-même s'accomplir, parce que l'une des conditions exigées par la loi manquait.

CINQUIÈME SECTION

DE LA CONFUSION.

Art. 1300. Lorsque les qualités de créancier et de débiteur se réunissent dans la même personne, il se fait une confusion de droits qui éteint les deux créances.

1301. La confusion qui s'opère dans la personne du débiteur principal profite à ses cautions ; — celle qui s'opère dans la personne de la caution n'entraîne point l'extinction de l'obligation principale ; — celle qui s'opère dans la personne du créancier ne profite à ses codébiteurs solidaires que pour la portion dont il était débiteur.

DÉFINITION. — La CONFUSION est la réunion sur la même tête de la double qualité de créancier et de débiteur ; elle a lieu, soit lorsque le débiteur succède à son créancier, soit lorsque le créancier succède à son débiteur, soit enfin lorsqu'un tiers succède en même temps à l'un et à l'autre.

De la NATURE *et des* EFFETS *de la confusion*. — La confusion n'est pas, à proprement parler, un mode d'extinction des obligations ; elle paralyse la dette plutôt qu'elle ne l'éteint véritablement, et cela est tellement vrai que, si la confusion vient à cesser par la séparation des deux qualités de créancier et de débiteur un instant confondues dans la même personne, les choses sont remises dans le même état qu'auparavant, et la dette, comme la créance, revivent. Ainsi, quand le débiteur devenu héritier de son créancier renonce à sa succession, ou *vice versâ*, la confusion cesse rétroactivement, et les choses sont rétablies comme elles étaient avant l'ouverture de la succession. Pareillement, lorsqu'un tiers souffrirait de la confusion, il peut prétendre qu'elle n'a pas eu lieu, car, encore une fois, la confusion n'éteint pas réellement la dette, et elle ne doit porter préjudice à personne. Ainsi, la dette d'un héritier soumis au rapport comptera tout entière dans l'actif héréditaire, quoiqu'elle soit en partie éteinte par confusion, parce que les autres héritiers ont intérêt à ce que la confusion ne leur soit pas opposée.

PAR QUI *peut être* OPPOSÉE *la confusion*. — La confusion qui s'opère dans la personne du débiteur principal peut être invoquée par ses cautions (art. 1301 1°). Et, en effet, elles sont protégées contre lui par la règle : *Quem de evictione tenet actio, eumdem agentem repellit exceptio.*

La confusion qui s'opère dans la personne de la caution n'éteint pas l'obligation principale (art. 1301 2°). Et, en effet, rien n'empêche ici que la caution succédant au créancier, ou le créancier succédant à la caution, ne poursuive le débiteur principal sur lequel doit toujours, en définitive, retomber le fardeau de l'engagement. La raison de garantie qui existait tout à l'heure, du débiteur principal à la caution, ne saurait exister de la caution au débiteur principal.

Enfin, la confusion qui s'opère dans la personne d'un débiteur solidaire ne profite, comme nous le savons, à ses co-débiteurs solidaires, que pour la portion dont il était lui-même débiteur (art. 1301 3°).

SIXIÈME SECTION
DE LA PERTE DE LA CHOSE DUE.

Art. 1302. Lorsque le corps certain et déterminé qu'était l'objet de l'obligation vient à périr, est mis hors du commerce, ou se perd de manière qu'on en ignore absolument l'existence, l'obligation est éteinte si la chose a péri ou a été perdue sans la faute du débiteur et avant qu'il fût en demeure. — Lors même que le débiteur est en demeure, et s'il ne s'est pas chargé des cas fortuits, l'obligation est éteinte dans le cas où la chose fût également périe chez le créancier si elle lui eût été livrée. — Le débiteur est tenu de prouver le cas fortuit qu'il allègue. — De quelque manière que la chose volée ait péri ou ait été perdue, sa perte ne dispense pas celui qui l'a soustraite de la restitution du prix.

1303. Lorsque la chose est périe, mise hors du commerce ou perdue, sans la faute du débiteur, il est tenu, s'il y a quelques droits ou actions en indemnité par rapport à cette chose, de les céder à son créancier.

Observation. — La chose due périt, soit lorsqu'elle est matériellement détruite, soit lorsqu'elle est mise hors du commerce, par exemple, par suite d'expropriation pour cause d'utilité publique, soit enfin lorsqu'elle est perdue de manière qu'on en ignore absolument l'existence, par exemple, si elle a été jetée à la mer dans une tempête (art. 1302).

Des EFFETS *de la* PERTE *de la chose due.* — La perte de la chose due éteint l'obligation, si elle est survenue sans la faute du débiteur et avant sa mise en demeure, ou même après sa mise en demeure, dans le cas où il est prouvé que la chose eût également dû périr chez le créancier. Alors, en effet, le retard du débiteur n'a par lui-même rien de dommageable. Ainsi, quand le cheval dû périt, chez le débiteur, d'une maladie qui l'eût également fait périr chez le créancier, ce dernier ne peut pas demander de dommages-intérêts, quand même il eût mis le débiteur en demeure avant cet événement.

Toutes les fois que la perte de la chose due est imputable au débiteur, ce dernier est passible de dommages-intérêts. Mais, est-ce à lui de prouver qu'il n'est pas en faute, ou bien est-ce au créancier de prouver le contraire? Le principe est que tout débiteur qui se prétend libéré doit prouver sa libération; or, comme cette libération ne peut résulter que d'un cas fortuit, c'est évidemment au débiteur à démontrer l'existence de ce cas fortuit, et non au créancier à établir la faute.

Les dommages-intérêts dus par un débiteur solidaire en faute ou en demeure sont, comme nous l'avons dit plus haut, garantis par les autres débiteurs solidaires, jusqu'à concurrence de l'objet péri. On doit, par analogie, étendre aux cautions la même décision.

Sont responsables de la perte, lors même que la chose eût également dû périr chez le créancier, et sans aucune mise en demeure, le débiteur qui s'est expressément chargé des cas fortuits (art. 1302 2°), et le voleur (art. 1302 4°) qui doit subir les conséquences les plus extrêmes de son délit. Telle était l'opinion de Pothier, et le Code l'a reproduite.

Le débiteur non responsable de la perte n'en doit pas moins restituer au créancier les accessoires ou les restes de la chose périe, et si, à raison de cette perte, il a quelque droit ou action en indemnité, il doit, aux termes de l'art. 1303, les céder à son créancier. Ainsi, le vendeur d'une maison incendiée après le contrat doit céder à l'acheteur son action en garantie contre les locataires (art. 1303). Mais faisons observer que, la convention étant par elle-même translative de propriété des corps certains, les seuls susceptibles de perte, l'action en indemnité naît aujourd'hui dans la personne du créancier-propriétaire, au lieu de naître, comme à Rome, dans celle du débiteur. Conséquemment, la cession dont parle l'art. 1303 n'est plus applicable, et il importe de le constater, car le créancier de la chose périe, ayant les actions de son propre chef, n'aura pas à subir, comme autrefois, le concours des autres créanciers du débiteur pour le cas où ce débiteur serait insolvable.

Les dettes de genres, avons-nous dit, ne peuvent s'éteindre par la perte de la chose. Quelquefois cependant le contraire arrive, par exemple, si le genre est mis hors du commerce. Ainsi, quand je vous dois un esclave, et qu'une loi affranchit tous les esclaves, le genre périt et la dette est éteinte ; mais ces hypothèses sont tout à fait exceptionnelles, et, en général, la perte n'est possible que pour les corps certains.

La mort du débiteur équivaut à la perte quand son obligation est de nature à ne pouvoir être exécutée par ses héritiers. Ainsi, quand un peintre s'engage à faire un tableau, sa mort éteint la dette qu'il a contractée.

SEPTIÈME SECTION
DE L'ACTION EN NULLITÉ OU EN RESCISION DES CONVENTIONS.

ART. 1304. Dans tous les cas où l'action en nullité ou en rescision d'une convention n'est pas limitée à un moindre temps par une loi particulière, cette action dure dix ans. — Ce temps ne court, dans le cas de violence, que du jour où elle a cessé ; dans le cas d'erreur ou de dol, du jour où ils ont été découverts ; et pour les actes passés par les femmes mariées non autorisées, du jour de la dissolution du mariage. — Le temps ne court, à l'égard des actes faits par les interdits, que du jour où l'interdiction est levée ; et, à l'égard de ceux faits par les mineurs, que du jour de la majorité.

1305. La simple lésion donne lieu à la rescision en faveur du mineur non émancipé contre toutes sortes de conventions, et en faveur du mineur émancipé, contre toutes conventions qui excèdent les bornes de sa capacité, ainsi qu'elle est déterminée au titre *de la Minorité, de la Tutelle et de l'Émancipation.*

1306. Le mineur n'est pas restituable pour cause de lésion, lorsqu'elle ne résulte que d'un événement casuel et imprévu.

1307. La simple déclaration de majorité, faite par le mineur, ne fait point obstacle à sa restitution.

1308. Le mineur commerçant, banquier ou artisan, n'est point restituable contre les engagements qu'il a pris à raison de son commerce ou de son art.

1309. Le mineur n'est point restituable contre les conventions portées en son contrat de mariage, lorsqu'elles ont été faites avec le consentement et l'assistance de ceux dont le consentement est requis pour la validité de son mariage.

1310. Il n'est point restituable contre les obligations résultant de son délit ou quasi-délit.

1311. Il n'est plus recevable à revenir contre l'engagement qu'il avait souscrit en minorité, lorsqu'il l'a ratifié en majorité, soit que cet engagement fût nul en sa forme, soit qu'il fût seulement sujet à restitution.

1312. Lorsque les mineurs, les interdits ou les femmes mariées sont admis, en ces qualités, à se faire restituer contre leurs engagements, le remboursement de ce qui aurait été, en conséquence de ces engagements, payé pendant la minorité, l'interdiction ou le mariage, ne peut en être exigé, à moins qu'il ne soit prouvé que ce qui a été payé a tourné à leur profit.

1313. Les majeurs ne sont restitués pour cause de lésion que dans les cas et sous les conditions spécialement exprimés dans le présent Code.

1314. Lorsque les formalités requises à l'égard des mineurs ou des interdits, soit pour aliénation d'immeubles, soit dans un partage de succession, ont été remplies, ils sont, relativement à ces actes, considérés comme s'ils les avaient faits en majorité ou avant l'interdiction.

Notions générales. — Les contrats sont tantôt RADICALEMENT NULS, et tantôt simplement ANNULABLES. Dans le premier cas, la nullité, c'est-à-dire l'inexistence de l'obligation, peut être invoquée à toute époque et par toute personne ; dans le second cas, elle ne peut être invoquée que pendant un certain délai, et par certaines personnes déterminées. Nous savons déjà que les contrats sont radicalement nuls pour défaut absolu de consentement, d'objet certain et de cause licite (art. 1108); ils peuvent l'être encore pour inobservation des formes solennelles, quand ces formes sont prescrites à peine de nullité, comme dans les contrats de mariage, d'hypothèque et de donation. Les contrats sont simplement annulables lorsque le consentement des contractants a été affecté d'un vice, ou que les parties n'avaient pas, au temps des conventions, la capacité de s'obliger.

On peut se demander pourquoi le législateur a ainsi créé des contrats mixtes qui ne sont ni radicalement nuls comme les précédents, ni entièrement valables comme ceux dans lesquels toutes les conditions légales ont été remplies. Il semble qu'un contrat devrait être tout à fait valable ou tout à fait nul, suivant que les prescriptions de la loi ont été suivies ou violées, et on ne voit pas d'abord la raison d'être de ces contrats qui ont l'existence, mais non une existence absolument certaine. Il faut remonter au droit romain pour expliquer un tel système de législation. Selon le droit strict, les contrats étaient valables lors même qu'ils se trouvaient entachés de ce que nous appelons un vice du consentement; mais, par contre, il est vrai, les contrats faits par des incapables étaient réputés inexistants. Le droit prétorien tempéra la rigueur du droit strict par l'équité, et il permit au débiteur d'opposer des exceptions au créancier qui poursuivait l'exécution d'un contrat que l'erreur, la violence ou le dol avaient vicié. Il en résulta que certains contrats, valables d'après le droit civil, furent entièrement paralysés par le droit prétorien. Le droit français a suivi la tradition romaine, et, faisant abstraction de la lutte qui existait entre le droit civil et le droit prétorien, il a admis, comme le premier, l'existence des contrats affectés d'un vice du consentement, et permis au débiteur, comme le second, d'échapper à l'exécution de ces contrats, en invoquant ce vice ou toute autre cause de nullité ; en un mot, il a organisé d'une main la destruction de ce qu'il avait fondé de l'autre. Ce n'est pas tout, et, au lieu de faire de l'incapacité des parties contractantes, comme le droit strict à Rome, une cause de nullité radicale, il lui attribue seulement les effets d'un vice du consentement. Au surplus, on peut, jusqu'à un certain point, justifier la théorie du droit français. Effectivement, il n'est pas prouvé *à priori* que les contrats entachés d'erreur, de violence ou de dol, ou faits par des incapables, lèsent la partie trompée, violentée ou incapable, et dès lors on comprend que, si cette partie ne demande pas la nullité de son engagement dans un certain délai, elle doive être réputée en accepter toutes les conséquences. Quelquefois, d'ailleurs, un contrat qui, à l'origine, paraissait désastreux, devient plus tard fort avantageux, par suite de circonstances particulières, et il est juste que la partie trompée, violentée ou incapable ait le droit d'en profiter. Voilà pourquoi les contrats annulables se convertissent en contrats parfaitement valables, dès que l'action en nullité est prescrite, à la différence des contrats radicalement nuls, dont toute partie intéressée peut, à toute époque, alléguer utilement l'inexistence.

Dans la section qui nous occupe, le Code traite de l'action en nullité ou rescision des contrats viciés par l'erreur, la violence, le dol ou la lésion, ou consentis par des personnes incapables.

L'action en nullité et l'action en rescision sont soumises par le Code aux mêmes règles, et produisent les mêmes effets, à la différence de ce qui avait lieu dans l'ancien droit français, où ces deux actions comportaient plusieurs règles spéciales et distinctes. Faisons seulement observer que l'action rescisoire se dit plus particulièrement de l'action résultant de la lésion, et que pour les cas d'erreur, de violence, de dol ou d'incapacité, on dit indifféremment action en nullité ou action en rescision.

Durée de l'action en NULLITÉ *ou en rescision*. — Cette action dure dix ans, à dater du jour où la partie au profit de laquelle elle est établie a pu librement l'exercer (art. 1304[1°]). Conséquemment, dans le cas de violence, le délai court du jour où elle a cessé ; dans le cas d'erreur ou de dol, du jour où ils ont été découverts, et pour les actes passés par des femmes mariées non autorisées, du jour de la dissolution du mariage, qui leur restitue toute leur liberté ; pour les actes faits par les interdits, du jour où l'interdiction est levée ; enfin, pour les actes faits par les mineurs, du jour de leur majorité (art. 1304 [1° 2° 3°]). Faisons une observation pour les actes passés par une femme mariée non autorisée : la nullité peut en être demandée par le mari comme par la femme (art. 225) ; mais il est évident que, si le délai ne court, pour la femme, qu'à dater de la dissolution du mariage, il devra courir, pour le mari, du jour où il aura eu connaissance de l'acte, puisqu'à partir de ce jour il a pu en demander la nullité.

NATURE *du* DÉLAI *ci-dessus.* — Les auteurs ne sont pas d'accord sur la nature de la prescription établie par le Code en matière d'actions en nullité ou rescision. Les uns soutiennent que le délai de dix ans est fixe et invariable, et que cette prescription n'est point soumise aux causes de suspension applicables à la prescription ordinaire, qui sont : la minorité, l'interdiction, et dans certains cas, le mariage (art. 2252 et sq.). En conséquence, ils décident que, si l'action en nullité commence une fois à courir par la cessation de l'incapacité de celui au profit duquel elle existe, elle doit fatalement s'éteindre par le délai de dix ans, lors même que cette personne redeviendrait incapable par une seconde interdiction ou mourrait, laissant des héritiers incapables comme elle, soit à raison de leur minorité, soit à raison de leur interdiction. Un tel système n'est guère admissible. En effet, on ne voit pas pourquoi la prescription courrait pendant une seconde interdiction contre celui qui a contracté, lorsqu'elle était suspendue pendant la première, ni pourquoi les héritiers incapables de celui qui avait l'action en nullité ne seraient point protégés par cette suspension, comme l'était le défunt lui-même à l'époque de son incapacité. Puis, les principes veulent que la prescription soit suspendue par la minorité ou l'interdiction (art. 2252), et provision leur est due jusqu'à preuve contraire. On objecte, il est vrai, l'art. 2264, aux termes duquel on doit s'en référer aux titres particuliers pour la prescription des droits qu'ils mentionnent. Or, dit-on, l'art. 1304 paraît bien avoir limité ici au délai fixe de dix ans la prescription des actions en nullité ou en rescision, et dès lors il faut s'en tenir à ce texte, qui n'admet aucune distinction. A cela on répond que l'art. 1304 n'a point dérogé aux règles ordinaires de la prescription dont il n'a pas fait mention. Or, s'il limite à dix ans la durée des actions en nullité, il ne dit nullement que cette prescription sera soustraite aux règles ordinaires de suspension ou d'interruption. En conséquence, il faut décider que la prescription de dix ans est, comme celle de trente, suspendue par la survenance d'une interdiction ou d'une minorité, et, dans certains cas, du mariage.

De LA RÈGLE : *quæ temporalia ad agendum, perpetua sunt ad excipiendum.* — En droit romain, cette règle signifiait que le fait générateur d'une action purement temporaire pouvait engendrer une exception perpétuelle. Par exemple, supposons qu'une des parties eût contracté par suite de manœuvres frauduleuses émanées de l'autre partie; de deux choses l'une : ou elle avait exécuté le contrat, et alors elle avait l'*action de dol* pour recouvrer la chose livrée, ou elle n'avait pas exécuté le contrat, et alors elle n'avait pour le moment rien à demander au créancier, auquel elle opposait tout simplement l'*exception de dol*, dans le cas où il poursuivait le payement de la dette. L'action de dol ne durait qu'un an, l'exception de dol était perpétuelle, et voilà comment le même fait pouvait, suivant qu'on se plaçait dans l'hypothèse de l'exécution ou de l'inexécution du contrat, engendrer tantôt une action temporaire et tantôt une excep-

tion perpétuelle. D'où venait cette différence entre la durée
de l'action et celle de l'exception ? Le voici : le débiteur qui
avait exécuté le contrat était sur l'offensive, puisqu'il avait
à réclamer les choses par lui livrées : or, comme il pouvait
immédiatement élever sa réclamation, le préteur avait jugé
suffisant de lui donner une action temporaire. Le débiteur
qui n'avait pas exécuté se trouvait, au contraire, sur la défensive, et comme il avait, par hypothèse, contracté une obligation de droit civil, et que les actions de droit civil étaient
perpétuelles, à la différence des actions de droit prétorien, qui
étaient temporaires, il en résultait que le débiteur avait besoin d'une exception perpétuelle pour se garantir de cette
action perpétuelle, et c'est pourquoi le dol, qui engendrait
une action purement temporaire, produisait cependant une
exception perpétuelle.

Arrivons au droit français. Il s'agit de savoir si la règle
ci-dessus existe encore. Admet-on l'affirmative ; alors le débiteur qui aura exécuté un contrat annulable sera bien tenu
d'exiger dans les dix ans la restitution de ce qu'il a payé ;
mais, s'il n'a pas exécuté, il pourra opposer l'exception pendant les trente ans que durera l'action du créancier. Admet-
on au contraire la négative ; alors, que le débiteur ait ou non
exécuté le contrat, il devra toujours en demander la nullité
dans les dix ans, et, passé ce délai, il ne pourra plus se défendre contre les poursuites du créancier. Le premier système
a un bon côté. En effet, il dispense le débiteur qui n'a pas
exécuté de demander la nullité d'un contrat dont il ignore
peut-être l'existence, pour l'avoir fait à une époque où il
n'avait pas la complète jouissance de ses facultés. Mais on
doit adopter le second, parce que la règle romaine a été abrogée par une ordonnance de Villers-Cotterets (1539) et qu'aucun texte formel ne l'a, depuis, fait revivre. Au surplus,
l'on comprend que le législateur fasse résulter d'un silence
de dix années la ratification tacite d'un contrat, dont quelquefois il sera, même après un bref délai, difficile de prouver

les vices. Ajoutons que la prescription a en général pour but et pour effet de consolider un état de choses préexistant. Or, dans l'intervalle des dix ans, le contrat existe, et la prescription de dix ans doit assurer cette existence.

Lorsque le contrat est annulable pour cause d'interdiction, il est à craindre, avons-nous dit, que l'interdit ne s'en souvienne pas, et qu'il soit victime d'une prescription que, par ignorance, il ne peut interrompre. Le législateur a senti cet inconvénient, et la loi du 30 juin 1838 sur les aliénés décide que l'action en nullité des actes faits par ces derniers court seulement du jour où les actes dont il s'agit leur ont été signifiés, ou du jour à partir duquel ils en ont eu connaissance, après leur sortie définitive de la maison d'aliénés. Il serait à désirer que ce point de départ de la prescription fût étendu aux interdits.

Des EFFETS *de la* NULLITÉ *ou* RESCISION *des contrats.* — Tout jugement de nullité ou de rescision a pour effet de rétablir les choses dans l'état où elles eussent été si le contrat n'était point intervenu. Un jugement de nullité ou de rescision a donc les mêmes effets qu'une condition résolutoire accomplie (art. 1312).

Des contrats faits par UN MINEUR NON ÉMANCIPÉ *ou par* SON TUTEUR. — Les contrats faits par les interdits ou les femmes mariées non autorisées sont annulables par le seul fait qu'ils émanent de ces incapables, et indépendamment de tout préjudice par eux éprouvé. Quelques personnes veulent appliquer la même théorie aux actes faits par un mineur non émancipé; elles s'appuient sur l'art. 1124, qui semble assimiler les effets de l'incapacité du mineur aux effets de l'incapacité des femmes mariées ou des interdits. Quant aux actes faits par les tuteurs, il faudrait, d'après elles, distinguer s'ils ont ou non été accomplis légalement. Dans la première hypothèse, ils seraient, malgré leur légalité, rescindables pour cause de lésion (art. 1305), et, dans la seconde, ils seraient toujours nuls, comme faits par un mandataire en dehors de ses pouvoirs. Un tel système paraît peu admissible ; en effet, il serait bien rigoureux pour les tiers, et, par suite, désavantageux pour le mineur lui-même, que les actes légalement faits par son tuteur fussent rescindables pour cause de lésion. L'intérêt même de ce mineur exige que les personnes avec lesquelles son tuteur contracte régulièrement aient une pleine et entière sécurité. Puis, le système dont il s'agit est tout à fait contraire à l'histoire de la matière. Plusieurs autres ont été proposés ; voici celui que l'on adopte généralement.

Si le mineur a fait seul un acte que le tuteur pouvait accomplir sans aucune formalité, l'acte est valable, pourvu qu'il n'en résulte pas de lésion pour l'incapable (art. 1305).

Si le mineur a fait un acte que le tuteur n'eût pu accomplir sans certaines formalités, cet acte est toujours annulable pour défaut de forme (art. 1311).

Si le tuteur a fait légalement un acte quelconque, cet acte est inattaquable (art. 1314).

Si, enfin, il a fait un acte sans les formalités prescrites, cet acte est nul pour défaut de forme (art. 1311).

Il reste à démontrer le bien-fondé de ce système.

D'abord, disons-nous, l'acte fait par le mineur seul n'est rescindable que pour cause de lésion, quand il n'était pas sujet à des formalités particulières. Cela résulte incontestablement de la tradition. Sous l'ancienne jurisprudence, en effet, on suivait la règle : *Restituitur minor, non tanquam minor, sed tanquam læsus.* La même pensée fut reproduite lors de la discussion du Code, et tout porte à croire qu'elle a été maintenue. En effet, l'art. 1305, disant que la simple lésion donne lieu à la rescision en faveur du mineur contre toutes sortes de conventions, décide par cela même, *à contrario*, que les actes faits par les mineurs, sans lésion, ne peuvent être rescindés, et il s'agit évidemment ici d'actes passés par le mineur en personne, puisque l'art. 1307, développant l'idée principale contenue dans l'art. 1305, suppose une fausse déclaration de majorité par le mineur contractant. A ce système on oppose l'art. 1124, aux termes duquel la minorité semble être par elle-même, comme l'interdiction ou le mariage, une cause de nullité; mais il est clair que ce texte général ne peut prévaloir sur les textes spéciaux que nous expliquons. Il est donc permis d'affirmer que les actes non sujets à formalités sont valables, quoique passés par le mineur seul, quand ils ne lui ont pas porté préjudice, et rien n'est plus naturel, puisque, en fait, les mineurs ont quelquefois autant de sagacité et de prudence que les majeurs. Mais si l'acte était soumis à des formes particulières, par exemple comme les aliénations d'immeubles, les hypothèques, les emprunts et les transactions, l'absence de ces formes en entraînerait la nullité [1]. Toutefois cette nullité ne serait que relative.

Quant aux actes ordinaires d'administration faits par les tuteurs, Pothier les déclarait inattaquables, et le Code paraît bien avoir suivi son système, puisqu'il ne parle jamais de leur nullité; puis l'art. 1314, en déclarant que les actes les plus graves, tels que les aliénations d'immeubles ou les partages de successions, ne peuvent être attaqués quand toutes les formalités ont été remplies, décide par cela même *à fortiori* que lesactes ordinaires ne pourront pas l'être non plus quand le tuteur les aura librement consentis; mais si des formes particulières sont exigées, par exemple, l'autorisation du conseil de famille seule, ou cette autorisation avec l'homologation du tribunal, et que le tuteur les ait omises, l'acte est évidemment nul, comme précédemment, pour défaut de formes substantielles. Tel est le système général que. nous proposons d'adopter. C'est celui qui nous paraît concilier le mieux les textes avec l'intérêt bien entendu des tiers et du mineur.

Ajoutons que dans tous les cas où la nullité existera, l'action devra être intentée dans les dix ans, même s'il s'agit de la vente ou de l'hypothèque des biens du mineur consentie par le tuteur sans l'observation des formalités légales [2].

[1] Demolombe, t. VII, n° 817 et s. — Rouen, 23 juillet 1858.
[2] Aubry et Rau, t. III, § 339, p. 195. — Bordeaux, 8 juillet 1863.

Des contrats faits par un mineur ÉMANÇIPÉ SEUL, *ou assisté de son curateur.* — On applique à ces contrats les mêmes distinctions et les mêmes règles qu'à ceux faits par un mineur non émancipé ou par son tuteur. Conséquemment, si l'acte a été régulièrement accompli soit par le mineur émancipé agissant seul, soit par le mineur émancipé agissant avec l'assistance de son curateur, il est inattaquable comme les actes faits par les majeurs eux-mêmes. En outre, si l'acte n'est soumis à aucune forme spéciale, et que le mineur émancipé l'ait fait seul, quoique incapable, cet acte doit être maintenu, s'il n'en est résulté pour lui aucune lésion. Mais si l'acte était soumis à la formalité de l'autorisation du conseil de famille, et à plus forte raison à la formalité de cette autorisation et à celle de l'homologation du tribunal de première instance, il serait nul, indépendamment de toute lésion, dans le cas où lesdites formalités n'auraient point été observées, parce que ces formalités sont essentielles.

La fausse déclaration de majorité faite par le mineur n'est point un obstacle à sa restitution (art. 1307), parce qu'autrement un mensonge émané de lui eût suffi pour renverser tout le système de protection dont la loi a cru nécessaire de l'entourer.

Des obligations pour lesquelles les MINEURS *sont* ASSIMILÉS *aux* MAJEURS. — Les mineurs sont assimilés aux majeurs :

1° Pour les obligations *commerciales*, quand ils ont été dûment autorisés à faire le commerce (art. 1308) ;

2° Pour les *conventions matrimoniales*, lorsqu'ils les ont faites avec le consentement et l'assistance de ceux dont le consentement est requis pour la validité du mariage (art. 1309) ;

3° Pour les obligations résultant de *délits* ou de *quasi-délits*, car les tiers doivent être protégés contre des faits dommageables qu'ils n'ont pu ni prévoir ni empêcher. De tels faits dénotent souvent d'ailleurs une perversité précoce, qu'il importe de réprimer, même par des condamnations pécuniaires. La fausse déclaration de majorité n'est pas, ainsi que nous l'avons dit plus haut, considérée comme un délit, et, d'ailleurs, la partie adverse est en faute de n'avoir pas vérifié l'âge du mineur ; c'est pourquoi une telle déclaration n'est pas un obstacle à sa restitution.

En quoi CONSISTE *la* LÉSION. — Il importe de préciser le sens du mot *lésion* pour savoir dans quels cas la rescision de certains actes pourra être demandée. La lésion a lieu toutes les fois qu'une partie reçoit moins qu'elle ne donne, ou que, recevant autant, les choses obtenues en échange des siennes sont d'une moindre utilité ou d'une conservation plus difficile ; mais si la partie reçoit des choses aussi utiles et aussi faciles à conserver que celles données par elle, elle ne peut plus alléguer de lésion, car sa situation avant et après le contrat est identique.

CHAPITRE VI

DE LA PREUVE DES OBLIGATIONS ET DE CELLE DU PAYEMENT.

ART. 1315. Celui qui réclame l'exécution d'une obligation doit la prouver. — Réciproquement, celui qui se prétend libéré doit justifier le payement ou le fait qui a produit l'extinction de son obligation.

1316. Les règles qui concernent la preuve littérale, la preuve testimoniale, les présomptions, l'aveu de la partie et le serment, sont expliquées dans les sections suivantes.

Observation. — La rubrique de notre chapitre est incomplète ; ce chapitre s'occupe, en effet, de la preuve en général, et non de la preuve des obligations ou du payement en particulier. Ainsi, les règles que nous allons voir ont trait à tous les faits juridiques que les parties peuvent avoir à constater.

A QUI INCOMBE *la preuve.* — L'état naturel et normal d'une personne est la liberté ; conséquemment celui qui prétend

qu'un autre est civilement obligé envers lui tend à changer
l'état ordinaire des choses, et il doit prouver le bien-fondé de
sa prétention : « Celui qui réclame l'exécution d'une obligation doit la prouver » (art. 1315). En outre, on doit naturellement voir dans le fait de la possession le signe apparent du
droit de propriété, et, de même que toute personne est présumée libre d'obligations jusqu'à preuve contraire, pareillement, tout possesseur doit être présumé propriétaire jusqu'à
preuve contraire, et quiconque produira une allégation tendant à changer cet état de choses devra prouver que sa prétention est fondée. Une fois que le demandeur a justifié sa
demande, le défendeur qui allègue une exception quelconque tend à changer la position acquise à son adversaire, et
alors, devenant à son tour demandeur, il doit prouver la
vérité de son allégation; *reus excipiendo fit actor.* « Ré-
« ciproquement celui qui se prétend libéré doit justifier le
« payement ou le fait qui a produit l'extinction de son obli-
« gation (art. 1315 2°). »

La personne qui allègue un fait nouveau doit, disons-nous,
le prouver, et cela est vrai, que ce fait soit positif ou qu'il soit
négatif. Mais, dit-on, comment prouver un fait négatif? Le
néant n'échappe-t-il point, par sa nature même, à toute dé-
monstration? Par exemple, comment prouver que telle
femme n'est pas légitimement mariée avec tel homme? Évidemment la preuve d'un fait négatif n'est pas directement
possible ; mais elle l'est presque toujours indirectement, et
par la preuve d'un fait positif, dont l'existence est incompatible avec celle du fait négatif. Ainsi, je prouverai que telle
femme n'est pas légitimement mariée à tel homme, en prouvant qu'elle était légitimement mariée à tel autre qui vit encore, à une époque antérieure à celle où peut se placer son
second mariage. Pareillement, je prouverai que vous n'avez
pas de servitude sur mon fonds, en établissant que j'en ai la
propriété libre et franche de toutes charges. Cependant il est
certains faits négatifs que l'on ne peut prouver, parce qu'il

faudrait établir l'existence d'un nombre indéfini de faits positifs contraires. Ainsi, je ne puis prouver que je n'ai jamais vu telle maison de la ville où j'habite, car il me faudrait pour cela établir qu'à tout instant de ma vie, j'ai été en un lieu d'où je ne pouvais voir la maison, fait que, dans la plupart des cas, il sera impossible de démontrer. Dans cette hypothèse ou autres semblables, la preuve du fait négatif n'étant pas fournie, la prétention de celui qui l'allègue devra nécessairement être rejetée.

Disons un mot d'une question que nous avons soulevée à propos de l'art. 1132. Les obligations civiles sont valables, avons-nous dit, lors même que leur cause n'est pas exprimée dans l'acte. Ainsi, est valable le billet suivant : « Je vous payerai 10 le premier mai prochain. » Maintenant il s'agit de savoir si c'est au créancier à prouver que la cause existe, ou si c'est au débiteur à prouver qu'elle n'existe pas. Les uns prétendent que c'est au créancier à prouver que la cause existe, et voici comment ils raisonnent : aux termes de l'art. 1131, toute convention sans cause est nulle ; or, d'un côté, l'acte ne mentionne aucune cause, et, de l'autre, rien n'autorise à la présumer. Le créancier doit donc en prouver l'existence, pour établir qu'il est véritablement créancier ; il le doit d'autant plus, qu'il peut facilement prouver, par exemple, avoir remis au débiteur l'argent à raison duquel le billet a été souscrit, tandis que le débiteur ne peut véritablement pas prouver n'avoir jamais reçu d'argent. Les autres prétendent que c'est au débiteur à prouver l'inexistence de la cause, et ils argumentent ainsi : par cela seul que le débiteur a souscrit le billet, il a reconnu l'existence de la dette, et conséquemment celle de la cause. Lors donc qu'il vient alléguer avoir souscrit ce billet sans cause, il contredit un fait qu'il avait lui-même implicitement reconnu, et il tend à changer l'état de choses préexistant ; il doit donc prouver l'absence ou la fausseté de la cause, puisque la présomption est qu'une cause a existé. Il est vrai que difficilement il pourra établir,

par exemple, que le créancier prétendu ne lui a pas remis
l'argent à raison duquel il avait souscrit le billet ; mais il est
d'autant plus juste de lui faire supporter les suites de son imprudence, que le créancier lui-même serait le plus souvent
dans l'impossibilité de prouver qu'il a prêté au débiteur l'argent dont il demande la restitution. Effectivement, les prêts
ont presque toujours lieu sans témoins, le créancier livre la
somme, et le débiteur livre le billet : la difficulté de la preuve
est donc la même pour l'un et pour l'autre, et, dans le doute,
on doit s'en tenir aux apparences, c'est-à-dire à la validité de
l'obligation. Ce système nous paraît préférable. Ajoutons
que, si l'on mettait le créancier dans la nécessité de prouver
l'existence de la cause, il n'y aurait véritablement aucune
raison de ne pas le mettre aussi dans la nécessité de prouver
la capacité du débiteur. Or, une telle conséquence est évidemment inadmissible. Concluons donc que tout billet civil,
quels que soient ses termes, est réputé valable, tant que le
débiteur n'a pas démontré l'absence d'une cause licite de l'o-
bligation [1]. Il faut toutefois apporter un tempérament à ce
système, et décider que, si le créancier n'est pas tenu de
prouver l'existence de la cause, il doit cependant *indiquer* sa
nature : en effet, ou la cause est licite, et alors il aurait mauvaise grâce à ne pas la faire connaître ; ou elle est illicite, et
alors il faut que, mis par la nature même de la cause dans
la nécessité de faire un mensonge, il puisse être combattu par
le débiteur, qui prouvera la fausseté de la cause indiquée.
Une fois cette fausseté établie, ce sera évidemment au créancier à prouver l'existence d'une cause morale et licite s'il veut
obtenir l'exécution de l'engagement.

Des DIFFÉRENTS MOYENS *de constater les faits juridiques.* —
La connaissance des faits juridiques peut nous être acquise
de trois manières différentes.

1° Par l'ÉVIDENCE ;

---

[1] *Sic* Marcadé, art. 1315, n° 3. — Cass., 9 fév. 1864. — *Contrà*, Aubry et
Rau, t. III, § 345, note 17, p. 221.

2° Par les PREUVES ;

3° Par les PRÉSOMPTIONS.

L'ÉVIDENCE est la perception directe et immédiate d'un fait déterminé. Rarement elle existe dans les contestations judiciaires, car les faits qui leur servent de base se sont presque toujours passés hors de la présence des magistrats. Toutefois, si un serment est prêté, ou si un aveu est fait à l'audience, ce serment ou cet aveu sont évidents pour le tribunal. En dehors des faits qui se passent à l'audience, les juges ne peuvent parvenir à la vérité que par voie de preuves ou de présomptions.

La PREUVE est la conséquence que la loi ou le magistrat tirent d'un fait connu à un fait inconnu, lorsque le fait inconnu *résulte directement* et *immédiatement* du fait connu. L'induction conduit dans ce cas à la conviction, et fait naître une certitude morale qui équivaut à l'évidence. Ainsi l'écrit destiné à constater une dette est une preuve, puisque cet écrit et cette dette sont unis l'un à l'autre par un lien direct, par une corrélation immédiate et nécessaire. Une preuve peut être *écrite* ou *verbale :* écrite, elle résulte, soit d'actes authentiques, soit d'actes privés ; verbale, elle résulte soit de l'aveu des parties intéressées, fait en présence de témoins ou en justice, soit du témoignage de tierces personnes.

La PRÉSOMPTION est la conséquence que la loi ou le magistrat tirent d'un fait connu à un fait inconnu, quand le fait inconnu ne *résulte pas immédiatement* et *directement* du fait connu. La présomption ne fait donc pas naître la certitude morale ; elle établit seulement une sorte de probabilité. Nous reviendrons plus tard sur ce point.

PREMIÈRE SECTION

DE LA PREUVE LITTÉRALE.

§ 1. — Du titre authentique.

ART. 1317. L'acte authentique est celui qui a été reçu par des officiers publics ayant le droit d'instrumenter dans le lieu où l'acte a été rédigé, et avec les solennités requises.

1318. L'acte qui n'est point authentique par l'incompétence ou l'incapacité de l'officier, ou par un défaut de forme, vaut comme écriture privée, s'il a été signé des parties.

1319. L'acte authentique fait pleine foi de la convention qu'il renferme entre les parties contractantes et leurs héritiers ou ayants cause. — Néanmoins, en cas de plaintes en faux principal, l'exécution de l'acte argué de faux sera suspendue par la mise en accusation ; et, en cas d'inscription de faux faite incidemment, les tribunaux pourront, suivant les circonstances, suspendre provisoirement l'exécution de l'acte.

1320. L'acte, soit authentique, soit sous seing privé, fait foi entre les parties, même de ce qui n'y est exprimé qu'en termes énonciatifs, pourvu que l'énonciation ait un rapport direct à la disposition. Les énonciations étrangères à la disposition ne peuvent servir que d'un commencement de preuve.

1321. Les contre-lettres ne peuvent avoir leur effet qu'entre les parties contractantes : elles n'ont point d'effet contre les tiers.

Observation. — Le mot TITRE a, comme nous le savons, plusieurs significations : tantôt il exprime une *qualité*, « à titre d'héritier, » tantôt il exprime un *fait juridique*, « à tititre de vente ou de donation, » et tantôt un *écrit*, sens qui est celui de notre section.

Définition du TITRE AUTHENTIQUE. — « Le titre authenti-« que est celui qui a été reçu par officiers publics, ayant le « droit d'instrumenter dans le lieu où l'acte a été rédigé, et « avec les solennités requises (art. 1317). » Les officiers publics sont très-nombreux, on peut citer les notaires, les avoués, les greffiers, les huissiers, etc. La compétence des notaires est générale ; celle des autres officiers publics est spéciale à de certains actes. La compétence à raison du lieu doit coexister avec la compétence à raison de l'acte, pour que celui-ci soit entièrement régulier. Ainsi l'acte de l'état civil dressé par un notaire serait nul pour incompétence à raison de la matière, et l'acte de vente dressé à Paris par un notaire de Bordeaux serait nul pour incompétence à raison du lieu. Quant aux solennités requises pour les différents actes, elles sont déterminées par des lois particulières, et notamment par la loi du 25 ventôse an XI sur le *notariat.*

De la FORCE PROBANTE *des* ACTES AUTHENTIQUES. — Tout acte ayant la forme extérieure d'un acte authentique est réputé véritablement authentique, jusqu'à preuve du contraire ; et, en effet, un faux n'est pas présumable par la double raison que l'on pourrait difficilement imiter les signatures multiples et le sceau du notaire dont l'acte est revêtu, et qu'en outre la loi punit de la peine sévère des travaux forcés les faux en écriture publique (C. pén., art. 147).

Quant au contenu d'un acte authentique, il est également regardé comme l'expression fidèle des déclarations émanées des parties intéressées ; car on ne peut pas non plus présumer que le notaire ait inexactement reproduit leur volonté : ce serait là un faux intellectuel qui entraînerait pour lui la peine des travaux forcés à perpétuité (C. pén., art. 146), et qui, le plus souvent, d'ailleurs, serait découvert par les parties elles-mêmes à l'inspection de l'acte, lors de sa rédaction.

Cela posé, voyons si la force probante de l'acte authentique est relative ou absolue, en d'autres termes, si elle existe entre les parties seulement ou encore à l'égard des tiers. L'art. 1319, aux termes duquel « l'acte authentique fait pleine foi de la « convention qu'il renferme entre les parties contractantes et « leurs héritiers ou ayants cause, » semble limiter entre ces parties et ces ayants cause la force probante dudit acte ; mais cet article confond évidemment la force *efficiente* du contrat avec la force *probante* du titre. Il est très-vrai de dire que les conventions passées entre certains particuliers profitent ou nuisent à eux seulement et à leurs représentants ; et sous ce rapport l'art. 1319 [10] ne fait que reproduire un principe déjà contenu dans l'art. 1165. Mais si les effets juridiques du contrat sont circonscrits aux parties intéressées, et à leurs héritiers ou ayants cause, il n'en saurait être de même de la force probante de l'acte authentique : vis-à-vis des tiers, comme vis-à-vis des parties, le notaire a un caractère public, et donne authenticité aux faits dont il est le narrateur. L'acte

authentique constate donc bien et dûment par rapport à tous
que tels jour, mois et an, telles personnes ont comparu devant
tel notaire, et ont déclaré faite telle convention. Seulement
les tiers peuvent ajouter : *res inter alios acta aliis neque nocet neque prodest*, et se soustraire ainsi aux effets de la convention que les parties doivent subir.

Des clauses DISPOSITIVES *et* ÉNONCIATIVES. — Après avoir
posé en principe que la force probante de l'acte authentique
est absolue, il importe de préciser le sens et la portée des différentes clauses dont l'officier public a été l'interprète. Sous
ce rapport, les clauses se divisent en *dispositives* et *énonciatives*. On appelle clauses *dispositives* celles relatives aux faits
essentiels que les parties avaient précisément pour *but de
constater*. Ainsi, dans un acte de vente, les déclarations relatives à la chose, au prix et au consentement des parties
sur la chose et le prix, constituent le dispositif de l'acte. On
appelle clauses *énonciatives* celles qui mentionnent des faits
accessoires et que les parties n'avaient pas principalement
pour but de constater. On distingue deux sortes d'énonciations, celles qui ont un rapport *direct* avec le dispositif, et
celles qui lui sont *étrangères*. Ainsi, lorsque, dans un acte de
vente, le vendeur déclare avoir reçu par anticipation une
partie du prix, l'énonciation a un rapport direct avec le dispositif, et, au contraire, lorsque le vendeur énumère les
différents propriétaires qui ont eu successivement la chose
vendue, l'énonciation est étrangère au dispositif. Quelle est
maintenant la portée des clauses dispositives et des clauses
énonciatives? Aux termes de l'art. 1320, les clauses dispositives et même les causes purement énonciatives, qui ont un
rapport direct avec le dispositif, font pleine foi entre les parties et avec raison; car ces différentes clauses résument l'essence même de l'acte ; elles ont dû provoquer d'une manière
toute particulière l'attention des parties, et, du moment
qu'aucune d'elles n'a élevé de réclamation, c'est qu'évidemment chacune a reconnu la vérité des faits allégués par l'au-

tre. Dans l'exemple précité, l'acheteur ne sera donc pas recevable à dire que le prix convenu a été exagéré dans l'acte, ni le vendeur à dire qu'il n'a pas reçu une partie de ce prix par anticipation. Quant aux énonciations étrangères au dispositif, elles n'ont pas dû provoquer toute l'attention des parties, et, en conséquence, elles ne font pas pleine foi comme les précédentes. Mais, d'un autre côté, il n'est pas présumable qu'elles soient passées inaperçues de la partie adverse, et c'est pourquoi elles peuvent servir d'un commencement de preuve, lequel pourra être à son tour corroboré par la preuve testimoniale (art. 1347).

De la FORCE EXÉCUTOIRE *de l'acte authentique.* — Un acte authentique n'a pas seulement une force probante absolue, il est encore muni de la force exécutoire. L'expression de la force exécutoire est, nous le savons, dans la formule commençant par ces mots : « *Napoléon*, etc., » et finissant par ces autres mots : « *Mandons et ordonnons, etc.* » Cette formule étant un ordre donné à la force publique de prêter main-forte à l'exécution de l'acte qui en est revêtu, ne peut être délivrée que par les personnes expressément investies de ce pouvoir, c'est-à-dire par les notaires et par les juges. La grosse, ou première expédition d'un acte authentique, porte seule la formule exécutoire. Elle doit être *légalisée* toutes les fois qu'on veut la produire hors du ressort de la Cour impériale, si elle est délivrée par un notaire résidant dans le chef-lieu de la Cour, et hors du département, si elle est délivrée par tout autre notaire. La *légalisation* consiste dans la déclaration, par le président du tribunal de la résidence du notaire, que la signature de l'officier public est sincère. En vertu de son titre exécutoire, le créancier peut saisir et faire vendre les biens du débiteur.

Comment peut ÊTRE ATTAQUÉ *l'acte authentique.* — Dans toute acte authentique il faut distinguer, comme nous l'avons déjà dit plusieurs fois, deux choses : les déclarations émanées des parties, et celles émanées de l'officier public. Veut-on

contredire les déclarations des parties, alors la simple preuve
contraire suffit ; et, en effet, de telles déclarations n'ont par
elles-mêmes aucun caractère authentique. Veut-on contredire
les déclarations de l'officier public et prouver que les faits
par lui relatés *de visu et auditu* sont faux, alors il faut prendre une voie différente ; et, en effet, le notaire constate au-
thentiquement, comme nous l'avons vu, tous les faits qu'il
perçoit *propriis sensibus*, par exemple, les jour, mois et an
de l'acte, le fait que telles déclarations ou conventions ont été
faites en sa présence, le fait qu'il les a fidèlement reproduites,
et enfin l'identité des personnes qui ont été parties ou témoins
dans l'acte, avec celles qui l'ont signé en cette double qualité.
Voici maintenant de quelle manière pourra être attaquée l'authenticité de l'acte. La partie intéressée aura le choix ou de
porter plainte en faux principal et d'agir par la voie *criminelle*, ou de porter plainte en faux incident civil et d'agir
par la voie *civile*. Si sur la plainte en faux principal le ministère public exerce des poursuites, et qu'un arrêt de mise
en accusation soit rendu contre l'officier public, l'art. 1319 [20]
déclare que par ce seul fait l'exécution de l'acte argué de faux
sera suspendue : effectivement, alors, la probabilité du faux
devient très-grave, sans toutefois être encore une certitude.
Mais, tant que cet arrêt n'est pas rendu, l'exécution de l'acte
peut être poursuivie par le créancier, à moins que la justice
n'accorde un délai au débiteur. Lorsque la partie intéressée
a simplement pris la voie de l'inscription de faux, rien n'établit, dès à présent, la vraisemblance de son allégation, et c'est
pourquoi l'exécution de l'acte n'est jamais, en ce cas, de plein
droit suspendue. Le Code a préféré s'en rapporter à la sagesse des tribunaux, qui pourront, à leur gré, suspendre ou
laisser courir l'exécution de l'acte attaqué.

De la FORCE PROBANTE *des actes* NULS COMME ACTES *authentiques*. — L'acte nul comme acte authentique n'est point dépourvu de toute force probante, quand d'ailleurs le contrat
qu'il constate n'est pas solennel. Aux termes de l'art. 1318,

cet acte vaut comme acte sous seing privé, pourvu qu'il ait été signé des parties contractantes ; autrement dit, c'est un acte privé que le Code dispense de la formalité des doubles. On conçoit du reste une telle disposition. En effet, pourquoi le Code exige-t-il que les actes sous seing privé ordinaires soient faits en autant d'originaux qu'il y a de parties ayant un intérêt distinct (art. 1325)? Son but est évidemment d'empêcher que les parties privées d'original ne soient à la discrétion de celles qui en sont pourvues. Or, ce but est atteint par cela seul que l'acte, nul comme acte authentique, reste entre les mains de l'officier public, suspendu ou incompétent, qui l'a reçu, puisque cet officier le représentera indistinctement à toutes les parties intéressées. Si le contrat, constaté par l'acte nul comme acte authentique, est unilatéral, la signature du débiteur est évidemment suffisante (art. 1326).

Il faut, sans aucun doute, pour la validité comme acte sous seing privé de l'acte nul comme authentique, que les parties aient raisonnablement pu se tromper sur l'incompétence ou l'incapacité de l'officier public, ou sur les vices de forme dudit acte, car si un contrat de vente était, par exemple, passé devant huissier, une telle erreur de compétence ne serait certainement ni excusable ni excusée. Si la nullité de l'acte provenait de ce que le notaire y était *partie intéressée*, cet acte ne vaudrait même pas comme acte sous seing privé, car dans ce cas il ne présenterait aucune garantie de sincérité[1].

Des CONTRE-LETTRES. — On appelle *contre-lettre* un écrit devant rester secret, qui modifie un acte destiné à la publicité. Ainsi, quand je vous vends, par acte authentique ou même privé, une maison moyennant 20, et que nous déclarons par un second acte, destiné à ne pas être montré, que le prix réel est de 30, ce second écrit est une contre-lettre par rapport au premier. Toute contre-lettre contient un mensonge, et les tiers ne doivent pas en souffrir. Dès lors, quicon-

---

[1] Aubry et Rau, t. VI, § 755, p. 375. — Cass., 15 juin 1853.

que aura intérêt à faire écarter la contre-lettre en aura le droit. Par exemple, quand vous êtes l'acheteur ostensible de telle maison, et que vous me l'hypothéquez, je peux faire écarter la contre-lettre constatant que la vente était simulée et que vous n'avez jamais été propriétaire de la maison. La contre-lettre ne produit donc ses effets qu'entre les parties contractantes et leurs successeurs universels ou à titre universel. Elle ne peut produire d'effet contre les tiers, lors même qu'elle aurait acquis date certaine, ou qu'elle serait faite en forme authentique [1]. Seulement si les tiers ont intérêt à l'invoquer, ils en ont le droit, par la raison que rien ne les empêche de profiter d'un acte qui était destiné à les tromper.

Presque toutes les contre-lettres ont pour but de dissimuler une partie des prix de vente, afin de diminuer les droits de mutation : une loi fiscale du 22 frimaire an VII punit cette fraude d'une amende triple des droits d'enregistrement dont le Trésor a été privé. La nullité de la contre-lettre, prononcée par cette même loi, n'a pas été maintenue.

§ 2. — De l'acte sous seing privé.

ART. 1322. L'acte sous seing privé, reconnu par celui auquel on l'oppose, ou légalement tenu pour reconnu, a, entre ceux qui l'ont souscrit et entre leurs héritiers et ayants cause, la même foi que l'acte authentique.

1323. Celui auquel on oppose un acte sous seing privé est obligé d'avouer ou de désavouer formellement son écriture ou sa signature. — Ses héritiers ou ayants cause peuvent se contenter de déclarer qu'ils ne connaissent point l'écriture ou la signature de leur auteur.

1324. Dans le cas où la partie désavoue son écriture ou sa signature, et dans le cas où ses héritiers ou ayants cause déclarent ne les point connaître, la vérification en est ordonnée en justice.

1325. Les actes sous seing privé qui contiennent des conventions synallagmatiques ne sont valables qu'autant qu'ils ont été faits en

[1] Aubry et Rau, t. VI, § 755, n° 373. — Cass., 20 avril 1863.

autant d'originaux qu'il y a de parties ayant un intérêt distinct. —
Il suffit d'un original pour toutes les personnes ayant le même intérêt. — Chaque original doit contenir la mention du nombre des
originaux qui en ont été faits. — Néanmoins, le défaut de mention
que les originaux ont été faits doubles, triples, etc., ne peut être
opposé par celui qui a exécuté de sa part la convention portée
dans l'acte.

1326. Le billet ou la promesse sous seing privé par lequel une
seule partie s'engage envers l'autre à lui payer une somme d'argent
ou une chose appréciable doit être écrit en entier de la main de
celui qui le souscrit ; ou du moins il faut qu'outre sa signature il ait
écrit de sa main un *bon* ou un *approuvé*, portant en toutes lettres la
somme ou la quantité de la chose ; — excepté dans le cas où l'acte
émane de marchands, artisans, laboureurs, vignerons, gens de
journée et de service.

1327. Lorsque la somme exprimée au corps de l'acte est différente de celle exprimée au *bon*, l'obligation est présumée n'être
que de la somme moindre, lors même que l'acte ainsi que le *bon*
sont écrits en entier de la main de celui qui s'est obligé, à moins
qu'il ne soit prouvé de quel côté est l'erreur.

1328. Les actes sous seing privé n'ont de date contre les tiers que
du jour où ils ont été enregistrés, du jour de la mort de celui ou
de l'un de ceux qui les ont souscrits, ou du jour où leur substance
est constatée dans des actes dressés par des officiers publics, tels
que procès-verbaux de scellé ou d'inventaire.

1329. Les registres des marchands ne font point, contre les personnes non marchandes, preuve des fournitures qui y sont portées,
sauf ce qui sera dit à l'égard du serment.

1330. Les livres des marchands font preuve contre eux ; mais
celui qui veut en tirer avantage ne peut les diviser en ce qu'ils contiennent de contraire à sa prétention.

1331. Les registres et papiers domestiques ne font point un titre
pour celui qui les a écrits. Ils font foi contre lui : — 1° dans tous
les cas où ils énoncent formellement un payement reçu ; — 2° lorsqu'ils contiennent la mention expresse que la note a été faite pour
suppléer le défaut du titre en faveur de celui au profit duquel ils
énoncent une obligation.

1332. L'écriture mise par le créancier à la suite, en marge ou au
dos d'un titre qui est toujours resté en sa possession, fait foi, quoique non signée ni datée par lui, lorsqu'elle tend à établir la libération du débiteur. Il en est de même de l'écriture mise par le

créancier au dos, ou en marge, ou à la suite du double d'un titre ou d'une quittance, pourvu que ce double soit entre les mains du débiteur.

Observation. — Toutes conventions ne rentrant pas dans les contrats solennels peuvent être constatées par acte sous seing privé; aussi, l'usage de cette sorte d'actes est-il, quoique entouré de certains dangers, aussi fréquent que l'usage de l'acte authentique.

FORMES *de* L'ACTE *sous* SEING PRIVÉ. — Ces formes varient selon que l'acte a pour but de constater un contrat *synallagmatique* ou de constater un contrat *unilatéral*. Nous allons les examiner dans chacune de ces hypothèses.

I. — L'acte dressé pour constater un contrat *synallagmatique* doit réunir trois conditions, savoir :

1° Être fait en *autant d'originaux* qu'il y a de *parties* ayant un intérêt distinct. Sans cette règle, il eût pu arriver que l'un des contractants se trouvât, par suite d'une négligence extrême ou d'une confiance illimitée, à la merci des autres contractants qui auraient un original, tandis que lui en serait dépourvu, et il importait de prévenir un tel résultat.

2° Chaque original doit contenir la *mention* du *nombre total* des originaux dressés. Cette condition est la sanction nécessaire de la précédente; en effet, si chaque original n'indiquait pas le nombre total des originaux, le juge ne pourrait avoir la preuve que tous ces originaux ont été rédigés, et que les prescriptions de la loi ont été observées (art. 1325).

3° Être *signé* par *toutes* les parties contractantes.

Quand plusieurs parties ont le même intérêt, parce qu'elles sont, par exemple, associées, un seul original leur suffit (art. 1325 2°).

Si l'une des trois conditions précédentes manque, l'acte n'a plus sa force probante. Toutefois, le défaut de mention que les originaux ont été faits doubles, triples, etc., ne peut être opposé par celui qui a exécuté de sa part la convention (art. 1325 4°) : d'où il résulte *à contrario* que ce défaut de mention pourrait être opposé par la partie qui n'aurait point exécuté le contrat. Mais comment peut-il se faire que, dans un contrat synallagmatique, l'une des parties exécute la convention sans que l'autre l'exécute en même temps? car, si l'une donne, c'est qu'évidemment l'autre reçoit, et de la sorte toutes les deux exécutent le contrat. L'objection paraît fondée : on trouve cependant des cas où l'exécution du contrat par l'une des parties n'implique pas cette exécution par l'autre partie. En effet, quand les contractants ont, par exemple, désigné une tierce personne, entre les mains de laquelle devront être faits les payements respectifs, l'on conçoit que l'une des parties exécute son engagement sans que l'autre concoure à cette exécution. Cette dernière pourra donc, malgré l'exécution du contrat par l'autre, opposer le défaut de mention que les originaux ont été faits doubles, triples, etc.

Par analogie de ce qui précède, l'on doit décider que la nullité de l'acte, résultant du défaut même des *doubles*, serait couverte par l'exécution volontaire [1].

Mais, pourquoi l'exécution volontaire couvre-t-elle ces différentes nullités? C'est qu'il y aurait une sorte de mauvaise foi, pour la partie qui a exécuté, à revenir, en alléguant un simple vice de forme, sur un fait accompli, sur un contrat qu'elle regardait elle-même comme très-sérieux, puisqu'elle l'avait, du moins en partie, exécuté. Le législateur n'a pas voulu, et avec raison, autoriser une rétractation si tardive du contrat.

Quel sera l'effet d'un acte sous seing privé non fait double et non suivi d'exécution? Il vaudra, selon nous, comme commencement de preuve par écrit, et rendra admissible la preuve par témoins de la convention. La signature des parties est en effet un écrit émané de chacune d'elles, et cet écrit rend vraisemblable le fait mentionné dans l'acte, et allégué dans la contestation [2].

[1] Aubry et Rau, t. VI, § 756, p. 385, note 35. — Cass., 29 mars 1852.
[2] Marcadé, art. 1347, n° 5. — Massé, *Dr. com.*, t. IV, n° 2412.

Les formalités ci-dessus sont-elles exigées pour les écrits constatant des contrats synallagmatiques imparfaits, par exemple, un dépôt, un prêt à usage ? Nullement, et, en effet, ces différents contrats produisent, dans le principe, une obligation unique. Or, si les doubles et la mention de ces doubles sont nécessaires quand chaque partie est à la fois créancière et débitrice, on ne voit pas à quoi ils serviraient dans un cas où le débiteur actuel ne sera peut-être jamais créancier. Puis, en supposant qu'il le devienne, comment constater une créance qui n'existe pas au moment où l'écrit est rédigé ?

II. — L'acte dressé pour constater un contrat *unilatéral*, quand, par ce contrat, une partie s'engage envers l'autre à lui payer une somme d'argent ou une chose appréciable au nombre, au poids ou à la mesure, comme du blé, du vin, etc., est soumis à une seule condition, qui est la signature du débiteur avec un *bon* ou *approuvé* écrit de sa propre main, et indiquant la *somme* ou la *quantité* pour laquelle il s'oblige. Cette formalité est même inutile dans le cas où le débiteur a de sa main écrit l'acte en entier. Ces règles sont applicables, qu'il s'agisse d'un contrat principal comme le prêt, ou d'un contrat accessoire, comme le cautionnement [1]. Le Code prescrit le *bon* ou *approuvé*, dans le but de prévenir les abus de blancs-seings ou les surprises de signatures. L'obligation du débiteur ne lui paraît sérieuse que si elle est accompagnée de ce bref mais significatif commentaire.

Maintenant, il peut arriver que la somme indiquée dans le corps de l'acte soit différente de celle indiquée au *bon* ou *approuvé*. Quelle que soit la plus forte ou la plus faible, le débiteur ne sera jamais tenu que jusqu'à concurrence de la plus faible. Cela est évident, si la plus faible est celle indiquée au *bon* ou *approuvé*, puisque le débiteur a manifesté l'intention de limiter son engagement à une valeur moindre que celle portée au corps de l'acte. Cela doit être encore dans le cas où

_____

[1] Massé et Vergé, t. III, § 590, note 19, p. 501. — Orléans, 21 déc. 1864.

le *bon* ou *approuvé* a été donné pour une somme plus forte que celle portée au corps de l'acte ; et, en effet, la contradiction de ces deux énonciations fait naître le doute, et, aux termes de l'art. 1162, tout doute s'interprète en faveur du débiteur. L'art. 1327 permet cependant de prouver de quel côté est l'erreur.

La formule banale : *approuvé l'écriture ci-dessus* serait insuffisante, parce qu'elle ne montre pas que le débiteur ait connu exactement la portée de son engagement.

Aux termes de l'art. 1326 2°, les marchands, artisans, laboureurs, etc., sont dispensés de la formalité du *bon* ou *approuvé*. La raison en est que souvent ils savent signer sans savoir écrire. D'ailleurs, leur ignorance même est une garantie qu'ils ne donneront pas facilement leur signature.

L'acte nul pour défaut de forme n'entraîne pas plus ici, que dans les contrats synallagmatiques, la nullité de l'obligation ; seulement, le créancier devra fournir d'autres preuves. L'acte signé du débiteur lui servira même, ainsi que nous l'avons dit, de commencement de preuve par écrit, et rendra la preuve testimoniale admissible (art. 1347).

Quand le contrat unilatéral n'a point pour objet une somme d'argent ou un genre, la simple signature du débiteur suffit, puisque le Code n'exige pas, dans ce cas, de *bon* ou *approuvé*. Ainsi, un contrat produisant obligation de faire peut être valablement constaté par un écrit portant la seule signature du débiteur.

De la FORCE PROBANTE *des actes sous* SEING PRIVÉ. — L'acte sous seing privé n'emporte point par lui-même la preuve qu'il a été réellement fait par les parties dont il contient la signature, à la différence de l'acte authentique, auquel s'attache toujours la présomption que l'écrit émane de l'officier public dont la signature et le sceau se trouvent au bas de l'expédition. Conséquemment, celui qui produit un acte sous seing privé est, en principe, tenu de prouver la sincérité de l'écriture. Il suffit pour cela que l'acte soit *désavoué* par celui qui en est le prétendu signataire (art. 1323 1°), ou même simplement *méconnu* par ses héritiers ou ayants cause (art. 1323 2°). Le *désaveu* consiste dans la dénégation formelle de l'écriture ou de la signature par celui auquel on l'attribue. La *méconnaissance* consiste dans la simple déclaration, émanée des héritiers ou ayants cause du prétendu signataire, qu'ils ne connaissent point l'écriture ou la signature de leur auteur. Cette différence est rationnelle. En effet, le prétendu signataire doit positivement savoir si on lui représente ou non son écriture ou sa signature, tandis qu'au contraire les héritiers ou ayants cause peuvent ignorer si on leur représente l'écriture et la signature du défunt.

L'acte une fois désavoué ou méconnu, celui qui l'invoque doit procéder à une vérification d'écriture et faire constater par jugement, rendu sur la comparaison de l'écriture désavouée ou méconnue avec l'écriture réelle et constante du prétendu signataire, que l'acte sous seing privé, et par suite l'obligation dont il doit être la preuve, sont véritablement sincères (C. Pr., art. 193 et suiv.). Dans ces sortes de contestations, le créancier peut évidemment produire des témoins et tous autres moyens de preuve tendant à établir la sincérité de la pièce.

Lorsqu'un acte sous seing privé a été reconnu par celui auquel on l'oppose, ou légalement tenu pour reconnu, par suite d'un jugement de vérification d'écriture, il a, aux termes de l'art. 1322, « entre ceux qui l'ont souscrit et leurs héritiers ou ayants cause, la même foi que l'acte authentique; » mais il est clair qu'ici encore le Code confond la force probante de l'acte avec la force efficiente du contrat. La force probante de l'acte sous seing privé reconnu ou tenu pour reconnu existe comme celle de l'acte authentique par rapport à toute personne, sauf en ce qui concerne la date (art. 1328). Les effets juridiques de la convention sont toujours, au contraire, limités aux parties contractantes et à leurs héritiers ou ayants cause, en vertu du principe : *Res inter alios acta aliis neque nocet, neque prodest.*

Il importe maintenant de préciser quels sont les *héritiers* et *ayants cause* dont l'art. 1322 entend parler, entre lesquels l'acte sous seing privé fait foi de sa date ; et, par contre, quels sont les *tiers* dont parle l'art. 1328, auxquels l'acte sous seing privé, même reconnu ou tenu pour reconnu, mais dépourvu de date certaine, n'est point opposable. Il est d'abord évident que les successeurs universels ou à titre universel d'une personne sont ses ayants cause, et qu'ils doivent être assimilés, au point de vue des actes sous seing privé souscrits par le défunt, à ses héritiers légitimes. Mais, faut-il leur ajouter les successeurs à titre particulier, tels que les acheteurs, les coéchangistes, etc. ? L'affirmative paraît certaine, puisque ces successeurs tiennent leurs droits, *habent causam*, du signataire de l'acte, tout comme ses héritiers légitimes ou ses successeurs universels ou à titre universel. Mais, alors, quels seront les *tiers* dont parle l'art. 1328 ? Ce ne peuvent être, comme l'a vainement prétendu Toullier, les personnes totalement étrangères au signataire de l'acte, car il est par trop clair que ces personnes ne peuvent ni profiter ni souffrir dudit acte. Aussi les tiers de l'art. 1328 doivent-ils, comme certains ayants cause de l'art. 1322, être pris parmi les successeurs à titre particulier. Mais comment ces successeurs peuvent-ils être en même temps des ayants cause et des tiers? C'est qu'ils jouent un double rôle. Sous un point de vue, ils sont des ayants cause ; sous un autre point de vue, ils sont des tiers. Ils sont des ayants cause vis-à-vis de tous ceux qui ont traité antérieurement à eux avec le signataire de l'acte ; ils sont des tiers vis-à-vis de tous ceux qui ont contracté avec lui à une époque postérieure [1].

Cette priorité relative, il est vrai, ne peut être établie que par une date certaine, et, tant que cette date n'existe pas, tous les successeurs à titre particulier tournant dans un cercle vi-

[1] V. Marcadé, art. 1328, no 3. — Aubry et Rau, t. VI, § 756, p. 398 et s.

cieux ne sont, les uns par rapport aux autres, ni des tiers ni des ayants cause; mais dès que l'un d'eux donne date certaine à son acte, il rejette tous les autres dans la catégorie des ayants cause, et si un second donne à son tour date certaine à son acte, il rejette aussi parmi les ayants cause tous les autres successeurs, moins le premier.

Précisons par un exemple les effets de la date certaine. Soient deux acheteurs du même objet en vertu de deux actes sous seing privé, consentis par le même propriétaire. Que ces actes portent des dates différentes, ou qu'ils portent une date identique, cela est indifférent si aucune de ces dates n'est certaine, et les deux acheteurs ne peuvent se donner ni la qualification de tiers ni celle d'ayants cause, parce qu'ils sont dans un cercle vicieux. Mais si l'un des acheteurs fait, par exemple, enregistrer son acte d'acquisition, cet acte fût-il en réalité postérieur à l'autre, il primera l'acheteur adverse parce qu'il peut désormais lui opposer sa date, tandis que cet acheteur ne peut lui opposer la sienne.

Que décider si les deux acheteurs du même objet acquièrent le même jour date certaine? Alors, évidemment, aucun ne peut opposer sa date à l'autre. Conséquemment, la préférence sera due à celui qui le premier aura été mis en possession de l'objet, car *in simili causâ melior est causa possidentis*.

La date une fois établie, l'acte sous seing privé fait foi de son contenu, tout comme l'acte authentique.

Indiquons le moyen de donner date certaine à un acte.

Comment un acte sous SEING PRIVÉ *acquiert* DATE CERTAINE. — Un acte sous seing privé acquiert date certaine :

1° Par l'*enregistrement*, c'est-à-dire par la mention qui en est faite sur un registre spécial tenu par un officier public ;

2° Par la *mort* de l'un des signataires, car l'acte ne peut évidemment être postérieur à cette époque ;

3° Par la *mention* qui est faite dudit acte sur *un acte public*, tel que procès-verbal de scellé ou inventaire.

La certitude de la date remonte seulement au jour où l'un de ces faits a été accompli. L'acte ne devient opposable aux tiers qu'à partir de cette époque.

Quelques auteurs ont prétendu que l'acte sous seing privé pourrait encore acquérir date certaine, par exemple, par la perte des deux mains, survenue à l'un des signataires; mais on doit rejeter cette extension de l'art. 1328, car on peut, à la rigueur, signer sans avoir les mains, et d'ailleurs on ne saurait où s'arrêter dans la voie des concessions [1].

Pour les simples quittances, on admet généralement aujourd'hui, comme sous l'ancienne jurisprudence, qu'elles sont opposables aux tiers sans avoir date certaine. Il serait trop rigoureux, en effet, d'exiger que les débiteurs fissent enregistrer absolument toutes les quittances qu'ils reçoivent. Ainsi, un débiteur entre les mains duquel serait formée une saisie-arrêt pourrait prouver sa libération au saisissant, et se dispenser de payer une seconde fois, au moyen de quittances n'ayant pas date certaine. Toutefois, il faut laisser aux juges la faculté d'écarter, suivant les cas, les quittances qui leur paraîtraient frauduleuses.

Résumons, en terminant, les différences qui séparent l'acte sous seing privé de l'acte authentique. Celui qui produit un acte authentique n'est pas, comme celui qui produit un acte sous seing privé, tenu d'en prouver la sincérité, lors même que la partie adverse le désavouerait ou le méconnaîtrait : puis, l'acte authentique a date certaine vis-à-vis des tiers, et enfin il est revêtu de la formule exécutoire; l'acte sous seing privé, au contraire, même reconnu ou tenu pour reconnu, n'a ni certitude dans la date ni force exécutoire.

Des REGISTRES *des* MARCHANDS. — Les registres des marchands ont une force probante plus ou moins étendue, suivant qu'ils sont opposés à d'autres marchands et pour faits de

[1] Marcadé, art. 1328. Larombière, nº 50.

commerce, ou à de simples particuliers, ou même à d'autres marchands pour faits qui ne sont pas de commerce. Dans la première hypothèse, les registres régulièrement tenus font foi pour et contre le commerçant. En matière commerciale, la rapidité des transactions exigeait, en effet, que la preuve fût rendue plus facile et plus expéditive. Dans la seconde hypothèse, les registres font foi contre le marchand et non pour lui. Toutefois, celui qui les invoque ne peut en diviser les énonciations, et prendre ce qu'elles ont de favorable en rejetant ce qu'elles ont de contraire à sa prétention. Nous reviendrons, en traitant de l'*aveu* (art. 1354 et suiv.), sur la manière d'interpréter les déclarations des parties, et nous verrons jusqu'à quel point ces déclarations sont ou non indivisibles. Enfin, dans la troisième hypothèse, le fait à prouver n'étant pas commercial, les registres ne peuvent évidemment faire foi, comme dans la seconde, que contre le marchand qui les a tenus, et non contre le marchand auquel il les oppose, et, en effet, celui-ci aurait pu ne pas mentionner le fait sur ses propres registres, et il se trouverait de la sorte dans l'impossibilité de contrôler les registres de son adversaire.

La différence qui existe entre les commerçants et les non-commerçants au point de vue de la force probante des registres, est rationnelle. En effet, tous les commerçants tiennent des registres, et les énonciations des registres du créancier peuvent toujours être combattues par celles des registres du débiteur. Les simples particuliers, au contraire, ne tiennent point de registres, et ils se trouveraient entièrement désarmés, si ceux des marchands avec lesquels ils traitent leur étaient opposables. Est-ce à dire que les énonciations contenues dans les registres d'un marchand soient dépourvues de toute force probante contre les non-commerçants? Non, car de l'art. 1329 combiné avec l'art. 1367, il résulte que le juge peut déférer à la partie qui lui inspire le plus de confiance le *serment supplétoire*, sur l'existence du droit allégué. Or, le serment supplétoire suppose toujours que la demande n'est

pas pleinement justifiée, et qu'elle n'est pas non plus totalement dénuée de preuves. Les registres des marchands, qui
sont impuissants à justifier la demande, sont cependant un
élément de preuve suffisant pour que le juge puisse déférer
le serment supplétoire, et leur production peut, sous ce rapport, être utile, même contre les non-commerçants. Maintenant
faut-il aller jusqu'à assimiler les registres à un commencement de preuve par écrit, rendant admissible la preuve testimoniale? Je ne le pense pas. En effet, tout commencement
de preuve par écrit doit émaner de celui contre lequel la
demande est formée (art. 1347 [2o]). Or, le marchand qui invoque ses propres registres ne se trouve évidemment pas
dans un cas de commencement de preuve par écrit.

Des REGISTRES *et* PAPIERS DOMESTIQUES *tenus par les* NON-
COMMERÇANTS. — Ces registres et papiers domestiques ne font
jamais foi pour celui qui les a écrits, puisque l'on ne peut se
faire un titre à soi-même (art. 1331). Mais font-ils toujours
foi contre lui? Nullement, et avec raison, car souvent les
particuliers préparent des projets d'actes où ils jouent le rôle
de débiteurs, et il serait téméraire d'affirmer dans tous les cas,
et sans distinction, que ce sont là des titres sérieux et opposables à leurs auteurs. L'art. 1331 ne permet d'invoquer contre
une personne ses registres ou papiers domestiques que dans
une double hypothèse, savoir :

1° Celle où ils énoncent formellement un *payement reçu;*
une telle énonciation vaut toujours quittance pour le débiteur,
parce que les créanciers n'ont pas l'habitude d'énoncer comme
reçus des payements qu'ils n'ont pas encore touchés;

2° Celle où ils contiennent la mention expresse que la note
a été faite *pour suppléer* le défaut du titre, en faveur de celui
au profit duquel ils énoncent une obligation ; par exemple, le
débiteur a dit : Je dois à Paul 1,000, et cette note lui servira
de titre au cas où il aurait perdu le billet constatant sa créance.
Le sens d'une telle énonciation n'est pas douteux, et c'est
pourquoi elle vaut titre pour le créancier. Mais si le débiteur

avait simplement dit : Je dois 1,000 à Paul, la note ne lui serait pas opposable, parce qu'on pourrait croire ou que cette énonciation était faite en vue d'un emprunt qui n'a pas été réalisé, ou que, l'emprunt ayant été réalisé, le débiteur s'est libéré depuis le contrat. Dans le doute, on ne doit pas supposer la dette.

Des ÉNONCIATIONS *mises sur un* TITRE DE CRÉANCE. — Aux termes de l'art. 1332 [10], « l'écriture mise par le créancier à la suite, en marge ou au dos d'un titre qui est toujours resté en sa possession fait foi, quoique non signée ni datée par lui, lorsqu'elle tend à établir la libération du débiteur. » Ainsi, deux conditions sont exigées pour que l'énonciation puisse, dans ce cas, être invoquée par le débiteur : la première, que cette énonciation soit écrite de la main du créancier ; la seconde, que le titre soit toujours resté en sa possession. De là il résulte que, si, le titre étant toujours resté en la possession du créancier, l'énonciation avait été écrite par une main étrangère, cette énonciation ne pourrait pas être invoquée par le débiteur. Quelques auteurs soutiennent cependant l'opinion contraire, en disant que le créancier n'aurait pas laissé écrire une telle énonciation si le fait de la libération totale ou partielle du débiteur n'était pas exact ; et, en conséquence, ils prétendent que, dans cette hypothèse, l'écriture mise par un tiers devrait, comme celle mise par le créancier, pouvoir être invoquée par le débiteur. Mais cette opinion doit être rejetée, par la raison qu'un tiers, complice du débiteur, a très-bien pu, par surprise, mettre une mention favorable à celui-ci sur le titre du créancier, sans pour cela lui en enlever la possession. Le fait que l'écriture émane d'un tiers doit rendre l'énonciation suspecte, et, dans le doute, on ne doit pas présumer l'extinction d'une dette. D'ailleurs, l'art. 1332 est formel.

De cet article il résulte encore que, si le titre avait un instant été hors de la possession du créancier, l'énonciation, même écrite de sa main, ne pourrait pas être invoquée par le débiteur. Quelques auteurs soutiennent encore ici le système contraire. L'écriture du créancier, disent-ils, est une véritable quittance, et que le titre soit ou non resté en sa possession, cette écriture doit prouver la libération. Mais cette opinion doit encore être rejetée, par la raison que le créancier très-bien pu avoir la main forcée en écrivant cette mention, dans le cas où le titre n'est pas toujours resté en sa possession. Supposons, par exemple, que le créancier ait perdu son titre, et que le tiers qui l'a trouvé, voulant procurer au débiteur un avantage illicite, n'ait consenti à le lui restituer que moyennant l'énonciation d'un payement partiel qui n'a pas réellement eu lieu ; il est clair qu'alors l'écriture du créancier ne prouve pas une véritable libération. Maintenant, la loi présume que cette écriture manque de sincérité, toutes les fois que l'on rencontre le fait anormal d'un titre, sorti pendant un temps plus ou moins long des mains de son propriétaire, et c'est pourquoi l'art. 1332 prescrit avec raison, selon nous, la double condition que nous venons d'examiner.

Des énonciations mises par le CRÉANCIER *sur le double* D'UN TITRE *ou sur une* QUITTANCE. — Aux termes de l'art. 1332 [20], « l'écriture mise par le créancier au dos, en marge ou à la suite du double d'un titre ou d'une quittance, fait foi, quoique non signée ni datée par lui, lorsqu'elle tend à établir la libération du débiteur, pourvu que ce double ou cette quittance soient entre les mains de ce dernier. » Ainsi, deux conditions sont exigées pour que la libération résulte de l'écriture dont il s'agit : la première, que cette écriture soit de la main du créancier ; la seconde, que le double du titre ou la quittance soit entre les mains du débiteur. Et d'abord, il est nécessaire que l'énonciation soit écrite par le créancier. En effet, si elle était écrite par un tiers, elle n'aurait évidemment aucun sens ; le débiteur trouverait toujours assez de gens pour lui faire des titres de libération. Puis il faut que le double de l'original ou la quittance soient entre les mains du débiteur. Et, en effet, s'ils étaient restés entre les mains du créancier, on devrait naturellement croire que celui-ci a préparé une quittance, mais que le débiteur n'a pas encore réellement payé, puisqu'il n'a pas retiré cette quittance.

§ 3. — Des tailles.

Art. 1333. Les tailles corrélatives à leurs échantillons font foi entre les personnes qui sont dans l'usage de constater ainsi les fournitures qu'elles font ou reçoivent en détail.

Observation. — On appelle TAILLES, deux morceaux de bois dont l'un peut être exactement juxtaposé à l'autre, et sur lesquels certains marchands indiquent leurs fournitures au moyen de marques appelées *coches*. L'un des morceaux de bois, plus particulièrement nommé *taille*, reste entre les mains du fournisseur, et l'autre, nommé *échantillon*, est remis à la pratique. Les tailles corrélatives à leurs échantillons font foi entre les personnes qui sont dans l'usage de constater ainsi les fournitures qu'elles font ou reçoivent. Si le nombre des coches n'est pas le même sur la taille que sur l'échantillon, la preuve n'est acquise que jusqu'à concurrence du nombre le plus faible, puisque, jusqu'à concurrence de ce nombre seulement, il y a concordance entre la taille et l'échantillon.

§ 4. — Des copies des titres.

Art. 1334. Les copies, lorsque le titre original subsiste, ne font foi que de ce qui est contenu au titre, dont la représentation peut toujours être exigée.

1335. Lorsque le titre original n'existe plus, les copies font foi d'après les distinctions suivantes : — 1° les grosses ou premières expéditions font la même foi que l'original ; il en est de même des copies qui ont été tirées par l'autorité du magistrat, parties présentes ou dûment appelées, ou de celles qui ont été tirées en présence des parties et de leur consentement réciproque ; — 2° les copies qui, sans l'autorité du magistrat, ou sans le consentement des parties, et depuis la délivrance des grosses ou premières expéditions, auront été tirées sur la minute de l'acte par le notaire qui l'a reçu, ou par l'un de ses successeurs, ou par officiers publics qui, en cette qualité, sont dépositaires des minutes, peuvent, au cas de perte de l'original, faire foi quand elles sont anciennes. — Elles sont consi-

dérées comme anciennes quand elles ont plus de trente ans ; — si
elles ont moins de trente ans, elles ne peuvent servir que de commencement de preuve par écrit ; — 3° lorsque les copies tirées sur
la minute d'un acte ne l'auront pas été par le notaire qui l'a reçu,
ou par l'un de ses successeurs, ou par officiers publics qui, en cette
qualité, sont dépositaires des minutes, elles ne pourront servir,
quelle que soit leur ancienneté, que de commencement de preuve
par écrit ; — 4° les copies de copies pourront, suivant les circonstances, être considérées comme simples renseignements.

1336. La transcription d'un acte sur les registres publics ne
pourra servir que de commencement de preuve par écrit ; et il
faudra même pour cela, — 1° qu'il soit constant que toutes les minutes du notaire, de l'année dans laquelle l'acte paraît avoir été
fait, soient perdues, ou que l'on prouve que la perte de la minute
de cet acte a été faite par un accident particulier ; — 2° qu'il existe
un répertoire en règle du notaire, qui constate que l'acte a été fait
à la même date. — Lorsqu'au moyen du concours de ces deux circonstances la preuve par témoins sera admise, il sera nécessaire
que ceux qui ont été témoins de l'acte, s'ils existent encore, soient
entendus.

Des copies *d'un titre qui* existe encore. — Lorsque l'o-
riginal subsiste, la représentation peut toujours en être
exigée, et la copie n'a point par elle-même force probante
(art. 1334).

Des copies *d'un titre qui* n'existe plus. — Lorsque l'original n'existe plus, les copies font foi, suivant les distinctions
établies par l'art. 1335. Les unes ont la même force probante
que l'original ; ce sont : 1° les *grosses* ou *premières expéditions*, qui sont ordinairement délivrées aussitôt après la rédaction de la minute, et qui, par cela même, doivent être réputées conformes à l'original ; 2° les copies tirées en *présence
des parties*, et de leur consentement ; une inexactitude quelconque n'aurait pas manqué dans ce cas d'être relevée ;
3° les copies tirées par *autorité du magistrat*, parties présentes ou dûment appelées ; car la conformité de la copie avec
l'original a été ou pu être, dans ce cas comme dans le précédent, vérifiée par celui ou ceux qu'elle intéressait ; 4° les co-

pies qui ont été délivrées, en dehors *des cas ci-dessus*, depuis plus de *trente années*, par l'officier public ayant qualité à cet effet ; car leur ancienneté empêche de supposer qu'elles aient été délivrées pour le besoin du moment, et d'ailleurs le caractère public de celui qui les a faites garantit leur conformité avec l'original.

Quelquefois les copies ne servent que de commencement de preuve par écrit ; telles sont les copies non anciennes qui ont été délivrées sans le consentement des parties ou l'autorité du magistrat, et celles qui, même étant anciennes, ont été tirées par un officier public qui n'en était pas le dépositaire légal.

Enfin, peuvent, suivant les circonstances, être considérées comme simples renseignements les copies de copies. Cependant, si la copie de copie consiste dans la transcription du titre au bureau des hypothèques, elle poura servir de commencement de preuve par écrit, sous la double condition indiquée par l'art. 1336.

§ 5. — Des actes récognitifs et confirmatifs.

ART. 1337. Les actes récognitifs ne dispensent point de la représentation du titre primordial, à moins que sa teneur n'y soit spécialement relatée. — Ce qu'ils contiennent de plus que le titre primordial, ou ce qui s'y trouve de différent, n'a aucun effet. — Néanmoins, s'il y avait plusieurs reconnaissances conformes, soutenues de la possession, et dont l'une eût trente ans de date, le créancier pourrait être dispensé de représenter le titre primordial.

1338. L'acte de confirmation ou ratification d'une obligation contre laquelle la loi admet l'action en nullité ou en rescision n'est valable que lorsqu'on y trouve la substance de cette obligation, la mention du motif de l'action en rescision, et l'intention de réparer le vice sur lequel cette action est fondée. — A défaut d'acte de confirmation ou ratification, il suffit que l'obligation soit exécutée volontairement après l'époque à laquelle l'obligation pouvait être valablement confirmée ou ratifiée. — La confirmation, ratification, ou exécution volontaire dans les formes et à l'époque déterminées par la loi emporte la renonciation aux moyens et exceptions que l'on pouvait opposer contre cet acte, sans préjudice néanmoins du droit des tiers.

1339. Le donateur ne peut réparer par aucun acte confirmatif les vices d'une donation entre-vifs : nulle en la forme, il faut qu'elle soit refaite en la forme légale.

1340. La confirmation ou ratification, ou exécution volontaire d'une donation par les héritiers ou ayants cause du donateur, après son décès, emporte leur renonciation à opposer, soit les vices de forme, soit toute autre exception.

Des actes RÉCOGNITIFS. — On appelle acte *récognitif* celui qui est dressé par les parties pour constater à nouveau un droit déjà constaté par un acte *primordial*. Mais pourquoi cette constatation nouvelle? Elle a pour but et pour effet d'interrompre la prescription (art. 2248), et de rétablir les choses au même état que si le droit venait d'être constitué. Aux termes de l'art. 1337, l'acte récognitif ne dispense point de la représentation du titre primordial, à moins que sa teneur n'y soit spécialement relatée. La raison première de cette disposition est dans l'ancien droit féodal, où les seigneurs avaient pris l'habitude d'aggraver à chaque reconnaissance consentie par leurs vassaux les charges imposées à ces derniers, et où l'on avait par conséquent cru nécessaire d'exiger la représentation du titre primordial ou sa reproduction fidèle et détaillée, sinon littérale, dans le titre récognitif, pour circonscrire les obligations des vassaux dans les limites du contrat originaire. Pothier généralisa cette règle, et le Code l'a reproduite. Quoiqu'il ne soit plus question aujourd'hui de protéger les vassaux contre leurs seigneurs, on peut encore justifier cette disposition. Effectivement, tout créancier a une influence plus ou moins grande sur son débiteur, et l'on peut craindre qu'il n'en use pour exiger dans l'acte récognitif plus que ne contenait l'acte primordial. On comprend donc que le titre primordial doive être représenté ou spécialement relaté dans l'acte récognitif, et que, si la reconnaissance contient quelque chose de plus ou de différent, elle soit en cela considérée comme non avenue.

L'art. 1337 [3o] contient une exception aux règles précédentes. L'acte récognitif prouve la dette par lui-même et sans la
représentation du titre primordial, sous les trois conditions
suivantes : 1° qu'il y ait eu *plusieurs* reconnaissances *conformes;* 2° que l'une ait au moins *trente ans de* date ; 3° que toutes soient soutenues de la *possession*, c'est-à-dire que le débiteur ait toujours exécuté l'engagement tel qu'il est relaté dans
les diverses reconnaissances.

Des actes CONFIRMATIFS. — L'acte *confirmatif* est celui que
les parties dressent dans le but de constater la ratification d'un
contrat annulable pour cause soit d'incapacité, soit d'erreur,
de violence, de dol ou de lésion. Une ratification peut être
expresse ou *tacite :* elle est *expresse*, quand elle résulte d'un
acte confirmatif; elle est *tacite*, quand elle résulte de l'exécution du contrat, accomplie en parfaite connaissance de cause,
par la partie qui pouvait l'attaquer, ou de son silence pendant les dix ans après lesquels la prescription de l'action en
nullité est accomplie [1]. Avant d'examiner les effets de l'une
ou de l'autre ratification, disons comment doivent être rédigés les actes confirmatifs. Aux termes de l'art. 1338 [3o], trois
conditions sont exigées; il faut : 1° que l'acte confirmatif re-
produise la *substance* de l'obligation annulable ou rescindable ; 2° qu'il mentionne le *motif* de la nullité ; 3° qu'il contienne l'*intention* de réparer le vice d'où provient cette
nullité. Le concours de ces trois conditions a paru nécessaire
au législateur pour que la confirmation présentât les caractères d'une parfaite sincérité.

Des EFFETS *de la* RATIFICATION *expresse ou tacite.* — La ratification expresse ou tacite emporte renonciation, par le débiteur, aux moyens de nullité ou de rescision qu'il pouvait
opposer au créancier, mais cette renonciation ne peut jamais
préjudicier aux tiers (art. 1338 [3o]). Or, il faut entendre ici
par *tiers* tous les ayants cause à titre particulier de celui qui

---

[1] Larombière, n° 35. — Cass., 25 nov. 1857.

ratifie le contrat auxquels la ratification serait nuisible. Ainsi, quand un mineur ayant vendu un immeuble le revend après avoir atteint sa majorité, et qu'après la seconde vente il ratifie la première, cette ratification n'est pas opposable au second acheteur, qui pourra toujours invoquer la nullité de la première vente. Pareillement, si un mineur, ayant hypothéqué un immeuble à un premier créancier, l'hypothèque à un second après avoir atteint sa majorité, et qu'ensuite il ratifie la première hypothèque, cette ratification ne sera pas opposable au second créancier hypothécaire, si elle est, par l'insuffisance de l'immeuble, de nature à lui porter préjudice; mais si la valeur de cet immeuble peut couvrir à la fois les deux hypothèques, la ratification est valable, puisque le second créancier hypothécaire n'a plus d'intérêt à la critiquer [1].

Des DONATIONS NULLES *pour défaut de* FORMES. — Nous savons qu'un acte authentique et en forme est indispensable à l'existence même des donations. Si cet acte n'a pas été dressé selon les règles prescrites par la loi, la donation n'est pas seulement annulable, mais radicalement nulle. Or, comme on ne peut confirmer ce qui est inexistant, la donation doit, pour devenir valable, être refaite en la forme légale (art. 1339). Toutfois, l'art. 1340 autorise exceptionnellement les héritiers du donateur à consentir une ratification interdite au donateur lui-même. Ils peuvent, après la mort de ce dernier, utilement exécuter ou confirmer la donation, nulle pour inaccomplissement des formalités légales. Mais comment comprendre que le décès du disposant rende un acte inexistant susceptible de ratification? Il est difficile de l'expliquer. Peut-être faut-il voir sous la nullité de la donation une *obligation naturelle* que le donateur ne peut utilement ratifier, parce qu'il peut refaire la donation, tandis que les héritiers ont la faculté de la confirmer, parce que, s'ils refaisaient

---

[1] Marcadé, art. 1339, n° 5. — Massé et Vergé, t. III, § 586, p. 486, notes 27 et 29.

la donation, la qualité de donateur n'appartiendrait plus à
celui-là même qui avait eu la pensée de la libéralité.

DEUXIÈME SECTION

DE LA PREUVE TESTIMONIALE.

ART. 1341. Il doit être passé acte devant notaires ou sous signature privée de toutes choses excédant la somme ou valeur de cent
cinquante francs, même pour dépôts volontaires ; et il n'est reçu
aucune preuve par témoins contre et outre le contenu aux actes, ni
sur ce qui serait allégué avoir été dit avant, lors ou depuis les actes,
encore qu'il s'agisse d'une somme ou valeur moindre de cent cinquante francs. — Le tout sans préjudice de ce qui est prescrit dans
les lois relatives au commerce.

1342. La règle ci-dessus s'applique au cas où l'action contient,
outre la demande du capital, une demande d'intérêts qui, réunis
au capital, excèdent la somme de cent cinquante francs.

1343. Celui qui a formé une demande excédant cent cinquante
francs ne peut plus être admis à la preuve testimoniale, même en
restreignant sa demande primitive.

1344. La preuve testimoniale, sur la demande d'une somme même
moindre de cent cinquante francs, ne peut être admise lorsque
cette somme est déclarée être le restant ou faire partie d'une créance
plus forte, qui n'est point prouvée par écrit.

1345. Si dans la même instance une partie fait plusieurs demandes dont il n'y ait point de titre par écrit, et que, jointes ensemble,
elles excèdent la somme de cent cinquante francs, la preuve par
témoins n'en peut être admise, encore que la partie allègue que
ces créances proviennent de différentes causes, et qu'elles se soient
formées en différents temps, si ce n'était que ces droits procédas-
sent, par succession, donation ou autrement, de personnes différentes.

1346. Toutes les demandes, à quelque titre que ce soit, qui ne
seront pas entièrement justifiées par écrit, seront formées par un
même exploit, après lequel les autres demandes dont il n'y aura
point de preuves par écrit ne seront pas reçues.

1347. Les règles ci-dessus reçoivent exception lorsqu'il existe un
commencement de preuve par écrit. — On appelle ainsi tout acte
par écrit qui est émané de celui contre lequel la demande est formée, ou de celui qu'il représente, et qui rend vraisemblable le fait
allégué.

1348. Elles reçoivent encore exception toutes les fois qu'il n'a pas été possible au créancier de se procurer une preuve littérale de l'obligation qui a été contractée envers lui. — Cette seconde exception s'applique : — 1° aux obligations qui naissent des quasi-contrats et des délits ou quasi-délits ; — 2° aux dépôts nécessaires faits en cas d'incendie, ruine, tumulte ou naufrage, et à ceux faits par les voyageurs en logeant dans une hôtellerie, le tout suivant la qualité des personnes et les circonstances du fait ; — 3° aux obligations contractées en cas d'accidents imprévus, où l'on ne pourrait pas avoir fait des actes par écrit ; — 4° au cas où le créancier a perdu le titre qui lui servait de preuve littérale, par suite d'un cas fortuit, imprévu et résultant d'une force majeure.

Observation. — A mesure que la civilisation se développe, le législateur attache moins d'autorité à la preuve testimoniale, et beaucoup plus à la preuve écrite. Une ordonnance de Moulins, rendue en 1566 par Charles IX, sur la proposition du chancelier de Lhospital, prescrivit, pour la première fois, la preuve littérale pour toute chose excédant 100 livres ; cette disposition a été depuis maintenue dans nos lois, et l'art. 1341 du Code la reproduit en portant le chiffre de 100 livres à 150 francs. Cette préférence du législateur pour la preuve écrite est d'ailleurs fort légitime, car les écrits sont des témoins à l'abri de la corruption et de la crainte, et il n'en est pas de même des hommes.

De la règle qu'il doit être passé acte de TOUTES CHOSES EXCÉDANT 150 FRANCS. — L'art. 1341 prescrit la rédaction d'un acte soit authentique, soit sous signature privée, toutes les fois qu'il s'agit d'une CHOSE excédant la somme ou valeur de 150 francs, et il n'y a pas à distinguer si cette chose est un corps certain, un genre ou une somme d'argent, ni si elle est l'objet d'un contrat ou celui d'un payement [1]. La loi tient la preuve testimoniale comme suspecte, toutes les fois que les parties ont un intérêt excédant 150 francs à constater contradictoirement. Cependant, nous verrons que la preuve testimoniale est admise, même au delà de cette somme, toutes les

[1] Bonnier, t. I, n° 153. — Bordeaux, 24 août 1864.

fois que le créancier n'a pas raisonnablement pu se procurer une preuve écrite.

L'art. 1341 croit nécessaire de dire qu'une preuve écrite doit être dressée, même pour *dépôt volontaire*. Pourquoi règle-t-il expressément cette hypothèse particulière? C'est qu'il a voulu prévenir les doutes qui s'élevaient sur ce point dans l'ancienne jurisprudence. Certains auteurs pensaient que le déposant, qui demande service au dépositaire, et qui, par suite, ne peut pas convenablement exiger de lui la reconnaissance écrite du dépôt, devait être autorisé à fournir la preuve testimoniale, quelle que fût la valeur de l'objet déposé. Le Code a rejeté cette exception, et soumis le déposant lui-même à la règle commune.

De quelle manière saura-t-on si l'objet du contrat, du payement ou de tout autre fait juridique excède ou non 150 fr.? Les juges apprécieront, et en cas qu'ils doutent si la valeur de l'objet excède ou non 150 fr., ils ordonneront une expertise.

La sanction donnée par le Code à la règle ci-dessus est rigoureuse. Non-seulement celui qui réclame une chose dont la valeur excède 150 fr. ne peut pas prouver par témoins sa prétention, mais il ne peut même pas utilement restreindre à 150 fr. sa demande (art. 1343). Pareillement, la preuve testimoniale d'une créance même moindre de 150 fr. ne peut être admise lorsque cette somme est déclarée être le restant d'une créance plus forte qui ne peut être prouvée que par écrit (art. 1344). Enfin, si le même créancier forme contre le même débiteur plusieurs demandes qui, jointes ensemble, excèdent la somme de 150 fr., la preuve par témoins n'en peut être administrée, lors même que ces créances seraient distinctes, à moins qu'elles ne procèdent par succession, donation ou autrement, de personnes différentes : cas auquel les droits n'étant pas nés dans la personne du créancier, l'on ne peut lui reprocher d'en avoir négligé la constatation par écrit (art. 1345). Nous n'avons pas besoin de faire ressortir l'utilité de toutes les prescriptions ci-dessus. Il est évident que, sans elles, le créancier eût pu, en divisant ses droits et en les rattachant frauduleusement à des causes différentes, se soustraire à la règle générale qu'il doit être passé acte de toute chose excédant la valeur ou la somme de 150 fr. Et pour que ce créancier ne puisse pas égarer la justice en formant à plusieurs époques diverses demandes pour ses diverses créances dont le total excède 150 fr., l'art. 1346 exige qu'elles soient toutes contenues dans un seul et même exploit, après lequel les autres demandes dont il n'y aura point de preuve par écrit ne seront pas reçues. Les tribunaux pourront de la sorte constater si, jointes ensemble, elles excèdent ou non la valeur au delà de laquelle la preuve testimoniale n'est plus admissible.

De ce que le créancier ne peut fournir la preuve testimoniale pour plusieurs créances, même distinctes, dont la somme excède 150 fr., il résulte que, si la créance, d'abord inférieure à 150 fr., s'élève au-dessus de cette somme par l'accumulation des intérêts, il ne sera plus recevable à l'établir par la preuve testimoniale, parce qu'on pourra toujours lui reprocher de n'avoir pas exigé un écrit dès que le capital, augmenté des intérêts, avait atteint le chiffre extrême de 150 fr. ; mais il ne faut, bien entendu, tenir compte dans ce calcul que des intérêts échus avant la demande. En effet, le créancier n'est plus en faute s'il a réclamé son payement à une époque où la dette n'excédait pas 150 fr. en capital et intérêts, et son droit d'administrer la preuve testimoniale doit être à l'abri des lenteurs nécessaires de la justice.

Quand les parties ont une fois dressé un écrit, il n'est reçu aucune preuve par témoins *contre* et *outre* son contenu, lors même qu'il s'agirait d'une somme ou valeur moindre de 150 francs (art. 1341, *in fine*). Et, en effet, le législateur ne pouvait permettre de combattre la preuve littérale par la preuve testimoniale sans donner lieu aux procès que les

écrits ont précisément pour but de prévenir par la constatation exacte et rigoureuse des conventions. Si donc l'une des
parties allègue que la créance produit des intérêts quand l'é-
crit n'en fait pas mention, ou réciproquement, la preuve de
sa prétention devra être rejetée, parce qu'elle est contraire
au contenu même de l'écrit. Toutefois, la libération du débiteur pourrait, au-dessous de 150 fr., être prouvée par témoins, parce qu'alors ce témoignage ne serait en rien contradictoire avec l'écrit, et que l'on rentrerait sous l'empire du
droit commun.

Disons un mot, en terminant l'exposé des principes généraux de la matière, d'une question très-délicate et très-controversée. Il s'agit de savoir si, dans les cas où la preuve testimoniale n'est point admissible *de plano*, elle le devient
quand la partie adverse y consent. Certains auteurs décident
la négative, par la raison qu'à leurs yeux les prescriptions
relatives à la preuve sont d'ordre public, et qu'aux termes de
l'art. 6 l'on ne peut déroger, par des conventions particulières, aux règles de cette nature. Mais nous préférons l'opinion
contraire [1]. En effet, s'il est d'ordre public que toutes les
conventions en général soient constatées par écrit, afin que les
parties ne soient pas exposées à tous les périls de la preuve
testimoniale, il ne s'agit plus que d'un intérêt privé quand
un débiteur, en particulier, étant, par la nature même du
droit allégué contre lui, à l'abri de cette preuve dangereuse,
renonce volontairement à la situation avantageuse que la loi
lui fait, pour permettre au créancier d'établir ses droits par
témoins. Ajoutons que la délicatesse du débiteur peut être
engagée dans le procès qui lui est suscité par le créancier, et
qu'il peut avoir le plus grand intérêt moral à ce qu'il soit démontré par témoins que sa créance n'existe pas, ou a cessé
d'exister. Or, l'on ne peut guère comprendre que la loi puisse
faire obstacle à la satisfaction d'un sentiment si légitime.

[1] Bioche, *Dict. de Proc.*, v° *Enquête*, n° 42. — Massé et Vergé, t. III, § 596,
p. 517, note 2.

Des EXCEPTIONS *à la règle que la preuve testimoniale n'est pas admise au-dessus de* 150 *francs, ni outre ou contre le contenu des actes.* — Cette règle comporte trois exceptions :

1° La première a lieu quand il existe *un commencement de preuve par écrit.* Or, aux termes de l'article 1347 [2°], « on « appelle ainsi tout acte par écrit qui est émané de celui contre lequel la demande est formée, ou de celui qui le représente, et qui rend vraisemblable le fait allégué. » Ainsi, quand mon débiteur écrit à un tiers qu'il craint mes poursuites, sa lettre est un commencement de preuve par écrit, car elle rend vraisemblable la créance que j'allègue contre lui. Je pourrais donc, m'appuyant sur cette lettre, administrer la preuve testimoniale, quel que soit le montant de la dette. Pareillement on doit voir un commencement de preuve par écrit dans les interrogatoires subis par la partie devant un juge d'instruction, ou bien dans les réponses et aveux qu'elle aurait faits dans un interrogatoire sur faits et articles, etc. [1]. Un commencement de preuve par écrit ayant date certaine est opposable, non pas seulement à celui qui en est l'auteur, et à ses héritiers ou ayants cause, mais encore aux tiers. On applique à cet égard les principes que nous avons vus pour l'acte sous seing privé ordinaire.

2° La seconde exception est fondée sur l'*impossibilité*, soit *physique*, soit *morale*, où s'est trouvé le créancier d'exiger une preuve écrite. Le législateur ne pouvait pas, en effet, livrer à la discrétion du débiteur tous les droits nés sous l'empire de circonstances dont le créancier n'a pas été le maître (art. 1348). Conséquemment, les obligations issues de quasi-contrats, de délits ou de quasi-délits, de dépôts nécessaires ou contractés en cas d'accident imprévu, pourront être prouvées par témoins. L'art. 1348 [2°] assimile avec raison aux dépôts nécessaires les dépôts faits par les voyageurs logeant dans une

---

[1] Marcadé, art. 1347, n° 3. — Larombière, n° 21.

hôtellerie. On ne pouvait, en effet, raisonnablement exiger que tout voyageur, en entrant dans une auberge, procédât, contradictoirement avec l'hôtelier, à un inventaire de tous ses effets. Quant au montant des restitutions dues par l'au-bergiste aux voyageurs, les tribunaux les régleront d'après les circonstances du fait et la condition des personnes.

3° La troisième exception a lieu au cas où le créancier a perdu le titre qui lui servait de preuve écrite par suite d'un *cas fortuit* et résultant d'*une force majeure*, par exemple, d'un incendie (art. 1348 4°) Mais elle ne saurait être étendue au cas où la perte proviendrait de la négligence ou de l'im-prudence du créancier. Celui-ci n'a qu'à s'en prendre à lui-même du préjudice qu'il peut éprouver.

Lorsque le titre perdu est un testament, la preuve testimo-niale est recevable tout comme s'il s'agissait d'un titre de créance; seulement il faut alors prouver, et que le testament a existé, et qu'il était revêtu de toutes les formes légales. Sans cette double preuve, la partie ne serait pas fondée à in-voquer le bénéfice des dispositions testamentaires [1].

TROISIÈME SECTION

DES PRÉSOMPTIONS.

ART. 1349. Les présomptions sont des conséquences que la loi ou le magistrat tire d'un fait connu à un fait inconnu.

Observation. — A défaut de preuves proprement dites, c'est-à-dire d'inductions qui conduisent à une conviction et font naître une certitude morale, comme la preuve littérale, la loi admet, avons-nous dit, des présomptions qui ne sont que des conséquences que la loi ou le magistrat tirent, par voie de *pure probabilité*, d'un fait connu à un fait inconnu (art. 1349). Les présomptions se divisent donc en présomp-tions *légales* ou de *droit*, et en présomptions de l'*homme* ou de *fait*.

[1] Bonnier, n° 133. — Aubry et Rau, t. V, § 645, p. 419.

§ 1. — Des présomptions établies par la loi.

Art. 1350. La présomption légale est celle qui est attachée par une loi spéciale à certains actes ou à certains faits ; tels sont : — 1° les actes que la loi déclare nuls, comme présumés faits en fraude de ses dispositions, d'après leur seule qualité ; — 2° les cas dans lesquels la loi déclare la propriété ou la libération résulter de certaines circonstances déterminées ; — 3° l'autorité que la loi attribue à la chose jugée ; — 4° la force que la loi attache à l'aveu de la partie ou à son serment.

1351. L'autorité de la chose jugée n'a lieu qu'à l'égard de ce qui a fait l'objet du jugement. Il faut que la chose demandée soit la même ; que la demande soit fondée sur la même cause ; que la demande soit entre les mêmes parties, et formée par elles et contre elles en la même qualité.

1352. La présomption légale dispense de toute preuve celui au profit duquel elle existe. — Nulle preuve n'est admise contre la présomption de la loi, lorsque, sur le fondement de cette présomption, elle annule certains actes ou dénie l'action en justice, à moins qu'elle n'ait réservé la preuve contraire, et sauf ce qui sera dit sur le serment et l'aveu judiciaires.

Observation.— « La présomption légale est celle qu'une loi spéciale attache à certains actes ou à certains faits (art. 1350).» Le Code cite comme exemples de présomptions légales:

1° Les cas où il annule certains actes, parce qu'il les présume faits en fraude de ses dispositions, d'après leur seule qualité. Tel est le cas d'une donation faite à certains parents d'un incapable (art. 911). La loi présume qu'ils ne sont que des personnes interposées, et que la donation ne s'adresse réellement qu'à l'incapable. De même, d'après l'art. 446 du Code com., sont nuls et sans effet, relativement à la masse des créanciers, lorsqu'ils n'ont eu lieu que depuis l'époque de la cessation des payements, ou dans les dix jours qui ont précédé cette époque, tous actes translatifs de propriétés mobilières ou immobilières à titre gratuit, etc.

2° Les cas dans lesquels la loi déclare la propriété ou la libération résulter de certaines circonstances déterminées. On peut citer, comme exemples, la prescription acquisitive, et la prescription libératoire. Dans la première, la loi conclut de la possession de celui qui acquiert, et de la négligence du précédent propriétaire pendant le temps voulu, que ce dernier a renoncé à la propriété, et elle déclare par conséquent le possesseur propriétaire. De même, dans la prescription libératoire, la loi tire de l'inaction du créancier pendant le temps voulu cette conséquence qu'il a renoncé à son droit, et elle proclame la libération du débiteur. Les art. 653, 654, 666, 667, 668 et 670 nous présentent encore des cas dans lesquels la propriété est établie par présomption légale, et les art. 1282 et 1283 des cas dans lesquels la libération dérive de la même cause.

3° L'autorité que la loi attribue à la *chose jugée*. Nous en traiterons ci-après.

4° La force que la loi attache *à l'aveu* de la partie ou à *son serment :* c'est à tort que l'art. 1350 ⁴° range parmi les présomptions l'*aveu* de la partie et le *serment*, qui ne sont pas de simples indices puisés dans l'étude des faits, mais des preuves complètes résultant de la déclaration de l'homme. En effet, le Code lui-même (art. 1316) les fait rentrer dans la classe des preuves.

[DE L'AUTORITÉ DE LA CHOSE JUGÉE.

Notions générales. — L'autorité de la chose jugée consiste à considérer la chose jugée comme une vérité : *Res judicata pro veritate habetur.* Sur cette présomption repose en grande partie l'ordre social. *Status reipublicæ maxime judicatis rebus continetur* (Cicero, *pro Sylla*, xxii).

Parmi les différentes espèces de jugements, il n'y a que les jugements *définitifs*, prononçant une condamnation ou une absolution, qui puissent avoir l'autorité de la chose jugée. « Res judicata dicitur quæ finem controversiarum « pronuntiatione judicis accipit, quod vel condemnatione vel absolutione contingit. »

Pour qu'il y ait lieu à l'autorité de la chose jugée, il faut que trois conditions concourent, savoir :

1° L'*identité* de l'OBJET de la demande;

2° L'*identité* de la CAUSE de la demande ;

3° L'*identité* des PARTIES et de leurs qualités (art. 1351).

1° IDENTITÉ *de* l'OBJET *de la demande.* — Il ne faut pas attacher un sens trop rigoureux à ces mots, *identité de l'objet*, car les modifications éprouvées par la chose dans sa manière d'être, par exemple, ses augmentations ou ses diminutions, n'empêchent évidemment pas que la nouvelle demande ne puisse être repoussée par l'autorité de la chose jugée.

On doit, du reste, appliquer ici la règle que la partie est contenue dans le tout, *pars in toto est.* Ainsi, après avoir succombé dans la revendication d'un troupeau, je ne pourrai pas revendiquer une tête de ce troupeau, car le juge, en repoussant radicalement ma demande, a par cela même décidé que je n'étais propriétaire ni du troupeau dans son ensemble, ni d'un individu quelconque compris dans ce troupeau.

2° IDENTITÉ *de* LA CAUSE. — Bien des titres peuvent justifier un droit de propriété ou de créance; car si je ne suis pas propriétaire ou créancier en vertu de tel titre, je peux très-bien l'être en vertu de tel autre titre. Lors donc que la nouvelle demande a le même objet que la précédente, sans que cependant la cause des deux demandes soit la même, il n'y a pas autorité de la chose jugée, et cela sans distinguer entre les actions réelles et les actions personnelles, comme on faisait en droit romain (l. XIV, § 2, D. *de Except. rei jud.*). Ainsi, pour qu'il y ait autorité de la chose jugée, il faut que les deux demandes aient pour base la même cause. Mais, quelle est la cause que la loi exige ? C'est la cause prochaine, le principe immédiatement générateur du droit contesté, *causa proxima actionis.* Par exemple, j'intente une action en nullité d'une convention pour erreur et je succombe dans ma demande ; je ne pourrai pas former une nouvelle demande en nullité de la même convention, pour violence ou pour dol. En effet, la cause prochaine de ma prétention, soit dans la première demande, soit dans la seconde, est le *vice du consentement*, l'erreur, la violence ou le dol n'étant que des causes éloignées, de *simples moyens* pour établir l'invalidité du consentement. Mais je pourrai très-bien, après avoir succombé dans la demande en nullité pour cause de dol, intenter une nouvelle action en nullité pour incapacité, car la cause immédiate de cette dernière demande n'est pas l'*invalidité* du consentement, mais l'*inaptitude légale* à consentir. On conçoit, du reste, que le législateur, en exigeant une cause prochaine, a voulu couper court aux procès dans l'intérêt de l'ordre social.

3° IDENTITÉ *des* PARTIES. — L'autorité de la chose jugée n'a lieu qu'entre les parties présentes au procès ou leurs ayants cause. C'est la conséquence du principe *nec inter alios res acta aliis prodesse aut nocere solet*.

La question de savoir s'il y a identité des parties peut se présenter dans plusieurs hypothèses, car d'un côté la même personne physique peut jouer plusieurs rôles, et de l'autre côté plusieurs personnes physiques peuvent n'en jouer qu'un seul. Cette question n'offre aucune difficulté quand, dans la seconde instance, la personne physique est la même, mais n'agit pas en la même qualité, c'est-à-dire quand il y a identité physique, sans qu'il y ait identité juridique ; par exemple, dans le cas où, après avoir succombé, agissant en mon propre nom, j'intente une nouvelle action au nom de mon pupille. Il est clair qu'alors il n'y a pas identité de la partie. Mais il y aura plus de difficulté lorsqu'il s'agira de savoir si la partie à laquelle on oppose, ou celle qui invoque en sa faveur l'autorité de la chose jugée, est l'*ayant cause* de la partie contre laquelle ou en faveur de laquelle le jugement a été rendu. Dans ce cas, en effet, la différence des personnes physiques semble impliquer la différence des personnes juridiques. Voyons dans quel cas on doit admettre ou ne pas admettre que ces diverses personnes jouent le même rôle et constituent la même partie.

D'abord les successeurs universels sont, sans aucun doute, les ayants cause de leurs auteurs. Les successeurs à titre particulier sont encore représentés par leurs auteurs dans les jugements rendus contre ces derniers avant l'événement translatif de propriété. Les créanciers chirographaires enfin sont représentés par leur débiteur, sauf le cas de fraude.

Mais le créancier hypothécaire est-il représenté par son débiteur dans les instances soutenues contre ce dernier après la constitution de l'hypothèque? Cette question est très-controversée. Je crois cependant que le créancier hypothécaire n'est pas représenté par son débiteur. En effet, si l'on n'admet pas que le droit d'hypothèque est un démembrement de la propriété, et qu'après sa constitution le *dominium* est diminué entre les mains du propriétaire; il n'en est pas moins certain que le créancier hypothécaire se trouve directement en rapport, non-seulement avec la personne du débiteur, comme le simple créancier chirographaire, mais encore avec la chose elle-même. Le créancier a ici un *droit réel*, qui va jusqu'à lui donner le pouvoir conditionnel de faire vendre la chose sur quelque détenteur que ce soit, et le *dominium* se trouve véritablement gêné dans l'un de ses démembrements, l'*abusus*. Donc, puisque le créancier a sur la chose un droit à lui propre, droit absolu et indépendant de la volonté du débiteur, tout aussi bien qu'un droit d'usufruit et d'usage, il s'ensuit que le jugement rendu contre le débiteur, de même que la convention qu'il ferait, est pour le créancier *res inter alios acta*, et ne peut avoir autorité de chose jugée à son égard. Papinien donne cette décision, et on doit encore aujourd'hui l'admettre (Dig., l. XXIX, § 1, *de Except. rei jud.*) [1].

Quant aux codébiteurs solidaires, le jugement rendu en

---

[1] Bonnier, n° 776. — Valette, *Rev. de dr. fr.* etc. 1844, t. I, p. 27. — Cass., 6 déc. 1859.

faveur de l'un d'eux, et pour un motif qui ne lui était pas purement personnel, profitera aux autres, de même qu'ils profitent du serment prêté par l'un d'eux sur le fait de la dette. Mais le jugement rendu contre l'un d'eux a-t-il effet contre les autres? Dans une première opinion on soutient la négative. En effet, dit-on, il résulte des art. 1205 et 1206 que, d'après l'esprit de la loi, la solidarité permet bien aux débiteurs de se représenter les uns les autres dans tous les actes qui tendent à la conservation de la dette, mais nullement dans ceux qui pourraient l'aggraver.

Malgré l'exactitude du principe qu'il invoque, un tel système nous paraît inadmissible, et pour deux raisons, l'une de logique, l'autre d'équité. D'une part, en effet, le débiteur qui plaide ne peut évidemment pas être et à la fois n'être pas le représentant de ses codébiteurs. Du moment qu'on le considère comme leur mandataire, s'il gagne le procès, on doit nécessairement aussi le considérer comme leur mandataire s'il vient à le perdre. D'autre part l'équité veut que les chances soient toujours les mêmes des deux côtés, et dans le système contraire elles seraient toutes contre le créancier poursuivant au profit des codébiteurs, puisque, si la demande était repoussée, tous les débiteurs en profiteraient, et que, si elle était admise, tous ceux qui n'auraient pas figuré au procès ne devraient pas en souffrir [1].

Les mêmes motifs nous conduisent à donner la même solution dans le cas où l'un des créanciers solidaires soutient seul le procès. La chose jugée pour ou contre lui profitera ou nuira à ses cocréanciers, comme s'ils avaient tous figuré dans l'instance.

Le jugement rendu à l'égard du copropriétaire ou du codébiteur d'une chose indivisible peut-il produire quelque effet à l'égard des autres? En droit romain, on ad-

[1] Sic Pothier, Proudhon et Bonnier, nos 701 et suiv.

mettait que le jugement rendu contre l'un des copropriétaires ou des codébiteurs d'une chose indivisible pouvait être opposé aux autres s'il n'y avait pas collusion (L. 19, D., *si Servitus vendicetur*). Pothier (n° 907, *des Obligat.*) professait aussi cette doctrine ; seulement il permettait aux copropriétaires ou codébiteurs de former tierce opposition sans qu'ils eussent besoin d'alléguer le dol. Je pense que le jugement rendu contre l'un des copropriétaires ou des codébiteurs d'une chose indivisible ne doit avoir aucun effet à l'égard des autres. En effet, de l'indivisibilité de la chose on ne peut pas logiquement conclure que les copropriétaires ou les codébiteurs de cette chose se représentent réciproquement. Mais si les copropriétaires ou les codébiteurs ne doivent point souffrir de la perte du procès, il est clair qu'ils ne pourraient pas non plus se prévaloir de son gain.

Enfin faut-il dire que le jugement rendu pour ou contre le débiteur principal sur le fait même de la dette profite ou nuit à la caution? Il est incontestable que le jugement rendu en faveur du débiteur profite à la caution, car, s'il ne lui profitait pas, le débiteur lui-même en perdrait le bénéfice, puisqu'il serait obligé de restituer à la caution ce qu'elle aurait payé au créancier. Mais alors le jugement rendu contre le débiteur doit évidemment être opposable à la caution, car les raisons de logique et d'équité que nous avons fait valoir dans le cas des débiteurs ou des créanciers solidaires se représentent ici avec toute leur force [1].

De L'INFLUENCE *de la chose* JUGÉE *au* CRIMINEL *sur* L'ACTION CIVILE. — Si la partie lésée ne s'est pas portée civile dans l'action intentée par le ministère public devant le tribunal de répression, la chose jugée au criminel a-t-elle influence sur l'action civile? Il faut répondre affirmativement. En matière criminelle, en effet, les considérations d'ordre public dominent, et ne permettent pas d'appliquer

---

[1] *Sic* Bonnier, n° 700. — *Contrà*, Marcadé, t. V, p. 200.

rigoureusement les principes que nous venons d'exposer sur
la chose jugée en matière civile. Comment admettre que
l'on pût, dans un intérêt purement privé, proclamer au
civil l'innocence d'un homme qui aurait péri sur l'échafaud,
ou même seulement soulever des doutes sur sa culpabilité?
ne serait-ce pas anéantir l'effet moral et salutaire de la condamnation criminelle?

Il est donc certain que la partie lésée n'aura qu'à représenter au civil le jugement ou l'arrêt de condamnation criminelle pour établir le fait d'où dériverait le préjudice dont
elle demande la réparation, et que, dès lors, elle n'aura plus
à justifier que le préjudice lui-même et son importance. En
vain lui dirait-on qu'il n'y a pas identité de parties puisqu'au criminel le ministère public était seul demandeur, ni
identité d'objet, puisqu'au criminel la poursuite avait pour
but la peine, tandis qu'au civil elle a pour but des dommages-
intérêts. Elle répondrait avec raison que les condamnations
criminelles, prononcées au nom de la loi et dans un intérêt
social, sont acquises à tous les citoyens et que tous peuvent
les invoquer comme tous doivent les respecter. Les articles 198 Cod. Nap., et 463 Cod. Inst. crim., confirment
pleinement cette opinion [1].

L'acquittement du prévenu ou de l'accusé ferait-il obstacle
à une demande en dommages intérêts formée contre lui par
la personne qui se prétend victime du fait à raison duquel il
était poursuivi? Nous ne le pensons pas. L'acquittement n'é-
tablit en effet qu'une chose, la *non-culpabilité* de l'accusé.
Mais une personne peut ne pas être coupable au point de
vue criminel et être responsable au point de vue civil; en
d'autres termes, il peut ne pas y avoir de délit criminel, et
cependant y avoir un délit civil ou tout au moins un quasi-
délit. Le jugement ou l'arrêt qui condamnera l'individu acquitté à des dommages-intérêts, ne sera donc pas en contra-

---

[1] Marcadé, art. 1351, n° 15, Faustin Hélie, *Inst. cr.*, t. III, p. 779 et s. —
Cass., 3 août 1864.

diction avec le jugement ou l'arrêt qui avait prononcé son acquittement [1].

Des présomptions JURIS ET DE JURE, *et* JURIS TANTUM. — Disons un mot maintenant des présomptions légales contre lesquelles la loi a permis la preuve contraire, et de celles contre lesquelles aucune preuve n'est admise.

Les présomptions légales se divisent en deux classes : les unes, qui ne peuvent être combattues par la preuve contraire, et dont l'effet est, par conséquent, inévitable : ce sont celles que les docteurs du moyen âge appelaient *juris et de jure ;* les autres, qui peuvent être rendues inefficaces par la preuve contraire : ce sont celles que les mêmes docteurs appelaient *juris tantùm.*

Les présomptions contre lesquelles la preuve contraire n'est pas admise sont celles sur le fondement desquelles la loi annule certains actes qui à raison de leur seule qualité sont présumés faits en fraude de ses dispositions (art. 1350), ou dénie l'action en justice (art. 1352). Les art. 911 et 1099-1100 nous présentent des exemples de nullité d'actes en vertu d'une présomption légale. De même l'autorité de la chose jugée et la prescription sont des présomptions sur le fondement desquelles la loi dénie l'action en justice , « à moins qu'elle n'ait réservé la preuve contraire, » ajoute l'art. 1352. Les art. 312, 313, 1283 et 2279 nous présentent des cas dans lesquels la preuve contraire est permise contre une présomption faisant dénier l'action en justice. On ne trouve aucune exception contre une présomption emportant déclaration de nullité d'un acte. Toutefois les présomptions *juris et de jure* peuvent en général être combattues par le serment décisoire et par l'aveu. En effet, il est de principe que le serment décisoire peut être déféré sur quelque espèce de contestation que ce soit (art. 1358), et l'aveu judiciaire fait pleine foi contre celui qui l'a fait

[1] Cass., 12 janvier 1852, 20 avril 1863.

(art. 1356). D'ailleurs, le serment et l'aveu ne sont pas précisément des preuves ordinaires dirigées contre l'adversaire, mais des moyens de laisser la solution de la difficulté à la conscience et au libre arbitre de cet adversaire. Cependant l'aveu et le serment ne peuvent pas être toujours admis comme preuve contre une présomption absolue ; il faut distinguer entre les cas où la présomption est établie dans un but d'intérêt général et d'ordre public, comme l'autorité de la chose jugée, la nullité de certains actes, etc., et les cas où la présomption ne concerne que l'intérêt privé. Dans les premiers, le serment et l'aveu ne peuvent pas être admis comme moyens de preuve contre la présomption légale ; dans les autres, ils le peuvent.

Quant aux présomptions *juris tantùm*, contre lesquelles la loi admet la preuve contraire, elles peuvent être combattues par tous moyens de preuve, même par de simples présomptions de fait, car la loi ne limite nulle part les preuves admissibles dans cette hypothèse.

L'effet général des présomptions légales est de dispenser de toute preuve celui en faveur de qui elles militent (art. 1352).

Ainsi, celui qui fonde sa prétention sur une présomption de la loi ne peut pas être contraint à fournir d'autres preuves, car la présomption est elle-même un des moyens de preuve consacrés. Mais, bien entendu, il doit préalablement justifier de la présomption existant en sa faveur.

§ 2. — Des présomptions qui ne sont point établies par la loi.

ART. 1353. Les présomptions qui ne sont point établies par la loi sont abandonnées aux lumières et à la prudence du magistrat, qui ne doit admettre que des présomptions graves, précises et concordantes, et dans les cas seulement où la loi admet les preuves testimoniales, à moins que l'acte ne soit attaqué pour cause de fraude ou de dol.

Observation. — L'art. 1353 nous dit que ces présomptions sont abandonnées aux lumières et à la prudence du magistrat. En effet, la question de savoir si l'on peut induire d'un fait connu un fait inconnu, est par sa nature même subordonnée aux lumières de la raison; plus on a de lumières et de discernement, mieux on peut saisir le lien qui rattache le connu à l'inconnu. Le législateur, désirant la sincérité des preuves, a exigé que les conventions dont l'objet dépasse une certaine valeur fussent constatées par écrit; mais ce but de la loi n'aurait pas été atteint s'il avait été permis aux parties contractantes de prouver leurs conventions par de simples indices ou présomptions; fondant leurs espérances sur ce moyen de preuve, les contractants se seraient presque toujours dispensés de rédiger des écrits constatant leurs conventions. La loi a donc dû, à peine d'inconséquence, mettre l'admissibilité de ces présomptions sur la même ligne que celle de l'enquête, et n'autoriser, par conséquent, le juge à prononcer d'après des preuves circonstancielles ou simples probabilités que dans les cas où la preuve testimoniale est elle-même admise. La loi veut en outre que les présomptions soient graves, précises et concordantes. Mais l'accord des présomptions ne doit être considéré que comme un écho de l'ancienne doctrine, laquelle exigeait le concours des présomptions, comme dans la preuve testimoniale elle appliquait la règle *testis unus, testis nullus.* Aujourd'hui que les témoignages se pèsent et ne se comptent pas, les présomptions doivent aussi se peser et ne pas se compter. Par conséquent, dès qu'une présomption est à elle seule assez grave pour faire naître la certitude dans l'esprit du magistrat, celui-ci peut l'admettre comme preuve, sans avoir égard à d'autres présomptions concordantes entre elles, mais qui ne lui présentent pas assez de gravité pour engendrer la probabilité dans son esprit.

QUATRIÈME SECTION

DE L'AVEU DE LA PARTIE.

ART. 1354. L'aveu qui est opposé à une partie est ou extrajudiciaire ou judiciaire.

1355. L'allégation d'un aveu extrajudiciaire purement verbal est inutile toutes les fois qu'il s'agit d'une demande dont la preuve testimoniale ne serait point admissible.

1356. L'aveu judiciaire est la déclaration que fait en justice la partie ou son fondé de pouvoir spécial. — Il fait pleine foi contre celui qui l'a fait. — Il ne peut être divisé contre lui. — Il ne peut être révoqué, à moins qu'on ne prouve qu'il a été la suite d'une erreur de fait. — Il ne pourrait être révoqué sous prétexte d'une erreur de droit.

Définition. — L'aveu est la reconnaissance qu'une partie fait avec réflexion de la vérité d'un fait allégué contre elle par son adversaire. L'aveu est judiciaire ou extrajudiciaire (art. 1354).

De l'aveu judiciaire. — « L'aveu judiciaire est la déclaration que fait en justice la partie ou son fondé de pouvoir spécial (art. 1356). » Pour que l'aveu puisse former une preuve contre la partie qui l'a fait, il faut qu'il soit précis et complet : *certum confessus pro judicato erit, incertum, non erit.*

L'aveu peut entraîner une véritable aliénation ; il faut donc que la personne qui le fait ait la capacité de disposer du droit que par son aveu elle abandonne volontairement. De ce principe, il suit que l'aveu que ferait un interdit, un mineur ou une femme mariée non autorisée à ester en justice, n'aurait aucun effet ; de même l'aveu fait par un simple mandataire sans pouvoir spécial à cet effet ne peut nuire en aucune manière au mandant (art. 1988). Toutefois, lorsqu'il s'agit d'un mandataire officiel, d'un avoué, sa qualité d'officier public faisant présumer qu'il n'a pas fait l'aveu sans avoir mandat à cet effet, l'aveu ne peut être attaqué que par la procédure spéciale du désaveu.

« L'aveu, dit l'art. 1356, fait pleine foi contre celui qui l'a fait. » Cependant cette proposition n'est vraie qu'autant que l'on ne se trouve pas dans un de ces cas où la loi refuse tout effet à l'aveu pour des motifs d'intérêt général. Tel est le cas de la reconnaissance d'un enfant incestueux ou adultérin (art. 335). Margré la certitude morale produite par l'aveu, l'ordre public exigeait que la loi prohibât la constatation d'une filiation incestueuse ou adultérine. Tel est encore le cas indiqué par l'art. 870 du Cod. de procéd.

L'aveu ne peut pas être divisé contre celui qui l'a fait (art. 1356). Lorsque je veux me servir de l'aveu de mon adversaire comme prouvant contre lui, la justice me commande de prendre cet aveu dans son intégrité. Le démembrer, pour n'en retenir que ce qui est à mon avantage, ce serait véritablement prêter à mon adversaire un langage qu'il n'a pas tenu. Rien, en effet, n'est plus facile que d'altérer une idée en supprimant une partie des phrases qui l'expriment. Mais quand il n'y a *aucune connexité* entre le fait principal et le fait ajouté qui tend à en modifier ou à en détruire les conséquences, la divisibilité est permise [1]. Il en serait évidemment de même si l'un des faits compris dans l'aveu était prouvé indépendamment de cet aveu [2]. Du reste, malgré le principe de l'indivisibilité de l'aveu, il n'est pas douteux que celui qui l'invoque ne puisse prouver la *fausseté* de la déclaration accessoire. Ici, comme partout ailleurs, les cas de fraude doivent être exceptés.

L'aveu fait par l'une des parties ne peut être révoqué (art. 1356). Cependant la plupart des auteurs, et avec eux la jurisprudence, admettent que l'aveu peut être rétracté tant que l'autre partie ne l'a pas accepté. A l'appui de cette opinion on allègue cette définition que Pothier, n. 830, *Oblig.*, donne de l'aveu : « La confession judiciaire est l'aveu qu'une partie fait devant le juge d'un fait sur lequel elle est interrogée, et *dont le juge donne acte.* » Mais cette opinion nous paraît contraire et au texte même de la loi, qui ne permet la révocation de l'aveu que dans le cas où il a été la suite d'une erreur de fait, sans exiger, pour qu'il ait force probante, la condition de l'acceptation; et à la raison, car lors-

---

[1] Massé, *Dr. Com.*, t. IV, n° 2588. — Marcadé, art. 1356, n° 2. — Cass., 8 fév. 1864.

[2] Aubry et Rau, t. VI, § 751, p. 344. — Cass., 28 déc. 1859.

que l'aveu est positif et précis, l'acceptation ne peut rien ajouter à la vérité du fait avoué, qui existe indépendamment de tout concours de volontés. Nous ne sommes pas ici dans le cas d'un contrat où le concours des volontés est nécessaire pour engendrer l'obligation. Je crois donc que l'aveu a force probante indépendamment de toute acceptation [1].

Nous venons de dire que l'aveu peut être révoqué pour erreur de fait seulement. *Non fatetur qui errat.* L'erreur de droit ne peut pas être une raison de rétractation ; car de ce que l'aveu peut avoir pour la partie qui l'a fait des conséquences légalement préjudiciables, il ne s'ensuit pas qu'elle n'ait pas dit la vérité. Ce qu'il importait de savoir, c'était l'existence du fait allégué contre elle.

De l'aveu extrajudiciaire. — L'aveu extrajudiciaire est celui qui n'est pas fait en justice dans le cours d'un procès. Cet aveu, comme l'aveu judiciaire, n'est que la reconnaissance de la vérité d'une allégation, reconnaissance faite par la partie même contre laquelle l'allégation était dirigée. Ces deux espèces d'aveu étant au fond de même nature devraient produire les mêmes effets. Mais les circonstances dans lesquelles l'aveu est intervenu ne garantissent peut-être pas suffisamment que la partie ait eu l'intention de faire un aveu sérieux et précis. Il eût été dangereux de répéter la règle que l'aveu fait pleine foi contre celui qui l'a fait et plus encore la règle que l'aveu est indivisible : la loi a voulu s'en rapporter aux lumières et à la prudence du magistrat, quant à l'efficacité dont l'aveu extrajudiciaire est susceptible. Le seule règle posée par elle est que cet aveu ne pourra être prouvé par témoins toutes les fois que son objet dépasse la somme de 150 fr. C'est la conséquence du principe posé par l'art. 1341.

CINQUIÈME SECTION
DU SERMENT.

Art. 1357. Le serment judiciaire est de deux espèces : — 1° celui

---

[1] *Sic* Marcadé, art. 1356, n° 2. — *Contrà*, Cass., 9 juin 1863.

qu'une partie défère à l'autre pour en faire dépendre le jugement de la cause : il est appelé *décisoire;* — 2° celui qui est déféré d'office par le juge à l'une ou à l'autre des parties.

Définition. — Le serment est l'attestation de la Divinité à l'appui d'une déclaration de l'homme.

Le serment est *affirmatif* ou *promissoire.* Il est affirmatif quand la déclaration porte sur le passé ; il est promissoire quand, par la déclaration, on prend un engagement pour l'avenir. Le sujet de notre section est le serment affirmatif judiciaire ; ce serment est *décisoire* ou *supplétoire,* selon qu'il est déféré par l'une des parties à l'autre pour en faire dépendre la décision de la cause , ou qu'il est déféré par le juge à celle des parties qu'il estime la plus digne de foi, et pour suppléer à une preuve préexistante qui est incomplète.

§ 1. — Du serment décisoire.

ART. 1358. Le serment décisoire peut être déféré sur quelque espèce de contestation que ce soit.

1359. Il ne peut être déféré que sur un fait personnel à la partie à laquelle on le défère.

1360. Il peut être déféré en tout état de cause, et encore qu'il n'existe aucun commencement de preuve de la demande ou de l'exception sur laquelle il est provoqué.

1361. Celui auquel le serment est déféré qui le refuse ou ne consent pas à le référer à son adversaire, ou l'adversaire à qui il a été référé et qui le refuse, doit succomber dans sa demande ou dans son exception.

1362. Le serment ne peut être référé quand le fait qui en est l'objet n'est point celui des deux parties, mais est purement personnel à celui auquel le serment avait été déféré.

1363. Lorsque le serment déféré ou référé a été fait, l'adversaire n'est point recevable à en prouver la fausseté.

1364. La partie qui a déféré ou référé le serment ne peut plus se rétracter lorsque l'adversaire a déclaré qu'il est prêt à faire ce serment.

1365. Le serment fait ne forme preuve qu'au profit de celui qui l'a déféré ou contre lui, et au profit de ses héritiers et ayants

cause, ou contre eux. — Néanmoins, le serment déféré par l'un des
créanciers solidaires au débiteur ne libère celui-ci que pour la part
de ce créancier. — Le serment déféré au débiteur principal libère
également les cautions. — Celui déféré à l'un des débiteurs solidaires profite aux codébiteurs. — Et celui déféré à la caution profite au débiteur principal. — Dans ces deux derniers cas, le serment du codébiteur solidaire ou de la caution ne profite aux autres
codébiteurs ou au débiteur principal que lorsqu'il a été déféré sur
la dette, et non sur le fait de la solidarité ou du cautionnement.

Observation. — Le serment DÉCISOIRE est une espèce de
transaction : *Jusjurandum speciem transactionis continet*
(L. 2. D., *de Jurej.*). Il diffère de la véritable transaction en
ce que la partie à laquelle on fait appel par la délation du
serment est obligée d'accepter l'offre qui lui est faite, ou de
reconnaître le bien fondé de l'allégation de son adversaire.

DÉLATION *du serment.* — Lorsque le serment décisoire est
déféré par une partie à l'autre, celle-ci peut le refuser, le prêter, ou le référer. Quand elle le refuse, et qu'elle ne consent
pas à le référer à son adversaire, elle succombe dans sa demande ou dans son exception. Il en serait de même si l'adversaire, à qui le serment a été référé, le refusait. (art. 1361).
Lorsque la délation ou la rélation du serment est acceptée, la
partie de qui elle émane ne peut plus se rétracter (art. 1364).
En effet, par le concours des volontés, la transaction, conditionnellement subordonnée à la prestation du serment, est
formée. Mais puisque la délation du serment est l'offre d'une
transaction, il s'ensuit que le serment ne peut être déféré
par des personnes qui n'ont pas la capacité de disposer des
droits sur lesquels le serment est déféré. Ainsi le serment ne
peut être déféré par un syndic de faillite sans l'autorisation
du juge-commissaire (C. com., art. 487), ni par un mandataire qui n'est pas muni d'un pouvoir spécial (C. civ.,
art. 1988), ni par un tuteur qui n'a pas été préalablement
autorisé par le conseil de famille, et sans l'avis de trois jurisconsultes, etc. (C. civ., 467 et 2045), ni même par l'avoué
de la partie, qui n'aurait pas reçu à cet effet un mandat

spécial, car l'avoué est en principe chargé de soutenir la lutte judiciaire et non d'y mettre fin par la transaction du serment décisoire [1].

Le serment ne peut également être déféré que sur des droits qui peuvent faire l'objet d'une transaction. Ainsi il ne pourra pas être déféré dans les questions de séparation entre époux (C. civ., art. 1443, et C. pr., art. 870) ni dans les questions d'état.

Il faut que le fait sur lequel le serment est déféré soit de nature à déterminer la solution du litige ; sans cela, le serment n'aurait rien de décisoire.

Dans la délation du serment, on prend pour arbitre la conscience de la partie à laquelle le serment est déféré. Comme très-souvent nous pouvons ignorer le fait d'un tiers, et que, par conséquent, une affirmation consciencieuse nous serait impossible, le législateur a dû exiger que le fait fût personnel à la partie à laquelle le serment est déféré (art. 1359). Cependant on admet généralement que le serment peut être déféré à la veuve ou aux héritiers de celui à qui le fait est personnel. Alors il est déféré, non sur le fait lui-même, mais seulement sur le point de savoir si la veuve ou les héritiers n'ont aucune connaissance du fait. C'est ce qu'on appelle le serment de *crédibilité*. L'art. 2275 nous en donne un exemple qui doit être généralisé [2].

Le serment ne pourra pas non plus être déféré contre une présomption *juris et de jure* établie dans un but d'ordre public, comme l'autorité de la chose jugée et la prescription.

Le serment décisoire ne peut donner lieu à aucune fraude de la part de celui qui y a recours. En effet, par la délation du serment, on s'adresse à la conscience de l'adversaire en le prenant pour juge dans sa propre cause. Aussi le Code permet-il la délation du serment sur quelque espèce de contestation que ce soit, c'est-à-dire en matière réelle ou person-

[1] Aubry et Rau, t. VI, § 753, p. 349. — Rennes, 6 août 1849.
[2] Bonnier, n° 345. — Aubry et Rau, t. VI, § 753, p. 351, note 15.

nelle, et quelle que soit la valeur du litige (art. 1358). Cette règle doit cependant recevoir exception pour les cas où la transaction n'est pas permise.

Enfin le serment étant une dernière ressource, un moyen extrême pour le demandeur dénué de toute autre preuve, peut être déféré en tout état de cause, et encore qu'il n'existe aucun commencement de preuve de la demande ou de la défense sur laquelle il est provoqué (art. 1360).

PRESTATION *du serment.* — Quand le serment déféré est accepté et prêté, le tribunal donne acte du serment et en tire toutes les conséquences légales dans le jugement qui met fin à la contestation. Mais si le droit de déférer le serment est contesté ; par exemple, si le défendeur allègue que la matière n'est pas du nombre de celles que pourrait terminer une transaction, et que, par conséquent, elle ne peut pas non plus être décidée par le serment, alors un jugement interlocutoire intervient, qui reconnaît, s'il y a lieu, que le serment a été valablement déféré, et qui énonce dans son dispositif les faits sur lesquels le serment doit être prêté (art. 120 Code pr.).

Le serment se fait par la partie en personne et à l'audience. En cas d'empêchement légitime, le serment a lieu au domicile de la partie qui doit le prêter, en présence d'un juge commis par le tribunal, assisté du greffier. Dans tous les cas, le serment doit être prêté en présence de l'autre partie ou elle dûment appelée (art. 121 Code pr.).

La forme du serment consiste à jurer, en levant la main droite, que telle assertion est vraie. L'usage de lever la main droite remonte à la plus haute antiquité. *Levo manum meam,* dit Abraham (*Genèse,* ch. II, verset 22), *ad Dominum Deum excelsum, possessorem cœli et terræ* (voir aussi C. inst. crim., art. 312).

L'appel à la conscience du plaideur aurait eu bien plus d'efficacité, si l'on avait exigé que chacun prêtât le serment selon les formes du culte qu'il professe. Mais il paraît que tel n'est pas l'esprit de la loi, qui, n'exigeant aucune forme spéciale pour la prestation du serment dans chaque culte, a manifesté, par là, sans doute, l'intention d'établir une règle commune pour tous les hommes. Par conséquent on ne pourra pas astreindre un Israélite à prêter le serment suivant les formes solennelles du rit hébraïque. Le législateur n'a pas pu vouloir non plus violenter la conscience de personne. Ainsi les sectaires qui regardent le serment comme illicite, tels que les quakers, sont admis à affirmer seulement en leur âme et conscience, sans prêter le serment dans la forme ordinaire.

EFFET *de la* PRESTATION *du serment.* — Le serment une fois prêté termine la contestation, comme le ferait une transaction.

Le serment prêté ou refusé ne forme preuve que contre celui qui l'a déféré ou à son profit, ou contre ses héritiers et ayants cause, ou à leur profit (art. 1365). C'est une application du principe *res inter alios acta, aliis nec nocere nec prodesse potest.*

Le serment déféré par l'un des créanciers solidaires au débiteur ne libère celui-ci que pour la part du créancier solidaire dans la créance. Les cocréanciers solidaires ne sont censés mandataires les uns des autres que pour la conservation de la créance ; par conséquent, la délation du serment, comme la transaction ou la remise de la dette faite par l'un d'eux, n'est pour les autres que *res inter alios acta.*

Dans le droit romain, le serment déféré au débiteur, de même que l'acceptilation faite par l'un des créanciers solidaires, libérait le débiteur envers les autres créanciers, *in duobus reis stipulandi, ab altero delatum jusjurandum etiam nocebit* (L. 27, D., *de Jurejur.*). Cela provenait de ce que le serment et l'acceptilation étaient mis sur la même ligne que la *solutio.* Au contraire, le Code a assimilé le serment à la remise de la dette, résultant du pacte prétorien *de non petendo,* qui donnait au débiteur une exception, laquelle ne pouvait nuire qu'à celui qui avait pactisé (L. 27, D., *de Pactis*).

Les codébiteurs solidaires sont mandataires les uns des autres pour défendre leurs intérêts communs, notamment en résistant aux poursuites de leur créancier, et nous avons même vu que le jugement rendu pour ou contre l'un d'eux profite ou nuit à tous les autres. Mais nous ne pensons pas que leur mandat réciproque aille jusqu'à autoriser l'un d'eux à déférer le serment au créancier sans le concours des autres, et à risquer ainsi leur situation dans les chances d'un serment. En conséquence le serment prêté ou référé ne pourrait, selon nous, profiter ou nuire qu'au débiteur même qui l'aurait déféré, prêté ou refusé.

Le cautionnement est une obligation accessoire qui garantit l'exécution de l'obligation principale. Lorsque cette dernière s'évanouit par une cause quelconque, l'obligation qui résulte du cautionnement restant sans objet doit aussi s'éteindre. C'est en effet ce que décide l'art. 1365, qui dit que le serment déféré au débiteur principal, et prêté par lui, libère également les cautions. Il en serait de même du serment déféré par le débiteur et refusé par le créancier. Le serment déféré par le créancier sur l'*existence même de la dette*, et prêté par la caution, ou le serment refusé par le créancier, sur la proposition de la caution, profite au débiteur principal, parce que là où il n'y a pas de dette, il ne peut pas y avoir non plus de débiteur.

Le serment est la condition à l'accomplissement de laquelle les parties ont subordonné la convention par laquelle elles ont consenti à s'en tenir à la déclaration de l'une d'elles. Si le serment n'est pas prêté pour une cause quelconque qui ne soit pas imputable à la partie qui l'a déféré, il s'ensuit que la condition n'étant pas accomplie, la transaction n'aura aucune efficacité, et les choses devront rester dans le même état que si le serment n'avait pas été déféré. C'est donc à tort que la jurisprudence considère souvent comme ayant prêté le serment celui qui a été prévenu par la mort ou par quelque autre accident lorsqu'il était sur le point de le prêter.

Le serment une fois prêté, la condition est accomplie et la transaction devient pleinement efficace. L'on ne pourrait même pas empêcher les effets de la transaction en prouvant la fausseté du serment, car ce serait contraire à la convention des parties, et les conventions légalement formées tiennent lieu de loi à ceux qui les ont faites (art. 1134). *Dato jurejurando, non aliud quæritur quam an juratum sit, remissa quæstione, an debeatur, quasi satis probatum sit jurejurando* (L. 5, § 2, D., de Jurejur.).

Mais si l'on ne peut pas attaquer le serment, on pourrait très-bien cependant attaquer la convention par suite de laquelle le serment est intervenu. En effet, toute convention entachée de dol, de violence ou d'erreur peut être annulée.

Quoique le serment prêté ne puisse pas être attaqué comme faux dans l'intérêt privé de la partie qui l'a déféré, cependant la société est intéressée à ce que le faux serment ne reste pas impuni. Le ministère public, comme mandataire de la société, peut poursuivre le parjure pour faire prononcer contre lui la peine de l'emprisonnement et de la dégradation civique édictée par l'art. 366 du Code pénal.

REFUS *de* PRÊTER *ou de* RÉFÉRER *le serment.* — Celui à qui le serment est déféré peut, soit le prêter, soit le référer à la partie qui l'a déféré. Alors cette dernière n'a aucun motif plausible pour ne pas se soumettre à une condition qu'elle avait imposée la première. Mais la faculté de référer le serment cesse quand le fait qui en est l'objet n'est pas personnel à la partie qui l'a déféré (art. 1362) ; car le serment doit porter sur un fait personnel à celui qui le prête (art. 1359).

Celui à qui le serment est déféré, qui le refuse ou ne consent pas à le référer, ou la partie à qui le serment a été référé et qui le refuse, doit, avons-nous dit, succomber dans sa demande ou dans sa défense (art. 1361). En effet, il y a alors de sa part un aveu tacite. *Manifestæ turpitudinis et confessionis est, nolle nec jurare nec jusjurandum referre* (L. 38, D., de Jurejur.).

§ 2. — Du serment déféré d'office.

Art. 1366. Le juge peut déférer à l'une des parties le serment, ou pour en faire dépendre la décision de la cause, ou seulement pour déterminer le montant de la condamnation.

1367. Le juge ne peut déférer d'office le serment, soit sur la demande, soit sur l'exception qui y est opposée, que sous les deux conditions suivantes : il faut, — 1° que la demande ou l'exception ne soit pas pleinement justifiée ; — 2° qu'elle ne soit pas totalement dénuée de preuves. — Hors ces deux cas, le juge doit ou adjuger ou rejeter purement et simplement la demande.

1368. Le serment déféré d'office par le juge à l'une des parties ne peut être par elle référé à l'autre.

1369. Le serment sur la valeur de la chose demandée ne peut être déféré par le juge au demandeur que lorsqu'il est d'ailleurs impossible de constater autrement cette valeur. — Le juge doit même, en ce cas, déterminer la somme jusqu'à concurrence de laquelle le demandeur en sera cru sur son serment.

Nature, délation et effets *du serment supplétoire.* — Lorsque la demande ou la défense n'est pas pleinement justifiée, mais qu'elle n'est pas non plus totalement dénuée de preuves ; en d'autres termes, lorsqu'il y a un commencement de preuve, le juge peut, pour compléter sa conviction, déférer le serment à celle des parties qui lui paraît la plus digne de foi. *Solent judices in dubiis causis, exacto jurejurando, secundum eum judicare, qui juraverit* (L. 31, D., *de Jurejur.*). Mais le serment supplétoire présente bien plus de dangers encore que le témoignage des tiers. Il est donc assez naturel de le restreindre au moins dans les mêmes limites que la preuve testimoniale. Aussi la doctrine et la jurisprudence sont d'accord sur ce principe que le serment supplétoire ne peut être déféré, par le juge, que dans les cas où la preuve testimoniale est admissible [1]. Le juge peut déférer le serment d'office, soit sur le *fond* de la contestation, soit sur le

---

[1] Marcadé, art. 1366, n° 2. — Aubry et Rau, t. VI, § 767, p. 473.

QUANTUM de la condamnation. Mais toutes les fois que la demande ou la défense seront pleinement justifiées ou totalement dénuées de preuve, le magistrat doit adjuger ou rejeter purement et simplement la demande (art. 1367).

Le juge pouvant déférer le serment à celle des parties que sa conscience lui indique comme devant faire une déclaration sincère, il s'ensuit que la partie à laquelle le serment est déféré ne pourra pas le référer à l'autre (1368).

Le serment supplétoire n'a rien de transactionnel; il n'est qu'un moyen de vérification supplémentaire laissé à la disposition du juge et avec faculté pour lui de ne pas y subordonner sa décision. Par conséquent, si le juge, après le jugement qui ordonne le serment, trouve d'autres moyens propres à compléter sa conviction, il pourra déclarer non avenu le jugement qui ordonnait un serment désormais inutile. De là il suit encore que la partie contre laquelle le serment a été prêté peut, avant que le jugement sur le fond soit rendu, prouver la fausseté du serment et obtenir gain de cause, si d'autres moyens de preuve lui sont survenus; que si le jugement définitif a été rendu, elle peut faire valoir en appel ces nouveaux moyens de preuve; elle peut aussi demander des dommages-intérêts, soit par une action principale et civile, soit en se portant partie civile dans le procès intenté par le ministère public.

Le serment qui a pour objet de déterminer le *quantum* de la condamnation, et qu'on appelle serment *in litem*, ne peut être déféré que dans les cas où il serait impossible de constater autrement la valeur de la chose; ce serment n'est déféré qu'au demandeur, et le juge doit déterminer la somme jusqu'à concurrence de laquelle le demandeur sera cru sur serment (art. 1369).

LIVRE III. TITRE IV.

(Décrété le 9 février 1804 ; promulgué le 19 du même mois.)

Des Engagements qui se forment sans convention.

ART. 1370. Certains engagements se forment sans qu'il intervienne aucune convention, ni de la part de celui qui s'oblige, ni de la part de celui envers lequel il est obligé. — Les uns résultent de l'autorité seule de la loi ; les autres naissent d'un fait personnel à celui qui se trouve obligé. — Les premiers sont des engagements formés involontairement, tels que ceux entre propriétaires voisins, ou ceux des tuteurs et des autres administrateurs qui ne peuvent refuser la fonction qui leur est déférée. — Les engagements qui naissent d'un fait personnel à celui qui se trouve obligé résultent ou des quasi-contrats, ou des délits ou quasi-délits ; ils font la matière du présent titre.

Observation. — Dans le titre que nous allons expliquer, le Code traite des *quasi-contrats*, des *délits* et des *quasi-délits*. L'art. 1370 distingue les engagements naissant de l'une de ces sources de ceux qui naissent de la loi elle-même. Cette distinction est fondée en ce sens que, dans l'hypothèse d'un quasi-contrat, d'un délit ou d'un quasi-délit, l'on trouve le fait de l'homme, tandis que dans le cas où la loi engendre elle-même des obligations, le débiteur est tenu sans avoir commis de fait personnel. Ainsi les propriétaires voisins sont soumis aux obligations de la mitoyenneté et du bornage, par cela seul qu'ils sont propriétaires voisins, et sans qu'aucun fait de leur part soit intervenu. Mais la distinction qui précède est inexacte au point de vue de la sanction de tous ces engagements, car cette sanction émane toujours de la loi.

CHAPITRE PREMIER

DES QUASI-CONTRATS.

ART. 1371. Les quasi-contrats sont les faits purement volontaires de l'homme, dont il résulte un engagement quelconque envers un tiers, et quelquefois un engagement réciproque des deux parties.

1372. Lorsque volontairement on gère l'affaire d'autrui, soit que le propriétaire connaisse la gestion, soit qu'il l'ignore, celui qui gère contracte l'engagement tacite de continuer la gestion qu'il a commencée, et de l'achever jusqu'à ce que le propriétaire soit en état d'y pourvoir lui-même; il doit se charger également de toutes les dépendances de cette même affaire. — Il se soumet à toutes les obligations qui résulteraient d'un mandat exprès que lui aurait donné le propriétaire.

1373. Il est obligé de continuer sa gestion, encore que le maître vienne à mourir avant que l'affaire soit consommée, jusqu'à ce que l'héritier ait pu en prendre la direction.

1374. Il est tenu d'apporter à la gestion de l'affaire tous les soins d'un bon père de famille. — Néanmoins les circonstances qui l'ont conduit à se charger de l'affaire peuvent autoriser le juge à modérer les dommages et intérêts qui résulteraient des fautes ou de la négligence du gérant.

1375. Le maître dont l'affaire a été bien administrée doit remplir les engagements que le gérant a contractés en son nom, l'indemniser de tous les engagements personnels qu'il a pris, et lui rembourser toutes les dépenses utiles ou nécessaires qu'il a faites.

1376. Celui qui reçoit par erreur ou sciemment ce qui ne lui est pas dû s'oblige à le restituer à celui de qui il l'a indûment reçu.

1377. Lorsqu'une personne qui, par erreur, se croyait débitrice, a acquitté une dette, elle a le droit de répétition contre le créancier. — Néanmoins ce droit cesse dans le cas où le créancier a supprimé son titre par suite du payement, sauf le recours de celui qui a payé contre le véritable débiteur.

1378. S'il y a eu mauvaise foi de la part de celui qui a reçu, il est tenu de restituer, tant le capital que les intérêts ou les fruits, du jour du payement.

1379. Si la chose indûment reçue est un immeuble ou un meuble, corporel, celui qui l'a reçue s'oblige à la restituer en nature, si elle existe, ou en valeur, si elle est périe ou détériorée par sa faute; il est même garant de sa perte par cas fortuit, s'il l'a reçue de mauvaise foi.

1380. Si celui qui a reçu de bonne foi a vendu la chose, il ne doit restituer que le prix de la vente.

1381. Celui auquel la chose est restituée doit tenir compte, même au possesseur de mauvaise foi, de toutes les dépenses nécessaires et utiles qui ont été faites pour la conservation de la chose.

Définition. — Nous savons que le *quasi-contrat* peut être défini : un fait licite, volontaire, non dommageable et produisant obligation. Ce fait engendre tantôt une seule obligation, et tantôt des obligations réciproques. Sous ce rapport, l'art. 1371 rectifie avec raison le second alinéa de l'art. 1370.

Le Code expose les règles de deux quasi-contrats seulement, qui sont la gestion d'affaires et le payement de l'indu. En droit romain, les quasi-contrats étaient plus nombreux ; ainsi, l'acceptation d'une tutelle ou d'une curatelle, et l'indivision entre associés ou cohéritiers, étaient des quasi-contrats. Le Code ne parle point ici de ces différents faits générateurs d'obligations, parce qu'il en traite dans les titres qui leur sont propres.

DE LA GESTION D'AFFAIRES.

Notions générales. — La gestion d'affaires consiste dans le fait d'une personne qui, sans avoir reçu mandat d'une autre, accomplit des actes pour son compte et dans son intérêt. La gestion d'affaires a donc la plus grande analogie avec le mandat, puisque, dans l'un et l'autre cas, une personne agit gratuitement dans l'intérêt d'une autre. Cependant plusieurs différences les séparent ; et, en effet, le gérant d'affaires ne peut réclamer du maître de la chose qui a été administrée que les dépenses utiles (art. 1375), tandis que le mandataire peut réclamer toutes celles qu'il a faites pour l'exécution du mandat, fussent-elles complétement inutiles (art. 1999). De plus, le gérant d'affaires doit continuer sa gestion, même au cas où le maître vient à mourir (art. 1375) ; et, au contraire, la mort du mandant dispense le mandataire de continuer la sienne, à moins qu'il n'y ait péril en la demeure (art. 1991). Toutes ces différences viennent de ce que le gérant d'affaires a agi sans ordre du maître, tandis que le mandataire n'a fait qu'exécuter ceux du mandant.

Des obligations du GÉRANT. — Le gérant est tenu de deux obligations principales, qui sont de continuer la gestion, encore que le maître vienne à mourir avant que l'affaire soit consommée, jusqu'à ce que l'héritier ait pu en prendre la direction (art. 1373), et de rendre compte au propriétaire ou à ses héritiers de la gestion par lui entreprise et continuée (art. 1372 2°). Dans le cours de la gestion, il doit apporter à l'affaire les soins d'un bon père de famille, et la loi le déclare responsable de la faute légère *in abstracto*, parce que son immixtion dans les affaires du maître a pu écarter des personnes très-diligentes (art. 1374).

Des obligations du MAÎTRE. — Le maître est aussi tenu de deux obligations principales, qui sont de remplir les engagements que le gérant a utilement contractés en son nom, ou de l'indemniser de tous les engagements personnels qu'il a pris, et de lui rembourser toutes les dépenses nécessaires ou utiles qu'il a faites dans son administration (art. 1375.)

Un mot sur les engagements pris par le gérant d'affaires envers les tiers, dans l'intérêt du maître. Le gérant a pu, comme l'art. 1375 l'indique, contracter ces engagements *au nom du maître* ou en *son nom* personnel. Dans le premier cas, le maître lui-même est engagé, quand le contrat lui a été utile, et, en conséquence, le gérant n'encourt aucune responsabilité. Dans le second cas, l'obligation pèse directement sur le gérant, qui peut dès lors être contraint à l'exécuter. Toutefois, le créancier peut, si tel est son désir, atteindre le maître lui-même en exerçant, conformément à l'art. 1166, l'action récursoire qui appartient à son débiteur ; si, en fait,

il prend ce dernier parti, le gérant d'affaires sera évidemment
hors de cause, pourvu d'ailleurs que le contrat ait été nécessaire ou utile aux affaires du maître.

Quand celui qui gère la chose d'autrui n'a pas l'intention
d'exiger le remboursement de ses frais ou avances, il cesse
d'être un gérant d'affaires pour devenir un donateur, et, s'il
est toujours responsable envers le maître en cas de mauvaise
gestion, le maître n'est jamais tenu envers lui d'aucune
restitution, même dans le cas de dépenses nécessaires ou
utiles.

Après avoir examiné les cas ordinaires de gestion d'affaires,
disons un mot de certaines hypothèses, où les caractères de
ce quasi-contrat sont plus ou moins difficiles à constater.

D'abord, l'art. 1372 semble dire qu'il y a gestion d'affaires
et non mandat dans le fait d'administrer la chose d'autrui,
au su du propriétaire. Selon certains auteurs, ce texte aurait
pour but d'exclure tout mandat tacite. Faut-il admettre leur
opinion ? Nous ne le pensons pas ; en effet, si le silence du
maître, qui connaît la gestion sans l'empêcher, ne suffit point
pour constituer un mandat, on ne peut en conclure d'une manière certaine que le mandat ne puisse être tacite. Il est plus
probable que le Code a tout simplement voulu abroger la
règle romaine : *Semper qui non prohibet aliquem pro se
intervenire mandatur*. Il faudra donc aujourd'hui un ordre
positif, sinon exprès, pour constituer le mandat, et toutes les
fois que cet ordre n'aura pas existé, il y aura gestion d'affaires. Tel nous paraît être le véritable sens de l'art. 1372 ; au
titre du *Mandat*, nous développerons ce point important.

Maintenant faut-il voir une gestion d'affaires dans le fait
d'une personne qui administre la chose d'un tiers malgré lui ?
Non, évidemment, si cette personne est intervenue dans les
affaires du tiers, *animo donandi*. Mais s'il est prouvé que la
résistance du tiers n'a pas été raisonnable, et que le gérant
n'a pas voulu lui faire une libéralité, il faut accorder à ce dernier l'action *de in rem verso*.

DU PAYEMENT DE L'INDU.

Notions générales. — Le payement de l'indu a lieu quand une personne paye à une autre une chose qu'elle croit lui devoir, mais qu'elle ne lui doit pas véritablement. Et il n'y a pas à distinguer si l'erreur commise par le débiteur est une erreur de fait ou une erreur de droit, pour que la répétition de ce qui a été payé puisse être exercée [1]. Un tel payement oblige toujours celui qui le reçoit à le restituer, et c'est en cela que le payement de l'indu est un *quasi-contrat*. Le payement de l'indu peut se présenter dans des hypothèses bien différentes : tantôt c'est un tiers qui paye au créancier la dette d'autrui, sans en être tenu personnellement ; tantôt c'est un véritable débiteur qui paye sa dette à un autre qu'à son créancier ; tantôt enfin c'est une personne non débitrice qui paye la dette à une autre personne qui n'est pas créancière. Dans toutes ces hypothèses, le payement fait par erreur donne lieu à une répétition, qu'on appelait à Rome *condictio indebiti*. Mais que décider si le payement de l'indu a été fait en connaissance de cause ? La réponse à cette question doit varier selon les hypothèses ci-dessus. Lorsque c'est un tiers qui paye à un véritable créancier la dette d'autrui, il n'a évidemment pas la *condictio indebiti*, et un tel payement ne lui donne qu'un recours ordinaire contre le débiteur ainsi libéré. Lorsque c'est un véritable débiteur qui paye sa dette à un autre qu'à son créancier, ou enfin, ce qui est la même chose, lorsque c'est une personne non débitrice qui paye la dette à une autre personne qui n'est pas créancière, il faut, je crois, refuser encore la *condictio indebiti* ; en effet, un tel payement n'est au fond qu'une donation déguisée, et, si la donation n'a rien d'illicite, elle doit être maintenue à ce titre. La *condictio indebiti* n'aura donc jamais lieu qu'au profit de ceux qui auront payé par erreur. Mais si l'er-

---

[1] Marcadé, art. 1377, Massé et Vergé, t. IV, § 623, note 6.

reur de ceux qui payent est nécessaire, il n'en est pas de même de l'erreur de ceux qui reçoivent le payement (art. 1376). Et, en effet, il ne peut dépendre de la mauvaise foi d'une personne qui n'a pas la délicatesse de prévenir de son erreur celui qui la paye indûment, de se soustraire ainsi à l'obligation de restituer la chose indûment reçue.

En résumé, celui qui veut exercer la *condictio indebiti* doit prouver, soit par titre, soit même par témoins, aux termes de l'art. 1348 [1o] : 1° qu'il *a payé* la chose ; 2° qu'il l'a payée *sans la devoir* ni civilement ni même naturellement, puisque, aux termes de l'art. 1235 [2o], la répétition n'est pas admise à l'égard des obligations naturelles volontairement acquittées ; 3° qu'il l'a payée *par erreur*, car l'erreur ne se présume pas. Mais, dit-on, si l'on ne présume pas l'erreur, on est obligé de présumer une libéralité, puisque le payement fait en connaissance de cause ne peut avoir un autre caractère. Or, il n'est pas plus permis de supposer l'un que de supposer l'autre. A cela on répond, qu'en effet, l'on ne peut pas présumer l'erreur plutôt que la libéralité, mais que, dans le doute, on doit appliquer la règle romaine : *In pari causâ melior est causa possidentis.* Cela revient à imposer le fardeau de la preuve à celui qui a payé et veut intenter la *condictio indebiti.* Si cependant celui qui a reçu le payement de l'indû l'avait d'abord nié, ce mensonge prouvé le mettrait en juste suspicion, et, dans ce cas, ce ne serait plus au demandeur à établir qu'il a payé par erreur, mais au défendeur, déjà convaincu de mauvaise foi, à établir que ce prétendu payement était une véritable libéralité.

Rappelons que la répétition de ce qui a été payé en vertu d'une obligation naturelle est seulement interdite dans le cas où le débiteur savait n'en être tenu que naturellement. Si donc il avait payé la dette, croyant en être tenu civilement, il aurait la *condictio indebiti*.

Des EFFETS *du* PAYEMENT DE L'INDU. — Ces effets varient elon que le créancier a reçu de *bonne* ou de *mauvaise foi* le payement de l'indu. L'a-t-il reçu de *bonne foi*, et se croyant véritablement créancier de la chose payée ; alors il ne doit rendre que ce dont il s'est enrichi. En effet, il est juste que les risques du payement soient supportés par celui dont l'erreur a motivé l'erreur de l'autre. Ainsi, quand la chose reçue est un meuble corporel ou un immeuble, et que le créancier l'a vendu, il ne doit restituer que le prix de la vente, lors même que ce prix serait inférieur au prix véritable (art. 1380). Pareillement, lorsque le créancier modifie ou détruit la chose par lui reçue, il n'est pas responsable de ces modifications ou de cette perte, par application de la règle : *Qui rem alienam quasi suam neglexit, nullâ actione tenetur.* Bien plus, quand le créancier avait le droit de réclamer d'un tiers la chose payée, et qu'il a supprimé son titre, croyant que le payement de l'indu était le payement du tiers de la dette, il n'a rien à restituer, et celui qui a payé peut simplement exercer son recours contre le véritable débiteur (art. 1377 2°). Le créancier était-il de *mauvaise foi* lors du payement ; alors il doit complétement indemniser le débiteur du préjudice que ce payement lui occasionne, et il répond même des cas fortuits (art. 1378, 1379). Cela est juste, car sa mauvaise foi le constitue par elle-même en demeure de restituer la chose indûment reçue, et on doit le traiter comme tous ceux qui ont été mis en demeure par un acte ordinaire. En conséquence, il doit, s'il a reçu une somme d'argent, restituer non-seulement le capital, mais encore les intérêts depuis le jour du payement, et s'il a reçu une chose frugifère, rendre cette chose ainsi que tous les fruits qu'il en a perçus ou négligé de percevoir. Dans le cas où la chose aurait été détériorée ou aurait péri par sa faute ou même par cas fortuit, il serait tenu de dommages-intérêts envers le débiteur ; et si cette chose avait été vendue par lui, il devrait restituer la totalité du prix, en y ajoutant même un supplément dans l'hypothèse où il ne l'aurait pas vendue à sa véritable valeur.

Il peut arriver que le créancier soit de bonne foi à l'épo-

que du payement, et devienne de mauvaise foi avant la restitution de la chose indûment payée. Alors on applique à
l'une ou à l'autre de ces périodes les principes ci-dessus. Si
donc le créancier a, par exemple, indûment reçu une somme
d'argent, il n'en doit pas les intérêts pour la période de
bonne foi , mais il les doit pour la période de mauvaise foi.
Pareillement, s'il a reçu un corps certain, il ne répond pas
des détériorations, provenant même de son fait, qui sont antérieures à la mauvaise foi, mais il répond de celles qui sont
postérieures, lors même qu'elles proviennent d'un cas fortuit.

Maintenant, quelle est la nature de l'action que le débiteur a contre son créancier? Est-ce une action *personnelle*
ou une action *réelle?* C'est évidemment une action personnelle, si la propriété a été, nonobstant l'erreur, transférée
au créancier ; c'est au contraire une action réelle, si, par suite
de cette erreur , la propriété n'a pas été transmise. Avant
de répondre à la question dont il s'agit, montrons-en l'intérêt.
Si la chose indûment payée est un genre, par exemple, une
somme d'argent, cet intérêt existe rarement, car presque toujours l'identité de la chose livrée au créancier disparaît
aussitôt après le payement, et le débiteur est de la sorte mis
dans l'impossibilité de la revendiquer. La question ne présente pas plus d'intérêt dans le cas où la chose est un corps
certain mobilier, parce que les tiers qui l'auraient reçu de
bonne foi peuvent toujours invoquer la maxime : « En fait
de meubles, possession vaut titre. » Mais quand la chose
payée est immobilière, cet intérêt est grave, car il s'agit, en
définitive, de savoir si le débiteur peut la revendiquer contre
les tiers détenteurs. On doit, à notre avis, admettre l'affirmative : en effet, le payement a eu lieu sur fausse cause, puisqu'il avait pour but d'éteindre une dette qui n'existe pas réellement. Or, aux termes de l'art. 1131 , la convention sur
fausse cause est entièrement inefficace ; d'où il suit que le
payement de l'indû, offert par le débiteur et accepté par le

créancier, n'a pu être translatif de propriété. Ce débiteur aura donc l'action en revendication contre les tiers, à moins que ces derniers n'aient eu le temps d'acquérir l'immeuble par prescription. Seulement, comme le créancier de bonne foi ne doit pas souffrir de l'erreur commise par celui qui l'a indûment payé, il fera retomber sur lui tous les dommages-intérêts qu'il sera obligé de payer en sus du prix aux tiers évincés, par application de la règle que le créancier de bonne foi ne doit ni profiter ni souffrir du payement de l'indû.

Celui qui recouvre la chose indûment payée doit tenir compte, même au créancier de mauvaise foi, de toutes les dépenses nécessaires et utiles qui ont été faites à l'occasion de la chose, par la raison que nul ne peut s'enrichir au préjudice d'autrui. Quant aux dépenses voluptuaires, celui qui recouvre la chose n'en doit aucun compte au créancier de mauvaise foi, qui enlèvera seulement ce qui pourra être détaché de la chose sans détérioration. Mais il en devra compte au créancier de bonne foi, qui ne doit jamais souffrir de l'erreur de celui qui l'a indûment payé.

CHAPITRE II

DES DÉLITS ET QUASI-DÉLITS.

Art. 1382. Tout fait quelconque de l'homme qui cause à autrui un dommage oblige celui par la faute duquel il est arrivé à le réparer.

1383. Chacun est responsable du dommage qu'il a causé, non-seulement par son fait, mais encore par sa négligence ou par son imprudence.

1384. On est responsable non-seulement du dommage que l'on cause par son propre fait, mais encore de celui qui est causé par le fait des personnes dont on doit répondre, ou des choses que l'on a sous sa garde. — Le père, et la mère après le décès du mari, sont responsables du dommage causé par leurs enfants mineurs habitant avec eux ; — les maîtres et les commettants, du dommage causé par leurs domestiques et préposés dans les fonctions auxquelles ils les ont employés ; — les instituteurs et les artisans, du dommage causé par leurs élèves et apprentis pendant le temps qu'ils sont sous leur surveillance. — La responsabilité ci-dessus a lieu, à moins que les père et mère, instituteurs et artisans ne prouvent qu'ils n'ont pu empêcher le fait qui donne lieu à cette responsabilité.

1385. Le propriétaire d'un animal, ou celui qui s'en sert, pendant qu'il est à son usage, est responsable du dommage que l'animal a causé, soit que l'animal fût sous sa garde, soit qu'il fût égaré ou échappé.

1386. Le propriétaire d'un bâtiment est responsable du dommage causé par sa ruine, lorsqu'elle est arrivée par une suite du défaut d'entretien ou par le vice de sa construction.

Notions générales. — Nous savons que le DÉLIT est un fait illicite et dommageable, commis avec intention de nuire, et que le QUASI-DÉLIT est un fait illicite, dommageable et commis sans intention de nuire. Les délits civils ne doivent pas être confondus avec les délits prévus et punis par la loi criminelle. Effectivement, tout délit civil est dommageable, et certains délits criminels ne le sont pas. Ainsi la simple tentative d'un crime est, aux termes de l'art. 2 du Code pénal, punie comme le crime même, et cependant elle est rarement la cause d'un préjudice. De plus, certains délits criminels ne supposent pas, comme les délits civils, l'intention de nuire : tel est l'homicide par imprudence. Par contre, certains délits civils sont, quoique dommageables, à l'abri de toute poursuite criminelle : tel est le stellionat (art. 2059). Mais, dans la plupart des cas, le même fait aura simultanément les caractères d'un délit civil et ceux d'un délit criminel. Alors il donnera lieu à deux actions : l'action civile en dommages-intérêts et l'action criminelle tendant à l'application de la peine. La première appartient au particulier qui a été lésé ; la seconde au ministère public. Passons à l'examen des dispositions du Code sur notre matière.

Aux termes de l'art 1382, « tout fait quelconque de

« l'homme qui cause à autrui un dommage oblige celui par
« la FAUTE duquel il est arrivé à le réparer. » Or, aux termes
de l'art. 1383, la négligence et l'imprudence doivent, quoique
étant des faits négatifs, être assimilées aux faits positifs,
quand elles occasionnent à autrui un préjudice. Mais pour
que l'obligation prenne naissance, il faut toujours que le fait
positif ou négatif ait été commis à *tort, injuriâ,* car si ce fait
résultait de l'exercice d'un droit, comme par exemple la saisie
pratiquée par le créancier contre son débiteur, il ne pourrait
jamais devenir un principe de dommages-intérêts. Il faut en
outre que le fait ait causé un *préjudice* à autrui, et qu'il soit
imputable à la personne dont il émane. Ainsi, quand un individu jette une pierre contre la maison d'un autre pour lui
briser ses carreaux et que cette pierre ne frappe que le mur,
le fait n'engendre pas d'obligation, puisqu'il n'a pas causé de
dommage. Pareillement, quand un enfant, qui n'est pas encore *doli capax,* tue par imprudence un animal appartenant
à autrui, il n'est pas obligé, parce que le fait ne lui est pas
imputable. Nous déciderions également que les fous et les in-
sensés ne sont pas responsables des dommages par eux causés[1].
En un mot, le fait commis INJURIA ne peut produire obligation que s'il est à la fois dommageable et imputable. Peu importe d'ailleurs que ce fait cause un préjudice matériel ou un
préjudice moral, il suffit qu'il soit réellement préjudiciable.

Du dommage causé par les PERSONNES DONT ON DOIT RÉPONDRE.
— Aux termes de l'art. 1384 2°, le père et, après le décès
du père, la mère, sont responsables du dommage causé par
leurs enfants mineurs habitant avec eux, et dont ils ont
conséquemment la surveillance. Mais comme cette surveillance cesse quand les enfants sont majeurs, ou qu'ils
n'habitent plus avec leurs parents, et comme en outre
nul no peut être responsable de faits qu'il n'a pu empêcher, le père et la mère sont à l'abri de toute action

---

[1] Sourdat, t. I, n° 16 et 416. — Marcadé, art. 1382 et 1383, n° 1. Agen,
9 nov. 1864.

quand leurs enfants habitent ailleurs, ou qu'ils ont atteint leur majorité, ou qu'enfin ils n'ont pas pu être empêchés par eux de commettre le dommage. Toutefois, quand les enfants mineurs habitent ailleurs, par suite de la négligence de leurs parents qui n'ont pas su les retenir à leur domicile, un tel fait aggrave évidemment la responsabilité de ces derniers plutôt qu'il ne la fait cesser.

Quand le père, encore vivant, a disparu de son domicile, et que, par suite, la mère se trouve chargée de la surveillance des enfants, nul doute qu'elle ne soit personnellement responsable des dommages qu'ils peuvent occasionner. Le Code a prévu l'hypothèse la plus fréquente, sans exclure la décision que nous donnons pour ce cas particulier.

Aux termes de l'art. 1384 3°, « les maîtres et commettants sont responsables du dommage causé par leurs domestiques et préposés dans l'exercice de leurs fonctions, » et c'est juste, car ils devaient réformer ces domestiques ou préposés, ou bien les renvoyer. Si donc un cocher maladroit blesse un passant en conduisant sa voiture, le maître est responsable ; mais s'il descend de son siége pour aller frapper un passant qui est son ennemi, le maître n'est plus responsable, parce que le délit commis par le cocher ne se rattache plus à l'exercice de ses fonctions. Ainsi, le maître ou le commettant ne sont responsables que de *certains actes* dommageables, émanés de leurs domestiques ou préposés ; mais, par contre aussi, ils en sont responsables, même dans le cas où *ils n'ont pas pu les empêcher*, parce qu'ils auraient dû, comme nous l'avons dit, ou corriger leurs subordonnés, ou les congédier [1].

Enfin, aux termes de l'art. 1384 3°, « les instituteurs et les artisans répondent du dommage causé par leurs élèves et apprentis, pendant le temps qu'ils sont sous leur surveillance. » Cette responsabilité est calquée sur celle des père ou mère des enfants mineurs, et conséquemment il est permis

---

[1] Marcadé, art. 1384, n° 2. — Sourdat, n° 913 et 918. — Cass., 30 août 1860.

aux instituteurs et artisans de faire tomber leur responsabilité, en prouvant qu'ils n'ont pas pu empêcher le fait dommageable. Leur responsabilité n'a pas lieu, quand le fait s'est
accompli en dehors du temps pendant lequel ils sont tenus de
surveiller les élèves ou apprentis.

A ces cas de responsabilité, édictés par le Code, il convient
d'ajouter celui prévu par la loi du 10 vendémiaire an IV,
qui déclare les communes responsables des pillages ou dévas-
tations commis sur leur territoire par des attroupements.

Du dommage causé par les CHOSES *que l'on a sous sa
garde.* — L'art. 1385 rend le propriétaire d'un animal, ou
celui qui s'en sert, pendant qu'il est à son usage, responsable du dommage que l'animal a causé, soit que l'animal fût
sous sa garde, soit qu'il fût égaré ou échappé. Dans tous ces
cas, il y a présomption de faute, et avec raison, car, quelles
que soient la nature ou la force de l'animal, celui qui en use
doit toujours employer des moyens suffisants de coercition.
Mais si, en fait, le dommage ne lui était pas imputable, et que
l'animal se fût, par exemple, échappé dans un incendie ou
par suite de tout autre accident semblable, l'obligation de réparer le préjudice causé cesserait sans aucun doute d'exister.
Seulement ce serait toujours au propriétaire de prouver qu'il
n'est pas en faute.

L'art. 1386 rend également le propriétaire d'un bâtiment
responsable du dommage causé par sa ruine, lorsqu'elle est
arrivée par défaut d'entretien ou par vice de construction ;
d'où il suit que la ruine arrivée par un cas fortuit non imputable au propriétaire, par exemple, par un tremblement de
terre, n'engendrerait pas l'obligation de réparer le préjudice.

Du MONTANT *des* DOMMAGES-INTÉRÊTS *en matière de délits ou
de quasi-délits.* — L'auteur d'un délit et même d'un quasi-
délit doit toujours être assimilé au débiteur qui, par dol, a
manqué à ses engagements, et en conséquence il doit réparer tout le préjudice qui est la suite directe et immédiate de

son fait, que ce préjudice pût ou non être prévu d'avance. Pourquoi, dans l'hypothèse d'un quasi-délit, est-il tenu plus sévèrement que le débiteur exempt de dol qui, aux termes de l'article 1150, ne doit que les dommages-intérêts prévus ou ayant pu être prévus lors du contrat ? C'est que dans les contrats on présume que les parties ont tacitement fixé les dommages-intérêts au montant du préjudice qui pouvait être raisonnablement prévu. Ici, au contraire, un telle fixation ne peut être présumée, et il est dès lors naturel que l'auteur du quasi-délit aussi bien que l'auteur du délit répare *tout* le dommage qui en est directement et immédiatement résulté. Voilà la raison de la solution que nous proposons.

LIVRE III. TITRE XX.

(Décrété le 15 mars 1804; promulgué le 25 du même mois.)

De la Prescription.

—

CHAPITRE PREMIER

DISPOSITIONS GÉNÉRALES

ART. 2219. La prescription est un moyen d'acquérir ou de se libérer par un certain laps de temps, et sous les conditions déterminées par la loi.

2220. On ne peut, d'avance, renoncer à la prescription : on peut renoncer à la prescription acquise.

2221. La renonciation à la prescription est expresse ou tacite : la renonciation tacite résulte d'un fait qui suppose l'abandon du droit acquis.

2222. Celui qui ne peut aliéner ne peut renoncer à la prescription acquise.

2223. Les juges ne peuvent pas suppléer d'office le moyen résultant de la prescription.

2224. La prescription peut être opposée en tout état de cause, même devant la Cour impériale, à moins que la partie qui n'aurait pas opposé le moyen de la prescription ne doive, par les circonstances, être présumée y avoir renoncé.

2225. Les créanciers, ou toute autre personne ayant intérêt à ce que la prescription soit acquise, peuvent l'opposer, encore que le débiteur ou le propriétaire y renonce.

2226. On ne peut prescrire le domaine des choses qui ne sont point dans le commerce.

2227. L'État, les établissements publics et les communes sont soumis aux mêmes prescriptions que les particuliers, et peuvent également les opposer.

Notions générales. — La prescription est une des institutions du droit civil les plus anciennes comme les plus importantes. Sous le nom d'*usucapion* elle remonte aux origines même du droit romain, et, depuis, elle n'a point cessé de figurer dans toutes les législations. Le maintien de l'ordre dans la société, de la paix et de la sécurité dans les familles, exige en effet impérieusement que les possesseurs et les débiteurs soient après un temps plus ou moins long protégés contre toutes réclamations. Plus ces réclamations remonteraient loin dans le passé, plus elles seraient redoutables, puisque les titres qui devraient les infirmer auraient plus rarement échappé à la destruction. La prescription coupe court à de tels procès, et de la sorte elle consolide, au grand avantage de tous, les fortunes et les situations acquises.

L'article 2219 la définit ainsi : « Un moyen d'*acqué- « rir* ou de se *libérer* par un certain laps de temps et «sous les conditions déterminées par la loi. » Un grand nombre d'auteurs, prenant cette définition au pied de la lettre, admettent que la prescription est réellement un moyen d'acquérir ou de se libérer. Les art. 712 et 1234 paraissent confirmer cette opinion, car le premier classe la prescription parmi les moyens d'acquérir, et le second parmi les moyens de se libérer. Il est pourtant difficile de voir dans la prescription un véritable moyen d'acquisition ou de libération. En effet, le temps ne saurait avoir par lui-même une action quelconque sur les droits qui peuvent nous appartenir, et l'on ne comprend guère que ces droits constitués par l'homme et souvent même par la loi, puissent un jour disparaître par le seul fait qu'un laps de temps déterminé sépare le moment de leur établissement de celui où la prescription est invoquée. Ainsi, quand vous me promettez 10, et que je reste trente ans sans vous en réclamer le payement, comment peut-il se faire que ma créance soit éteinte sans aucun fait émané de vous ou de moi? Pareillement, lorsque vous possédez pendant trente ans, et sans que j'en exige la restitution, l'immeuble qui m'appartient, comment peut-il se faire que votre possession, prolongée pendant cet intervalle, éteigne par elle-même mon droit de propriété issu d'un contrat formel, vente, échange ou donation, ou même de la loi, comme dans le cas de succession *ab intestat?* Puis, où ne va-t-on pas avec ce système? Si la prescription est un véritable moyen d'acquérir ou de se libérer, n'est-il pas évident que le législateur s'est fait, en l'établissant, le complice des usurpateurs du bien d'autrui, ou des débiteurs qui ne veulent pas faire honneur à leur signature? Mais tel n'est pas, à notre avis, le sens intime de la prescription, et nous croyons que les expressions, « la prescription est un moyen d'acquérir ou de se libérer », sont une formule d'abréviation qu'il ne faut pas prendre au pied de la lettre. Où donc alors trouver le véritable sens de la prescription? Nous le trouverons dans l'art. 1350 2°, aux termes duquel on doit voir une simple présomption « dans le cas où « la loi déclare la propriété ou la libération résulter de cer- « taines circonstances déterminées. » Ainsi, la prescription est, non un moyen d'acquérir ou de se libérer, mais une *présomption* que celui qui, pendant le laps de temps exigé par la loi, a possédé la chose d'autrui, l'a véritablement acquise par un titre translatif de propriété, et que le débiteur qui pendant trente ans n'a pas été poursuivi par son créancier a réellement en sa faveur une cause légitime de libération.

Expliquée de la sorte, la prescription paraît également juste
et rationnelle. En effet, quand un propriétaire laisse un
tiers posséder sa chose pendant le long espace de temps exigé
pour la prescription acquisitive, on doit naturellement penser
ou qu'il a aliéné cette chose à titre onéreux, ou qu'il en fait
gratuitement l'abandon au possesseur. Pareillement, quand
un créancier laisse passer trente ans sans rien demander à
son débiteur, on doit naturellement penser ou qu'il en a été
payé ou qu'il lui remet l'obligation. La loi ne fait donc que
consacrer définitivement un état de choses auquel il serait
difficile de donner une autre interprétation que celle dont
nous parlons. De plus, la présomption qui constitue la prescription est, aux termes de l'art. 1352 1°, à l'abri de toute
preuve contraire, et, une fois acquise, ni le propriétaire ne
peut prouver son droit contre le possesseur, ni le créancier
contre le débiteur. Sous ce rapport, la présomption dont il
s'agit équivaut donc à un véritable titre d'acquisition pour le
possesseur et de libération pour le débiteur. Il ne faut pas
croire toutefois que les deux manières d'entendre la prescription dont nous venons de parler conduisent au même résultat. Admet-on que la prescription est un moyen d'acquérir
ou de se libérer ; alors l'acquisition ou la libération ne peuvent
dater que du jour où la prescription est accomplie. En conséquence, le propriétaire a le droit de contraindre le possesseur de mauvaise foi à lui restituer tous les fruits qu'il n'aurait pas eu le temps de prescrire en même temps que le fonds
lui-même. Admet-on, au contraire, que la prescription est
une présomption d'une juste cause d'acquisition ou de libération ; alors le possesseur est censé avoir acquis la chose dès
le jour où il a commencé à la posséder, et le débiteur s'être
libéré dès le jour où l'obligation est devenue exigible. En
d'autres termes, la prescription a un effet rétroactif. Maintenant, quel est le système auquel la loi s'est arrêtée ? Au dernier, comme nous le verrons plus tard, et c'est là une nouvelle preuve que la prescription n'est pas un véritable moyen

d'acquérir ou de se libérer, mais une simple présomption d'acquisition ou de libération.

Quant au résultat définitif de la prescription, il sera tantôt juste et tantôt injuste. Il sera juste si le possesseur ou le débiteur ne se retranchent derrière elle que parce qu'ils ont perdu, le premier son titre de propriété, le second son titre de libération. Elle sera injuste, au contraire, si le possesseur n'a jamais eu de titre de propriété, ni le débiteur de titre de libération. Mais comme, d'une part, il est impossible de vérifier ce fait, et que, de l'autre, le propriétaire ou le créancier a toujours une grave négligence à se reprocher, le Code a préféré admettre que la prescription ne pourrait jamais être combattue par la preuve contraire. Voilà pourquoi elle peut être invoquée avec la même efficacité et par les possesseurs ou débiteurs de bonne foi, et par ceux de mauvaise foi. Le propriétaire ou le créancier n'ont qu'à s'en prendre à eux-mes d'avoir perdu les droits qu'ils ont omis d'exercer pendant le long espace de temps nécessaire à la prescription.

Des ÉLÉMENTS *de la prescription* ACQUISITIVE. — La prescription acquisitive se compose de deux éléments principaux, le *laps de temps* et la *possession*. Le laps de temps varie suivant les circonstances; ordinairement, il est de trente ans (art. 2262). Dans certains cas, cependant, il n'est que de dix ou vingt ans (art. 2265). Quant à la possession, elle doit toujours avoir les mêmes caractères : nous allons bientôt les étudier.

Des ÉLÉMENTS *de la prescription* LIBÉRATOIRE. — La prescription libératoire se compose, comme la prescription acquisitive, de deux éléments : le *laps de temps* et l'*inaction du créancier ;* le laps de temps varie également selon la nature des créances : il est de trente ans en général (art. 2262), et il peut descendre jusqu'à quelques mois ou même jusqu'à quelques jours (art. 316, 2102 [1o] et [4o]).

De la RENONCIATION *à la prescription*. — Aux termes de l'art. 2220, « on ne peut *d'avance* renoncer à la prescription,

« mais on peut renoncer à la prescription *acquise.* » Pourquoi
ne peut-on pas renoncer d'avance à la prescription ? C'est que
les propriétaires ou les créanciers n'eussent pas manqué, dans
la plupart des cas, d'exiger une renonciation de la part des
possesseurs de leurs fonds ou de leurs débiteurs, et la prescription fût ainsi devenue illusoire. Or, il est d'ordre public que les
possesseurs et les débiteurs puissent, sous les conditions et
délais déterminés par la loi, être à l'abri de toutes poursuites.
De là dépendent la stabilité des fortunes et la paix des familles. Mais quand la prescription est une fois accomplie, et
que les possesseurs ou les débiteurs se trouvent ainsi protégés
contre toute action de la part du propriétaire ou du créancier,
le but de la loi est atteint, et, s'il plaît à ces possesseurs ou débiteurs de renoncer au bénéfice de la situation qui leur est
acquise pour se replacer sous le coup des poursuites auxquelles ils étaient antérieurement exposés, on n'a plus à craindre
que leur renonciation manque de liberté, et on doit dès lors
en proclamer la validité. Pourquoi d'ailleurs prohiberait-on
la renonciation à une prescription acquise ? Cette renonciation
viendra presque toujours d'un possesseur qui n'a jamais
réellement acquis la chose, ou d'un débiteur qui ne s'est
jamais véritablement libéré ; et la loi eût mis un obstacle à
l'accomplissement d'un devoir de conscience, si elle eût empêché la renonciation à la prescription. D'ailleurs, du moment que la prescription est purement et simplement une
présomption d'acquisition ou de libération par les voies légitimes, il était naturel que cette présomption tombât devant la
reconnaissance faite par le possesseur des droits du propriétaire, et par le débiteur des droits du créancier.

Peut-on renoncer à une prescription qui est en voie de
s'accomplir ? On le peut évidemment, pour le temps qui a déjà
couru, puisque cette renonciation épargnera au possesseur
ou au débiteur les frais de poursuite que ne manquerait pas
de faire le propriétaire ou le créancier en l'absence de toute
renonciation ; mais on ne le peut point pour l'avenir, parce

qu'on se retrouve alors en face de la prohibition de l'art. 2220. Les choses pourront donc, par une renonciation, être seulement remises dans l'état où elles étaient à l'origine.

FORMES *de la renonciation.* — La renonciation est *expresse* ou *tacite: expresse,* quand elle résulte d'une déclaration formelle du possesseur ou du débiteur; *tacite,* quand elle résulte d'un acte qui fait supposer l'abandon du droit acquis (art. 2221). Ainsi le possesseur qui consent à prendre à ferme l'immeuble qu'il a prescrit renonce tacitement à la prescription. Pareillement, le débiteur renoncerait à la prescription s'il demandait un terme pour le payement, ou s'il fournissait une caution au créancier [1]. Toutes ces solutions, qui sont incontestables, viennent corroborer l'interprétation que nous avons donnée plus haut de la prescription ; en effet, si la prescription était une véritable cause d'acquisition ou de libération, le possesseur ferait, en y renonçant gratuitement, une donation au propriétaire, et le débiteur une donation au créancier. Ils devraient donc l'un et l'autre être *capables de donner* et en outre employer, pour renoncer à la prescription, les *formalités* de la *donation.* Or, comme le Code n'exige ni cette capacité ni ces formes, on doit en conclure qu'il ne voit pas une libéralité dans la renonciation gratuite à la prescription, et qu'en conséquence, la propriété n'avait pas été réellement acquise par le possesseur, ni la libération réellement obtenue par le débiteur au moyen de la prescription.

De la CAPACITÉ *nécessaire pour renoncer.* — Pour renoncer à la prescription acquisitive, il faut être capable d'aliéner (art. 2222), et par analogie, pour renoncer à la prescription libératoire, il faut être capable de s'obliger. En effet, quoique le possesseur n'aliène pas véritablement, et quoique le débiteur ne s'oblige pas, l'acte accompli par l'un ou par l'autre équivaut pour le premier à une aliénation, et pour le second à une obligation, puisque le possesseur pouvait garder à titre

---

[1] Marcadé, art. 2220 et s. n° 5. — Cass., 3 avril 1862 et 8 août 1865.

de propriétaire une chose qu'il sera désormais tenu de restituer, et que le débiteur pouvait rester à l'abri de l'action à laquelle il se trouve désormais exposé de la part de son créancier. Allons plus loin et disons que la prescription acquise à des incapables, par exemple, à un mineur ou à un interdit, ne pourrait pas tomber devant une renonciation émanée de ses représentants, même en supposant que toutes les formalités nécessaires pour consentir des aliénations ou contracter des emprunts eussent été remplies du chef de l'incapable. Effectivement, la renonciation ne se conçoit que dans les cas où elle est éclairée par la conscience même du possesseur ou du débiteur qui sait n'avoir pas acquis la chose dont il a la possession, ou n'avoir pas acquitté la dette contre laquelle la prescription le protége. Or, il serait à craindre que le conseil de famille et le tuteur ne renonçassent par erreur à la prescription, dans des hypothèses où derrière cette prescription se trouve, soit une véritable acquisition, soit une véritable libération. L'incapable pourra donc seul valablement faire cette renonciation, quand son incapacité aura disparu. Mais les représentants de l'incapable auraient évidemment la faculté de renoncer à une prescription en voie de s'accomplir, puisqu'au lieu de léser les intérêts dont la direction leur est confiée, ils épargneraient ainsi à l'incapable les frais de poursuites judiciaires. Pothier résolvait l'une et l'autre des questions ci-dessus comme nous venons de le faire, et son avis doit encore être suivi.

Aux termes de l'art. 2223, il est expressément défendu aux juges de suppléer d'office le moyen résultant de la prescription ; il faut que le possesseur ou le débiteur l'invoquent eux-mêmes, et ajoutent à la présomption qui les protége le poids d'une déclaration positive. La raison de cette disposition est double : d'abord la présomption qui constitue la prescription peut être contraire à la vérité des faits ; puis, si les juges pouvaient d'office opposer la prescription au demandeur, ils seraient exposés à l'appliquer dans des cas où elle a été interrompue. Le Code a donc justement interdit aux juges de suppléer d'office le moyen tiré de la prescription. Le ministère public, au contraire, pourrait, dans les causes intéressant les incapables qu'il doit toujours protéger, opposer la prescription au demandeur, car, dans ces hypothèses, il est partie au procès, et tous les moyens de défense lui sont permis.

Jusqu'à quel moment la prescription pourra-t-elle être opposée au demandeur? Aux termes de l'art. 2224, elle pourra l'être, à moins de renonciation expresse ou tacite, en tout état de cause et même en appel. Que faut-il entendre par ces mots : *en tout état de cause ?* Ils veulent dire que la prescription peut être invoquée non-seulement dans les conclusions signifiées par les parties dans le cours de l'instance, mais encore à l'audience même, et tant que le président n'a pas déclaré *l'affaire entendue* [1] ; car, à partir de ce moment, les parties n'ont plus la parole. Certains auteurs prétendent donc, à tort, que la prescription serait opposable même après les conclusions du ministère public et la mise en délibéré. Aucunes conclusions ne sont à notre avis recevables après que l'affaire a été *déclarée entendue* par le président. Le défendeur condamné en première instance, faute d'avoir opposé la prescription, peut, si le jugement est en premier ressort, interjeter appel pour user de ce moyen de défense qu'il n'avait pas d'abord jugé nécessaire. L'article 2224 a cru devoir lui accorder cette faculté en termes formels, pour empêcher qu'on ne lui opposât comme fin de non recevoir, qu'en n'invoquant pas la prescription en première instance, il y avait tacitement renoncé. Et qu'on ne dise pas que le défendeur va susciter en appel un débat nouveau et distinct de celui qui a été agité devant les premiers juges. La prescription est simplement un moyen de défense; or, si l'on ne peut porter en appel une affaire dont le fond n'a pas été discuté en première instance, rien n'empêche que, le fond restant le même, on

---

[1] Duranton, t. 21, n° 125. — Besançon, 12 déc. 1864.

n'invoque en appel des moyens négligés devant les premiers juges, et notamment le moyen tiré de la prescription. Au surplus, en appel comme en première instance, la prescription pourra être opposée en tout état de cause, et tant que le président n'aura pas, en déclarant *l'affaire entendue*, retiré la parole aux plaideurs.

Des personnes qui PEUVENT OPPOSER *la prescription.* — Peuvent opposer la prescription :

1° Le *défendeur* poursuivi par le propriétaire ou le créancier ;

2° Les *créanciers* du défendeur, ou toute autre personne intéressée à ce que la prescription soit acquise, par exemple, les cautions, les codébiteurs solidaires, les tiers qui ont reçu des droits réels sur l'immeuble prescrit. Ces créanciers ou ces personnes opposeront la prescription du chef de leur débiteur et en vertu de l'art. 1166.

L'art. 2225 accorde aux créanciers du défendeur et à toutes les personnes intéressées le droit d'opposer la prescription, même quand le défendeur y *renonce*. Les auteurs ne sont pas d'accord sur l'étendue et le sens exact de ces expressions.

Les uns veulent que les créanciers du défendeur ou autres personnes intéressées ne puissent invoquer la prescription que du chef de leur débiteur et avant qu'il y ait renoncé. Une fois cette renonciation faite, ils ne pourraient plus l'opposer, par la raison que le défendeur lui-même a perdu cette faculté. Un tel système doit être rejeté, parce qu'il fait de l'art. 2225 une application pure et simple de l'art. 1166, et qu'il enlève de la sorte toute utilité à la disposition qui nous occupe. D'ailleurs pourquoi l'article 2225 parlerait-il de la renonciation du défendeur à la prescription, si, par cette renonciation, les créanciers ou autres parties intéressées perdaient tout droit à l'invoquer ?

Certains auteurs veulent voir dans l'art. 2225 une application non plus de l'art. 1166, mais de l'art. 1167. En d'autres termes les créanciers du défendeur et autres personnes in-

téressées ne pourraient opposer la prescription à laquelle il a
renoncé qu'à la double condition de prouver que cette renonciation leur est préjudiciable, et qu'elle a été faite en fraude de
leurs droits. A ce système on peut faire la même objection qu'au
précédent : si l'article 2225 est une application pure et simple
de l'article 1167, quelle en est l'utilité? Le Code a bien pu
dire, avant d'avoir posé le principe général en vertu duquel
les créanciers ont la faculté d'attaquer les actes faits par
leurs débiteurs en fraude de leurs droits, que telle ou telle renonciation ne serait pas valable si elle causait un préjudice
aux créanciers du renonçant (art. 622, 788). Mais une fois
l'article 1167 écrit, on ne peut facilement admettre que le législateur ait voulu en reproduire le principe dans l'article qui
nous occupe. Il est plus vraisemblable que le but de l'article 2225 a été d'accorder aux créanciers du défendeur et à
toutes autres personnes intéressées un droit particulier, distinct et du droit de l'art. 1166 et du droit de l'art. 1167.
Aussi l'art. 2225 doit-il, à notre avis, être interprété par lui-
même, et non par ces autres articles. Or qu'exige-t-il? Dans
une opinion, il n'exigerait ni la preuve du *préjudice* ni la
preuve de la *fraude*, et il faudrait décider que les créanciers
ou autres personnes intéressées peuvent, sans fournir aucune
de ces preuves, invoquer la prescription à laquelle les défen-
deurs renoncent quelquefois par une fausse délicatesse ; délicatesse d'autant plus regrettable qu'elle enlève aux créanciers
un gage sur lequel ils avaient dû sérieusement compter,
quand il s'agit de la prescription acquisitive; ou qu'elle leur
donne au contraire pour concurrent un créancier sur lequel
ils n'avaient dû nullement compter, quand il s'agit de la
prescription libératoire. Mais cette interprétation de
l'art. 2225 ne nous paraît pas complétement exacte. En effet,
l'article suppose que les créanciers ou autres personnes ont
intérêt à ce que la prescription produise son effet. Pour que
cet intérêt existe, il faut évidemment que le débiteur ou le possesseur soit devenu insolvable par suite de sa renonciation.

En conséquence, nous pensons que les créanciers ou autres qui voudront invoquer la prescription seront obligés de prouver le préjudice qu'ils éprouvent. Mais la preuve du *préjudice* leur suffira, car rien, dans l'art. 2225, ne fait supposer qu'ils soient obligés de fournir encore celle de la *fraude* [1].

Des DROITS *auxquels s'appliquent la prescription* ACQUISITIVE *ou la prescription* LIBÉRATOIRE. — La prescription acquisitive, étant une présomption d'une juste cause d'acquisition, ne peut évidemment s'appliquer aux biens que l'on ne peut acquérir. Ainsi, les biens mis par la loi hors du commerce sont imprescriptibles (art. 2226). Maintenant, sont hors du commerce, nous l'avons déjà dit plusieurs fois, les biens *publics* de l'État, des départements ou des communes, tels que forteresses, routes, ports, chemins vicinaux, places, promenades, etc. Quant aux biens *privés* de l'État, des départements, des communes et des établissements publics, ils sont, aux termes de l'art. 2227, soumis au droit commun en matière de prescription. Ainsi, les forêts de l'État, des départements et des communes, ou autres immeubles non affectés à un usage public, sont prescriptibles. Il en est de même des chemins communaux ou ruraux non classés comme vicinaux, parce que légalement ils ne sont pas des chemins publics [2], et des chemins publics dont l'usage a été abandonné, parce qu'ils ont de la sorte perdu leur caractère [3].

La prescription acquisitive ne s'applique pas seulement à la pleine propriété de toutes les choses qui sont dans le commerce, mais encore aux démembrements les plus importants de la propriété, par exemple, à l'usufruit, à l'usage ou à l'habitation, et aux servitudes continues et apparentes (art. 690). Nous reviendrons plus tard sur la prescription de ces différents démembrements de la propriété.

[1] Rataud, *Rev. Prat.*, t. II, n° 481. — Aubry et Rau, t. VI, § 775, p. 533.
[2] Laferrière, p. 479. — Cass., 10 fév. et 17 août 1864.
[3] Marcadé, art. 2226 et 2227, n° 4. — Cass., 27 nov. 1861.

Quant à la prescription libératoire, elle s'applique à toutes les obligations sans distinction, qu'elles aient pour objet de donner, de faire ou de ne pas faire.

Certains droits, soit réels, soit personnels, ont été mis au-dessus de toute prescription, tant à raison de leur importance extrême, qu'à raison de leur nature exceptionnelle. Ainsi la propriété des biens constitués dotaux (art. 1560), les actions en réclamation d'état, et même, suivant quelques auteurs, certaines actions en nullité du mariage, comme celle résultant du défaut de liberté dans le consentement de l'un des époux, quand il n'y a pas eu cohabitation, sont imprescriptibles. Il a été ou sera parlé de ces droits exceptionnels en leur lieu et place.

Des EFFETS *de la prescription* ACQUISITIVÉ. — La prescription acquisitive engendre, ainsi que nous l'avons précédemment expliqué, la présomption *juris et de jure* que le possesseur a acquis la chose en vertu d'un juste titre, et cette présomption rétroagit au jour où la possession avait commencé.

Des EFFETS *de la prescription* LIBÉRATOIRE. — Cette prescription produit, comme la précédente, un effet rétroactif au jour où elle a commencé, puisqu'elle repose également sur une présomption. Mais il s'agit de savoir si un certain droit ne survit pas à son accomplissement. Dans l'ancienne jurisprudence française on admettait que l'extinction de l'obligation civile par prescription laissait subsister une *obligation naturelle,* et il y avait même cela de particulier, que les créances se prescrivant par trente ans en général, et l'hypothèque par quarante ans seulement, cette hypothèque était pendant les dix ans de survie l'accessoire d'une obligation purement naturelle. L'on doit aujourd'hui décider encore qu'une obligation naturelle survit à l'obligation civile. En effet, quand la dette n'a pas été réellement payée, il y a là un droit que la loi ne veut plus consacrer par une action, uniquement parce que la preuve n'en peut être fournie. Mais il est clair que, si ce droit est reconnu par le débiteur, la loi validera tous les actes d'exécution qui seront accomplis. Au surplus, la survivance de l'obligation naturelle à l'obligation civile n'a guère qu'un intérêt théorique, car, ou le débiteur renonce à la prescription, et alors l'obligation civile revit, ou il l'oppose, et alors l'obligation naturelle est dépourvue de tout effet, puisque le créancier ne peut, devant cette fin de non-recevoir, en prouver l'existence.

CHAPITRE II

DE LA POSSESSION.

Art. 2228. La possession est la détention ou la jouissance d'une chose ou d'un droit que nous tenons ou que nous exerçons par nous-mêmes, ou par un autre qui la tient ou qui l'exerce en notre nom.

2229. Pour pouvoir prescrire, il faut une possession continue et non interrompue, paisible, publique, non équivoque, et à titre de propriétaire.

2230. On est toujours présumé posséder pour soi, et à titre de propriétaire, s'il n'est pas prouvé qu'on a commencé à posséder pour un autre.

2231. Quand on a commencé à posséder pour autrui, on est toujours présumé posséder au même titre, s'il n'y a preuve du contraire.

3232. Les actes de pure faculté et ceux de simple tolérance ne peuvent fonder ni possession ni prescription.

2233. Les actes de violence ne peuvent fonder non plus une possession capable d'opérer la prescription. — La possession utile ne commence que lorsque la violence a cessé.

2234. Le possesseur actuel qui prouve avoir possédé anciennement est présumé avoir possédé dans le temps intermédiaire, sauf la preuve contraire.

2235. Pour compléter la prescription, on peut joindre à sa possession celle de son auteur, de quelque manière qu'on lui ait succédé, soit à titre universel ou particulier, soit à titre lucratif ou onéreux.

DÉFINITION *et* CARACTÈRES *de la* POSSESSION. — La possession consiste, comme nous le savons, dans le fait de détenir
une chose avec l'intention d'en être propriétaire. Elle se compose donc de deux éléments : l'un matériel, qui est la *détention* de la chose ; l'autre, intellectuel, qui est l'*intention* de
l'acquérir. On voit par là que la possession ne peut pas, à
proprement parler, s'appliquer aux choses qui, par leur nature incorporelle, échappent à toute détention ; par exemple, à l'usufruit, à l'usage, à l'habitation et aux servitudes.
L'on a toutefois admis, et avec raison, que l'exercice de ces
différents droits équivaudrait à une véritable possession
(art. 2228). Ainsi, l'on possède un usufruit en jouissant de
cet usufruit, et une servitude en usant de cette servitude. La
possession proprement dite et la quasi-possession peuvent
aussi bien résulter du fait des personnes qui nous représentent que de notre fait personnel. Ainsi, quand nous louons une
maison ou que nous prêtons un cheval à quelqu'un, le locatai-
re et l'emprunteur possèdent pour nous, et nous conservent,
comme nous le ferions nous-mêmes, les avantages de la possession ; dans ce cas, nos représentants détiennent en notre
nom, et nous, nous continuons d'avoir l'intention d'être propriétaires, de sorte que les deux éléments de la possession se
trouvent toujours réunis. En droit romain, on désignait le
fait de posséder par le mot *possidere*, et le fait de détenir par
les mots *in possessione esse*.

Des AVANTAGES *de la possession.*—La possession est un fait,
et la propriété un droit. Tantôt l'une et l'autre se trouvent réunies dans la même main ; tantôt, au contraire, elles sont sépa-
rées. Ainsi l'on peut être propriétaire sans être possesseur, et
possesseur sans être propriétaire. Nous avons examiné dans
le tome 1er les avantages de la propriété : elle consiste dans le
droit d'user, de jouir et de disposer d'une chose de la manière
la plus absolue, pourvu qu'on n'en fasse pas un usage prohibé
par les lois et les règlements. Examinons maintenant les
avantages de la possession ; ils sont au nombre de cinq :

1° Elle établit au profit du possesseur une *présomption* de propriété, d'où il suit que, si une contestation lui est suscitée par un tiers au sujet de cette propriété, c'est ce dernier qui devra prouver son droit à la chose;

2° La possession fondée sur un juste titre et la bonne foi fait acquérir la propriété des *fruits* au possesseur (art. 549);

3° Elle donne à ce dernier les *actions possessoires*. On appelle ainsi les actions que l'on peut intenter en sa seule qualité de possesseur, et sans avoir à prouver sa qualité de propriétaire. Elles ont pour but et pour effet de conserver ou de faire recouvrer au possesseur les avantages de la possession, et notamment celui qui consiste dans la présomption de propriété établie à son profit. Cette présomption équivaut quelquefois à un titre véritable; et, en effet, si le tiers qui revendique l'immeuble ne peut pas prouver que sa prétention est fondée, le possesseur garde la chose comme s'il en était propriétaire. Notre législation admet trois actions possessoires, la *complainte*, la *réintégrande* et la *dénonciation de nouvel œuvre*. La *complainte* est exercée par le possesseur, qui est simplement troublé dans sa possession, et qui demande à y être maintenu. La *réintégrande* est exercée par un possesseur qui a perdu la possession et demande à la recouvrer (C. de pr., art. 23). Enfin, la *dénonciation de nouvel œuvre* est intentée par le possesseur d'une servitude dont l'exercice est entravé par des travaux exécutés sur le fonds du voisin. Ces diverses actions sont accordées à ceux qui, depuis une année au moins, ont possédé l'immeuble paisiblement et à titre de propriétaires. Si leur trouble ou leur dépossession remontaient à plus d'une année, ils auraient perdu leur action. Faisons observer que l'on doit toujours, avant de passer à l'examen du *droit*, décider la question de possession, car autrement le juge du droit ne saurait à qui imposer le fardeau de la preuve.

Les juges de paix sont seuls compétents pour statuer sur les contestations relatives à la possession.

Il n'est jamais question d'actions possessoires pour les

meubles individuels, parce que pour eux la possession vaut titre ;

4° La possession réunissant certains caractères conduit par dix, vingt ou trente ans, à la *propriété* des immeubles ;

5° En fait de meubles, elle vaut *titre* de propriété (article 2279).

De l'ACQUISITION, *de la* CONSERVATION *et de la* PERTE DE LA *possession*. — L'acquisition de la possession est subordonnée à une double condition ; il faut : 1° *détenir* la chose ; 2° avoir l'*intention* d'en être propriétaire. En d'autres termes, la loi exige *factum et animus*. La détention seule ne procure pas la possession. En effet, si cela était, les fermiers, les emprunteurs, les dépositaires seraient des possesseurs, ce qui est inadmissible. L'intention seule d'être propriétaire ne suffit pas non plus, car, si cela était, il dépendrait de chacun de posséder toutes les choses de l'univers. Il faut donc la réunion de ces deux éléments pour constituer la possession, à moins toutefois que celle-ci ne soit, comme dans le cas de saisine, conférée par la loi elle-même et à votre insu (art. 724).

La possession une fois acquise *facto et animo* peut être *conservée animo tantùm*. Toutefois, si le possesseur cesse d'accomplir les actes plus ou moins rapprochés que ferait un propriétaire, il ne pourra plus prescrire, parce que sa possession manquera du caractère essentiel de la continuité (article 2229). En outre, si un tiers usurpe le fonds, il acquerra par l'an et jour la possession à sa place, parce qu'il pourra invoquer *factum et animum*, tandis que lui peut seulement invoquer *animum*.

Quant à la *perte* de la possession, elle a lieu par l'abandon qu'en fait le possesseur, soit en intention et en réalité, soit en intention seulement ; et, en outre, comme nous venons de le dire, par l'usurpation d'un tiers depuis plus d'une année. Lorsque le possesseur abandonne la possession, il faut distinguer si c'est pour la transférer à autrui, ou si c'est uniquement pour la perdre. Est-ce pour la transférer à autrui ; alors son abandon ne suffit pas; il faut encore qu'autrui puisse ou veuille acquérir cette possession, qui n'est que conditionnellement abandonnée. Si donc la chose est livrée à un enfant ou à un fou qui ne peuvent avoir l'intention d'être propriétaires, le possesseur actuel n'aura pas perdu la possession, puisque ceux à qui il voulait la transmettre n'ont pas pu l'acquérir ; que si, au contraire, il l'a abandonnée purement et simplement, il l'a perdue par ce seul fait et à l'instant même.

Des QUALITÉS *que doit avoir la possession pour mener à la* PRESCRIPTION. — L'art. 2229 exige que la possession ait six qualités pour conduire à la prescription. Elle doit être :

1° *Continue*, c'est-à-dire que le possesseur doit accomplir tous les actes que feraient un propriétaire ou un possesseur ordinaires. Il faudra donc, par exemple, qu'il laboure et ensemence les terres, qu'il fasse les récoltes, etc., aux époques accoutumées et en se conformant aux usages locaux. Mais il suffira évidemment au possesseur de prouver qu'il a commencé à posséder régulièrement et qu'il possède encore aujourd'hui de la même manière, pour qu'il soit présumé avoir régulièrement possédé pendant l'intervalle (art. 2234). Ce sera aux tiers qui contesteraient la continuité de la possession à prouver le fait par eux allégué.

2° *Non interrompue*. Cette qualité de la possession semble faire double emploi avec la précédente, car si la possession a été continue, il semble qu'elle aura été nécessairement non interrompue. Généralement, on admet que ces derniers mots font allusion à l'interruption *civile* de la possession (art. 2243), laquelle peut avoir lieu, ou par la reconnaissance que fait le possesseur des droits du propriétaire (art. 2248), ou bien par des poursuites judiciaires émanées de ce dernier (art. 2244). Le Code aurait donc voulu dire par l'expression *continue* que la possession ne doit pas être interrompue *en fait*, et par l'expression *non interrompue* que la possession doit être continue *en droit*. Mais c'est évidemment là

une rédondance, et la première expression suffisait pleinement pour exclure l'interruption civile, tout aussi bien que
l'interruption naturelle.

3° *Paisible*, c'est-à-dire exempte de toute violence de la
part du possesseur, et de toute tentative de recouvrer la
chose de la part du propriétaire. En droit romain, la possession qui commençait par la violence ne pouvait jamais conduire à la prescription ; en droit français, une telle possession
devient utile dès que la violence a cessé (art. 2239). Il suffira donc que le propriétaire ait pu élever des réclamations
contre le possesseur, pour que celui-ci puisse invoquer son
silence et lui opposer la prescription. La violence est-elle un
vice relatif ou absolu ? En d'autres termes, empêche-t-elle
la prescription de courir, tant par rapport aux personnes à
l'égard desquelles elle n'est pas exercée, que par rapport aux
personnes à l'égard desquelles elle est exercée ? La violence
est, sans aucun doute, un vice relatif, et elle n'empêche la
prescription que par rapport aux personnes qui en sont l'objet. Vis-à-vis toutes les autres, en effet, la possession a été
paisible.

4° *Publique*, c'est-à-dire que les faits de possession doivent être accomplis au grand jour, et de manière à être connus de toutes les parties intéressées. Et, en effet, l'on ne
peut raisonnablement reprocher au propriétaire son inaction
et la lui opposer, s'il n'a pas pu savoir que sa chose était possédée par autrui. De là il suit que les caves et autres constructions souterraines ne sont pas en général susceptibles de
prescription.

La clandestinité, comme la violence, est un vice purement
relatif, et si la possession, clandestine par rapport au public,
a été publique par rapport au propriétaire, la prescription
aura pu s'accomplir. Pareillement, si la possession, clandestine à son origine, devient plus tard publique, elle servira
pour prescrire à dater de cette époque, car il n'existe sous ce
rapport aucune raison de différence entre la possession qui

cesse d'être clandestine et la possession qui cesse d'être violente.

5° *Non équivoque*, c'est-à-dire que les caractères de la possession doivent être constants. Il faut donc que le possesseur prouve qu'elle a été paisible et publique, et qu'enfin il puisse invoquer la présomption de continuité et de non-interruption établie au profit de ceux qui prouvent avoir possédé anciennement, et posséder encore. A vrai dire, cette condition n'était pas bien nécessaire, surtout rapprochée de la suivante, qui est que la possession doit avoir été *à titre de propriétaire*. En effet, du moment que le Code indique et précise toutes les qualités de la possession, il va sans dire que l'existence de ces qualités doit être parfaitement établie. On trouvera cependant une application à la condition dont s'agit dans le cas où plusieurs personnes auront possédé la même chose, à titre de propriétaires. — Cette communauté de possession est fréquente en matière de chemins communaux ou ruraux, pour lesquels la possession des habitants de la commune et celle des propriétaires riverains sont presque toujours en conflit. Une telle possession ne peut donner la propriété du chemin ni à la commune ni aux propriétaires riverains, parce que de part et d'autre elle est entachée de *promiscuité*, et que la promiscuité rend la possession de chacun essentiellement équivoque. Pour conduire à la prescription, la possession doit être *exclusive*. — Du moment qu'elle est mêlée à la possession d'un autre, elle reste sans efficacité [1].

6° *A titre de propriétaire,* c'est-dire que le possesseur doit avoir eu, non-seulement la détention de l'immeuble, mais encore l'intention d'en être propriétaire. On appelle détenteurs *précaires* ceux qui n'ont pas l'*animum domini*. Pour prévenir toute contestation sur le sens de la possession, l'art. 2230 établit « qu'on est présumé posséder pour soi et à titre

[1] Aubry et Rau, t. II, § 217, p. 333. — Cass., 26 août 1856, 17 juin 1862.

« de propriétaire, s'il n'est prouvé qu'on a commencé à pos-
« séder pour un autre. » Et l'art. 2231 « que, quand on a
« commencé à posséder pour autrui, on est toujours présumé
« posséder au même titre, s'il n'y a preuve du contraire. »
Nous verrons plus tard comment cette preuve peut être fournie (art. 2238).

Faisons observer que le vice résultant de la précarité est,
non plus relatif, mais absolu. Effectivement, la possession
est une condition nécessaire pour prescrire (art. 2229), et un
détenteur précaire ne possède pas. Dès lors, toute personne
ayant intérêt à nier la prescription le pourra dans cette hypothèse.

Des actes de PURE FACULTÉ *et de* SIMPLE TOLÉRANCE. — Ces
actes ne peuvent, aux termes de l'art. 2232, « fonder
ni possession ni prescription. » Il importe d'en indiquer la
nature et les caractères. Et d'abord, que doit-on entendre par
actes de pure faculté? Ces expressions sont fort obscures par
elles-mêmes, et le Code n'en donne pas la définition. Voici
peut-être le sens qu'il faut leur attribuer : toute prescription
suppose qu'une personne usurpe la chose d'autrui, et implique, d'une part, la possession de celui qui prescrit, et de
l'autre, la négligence de celui contre lequel court la prescription. Si la prétendue possession du premier n'a plus pour
corrélatif la négligence du second, il est juste que la prescription ne puisse pas courir, puisqu'on ne peut reprocher à
celui-ci aucune inaction faisant supposer de sa part l'abandon du droit que son adversaire prétend avoir acquis par
prescription. En d'autres termes, toutes les fois que l'on veut
se prévaloir contre celui auquel on oppose la prescription
d'actes dont la nature est telle, que non-seulement celui qui
les fait ou les omet ne cesse pas d'être bon administrateur,
mais encore qu'il ne pourrait s'en abstenir ou les exécuter
sans être entravé dans l'exercice d'un droit légitime, la
prescription n'a pas pu s'accomplir. Quelques exemples vont
faire comprendre notre pensée. J'ai une forêt sous vos fenê-

tres, et je n'y touche point pendant trente ans : avez-vous prescrit contre moi le droit d'avoir toujours mes arbres en perspective ? Évidemment non, car, d'un côté, vous étant abstenu de toute usurpation sur ma forêt, vous n'avez en réalité rien possédé, et, de l'autre, vous ne pouvez me reprocher aucune négligence : j'avais la faculté de conserver ou d'abattre ma forêt, et si la prescription avait couru contre moi, elle eût été en contradiction avec l'exercice légitime et naturel de mon droit de propriété, ce qui est inadmissible. Je pourrai donc abattre la forêt quand je voudrai, et sans que vous puissiez m'opposer la prescription. Pareillement, lorsque je laisse passer trente ans sans bâtir sur mon fonds, je n'ai pas perdu par prescription le droit d'y bâtir en observant la distance légale ; car bâtir ou ne pas bâtir est pour tout propriétaire un acte de pure faculté.

Maintenant, que faut-il entendre par *actes de simple tolérance ?* Ces expressions signifient que l'usurpation commise sur le fonds d'autrui ne peut servir de fondement à la prescription, quand elle n'est pas tellement grave que l'on ne puisse pas l'expliquer par les simples rapports de bon voisinage. Ceci nous ramène aux servitudes que nous avons déjà expliquées dans le t. Ier). Ainsi, nous avons vu que les servitudes discontinues ne peuvent pas, quoique apparentes, être acquises par prescription, parce que ces servitudes ne gênent pas le propriétaire voisin au point de provoquer de sa part une opposition à ce qu'elles soient exercées ; elles sont, par rapport à ce dernier, des *actes de simple tolérance.* Lors donc que vous passez sur mon fonds pendant trente ans, vous ne prescrivez pas contre moi la servitude de passage ; mais si vous bâtissez à une distance trop rapprochée de la ligne qui sépare votre héritage du mien, vous pouvez acquérir cette servitude par prescription, parce qu'elle est continue et apparente, et qu'on ne peut admettre que je vous en permette l'exercice par simple tolérance. Sa nature est trop grave et son exercice trop gênant pour qu'il en soit ainsi. A vrai dire, cette disposition de l'art. 2232 était déjà suffisamment expliquée par les textes relatifs à la constitution des servitudes (art. 690 et 691).

De L'UNION *de la possession du* SUCCESSEUR *à celle de son* AUTEUR. — La même personne ne possède pas toujours pendant le temps nécessaire à la prescription. Il s'agit de savoir quand et comment la possession commencée par elle pourra être invoquée par ses successeurs. A cet égard, les auteurs ont toujours fait une distinction entre les successeurs *universels* ou à titre *universel* et les successeurs *particuliers* : les premiers ne forment quelquefois qu'une seule et même personne avec le défunt, et, dans tous les cas, ils le représentent dans la possession des biens par lui laissés. En conséquence, ils continuent telle quelle cette possession. Si donc le défunt avait juste titre et bonne foi, ils peuvent, quoique de mauvaise foi, prescrire comme lui par dix et vingt ans ; et s'il ne réunissait pas ces deux conditions, ils ne peuvent, quoique de bonne foi, prescrire comme lui que par trente ans ; enfin, s'il n'était que détenteur précaire, ils ne peuvent jamais prescrire. Les successeurs à titre particulier, au contraire, par exemple, les acheteurs, donataires, coéchangistes, etc., peuvent à leur gré ou commencer une possession *nouvelle*, ou joindre à leur possession celle de leur auteur. Ils prendront l'un ou l'autre parti, selon leur intérêt. Ainsi, quand leur auteur possédait sans juste titre, ils auront, si cette possession n'avait duré que cinq ans, par exemple, intérêt à la rejeter s'ils ont eux-mêmes bonne foi et juste titre ; au contraire, ils auront intérêt à l'invoquer, si leur auteur possédait depuis vingt-cinq ans, par exemple ; car, même avec leur bonne foi et leur juste titre, ils auraient besoin de plus de cinq ans pour prescrire.

CHAPITRE III

DES CAUSES QUI EMPÊCHENT LA PRESCRIPTION.

ART. 2236. Ceux qui possèdent pour autrui ne prescrivent jamais, par quelque laps de temps que ce soit. — Ainsi, le fermier, le dépositaire, l'usufruitier et tous autres qui détiennent précairement la chose du propriétaire ne peuvent la prescrire.

2237. Les héritiers de ceux qui tenaient la chose à quelqu'un des titres désignés par l'article précédent ne peuvent non plus prescrire.

2238. Néanmoins, les personnes énoncées dans les articles 2236 e 2237 peuvent prescrire, si le titre de leur possession se trouve interverti, soit par une cause venant d'un tiers, soit par la contradiction qu'elles ont opposée au droit du propriétaire.

2239. Ceux à qui les fermiers, dépositaires et autres détenteurs précaires ont transmis la chose par un titre translatif de propriété peuvent la prescrire.

2240. On ne peut pas prescrire contre son titre, en ce sens que l'on ne peut point se changer à soi-même la cause et le principe de sa possession.

2241. On peut prescrire contre son titre, en ce sens que l'on prescrit la libération de l'obligation que l'on a contractée.

Observation. — La rubrique de notre chapitre est trop générale ; en effet, le législateur n'y traite, comme nous allons le voir, que de la prescription acquisitive, et il indique, non plusieurs causes, mais une seule empêchant la prescription. Cet empêchement est du reste absolu et perpétuel. Il est absolu, parce que toute partie intéressée à ce que la prescription ne soit pas accomplie peut s'en prévaloir ; il est perpétuel, parce que, même après des siècles, la chose pourrait être revendiquée par les héritiers du propriétaire contre les héritiers du détenteur. Cet empêchement consiste dans la *précarité* (art. 2236, 2237).

De la PRÉCARITÉ. — On appelle *titre précaire* le titre qui, non-seulement n'a point pour but de transférer la propriété,

mais qui encore implique de la part de celui qui le consent
l'intention de *rester propriétaire* et même *possesseur ;* tels
sont le louage, le prêt, le dépôt, etc. L'usufruitier lui-même
est un détenteur précaire relativement à la nue propriété. En
effet, si son titre suppose de sa part l'intention de posséder
l'usufruit, il exclut nécessairement celle de posséder la nue
propriété. La question devient délicate dans le cas d'un vendeur qui n'a pas encore livré la chose. Doit-on le considérer
comme un véritable possesseur ou bien comme un détenteur
précaire? L'intérêt de la question est grave. En effet, si on le
considère comme un véritable possesseur, il aura, après trente
ans, recouvré par la prescription la propriété qu'il avait perdue par la vente; que si on le regarde au contraire comme
un détenteur précaire, il ne pourra jamais opposer la prescription à l'acheteur, eût-il vendu la chose depuis trente ans.
De nombreux auteurs veulent voir en lui un détenteur précaire; d'après eux, cette qualification doit être donnée à tous
ceux que leur titre *oblige* à livrer la chose. Ils ajoutent qu'une
grande analogie existe entre le vendeur qui conserve la chose,
et un dépositaire, lequel est, sans contredit, un détenteur
précaire. Malgré toutes ces raisons, l'opinion adverse nous
semble préférable. D'abord il est inexact de dire que toute
personne obligée à restituer la chose est un détenteur précaire. Ainsi nul doute que le voleur ne soit obligé de restituer la chose, et si cependant il la possède pendant trente
ans, il la prescrit. Puis peut-on rigoureusement assimiler à
un dépositaire le vendeur qui n'a point encore livré l'objet
vendu? Cette assimilation est certainement naturelle et nécessaire, quand il s'est engagé par une clause expresse du
contrat à rester le gardien de la chose; mais quand aucune
convention n'a été faite, on ne peut véritablement plus dire
que le vendeur soit un dépositaire; ses obligations ne sont
aucunement celles qu'engendre un dépôt. Il répond de la
faute légère *in abstracto,* et le dépositaire est seulement tenu
de la faute légère *in concreto.* Bref, il ne nous semble pas que

ce vendeur soit un détenteur précaire, et, puisque le voleur lui-même peut prescrire, le vendeur le pourra également. Mais alors que faut-il définitivement entendre par *détenteur précaire?* On appellera de ce nom tout détenteur dont le titre explique pourquoi il détient ; ainsi, le louage et le dépôt sont des titres précaires, parce qu'ils expliquent pourquoi le preneur ou le dépositaire détiennent. Au contraire, la vente n'est pas un titre précaire, parce qu'au lieu d'expliquer pourquoi le vendeur garde la chose, elle expliquerait plutôt pourquoi il la livre ; on ne peut pas dire au vendeur, comme aux autres détenteurs précaires : *titulus tuus clamat contrà te,* et c'est pourquoi, comme nous l'avons dit, il possédera utilement la chose vendue et il la prescrira.

Comment CESSE *la* PRÉCARITÉ. — La précarité cesse de deux manières : par l'*interversion du titre* précaire en un titre non précaire, et par la *contradiction* que le détenteur précaire oppose aux droits du propriétaire (article 2238).

De L'INTERVERSION *du titre.* — Cette interversion suppose qu'un tiers consent un juste titre au détenteur précaire, qui alors peut invoquer l'*animum domini ;* ainsi, lorsque le fermier achète la chose d'un autre que du véritable propriétaire. et commence à la posséder comme sienne, il intervertit son titre précaire en un juste titre, et il peut désormais prescrire. Seulement il est clair qu'une telle interversion ne résultera que d'une vente sérieuse et à laquelle il était raisonnablement possible au fermier d'attribuer un effet translatif de propriété. Si l'on décidait le contraire, celui-ci n'aurait qu'à se faire consentir un simulacre de vente par le premier venu, et alors il pourrait prescrire. Tel n'est évidemment pas le sens de la loi. Mais comment concevoir que le fermier, qui doit en définitive connaître son bailleur, puisse regarder comme sérieuse la vente qu'un tiers lui consent? Cela n'arrivera guère que dans le cas où le fermier aurait acheté la chose de l'héritier apparent du bailleur. Alors la vente a un caractère sérieux, et, lors même que le fermier saurait que l'héritier apparent n'est pas le véritable héritier, il n'en aurait pas moins le droit d'invoquer l'interversion de son titre et de prescrire.

De la CONTRADICTION *opposée au droit du propriétaire.* — Cette contradiction a lieu quand, par exemple, le fermier, au lieu de payer ses fermages, déclare au bailleur qu'il entend désormais posséder le fonds comme sien ; et peu importe que cette déclaration soit faite en justice, ou simplement par acte extrajudiciaire ; il suffira qu'elle soit dûment constatée pour qu'on en induise une interversion dans le titre de possession. Il en devait être ainsi. En effet, l'on ne comprend pas que sur la contradiction qui lui est opposée, le bailleur ne revendique pas la chose, s'il en est réellement propriétaire.

Les successeurs universels ou à titre universel du détenteur précaire continuent la possession vicieuse du défunt, et ne peuvent pas prescrire (art. 2337). Mais les successeurs particuliers d'un détenteur précaire peuvent prescrire, parce qu'il leur est permis, comme nous l'avons dit plus haut, de rejeter la possession vicieuse de leur auteur (art. 2239).

De la règle qu'on ne PRESCRIT POINT CONTRE SON TITRE. — — Les art. 2240 et 2241 expliquent suffisamment que cette règle est seulement applicable à la prescription acquisitive et non à la prescription libératoire.

CHAPITRE IV

DES CAUSES QUI INTERROMPENT OU QUI SUSPENDENT LE COURS DE LA PRESCRIPTION.

Notions générales. — Il ne faut pas confondre l'*interruption* de la prescription avec sa *suspension*. L'interruption résulte toujours du *fait de l'homme ;* la suspension est toujours l'œuvre *de la loi.* Puis l'interruption a pour effet *d'anéantir tout ce qui a couru* de la prescription et de remettre les choses dans l'état où elles étaient au moment où celle-ci a commencé.

La suspension, au contraire, *laisse subsister tout ce qui a couru* de la prescription, et elle en arrête seulement le cours pendant un intervalle plus ou moins prolongé. Dès qu'elle cesse, la prescription recommence à courir, et elle sera définitivement accomplie lorsque la somme du délai antérieur et du délai postérieur à la suspension sera égale au temps requis pour prescrire.

PREMIÈRE SECTION

DES CAUSES QUI INTERROMPENT LA PRESCRIPTION.

Art. 2242. La prescription peut être interrompue ou naturellement ou civilement.

2243. Il y a interruption naturelle, lorsque le possesseur est privé, pendant plus d'un an, de la jouissance de la chose, soit par l'ancien propriétaire, soit même par un tiers.

2244. Une citation en justice, un commandement ou une saisie, signifiés à celui qu'on veut empêcher de prescrire, forment l'interruption civile.

2245. La citation en conciliation devant le bureau de paix interrompt la prescription, du jour de sa date, lorsqu'elle est suivie d'une assignation en justice donnée dans les délais de droit.

2246. La citation en justice, donnée même devant un juge incompétent, interrompt la prescription.

2247. Si l'assignation est nulle par défaut de forme ; — si le demandeur se désiste de sa demande ; — s'il laisse périmer l'instance, — ou si sa demande est rejetée, — l'interruption est regardée comme non avenue.

2248. La prescription est interrompue par la reconnaissance que le débiteur ou le possesseur fait du droit de celui contre lequel il prescrivait.

2249. L'interpellation faite, conformément aux articles ci-dessus, à l'un des débiteurs solidaires, ou sa reconnaissance, interrompt la prescription contre tous les autres, même contre leurs héritiers. — L'interpellation faite à l'un des héritiers d'un débiteur solidaire, ou la reconnaissance de cet héritier, n'interrompt pas la prescription à l'égard des autres cohéritiers, quand même la créance serait hypothécaire, si l'obligation n'est indivisible. — Cette interpellation ou cette reconnaissance n'interrompt la prescription, à l'égard des autres codébiteurs, que pour la part dont cet héritier est tenu. Pour interrompre la prescription pour le tout, à l'égard des autres codébiteurs, il faut l'interpellation faite à tous les héritiers du débiteur décédé, ou la reconnaissance de tous ces héritiers.

2250. L'interpellation faite au débiteur principal, ou sa reconnaissance, interrompt la prescription contre la caution.

Des DIFFÉRENTES SORTES *d'interruption*. — L'interruption est NATURELLE OU CIVILE (art. 2242).

De l'interruption NATURELLE. — L'interruption naturelle a lieu par toute dépossession durant plus d'une année, soit que le possesseur la subisse de la part du propriétaire, soit même qu'il la subisse de la part d'un tiers (art. 2243). Le délai qui fait perdre les avantages de la possession au point de vue de la prescription est donc le même que le délai qui fait perdre les actions possessoires. Si, après l'année, le possesseur recouvre la chose d'une manière ou d'une autre, il pourra commencer à nouveau la prescription ; mais il n'aura jamais le droit d'invoquer le temps qui avait couru avant sa dépossession, ainsi que nous l'avons précédemment expliqué.

L'effet de l'interruption naturelle est absolu, et il peut être invoqué par toute personne ayant intérêt à ce que la prescription ne soit pas accomplie.

De L'INTERRUPTION CIVILE. — L'interruption civile peut résulter des cinq causes suivantes :

1. *De la* CITATION EN JUSTICE. — On appelle ainsi l'acte d'huissier par lequel une personne en appelle une autre devant la justice pour obtenir contre elle une condamnation. Cette cause d'interruption s'applique aussi bien à la prescription libératoire qu'à la prescription acquisitive : elle produit son effet, même lorsque la citation est donné devant un juge incompétent (art. 2246), car les questions de compétence sont souvent difficiles à juger, et le législateur n'a pas voulu que les particuliers pussent être victimes d'une erreur commise en pareille matière. Toutefois il faut décider qu'une erreur par trop grossière enlèverait à la citation son effet interruptif. Ainsi nul doute que la citation donnée devant la Cour de cassation ne fût impuissante à produire cet effet.

La citation cesse d'interrompre la prescription dans quatre hypothèses (art. 2247) :

1° *Si elle est nulle par défaut de forme.* — Le Code a fait peut-être là une application trop rigoureuse du brocard : *Quod nullum est nullum producit effectum ;* et, en effet, puisque la citation donnée devant un tribunal incompétent interrompt la prescription, malgré l'erreur dans laquelle est tombé le demandeur, à plus forte raison, la citation, nulle par la faute de l'huissier, et non plus par celle du demandeur, devrait-elle avoir un effet interruptif. Le Code a cependant décidé le contraire.

2° *Si le demandeur se désiste de sa demande.* — Et, en effet, le désistement du demandeur, accepté par le défendeur, anéantit toute la procédure (C. de proc., art. 403). Il n'est donc pas étonnant que la citation ne soit plus dans ce cas interruptive de prescription.

3° *Si le demandeur laisse périmer l'instance.* — Et, en effet, aux termes de l'art. 401 du Code de pr., la péremption éteint toute la procédure, et particulièrement la citation interruptive de prescription. Aux termes de l'art. 397 du même Code, la péremption a lieu par une discontinuation de poursuites qui a duré trois ans.

4° *Si la demande est rejetée.* — Mais quand la demande est rejetée, c'est évidemment que le défendeur a gagné son procès, et on ne comprend pas que, protégé par l'autorité de la chose jugée, il puisse jamais avoir intérêt à dire que la prescription n'a pas été interrompue. Il n'en sera cependant pas toujours ainsi. En effet, l'autorité de la chose jugée suppose, non-seulement identité de parties et d'objet, mais encore identité de cause. Si donc le demandeur revendique l'immeuble comme légataire, par exemple, après l'avoir inutilement revendiqué comme acheteur, le possesseur ne pourra plus alors invoquer l'autorité de la chose jugée, et il aura intérêt à dire que la prescription n'a pas été interrompue. On décide généralement que la production faite par le créancier à un ordre interrompt la prescription, comme le ferait la demande en justice elle-même [1].

II. *De la* CITATION *en* CONCILIATION.— Aux termes de l'art. 48 du Code de pr., toute demande principale et introductive d'instance doit être précédée d'un essai de conciliation devant le juge de paix compétent. Or, puisque le demandeur ne peut pas directement citer le défendeur en justice, il était naturel et même nécessaire d'attribuer, au moins provisoirement, à la simple citation en conciliation les effets d'une demande en justice. C'est pourquoi, aux termes de l'art. 2245, la citation en conciliation interrompt la prescription du jour de sa date, pourvu qu'elle soit suivie *dans le mois* d'une demande en justice, car cette demande seule peut rendre définitifs les effets de la citation en conciliation.

Lorsque les parties comparaissent volontairement devant le bureau de paix, on doit décider que la prescription est interrompue, comme si cette comparution avait eu lieu par citation ; et, en effet, l'art. 48 du Code de pr. assimile l'une à l'autre la comparution volontaire et la comparution forcée [2].

Quel sera l'effet d'une demande en justice formée sans citation préalable en conciliation ? D'après la Cour de cassation, cette demande n'interrompt pas la prescription, parce qu'elle se trouve frappée de nullité ; mais il semble difficile d'admettre une telle solution. En effet, la demande en justice formée, même devant un juge incompétent, interrompt la prescription, et il existe la plus grande analogie entre cette hypothèse prévue par l'art. 2246 et l'hypothèse que nous examinons. Dans l'une et dans l'autre le demandeur s'est trompé de tribunal, et son erreur ne doit pas plus lui préjudicier dans la seconde que dans la première. Par analogie, nous dirons que la citation en conciliation, donnée dans des cas où la demande devait être directement portée

---

[1] Aubry et Rau, t. II, § 215, p. 312. — Marcadé, art. 2244, n° 2.

[2] Colmet d'Aage sur Boitard, t. I, n° 121. — Marcadé, art. 2242-2248, n° 7.

devant la justice, est interruptive de prescription, car le demandeur n'a encore commis qu'une erreur de compétence, et une erreur de cette nature ne fait pas obstacle à l'effet interruptif de la citation [1].

III. *Du* COMMANDEMENT, *signifié au possesseur ou au débiteur.* — Nous savons que le commandement est une injonction faite, par huissier et en vertu d'un titre exécutoire, à une personne d'avoir, soit à délaisser la chose possédée, soit à exécuter l'obligation qu'elle a contractée. Nous savons, en outre, que le commandement diffère de la sommation en ce que celle-ci n'est pas faite en vertu d'un titre exécutoire. Il est naturel que le commandement interrompe la prescription, puisqu'il porte en lui-même la preuve authentique et irrécusable que l'injonction de celui à la requête duquel il est signifié est véritablement fondée. Mais pourquoi le Code n'a-t-il pas attribué à la sommation l'effet interruptif du commandement? On a donné pour raison que la sommation est un acte moins sérieux que le commandement, qui est presque toujours le préliminaire d'une saisie. Il est difficile d'admettre cette explication, car une injonction faite par ministère d'huissier est toujours quelque chose de sérieux. Voici, ce nous semble, le vrai motif de cette différence. Toute interruption de prescription est un fait grave, puisqu'elle anéantit les effets attachés par la loi elle-même à l'inaction du créancier et à la possession. Or, on conçoit que, pour l'obtenir, il ne suffise pas d'en manifester le désir, et que l'on doive encore prouver ou s'engager immédiatement à prouver que l'on a *le droit* d'interrompre ladite prescription. Maintenant, ni cette preuve ni cet engagement à la fournir ne résultent de la sommation, comme elles résultent du commandement ou de la citation en justice, et c'est pourquoi la sommation n'interrompt pas la prescription. Il est un cas cependant où la prescription est interrompue par une simple sommation,

---

[1] Marcadé, art. 2242-2248, n° 8. — Aubry et Rau, t. II, § 215, p. 314.

c'est le cas où un créancier inscrit fait sommation au tiers détenteur de l'immeuble hypothéqué, conformément à l'art. 2169, de délaisser si mieux il n'aime payer. Dans ce cas la prescription de l'hypothèque par ce tiers détenteur est interrompue, et il ne pouvait pas en être autrement, puisque le créancier qui n'a pas contre lui de titre exécutoire a dû se borner à une sommation pour sauvegarder ses droits hypothécaires, et n'a pas eu la faculté de faire un commandement [1].

La plupart des auteurs enseignent que la prescription libératoire est seule susceptible d'interruption par voie de commandement, parce que, disent-ils, le commandement est le préliminaire de la saisie, et la saisie suppose nécessairement une dette d'argent. Cette opinion doit être rejetée, et, en effet, quand un possesseur est condamné envers moi à délaisser tel immeuble, il est clair que, s'il n'obéit pas de lui-même au jugement, j'aurai à lui faire un commandement avant de recourir à la force publique pour l'expulser. Or, dans ce cas, le commandement interrompt évidemment la prescription acquisitive, puisque l'art. 2244 pose en principe que tout commandement interrompt la prescription.

IV. *De la* SAISIE *pratiquée contre le possesseur ou le débiteur*. — On appelle *saisie* l'exploit d'huissier par lequel les biens du débiteur sont, en tout ou en partie, mis sous la main de la justice pour être vendus à la requête du poursuivant. Généralement, la saisie est précédée d'un commandement, et, sous ce point de vue, il paraissait inutile d'attribuer à la saisie l'effet d'interrompre une prescription que le commandement avait déjà interrompue. Mais nous ferons observer que certaines saisies ne sont pas précédées d'un commandement, et que, pour ces cas, il était utile de dire que la saisie interrompait la prescription. Nous pouvons citer, comme étant de nature à être faites sans commandement

---

[1] Troplong, *Presc.*, t. II, n° 579. — Cass., 27 déc. 1854.

préalable, la saisie foraine (C. de pr., art. 822), la saisie-revendication (C. de pr., art. 826), et la saisie-gagerie (C. de pr., art. 819). D'ailleurs, même lorsqu'un commandement est nécessaire, l'effet interruptif de la saisie présente un intérêt, puisque cette interruption est postérieure à celle déjà opérée par le commandement.

V. *De la* RECONNAISSANCE *que le débiteur ou le possesseur fait du droit de celui contre lequel il prescrivait* (art. 2248). — Cette reconnaissance peut être expresse ou tacite. Elle devra être prouvée par écrit quand il s'agira d'un intérêt excédant 150 fr., sauf la faculté pour le propriétaire ou le créancier de déférer au débiteur le serment décisoire sur le fait de cette reconnaissance.

A qui PROFITE *ou* NUIT *l'interruption de la prescription.* — En principe, l'interruption de la prescription ne profite qu'à la personne dont elle émane, et ne nuit qu'à celle contre laquelle elle a eu lieu. Le Code a cru cependant nécessaire de se prononcer formellement sur les hypothèses suivantes : d'abord, l'interruption de la prescription contre un débiteur solidaire est opposable à tous les autres quand la solidarité est parfaite ; mais, comme les dettes solidaires se divisent entre les héritiers de chaque débiteur, l'interruption pratiquée contre un seul de ces héritiers n'interromprait la prescription contre les autres débiteurs que pour la part dont il est tenu dans la dette, et, pour que l'interruption s'appliquât à la dette entière, il faudrait qu'elle eût lieu contre tous les héritiers du débiteur décédé, ou bien contre un des débiteurs survivants. Les mêmes règles s'appliqueraient à l'interruption de la prescription vis-à-vis des différents créanciers solidaires.

L'interruption, quand il s'agit d'une créance indivisible, la conserve tout entière et au profit de chaque héritier du créancier, et contre chaque héritier du débiteur, lors même qu'elle aurait eu lieu entre un seul héritier du créancier et un seul héritier du débiteur. La raison en est qu'une telle obligation ne peut être conservée pour partie.

Enfin, l'interruption qui a eu lieu par rapport au débiteur principal est, aux termes de l'art. 2250, opposable à la caution; mais l'interruption qui aurait eu lieu par rapport à la caution serait-elle opposable au débiteur principal? Sur ce point, le Code est muet. On doit selon nous décider la question en faveur du débiteur, car la caution n'a point qualité pour le représenter. Seulement, lorsque la prescription sera acquise à ce dernier, la caution elle-même en profitera, puisqu'il ne peut pas y avoir d'obligé *accessoire*, là où il n'y a point un obligé *principal*[1].

DEUXIÈME SECTION

DES CAUSES QUI SUSPENDENT LE COURS DE LA PRESCRIPTION.

ART. 2251. La prescription court contre toutes personnes, à moins qu'elles ne soient dans quelque exception établie par une loi.

2252. La prescription ne court pas contre les mineurs et les interdits, sauf ce qui est dit à l'article 2278, et à l'exception des autres cas déterminés par la loi.

2253. Elle ne court point entre époux.

2254. La prescription court contre la femme mariée, encore qu'elle ne soit point séparée par contrat de mariage ou en justice, à l'égard des biens dont le mari a l'administration, sauf son recours contre le mari.

2255. Néanmoins elle ne court point, pendant le mariage, à l'égard de l'aliénation d'un fonds constitué selon le régime dotal, conformément à l'article 1561, au titre *du Contrat de mariage et des droits respectifs des époux*.

2256. La prescription est pareillement suspendue pendant le mariage : — 1° dans le cas où l'action de la femme ne pourrait être exercée qu'après une option à faire sur l'acceptation ou la renonciation à la communauté ; — 2° dans le cas où le mari, ayant vendu le bien propre de la femme sans son consentement, est garant de la vente, et dans tous les autres cas où l'action de la femme réfléchirait contre le mari.

2257. La prescription ne court point : — à l'égard d'une créance

---

[1] Marcadé, art. 2249 et 2250, n° 2. — Aubry et Rau, t. II, § 215, p. 323 et 324.

qui dépend d'une condition, jusqu'à ce que la condition arrive ; — à l'égard d'une action en garantie, jusqu'à ce que l'éviction ait lieu ; — à l'égard d'une créance à jour fixé, jusqu'à ce que ce jour soit arrivé.

2258. La prescription ne court pas contre l'héritier bénéficiaire, à l'égard des créances qu'il a contre la succession. — Elle court contre une succession vacante, quoique non pourvue de curateur.

2259. Elle court encore pendant les trois mois pour faire inventaire, et les quarante jours pour délibérer.

Règle générale. — Aux termes de l'art. 2251, « la pres- « cription court contre toutes personnes, à moins qu'elles ne « soient dans quelque exception établie par une loi. » Ainsi elle court et contre ceux qui ignorent leurs droits de propriété ou de créance, et contre les absents, et contre ceux qu'un obstacle de fait, par exemple, une séquestration arbitraire, empêche de faire des actes interruptifs. Nous allons voir, en effet, tout à l'heure, que ces diverses personnes ne sont l'objet d'aucune exception. Il ne faut donc pas attribuer une portée absolue à l'ancienne maxime : *Contra non valentem agere non currit præscriptio.* La prescription sera bien suspendue par les *obstacles juridiques*, et, sous ce rapport, la règle ci-dessus est encore vraie ; mais elle ne le sera jamais par de pures *circonstances de fait* comme celles citées plus haut, par la raison que le Code n'a nulle part érigé ces circonstances en causes suspensives de prescription, et que l'on ne peut arbitrairement établir d'exception à une règle. Le principe que la prescription court contre toute personne aura certainement, dans plusieurs cas, des résultats iniques ; mais les inconvénients d'une règle différente, qui aurait admis toutes les exceptions tirées des circonstances de fait, eussent été plus graves encore. Effectivement, si l'on permettait à chacun de prouver qu'il n'a pas pu faire des actes interruptifs, la prescription elle-même deviendrait tout à fait illusoire. Ainsi, le propriétaire ou le créancier qui ne connaissent pas leur droit, et auxquels souvent on ne peut pas reprocher cette ignorance, sont évidemment dans l'impossibilité d'agir ;

il faudrait donc admettre que la prescription est à leur égard suspendue ; or, ne serait-ce pas là une exception beaucoup plus souvent applicable que la règle ? Le parti le plus sage est donc de s'en tenir au texte même du Code et de n'admettre que les exceptions formellement écrites. Voici ces exceptions :

CAS D'EXCEPTION. — 1° Aux termes de l'art. 2252, la prescription ne court pas, du moins en principe, contre les *mineurs* et les *interdits*. Le législateur n'a pas voulu qu'ils pussent être victimes de la négligence de leurs tuteurs. La prescription ne commencera donc, à leur égard, ou ne continuera qu'à partir de leur majorité ou de la mainlevée de leur interdiction. De là il résulte que, si plusieurs mineurs ou interdits se succèdent, la prescription pourra être suspendue pendant un temps illimité. Le Code eût peut-être dû fixer un temps au delà duquel personne, pas même les incapables, n'eût été à l'abri de la prescription. Ajoutons que, d'après certains auteurs, l'interdit par suite de condamnations criminelles n'aurait pas le bénéfice de la suspension, qui serait exclusivement réservé à l'interdit judiciaire [1].

2° La prescription est suspendue, mais dans *quatre cas* seulement, au profit des *femmes mariées* qui sont majeures. Elle est premièrement suspendue à l'égard des actions en nullité des contrats faits par la femme *sans l'autorisation* de son mari. En effet, aux termes de l'art. 1304, elle ne commence dans ce cas à courir qu'à dater de la dissolution du mariage. En second lieu, la prescription est suspendue à l'égard du *fonds dotal,* tant que les époux ne sont pas séparés de biens, et à la condition que la prescription n'ait pas commencé avant le mariage (art. 1561). Troisièmement, elle est suspendue, aux termes de l'art. 2256 1°, « dans le cas où l'ac- « tion de la femme ne pourrait être exercée *qu'après une* « *option* à faire sur l'acceptation ou la répudiation de la com- « munauté ; » et, en effet, cette option ne peut avoir lieu qu'à

[1] Aubry et Rau, t. II, § 214, note 3, p. 301.

la dissolution de la communauté, et le Code serait tombé dans
une véritable contradiction, si d'un côté il avait fixé l'option
de la femme à l'époque de cette dissolution, et si, de l'autre,
il lui avait fait subir une prescription, qui ne pourrait être interrompue qu'à dater de cette option. Précisons tout cela par
un exemple. Aux termes de l'art. 1422, le mari ne peut faire
de donation ayant pour objet les immeubles de la communauté : supposons qu'en fait il les ait donnés ; les tiers ne
pourront les prescrire tant que celle-ci durera. Il faudrait en
effet que, pour avoir le droit d'interrompre la prescription,
la femme acceptât plus tard la communauté, puisque, renon-
çante, elle se trouvera n'avoir jamais eu de droit aux immeubles dont il s'agit. Or, comme elle ne peut opter entre une
acceptation et une renonciation pendant la durée de la communauté, l'art. 2256 1° suspend avec raison la prescription jusqu'à ce que celle-ci soit dissoute. De la sorte, la femme pourra
revendiquer sa part dans les immeubles donnés, lors même
que les tiers les auraient, avant la dissolution de la communauté, possédés pendant le temps nécessaire à la prescription.

Enfin, aux termes de l'art. 2256 2°, « la prescription est
« suspendue dans le cas où le mari, ayant vendu le bien pro-
« pre de la femme sans son consentement, est garant de la
« vente, et dans tous les autres cas où l'action de la femme
« *réfléchirait contre le mari*. » Cette exception a pour but
de maintenir la paix entre les époux. En effet, si les tiers
pouvaient prescrire l'immeuble de la femme vendu sans son
consentement par le mari, la femme qui agirait contre les
tiers provoquerait de leur part un recours en garantie contre
le mari, et en réalité l'action interruptive de prescription se
trouverait nuire à ce dernier. Or, on comprend très-bien que
le législateur n'ait pas voulu mettre la femme dans l'alternative ou d'intenter une action réfléchissant contre son mari,
ou de subir, par prescription, la perte de son immeuble.
Mais si le mari ne doit aucune garantie, soit parce qu'il a
vendu avec clause expresse de non-garantie à un acheteur

sachant que le fonds appartenait à la femme, soit parce qu'il a donné l'immeuble de la femme croyant donner le sien, la prescription courra contre cette dernière, puisqu'elle peut agir contre les tiers détenteurs, sans que ces derniers puissent agir à leur tour contre son mari.

En dehors des quatre cas qui précèdent, la prescription court contre les femmes, tant par rapport aux biens administrés par leurs maris, que par rapport à ceux administrés par elles-mêmes, et rien n'est plus juste, puisque la femme, même non autorisée, peut toujours faire des actes conservatoires de sa fortune. Il importait de ne pas exposer les tiers à des suspensions trop nombreuses.

3° Aux termes de l'art. 2253, la prescription ne court point *entre époux*. Ainsi, ni le mari ne peut prescrire les biens de sa femme, ni la femme ceux de son mari. Le Code a voulu, en établissant cette exception, empêcher les époux de se faire indirectement des donations irrévocables, et notre article était une sanction nécessaire de l'art. 1096 [1°]. Ajoutons que l'on ne pouvait raisonnablement contraindre un époux à faire contre son conjoint des actes interruptifs de prescription. A défaut de distinction établie dans le Code, on doit même décider que la suspension survit à la séparation de corps prononcée entre les époux [1].

4° La prescription ne court point à l'égard d'une créance *conditionnelle*, jusqu'à ce que la condition arrive (art. 2257 [1°]). Et, en effet, on ne peut reprocher au créancier de n'avoir pas poursuivi le débiteur tant que son droit n'avait pas pris naissance.

Nous ferons observer que cette suspension ne serait pas applicable aux *droits réels* dépendant d'une condition, l'exception du Code étant formellement restreinte aux *créances conditionnelles*. Le possesseur d'un immeuble qu'un tiers aura le droit de revendiquer si telle condition se réalise pourra donc,

---

[1] Aubry et Rau, t. II, § 214, p. 305. — Marcadé, art. 2252 à 2256, n° 5.

dans l'intervalle, l'acquérir par prescription et se mettre ainsi à l'abri de toute revendication. A son égard l'impossibilité légale où est le propriétaire conditionnel d'intenter son action est sans aucune espèce d'effet [1].

5° La prescription ne court point à l'égard d'une *action en garantie* jusqu'à ce que l'*éviction ait lieu* (art. 2257 2°). Et, en effet, l'action en garantie est toujours subordonnée à une éviction préalable ; elle est donc conditionnelle, et le motif de suspension donné pour le cas précédent reçoit encore ici son application.

6° Elle ne court point à l'égard d'une créance *à terme* jusqu'à ce que le terme soit arrivé. Et, en effet, quoique le terme n'empêche pas l'existence de la dette, il exclut, tant qu'il n'est pas échu, la présomption d'un payement. Or, nous savons que la prescription libératoire repose sur cette présomption, qu'il a existé une juste cause de libération. Le motif de suspension que nous venons de donner peut également s'appliquer au cas d'une créance conditionnelle.

7° Enfin la prescription ne court pas, aux termes de l'art. 2258 1°, contre l'*héritier bénéficiaire*, à l'égard des créances qu'il a *contre la succession*. La raison en est que l'héritier bénéficiaire possède les biens constitutifs de son gage, et que, certain d'obtenir le dividende afférent à sa créance, il n'a pas d'intérêt à agir contre la succession. Doit-on admettre la réciproque, et dire que la prescription est suspendue à l'égard des créances de la succession contre l'héritier? Sans aucun doute, car l'héritier est tenu de faire tous actes conservatoires, et, s'il pouvait prescrire contre la succession, en se dispensant de faire contre lui-même des actes interruptifs, il violerait le principe que nul ne peut améliorer sa condition par sa faute. On doit donc admettre d'une manière générale que la prescription est suspendue entre la succession et l'héritier.

---

[1] G. Demante, *Rev. crit.*, 1854, t. IV, p. 455. — Marcadé, art. 2257, n° 2.

La prescription court contre une succession vacante, parce que les ayants droit sont en faute de ne pas se présenter ou de ne pas poursuivre la nomination d'un curateur, et les tiers ne doivent pas souffrir de leur négligence. Pareillement la prescription court contre la succession pendant les trois mois pour faire inventaire, et les quarante jours pour délibérer, parce que les successibles peuvent l'interrompre sans faire acte d'héritiers (art. 2259).

CHAPITRE V

DU TEMPS REQUIS POUR PRESCRIRE.

—

PREMIÈRE SECTION

DISPOSITIONS GÉNÉRALES.

Art. 2260. La prescription se compte par jours, et non par heures.

2261. Elle est acquise lorsque le dernier jour du terme est accompli.

Comment se compte *la prescription*. — Aux termes de l'art. 2260, la prescription se compte par jours, et non par heures. Aux termes de l'art. 2261, la prescription est seulement acquise lorsque le dernier jour du terme est accompli. Mais si le *dies ad quem* doit être complet, faut-il en dire autant du *dies à quo*, c'est-à-dire du jour où commence la possession ou l'obligation? Dans un système, qui est celui de Merlin, le *dies à quo* doit être compté, quoique non complet. Dans un second système, on suit le droit romain, et l'on compte le *dies à quo* pour la prescription acquisitive, mais non pour la prescription libératoire. Peut-être vaut-il mieux s'en tenir à un troisième système, qui est celui de l'ancien droit français, où l'on avait fini par négliger le *dies à quo*, et où, par conséquent, le premier jour utile pour la prescription, tant acquisi-

tive que libératoire, devait être complet tout comme le dernier.
Ce système est plus logique que les précédents, et il est facile
de le prouver. Soit une obligation contractée le 1ᵉʳ mai 1867,
à midi, ou une possession commençant le même jour et à la
même heure : dans le premier système, on compte toute la
journée du 1ᵉʳ mai pour la prescription, et dans le second on
la compte pour la prescription acquisitive, tout en la rejetant
pour la prescription libératoire. Or, n'est-il pas absurde de dire
que la prescription libératoire a commencé dès le 1ᵉʳ mai au
matin, quand l'obligation n'a été contractée qu'à midi; ou
que la prescription acquisitive a commencé le 1ᵉʳ mai au matin, quand la possession n'a également commencé qu'à midi?
Il est bien plus rationnel de ne faire commencer la prescription qu'à partir du 2 mai. Maintenant, comme le 2 mai 1867
compte en entier, les trente ans seront évidemment révolus à
l'expiration du 1ᵉʳ mai 1897, et ni le créancier ni le propriétaire ne pourront agir le lendemain de ce jour [1].

Quand la prescription se compte par mois, on va de quantième à quantième, sans se préoccuper si les mois intermédiaires ont plus ou moins de trente jours. Ainsi, quand la
prescription est de six mois et qu'elle commence à courir le
1ᵉʳ avril de l'année, elle est accomplie lorsque le dernier jour
de septembre est expiré.

Les jours fériés comptent comme les autres. En effet, on
peut, même ces jours-là, faire, avec la permission du juge,
des actes conservatoires.

DEUXIÈME SECTION

DE LA PRESCRIPTION TRENTENAIRE.

Art. 2262. Toutes les actions, tant réelles que personnelles, sont
prescrites par trente ans, sans que celui qui allègue cette prescription soit obligé d'en rapporter un titre, ou qu'on puisse lui opposer l'exception déduite de la mauvaise foi.

2263. Après vingt-huit ans de la date du dernier titre, le débi-

---

[1] Marcadé, art. 2261, nº 2. — Cass., 3 mai 1854.

teur d'une rente peut être contraint à fournir à ses frais un titre nouvel à son créancier ou à ses ayants cause.

2264. Les règles de la prescription sur d'autres objets que ceux mentionnés dans le présent titre sont expliquées dans les titres qui leur sont propres.

Des EFFETS *de la prescription trentenaire.* — Aux termes de l'art. 2262, « toutes les *actions*, tant réelles que person-« nelles, sont prescrites par trente ans. » Le Code n'admet donc plus les prescriptions de quarante ans, qui existaient dans le droit romain et dans l'ancien droit français. Il importe maintenant de préciser les effets de la prescription trente-naire. Nous avons plusieurs fois dit que de cette prescription résulte la propriété ou la libération. L'art. 2262 consacre bien cette théorie pour la prescription libératoire; il déclare que l'action personnelle est éteinte, et, si cela est, le débiteur est évidemment libéré. Mais cet article, au lieu de dire que le possesseur est devenu propriétaire, dit tout simplement que « les actions réelles » auxquelles il était exposé sont prescri-tes. Or, ces deux manières de s'exprimer ne sont nullement synonymes. Effectivement, si l'on admet que le possesseur est devenu propriétaire, il pourra revendiquer l'immeuble au cas où il en perdrait la possession; si l'on admet, au con-traire, que les actions réelles existant contre lui sont simple-ment prescrites, il pourra bien se protéger contre la reven-dication du propriétaire, mais il ne pourra pas lui-même revendiquer l'immeuble s'il en perd la possession. Évidem-ment, on doit adopter la première interprétation. Le Code n'a employé cette nouvelle façon de parler que pour comprendre dans un seul et même article la prescription acquisitive et la prescription libératoire. Cela résulte de l'historique de notre matière.

Celui qui invoque la prescription de trente ans n'est pas tenu d'en rapporter un titre, et on ne peut jamais lui opposer sa mauvaise foi. Le voleur lui-même prescrit par trente ans.

Du RENOUVELLEMENT DES TITRES *de rente.* — Les rentes sont

toutes rachetables ; mais comme, en fait, elles ne sont quelquefois rachetées qu'après un long espace de temps, l'art. 2263
permet au créancier d'exiger de son débiteur un titre nouvel,
après vingt-huit ans de la date du dernier titre. Soit une
rente constituée le 3 avril 1850, le créancier pourra exiger
un titre nouvel du débiteur ou de ses héritiers, à partir du
4 avril 1878 inclusivement. On n'aperçoit pas tout d'abord
l'utilité de la disposition qui précède. En effet, le créancier
aura exigé de son débiteur le payement des arrérages, au
moins une fois dans l'espace de trente ans, et un tel payement, impliquant de la part de ce dernier une reconnaissance
de la dette, aura toujours interrompu la prescription. —
Cette objection serait fondée si la preuve du payement des
arrérages restait entre les mains du créancier ; mais il n'en
est pas ainsi, puisque cette preuve consiste dans la quittance
remise au débiteur, lequel se gardera bien de la représenter
s'il veut opposer la prescription. On voit donc que la disposition du Code a sa raison d'être.

L'art. 2263 ne faisant aucune distinction, on doit décider
qu'un titre nouvel pourra être exigé pour les rentes viagères
comme pour les rentes perpétuelles. L'art. 2264 renvoie aux
titres spéciaux pour les prescriptions relatives à certains droits
particuliers ; mais on ne devra voir, dans ces divers titres, des
dérogations au droit commun que si ces dérogations sont
expresses. Nous avons déjà développé cette idée, par exemple, à propos de la prescription de dix ans relative aux actions en nullité ou rescision des contrats (art. 1304 et suiv.).

TROISIÈME SECTION

DE LA PRESCRIPTION PAR DIX ET VINGT ANS.

Art. 2265. Celui qui acquiert de bonne foi et par juste titre un
immeuble en prescrit la propriété par dix ans, si le véritable propriétaire habite dans le ressort de la Cour impériale dans l'étendue
de laquelle l'immeuble est situé ; et par vingt ans, s'il est domici-
lié hors dudit ressort.

2266. Si le véritable propriétaire a eu son domicile en différents temps, dans le ressort et hors du ressort, il faut, pour compléter la prescription, ajouter à ce qui manque aux dix ans de présence un nombre d'années d'absence double de celui qui manque pour compléter les dix ans de présence.

2267. Le titre nul par défaut de forme ne peut servir de base à la prescription de dix et vingt ans.

2268. La bonne foi est toujours présumée, et c'est à celui qui allègue la mauvaise foi à la prouver.

2269. Il suffit que la bonne foi ait existé au moment de l'acquisition.

2270. Après dix ans, l'architecte et les entrepreneurs sont déchargés de la garantie des gros ouvrages qu'ils ont faits ou dirigés.

Observation. — Le Code devait établir et a établi en fait une différence entre celui qui possède sciemment la chose d'autrui, et celui qui la possède croyant en être propriétaire. De là, la prescription de dix et vingt ans.

Des CONDITIONS *de cette prescription.* — La prescription de dix et vingt ans est subordonnée à deux conditions, la bonne foi et le juste titre.

1° *De la* BONNE FOI. — La bonne foi consiste dans le fait de croire que l'on devient propriétaire de la chose qui vous est livrée. Aux termes de l'art. 2268, elle est toujours présumée, et c'est à celui qui allègue la mauvaise foi à l'établir. Ainsi, quand vous avez reçu un immeuble de celui qui n'en était pas propriétaire, c'est à moi de prouver que vous connaissiez ce fait, et non à vous de prouver que vous avez cru au droit de celui avec lequel vous avez traité. Maintenant, aux termes de l'art. 2269, « il suffit que la bonne foi existe au moment « de l'acquisition, » c'est-à-dire au moment de la livraison, pour rendre possible la prescription de dix et vingt ans. Dans l'ancien droit français, il fallait que la bonne foi durât pendant tout le délai de la possession pour servir de fondement à cette prescription. Le Code a préféré et reproduit le système contraire du droit romain.

2° *Du* JUSTE TITRE. — Nous savons que le juste titre consiste dans un fait qui eût transféré la propriété s'il fût émané du vrai propriétaire. Ainsi, la vente, l'échange, la donation et le legs émanés *à non domino*, sont autant de justes titres. Le juste titre est donc l'opposé du titre précaire, puisque l'essence du premier est de transmettre la propriété ou ses démembrements, tandis que l'essence du second est de conserver à celui qui le consent, et la propriété et la possession de la chose. Aux termes de l'art. 2267, le titre n'est plus juste, s'il se trouve nul par défaut de *forme*. Ainsi, la donation irrégulière en la forme ne peut être invoquée pour la prescription de dix et vingt ans, parce que l'inspection seule du titre suffit au douataire pour voir qu'il n'a pas pu acquérir la propriété.

Faut-il voir dans un *juste titre putatif* l'équivalent d'un juste titre véritable? Par exemple, quand je possède un fonds en vertu d'un legs qui se trouve révoqué par un codicille postérieur encore ignoré, ma possession est-elle équivalente à celle qui aurait pour fondement un legs fait *à non domino?* En droit romain, on admettait l'affirmative quand l'erreur du possesseur était raisonnable; Potbier suivait la même doctrine, et je crois qu'il faut l'adopter encore. On objecte, il est vrai, ces paroles de Bigot de Préameneu au Corps législatif : « Nul ne peut croire de bonne foi qu'il possède comme pro-« priétaire, s'il n'a pas un juste titre *valable*. » Mais, outre que le discours d'un orateur ne peut pas toujours être regardé comme un commentaire autorisé de la loi, les paroles mêmes de Bigot de Préameneu montrent qu'il se préoccupait plutôt de la validité *apparente* du titre que de son efficacité *réelle*, car il faisait de cette validité le fondement de la bonne foi du possesseur. Or n'est-il pas évident que cette bonne foi sera aussi entière, aussi digne de protection, si elle se base sur un testament révoqué par un codicille postérieur encore inconnu, que si elle se base sur un testament non révoqué? Concluons donc que le juste titre putatif doit encore aujourd'hui être mis sur la même ligne que le juste titre véritable et donner lieu à la prescription de dix ou vingt ans.

Comment se compte *la prescription de* dix *et* vingt ans. — La prescription fondée sur la bonne foi et le juste titre s'accomplit par dix ans entre présents, et par vingt ans entre absents. Que faut-il entendre par *présents* et *absents?* A Rome, on appelait *présents* les individus qui avaient leur domicile dans la même province, et *absents* les individus qui avaient leur domicile dans des provinces différentes. Aujourd'hui l'on considère, non plus si le propriétaire et le possesseur ont leur domicile à proximité l'un de l'autre, mais si le propriétaire habite ou non le ressort de la Cour impériale dans lequel est situé l'immeuble. S'il habite dans le ressort, on dit qu'il y a présence, et la prescription a lieu par dix ans; s'il habite hors du ressort, on dit qu'il y a absence, et la prescription n'a plus lieu que par vingt ans; enfin, s'il habite en différents temps dans le ressort et hors du ressort, il faut, aux termes de l'art. 2266, ajouter à ce qui manque aux dix ans de présence un nombre d'années d'absence double de celui qui manque pour compléter les dix ans de présence. Par exemple, quand le propriétaire a résidé huit ans dans le ressort, il faut ajouter quatre ans d'absence à ce délai pour que la prescription soit accomplie. Ce n'est pas le *domicile*, mais la *résidence* dans le ressort ou hors du ressort qu'il faut considérer pour la prescription de dix ou vingt ans; cela résulte et du texte de l'art. 2265, qui suppose l'*habitation* du propriétaire dans le ressort, ou hors du ressort, et en outre de la tradition. En effet, Pothier, que les rédacteurs du Code ont presque toujours suivi, s'attachait à l'habitation et non au domicile. D'ailleurs, il doit en être ainsi, puisqu'il importe de faire accomplir la prescription par un temps plus ou moins court, ou bien plus ou moins long, suivant que le propriétaire a pu plus facilement ou plus difficilement connaître la possession par un tiers de l'immeuble qui lui appartient [1].

A quels droits *s'applique la prescription de* dix *ou* vingt

---

[1] *Sic* Marcadé, art. 2265 à 2269, n° 5. — Pau, 6 juillet 1861; *Contrà*, Aubry et Rau, t. 1, § 218, p. 345, note 35.

ANS. — Par la prescription de dix ou vingt ans, on peut acquérir :

1° *La pleine propriété*, ainsi que nous venons de l'expliquer;

2° *Les droits d'usufruit, d'usage et d'habitation* ; et, en effet, ces droits réels sont susceptibles d'une possession réunissant tous les caractères exigés par l'art. 2229. Puis, aux termes de l'art. 690, on peut acquérir par la possession de trente ans, et même, comme nous allons le voir, par la possession de dix et vingt ans, les servitudes continues et apparentes; or, il est clair que l'on doit pouvoir, à plus forte raison, acquérir par prescription l'usufruit, l'usage et l'habitation, qui sont des droits réels autrement importants, et qui supposent une usurpation autrement grave que les servitudes continues et apparentes.

3° *Les servitudes continues et apparentes.* Ici, toutefois, les auteurs sont divisés. Les uns veulent que ces servitudes ne puissent s'établir que par la prescription trentenaire; ils se fondent :

En premier lieu, sur le texte même de l'art. 690, aux termes duquel les servitudes continues et apparentes *s'acquièrent par la possession de trente ans*, ce qui semble bien exclure la prescription de dix ou de vingt ans.

En second lieu, sur l'art. 2264, qui renvoie aux titres spéciaux pour la prescription des droits non mentionnés au titre de la prescription.

En troisième lieu, sur la nature même de la possession des servitudes. En effet, disent les partisans de ce système, la possession d'une servitude par un tiers n'est pas aussi facile à connaître que l'usurpation d'un fonds tout entier, et l'on comprend que le législateur ne permette pas d'acquérir les servitudes par dix et vingt ans, même lorsque la possession en est fondée sur la bonne foi et un juste titre, comme il permet d'acquérir la pleine propriété ou ses démembrements les plus importants, tels que l'usufruit, l'usage, l'habitation, etc.

Dans un second système, à mon avis préférable, on admet
que la prescription de dix et vingt ans s'applique aux servitudes continues et apparentes. Voici comment on raisonne :

D'abord, l'article 690 n'a nullement mentionné la prescription trentenaire, dans le but d'exclure la prescription par
dix ou vingt ans. Lorsqu'ils écrivirent cet article, les rédacteurs du Code avaient présentes les Coutumes de Paris et
d'Orléans, qui admettaient bien la prescription des servitudes
continues et apparentes par dix ou vingt ans, avec titre et
bonne foi, mais qui repoussaient absolument la prescription
sans titre, même par trente ans. Or, on comprend qu'ils
avaient intérêt à parler de la prescription de trente ans pour
le cas où il n'existait pas de titre, tandis qu'ils n'avaient aucun motif de parler de la prescription de dix ou vingt ans,
lorsqu'il existait bonne foi et juste titre. L'art. 690 a donc eu
pour but d'abroger la maxime coutumière : *pas de servitudes
sans titres*, mais non d'exclure, quand il y a juste titre et
bonne foi, la prescription de dix ou vingt ans, qui était autrefois adoptée même par les coutumes contraires à la prescription trentenaire.

Maintenant, que signifie l'article 2264 ? Cet article signifie
purement et simplement que l'on doit appliquer les règles
particulières contenues dans d'autres titres, quand elles sont
incompatibles avec les règles générales, tracées dans le nôtre,
mais non que l'on peut s'écarter du droit commun, sous le
prétexte qu'il existe une exception qu'en fait le Code a omis
d'indiquer. Une telle exception n'étant pas formulée ici, rien
n'empêche d'appliquer la prescription de dix et vingt ans,
tout aussi bien que celle de trente, aux servitudes continues
et apparentes.

Quant à l'objection que la possession des servitudes est
plus difficile à connaître que la possession d'un fonds
usurpé en entier, elle est sans fondement. Le contraire aura
même souvent lieu ; et, en effet, les servitudes continues et
apparentes tiennent presque toutes aux édifices, et il sera

presque toujours plus facile au propriétaire de s'en apercevoir que de remarquer l'usurpation par le voisin d'un lambeau de terre éloigné ; il y a donc au moins parité entre les apparences des deux possessions, et on peut appliquer la prescription de dix ou vingt ans aux servitudes continues et apparentes, tout comme à la pleine propriété [1].

Faisons remarquer, en terminant, que la prescription n'est jamais applicable à l'établissement de certains droits, par exemple, des hypothèques et des servitudes discontinues ou non apparentes, mais qu'elle n'en est pas moins efficace pour les éteindre, ainsi que nous l'avons démontré en traitant de ces diverses matières.

L'art. 2270 décide qu'après dix ans les architectes et entrepreneurs sont déchargés de la garantie des gros ouvrages qu'il ont faits ou dirigés. Nous renvoyons cette question à sa place naturelle, qui est la section des devis et marchés, au titre *du Louage* (art. 1787 et suiv.).

QUATRIÈME SECTION
DE QUELQUES PRESCRIPTIONS PARTICULIÈRES.

Art. 2271. L'action des maîtres et instituteurs des sciences et arts, pour les leçons qu'ils donnent au mois ; — Celle des hôteliers et traiteurs, à raison du logement et de la nourriture qu'ils fournissent ; — Celle des ouvriers et gens de travail, pour le payement de leurs journées, fournitures et salaires, — se prescrivent par six mois.

2272. L'action des médecins, chirurgiens et apothicaires, pour leurs visites, opérations et médicaments ; — celle des huissiers, pour le salaire des actes qu'ils signifient, et des commissions qu'ils exécutent ; — celle des marchands, pour les marchandises qu'ils vendent aux particuliers non marchands ; — celle des maîtres de pension, pour le prix de la pension de leurs élèves ; et des autres maîtres, pour le prix de l'apprentissage ; — celle des domestiques qui se louent à l'année, pour le payement de leurs salaires, — se prescrivent par un an.

Sic Ducaurroy, Bonnier et Roustain, t. II, n° 368. — *Contrà*, Massé et Vergé, t. II, § 341, note 4, p. 210. — Cass., 14 nov. 1853.

2273. L'action des avoués, pour le payement de leurs frais et salaires, se prescrit par deux ans, à compter du jugement des procès,
ou de la conciliation des parties, ou depuis la révocation desdits
avoués. A l'égard des affaires non terminées, ils ne peuvent former
de demandes pour leurs frais et salaires qui remonteraient à plus
de cinq ans.

2274. La prescription, dans les cas ci-dessus, a lieu, quoiqu'il y
ait eu continuation de fournitures, livraisons, services et travaux.
— Elle ne cesse de courir que lorsqu'il y a eu compte arrêté, cédule ou obligation, ou citation en justice non périmée.

2275. Néanmoins ceux auxquels ces prescriptions seront opposées
peuvent déférer le serment à ceux qui les opposent, sur la question
de savoir si la chose a été réellement payée. — Le serment pourra
être déféré aux veuves et héritiers, ou aux tuteurs de ces derniers,
s'ils sont mineurs, pour qu'ils aient à déclarer s'ils ne savent pas
que la chose soit due.

2276. Les juges et avoués sont déchargés des pièces cinq ans après
le jugement des procès. — Les huissiers, après deux ans, depuis
l'exécution de la commission, ou la signification des actes dont ils
étaient chargés, en sont pareillement déchargés.

2277. Les arrérages de rentes perpétuelles et viagères ; — ceux
des pensions alimentaires ; — les loyers des maisons et le prix de
ferme des biens ruraux ; — les intérêts des sommes prêtées, et généralement tout ce qui est payable par année, ou à des termes périodiques plus courts, — se prescrivent par cinq ans.

2278. Les prescriptions dont il s'agit dans les articles de la présente section (2271 à 2277), courent contre les mineurs et les interdits, sauf leur recours contre leurs tuteurs.

2279. En fait de meubles, la possession vaut titre. — Néanmoins
celui qui a perdu ou auquel il a été volé une chose peut la revendiquer pendant trois ans, à compter du jour de la perte ou du vol,
contre celui dans les mains duquel il la trouve ; sauf à celui-ci son
recours contre celui duquel il la tient.

2280. Si le possesseur actuel de la chose volée ou perdue l'a achetée dans une foire ou dans un marché, ou dans une vente publique,
ou d'un marchand vendant des choses pareilles, le propriétaire originaire ne peut se la faire rendre qu'en remboursant au possesseur
le prix qu'elle lui a coûté.

2281. Les prescriptions commencées à l'époque de la publication
du présent titre seront réglées conformément aux lois anciennes.
Néanmoins les prescriptions alors commencées, et pour lesquelles

il faudrait encore, suivant les anciennes lois, plus de trente ans à compter de la même époque, seront accomplies par ce laps de trente ans.

Observation. — La section IV traite de certaines prescriptions dont la durée varie de six mois à cinq années. On les appelles *courtes prescriptions*, par opposition aux prescriptions de dix, vingt ou trente ans, qu'on appelle *longues prescriptions*. Les courtes prescriptions ont cela de particulier, qu'elles courent même contre les *mineurs et les interdits ;* puis, la plupart d'entre elles sont fondées sur une simple présomption de payement qui permet au créancier de déférer le *serment* au débiteur, tandis que ce serment ne peut jamais être déféré dans les longues prescriptions. En d'autres termes, il y a ici une présomption *juris tantum* de libération, et dans les longues prescriptions, au contraire, il y a une présomption *juris et de jure*, contre laquelle aucune preuve ne peut être produite.

I. *De la prescription de* six mois. — L'art. 2271 énumère les différentes créances prescriptibles par six mois ; ces créances appartiennent toutes à des personnes qui sont présumées en réclamer le payement avec régularité, et la loi n'a pas voulu que le débiteur fût obligé de conserver quittance de ces divers payements, soit à cause de leur modicité, soit à cause de leur multiplicité. C'est ainsi que l'action des hôteliers, traiteurs, à raison du logement et de la nourriture fournis par eux, et celle des ouvriers et gens de travail, pour le payement de leurs journées, fournitures et salaires, sont prescrites par six mois. Quand les ouvriers ne travaillent pas à la journée ou au mois, mais à l'année, on doit leur appliquer la prescription de cinq ans, établie pour tout ce qui est payable par année ou à des termes périodiques moindres (art. 2277).

II. *De la prescription d'*un an. — L'art. 2272 énumère les diverses actions prescriptibles par un an ; telles sont les actions des médecins pour leurs visites, des huissiers pour leurs commissions, des domestiques qui se louent à l'année,

pour le payement de leur salaire, etc. Le délai de la prescription est ici plus long que dans le cas précédent, parce que les
créanciers dont il s'agit ne sont pas dans l'usage d'exiger un
payement aussi prompt que les créanciers dont il est parlé
dans l'article précédent. Le point de départ de ces prescriptions sera l'exigibilité même des diverses créances. Ainsi
nous pensons que les honoraires des médecins et chirurgiens
sont prescriptibles, non à dater de chaque visite, mais à dater
du terme de la maladie, parce qu'il est d'usage que ces honoraires ne soient exigés qu'après le traitement achevé [1].

III. *De la prescription de* DEUX ANS. — L'art. 2273 déclare
l'action des avoués, pour le payement de leurs frais et salaire, prescriptible par deux ans à compter du jugement des
procès ou de la conciliation des parties, ou, enfin, de la révocation des avoués, et l'art. 2276 2° déclare l'action en restitution des pièces remises aux huissiers prescriptible par ce
même délai à partir de l'exécution de la commission ou de la
signification des actes.

Quand un procès dure plus longtemps que la prescription
ci-dessus, l'action de l'avoué pour ses frais et salaire n'est
plus prescriptible que par cinq ans, parce que la continuation
du procès a pu être une raison de retard dans la poursuite du '
débiteur desdits frais ou salaire.

Du SERMENT *déféré au débiteur qui oppose les prescriptions
ci-dessus.* — Toutes les prescriptions ci-dessus sont fondées
sur une simple présomption de payement, excepté celle établie en faveur des huissiers, pour la décharge des pièces qui
leur ont été confiées. Conséquemment, toutes ces prescriptions, moins la dernière, peuvent être soumises à l'épreuve
du serment (art. 2275). Le créancier le déférera au débiteur
qui prétend avoir payé, ou même à sa veuve ou à ses héritiers, sur le point de savoir s'ils n'ont pas connaissance de
l'existence actuelle de la dette. Au cas où ces derniers refu-

---

[1] *Sic* Marcadé, art. 2274, n° 2, Mourlon, art. 2272. — *Contrà*, Aubry et
Rau, t. VI, § 774, p. 529, texte et note 44.

seraient de le prêter ou de le référer au créancier, ils ne seraient plus recevables à opposer la prescription. Le serment
est du reste la seule manière que la loi autorise de faire tomber
les prescriptions dont nous parlons, et les juges ne pourraient
pas y suppléer autrement, par exemple par la comparution
et l'interrogatoire des parties à l'audience [1].

Comment sont INTERROMPUES *les* COURTES PRESCRIPTIONS. —
Ces prescriptions cessent de courir lorsqu'il y a compte arrêté
(reconnaissance de la dette au bas des mémoires ou factures) ;
cédule (reconnaissance de la dette par acte sous seing privé) ;
obligation (reconnaissance de la dette par acte notarié), ou
enfin citation en justice non périmée (art. 2274 2°). Tous ces
faits, tendant à prouver que le débiteur n'a pas rempli ses engagements à l'échéance, non-seulement interrompent les
courtes prescriptions, mais encore soumettent au droit commun, c'est-à-dire à la prescription trentenaire, les créances
qu'elles ont pour objet d'éteindre.

La continuation des fournitures, livraisons ou travaux
n'empêche pas les courtes prescriptions de courir, parce que
ces prescriptions reposent sur une présomption de payements
sucessifs faits presque aussitôt après la naissance de l'action
(art. 2274 1°).

IV. *De la prescription de* CINQ ANS. — Sont prescriptibles
par cinq ans :

1° L'action en *restitution des pièces* confiées à des juges ou
à des avoués (art. 2276 2°) ; le délai court à dater du jugement;

2° Les *arrérages* des rentes ;

3° Ceux de *pensions alimentaires ;*

4° Les *loyers* des maisons et le *prix de ferme* des biens ruraux ;

5° Les *intérêts* des sommes prêtées, ceux d'un prix de
vente et généralement tout ce qui est payable *par année* ou à
des termes périodiques *plus courts* (art. 2277).

---

[1] Aubry et Rau, t. VI, § 774, texte et note 63, p. 532. — Cass., 7 janv.
1861.

La prescription de cinq ans a cela de commun avec les précédentes qu'elle court même contre les mineurs et les interdits, sauf leur recours contre leurs tuteurs (art. 2278); mais elle a cela de différent qu'elle repose en même temps et sur une présomption de payement et sur un motif d'ordre public. Il importe, en effet, qu'après cinq ans les différents détenteurs de choses payables par année ou les détenteurs de pièces soient à l'abri, les premiers d'une accumulation d'intérêts loyers ou arrérages dont le total finirait par les écraser, et les seconds de réclamations mal fondées, que souvent ils auraient beaucoup de peine à faire tomber devant des preuves positives de restitution desdites pièces. De là cette conséquence que le créancier ne pourra pas, dans les divers cas de la prescription de cinq ans, déférer au débiteur le serment décisoire.

De la règle : EN FAIT DE MEUBLES, *la* POSSESSION VAUT TITRE. — Le sens de cette règle est qu'en fait de meubles la *possession vaut propriété.* La preuve en est dans l'art. 2279 lui-même. En effet, le deuxième alinéa de cet article, permettant au propriétaire d'un meuble perdu ou volé de le revendiquer pendant trois ans, décide *à contrario* que toute revendication serait impossible si le meuble n'était ni perdu ni volé, ou, en d'autres termes, que le possesseur serait alors devenu propriétaire. Il est donc vrai de dire qu'en fait de meubles, la possession vaut propriété. Cette prescription, quoique instantanée, est basée, comme les longues prescriptions, sur une présomption *juris et de jure*, et elle ne serait pas susceptible d'être combattue par la preuve contraire [1].

La prescription instantanée des meubles repose sur un double motif : d'une part, elle est une condition indispensable de sécurité pour les particuliers qui achètent des meubles dont la plupart du temps ils ne peuvent connaître ou con-

[1] Marcadé, art. 2279. — Massé et Vergé, p. 306, notes 4 et 5.

trôler l'origine; et, de l'autre, elle est une juste punition infligée au propriétaire négligent qui, en dehors de tout cas de perte ou de vol, a laissé sa chose passer entre les mains des tiers détenteurs.

Des CONDITIONS *auxquelles est subordonnée l'application de* NOTRE RÈGLE. — L'application de la règle « en fait de meubles, la possession vaut titre » est subordonnée à trois conditions. Il faut et il suffit :

1° Que la possession soit fondée sur un *juste titre;* et, en effet, nous avons vu que les détenteurs précaires ne peuvent jamais prescrire. L'art. 2239 fait spécialement l'application de cet empêchement aux dépositaires, et l'on doit sans aucun doute l'étendre aux emprunteurs, aux créanciers gagistes, et à tous autres détenteurs de meubles à titre précaire. Si donc le possesseur n'a pas reçu la chose en vertu d'une vente, d'un échange, d'une donation, etc., qui l'eussent rendu propriétaire, dans le cas où ils fussent émanés du vrai propriétaire, il ne pourra pas invoquer la prescription instantanée. Au surplus, toute possession est présumée avoir pour base un juste titre, tant qu'il n'est pas démontré qu'elle repose sur un titre précaire.

2° Que le possesseur soit *de bonne foi.* L'art. 2279 n'exige pas, il est vrai, cette condition; mais elle résulte de l'art. 1141, aux termes duquel, entre deux acheteurs du même meuble, celui-là doit être préféré à l'autre qui, le premier, a *de bonne foi* reçu la possession. Or, quand c'est le second acheteur auquel le vendeur livre la chose, cet acheteur ne peut évidemment pas devenir propriétaire par l'effet du contrat, puisque ce contrat avait déjà transféré la propriété au premier acheteur, et il ne peut que se retrancher derrière une prescription instantanée. C'est donc bien un cas de prescription que l'art. 1141 prévoit, et, comme il exige la bonne foi, nous pouvons en conclure que cette bonne foi est toujours nécessaire à la prescription instantanée des meubles.

3° Il faut enfin que le possesseur ne soit pas *personnelle-ment obligé* à la restitution de la chose. Alors, en effet, il aurait beau triompher de la revendication exercée contre lui, il serait encore astreint par l'action personnelle à restituer la chose, et la prescription instantanée lui serait inutile. Souvent la condition que nous venons d'indiquer se confond avec l'une des deux précédentes, et celui qui est personnellement obligé à la restitution de la chose est, dans la plupart des cas, un détenteur précaire. Cependant le contraire aurait lieu, par exemple, dans l'hypothèse où le vendeur d'un meuble venant à mourir, ses héritiers, ignorant la vente, continueraient à le posséder *animo domini :* on ne pourrait pas dire qu'ils sont détenteurs précaires, et néanmoins ils n'auraient pas le droit d'invoquer la maxime « en fait de meubles, possession vaut titre, » parce qu'ils sont personnellement tenus de livrer la chose vendue.

Des MEUBLES SUSCEPTIBLES *de la prescription instantanée.* — Les meubles *corporels* et *individuels* sont les seuls auxquels la règle « en fait de meubles, possession vaut titre » soit applicable. Et d'abord, il faut excepter les meubles incorporels, comme les créances, les rentes, etc. En effet, d'un côté, ces meubles ne sont pas ordinairement susceptibles d'une véritable possession ; et, de l'autre, le titre qui les constate indique le nom du véritable propriétaire, ce qui exclut la bonne foi de la part des tiers qui les reçoivent d'autres personnes. Quelquefois cependant la maxime s'étend même aux simples créances ; c'est dans le cas où elles se confondent avec le titre matériel qui les constate. Ainsi, tous les titres au porteur, comme les billets de banque, sont susceptibles de prescription instantanée [1].

Maintenant échappent à cette prescription les universalités de meubles ; et, en effet, il est toujours facile d'en retrouver le propriétaire, et la bonne foi n'est pas plus possible

---

[1] Demolombe, t. II, n° 252, Troplong, n° 1065. — Cass., 15 avril 1863.

ici que dans le cas précédent. Ainsi, quand quelqu'un veut me vendre tout le mobilier d'une succession, je dois m'assurer qu'il est héritier, et je ne pourrai pas alléguer ma bonne foi si j'ai traité avec lui sans prendre cette précaution nécessaire.

EXCEPTIONS A LA RÈGLE : « *En fait de meubles, possession vaut titre.* » — Cette maxime cesse de recevoir son application toutes les fois que la chose a été *perdue ou volée.* Alors les tiers qui l'ont reçue de bonne foi et en vertu d'un juste titre ne peuvent la prescrire que par trois ans (art. 2279 2º), et celui qui a trouvé ou volé le meuble, ainsi que ses héritiers, ne peuvent même le prescrire que par trente ans; car, par rapport à eux, aucun texte n'a limité à un délai plus court la prescription. L'art. 2280 apporte un tempérament à la règle que les tiers, même acquéreurs de bonne foi, sont pendant trois ans exposés à la revendication des meubles qui ont été perdus ou volés ; il décide que, dans tous les cas où ils ont acheté la chose dans une foire, dans un marché, dans une vente publique, ou d'un marchand vendant des choses pareilles, ils pourront exiger, du propriétaire revendiquant, le prix que la chose leur a coûté. Le Code protége ainsi les contrats faits sous l'empire de la foi publique, et, tout en conservant au propriétaire son droit de revendication, il met les tiers à l'abri de tout préjudice. Cette règle est éminemment juste par la raison que le propriétaire qui a perdu sa chose ou en a été volé a toujours quelque peu de négligence à se reprocher, tandis qu'aucune faute ne peut être imputée à l'acheteur qui a reçu la chose dans des circonstances telles qu'elles ne pouvaient pas par elles-mêmes lui faire soupçonner la perte ou le vol. Le propriétaire revendiquant ne sera donc dispensé de rembourser le prix que si le tiers a acheté la chose hors de toute vente publique, et d'un individu qui ne vendait pas des choses pareilles. Dans ce cas, l'acheteur a dû soupçonner la perte ou le vol, et il est juste qu'il subisse les résultats de son imprudence.

Maintenant il reste à expliquer le sens légal du mot *vol*.
L'art. 379 du Code pén. le définit : « la soustraction frauduleuse de la chose d'autrui. » Ce mot a chez nous un sens
beaucoup plus restreint que le mot *furtum* du droit romain.
Le *furtum* avait lieu toutes les fois que quelqu'un commettait
sur la chose d'autrui des attouchements frauduleux (*con-
trectationem fraudulosam*) : ainsi l'emprunteur d'un cheval
de selle qui l'attelait à une charrette était coupable de *furtum*.
Un tel fait ne saurait évidemment recevoir chez nous la
qualification de vol.

Du vol se rapprochent beaucoup l'abus de confiance et
l'escroquerie. L'*abus de confiance* consiste, aux termes des
art. 406 et suiv. du Code pén., à détourner ou à dissiper des
choses dont on n'est que le détenteur précaire au préjudice
des propriétaire ou possesseur légitimes. L'*escroquerie* consiste, aux termes de l'art. 405 du Code pén., à obtenir la
remise ou livraison de meubles, obligations, promesses,
billets, etc., au moyen de manœuvres frauduleuses, par
exemple, en simulant un crédit ou des entreprises imagi-
naires. Le *furtum* du droit romain comprenait à la fois le
vol, l'abus de confiance et l'escroquerie du droit français.
Faut-il, sous l'empire du Code, dire que les objets passés
entre les mains des tiers par suite d'abus de confiance ou
d'escroquerie sont, comme les objets volés, à l'abri de toute
prescription instantanée? Je ne le pense pas : le mot *vol* a
une signification précise, et il n'est guère probable que le Code
civil ait entendu changer celle qu'indique le Code pénal. Puis,
la personne victime d'un abus de confiance ou d'une escroquerie a toujours à se reprocher sa faiblesse, sa négligence ou
sa crédulité, tandis que les personnes les plus prudentes
peuvent être volées. On conçoit donc que le Code ait établi
une exception en faveur des dernières, et rien n'autorise à
l'étendre aux premières. Conséquemment, les meubles sortis
par abus de confiance ou par escroquerie des mains du
véritable propriétaire seront susceptibles de la prescription

instantanée [1]. En fait, cependant, les meubles que cette prescription frappera seront presque toujours, soit des meubles trouvés dans une succession par des héritiers qui en croyaient à tort le défunt propriétaire, soit des meubles irrégulièrement perçus par un usufruitier ou par un usager, à titre de fruits, lorsqu'ils n'étaient que des produits extraordinaires de la chose grevée d'usufruit ou d'usage.

L'article 2281 et dernier du Code contient une disposition transitoire dont l'utilité a disparu. Il suffit de le lire pour s'en convaincre.

[1] Marcadé, art. 2279-2280, n° 5. — Aubry et Rau, t. II, p. 98, § 183, text et note 9. — Cass., 23 déc. 1863. — Paris, 9 avril 1864.

FIN DU DEUXIÈME VOLUME.

TABLE DES MATIÈRES

LIVRE III

DES DIFFÉRENTES MANIÈRES DONT ON ACQUIERT LA PROPRIÉTÉ.

TITRE IV.

Des engagements qui se forment sans convention.

TITRE XX.

De la prescription.

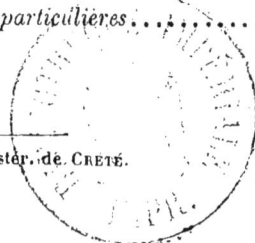

Corbeil, typ. et stér. de Crété.

ERRATA DU TOME DEUXIÈME

Page 82, ligne 27 : jamai, *lisez* jamais.
Page 133, ligne 5 : au, *lisez* aux.
Page 165, ligne 10 : quel a, *lisez* quel a.
Page 167, ligne 33 : es, *lisez* est.
Page 176, ligne 31 et 32 : l'article 884, ceux 1°, *lisez* l'article 884 1° ceux.
Page 191, ligne 32 : a, *lisez* la.
Page 232, ligne 29 : a, *lisez* la.
Page 232, ligne 30 : eurs, *lisez* leurs.
Page 286, ligne 31 : quant, *lisez* quand.
Page 321, ligne 4 : 10192°, *lisez* 1019 2°.
Page 390, ligne 31 : innomés, *lisez* innommés.
Page 472, ligne 12 : aurais, *lisez* aurai.
Page 478, ligne 18 : les mandataires, *lisez* le mandataire.
Page 480, ligne 15 : ses effets, *lisez* ces effets.
Page 607, ligne 28 : portée civile, *lisez* portée partie civile.

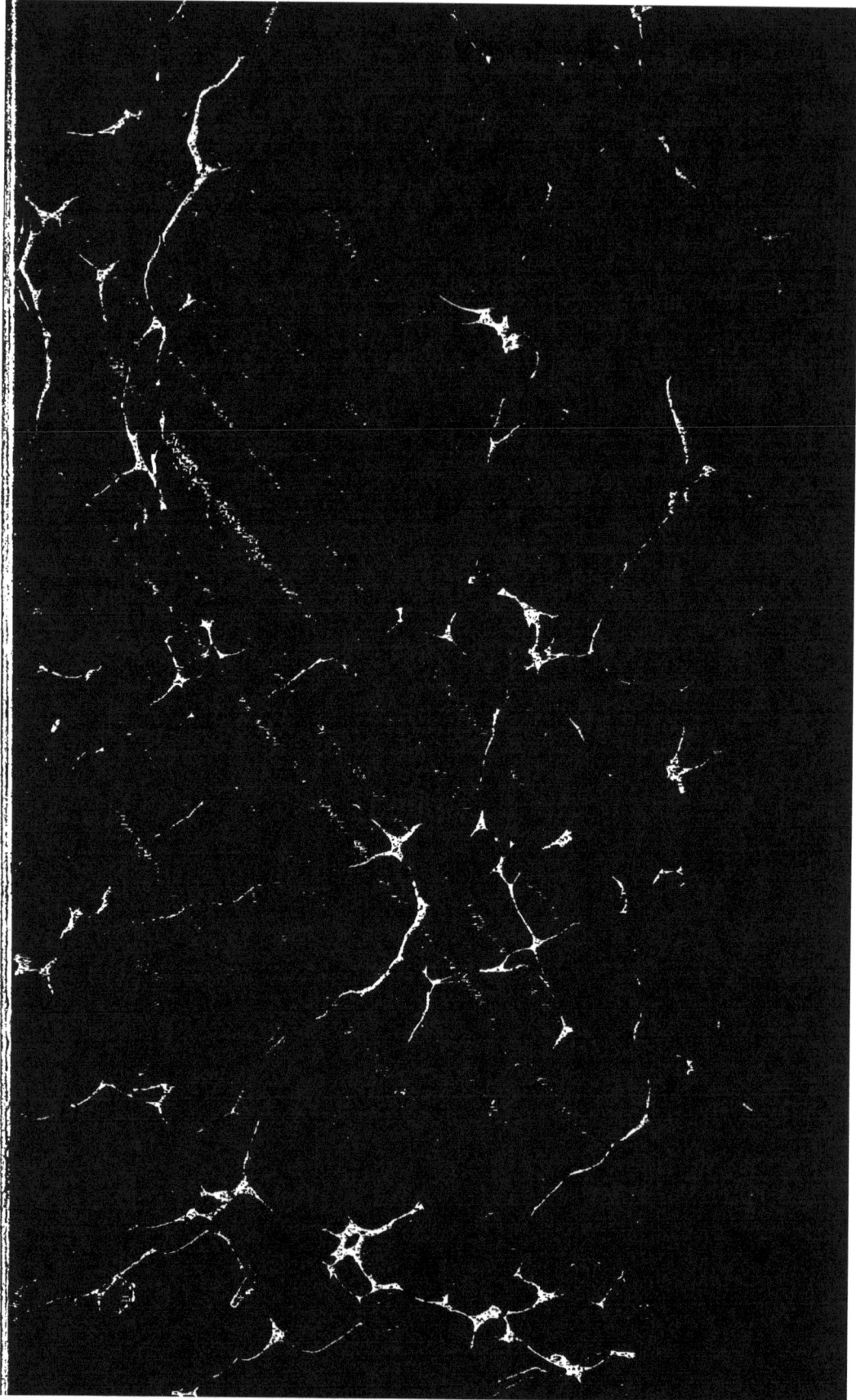